Di-Ershiliu Jie Quanguo Qiaoliang Xueshu Huiyi Lunwenji

第二十六届全国桥梁学术会议论文集

（中册）

中国土木工程学会桥梁及结构工程分会　编

2024 · 广州

人民交通出版社

北京

内 容 提 要

《第二十六届全国桥梁学术会议论文集》分上、中、下三册，由中国土木工程学会桥梁及结构工程分会精选的 220 余篇优秀论文汇编而成。本论文集包括大会报告、深中通道专题、狮子洋通道专题、智能化与可持续发展、创新设计与工程实践、桥梁施工技术与创新、结构性能与优化分析、桥梁灾害防护与应对、桥梁综合管理与维护 9 个部分，全面、系统地展示了近一时期我国桥梁工程建设的新动态、新理念、新成果和新经验。本分册为中册，主要包括智能化与可持续发展、创新设计与工程实践、桥梁施工技术与创新 3 个部分。

本论文集可供从事桥梁工程设计、施工、检测、管理等相关工作的技术人员参考使用，也可供高等院校相关专业师生阅读学习。

图书在版编目（CIP）数据

第二十六届全国桥梁学术会议论文集. 中册／中国土木工程学会桥梁及结构工程分会编. — 北京：人民交通出版社股份有限公司，2024.5

ISBN 978-7-114-19532-7

Ⅰ.①第…　Ⅱ.①中…　Ⅲ.①桥梁工程—学术会议—文集　Ⅳ.①U44-53

中国国家版本馆 CIP 数据核字（2024）第 090795 号

书　　名：第二十六届全国桥梁学术会议论文集（中册）
著 作 者：中国土木工程学会桥梁及结构工程分会
责任编辑：郭红蕊　张江成　单籽跃
责任校对：赵媛媛　龙　雪　卢　弦
责任印制：刘高彤
出版发行：人民交通出版社
地　　址：（100011）北京市朝阳区安定门外外馆斜街 3 号
网　　址：http://www.ccpcl.com.cn
销售电话：（010）59757973
总 经 销：人民交通出版社发行部
经　　销：各地新华书店
印　　刷：北京市密东印刷有限公司
开　　本：787×1092　1/16
印　　张：34.25
字　　数：876 千
版　　次：2024 年 5 月　第 1 版
印　　次：2024 年 5 月　第 1 次印刷
书　　号：ISBN 978-7-114-19532-7
定　　价：160.00 元

（有印刷、装订质量问题的图书，由本社负责调换）

第二十六届全国桥梁学术会议

学术委员会

名誉主任 项海帆

主　　任 葛耀君

委　　员（以姓氏笔画为序）

马芹纲	王应良	邓小华	朱乐东	刘晓东	闫兴非	孙利民
孙　斌	严爱国	苏永华	苏权科	李万恒	李卫民	李永乐
肖从真	肖汝诚	肖海珠	吴玉刚	张连振	陆新征	陈伟乐
邵长宇	赵　林	徐　召	龚维明	蒋振雄	游新鹏	樊健生

组织委员会

名誉主任 尚春明

主　　任 肖汝诚

副 主 任 邓小华　王康臣　洪显诚

委　　员（以姓氏笔画为序）

毛浓平	王甲辰	王金超	王　强	申　峰	任华焘	农兴中
庄冬利	朱　军	阮家顺	吴江波	吴　聪	李方元	李　剑
杨志刚	杨　勇	杨　雪	谷　文	陈冠雄	陈剑波	罗人昆
罗政军	罗海生	范传斌	倪　雅	聂　军	高继领	曹　磊
盛建军	黄厚卿	廖林冲				

编辑委员会

主　　编 肖汝诚

副 主 编 孙　斌　代希华　张太科　姚志安　杨志刚

委　　员（以姓氏笔画为序）

于抒霞	马　超	马增琦	卢靖宇	吴玲正	沈大为	宋超林
张鑫敏	陈焕勇	罗　锐	金志坚	童俊豪	蔡　敏	鲜　荣
廖　玲						

主办单位

中国土木工程学会桥梁及结构工程分会
广东省交通集团有限公司
广东省公路学会

支持单位

广东省公路建设有限公司
深中通道管理中心
广东湾区交通建设投资有限公司

协办单位

中交第二航务工程局有限公司
保利长大工程有限公司
中交第二公路工程局有限公司
中铁大桥局集团有限公司
武船重型工程股份有限公司
中铁宝桥集团有限公司
中铁山桥集团有限公司
江苏沪宁钢机股份有限公司
中铁九桥工程有限公司
上海振华重工(集团)股份有限公司
广州地铁设计研究院股份有限公司
广州市市政工程设计研究总院有限公司
镇江蓝舶科技股份有限公司
江苏中矿大正表面工程技术有限公司
苏交科集团股份有限公司
广东华路交通科技有限公司
同济大学《Prestress Technology》期刊

承办单位

《桥梁》杂志社

目录

智能化与可持续发展

智能化与可持续发展

1. 基于 AHP-FCE 模型的车致桥梁火灾风险概率评级的研究

李长寿　张素君

（山东欣鹏安全技术咨询有限公司）

摘　要：桥梁工程作为关键的交通基础设施，其防灾减灾能力一直是被研究关注的重点。随着新能源轿车和危化品车辆的日益增多，促使桥梁设施面临火灾极端荷载的风险显著提升，车辆产生的火灾对桥梁结构的安全性能和耐久性能造成了严重的威胁。为了科学准确地获得现阶段影响车致桥梁火灾风险概率的指标因素和普遍存在的薄弱环节，本文通过构建车致桥梁火灾风险概率评价指标体系，借助 AHP 法获得了车致桥梁火灾风险概率的各层级指标的两两权重数据，依靠 FCE 法实现了车致桥梁火灾风险概率各层级指标的评判得分。选择济南黄河大桥作为应用实例计算后发现，人的因素和车辆因素对车致桥梁火灾风险概率的影响最大，桥梁管理单位在交通环境和应急管理方面的工作存在不足，特别是在应对恶劣天气、保持路面质量、火灾消防救援等方面问题较为突出。最终总结出在降低车致桥梁火灾风险概率方面应通过驾乘人员、桥梁管理单位和交通管理部门的三方共治来实现桥梁抗火防火的新时代要求。

关键词：桥梁火灾　事故致因　风险概率评估　桥梁结构和材料

1　引言

地方经济的快速发展离不开石油化工能源的高频交换，装载运输"燃、汽、爆、化"的危化品车辆日益增加，由车辆导致的火灾爆炸事故时有发生，桥梁结构在火灾极端荷载条件下产生了显著的安全隐患[1]。据统计，火灾致桥梁垮塌的数量约是地震垮塌数量的 3 倍，其中特别是油罐车火灾发生频率最高和后果最为严重，桥梁一旦遭遇油罐车火灾，就会出现大面积的混凝土深度剥落、钢绞线外漏、钢板大幅屈曲、桁杆失稳或整体垮塌，同时也面临着桥梁结构不易修复的局面[2]。与此同时，桥梁上不易开展防火分隔，消防控制设施有限，不利于火灾初期灭火，事故造成拥堵后人员安全疏散也是难点[3]。受桥梁结构类型和交通环境的影响，车辆自燃或碰撞产生的火灾频繁发生，特别是特种运输车辆一旦发生火灾事故后，易燃物料覆盖在梁体上进行剧烈燃烧，致使梁体上下受火长时间焚烧形成非常严重的桥面和桥下局部火灾，对桥梁的火灾安全状态构成严重的威胁。在桥梁的综合防灾减灾方面，桥梁的抗火防火研究越来越频繁，逐渐成为重要的研究热点。目前，国内外对车致桥梁火灾的研究侧重于确定性火灾条件下桥梁结构抗火分析,仅有极少量文献对车致桥梁火灾的发生概率进行了分析。车致桥梁火灾发生概率的研究可以使桥梁防火设计和防火管理更有针对性,由于现阶段缺乏大量的系统性的桥梁火灾统计数据,这使得车致桥梁火灾发生概率的研究工作困难重重。因此,急需建立一套客观合理的评估方法和评价标准用于桥梁火灾的概率评估。为了全面分析车致桥梁火灾的产生、发展和消灭等环节,提高桥梁防御火灾的能力。本文结合层次分析(Analytical Hierarchy Process,AHP)和模糊综合评价(Fuzzy Comprehensive Evaluation,FCE),建立车致桥梁火灾风险概率评价指标,并通过实例对车致桥梁火灾概率情况进行评估。

2 风险概率评价指标体系的构建

2.1 车致桥梁火灾分析

在对车致桥梁火灾现场调研的基础上,按照事故致因理论的原理,结合车致桥梁火灾安全事故的特点,综合研究现有的桥梁火灾发生概率评价模型,找出影响事故的关键因素,然后进一步分析出对关键因素产生不利影响的原因和有具体化、形象化的评价指标[4-6]。车致桥梁火灾影响因素的分析过程见表1。

基于事故致因理论影响车致桥梁火灾的因素　　表1

影响因素	原因	评价指标
桥梁结构和材料	桥梁的选址、设计、建造、维护等环节的原因;桥梁表面防火措施遭受破坏的原因;桥梁的日常管理和消防力量的原因	桥梁建造各环节的正规性;桥梁表面的状况;桥梁管理单位的防火管理执行和应急准备情况
交通环境	桥梁车道、车速、线性、坡度等原因;桥梁路面防滑、平整度、昼夜可视度的原因;应对大雾、台风等恶劣天气影响的预警设施原因;桥梁上车流量、交通疏导和桥梁管理等原因	桥梁交通环境的实际状况
人员因素	发生碰撞事故致火或随意丢弃火源等原因;驾乘人员、桥梁管理人员的灭火及自救原因;交警的交通执法、桥梁入口防火警示标识的原因	历年来对于火灾事故、驾乘陋习的统计情况;桥梁范围内防火宣传、管理人员和消防物资情况
车辆因素	货车、客车、电动汽车等车型及车载货物易燃易爆的原因;车辆自身质量、驾驶速度引发事故等原因;周边的消防物资及队伍的原因	历年来对车辆类型、测速的统计情况;临近消防力量情况

2.2 风险概率评价指标体系的构建

在对表1进一步分析的基础上,筛选可以用于考核的重点评价指标及明确需要调查的具体指标内容,最大限度地参照桥梁真实情况的评价依据。从结构材料、交通环境、人员因素、车辆因素、管理因素、应急因素等6个领域构建了车致桥梁火灾风险概率评价指标体系。评价指标体系如表2所示。

车致桥梁火灾风险概率评价指标体系　　表2

一级指标	二级指标	指标说明
结构材料	桥梁的结构类型	桥梁的选址和设计情况,包含:选址评估、设计资质、设计验收等
	桥梁的材料类型	桥梁的选材和施工情况,包含:施工材料的采购、质量检验、施工资质、工程验收等
	桥梁的跨径和年限	桥梁的长度和年限的实际状况
	桥梁结构耐火措施	桥梁结构防火涂层表面的实际状况

一级指标	二级指标	指标说明
交通环境	车道及车速设计	车道及车速设计和实际情况
	恶劣天气影响	应对大雾、台风等恶劣天气影响的声、光、文字多重方式预警;信号灯光、指示器、智能诱导装置等
	日均车流量	计算节假日的日均车流量与设计情况
	桥梁线性和坡度	桥梁线性和坡度的实际状况
	路面质量和可视	桥梁路面防滑、平整度、昼夜可视度的实际情况
人员因素	人为放火	桥梁管理单位提供至少近10年来统计情况
	驾乘误操作	桥梁管理单位提供事故和驾驶陋习的统计情况
	初期火灾灭火	桥梁周边设置消防设施或现场管理人员的情况
车辆因素	车型车速	对轿车、货车、客车、危化品特种运输车辆及电动汽车等车型统计;车流量和测速情况
	车载可燃物类型	对货车、油罐车、电动汽车统计车流量情况
	车辆自燃	桥梁管理单位提供至少近10年来统计情况
	车辆事故致火	桥梁管理单位提供至少近10年来统计情况
管理因素	防火意识宣教	桥梁入口设置的防火类警示标识或电子屏等情况
	交通疏导和执法	交管部门对该桥梁周边区域开展交通疏导和执法的情况
	防火制度及落实	桥梁管理单位制定的防火制度内容合规性及执行情况
	桥梁的检测保养	桥梁管理单位对桥梁的定期检维修情况及对应的记录
应急因素	火灾预案及演练	桥梁管理单位的火灾应急预案和定期演练情况
	火灾消防设施	桥梁管理单位在桥梁附近设置的消防设施的有效性
	消防救援培训	桥梁管理单位应急救援队伍的消防救援培训情况
	救援反应时间	周边最近的消防救援队伍到达现场时间

3 AHP-FCE 模型的运用

3.1 评价指标的选取

结合表2中的各级指标,根据AHP法的原理,将车致桥梁火灾风险概率评价指标体系分为3层,以车致桥梁火灾风险概率评价指标体系为目标层,以结构材料、交通环境、人员因素、车辆因素、管理因素、应急因素等6个维度为准则层,以24个关键检查领域为指标层,构建风险概率评价指标体系。

3.2 风险概率评价的应用

以济南黄河大桥为例,该桥于1982年7月建成通车,主桥结构采用矮塔斜拉桥,跨越黄河主桥采用(120m+300m+240m+228m+144m+84m)跨越黄河河道及两岸大堤,主桥主梁采用钢桁梁组合整体钢桥面的结构形式,采用两片直主桁并带副桁的横断面形式,斜拉索锚固在副桁外侧。主要技术标准:最高行车速度80km/h;路基宽度34.0m;最大纵坡3%;荷载标准公路-Ⅰ级,双向6车道,有非机动车道和人行道。

3.2.1 AHP-FCE 模型计算过程说明

在构建层次结构模型基础上,邀请5位桥梁管理人员和安全应急专家,根据指标体系的层次结构,逐层对指标进行两两比较,采用1-9标度法来建立判断矩阵并进行一致性检验,最终获得每个指标的权重。在 AHP 结构模型的基础上,制作二级指标的测评表,细化指标评判条件,将车致桥梁火灾风险概率评价等级划分为极低、低、中、高、极高5个等级,再通过调查问卷的形式,邀请9位桥梁管理工作者和安全应急专家开展24个指标的评价,形成24个二级指标评语集,进行模糊综合评判,将判断矩阵与指标权重进行合成,构造模糊评判矩阵[7]。通过计算后可以获得全部车致桥梁火灾风险概率评价指标的结果。

3.2.2 AHP-FCE 模型计算结果说明

风险概率本质是风险事态出现且造成结构或构件失效的条件概率,参照公路桥梁和隧道工程设计安全风险评估指南的相关规定[8],常用的风险率赋值标准如表3所示。

桥梁工程常用的火灾风险概率赋值标准　　　　　　　　　　表3

概率描述	区间概率	等级	评分区间	定义
极低	$P < 10^{-6}$	一级	0.2~0.0	看来不可能,但仍有发生的可能
低	$10^{-3} > P > 10^{-6}$	二级	0.4~0.2	不可能,但仍有理由会发生
中	$10^{-2} > P > 10^{-3}$	三级	0.6~0.4	多次发生
高	$10^{-1} > P > 10^{-2}$	四级	0.8~0.6	频频发生
极高	$P > 10^{-1}$	五级	1.0~0.8	接二连三地发生

考虑到 AHP-FCE 模型存在繁杂的矩阵计算过程,本次以山西元决策软件科技有限公司开发的 yaahp 软件为辅助工具,按照桥梁管理人员和安全应急专家的指导意见,实现对该桥梁的火灾风险概率评价结果的计算。车致桥梁火灾概率风险层次分析指标权重和模糊综合评价指标得分情况见表4。

车致桥梁火灾风险层次分析指标权重和模糊综合评价指标得分情况　　　　表4

一级指标	指标权重	指标得分	二级指标	指标权重	指标得分
结构和材料	0.091 9	0.355	桥梁的结构类型	0.012 1	0.300
			桥梁的材料类型	0.014 2	0.367
			桥梁的跨径和年限	0.027 2	0.367
			桥梁结构耐火措施	0.038 4	0.367
交通环境	0.122	0.438	车道及车速设计	0.033 4	0.367
			恶劣天气影响	0.028 1	0.500
			日均车流量	0.023 4	0.467
			桥梁线性和坡度	0.010 5	0.367
			路面质量和可视	0.026 2	0.467
人员因素	0.318	0.409	人为放火	0.053 8	0.200
			驾乘误操作	0.141 1	0.467
			初期火灾灭火	0.123 2	0.433
车辆因素	0.235	0.363	车型车速	0.041 1	0.400
			车载可燃物类型	0.072 0	0.433
			车辆自燃	0.031 6	0.333
			车辆事故致火	0.090 0	0.300

一级指标	指标权重	指标得分	二级指标	指标权重	指标得分
管理因素	0.163	0.374	防火意识宣教	0.039 4	0.400
			交通疏导和执法	0.062 9	0.367
			防火制度及落实	0.033 3	0.333
			桥梁的检测保养	0.027 5	0.400
应急因素	0.070 1	0.451	火灾预案及演练	0.010 4	0.400
			火灾消防设施	0.012 7	0.467
			消防救援培训	0.011 1	0.467
			救援反应时间	0.035 9	0.467

一致性比例:0.028 7;λ_{max}:6.18;通过一致性检验。车致桥梁火灾风险概率评价综合得分:0.406

3.2.3 AHP-FCE模型计算结果分析

(1)各级风险概率评价指标权重情况分析。

通过对表4中各级评价指标权重情况的分析可知,在一级指标中对车致桥梁火灾风险概率评价影响由大到小依次为人员因素、车辆因素、管理因素、交通环境、结构和材料、应急因素。在二级指标对车致桥梁火灾风险概率评价影响由大到小的前5类指标排序依次为驾乘误操作、初期火灾灭火、车辆事故致火、车载可燃物类型、交通疏导和执法。这也说明在一级指标中人员和车辆方面是影响车致桥梁火灾风险概率的2个最重要因素,在二级指标前4个因素主要体现了火灾的产生及火灾初期灭火等环节对车致桥梁火灾风险概率的影响作用最强。目前来看,桥梁管理单位想通过人员和车辆因素领域降低车致桥梁火灾风险概率的措施十分有限,权重最大的5个二级指标通常情况下不属于桥梁管理单位运营管理的范畴,仅仅集中在交通环境、桥梁结构和材料等领域的经验措施已不能满足现阶段对于车致桥梁火灾风险概率降低的要求。这也反映出车致桥梁火灾风险概率体系是一个复杂的系统工程,需要驾乘人员、桥梁管理单位和交通管理部门三方共同发力来降低车致桥梁火灾风险概率。

(2)各级风险概率评价指标模糊计算结果情况分析。

以济南黄河大桥为例,通过对表4中各级评价指标评判得分情况的分析可知,在一级指标中对该车致桥梁火灾风险概率评价得分由低到高的排序依次为结构和材料、车辆因素、管理因素、人员因素、交通环境、应急因素,该桥在人员因素、交通环境、应急因素3个领域获得"中等"风险概率的结果,其他3个领域处于"低等"风险概率的结果。在二级指标对该车致桥梁火灾风险概率评价得分由高到低的前6个指标排序依次为恶劣天气影响、日均车流量、路面质量和可视、驾乘误操作、火灾消防设施、消防救援培训、救援反应时间,均处于"中等"风险概率的区间内。这也说明了桥梁管理单位在交通环境和应急管理方面的工作存在不足,特别是在恶劣天气应对、路面质量和可视、火灾消防救援等方面问题较为突出。该桥作为横跨黄河南北的主要的交通枢纽,已满40年的桥龄,在此期间经历了3次大的维护保养。据不完全统计,2017年一辆面包车在桥上自燃;2019年三车在桥上发生追尾起火。经过计算,该桥梁的车致桥梁火灾风险概率评价综合得分为0.406,处于"中等"概率风险,是与该桥的车致火灾的现实情况相符的。

4 结语

通过对车致桥梁火灾风险概率评价指标体系的构建,借助AHP-FCE评估模型,实现对车致桥梁火灾风险概率的定量评级,同时也为桥梁的防火运营管理指明了改进的方向。本次研究的不足之处在于二级指标的数量和评判内容相对较少,期待其他学者可以更加细化各项指标和评判参数。通过本次研究可以得出以下结论。

(1)通过 AHP 和 FCE 的结合,建立车致桥梁火灾风险概率评价模型,避免了安全检查表法的单一性和局限性,通过多位该领域从业人员的参加,克服了主观因素带来的误差,准确得到了指标权重和风险概率评级得分。

(2)对该车致桥梁火灾风险概率的分析结果表明,火灾风险概率为"中等",火灾事故多次发生,各因素对车致桥梁火灾风险概率的影响力排序为:人员因素 > 车辆因素 > 管理因素 > 交通环境 > 结构和材料 > 应急因素。

(3)对济南黄河大桥的车致桥梁火灾风险概率指标得分情况的分析可知,恶劣天气影响、日均车流量、路面质量和可视、消防应急救援等指标对车致火灾事故的影响显著且存在的问题十分突出,应作为降低车致桥梁火灾风险概率管理的首要因素。

参 考 文 献

[1] 崔闯,杨正祥,王昊,等.桥梁抗爆与抗火 2020 年度研究进展[J].土木与环境工程学报(中英文),2021,43(S1):207-221.

[2] 张岗,张永飞,贺拴海,等.国际桥梁抗火防灾技术新进展[J].中国公路,2020,(17):36-38.

[3] 李雪红,杨星墀,徐秀丽,等.大跨桥梁油罐车燃烧火灾模型计算方法研究[J].中国公路学报,2022,35(6):147-157.

[4] 孙博,肖汝诚.基于层次分析-模糊综合评价法的桥梁火灾风险评估体系[J].同济大学学报(自然科学版),2015,43(11):1619-1625.

[5] 王晓翠,张礼敬,陶刚,等.基于 TOPSIS 法的桥梁火灾韧性评估模型[J].中国安全科学学报,2018,28(4):59-64.

[6] 刘沐宇,黄根,卢志芳.桥梁火灾风险模糊综合评价方法[J].土木工程与管理学报,2018,35(2):8-14.

[7] 项贻强,吴强强,张婷婷.基于 AHP-FCE 模型的桥梁设计风险评估研究[J].土木工程学报,2010,43(S2):275-280.

[8] 中交公路规划设计研究院有限公司.公路桥梁和隧道工程设计安全风险评估指南[M].北京:人民交通出版社,2010.

2. 时序 InSAR 技术在高速公路桥位区选址中的应用

耿浩然　黄勇博　万战胜　任　旭

（河南省交通规划设计研究院股份有限公司）

摘　要：针对许昌绕城高速公路南水北调特大桥桥位区稳定性评价数据匮乏、时间紧迫的问题，利用 PS-InSAR 技术对 2021 年 1 月 9 日至 2021 年 12 月 23 日 25 景 Sentinel-1A 数据进行处理，将监测结果与水准数据进行对比。结果表明，PS-InSAR 和水准测量结果之间的回归系数 R_2 为 0.7859，均方根误差 RMSE 为 1.41mm；变形严重的区域集中在水磨河村南部和窑口村北部，最大沉降速度为 -47.22mm/a；至观测结束，路线一桥位区的沉降曲线没有出现明显收敛现象，存在安全隐患，应当采取避绕措施。InSAR 技术可有效识别高速公路桥位区潜在的地质灾害隐患，为桥位区准确选址提供数据支撑。

关键词：高速公路　桥位区　Sentinel-1A　PS-InSAR　地表沉降

1　引言

河南位于我国中东部、黄河中下游，承启东西、连贯南北，是全国重要的交通枢纽之一。目前，已基本建成由国道主干线和国家重点干线组成的"三纵三横"高速公路大通道，形成了以省会郑州为中心，连接 18 个省辖市和周边省份 14 个中心城市的高速公路网[1-2]。2020 年底，为了将中原地区独特的区位更好地赋能经济发展，河南省站位全局提出了"13445"工程。

随着工程进度不断推进，省内高速路网密度越来越大，使得高速公路在工程选址中，会遇到新建工程无法避免不良地质体广泛分布区域，或与现有建筑物在空间分布上存在冲突的现象。因此，如何快速高效地评判工程场址的地表稳定性便具有十分重要的现实意义。

工程场址地表稳定性评价涉及地质要素复杂多变、观测区域广、观测周期长、定量精度低、结果不易验证等问题，采用传统的观测手段（如：水准观测、全站仪观测、GPS 观测）又存在耗时耗力、长期成本过高等多方面的缺点。而近 10 年来兴起的合成孔径雷达干涉测量（Interferometric Synthetic Aperture Radar，InSAR）技术则有望成为解决这一问题的新途径[3]。InSAR 是一种主动式微波遥感技术，具备全天候全天时监测的能力，且对地表微小形变十分敏感[4]，相

河南省交通运输科技计划项目：高速公路下伏采空区精准勘察及场地稳定性评价研究，2021J12。

比于传统观测手段周期短、成本低、能快速识别和分析地表沉降发育状况[5-7]。国内已有学者将其成功应用在黄土高原湿陷性黄土沟壑区[8];京津冀[9]、豫北[10]地下水超采区;滇中高山峡谷区[11]以及珠江三角洲冲积平原[12-13]等多个地质灾害易区的地表沉降监测中,并取得了不错的效果,为地质灾害防治提供了有力支撑。如刘沛源[14]等通过短基线 SBAS 技术识别出成汶高速公路汶川段 10 处正在持续变形中的滑坡,根据滑坡发育程度和空间分布特征,兼顾安全、效益、造价等多种因素,对路线设计方案分析比选,为山区公路的科学选线提供技术支撑。熊鹏[15]等以昆磨高速公路为研究对象,通过 PS-InSAR 技术排查出沿线存在 3 处地质灾害隐患,最大沉降速度为 –54mm/年,研究结果可为相关部门进行科学养护提供依据。王天河[16]在康定 – 炉霍高速公路选线工作中辅以 InSAR 技术,对研究区域内潜在滑坡进行补充解译识别,从而发现滑坡隐患点 15 处。

综上所述,将 InSAR 技术应用在高速公路路线方案比选工作中是完全可行的,但以上研究大都只依赖 InSAR 一种技术手段对高速公路沿线潜在的地质灾害风险进行判定,缺乏外部验证数据。如果将该方法得出的监测结果与研究区域局部的水准测量成果结合,在进一步验证 InSAR 技术可靠性的同时,对提高大范围地表沉降识别的效率还将起到事半功倍的效果。因此,本文采用时序 InSAR 技术提取许昌绕城高速公路南水北调特大桥工程场址 2021 年 1 月至 2021 年 12 月的地表沉降信息,将得到的监测结果与同期水准数据进行精度对比,验证 In-SAR 技术的可靠性,为桥位区的选址及灾害防治提供科学依据[17-18]。

2 工程概况

2.1 地理位置

许昌绕城高速公路全长约 56km,是许昌市内部连通鄢陵县、建安区、长葛市和禹州市的快速通道,也是国家城市群大通道永城至灵宝高速公路的重要组成部分。经过前期设计,拟建高速公路以鄢陵县为起点,经禹州境内与郑栾高速交叉后,在河南 S103 线附近到达终点。其中,高速公路南水北调特大桥位于许昌市长葛市水磨河村以南,白庄村以东,窑口村以西,并自东向西跨越南水北调干渠。但由于干渠自 2015 年 11 月至今持续存在地面沉降问题[19],为选择合适的线路,初步设计了两种方案。

2.2 地质条件

桥位区地貌单元属于侵蚀剥蚀台地,地势起伏较小,地面高程约 124.18 ~ 130.10m,高差5.92m。在勘探深度内,上部为第四系全新统地层,岩性以粉质黏土、粉土及砾砂为主;下部为第四系上更新统冲积地层,岩性以粉质黏土、粉土与角砾为主。根据野外实地调查情况,桥位区内未发现全新世活动断裂,新构造运动不明显,附近未存在对工程安全有影响的岩溶、滑坡、崩塌、泥石流、风沙等不良地质作用。

2.3 地下水特征

桥位区地下水属第四系松散岩层孔隙潜水,水位埋深约为现状地表下 9.6 ~ 12.0m。地下水主要由降水入渗形成,其次为泉河侧渗及灌溉回归水补给。由于该区域地下水埋藏较浅,且年变幅 3 ~ 5m,对基础施工影响较大。

3 数据来源

本次实验共选取 25 景 Sentinel-1A 影像数据,具体参数如表 1 所示。

参数项目	参数值
影像获取时间	2021.01.09 ~ 2021.12.23
工作波段	C 波段
入射角	33.76°
极化方式	VV
升/降轨	升轨
分辨率(m×m)	5×20

数据覆盖范围如图 1 绿框所示。外部 DEM 采用的是 30m 分辨率的 ASTER GDEM 高程数据。此外,还获取了卫星精密轨道星历数据,用于去除轨道系统误差。

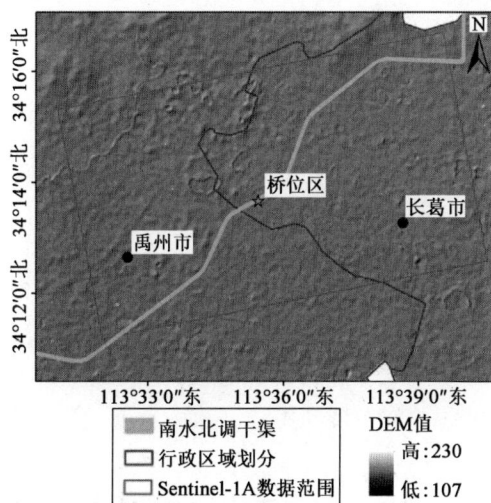

图 1 研究区域示意图

为评估时序 InSAR 技术的观测精度,本实验还通过二等水准观测获得了窑口村,白庄村和干渠周边三个区域,9 条测线,69 个水准点,2021 年 6 月至 2021 年 12 月的沉降数据。

4 研究方法

4.1 PS-InSAR 监测技术

InSAR 技术利用雷达回波信号携带的相位信息提取地面高程信息,而雷达差分干涉测量就是在 InSAR 技术基础上进一步获得地面目标相对于传感器位置发生的变化[20]。在实际观测过程中,两幅 SAR 影像形成的干涉相位组成为[21]:

$$\varphi = \varphi_{flat} + \varphi_{ter} + \varphi_{orb} + \varphi_{atm} + \varphi_{noi} + \varphi_{def} \qquad (1)$$

式中:φ_{flat}——平地效应相位;

φ_{ter}——地形相位;

φ_{orb}——轨道误差相位;

φ_{atm}——大气影响相位;

φ_{noi}——随机噪声相位;

φ_{def}——地表形变引起的相位变化。

11

采用单一主影像法,获取 24 副干涉图,根据振幅离差指数提取雷达散射特性强而稳定的 PS 目标点在第 i 幅差分干涉图中,相邻两 PS 目标点差分相位为[22]:

$$\Delta\varphi = \frac{4\pi}{\lambda \cdot \overline{R} \cdot \sin\overline{\theta}} \cdot \overline{B}_i^{\perp} \cdot \Delta\varepsilon + \frac{4\pi}{\lambda} \cdot T_i \cdot \Delta v + \Delta\varphi^{\mathrm{res}} \qquad (2)$$

式中:λ——波长;

$\overline{R}$、$\overline{\theta}$——PS 点到传感器的距离平均值和雷达入射角平均值;

$\overline{B}_i^{\perp}$——干涉对几何基线的平均值;

T_i——干涉对的时间基线;

$\Delta\varepsilon$、Δv——相邻两 PS 点间高程残差增量和形变速率增量;

$\Delta\varphi^{\mathrm{res}}$——相邻 PS 点间大气延迟、非线性形变和噪声等多因素造成的残留相位增量。

根据 Ferretti 等[23]的理论研究,若 $|\Delta\varphi^{\mathrm{res}}| < \pi$,通过最大化相关系数 γ 的值,获得 $\Delta\varepsilon$ 与 Δv 的解。

$$\gamma = \left| \frac{1}{M} \sum_{i=1}^{M} (\cos\Delta\omega_i + i \cdot \sin\Delta\omega_i) \right| = \max \qquad (3)$$

式中 $\Delta\omega_i = \Delta\varphi_i - \frac{4\pi}{\lambda \cdot \overline{R} \cdot \sin\overline{\theta}} \cdot \overline{B}_i^{\perp} \cdot \Delta\varepsilon - \frac{4\pi}{\lambda} \cdot T_i \Delta v$ 为观测值与拟合值的差,虚数 $i = \sqrt{-1}$。

式(3)中,由于观测误差的存在使得高程残差梯度 $\sum\Delta\varepsilon \neq 0$ 与形变速率梯度 $\sum\Delta v \neq 0$。为合理求解 PS 点参数,通过区域网最小二乘法计算各 PS 点的高程残差和形变速率,然后进一步分析残留相位的构成分量,在时间域上进行高通滤波,空间域上进行低通滤波处理,逐步分离和提取大气相位、非线性形变相位以及随机噪声,进而获得形变相位,求得地表形变速率。

4.2 验证方法

利用均方根误差 RMSE 量化 PS-InSAR 与实地水准监测结果的一致性[24],公式如下所示:

$$\mathrm{RMES} = \sqrt{\frac{1}{N} \sum_{i=1}^{N} (x - \hat{x})2} \qquad (4)$$

式中:x——PS 点的变形值;

$\hat{x}$——水准点的变形值。该指数大小反映了 PS-InSAR 结果偏离水准数据的程度,值越小表示偏离程度越小。

5 结果分析及精度验证

5.1 PS-InSAR 监测结果

如图 4 所示,许昌绕城高速公路南水北调特大桥场址 InSAR 沉降监测点总数为 35 565 个。高速公路南侧地表比较稳定,北侧地表有明显的沉降。变形严重的区域为桥位区原址附近的水磨河村南部和窑口村以北。其中水磨河村南部地表降速度最大为 −47.22mm/年;窑口村以北(C 区域)地表沉降速度最大为 −37.28mm/年;白庄村村以东地表沉降速度最大为 −29.49mm/年。

研究区域内地表自 2021 年 2 月 2 日开始出现沉降,之后形变不断累积且沿南水北调渠道向周边逐步发育,离渠道越近沉降越明显,最终形成一个沉降漏斗。至 2021 年 12 月 23 日观测结束,水磨河村南部地表沉降量多分布在 20 ~ 35mm 区间内,最大可达 53.98mm;窑口村以北地表沉降量多分布在 25mm 附近,最大可达 38.45mm;白庄村以东地表沉降量多分布在 15mm 附近,最大为 18.28mm。

全域地表沉降监测结果多集中分布在 10 ~ 30mm 区间内,依据《地质灾害危险性评估规范》[25],地表沉降程度为中等发育,其中水磨河村南部和窑口村以北部分点位的沉降量已逼近 50mm,桥位区场址地表欠稳定,给大桥稳定性造成安全隐患,路线应避开南水北调中线干渠变形严重区域,选择相对稳定的区域绕行。

分别绘制两条路线 K51 + 000、K52 + 000 里程桩号的 PS-InSAR 沉降数据,如图 2 所示。可以看出,路线一桥位区的地表沉降在 2021 年 7 月 28 日至 2021 年 10 月 16 日(时距 200 至时距 280d)出现短暂的稳定后继续下沉,至 2021 年 12 月 23 日(时距 348d)观测结束,数据表现为非收敛。而路线二桥位区的地表沉降数据在 2021 年 9 月 18 日(时距 250d)出现明显的收敛现象,说明路线二桥位区场址稳定性比原桥位区有所提高。

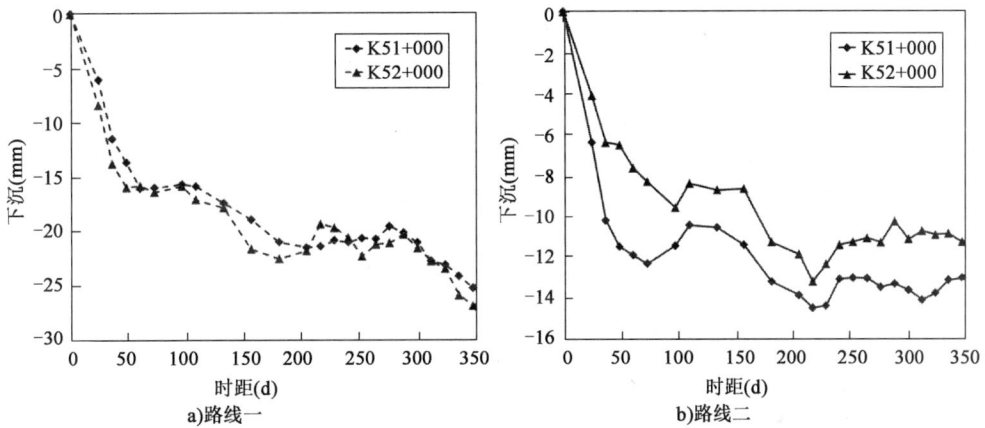

图 2 桥位区场址沉降演化过程

5.2 PS-InSAR 监测结果验证

为保证 PS-InSAR 和二等水准测量结果的对比具有一致性,采用最邻近法,在距离阈值为 20m 的条件下选取水准点附近的 PS 监测点(图 3),对比两者的下沉累积值,结果如图 3 所示。从曲线走势可以看出,除 1 号验证测线上 1 号-1、1 号-4 两点水准测量下沉累积值与 PS-InSAR 结果误差较大外,2 号验证测线与 3 号验证测线水准测量下沉累积值与 PS-InSAR 结果吻合度较好,误差均不超过 1.5mm。

将水准测量下沉累积值与 PS-InSAR 结果做回归分析,结果如图 4 所示。回归系数 R^2 为 0.7859,均方根误差 RMSE 为 1.41mm,说明 PS-InSAR 技术在高速公路桥位区潜在的地质灾害隐患监测中具有一定的可行性和有效性。

6 结语

本文基于时序 InSAR 技术,利用 25 景 Sentinel-1A 影像,提取分析了 2021 年 1 月 9 日至 2021 年 12 月 23 日许昌绕城高速公路南水北调特大桥场址附近的地面沉降。结论如下:

(1)变形严重的两个区域集中在水磨河村南部和窑口村以北,沉降呈现明显的漏斗状空间分布特征,最大沉降速度达到了 -47.22mm/年。

(2)将 PS-InSAR 监测结果与二等水准结果进行回归分析,回归系数 R^2 为 0.7859,均方根误差 RMSE 为 1.41mm,证明了 PS-InSAR 结果的可靠性。

13

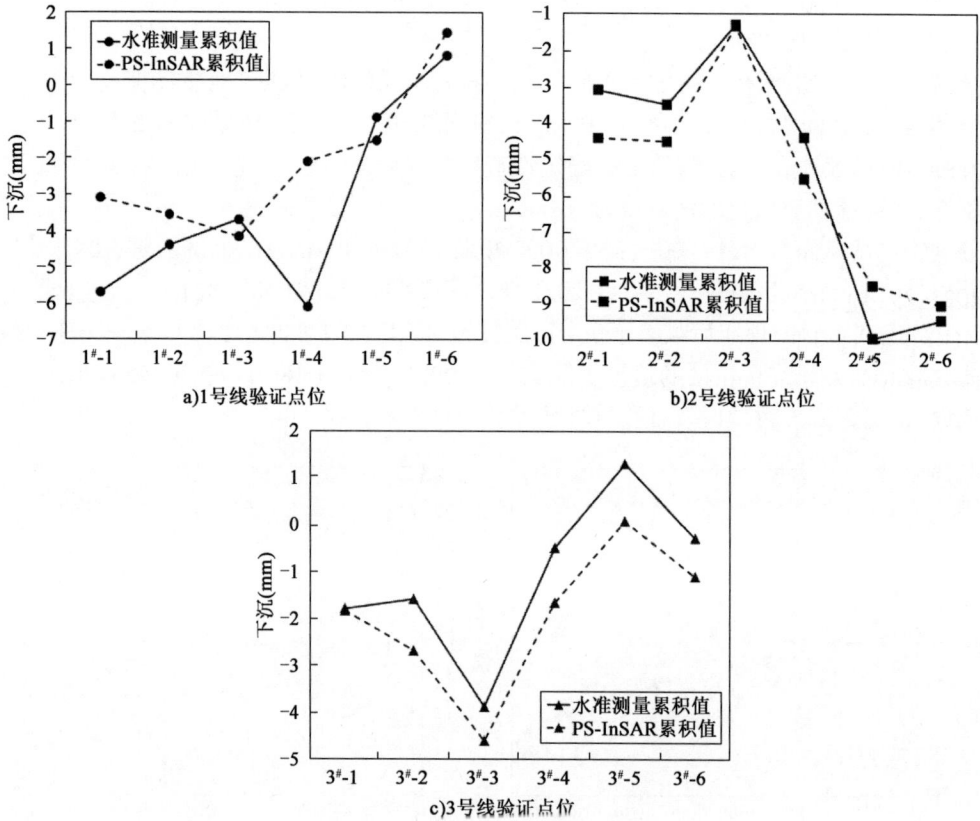

a)1号线验证点位

b)2号线验证点位

c)3号线验证点位

图3 水准测量与PS-InSAR下沉值对比

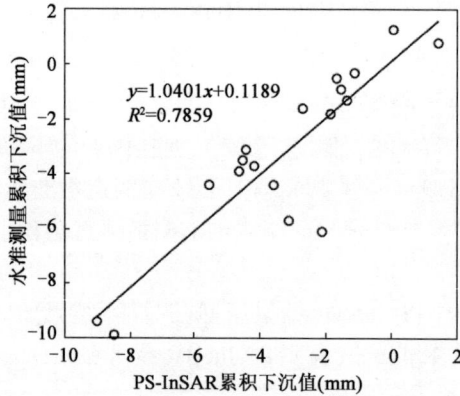

$y=1.0401x+0.1189$
$R^2=0.7859$

图4 监测值线性拟合

（3）路线一桥位区场址地表欠稳定，影响大桥初步设计线位的路线安全，应当从沉降区外避绕通过。

（4）路线二桥位区场址在2021年9月18日已达到稳定状态，沉降数据有明显的收敛，稳定性比原桥位区进一步提高。

PS-InSAR技术与传统水准测量方法相比具有监测范围广、监测密度高、形变分布更加连续的优势，可为高速公路桥位区勘察设计工作中不良地质体的识别和分析提供数据参考，对佐证地调结论、选址决策、灾害防治具有一定的应用价值。

14

参 考 文 献

[1] 郭小壮,蒋文静,孙启鹏.河南省公路交通与经济发展协调性研究[J].公路,2021,66(9):
    285-292.

[2] 余沛.河南省高速公路网络发育程度评价与分析[J].公路,2013(10):141-145.

[3] 姚鑫,张路青,李凌婧,等.工程场址区域地壳稳定性 InSAR 评价研究[J].工程地质学报,
    2021,29(1):104-115.

[4] HOOPER A,BEKAERT D,SPAANS K,et al. Recent advances in SAR interferometry time se-
    ries analysis for measuring crustal deformation[J]. Tectonophysics,2011,514-517(5):1-13.

[5] 李治斌,党星海,蔡明祥,等.基于 PSInSAR 技术的珠海市地表沉降监测与归因分析[J].
    自然灾害学报,2021,30(1):38-46.

[6] 陈娅男,李素敏,郭瑞,等.基于时序 InSAR 的覆砂石尾矿坝形变演化研究[J].中国安全
    生产科学技术,2020,16(4):31-37.

[7] 许强,董秀军,李为乐.基于天-空-地一体化的重大地质灾害隐患早期识别与监测预警
    [J].武汉大学学报(信息科学版),2019,44(7):957-966.

[8] 蒲川豪,许强,蒋亚楠,等.延安新区地面沉降分布及影响因素的时序 InSAR 监测分析
    [J].武汉大学学报(信息科版),2020,45(11):1728-1738.

[9] 李曼,葛大庆,张玲,等.基于 PSInSAR 技术的唐山南部沿海地区地面沉降研究[J].工程
    地质学报,2016,24(4):704-712.

[10] 马超,屈春燕,孟秀军.南水北调总干渠中线工程豫北段基础稳定性的 InSAR 时序分析
    [J].地震地质,2014,36(3):749-762.

[11] 李勇发,左小清,熊鹏,等.PS-InSAR 技术支持下的滇中地区高速公路灾害识别[J].测绘
    科学,2021,46(6):121-127,135.

[12] 戴真印,刘岳霖,张丽平,等.基于改进时序 InSAR 技术的东莞地面沉降时空演变特征
    [J].中国地质灾害与防治学报,2023,34(1):58-67.

[13] 李治斌,党星海,蔡明祥,等.基于 PSInSAR 技术的珠海市地表沉降监测与归因分析[J].
    自然灾害学报,2021,30(1):38-46.

[14] 刘沛源,常鸣,武彬彬,等.基于 SBAS-InSAR 技术的成汶高速汶川段滑坡易发区选线研
    究[J].地球科学,2022,47(6):2048-2057.

[15] 熊鹏,左小清,李勇发,等.InSAR 技术在高速公路灾害辅助识别中的应用[J].测绘通
    报,2020,(8):87-91.

[16] 王天河.基于多源遥感的康定—炉霍拟建高速公路地质灾害危险性评价及线路优化分
    析[D].成都:成都理工大学,2019.

[17] 余绍淮,徐乔,罗博仁.时序 InSAR 技术在山区公路遥感地质勘察中的应用[J].公路,
    2021,66(10):251-257.

[18] 张双成,余静,宋明鑫,等.南水北调中线区域地面沉降 SBAS-InSAR 监测研究[J].大地
    测量与地球动力学,2022,42(12):1300-1306.

[19] 段蕙质,王楠,李珺妍,等.基于时间序列 InSAR 技术的南水北调渠道边坡变形监测——
    以中线工程禹州至长葛段为例[C]//中国水利学会.中国水利学会 2019 学术年会论文

集第五分册.中国水利水电出版社,2019:7.

[20] 陈有东,张立峰,何毅,等.升降轨 Sentinel-1A 时序 InSAR 的中川国际机场地表形变监测与分析[J].工程地质学报,2022,30(3):803-816.

[21] 王爽,杨可明,丁鑫铭,等.PS-InSAR 监测矿区建筑物及道路动态沉降安全分析[J].中国安全生产科学技术,2022,18(9):111-117.

[22] 贾洪果.高分辨率永久散射体雷达干涉及其应用于高速铁路沉降监测[D].成都:西南交通大学,2012.

[23] FERRETTI A,PRATI C,ROCCA,F. Permanent Scatterers in SAR Interferometry[J]. IEEE Transactions on Geoscience and Remote Sensing,2001,39(1):8-20.

[24] 国家测绘地理信息局.时间序列 InSAR 地表形变监测数据处理规范:CH/T 6006—2018 [S].北京:中国标准出版社,2018.

[25] 中华人民共和国自然资源部.地质灾害危险性评估规范:GB/T 40112—2021[S].北京:中国标准出版社,2021.

3. 基于精益生产理论的钢箱梁制造 MES 系统

张 旭

（中铁山桥集团有限公司）

摘 要：针对钢箱梁行业制造过程管理模式粗放问题，基于精益生产以及工业工程理论，结合企业自身生产管理成熟度水平，按照现代化钢结构智能制造建设相关要求，建立了钢箱梁生产制造执行系统，该系统开发了生产计划执行、产品质量管控、设备运维管理等功能模块，通过车间工业网络、数据采集终端与车间重要资源要素进行物联，可有效提高生产精细化管理水平，支撑钢箱梁项目运营决策。

关键词：钢箱梁行业　精益生产　生产制造执行系统　生产车间

1 引言

近些年来，新一代的信息技术与制造技术迅速融合，全球范围内产业格局重大调整，资源环境和要素成本约束日益趋紧，我国经济发展进入了新的阶段，在新的历史性交会的战略机遇期，信息化是新经济发展的第一驱动力，国资委对央企信息化工作的监管与考核力度也在不断加强，中国中铁股份公司召开"双轮驱动"会议，提出"数智升级，智慧建造"为目标的数智升级工程全面启动，要求所属企业加快推动数字化转型工作，做好数字化转型的深度宣传，让成果转化为实实在在的生产力。

精益生产起源于日本丰田，是一种以企业利润最大化为目标，以准时化生产为手段，消除生产过程中浪费行为的生产组织方式。国内对精益生产的接触可以追溯到 20 世纪 70~80 年代末，长春第一汽车制造厂组织工程师到丰田公司进行首次访问。近年来，随着现场改善的方法和理论不断成熟完善，国内企业纷纷开始将精益生产方式作为提高企业综合竞争能力的有效工具，但目前来说国内学术界和企业界对精益生产方式的研究和总结却落后于美国等西方国家。因此结合精益生产理论打造钢箱梁数字化车间对钢箱梁制造行业来说是一次创新挑战[1]。

2 钢箱梁制造数字化车间

传统钢箱梁制造采用半自动切割下料、人工组装、手工焊接的制造模式，存在工作效率低、焊接质量不稳定、制造精度差等弊端，已渐渐无法满足现代钢桥梁的制造需求。且大量需要依赖人工，产业工人的日渐短缺给行业今后的发展埋下了很大的隐患。所以，制造企业应抓住发展机遇,开展智能制造关键技术的研究,将生产制造模式与先进技术有机融合,实现生产过程的数字化和信息化,构建钢桥梁智能制造管控体系,实现具有真正意义的智能制造。

企业结合精益生产理论运用信息技术,建设总体目标为以板材智能下料切割生产线、板单元智能焊接生产线以及车间制造执行智能管控系统为核心的钢箱梁制造数字化车间,可以保障钢箱梁项目如期高质量完成,可以保障车间有序、协调、高效地生产,可以全面提升钢箱梁制造的自动化、数字化、智能化制造水平,推进我国桥梁制造向信息化、精益化发展,全面促进钢箱产业的转型升级[2]。

板材智能下料切割生产线通过板材切割下料管理系统与车间制造执行智能管控系统融合,将操作数据由套料软件通过工业物联网 inIoT 下发到作业数控切割机器。实现数控切割设备直接从系统读取下料程序,切割数据实时反馈,收集加工作业数据,以报工形式传入到MES 系统中从而实现自动报工。

板单元智能焊接生产线能够自动获取工件信息,自动生成焊接程序。使用电子和机械跟踪器对焊缝进行精确定位及跟踪,通过焊接群控系统采集焊接参数。U 肋与板单元的焊接质量稳定可靠。板单元数字化焊接车间各生产设备及工位机通过有线和无线网络与 MES 系统互联(图1)。

图1 钢箱梁制造数字化车间

3 基于精益生产理论的 MES 系统

本文提到的 MES 系统指的是适用于中铁山桥(南通)有限公司的生产管理系统,包括系统的建设背景、结构设计、功能设计等内容。

3.1 MES 系统建设背景

作为典型的大型钢结构生产企业,在生产运营过程中,产品结构复杂,生产周期长,在面临着越来越多的市场订单的环境下,企业规模在不断的发展壮大,按照手工方式管理生产任务,监控质量跟踪、统计生产成本已经无法满足企业的管理需要,因出错率高、信息不及时造成的管理成本也越来越高。因此以精益生产为方向带动自主创新能力的提升,引领行业技术进步,打造精益生产管理模式下的钢箱梁制造 MES 系统,可以有效保障企业有序、协调、高效地生产[3]。

较于国外研究方向,现在的国内研究主方向集中在 MES 的开发及应用上。本文研究方向不仅局限于 MES 系统的功能,更深入到钢结构生产制造领域,实现了基于精益生产理论的生产制造执行系统开发与应用。中铁山桥研发了基于 BIM 技术的制造云平台 iBIM 作为核心系统,与 PLM、ERP、iWeld、inIoT 以及智能涂装管理系统进行集成,打造出基于精益生产的适用于钢箱梁制造的生产制造执行系统(图 2)。

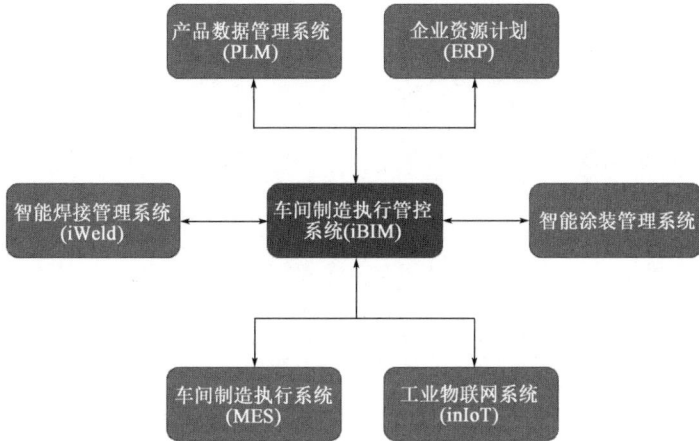

图 2 集成式车间制造执行系统

3.2 MES 系统架构设计

针对钢箱梁制造行业目前存在的种种生产现场管理中的弊端和企业生产现场管理的种种需求,结合制造执行理论、精益生产、看板管理等先进管理思想,以及先进的 IT 技术,MES 系统必须包含原材料上线到成品入库的生产过程进行实时数据采集、控制和监控的全过程[4]。精益生产方向的 MES 系统是从生产计划的下达,到成品的出货的整个过程进行实时数据采集、监控、管理的软件系统。以 MES 软件为核心,将数据采集技术、移动计算技术、自动化控制技术、数据库技术;敏捷制造、精益生产、工业系统工程理论有机结合,填补从 ERP 为代表的计划层到以 HMI 为代表的控制层之间的沟壑,实现生产现场透明化管理。根据这种设计思想,其系统架构设计如图 3 所示。

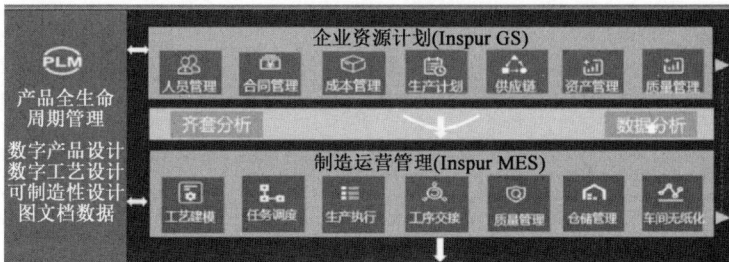

图 3 MES 系统架构设计

系统利用中铁山桥私有云服务,从钢箱梁制造车间生产计划、过程协同、资源管控、质量管控、决策支持、以及车间信息的互联互通等六个方面着手,通过智能仓储、计划排产、物流管控、精度管控等功能模块,实现制造车间生产过程的自动化、信息化、网络化、智能化的管理。应用 MES 系统从 ERP、PLM 系统读取主生产计划和工艺数据,实现车间数字化排产。利用自主开发的模型轻量化技术,方便移动端查看 BIM 模型和图纸、工艺、检验规程等文件,指导作业及时、准确。应用终端扫码报工报验,采集生产数据、实时反映板单元的制造进度。规范处理问题,质量监督检查高效协同,同时实现可追溯。通过调度指挥中心远程监控,及时掌握现场施工动态,及时预警纠偏,保障生产可控(图4)。

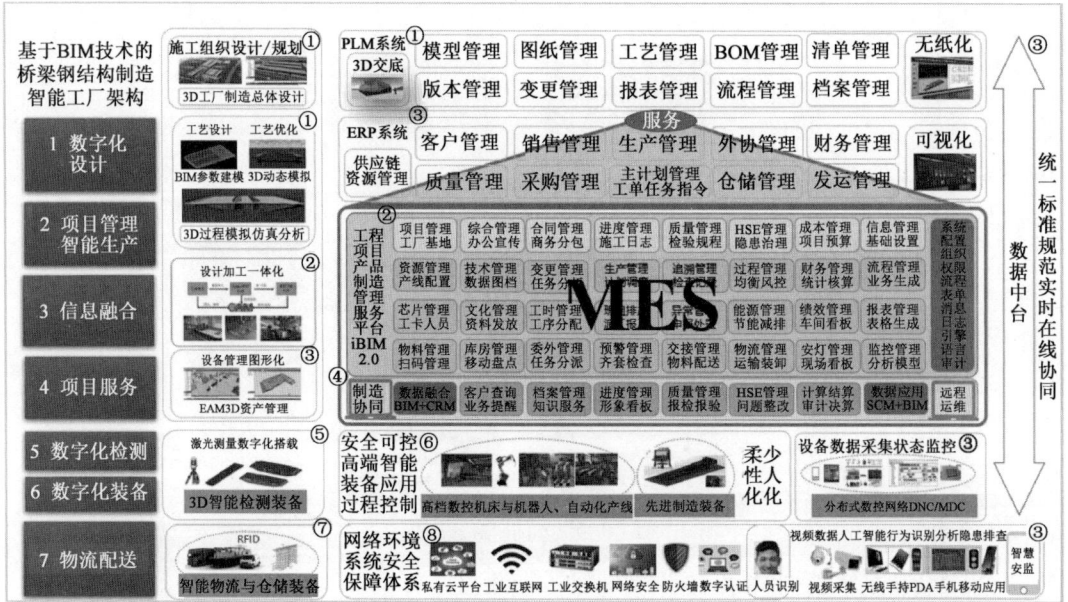

图 4　MES 系统详细架构

3.3　MES 系统功能设计

基于精益生产的 MES 系统应该重视生产现场工艺路线、资源追踪、实时分析等管理功能,为企业提高效益。从现场管理的角度来看,MES 系统集成了企业生产现场各单位的各项数据,得到运作所需的信息,以提升生产效率。MES 集成相关数据采集和信息显示的硬件配备,精益生产化的 MES 系统采用模块化功能的设计,针对企业的需求做弹性的模块搭配,将建设和升级成本降至最低[5]。基于精益生产的 MES 不单是一个独立的系统,而是整个企业信息化中的重要组成部分,其跟企业的 PLM、ERP、iWeld、inIoT 以及智能涂装管理系统进行集成,建立企业级信息系统(图5)。

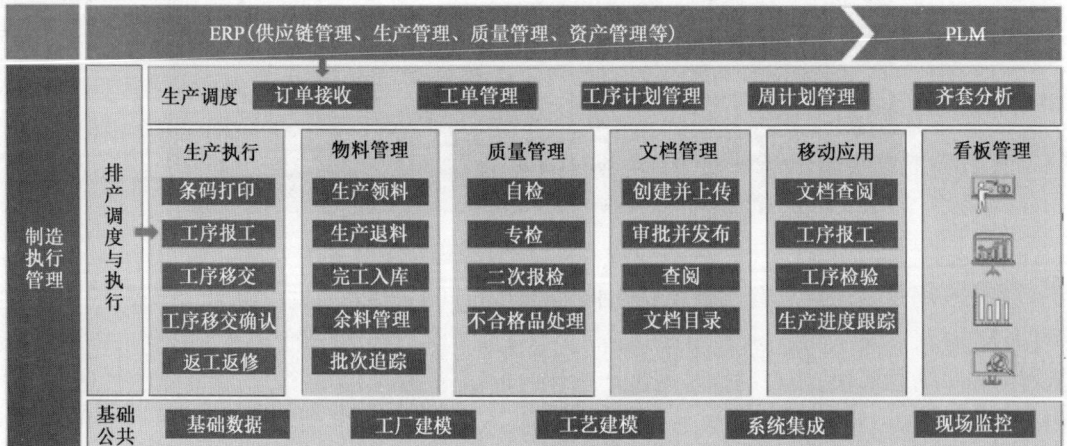

图 5　MES 系统功能设计

20

3.3.1 研发设计协同与应用

建立产品设计、工艺数据与图文档管理一体化管理平台,统一标准规范和设计过程,提供钢箱梁产品制造从零件、构件到梁段的产品全生命周期管理,加强对于文档、图纸、数据的高效利用,使工作流程规范化、减少纸质图纸发放份数,电子单据代替纸质单据,提高无纸化程度约80%。提升研发设计应用能力,为下游的采购、生产提供完整、结构化的数据支撑。以在建钢结构制造项目为实施载体,以关键制造环节信息化为核心,以工业物联网作为支撑,通过信息交互,实现桥梁钢结构项目整个生产过程的协同设计、优化流程。

3.3.2 生产排产管理

聚焦生产计划、生产执行,技术驱动生产、线上编制生产计划和生产进度,自动接收 PLM 系统下发的 BOM 数据,并对 BOM 数据进行生产计划管理,系统生成工单生产计划任务,生产保障部结合当前生产任务做出生产月度计划,并根据车间各工段生产能力派发生产任务,按照项目、工单进行生产计划执行跟踪。生产调度根据月度生产计划进行筛选,实现实时对车间作业人员的任务下达,基于精益生产的准时性控制可保障生产计划高度完成,提高生产过程效率,月均产量可提升19%,同时减少钢板库存积压约 4 000t。

3.3.3 生产制造执行

建立产品设计、工艺数据与图文档管理一体化管理平台,统一标准通过与 ERP 系统对接,可以获取生产计划的相关信息。车间作业人员接收对应的生产工单在工单管理进行发布,根据实际业务生成序列号,从序列号管理打印产品条码进行粘贴,实现产品的序列号管理;依据序列号管理进行已完成产品的部件报工,按关键工序管控,在工位机或手机端进行实时报工,反馈生产进度到生产管理模块,提供实时的生产进度。

3.4 MES 系统应用效果

在实施应用 MES 系统过程中,制造数据在生产全过程贯通使用标准、最新的制造数据;将生产计划、资源计划做到结构化、信息化,在此基础上由系统进行自动化分解和人工调整分解结果[6];实现组织生产相关全流程业务应用,企业除了在管理方面得到了很大的改善之外,工作效率和经济效益也都得到了明显的提高,相关提升内容见表1。

生产制造业务效率提升情况　　　　　　　　　　　　　　　　　　　　　　表1

原业务情况	现业务情况	提升
纸质图纸及审批单份数较多	车间投入工位机,减少图纸发放份数,电子单据代替纸质单据	无纸化程度提高80%
每月平均产量 14 000t	每月平均产量 17 000t	生产过程效率同比提升19%
平均库存近 39 000t	平均库存 35 000t	库存积压同比少10%
手工焊焊接工人较多	采用智能设备及系统减少了人员	相同吨位投入人员比少1/3

4 结语

桥梁钢结构是中铁山桥集团公司的传统主营产品,处于国内领先、国际先进水平,处于市场领先地位,有着 125 年发展历史的中铁山桥,肩负贯彻落实国家发展战略、支撑国民经济转型升级、振兴民族工业的历史使命,有着其他企业不可替代的先天优势,在努力实现"国内领先、世界一流"企业发展目标,积极推动"三个转变"的背景下,通过建设基于精益生产理论的钢箱梁制造数字化车间 MES 系统,有利提升中铁山桥整体智能制造水平,抢占未来发展制高点,打造国内先进的桥梁钢结构智能制造车间。

参 考 文 献

[1] 鲁玉军,金倩倩.基于 MES 系统的精益生产计划与控制模型研究[J].经营与管理,2017(5):92-95.

[2] 中华人民共和国铁道部.铁路钢桥制造规范:TB 10212—98[S]北京:中国铁道出版社,1998:33-36.

[3] 李孝斌,尹超.面向生产过程云服务的制造执行系统[J].计算机集成制造系统,2016,22(1):177-188.

[4] 陈轩.面向 MES 的离散制造车间 SCADA 系统设计开发[D].南京:南京理工大学,2017.29-32.

[5] 王立志.物联网 MES 平台与精益生产的相互融合实践初探[J].机电技术,2017(3):113-116.

[6] 王晋.制造执行系统的研究现状和发展趋势[J].兵器装备工程学报,2016,37(2):92-96.

4. 基于 PSO-BP 神经网络的 PPP 模式下桥梁施工工期预测研究

张　明[1,2]　翁奇波[1,2]　杨则顺[1,2]　杨成安[1,2]　叶宁波[1,2]

（1. 浙江杭甬复线宁波一期高速公路有限公司；

2. 浙江交投交通建设管理有限公司）

摘　要：传统预测桥梁施工工期方法预测精度较低，且未考虑政企合作（PPP）模式的影响。因此，融合 PPP 模式和传统施工两个维度，提取施工工期影响因素指标，并以定量指标最小-最大归一化和定性指标量化处理结果作为 BP 神经网络的输入，使用粒子群优化算法（PSO）为传统 BP 神经网络寻找更优初始权值与阈值，建立 PSO-BP 神经网络预测桥梁施工工期模型。结果表明，较于传统 BP 神经网络，PSO-BP 预测模型收敛精度更优，可有效预测 PPP 模式下桥梁施工工期。

关键词：PPP 模式　桥梁施工工期　PSO-BP　预测模型

1　引言

PPP 模式作为一种创新的基础设施和公共服务项目的实施机制，在全球范围内得到了广泛应用，其核心特征在于政府和私营部门之间的风险共担、资源共享和利益共享[1]。桥梁建设作为高速公路项目的重要组成部分，其施工工期受多种因素影响，并且在 PPP 模式下，政企之间的协同机制与利益均衡加剧了这些因素的复杂性，从而对工期预测提出了更高的要求。

传统的工期预测方法主要依赖线性回归[2]和概率统计，难以处理多重因素之间的非线性交互关系[3]。近年来，BP 神经网络因具有较强非线性映射能力而逐渐兴起[4-5]，在各类预测问题中表现出良好的性能[6-8]。然而，BP 神经网络在处理较复杂问题时收敛效率较低，且易陷入局部最优解[9]，而导致 BP 网络陷入局部最优解的关键原因之一，在于 BP 网络初始权值和阈值的选择具有随机性[10]。因此，寻找 BP 网络更优初始权值和阈值，对提升 BP 网络的学习效率和预测精度具有重要意义。PSO 是 Kennedy 和 Eberhart 共同提出的一种基于群体智能的优化算法[11]，它通过模拟鸟群动态行为，在广泛的潜在解空间内进行搜索迭代，寻找最优解，从而获得比 BP 网络更优异的收敛性和全局搜索能力。Zhang[12]采用 PSO-BP 神经网络预

基金项目：浙江省交通厅科技立项项目（2022-GCKY-16，2019031）；浙江省交通投资集团有限公司科技立项项目（202018）。

测中国西北地区的全球太阳辐射,其预测结果较 BP 网络和其他 6 种统计模型更加精确。Deng[13]借助 PSO-BP 网络有效预测了大肠菌群数量,且模型具有较好的预测精度和鲁棒性。张通[14]对比标准 BP 网络、ELM 网络和 GA-BP 网络发现,PSO-BP 网络在预测和分类不同程度煤和瓦斯突出风险问题中,精确性和泛化性能最佳。

鉴于此,本文将采用 PSO-BP 算法,通过捕捉 PPP 模式的特征,综合考虑传统桥梁施工和 PPP 模式的影响因素,建立一种 PPP 模式下桥梁施工工期的预测模型,以期为 PPP 模式下的桥梁建设项目提供更有效的时间规划和资源分配指导。

2 基于 PSO-BP 神经网络预测模型的建立

2.1 BP 神经网络

BP 神经网络作为一种基于误差反传的多层前馈型网络,其核心在于采用梯度下降策略,从而最小化网络实际输出与期望输出之间的误差平方和。由图 1 所示的 BP 神经网络结构可知,网络由输入层、隐藏层和输出层构成,层与层之间通过全连接方式连接。值得注意的是,增加 BP 网络的层数可提高处理较为复杂问题的精度,但同时也降低了网络的学习效率。早在 1989 年就已证实,一个三层的 BP 网络便可完成任意的 n 维到 m 维的映射[15]。故本文采用三层 BP 网络,作为 PSO-BP 神经网络的核心架构。

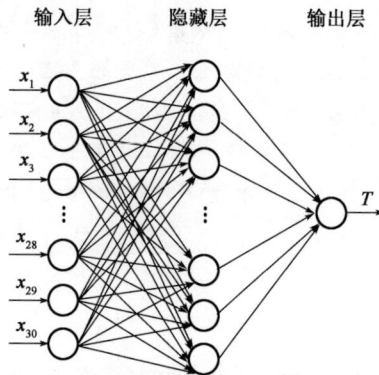

图 1 三层 BP 神经网络结构

2.2 PSO-BP 神经网络的建立

尽管 BP 网络因其强大的非线性映射能力而广泛应用于各类预测和分类问题,它却存在着收敛效率低和容易陷入局部最优解等问题。为此,本文采用 PSO 算法改进 BP 神经网络,通过自适应优化神经网络的权重和偏置提高网络在全局范围寻找最优解的性能。

PSO 算法是一种基于模仿生物群体觅食行为的群体智能优化算法,在迭代过程中,PSO 先对每个粒子进行优化,然后根据个体极值 pbest 和全局极值 gbest 进行持续更新。pbest 代表粒子自身找到的最优解,gbest 则是所有粒子中的最优解[16]。在一个 d 维的目标搜索空间中,假设有 m 个粒子构成的种群,每个粒子的位置用向量 $X_i = (x_{i1}, x_{i2}, \cdots, x_{id}, \cdots, x_{iD})$ 表示,速度用向量 $V_i = (v_{i1}, v_{i2}, \cdots, v_{id}, \cdots, v_{iD})$ 表示。每个粒子根据特定公式来更新其速度和位置:

$$v_{id}^{k+1} = w(k)v_{id}^k + c_1 r_1^k (p_{id} - x_{id}^k) + c_2 r_2^k (p_{gd} - x_{id}^k) \tag{1}$$

$$x_{id}^{k+1} = x_{id}^k + v_{id}^{k+1} \tag{2}$$

式中:k、p_{gd}、$w(k)$——当前迭代次数、d 维中所有粒子的全局极值、惯性权重系数;

v_{id}^k、v_{id}^{k+1}——粒子 i 分别在 k 和 $k+1$ 次迭代时的 d 维分量速度;

x_{id}^k、x_{id}^{k+1}——粒子 i 分别在 k 和 $k+1$ 次迭代时的 d 维分量位置;

c_1、c_2——非负常数的学习因子;

r_1、r_2——$[0,1]$ 之间的随机数;$v_{id} \in [-v_{max}, v_{max}]$,其中 v_{max} 是防止粒子逃离解空间的常数。

PSO-BP 的核心旨在通过不断更新粒子的位置和速度,为 BP 网络提供最优权值和阈值,从而加速 BP 网络的收敛速度,同时使结果趋于全局最优解。PSO-BP 神经网络预测流程如图 2 所示。

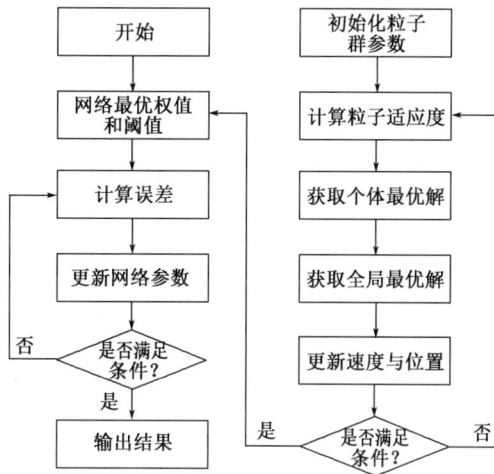

图 2　PSO-BP 神经网络预测流程图

3　算例验证

3.1　PPP 模式下桥梁工程施工工期影响因素指标的提取与处理

3.1.1　PPP 模式下桥梁工程施工工期影响因素指标

本文参考国内外桥梁工程案例,总结了影响 PPP 模式下桥梁工程施工工期的五大主因素指标:PPP 模式特征、工程管理、设计参数、地质条件及外界环境。为全面、精确评估这些因素对施工工期的影响,进一步将主因素指标细分为多个子因素指标,作为 PSO-BP 神经网络模型的输入,具体见表 1。

PPP 模式下桥梁工程施工工期影响因素指标　　　表 1

主因素指标	子因素指标
PPP 模式特征	风险共担机制 x_1、利益相关者参与度 x_2、融资结构 x_3、收益分配模式 x_4、政府担保程度 x_5、私企退出机制 x_6、冲突解决机制 x_7
工程管理	物资设备管理 x_8、人力资源管理 x_9、安全管理 x_{10}、质量控制 x_{11}、成本预算 x_{12}
设计参数	桥梁类型 x_{13}、材料选择 x_{14}、施工工艺 x_{15}、桥长 x_{16}、桥面宽度 x_{17}、防撞等级 x_{18}、载荷要求 x_{19}、耐久性设计 x_{20}、外观设计 x_{21}、主跨跨径 x_{22}、桩基总量 x_{23}、抗震等级 x_{24}
外界环境	平均温度 x_{25}、年降雨量 x_{26}、交通复杂程度 x_{27}、环境生态要求 x_{28}、周边经济水平 x_{29}、水文条件 x_{30}

3.1.2　子因素定量指标的归一化处理

PSO-BP 神经网络由于部分采用梯度下降优化算法,从而继承了 BP 神经网络对输入数据量级的敏感性。当输入数据量级差异过大时,较大量级的特征不仅可能影响梯度更新和模型收敛效率,还可能忽略量级小但同样重要的其他特征,导致局部最优解,影响模型预测性能。鉴于此,本文采用最小 – 最大归一化方法处理定量指标,将数据缩放到同一量级,从而提高网络的训练效率和收敛速度,确保最终模型的预测精确性。最小 – 最大归一化计算公式如下:

$$y = \frac{x - x_{\min}}{x_{\max} - x_{\min}} \tag{3}$$

式中:y、x、$x_{\min}$、$x_{\max}$——归一化后的值、原始数据值、数据集中最小值、数据集中最大值。

3.1.3 子因素定性指标的量化

由表1发现,各类子因素指标同时包含了定量指标与定性指标,然而,定性指标无法作为PSO-BP 神经网络模型的输入,因此需要将定性指标量化为数值型数据,以达到模型的输入需求。为较准确体现各定性指标对施工工期的影响,本研究特邀请17位专家进行评分,以影响指标对工期越不利评分越高为原则,得到各项定性指标从 0 到 1 的量化结果。各主因素指标下分别遴选一个子因素定性指标,其量化结果见表2。

部分定性指标量化结果 表2

定性指标	量化结果
利益相关者参与度 x_2	政府参与度低:0.45;较低:0.40;较高:0.35;高:0.30
安全管理 x_{10}	基本达标:0.45;风险管理:0.35;主动预防:0.25;安全优化:0.20
材料选择 x_{14}	获得、安装、加工较难:0.70;一般:0.50;简单:0.30
环境生态要求 x_{28}	一级:0.30;二级:0.27;三级:0.24;四级:0.20

3.2 PSO-BP 神经网络预测结果分析

为构建完整数据集,本研究收集了 70 座各类桥梁实例,按照简单随机抽样方法,将其以8:2 的比例划分训练集与测试集,通过检验已训练的模型在测试集上的预测精度,来验证神经网络的预测效果。基于 Matlab2016a 平台进行仿真试验。选择 sigmoid 作为 BP 神经网络的激活函数,其中网络学习率为 0.1,误差幅值为 0.000 01。PSO 算法参数设置为:学习因子 $c_1 = 3$、$c_2 = 2$,种群迭代次数为 50,粒子速度范围为 [-1,1],位置为 [-5,5]。

PSO-BP 神经网络在训练集和测试集上的预测效果如图 3、图 4 所示。对比 BP 神经网络在训练集和测试集上的预测效果(图 5、图 6)发现,PSO-BP 网络在训练集上的预测值与目标值拟合效果更好,预测值与目标值变化趋势基本吻合,在测试集上,PSO-BP 网络也表现出更好的泛化性能。这说明 3.1 节中对 PPP 模式下桥梁工期影响因素的提取和处理,较好地反映了真实情况,由此建立的 PSO-BP 预测模型具有良好的预测性能和鲁棒性。为更好理解 PSO 算法探索解空间的过程,使用主成分分析将种群粒子投影到三维空间进行可视化,种群迭代第 3次和第 50 次如图 7、图 8 所示。在迭代初始阶段,粒子通常被随机分布在解空间中,位置相对较分散,随迭代持续进行,粒子根据自身经验和群体信息不断更新位置,逐渐向全局最优解聚集。

为进一步评估 PSO-BP 神经网络预测性能,计算了模型在训练集和测试集上的平均绝对误差(MAE)和 R-squared 指标,并在同一数据集上采用传统 BP 神经网络和极限学习机(ELM)进行实验比较。MAE 反映预测误差的分离性,其值越小表明预测精度越高。R-squared 用以评估回归模型的拟合优度,取值区间为 [0,1],其值越接近 1,模型拟合度越高。MAE 和R-squared 计算式如下:

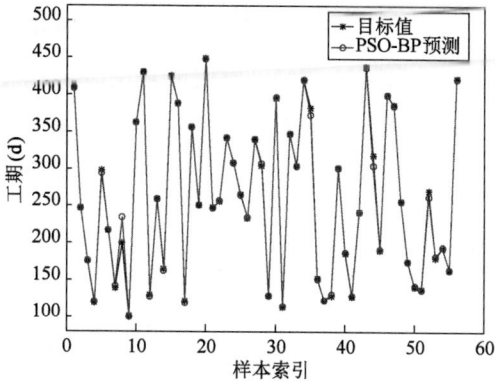

图 3　训练集下 PSO-BP 网络预测效果

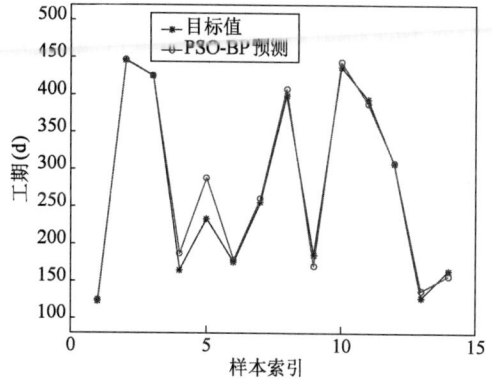

图 4　测试集下 PSO-BP 网络预测效果

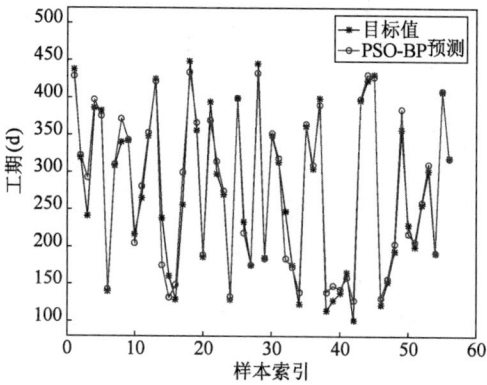

图 5　训练集下 BP 网络预测效果

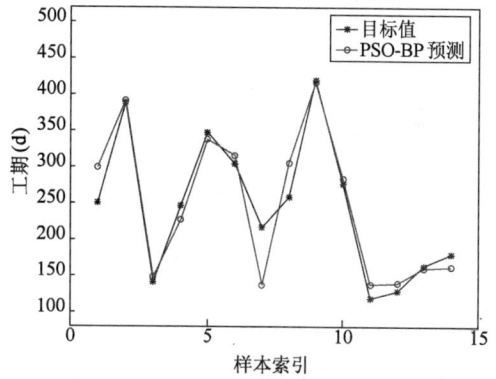

图 6　测试集下 BP 网络预测效果

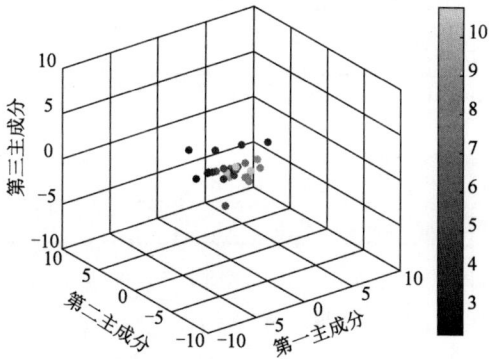

图 7　粒子在种群迭代 3 次时的分布

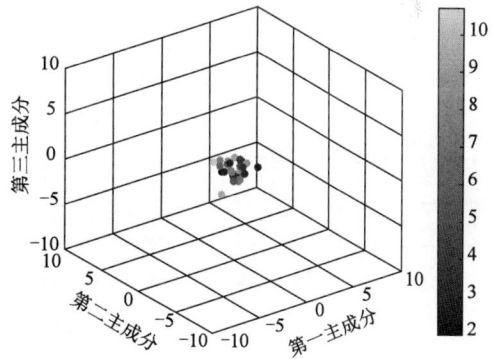

图 8　粒子在种群迭代 50 次时的分布

$$\mathrm{MAE} = \frac{1}{n} \sum_{i=1}^{n} \left| y_i - \hat{y}_i \right| \tag{4}$$

$$R^2 = 1 - \frac{\mathrm{SSE}}{\mathrm{SST}} \tag{5}$$

式中：n——预测样本数；

y_i、$\hat{y}_i$——目标值与预测值；

SSE——残差平方和,表示回归模型无法解释的残差变异性；

SST——总平方和,表示因变量的总变异性。

各模型的评估结果见表 3。PSO-BP 的训练集 MAE 分别较 BP、ELM 降低了 76.0%、58.1%，测试集 MAE 分别降低 56.1%、34.4%；PSO-BP 的训练集 R^2 分别较 BP、ELM 提升 3.7%、1.1%，测试集 R^2 分别提升 7.42%、3.37%。表明 PSO-BP 模型的预测值更接近真实值，具备更好的预测性能和拟合精度。值得注意的是，虽然 PSO-BP 神经网络相对于 BP 和 ELM 表现了出更好的预测性能，但部分样本仍然存在一定预测偏差，这是因为影响因素的提取和处理手段无法绝对准确描述影响工期的所有原因，真实数据总是伴随这数据噪声，而预测模型仅是真实世界的一种简化。

模型评估结果对比　　　　　　　　　　　　　　　表 3

预测模型	训练集 MAE	预测集 MAE	训练集 R^2	测试集 R^2
BP	10.114 3	23.592 7	0.962 5	0.913 0
ELM	5.787 0	15.800 3	0.987 2	0.948 7
PSO-BP	2.425 6	10.363 3	0.998 1	0.980 7

3.3　实例验证

滨海互通钢混组合梁桥位于 K31 +020 ~ K37 +920，占用海域面积 613.03 亩，是亚洲规模最大的海上互通立交桥。由 A ~ H 共计 8 条匝道桥、4 座金塘拼宽桥和互通主线桥组成。互通区域内匝道与主线桥，金塘大桥相互之间涉及下穿上跨和拼接施工，为全线重点控制性工程。项目由中铁建股份、浙江交通集团、宁波交工等央企、省企、市企作为社会资本方联合体共同参与投资建设和运营，共有 1 家政府方股东和 8 家社会资本方股东，操作模式为"BOT + EPC + 政府补助 + 政府特殊股份"。政府占股比 33.33%，社会资本方占股比 66.67%。在社会资本金中，浙江交通集团成员出资占社会资本的 51%、中铁建股份成员出资占社会资本的 30%、宁波交工集团出资占社会资本的 19%。

根据项目特点，邀请专家完成表 1 各影响因素指标的评分，结果如表 4 所示。

影响因素指标评分结果　　　　　　　　　　　　　　表 4

指标	x_1	x_2	x_3	x_4	x_5	x_6	x_7	x_8	x_9	x_{10}	x_{11}	x_{12}	x_{13}	x_{14}	x_{15}
评分	0.64	0.42	0.28	0.39	0.92	0.24	0.07	0.71	0.78	0.51	0.93	0.97	0.13	0.48	0.72
指标	x_{16}	x_{17}	x_{18}	x_{19}	x_{20}	x_{21}	x_{22}	x_{23}	x_{24}	x_{25}	x_{26}	x_{27}	x_{28}	x_{29}	x_{30}
评分	0.40	0.70	0.74	0.74	0.84	0.82	0.28	0.59	0.54	0.50	0.39	0.93	0.18	0.40	0.24

将各影响因素指标评分结果作为 PSO-BP 神经网络的输入，得到的预测结果如表 5 所示。滨海互通钢混组合制造安装历时 545d，经模型预测的工期为 588d，预测精度达 92.11%。实际施工往往受多种复杂且不可控的因素影响，导致预测结果与目标值之间存在不可避免的偏差。然而，从预测精度来看，预测结果仍具有一定的可靠性，可为实际工程的工期预测提供参考价值。

预测结果　　　　　　　　　　　　　　　　表 5

实际工期(d)	预测工期(d)
545	588

4　结语

本文采用 PSO-BP 神经网络建立了 PPP 模式下桥梁施工工期预测模型。基于 PPP 模式与传统施工两个维度,提取了30个特征指标,并经定量指标最小-最大归一化和定性指标量化处理后作为网络模型的输入,以工期作为模型的输出。与传统 BP 神经网络相比,PSO-BP 模型具有更高的预测精度和泛化性能,可作为 PPP 模式下桥梁施工工期预测的参考。

参 考 文 献

[1] 刘薇. PPP 模式理论阐释及其现实例证[J]. 改革,2015(1):78-89.

[2] 白轩,张小虎,钟敏富.基于线性回归预测的城市轨道交通车地无线通信性能提升方法研究[J]. 计算机测量与控制,2020,28(10):145-150.

[3] 林鹏辉.基于 SPSO-BP 的暗挖法地铁车站施工工期预测研究[J]. 现代城市轨道交通,2023,(8):30-36.

[4] 慕方中,林少倩,俞婷婷.基于 PCA 和 IFOA-BP 神经网络的股价预测模型[J]. 计算机应用与软件,2020,37(1):116-121.

[5] 张青,王学雷,张婷.基于 BP 神经网络的洪湖水质指标预测研究[J]. 湿地科学,2016,14(2):212.

[6] CHEN J,LIU Z,YIN Z,et al. Predict the effect of meteorological factors on haze using BP neural network[J]. Urban Climate,2023,51:101630.

[7] CUI Y,LIU H,WANG Q,et al. Investigation on the ignition delay prediction model of multi-component surrogates based on back propagation (BP) neural network[J]. Combustion and Flame,2022,237:111852.

[8] ZHAO Y,DONG S,JIANG F,et al. Mooring tension prediction based on BP neural network for semi-submersible platform[J]. Ocean Engineering,2021,223:108714.

[9] 潘杰,陈凡,杨炜,等.基于 SPSO-BP 神经网络的自适应抛光工艺参数匹配[J]. 表面技术,2022,51(8):387-399.

[10] 刘奕君,赵强,郝文利.基于遗传算法优化 BP 神经网络的瓦斯浓度预测研究[J]. 矿业安全与环保,2015,42(2):56-60.

[11] KENNEDY J,EBERHART R. Particle swarm optimization (PSO)[C]//Proc. IEEE international conference on neural networks,Perth,Australia. 1995,4(1):1942-1948.

[12] ZHANG Y,CUI N,FENG Y,et al. Comparison of BP,PSO-BP and statistical models for predicting daily global solar radiation in arid Northwest China[J]. Computers and Electronics in Agriculture,2019,164:104905.

[13] DENG Y,XIAO H,XU J,et al. Prediction model of PSO-BP neural network on coliform amount in special food[J]. Saudi journal of biological sciences,2019,26(6):1154-1160.

[14] 张通,胡艳婷,李印鹏.基于 PSO-BP 神经网络的煤与瓦斯突出预测方法[J]. 煤炭技术,2023,42(11):128-131. DOI:10.13301/j. cnki. ct. 2023.11.026.

[15] ROBERT H N. Theory of the backpropagation neural network[J]. Proc. 1989 IEEE IJCNN,1989,1:593-605.

[16] HUANG Y,XIANG Y,ZHAO R,et al. Air quality prediction using improved PSO-BP neural network[J]. Ieee Access,2020,8:99346-99353.

5. 基于粒子群算法的独塔混合梁斜拉桥合理成桥状态研究

王博征 孙全胜 胡 豪

（东北林业大学土木与交通学院）

摘 要：随着桥梁建设的快速发展，混合梁斜拉桥作为一种组合结构桥梁，具有跨越能力大、结构整体刚度好、造价较省、跨径布置形式灵活等优点，现已成为跨越河流、山谷等大跨径桥梁的首选桥型设计方案。而斜拉桥合理成桥状态的确定及优化问题一直是设计过程中的核心问题。鉴于斜拉桥主要通过改变斜拉索索力来调整结构线形与内力，因此其合理成桥状态优化[1-3]的目标可以转化为斜拉索索力的调整与优化。本文在分析独塔混合梁斜拉桥的结构特点、施工特点以及国内外已有理论及实践研究成果的基础上，依托某独塔混合梁斜拉桥，采用粒子群智能优化算法[4-7]研究了其合理成桥状态，并采用有限元模型进行验证。

关键词：独塔混合梁斜拉桥 合理成桥状态 二次规划 粒子群算法

1 引言

斜拉桥合理成桥状态优化问题的研究受限于计算能力的影响发展并不快，现有的一些优化方法随着斜拉桥密索体系化，设计变量的增加使得计算更为复杂。近年来，以粒子群算法为代表的智能优化算法在数学优化领域迅速发展，这种受自然界某些现象及规律启发形成的搜索算法，操作简单、高效，且收敛速度快。本文将根据独塔混合梁斜拉桥结构特点，以主梁和桥塔的弯曲能量之和为目标函数，以斜拉索索力及其均匀性、主梁及主塔位移等为约束条件，将独塔混合梁斜拉桥的合理成桥状态确定问题转化为带混合约束的二次规划模型[8]，并结合粒子群算法来快速搜寻该数学模型的最优解，将得到的斜拉索索力序列输入到有限元模型中验证。

2 斜拉桥合理成桥状态优化模型的建立

2.1 优化目标的确定

优化目标应能综合反映桥梁结构的位移及内力状态，以斜拉桥 n 对独立的斜拉索索力作为设计变量，其向量表现形式为：

$$P = (P_1, P_2, \cdots, P_n)^{\mathrm{T}} \tag{1}$$

根据最小弯曲能原理[9]选取塔、梁弯曲能之和建立目标函数,具体表征公式为:

$$U = \int_g \frac{M^2}{2EI}ds + \int_l \frac{M^2}{2EI}ds \tag{2}$$

在有限元分析过程中采用杆系单元离散整体结构,假定每个单元材料弹性模量 E_i 及截面惯性矩 I_i 均在单元长度范围内保持恒定,则式(2)可简化为:

$$U = \sum_{i=1}^{m} \frac{L_i}{4E_iI_i}(M_{li}^2 + M_{ri}^2) \tag{3}$$

式中:m——主梁及主塔单元的总体数量;

$\quad L_i$——第 i 号单元的长度值;

M_{li}、M_{ri}——第 i 号单元的左右两端的弯矩值,将式(3)转化成矩阵形式为:

$$U = M_l^T K M_l + M_r^T K M_r \tag{4}$$

式中:$K = \mathrm{diag}(L_i/4\,E_iI_i)(i=1,2,\cdots,m)$;

$\quad M_l$、M_r——成桥恒载状态下主梁及主塔单元左右两端的弯矩值组成的向量。依据影响矩阵理论,则:

$$\begin{cases} M_l = M_{ld} + C_{Ml}P \\ M_r = M_{rd} + C_{Mr}P \end{cases} \tag{5}$$

式中:M_{ld}、M_{rd}——自重及二期恒载作用下主梁及主塔单元左右两端的弯矩向量;

$\quad C_{Ml}$、C_{Mr}——n 对斜拉索的索力发生单位变化后引起的主梁及主塔单元的左右两端弯矩影响矩阵[10-11]。将式(5)代入式(4)中,可以得到:

$$U = P^T H T + 2c^T P + F \tag{6}$$

式中:$H = C_{Ml}^T B C_{Ml} + C_{Mr}^T B C_{Mr}$;$C^T = M_{ld}^T B C_{Ml} + M_{rd}^T B C_{Mr}$;$F = M_{ld}^T B M_{ld} + M_{rd}^T B M_{rd}$。

2.2 约束条件的选取

(1)索力约束条件。

综合考虑施工过程及竣工后斜拉索的强度及耐久性等问题,对其索力的上下限值进行约束。具体表征公式为:

$$P_l \leqslant P_d + C_P P \leqslant P_u \tag{7}$$

式中:C_P——单位索力作用下斜拉索索力的影响矩阵;

$\quad P_u$、P_l——斜拉索索力的上限值和下限值;

$\quad P_d$——自重及二期恒载作用下产生的索力值。

(2)索力均匀性约束条件。

根据索力均匀性要求,应约束相邻斜拉索之间的索力差值。假定三对相邻斜拉索的索力值分别为 P_{i-1}、P_i、P_{i+1},不均匀索力的表现形式为:

$$Z_i = \frac{P_{i-1} + P_{i+1}}{2} - P_i \; (i = 2, \cdots, n-1) \tag{8}$$

转换成矩阵的表现形式为:

$$Z = DP \tag{9}$$

式中,$D = \begin{pmatrix} 0.5 & -1 & 0.5 & 0 & \cdots & 0 \\ 0 & 0 & -1 & 0.5 & \cdots & 0 \\ \vdots & \vdots & \vdots & \vdots & \vdots & \vdots \\ 0 & 0 & 0 & 0.5 & -1 & 0.5 \end{pmatrix}_{(n-2,n)}$,则索力均匀性约束条件的公式为:

$$Z_l \leqslant DP \leqslant Z_u \tag{10}$$

式中：Z_u、Z_l——不均匀索力的上限值和下限值。

（3）主梁及主塔的位移约束条件。

主梁及主塔的位移可以直观看出设计是否合理。对结构位移适当加以约束，有利于更快确定优化目标。主梁及主塔的位移约束条件公式为：

$$\delta_l \leqslant \delta_d + C_\delta P \leqslant \delta_u \tag{11}$$

式中：C_δ——单位索力作用下主梁及主塔位移的影响矩阵；

  δ_u、δ_l——位移的上限值和下限值；

  δ_d——自重及二期恒载作用下主梁及主塔单元的位移值。

（4）其他约束条件。

除了可以把结构各状态限制在一定范围之内外，也可以在前述限制范围之内规定出结构中某些位置的变形、内力状态等特定值，增加等式限制条件。

$$S_d = C_e P = S \tag{12}$$

式中：S_d——自重及二期恒载作用下结构产生的数值；

  S——结构各状态的特定限制条件；

  C_e——单位索力作用下结构各状态的影响矩阵。

2.3 优化模型的建立

结合式（6）及各约束条件，略去常数项 F，则独塔混合梁斜拉桥合理成桥状态优化的二次规划数学模型可归纳为：

$$\min U(P) = \frac{1}{2}P^T HP + c^T P \tag{13}$$
$$\text{s. t. } AP - b \geqslant 0, C_e P - f = 0$$

式中：$A = \begin{bmatrix} C_P^T & -C_P^T & D & -D & C_\delta^T & -C_\delta^T & C_\sigma^T & -C_\sigma^T \end{bmatrix}^T$ 为 $m \times n$ 阶矩阵；

  $b = \begin{bmatrix} (P_l - P_d)^T & (-P_u + P_d)^T & Z_u & -Z_u & (\delta_l - \delta_d)^T & (-\delta_u + \delta_d)^T & (\sigma_l - \sigma_d)^T \end{bmatrix}^T$，为

  n 维列向量；

  $f = S - S_D$，为 l 维列向量。

3 独塔混合梁斜拉桥合理成桥状态优化过程

综合上述方法及原理，利用粒子群优化算法对优化模型进行迭代求解，确定独塔混合梁斜拉桥合理成桥状态[12]，具体优化过程为：

（1）建立独塔混合梁斜拉桥一次成桥有限元模型，计算单位索力作用下主梁和主塔位移、弯矩以及斜拉索索力的影响矩阵；

（2）根据有限元分析所得，按照式（6）、式（13）求出二次规划数学模型中的各项系数及参数；

（3）设定约束条件，建立独塔混合梁斜拉桥优化计算的二次规划数学模型；

（4）基于粒子群优化算法编制 Python 编程语言对二次规划数学模型进行优化，得到最优索力序列；

（5）将得到的最优索力序列导入有限元模型中验证其成桥状态是否合理，若结果合理则

说明实现了合理成桥状态[13-15],若不合理,则改变约束条件或调整目标函数,对修改后的优化模型重新求解。

4 独塔混合梁斜拉桥合理成桥状态优化分析

4.1 工程概况

本文以某独塔混合梁斜拉桥为依托,桥跨组合为 340m + 72m + 48m + 32m。桥型总体布置如图 1 所示。边跨主梁采用预应力混凝土箱梁,中跨为 P-K 钢箱梁,钻石型桥塔,塔高197.6m。钢混结合段设立在桥塔处,确保边主跨的有效连接,主梁为半漂浮体系。斜拉索采用镀锌高强度低松弛平行钢丝斜拉索,抗拉标准强度 f_{pk} = 1 770mPa,拉索按空间扇形布置,斜拉索最长约 344m,斜拉索编号主跨侧由主塔至 2 号墩依次为 MC1～MC20,边跨侧由主塔至 6 号墩依次为 SC1～SC20;桥址桩号走向同桥墩编号由小到大,左侧为下游侧,右侧为上游侧。

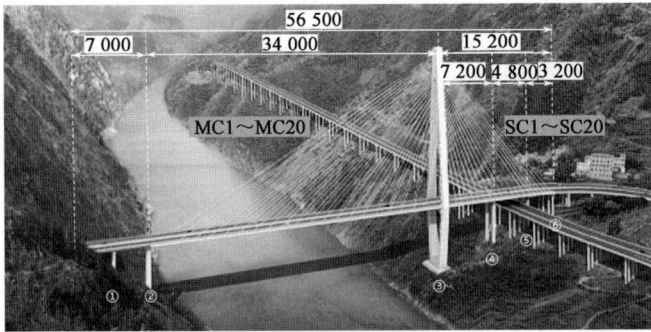

图 1 桥型总体布置图(尺寸单位:mm)

4.2 有限元模型

采用 MIDAS/Civil 建立依托工程某独塔混合梁斜拉桥的有限元模型,主梁和主塔采用梁单元进行定义,斜拉索采用桁架单元,拉索两端与主梁及主塔的连接采用刚性连接,边墩及辅助墩与主梁之间先建立"刚性连接 + 弹性连接"模拟多支座,施加竖向及横桥向约束,再通过刚性连接将支座与墩顶节点联结在一起,塔墩底部节点采用固结约束。独塔混合梁斜拉桥有限元模型的建立一次落架成桥,即不考虑具体的施工流程,将结构单元、边界条件、自重和二期恒载作用以及斜拉索索力等参数一次性激活,有限元模型如图 2 所示。

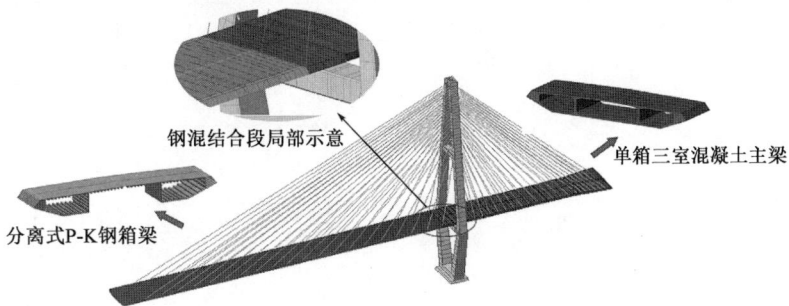

图 2 独塔混合梁斜拉桥有限元模型

4.3 影响矩阵计算分析

按照上文所述成桥状态优化过程,计算自重及二期作用下结构的位移、弯矩及索力,得到单位索力作用下主塔和主梁的位移、弯矩的影响矩阵。依次对有限元模型中每对斜拉索施加单位索力,提取出结构相对应节点的位移值和弯矩值以及斜拉索的索力值,得到相应的影响矩阵,同时对主梁和主塔的受力及变形影响最大的斜拉索进行分析,单位索力取 100kN。

(1)位移分析。

40 对斜拉索分别施加单位索力后引起的主梁竖向位移及主塔水平位移组成的影响矩阵图,如图3、图4 所示。

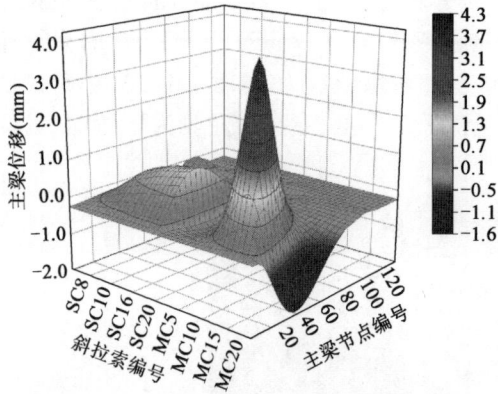

图3　索力对主梁竖向位移的影响矩阵

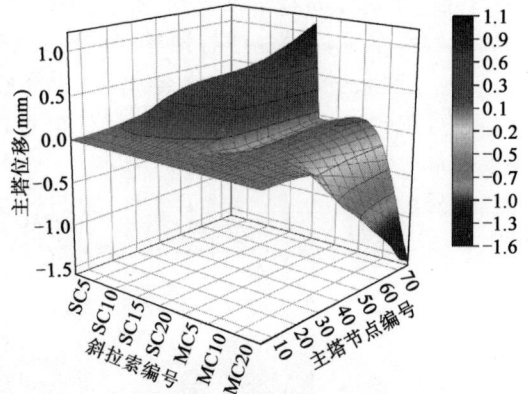

图4　索力对主塔水平位移的影响矩阵

从上图可以得出,在单位索力作用下,主跨侧斜拉索 MC12 对主梁产生的上挠值最大,主跨侧斜拉索 MC20 对主梁产生的下挠值最大,单位索力作用下,斜拉索 MC20、SC20 对主塔塔顶产生的水平位移影响最大。

(2)弯矩分析。

40 对斜拉索分别施加单位索力后引起的主梁及主塔弯矩的影响矩阵图,如图5 ~ 图8所示。

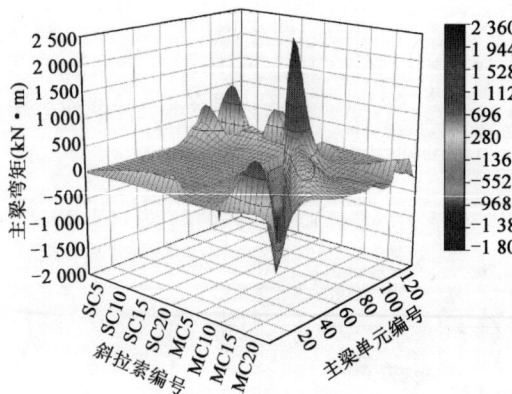

图5　索力对主梁弯矩的影响矩阵(i 端)

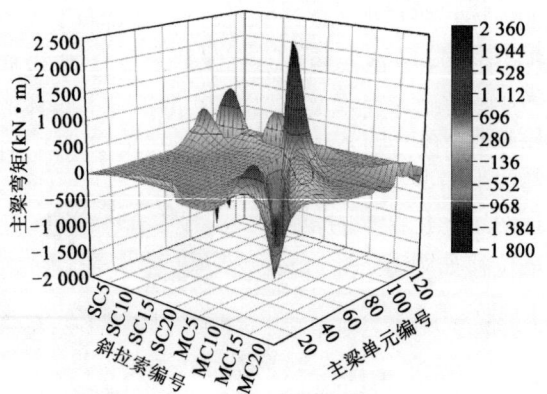

图6　索力对主梁弯矩的影响矩阵(j 端)

4.4　粒子群算法优化参数设定

选取全桥共40 对斜拉索作为设计变量,根据上述求得的各影响矩阵及参数值建立独塔混合梁斜拉桥的二次规划数学模型,为确保所求解满足合理成桥状态的要求,对其约束条件进行设定,具体见表1。

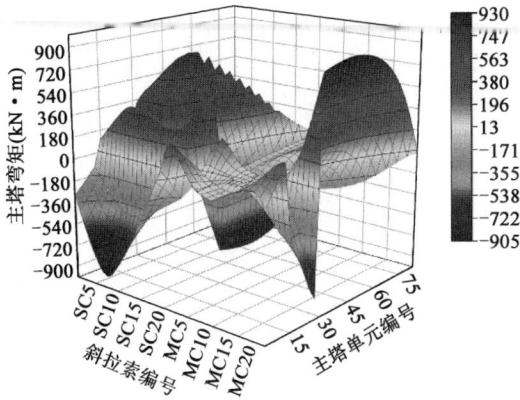

图7 索力对主塔弯矩的影响矩阵(i端)

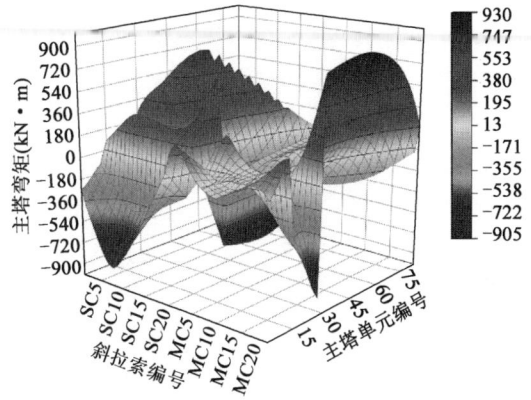

图8 索力对主塔弯矩的影响矩阵(j端)

约束条件的设定 表1

约束条件	取值范围
索力 P	$1\,800\text{kN} \leqslant P_i \leqslant 0.4P_{pdi}$
索力均匀性 Z	$|Z_i| \leqslant 300\text{kN}$
主梁竖向位移 δ_g	$-20\text{mm} \leqslant \delta_{gi} \leqslant 100\text{mm}$
主塔水平位移 δ_t	$|\delta_{ti}| \leqslant 20\text{mm}$

注：P_{pdi} 为斜拉索的破断索力。

　　粒子群算法的主要参数设置见表2,其中惯性权重系数 w、加速度常数 c_1 和 c_2 采用 Bergh 的推荐值,种群规模 n 取14,速度取值范围为$[-400,400]$。最大迭代次数设置为1\,000次。

粒子群算法参数设定 表2

w	c_1	c_2	$v_{d\min}$	$v_{d\max}$	n
0.729\,8	1.496\,18	1.496\,18	-400	400	14

4.5 优化结果及分析

　　优化所得最优索力序列如图9所示,拉索索力最大值为6\,594kN,出现在边跨混凝土侧斜拉索 SC20 处;索力最小值为2\,258kN,位于主塔附近斜拉索 MC2 处,整体索力变化较为均匀,满足索力均匀性要求。经试算,因钢混结合段设立在主塔附近,MC1、SC1 需要承担较大的梁段自重,因此索力值偏大。将这组索力代入有限元模型中进行验证,若成桥状态下结构的内力与线形情况在约束范围内,且满足合理成桥状态确定原则的要求达到“塔直梁平”的状态,即证明了优化结果的合理性,实现了独塔混合梁斜拉桥的合理成桥状态。成桥状态下主梁及主塔位移如图10、图11所示。

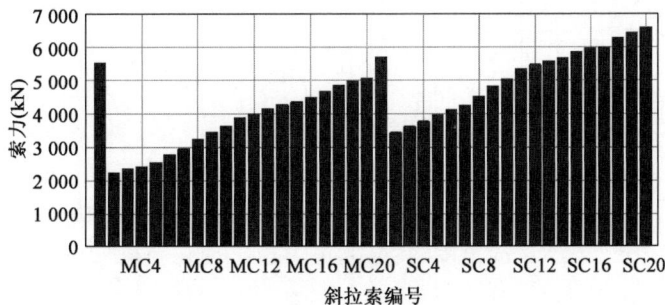

图9 优化所得最优索力序列

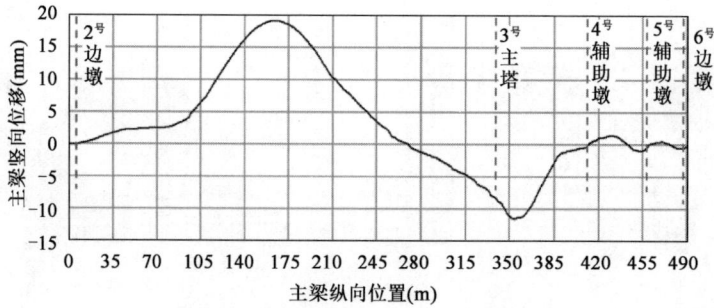

图 10　成桥状态下主梁竖向位移分布图

由上图可知,粒子群算法优化后独塔混合梁斜拉桥成桥状态下主梁整体线形平顺,最大上挠值为 19mm,位于主跨钢箱梁侧跨中位置,最大下挠值为 11mm,出现在边跨靠近主塔 1/3 处;主塔塔顶水平偏位为 15mm,偏向边跨侧。

成桥恒载状态主梁和桥塔弯矩分布如图 12、图 13 所示。

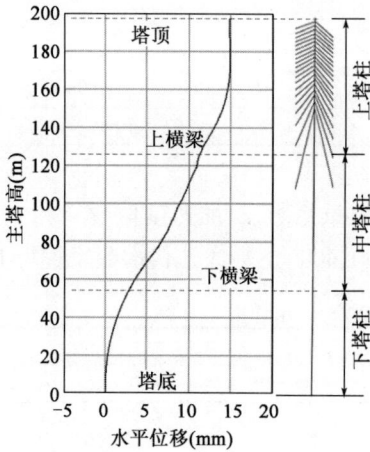

图 11　成桥状态下主塔水平位移分布图

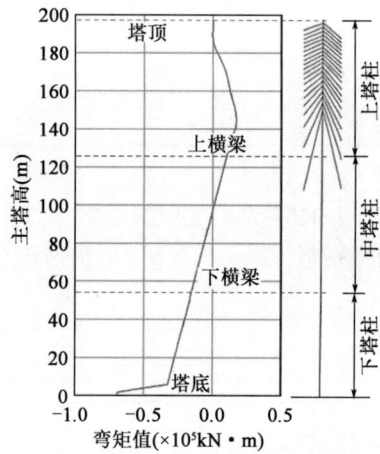

图 12　成桥作用状态下主塔弯矩分布图

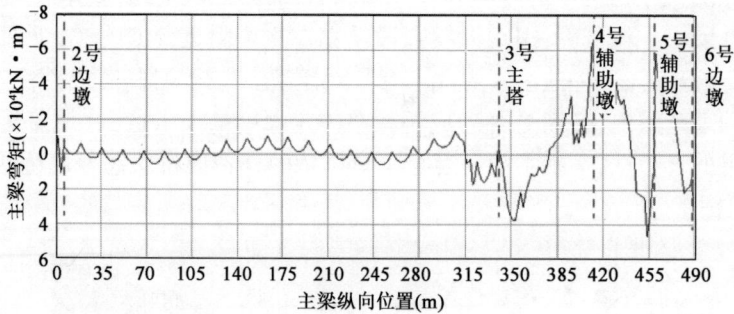

图 13　成桥状态下主梁弯矩分布图

由上图可知,粒子群算法优化后,主梁最大值正弯矩为 64 577kN·m,位于主塔与 4 号墩之间靠近主塔处,主梁最大负弯矩为 46 907kN·m,出现在 4 号辅助墩墩顶;优化所得的主塔弯矩处于 -69 732 ~ 16 726kN·m 范围内,最大正弯矩出现在上塔柱中部,最大负弯矩出现在主塔底部。

成桥恒载状态下斜拉索索力分布如图 14 所示。

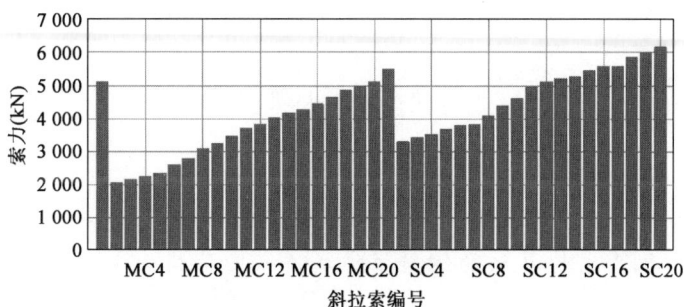

图 14 成桥状态下索力分布图

由图 14 可知,粒子群算法优化后独塔混合梁斜拉桥成桥状态下,斜拉索索力分布均匀,由主塔向两侧呈逐步递增趋势,成桥索力最大值为 6 159kN,出现在边跨混凝土侧斜拉索 SC20处,成桥索力最小值为 2 040kN,出现在主塔附近斜拉索 MC2 处。

粒子群算法所得成桥状态下边墩和辅助墩的竖向支反力均为正值,最大竖向支反力为 24 175kN,位于 4 号辅助墩处,最小竖向支反力为 3 728kN,位于 2 号边墩处,具备一定的压力储备。成桥恒载状态下边墩和辅助墩竖向支反力见表 3。

成桥状态下辅助墩及边墩竖向支反力 表 3

墩位	2 号边墩	4 号辅助墩	5 号辅助墩	6 号边墩
竖向支反力（kN）	3 728	24 175	14 993	9 242

根据以上分析可知,采用粒子群算法优化后的独塔混合梁斜拉桥成桥状态下,主梁及主塔的内力与线形变化均在约束条件限定范围内,主梁线形平顺,内力分布均匀;主塔全截面受压,塔顶向边跨侧预偏;斜拉索成桥索力值由主塔向两侧均匀递增;辅助墩及边墩竖向支反力均为正值,具备一定的压力储备,满足独塔混合梁斜拉桥的合理成桥状态的要求。

5 结语

本文通过有限元分析得到了独塔混合梁斜拉桥自重及二期恒载作用下主梁和主塔位移、弯矩及斜拉索索力,得到了单位索力作用下主梁和主塔位移、弯矩及斜拉索索力的影响矩阵,并对影响最大的斜拉索进行了具体分析,基于粒子群算法编译 Python 语言对某独塔混合梁斜拉桥的二次规划数学模型进行了寻优从而获得了最优索力序列,并代入有限元模型中对成桥状态下主梁和主塔线形、内力及拉索索力进行了验证,满足独塔混合梁斜拉桥的合理成桥状态的要求。

参 考 文 献

[1] 龚子松.大跨度混合梁斜拉桥合理成桥状态研究[J].城市道桥与防洪,2019(3):65-69 + 11-12.

[2] 戴杰,秦凤江,狄谨,等.斜拉桥成桥索力优化方法研究综述[J].中国公路学报,2019,32(5):17-37.

[3] 李冰,祝可为.混合梁斜拉桥合理成桥索力优化分析[J].安阳工学院学报,2023,22(2):78-82.

［4］ 赵凯,樊建房.基于粒子群算法的斜拉桥恒载索力优化[J].山东交通学院学报,2020,28(3):48-55.

［5］ 姜增国,朱标.基于改进粒子群的非对称斜拉桥成桥索力优化[J].公路工程,2018,43(6):117-121.

［6］ 李晓林,邓洁.基于改进粒子群算法的斜拉桥索力优化方法[J].公路与汽运,2021(5):106-110.

［7］ 严松,颜鹏飞.基于遗传算法的钢斜拉桥成桥索力优化[J].中外公路,2021,41(2):198-202.

［8］ 郑晖.基于影响矩阵法及序列二次规划法的斜拉桥自动调索[J].城市道桥与防洪,2019(2):63-66,92,10-11.

［9］ 刘靳,董越.用弯曲能量法确定斜拉桥成桥状态的参数研究[J].筑路机械与施工机械化,2008(11):62-63.

［10］ 王桢,张劲泉,周建庭,等.基于影响矩阵的斜拉桥合理成桥状态索力优化[J].公路工程,2021,46(4):31-38,45.

［11］ 杜磊,颜全胜.影响矩阵法确定斜拉桥的合理成桥状态[J].山西建筑,2014,40(6):168-169.

［12］ 彭孝良,单成林.组合梁斜拉桥合理成桥状态确定方法对比分析[J].低温建筑技术,2018,40(6):45-49.

［13］ 刘峰.不同优化方法对斜拉桥成桥状态的影响分析探究[J].城市道桥与防洪,2020(1):68-71,13.

［14］ 贺鹏,丁望星.非对称混合梁斜拉桥合理成桥状态及静力特性分析[J].桥梁建设,2012,42(1):54-59.

［15］ 李孟晗.斜拉桥索力优化方法研究[D].重庆:重庆交通大学,2022.

6. 波形钢腹板组合梁桥悬臂施工线形预测方法研究

张笑宇[1] 邓文琴[1] 刘 朵[2,3] 张建东[1,2]

（1. 南京工业大学土木工程学院；

2. 长大桥梁安全长寿与健康运维全国重点实验室；

3. 苏文科集团股份有限公司）

摘 要：为提高波形钢腹板组合梁桥悬臂施工期线形预测效率和精度，对最小二乘法识别修正、BP 神经网络、灰色系统理论三种线形预测方法进行对比研究。以实际工程为例，通过正交参数敏感性分析量化混凝土重度、混凝土弹性模量和预应力张拉力对施工期线形的影响，并与实桥现场测试数据进行对比分析。结果表明：三种线形预测方法均可较好地预测波形钢腹板组合梁桥悬臂施工期挠度变形，其中最小二乘法结合波形钢腹板组合梁桥线形参数识别修正可以精准地预测悬臂施工期线形；BP 神经网络预测需要有足够样本数据，但计算效率较高，在悬臂施工后期可用于线形验证；灰色系统理论虽有一定的局限性，但其挠度预测精度较好。

关键词：波形钢腹板组合梁桥 悬臂施工 线形预测 参数识别 最小二乘法 BP 神经网络 灰色系统理论

1 引言

波形钢腹板组合箱梁桥采用波形钢腹板代替传统混凝土腹板，该种桥梁结构优势显著，在我国应用越来越广。当采用悬臂浇筑法进行大跨桥梁施工时，线形控制尤为重要，现大多采用自适应控制法，主要包括最小二乘法、BP 神经网络、灰色系统理论等。赵晓伟[1]运用现场实测数据与模型计算值的误差，选取混凝土重度与弹性模量作为主要设计参数进行识别修正，并反馈到有限元模型中指导后续施工。杜义祥[2]基于 MIDAS 建模技术和最小二乘法的桥梁施工监控，从控制计算内容、方法、模型以及参数识别分析方法等方面，分析了桥梁施工监控的实施方案。陈新元[3]将最小二乘法应用于预制节段梁的拼装过程中，提出一种拼装阶段拟合线形的计算方法，使出现误差的节段平稳过渡，达到线形控制目的。任或钊[4]利用 MIDAS/Civil 软件进行结构仿真分析，得到施工阶段的应力理论数值作为学习样本，利用改进后的 BP 神经网

基金项目：基于 UHPC 薄层增强的装配式波形钢腹板工字钢组合梁承载机理及设计方法（52378160）。

络进行施工反馈修正和施工预测,形成施工监控的完整闭环。Wang Xudong 等[5]建立集思维进化计算算法和反向传播算法于一体的优化神经网络模型,通过统计准则评估模型性能,采用训练良好的 MEC – BP 模型对桥梁施工挠度进行预测,实际验证更加适用高效。录哲元等[6]提出一种基于思维进化算法的 BP 神经网络代理模型,悬臂施工线形预测结果表明模型具有更强的泛化能力。刘钊材[7]根据计算挠度与实测挠度之间的偏差数据序列,分别采用 GM(1,1)、GM(1,2)、SCGM(1,1)对后续施工节段的挠度偏差进行预测,分析拟合和预测精度。洪晓江等[8]针对传统灰色预测模型用于大跨径刚构桥梁预拱度预测会出现过拟合现象和预测精度不高的问题,将分数阶算子 GM(1,1)模型引入大跨径桥梁预拱度预测,并建立了一种基于牛顿二次插值的分数阶 GM(1,1)新模型,实现了对传统 GM(1,1)模型的阶数和背景值的双重优化。

近年来,学者对施工控制方法的研究不断深入,但运用方法往往比较单一。本文结合波形钢腹板组合梁桥结构及施工特点,以盐洛高速公路江苏省宿城至泗洪段洪泽湖滞洪区特大桥为例,结合现场实测数据,对比分析以上三种线形预测方法适用性,为同类型桥梁线形控制提供参考。

2 工程概况及线形测试

2.1 工程概况

本工程为盐洛高速公路江苏省宿城至泗洪段洪泽湖滞洪区特大桥,主桥上部结构采用 85m + 138m + 85m 三跨波形钢腹板预应力混凝土连续箱梁,有上下行分离的单箱单室截面组成,设置体外预应力,单箱底宽 6.5m,两侧悬臂 3.263m,全宽 13.025m。箱梁横桥向底板保持水平,顶面设 2% 单向横坡由腹板高差形成。中支点处箱梁中心梁高为 8.3m,跨中箱梁中心梁高为 4.2m,梁高以二次抛物线变化。箱梁顶底板采用 C55 混凝土,波形钢腹板采用 Q355D 级低合金钢。该桥采用悬臂施工法进行施工,主梁分为 16 个悬臂块段,其中 0 号块长度 13.2m,悬臂块段长度 3.2~4.8m,合拢块长度 3.2m。

2.2 有限元模型建立

为简化计算,采用平面杆系简化模拟 85m + 138m + 85m 的桥梁主桥结构,建立 MIDAS/Civil 三维计算模型,如图 1 所示。标准梁段施工过程分为挂篮前移、混凝土浇筑、预应力张拉三个阶段。

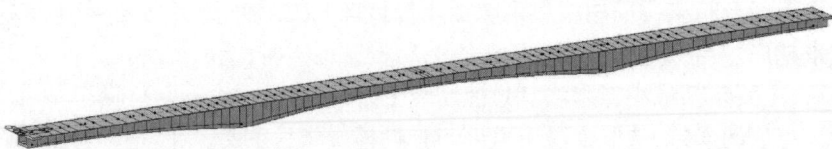

图 1 有限元分析模型

2.3 现场挠度测试及有限元对比

通过现场测试获得混凝土浇筑前后与张拉预应力的高程变化,得到浇筑阶段与张拉阶段的实测挠度。通过有限元理论计算获得挠度理论值,与现场实测平均值进行比较,如表 1 所示,1~7 号节段浇筑挠度小于 10mm,张拉挠度小于 2mm,之后随着施工节段的增加,挠度保持增长的变化规律。

节段号	浇筑阶段挠度				张拉阶段挠度	
	实测值	理论值			实测值	理论值
		Civil 计算	挂篮弹性变形	相加		
1	−10	−0.0	−10.0	−10.0	0	0.4
2	−6.8	−0.1	−9.3	−9.4	0.3	0.8
3	−4.7	−0.2	−6.6	−6.8	1	1.2
4	−6.5	−0.4	−6.4	−6.8	1.8	0.9
5	−7.0	−0.6	−6.2	−6.8	1	1.2
6	−7.0	−1.0	−5.9	−6.9	1.5	1.6
7	−8.0	−1.4	−5.8	−7.2	1.5	1.9
8	−11.0	−3.3	−8.4	−11.7	3	4.3
9	−12.3	−4.9	−8.1	−13.0	5	5.4
10	−13.7	−7.2	−7.8	−15.0	5.5	7.2
11	−15.8	−10.1	−7.5	−17.6	8	8.3
12	−18.5	−14.2	−7.3	−21.5	10	10.7
13	−22.5	−19.2	−7.2	−26.4	7	12.7
14	−27.0	−25.8	−7.0	−32.8	7	7.3
15	−36.3	−35.3	−7.0	−42.3	12	15.7

2.4 施工期线形参数敏感性分析

实际施工中,桥梁结构各现场参数与设计参数存在差异,使得理论模型与实际施工状态不符。如果选取的计算模型中参数取值未能反映实际情况,则很难保证计算模型能够对现场施工状态做出正确反馈,因此需要对影响结构施工状态的关键参数进行识别、修正,以指导工程合理进行。

以及初步的理论分析,选取混凝土重度、混凝土弹性模量、预应力张拉力作为主要设计参数,为定量分析三者对挠度的影响进行三因素三水平正交试验,并增加空白列,以反映随机因素所引起的误差。采用的正交试验进行参数敏感性分析,进而确定影响主梁施工线形的参数敏感性。试验假定各因素之间无相互影响,每个参数在−10%、0%、10%选取3个数值进行试验,计算得到在15号浇筑与张拉阶段的15号挠度值。对正交试验结果按照式(1)进行极差计算,得到正交试验结果如表2、图2所示,得出混凝土重度对浇筑阶段挠度影响最大,预应力张拉力对张拉阶段挠度影响最大。

$$\begin{cases} R_J = \max\{K_{1J}, K_{2J}, \cdots, K_{IJ}\} - \min\{K_{1J}, K_{2J}, \cdots, K_{IJ}\} \\ K_{IJ} = \dfrac{1}{N}\sum_{k=1}^{N} Y_k \end{cases} \tag{1}$$

式中:K_{IJ}——参数 J 在 I 水平下的平均值;

　　　N——参数 J 在水平 I 下的测试数量;

　　　Y_k——第 k 个响应值。

参数	设计值	取值范围	极差值	
			浇筑挠度	张拉挠度
混凝土重度 γ (kN/m³)	26	23.4 ~ 28.6	7.12	0.24
混凝土弹性模量 E_C (10⁴MPa)	3.55	3.195 ~ 3.905	0.32	0.11
预应力张拉力 σ (MPa)	1395	1255.5 ~ 1534.5	0.60	3.24
空白	—	—	0.02	0.01

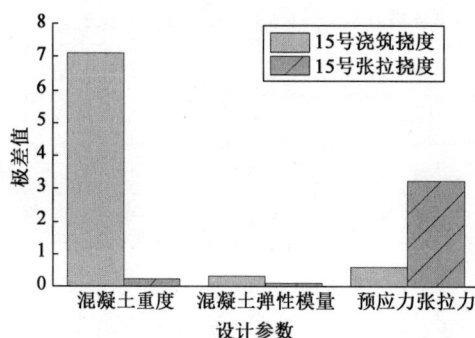

图2 各参数极差值

3 三种线形控制方法对比分析

3.1 最小二乘法识别修正

以洪泽湖滞洪区特大桥悬臂浇筑施工中的浇筑与张拉阶段挠度进行预测,其预测值与计算值之间的差值,即为立模高程的调整值。当悬臂浇筑节段数较少,悬臂长度较短时,桥梁节段的总挠度较小,由参数误差引起的理论计算挠度误差也较小,实际测量挠度受到测量误差干扰较大,此时很难对参数进行有效的识别。根据有限元理论计算结果,7号之前浇筑挠度相对较小,主要由于挂篮弹性变形引起,张拉挠度均小于2mm,考虑到工程实际,确定8号之后作为线形重点控制节段。根据三因素三水平正交试验,选取混凝土重度、混凝土弹性模量、预应力张拉力作为控制参数,设计值与权重如表3所示。从8号块开始进行参数识别修正,通过挠度变形实测值和理论值之间的偏差进行最小二乘法修正,后用修改参数后的模型重新计算,随着施工阶段向前推进,理论计算模型的参数不断得到修正。

修正参数设计值与权重 表3

修正参数	设计值	浇筑阶段权重	张拉阶段权重
混凝土重度	26kN/m³	0.89	0.07
混凝土弹性模量	3.55 × 10⁴ MPa	0.04	0.03
预应力张拉力	1 395MPa	0.07	0.90

为了得到对应的参数影响矩阵,在 Midas/Civil 模型中分别使混凝土重度、混凝土弹性模量、预应力张拉力增加10%计算各节段在浇筑与张拉阶段的变形值,与理论值作差,以获得参数影响矩阵。对三参数赋予权重,将实测与理论差值按比例分配给各个参数,如表4所示。利用4~7号数据进行修正获得参数修正值,代入模型中计算获得8号挠度预测值,待8号施工完成后,加入8号数据,以此循环进行,获得8~15号挠度预测值,结果如图3所示。

从图 3 中可以看出,识别修正后预测得到的浇筑挠度较理论值更加接近实测值,效果良好,而在张拉挠度的预测中效果并不明显。虽然通过最小二乘法进行参数识别修正后可以使得模型在该阶段的计算结果与实际测量结果之间误差减小,但是将理论计算结果与实际测量结果之间的误差全部归于主要设计参数的误差的合理性需要进一步研究探讨,即最终的设计参数修正值并不能代表结构实际情况;通过试算可以发现,当实测与理论误差向量{U}发生微小的变化时,就会引起{ΔP}的解发生很大的变化,例如在 13 号张拉挠度的预测中出现大的偏差,且如果测量过程中引入了一定的误差,就会导致参数识别的准确性受到很大影响。

4 ~ 7 号梁段混凝土重度修正表　　　　　　　　　　　　　　表 4

施工工况	梁段号	理论值	重度 +10%	差值	实测	差值	加权值
浇筑阶段	4	−6.765	−6.819	−0.054	−6.5	0.265	0.236
	5	−6.835	−6.918	−0.083	−7.0	−0.165	−0.147
	6	−6.945	−7.064	−0.119	−7.0	−0.055	−0.049
	7	−7.196	−7.363	−0.167	−8.0	−0.804	−0.715
张拉阶段	4	0.761	0.761	0.000	1.75	0.989	0.069
	5	1.110	1.109	−0.001	1.0	−0.110	−0.008
	6	1.469	1.467	−0.002	1.5	0.031	0.002
	7	1.796	1.793	−0.003	1.5	−0.296	−0.021

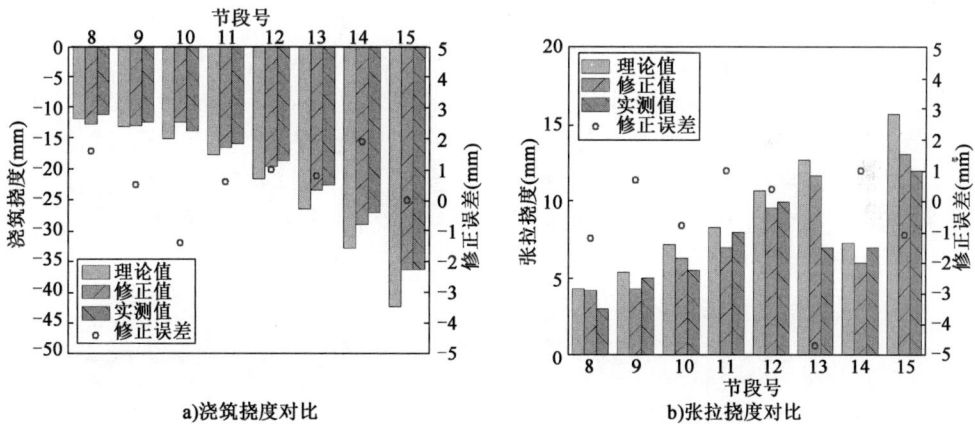

a)浇筑挠度对比　　　　　　　　b)张拉挠度对比

图 3　参数修正预测浇筑与张拉挠度对比理论、实测值

3.2　BP 神经网络

以洪泽湖滞洪区特大桥悬臂浇筑施工中的浇筑与张拉阶段挠度进行预测,输入数据选取混凝土重度、混凝土弹性模量、预应力张拉力、悬臂长度、节段长度,输出数据为浇筑挠度(实际输入时挠度均采用正值)、张拉挠度,通过有限元计算获得一定量的学习训练集与测试集,建立 BP 神经网络模型。本文采用 newff 函数,基本调用格式如 net = newff(P,T,[$S1$,⋯,SN]),其中 P 为输入矩阵,T 为目标输出矩阵,Si 表示第 i 层隐含层节点数,共 N 层。通过计算得出选用一个隐含层,当神经元个数选为 11 时,即为 5-11-2 的拓扑结构,训练时均方误差最小,可获得最佳效果,BP 神经网络预测结果与实测值对比如图 4 所示,从图中可以看出,运用 BP 神经网络对浇筑、张拉挠度进行预测具有较好的精度,误差控制在 2mm 以内,且计算效率较高,但采用 BP 神经网络预测需要有足够的样本数据,可在悬臂施工前期挠度较小节段收齐数据样本,用于预测悬臂施工后期挠度较大的节段线形控制。

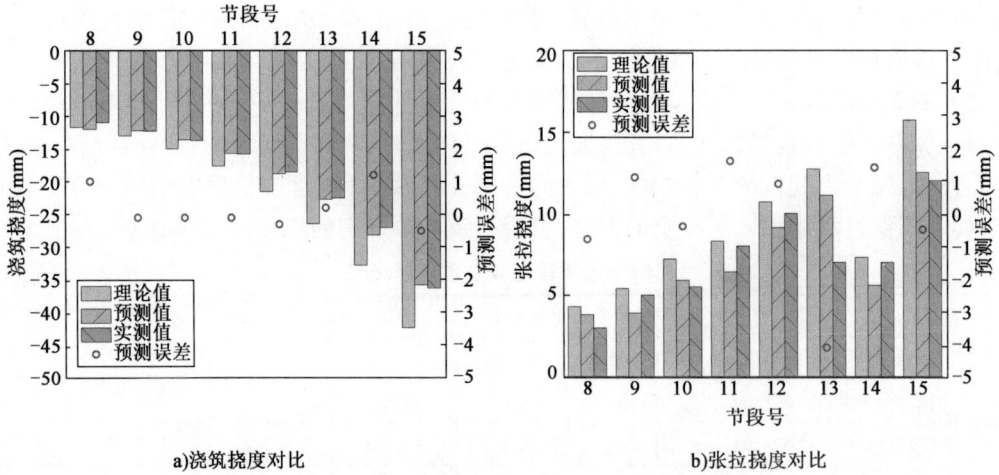

a)浇筑挠度对比   b)张拉挠度对比

图 4　BP 神经网络预测浇筑与张拉挠度对比理论、实测值

3.3　灰色系统理论

灰色理论高程控制是根据已施工节段的挠度偏差对后续施工节段的挠度偏差进行预测,然后通过反馈调整的方式修改后续施工节段的立模高程,可以减小后续施工节段的挠度偏差。

以洪泽湖滞洪区特大桥悬臂浇筑施工中的浇筑阶段挠度进行预测,其预测值与计算值之间的差值,即为立模高程的调整值。从 8 号开始,每次用采集到的 4 个混凝土浇筑阶段与张拉阶段变形值与原始理论值的误差作为初始数据序列,建立 GM(1,1)模型,进行下一节段施工变形预测,即使用 4 ~ 7 号数据预测 8 号。待下一节段施工完成后,再剔除最早的一个数据,用新的 4 个数据进行下一步的预测。但由于 $X^{(0)}$ 要求非负序列,在 7 号及其之前,理论值与实测值偏差正负不定,且偏差较小,可以不做预测,8 号之后,实测均小于理论值,满足非负要求。在预测 10 号挠度时,建议将不符合要求节段的理论值调整为实测值,进行预测,即 $X^{(0)} = \{0, 0, 0.7, 0.7\}$,最终得到 9 号预测值为 − 1.53mm,与实测值相差仅 0.2mm。

以预测 15 号为例,计算过程介绍如下:

从 11 号到 14 号的误差序列值为 $X^{(0)} = \{1.8, 3, 3.8, 5.8\}$,一次累加生成 $X^{(1)} = \{1.8, 4.8, 8.6, 14.4\}$,均值生成 $Z^{(1)} = \{3.3, 6.7, 11.5\}$,有 $Y_N = \begin{bmatrix} 3 \\ 3.8 \\ 5.8 \end{bmatrix}$,$B = \begin{bmatrix} -3.3 & 1 \\ -6.7 & 1 \\ -11.5 & 1 \end{bmatrix}$,则 $\hat{a} = (B^{\mathrm{T}}B)^{-1}B^{\mathrm{T}}Y_N = \begin{bmatrix} -0.3464 \\ 1.7173 \end{bmatrix}$,得到 $\hat{X}^{(0)}(5) = \hat{X}^{(1)}(5) - \hat{X}^{(1)}(4) = 22.0 - 14.1 = 7.9$,则预测 15 号挠度为 − 42.3 + 7.9 = − 34.4mm。

利用编制好的 Excel 计算表格进行灰色系统理论的挠度预测求解,预测结果与实测对比如图 5 所示。由图 5 可以看出,运用灰色系统理论对浇筑挠度进行预测,精度较高,随着理论与实测挠度的增长,挠度偏差保持同号且不断增大,适合 GM(1,1)理论的应用。但是,由于前期挠度较小,理论与实测挠度比较接近,偏差存在着正负的变化,即偏差序列不满足非负的要求,实际应用中建议对初始序列进行适当的调整。

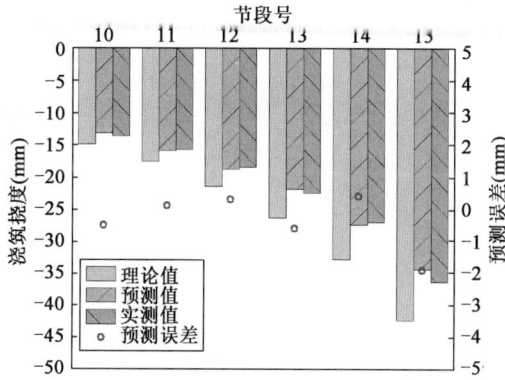

图 5 灰色系统理论预测值与理论、实测值对比

3.4 对比分析

三种方法预测结果与现场实测值对比如图 6 所示。总体上,上述三种线形预测方法可以得到较为准确的挠度预测值,均可应用于波形钢腹板组合梁桥悬臂施工线形控制中。从预测精度上看,灰色系统理论在大节段的挠度预测中效果更好更稳定,最小二乘法识别修正由于对挠度偏差敏感,会出现个别波动,BP 神经网络可以有效减小这种波动,即更加接近实测值;从适用性上看,其中最小二乘法识别修正的精准度依赖于实测值与理论值的偏差,模型计算工作量较大,而 BP 神经网络需要一定样本量,但计算效率较高,将最小二乘法识别修正和 BP 神经网络结合可高效精准预测施工线形;灰色系统理论不适用于小节段的挠度预测,有一定的局限性。

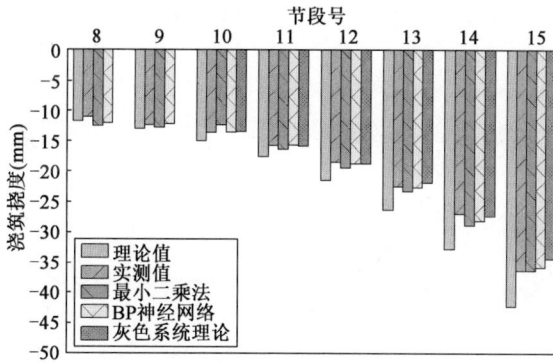

图 6 三种线形预测方法对比

4 结语

(1)通过正交参数敏感性分析量化了混凝土重度、混凝土弹性模量、预应力张拉力对波形钢腹板组合梁悬臂施工期线形的影响,其中混凝土重度和预应力张拉对悬臂施工线形影响较大。

(2)三种方法均可较好预测波形钢腹板组合梁桥悬臂施工期的线形,其中最小二乘法识别修正的精准度依赖于实测值与理论值的偏差,模型计算工作量较大,而 BP 神经网络需要一定样本量,但计算效率较高,将最小二乘法识别修正和 BP 神经网络结合可高效精准预测施工线形。

(3)灰色系统理论是根据理论与实测挠度的偏差序列进行预测,适合后期大节段浇筑挠度的预测,具有高效率和高精度。

参 考 文 献

[1] 赵满庆.最小二乘法在大跨度连续梁桥施工控制中的应用[J].甘肃科技,2012,28(9):122-125.
[2] 杜义祥,付元元,刘光焰.MIDAS 建模技术和最小二乘法在桥梁施工监控中的应用[J].四川建筑,2021,41(3):85-88.
[3] 陈新元,刘广辉,唐超,等.基于最小二乘法的预制节段梁拼装线形控制[J].施工技术(中英文),2023,52(16):121-126,137.
[4] 任彧钊.基于 BP 神经网络的混凝土箱梁桥施工监控研究[D].北京:北京交通大学,2020.
[5] WANG X,MAD C,WEI X. Prediction analysis of deflection in the construction of composite box-girder bridge with corrugated steel webs based on MEC-BP neural networks [J]. Structures,2021,32.
[6] 录哲元,王晓明,赵宝俊,等.基于 MEC-BP 代理模型的大跨径波形钢腹板连续刚构桥施工线形预测[J].长安大学学报(自然科学版),2021,41(6):53-62.
[7] 刘钊材.基于灰色系统理论的大跨波形钢腹板 PC 连续箱梁桥施工监控技术研究[D].南京:东南大学,2015.
[8] 洪晓江,张雪松,郭宁,等.优化的分数阶 GM(1,1)模型在桥梁线形控制中的应用[J].重庆交通大学学报(自然科学版),2022,41(2):65-70.

7. 基于粒子群算法的网状吊杆拱桥双层优化模型

殷峥琪[1]　苏庆田[1,2]

（1. 同济大学桥梁工程系；

2. 上海高性能组合结构桥梁工程技术研究中心）

摘　要：随着网状吊杆拱桥的应用和智能优化算法的发展，该桥型的结构优化研究受到了更为广泛的关注。本文提出了一种基于粒子优化算法的网状吊杆拱桥双层优化模型，并以跨径300m、桥宽36m的组合梁网状吊杆拱桥为例，采用 Python 与 ANSYS 联合仿真的方法，实现了该模型的优化过程，为该桥型的设计优化提供了一定的参考。优化结果表明，该优化模型在迭代初期就能使目标函数值有较大程度的下降，具有较好的收敛性能；在迭代约50次之后，可将上部结构材料费用较初次迭代降低6%左右。

关键词：网状吊杆拱桥　粒子群优化算法　结构优化　双层优化模型

1　引言

随着网状吊杆拱桥越来越多地应用于实际工程项目中，该桥型的结构性能和经济性能受到了越来越广泛的关注，有不少学者采用了智能优化算法对该桥型进行了结构优化研究。Islam 等为了降低拱肋和吊杆的费用，提出了一种基于全局优化算法 EVOP 的优化方法[1]。Bruno D 提出了一种网状吊杆拱桥的三步优化算法，使得桥梁各构件材料用量最少[2]。曹鑫科基于改进粒子群优化算法，选取较为敏感的参数，对一座230m网状吊杆拱桥进行了结构优化研究[3]。在众多智能优化算法中，美国学者 Kennedy 等在1995年提出的粒子群优化算法（Particle Swarm Optimization，PSO）[4]，因其操作较为简单，且具有较好的寻优能力而被广泛应用。本文基于粒子群算法提出了一种网状吊杆拱桥的双层优化模型，并以跨径300m、桥宽36m的组合梁网状吊杆拱桥为例，采用 Python 与 ANSYS 联合仿真的方法，实现了结构优化过程，为今后该桥型的设计优化提供了一定的参考价值。

2　有限元模型

组合梁网状吊杆拱桥的典型布置如图1所示，其中，$L = 300m$，$W = 36m$。拱轴线采用二次抛物线，横桥向设置两片拱肋，两片拱肋之间设置一字形横撑。主梁采用纵梁和横梁形成的钢梁格，其中，横梁又包括普通横梁和端横梁。拱肋、纵梁和端横梁均采用矩形箱形截面，普通横梁采用工字形截面。桥面板采用25cm厚预制混凝土桥面板，通过焊钉连接件与钢梁格进行连接参与整体受力。

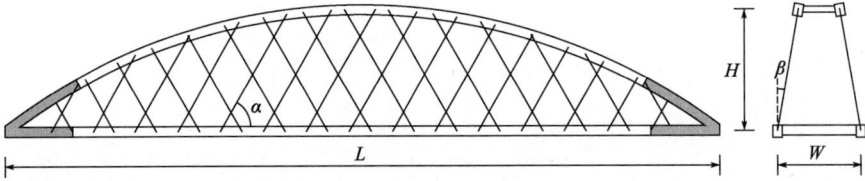

图 1　网状吊杆拱桥总体布置

为了便于利用智能优化算法进行结构优化,采用通用有限元软件 ANSYS 建立参数化模型。在有限元模型中,拱肋、纵梁、横梁和横撑采用 Beam188 单元模拟,混凝土桥面板采用 Shell181 单元模拟,吊杆采用 Link8 单元模拟。结构计算分析中考虑的荷载包括结构自重、二期恒载、汽车荷载、混凝土收缩徐变和温度作用等,并考虑以上作用的基本组合效应。

3　优化问题

网状吊杆拱桥结构设计优化问题的目标是在一定的约束条件下,寻找一组设计变量,使得其上部结构材料费用最低。

3.1　设计变量

本文选取了以下两组共 11 个设计变量:

$$Para\_1 = \{f, \alpha, \beta, s\_Hanger, h\_ZL, h\_GL\}$$
$$Para\_2 = \{t\_ZL, t\_ZL\_Foot, t\_GL, t\_GL\_Foot, a\_Hanger\}$$

式中:　　　f——矢跨比;

　　　　　α——吊杆与纵梁轴向夹角;

　　　　　β——拱肋内倾角;

s_Hanger——梁上吊点间距;

　　h_ZL——纵梁高度;

　　h_GL——拱肋高度;

　　t_ZL——纵梁一般截面板厚;

t_ZL_Foot——纵梁拱梁结合段(如图 1 灰色部分所示)截面板厚;

　　t_GL——拱肋一般截面板厚;

t_GL_Foot——拱肋拱梁结合段截面板厚;

a_Hanger——吊杆截面积。

设计变量组 Para_1 中各设计变量取值范围如表 1 所示。

设计变量取值范围　　　　　　　　　　　　　　　　　　　　表1

设计变量	f	α	β	s_Hanger	h_ZL	h_GL
上限值	1/5	75°	15°	11m	2.5m	2.5m
下限值	1/7	45°	0°	7m	1.5m	1.5m

3.2　约束条件

在网状吊杆拱桥设计过程中,应考虑强度、刚度、整体稳定、局部稳定等设计要求。本文所述优化问题中主要考虑最基本的应力约束条件,在结构满足强度条件的基础上,可以进一步优化设计以满足其他设计要求。应力约束条件表示如下:

$$\sigma_{\max} \leqslant [\sigma]$$

3.3 目标函数

本文所述优化问题的目标是拱桥上部结构材料费用最低,通过统计各结构部件重量并引入材料单价,可以将目标函数表示如下:

$$\min \text{Cost} = W_{ZL}P_{ZL} + W_{GL}P_{GL} + W_{H}P_{H} + W_{B}P_{B} + C \tag{1}$$

式中:W_{ZL}、W_{GL}、W_{H}、W_{B}——纵梁、拱肋、吊杆、横撑的质量;

P_{ZL}、P_{GL}、P_{H}、P_{B}——纵梁、拱肋、吊杆、横撑的材料单价;

C——横梁、桥面板、二期铺装的费用之和。

4 网状吊杆拱桥双层优化模型

在桥梁设计过程中,通常会先确定一组总体布置和结构构造参数,然后通过计算来确定构件的具体尺寸。鉴于此过程,本文提出了一种网状吊杆拱桥双层优化模型,该方法的具体流程如图 2 所示,可以通过联合使用 Python 和 ANSYS 两种软件实现。其中,外层是基于粒子群算法的优化过程,优化对象是设计变量组 Para_1;内层是基于应力约束条件的优化过程,优化对象是设计变量组 Para_2。

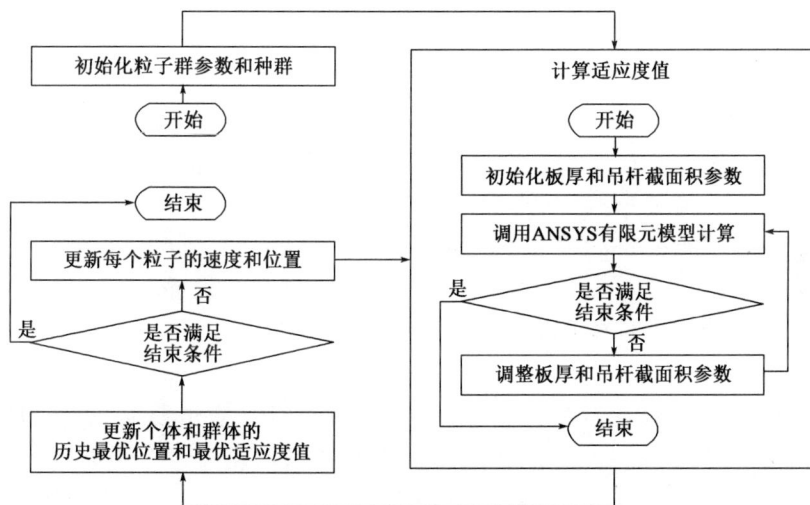

图 2 网状吊杆拱桥双层优化模型流程图

4.1 基于粒子群算法的优化过程

粒子群智能优化算法模拟了自然界中鸟群觅食的个体和群体行为。在鸟群当中,不同的个体处于不同位置,也有着不同的飞行速度,并且会根据自己和同伴的经验来改变飞行方向,从而找到更优质的食物。粒子群算法中的粒子就相当于鸟群中的鸟,粒子的空间位置就是优化问题的一个解,每个粒子都会学习自己和其他粒子的历史信息来调整自己的速度和位置,从而寻找最优解。

结合本文所述优化问题,在设计变量组 Para_1 构成的 6 维空间中,由 n 个粒子组成的粒子群中,粒子 i 的空间位置可以记为:

$$x_i = [x_{i1}, x_{i2}, \cdots, x_{i6}] \tag{2}$$

其飞行速度也可以用一个 6 维向量表示,记为:

$$v_i = [v_{i1}, v_{i2}, \cdots, v_{i6}] \tag{3}$$

粒子位置的优劣,即解的优劣,是根据适应度值来确定的。粒子 i 曾经到达过的位置中,具有最优适应度值的位置称为个体历史最优位置,记为:

$$p_{\text{best}i} = \left[p_{\text{best}i1}, p_{\text{best}i2}, \cdots, p_{\text{best}i6} \right] \tag{4}$$

整个粒子群曾经到达过的所有位置中的最优位置,称为群体历史最优位置,记为:

$$g_{\text{best}} = \left[g_{\text{best}1}, g_{\text{best}2}, \cdots, g_{\text{best}6} \right] \tag{5}$$

粒子群的位置变化可以分解为速度更新和位置更新。粒子 i 在第 $k+1$ 次迭代时的速度更新为:

$$v_i^{k+1} = \omega v_i^k + c_1 r_1 \left(p_{\text{best}i}^k - x_i^k \right) + c_2 r_2 \left(g_{\text{best}}^k - x_i^k \right) \tag{6}$$

式中:ω——惯性权重;

c_1、c_2——个体学习因子和群体学习因子,也称加速常量,通常在区间 $[0,2]$ 内取值;

r_1、r_2——区间 $[0,1]$ 内的随机数,每次迭代重新生成,可增加搜索的随机性。

位置更新为:

$$x_i^{k+1} = x_i^k + v_i^{k+1} \tag{7}$$

如图 2 所示,基于粒子群算法的优化过程的流程如下:

步骤 1:初始化粒子群参数和种群。设置粒子群算法参数 n、ω、c_1、c_2 以及设计参数取值范围,随机生成各粒子初始位置,初始化各粒子速度。

步骤 2:计算适应度值。通过基于应力约束条件的优化过程,得到粒子所在位置的适应度值。

步骤 3:更新个体和群体的历史最优位置和最优适应度值。对于每个粒子,若其适应度值优于个体/群体最优适应度值,则将其作为个体/群体最优适应度值,并将该位置作为个体/群体历史最优位置。

步骤 4:判断是否满足结束条件。若满足,则结束;若不满足,则更新每个粒子的速度和位置,并重复步骤 2~4。在更新粒子位置时,应对越界的粒子进行位置约束。

4.2 基于应力约束条件的优化过程

基于应力约束条件的优化过程用于计算粒子适应度值,具体地,是在设计参数组 Para_1 给定的情况下,寻找一组满足应力约束条件的设计参数组 Para_2,使得网状吊杆拱桥上部结构材料费用最低。实际上,材料费用最低也就是说明材料性能得到了充分的利用。假设控制截面最大应力超过许用应力的 90% 即可视为材料充分利用,则可以将目标函数转化为:

$$0.9[\sigma] \leqslant \sigma_{\max} \leqslant [\sigma] \tag{8}$$

如图 2 所示,基于应力约束条件的优化过程的流程如下:

步骤 1:初始化板厚和吊杆截面积参数,即设置设计参数组 Para_2 的初始值。

步骤 2:调用 ANSYS 有限元模型计算。涉及 Python 与 ANSYS 的联合使用,将在下节中介绍。

步骤 3:判断是否满足结束条件。若满足,则结束;若不满足,则根据计算得到的应力情况调整板厚和吊杆截面积参数,并重复步骤 2~3。

4.3 Python 与 ANSYS 联合使用方法

Python 和 ANSYS 都可以进行数据文件的读入和写入操作,这为两者联合使用提供了基本条件。在上述优化过程中,在 Python 中编写粒子群算法,并将设计参数写入 txt 文件,然后调用 ANSYS 程序进行计算。ANSYS 程序中可以使用/input 命令读入参数文件,在计算完成后,

可以使用 * vwrite 命令将关键结果写入 txt 文件。在此之后,Python 程序读入计算结果文件,判断是否满足约束条件,若不满足则调整设计参数后循环迭代,直至满足结束条件。在 Python 中调用 ANSYS 的语句如下:

```
import os
cmd_line = 'ansys_start_file - p ansys - np 4 - lch - dir ansys_work_dire - j Job_Name -
s read - l en - us - b - i ansys_mac_file - o ansys_work_dire\file.out'
os. chdir( ansys_work_dire)
os. system( cmd_line)
```

其中,ansys_start_file 为 ANSYS 软件中 MAPDL 程序的目录,ansys_work_dire 为工作目录,ansys_mac_file 为 mac 宏文件名,Job_Name 为工作文件名称。

5 优化结果

当种群数量设置为 20、最大迭代次数设置为 100 时,完成整个优化过程共计调用 ANSYS 有限元模型 12 485 次,每次迭代平均调用模型约 125 次。当 100 次迭代完成时,历史最优适应度值为 7 168.582 万元,对应粒子位置为 Para_1 = [0.2,62,15,9.5,1.8,2.5],Para_2 = [0.010,0.030,0.032,0.040,0.006],目标函数值下降曲线如图 3 所示。从图中可以看出,基于 PSO 的双层优化模型在迭代初期就能使目标函数值有较大程度的下降,表明其具有较好的收敛性能。

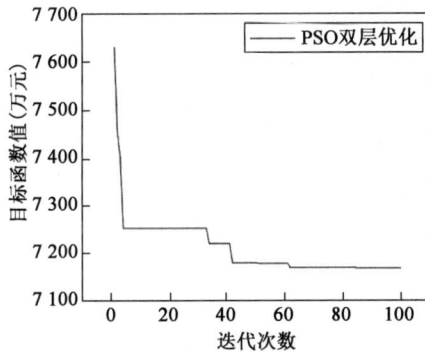

图 3 目标函数值下降曲线

为了更清晰地展示目标函数值的下降情况,表 2 给出了目标函数值发生变化时所处的迭代次数,以及该代目标函数值与第一代的比值。从表中可知,目标函数值在前四次迭代中连续下降,总共下降近五个百分点;到第 42 次迭代时,又下降了一个百分点左右;而后续的迭代过程,目标函数值下降不明显。根据上述结果,建议可将最大迭代次数设置为 50 次,通常可以得到近似最优解;若时间有限,也可以设置为 10 次,调用有限元模型 1 200 余次,亦能获得较为理想的优化结果。

目标函数值下降情况　　　　　　　　　　　　　　　　　　　　表 2

迭代次数	1	2	3	4	34	42	51	62	85
目标函数值（万元）	7 631.202	7 454.697	7 399.740	7 251.948	7 220.433	7 180.270	7 178.352	7 170.126	7 168.582
与第一代比值	100.00%	97.69%	96.97%	95.03%	94.62%	94.09%	94.07%	93.96%	93.94%

6 结语

本文基于粒子群优化算法提出了一种网状吊杆拱桥的双层优化模型,并通过 Python 与 ANSYS 联合使用,以跨径 300m、桥宽 36m 的组合梁网状吊杆拱桥为例,实现了该优化过程。优化结果表明,该优化模型在迭代初期就能使目标函数值有较大程度的下降,具有较好的收敛性能;在迭代约 50 次之后,可将上部结构材料费用较初次迭代降低 6% 左右。值得注意的是,若材料单价发生变化,则优化结果也会有所不同。此外,考虑到计算成本,本文未考虑整体稳定等约束条件,也未考虑下部结构费用。在将来的研究中,可以引入更全面的约束条件,同时引入与这些约束条件相关的结构构造参数,以求得更为准确的全局最优解。

参 考 文 献

[1] NAZRUL I,SHOHEL R,RAQUIB A,et al. An optimized design of network arch bridge using global optimization algorithm[J]. Advances in Structural Engineering,2014,17(2):197-210.

[2] BRUNO D,LONETTI P,PASCUZZO A. An optimization model for the design of network arch bridges[J]. Computers & Structures,2016,170(7):13-25.

[3] 曹鑫科.大跨度网状吊杆拱桥力学性能及结构参数优化研究[D].西安:长安大学,2022.

[4] KENNEDY J,EBERHART R. Particle Swarm Optimization[C]. Proceedings of IEEE International Conference on Neural Networks,1995:1942-1948.

8. 基于数字孪生理念的钢筋混凝土梁桥疲劳分析框架

赵浩然[1] 张 田[1] 李鹏飞[2]

(1. 大连海事大学交通运输工程学院;

2. 交通运输部公路科学研究院)

摘 要：在世界范围内混凝土梁桥疲劳破坏逐渐增多、疲劳问题逐渐严重的背景下,本文从钢筋混凝土疲劳成因出发,简要分析了疲劳过程中多种因素耦合作用的复杂过程,梳理了钢筋混凝土疲劳试验的发展过程和研究现状。梁桥的疲劳破坏存在时间跨度长、损伤破坏机理复杂、多因素耦合作用等问题,难以实现精确模拟或试验复现。数字孪生技术可以实时监测和收集桥梁结构上的各种数据,提前预测可能出现的风险,并提供针对性的维护和管理策略。将数字孪生技术应用于疲劳问题可以利用现有的疲劳理论和大量监测检测数据,对梁桥的疲劳问题进行评估。

关键词：钢筋混凝土梁桥 疲劳问题分析 数字孪生技术 模型更新

1 引言

钢筋混凝土桥梁不仅是公路运输中的关键组成部分,更是国家基础设施建设的核心要素。它集钢筋与混凝土优点于一身,取材广泛、施工方便、成本较低,是是桥梁工程中的主流选择。钢筋混凝土桥梁凭借其众多的优点,将继续在公路运输中发挥关键的作用。

相比于钢桥而言,混凝土桥梁的疲劳问题一直没有受到足够的重视。钢结构桥梁构造复杂,在节点区域和焊缝区域容易产生疲劳薄弱细节,由疲劳引发的钢桥破坏案例数量较多[1]。早期混凝土桥梁多采用允许应力设计法,桥梁构件多处于低应力工作状态。近些年,混凝土结构有向着轻质高强方向的发展趋势,混凝土梁桥的工作应力逐渐增高。另外,由于桥面重载交通的比例逐渐提高加之环境的侵蚀,混凝土桥梁的循环荷载水平不断提高、荷载工况逐渐复杂,致使混凝土桥梁的疲劳问题越来越突出,影响其长期性能和使用寿命。但导致桥梁长期性能退化的因素众多且复杂,目前人们尚未完全掌握疲劳破坏过程中的损伤产生及发展规律,在采取工程措施和防范工作方面处于被动地位。

为加强对钢筋混凝土桥梁疲劳问题的认识,本文通从混凝土桥梁疲劳成因出发,对混凝土桥梁疲劳问题的研究情况进行梳理,同时探讨最新的数字孪生技术在疲劳问题上的应用,提出钢筋混凝土梁桥疲劳分析的数字孪生框架模型。

2 钢筋混凝土梁桥疲劳问题

2.1 疲劳成因

结构因疲劳损伤而丧失工作能力的现象称为疲劳失效。通常认为,钢筋混凝土梁桥疲劳失效主要包含三个阶段,即裂纹产生、裂纹发展和脆性断裂。在其疲劳破坏的过程中,同时也有多方面因素影响甚至加剧整个疲劳破坏的进程,不同的影响因素也会产生耦合效应,进一步加剧混凝土梁桥的疲劳破坏。

随着交通运输行业的迅猛发展,交通运输模式发生了巨大变化,对于梁桥而言,最明显的特征就是交通量的快速增长和桥梁重载比例的持续增加,这导致了实际作用的荷载工况与设计工况之间存在较大的差异。在持续重载作用下梁桥更容易出现疲劳破坏问题,对于部分老旧桥梁尤为显著。

其次是混凝土材料本身的问题,在其浇筑和成型的过程中,会出现难以避免的孔隙或微小裂纹[2],这往往是裂纹产生的开端。混凝土出现裂缝后,开裂处截面面积、模量等发生改变,成为整梁破坏的危险点。而且混凝土梁通常会有多条裂纹同时存在的情况,裂纹之间互相作用可能导致整体结构发生变化,使桥梁内部应力情况变得复杂,容易产生应力集中的情况,影响其整体的承载能力。

当混凝土受拉区开裂后,开裂位置钢筋在循环荷载作用下应力水平较高,这种情况下更容易产生疲劳破坏。加之开裂后部分钢筋暴露在空气中,环境中的有害介质将更容易侵入混凝土内部,破坏钢筋表面的钝化膜,引起钢筋的锈蚀[3]。加之钢筋表面的锈蚀产物体积远大于原钢筋体积,随着体积的膨胀,在混凝土和钢筋交界处会出现锈胀裂缝,进一步加速混凝土的开裂过程[4]。环境和荷载的耦合作用下,裂缝的开展会加速钢筋的锈蚀,锈蚀产物又会导致锈胀裂缝,二者相互影响且过程复杂,成为严重影响钢筋混凝土结构使用性能的主要因素。

2.2 疲劳试验

对于钢筋混凝土梁桥的疲劳问题,很难对正在服役的梁桥进行相关问题的研究,加之现阶段疲劳理论也不够完善,所以最常用的研究方法是进行疲劳试验。梁桥疲劳试验主要研究工作涉及:疲劳影响因素分析、原型梁桥的受力分析和应力幅计算、疲劳试验模型设计、试验加载方式和疲劳应力幅确定、试验结果观测和分析等[5]。

在疲劳破坏中,受弯疲劳是最常见和最主要的破坏形式。马达洛夫[6]早在1964年便开展了钢筋混凝土梁受弯疲劳试验研究,分析了循环荷载下试验梁的力学性能变化和破坏过程,讨论了钢筋混凝土结构疲劳的计算方法。

国内开展钢筋混凝土梁疲劳试验研究始于1989年,沈忠斌[7]根据进行疲劳试验得到的结果,分析了钢筋混凝土受弯构件的裂缝宽度、挠度和抗弯刚度等的变化规律,给出了疲劳裂缝宽度和抗弯刚度的计算公式:

$$W_{\max}^{r} = (1 + 0.040 \lg N) W_{\max} \tag{1}$$

$$B^{r} = \frac{0.8 E_s A_s h^2}{\psi^{r} + 0.2 + \dfrac{6\alpha_E R}{1 + 3.5\gamma'_{f}}} \tag{2}$$

式中:$W_{\max}^{r}$——疲劳荷载下梁的最大裂缝宽度;

N——循环次数;

$W_{\max}$——静力荷载作用下梁的最大裂缝宽度;

B^r——疲劳荷载下梁的跨中截面抗弯刚度;

E_s——钢筋弹性模量;

A_s——钢筋截面面积;

h——梁高;

ψ^r——疲劳荷载下钢筋应变的不均匀系数;

α_E——钢筋与混凝土的弹性模量之比;

R——曲率半径;

γ_f——受压区翼缘增强系数。

1997年,李秀芬等[8]开展了钢筋混凝土梁的等幅疲劳试验,得到混凝土及钢筋的应力计算公式同时拟合得到了试验梁的 S-N 曲线,给出了高强混凝土梁的疲劳强度设计值。通过试验数据得到的梁内受拉钢筋的 S-N 方程为:

$$\lg N = 21.710 - 6.451 \lg \sigma_{max} - 2.880 \lg(1 - \rho) \tag{3}$$

式中:N——荷载循环次数;

σ_{max}——应力最大值;

ρ——应力比。

1998年,Max Schlafli 等[9]用27块钢筋混凝土桥面板开展了疲劳试验,研究了钢筋和混凝土应变、挠度等与荷载循环次数的关系。试验结果表明,仅最大疲劳载荷达到极限静载荷的60%以上时,试验梁才会出现较为明显的疲劳损伤,且疲劳破坏的主要原因是钢筋的疲劳断裂,钢筋的破坏可以通过测量挠度和应变来检测,也可以通过观察裂缝模式和裂缝宽度的方式来直观检测。

陈浩军等[10]开展了多组钢筋混凝土梁疲劳试验,对不同配筋率钢筋混凝土简支梁的疲劳破坏形式进行研究。通过控制钢筋的配筋率,回归了不同的配筋情况下试验梁的疲劳方程:

$$S = 0.9490 + 0.1586\mu - (0.1131 - 0.0190 \lg N) \qquad \mu < \mu_c \tag{4}$$

$$S = 0.9671 - 0.0935 \lg N \qquad \mu \geq \mu_c \tag{5}$$

式中:S——应力水平;

N——循环次数;

μ——钢筋配筋率;

μ_c——疲劳界限配筋率。

以上的钢筋混凝土梁疲劳试验数据主要来源于等幅疲劳试验,针对变形、寿命和剩余承载力等进行相关分析。然而,变幅疲劳载荷实际上可以更合理地模拟桥梁的实际服役荷载,对钢筋混凝土构件的疲劳寿命也影响更加显著。相较于等幅疲劳循环加载,变幅疲劳循环加载对钢筋混凝土梁的承载力退化具有更大的影响。此外,变幅荷载的加载次序对钢筋混凝土梁所能承受的疲劳循环次数具有重要影响。不同的加载次序可能导致梁在不同疲劳阶段出现不同的性能表现。

在变幅荷载作用下,随者钢筋的应力幅值的变化,混凝土裂缝宽度也有明显变化,变幅疲劳对钢筋混凝土结构的细节部分具有显著影响,这就可能导致结构内部的损伤累积加速。因此,梁的疲劳寿命和弯曲刚度劣化率在变幅荷载作用下比等幅荷载作用下的更大。

冯秀峰[11]对预应力混凝土梁进行了等幅和变幅疲劳试验,对不同加载模式下预应力混凝土试件的疲劳寿命、变形、裂缝扩展等进行分析,拟合了 S-N 曲线且提出了能反映疲劳损伤过程的非线性分析方法。试验结果表明,在预应力混凝土梁中,疲劳破坏时预应力筋并未断裂,主要取决于普通钢筋的疲劳寿命。

朱红兵[12]对钢筋混凝土空心板梁和 T 梁进行等幅疲劳、变幅疲劳以及随机疲劳加载的试验研究,分析了应力幅值、加载上限、截面形式、加载方式等对疲劳试验的影响,并提出了相应的疲劳验算和疲劳寿命的评估方法。

钢筋混凝土梁的运行环境较为复杂,极易受到外界环境的侵蚀,其中最受关注的就是由钢筋锈蚀带来的耐久性能损伤[13],对于混凝土梁的疲劳性能也产生了极大的影响。针对这一问题,大量的研究人员展开了针对锈蚀混凝土梁的疲劳试验研究。

易伟建等[14]进行了 9 根锈蚀钢筋混凝土梁的疲劳试验。研究表明,锈蚀钢筋混凝土梁的表面分布的不均匀锈蚀坑槽是疲劳破坏率先产生的地方。Yi 等[15]研究了锈蚀钢筋混凝土梁在疲劳荷载作用下的性能。结果表明,随着钢筋锈蚀程度的增加,试验梁的疲劳寿命降低,并发生脆性破坏。在相同的疲劳加载历史下,锈蚀钢筋的最大断裂伸长率与屈服强度之比随应力幅的增大而减小。吴瑾等[16]通过电化学加速锈蚀,设置了不同锈蚀率钢筋混凝土疲劳试验,分析了疲劳强度及疲劳寿命与锈蚀率的关系,并收集了 26 组国内外锈蚀钢筋混凝土疲劳试验数据,提出了保证率为 95% 的疲劳 S-N 曲线。Apostolopoulos 等[17]采用盐雾加速腐蚀技术,对未锈蚀和锈蚀钢筋进行了模拟地震荷载条件的低周疲劳试验。结果表明,随着盐雾加速腐蚀持续时间的增长,锈蚀钢筋的疲劳寿命及延性不断下降。

现阶段大量研究人员针对钢筋混凝土疲劳问题进行了不同方式的试验研究,但钢筋混凝土疲劳试验存在本身的局限性。疲劳试验通常在特定的条件下进行,如温度、湿度、加载频率、应力幅值等。这些条件可能无法完全模拟实际情况,导致试验结果与实际应用存在差异。而且钢筋混凝土的疲劳破坏是一个时间跨度很大的过程,加速试验的方式也存在问题需要探讨。针对以上的存在的问题,可以尝试使用数字孪生的技术寻求解决方法。数字孪生技术可以实时监测和收集桥梁结构上的各种数据,包括裂纹和缺陷等,通过在相应的虚拟环境中进行仿真,测试桥梁结构的强度,找出关键病害。同时可以模拟出结构抗疲劳性能,对疲劳问题进行精细化分析,对桥梁的疲劳破坏情况进行预测。

3 基于数字孪生技术的疲劳问题分析

3.1 数字孪生的概念

数字孪生(Digital Twins)的概念最早由 Grieves[18]于 2003 年提出,他在有关产品生命周期管理的演讲中,包含数字孪生概念的大部分要素。2012 年 Glaessegen 和 Stargel[19]给出了数字孪生的一般定义:数字孪生是对复杂产品综合了多物理、多尺度的模拟,采用适当的物理模型和传感器数据等来反映实际对象,实现物理产品、虚拟产品以及物理和虚拟产品之间的数据连接。

通过对物理对象的监控,数字孪生为虚拟模型提供了与物理对象正在或将要经历的相同操作环境的模拟操作环境。

数字孪生模型如图 1 所示。

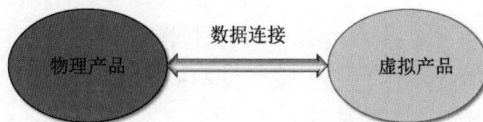

图 1 数字孪生模型

基于数字孪生的技术概念和实际工程情况,其在桥梁工程领域做如下阐述:桥梁实体和桥梁数字模型分别对应物理对象和虚拟模型,在桥梁全生命周期中的不同阶段种实现桥梁实体和数字模型的数据交互、情景对照和等价映射,以实现对桥梁结构状态的实时感知和控制。

3.2　数字孪生监测技术

数字孪生技术能够对物理实体进行仿真分析和测试,将有关物理对象或系统的真实数据作为输入,并将生成的数据作为输出,用于预测或模拟物理对象或系统将如何受到这些输入的影响[20]。桥梁结构健康监测领域相关方法及其应用的核心是传感器和传感器数据。基于数字孪生的健康监测可以对物理对象进行连续监测,以传感器更新、运行历史数据和模型模拟数据为驱动,提供损伤判断、损伤预警、决策建议等服务。

该概念自诞生以来,便被尝试应用于各类工业领域。而对于桥梁工程而言,数字孪生也被广泛应用于对桥梁结构的健康监测方面,以便对桥梁更合理、更便捷地进行运营和维护工作。Ye[21]等提出了一种了建立桥梁数字孪生模型的框架,以实现对结构的健康监测。Shim 等[22]基于数字孪生的概念,设计了一套桥梁维护系统,以提高桥梁维护决策的可靠性。Kang 等[23]以数字孪生的概念为基础,提出了一种基于多媒体知识的桥梁健康监测方法,该方法利用桥梁结构上布置的传感器采集到的各种数据,使物理对象和虚拟模型保持一致。Febrianto 等[24]收集了大量的传感器数据,基于统计有限元法建立了某安装有健康监测系统的铁路桥的数字孪生模型。不难看出,现阶段数字孪生在桥梁健康监测方面主要依赖于结构物上布置的大量传感器来实现桥梁物理结构对虚拟模型的映射,通过布设在桥梁结构上的多种类型的传感器,可以实时监测桥梁的环境状态、作用荷载和结构响应等信息。这些传感器不仅提供了丰富的数据来源,而且为数字孪生模型的建立提供了必要的基础。

数字孪生桥梁的建立依托于有限元分析技术、桥梁结构状态的评估技术以及数值模型的更新与确认技术的发展。这些技术使得在计算机虚拟空间中建立与真实桥梁实体等价或部分等价的数值模型成为可能。这个等价的数值模型,即数字孪生桥梁,不仅可以模拟桥梁的实际行为,还可以通过传感器数据的映射,实现与实际桥梁的信息交互。

与传统数字模型相比,数字孪生桥梁具有明显的优势。它能够实时接收来自传感器的数据,将这些数据映射到虚拟模型中,并在此模型中对桥梁结构状态进行评定和预测。这种信息交互和实时更新的机制使得数字孪生桥梁能够更好地反映桥梁的实际状态,提高了预测的准确性和及时性。

在全生命周期范围内,数字孪生桥梁与实际桥梁保持状态协调一致、信息实时交互的特点使其成为桥梁运营维护与管理的重要工具。通过数字孪生技术,我们可以对桥梁的健康状况进行实时监控,提前预测可能出现的风险,并提供针对性的维护和管理策略。这不仅可以提高桥梁的安全性和耐久性,还可以降低维修和保养成本,提高运营效率。

3.3　数字孪生监测与疲劳破坏

梁桥的疲劳破坏存在时间跨度长、损伤破坏机理复杂、多因素耦合作用等问题,难以实现精确模拟或试验复现。目前提出的一系列疲劳评估和寿命预测方法都存在一定的局限性。将数字孪生监测技术应用在梁桥的疲劳问题上,将有很大的发展空间。理想情况下,数字孪生可以使用实时校准的虚拟系统执行未来状态模拟,从而能够制定有效的维护策略。因此,数字孪生驱动的框架可以充分利用现有的疲劳理论和大量的历史数据,给予桥梁疲劳评估一种全新的方式。

数据是数字孪生技术的核心要素之一,在数字孪生监测阶段,数据流贯穿其中。通过引入各项人工智能算法,基于大量训练数据和工程场景,可有效提升数字孪生模型的状态检测深度和预测可靠性。Dang 等[25]提出了一种基于云计算和深度学习的结构健康监测数字孪生框架,用于桥梁结构的实时监测和主动维护;Cui 等[26]开发了一个具有工程意义的桥梁弹性轴承图像数据库,同时基于卷积神经网络建立了桥梁弹性轴承状态监测系统;项长生等[27]提出了一种融合模态应变能和信息熵的桥梁损伤识别方法,利用麻雀算法实现了对结构损伤程度的定量分析。

疲劳破坏的第一阶段是微小裂纹的产生,这一阶段在总疲劳寿命中占有相当大的比重,微观结构的变化也是疲劳寿命预测过程中不确定性的主要来源。Jiang 等[28]基于数字孪生可以模拟不同尺度的物理对象的生命周期的方法,利用现有的最佳物理模型、材料信息、传感器更新和运行历史,为钢桥的非确定性疲劳寿命预测提供数字孪生驱动的框架。同时基于该框架,从物理对象上提取有关测试配置和材料微观结构的基本信息,使用晶体塑性有限元模型模拟微观小裂纹萌生模拟,对微裂纹成核、聚结和扩展进行虚拟表示。在得到微小裂纹的形状与寿命预测之后,用数字孪生物理空间提供的疲劳数据进行实时校准修正,采用随机生长参数的 Paris 定律,通过实施蒙特卡罗模拟以从在模型校准中获得的稳定马尔可夫链中提取生长参数样本来计算剩余疲劳寿命:

$$N_{res} = \lim_{n \to \infty} \frac{a_c - a_p}{n} \sum_{i=1}^{n} \left(1 \bigg/ \left(\frac{da}{dN} \right) \right)_i = \lim_{n \to \infty} \frac{a_c - a_p}{n} \sum_{i=1}^{n} \left(\frac{1}{e^Y} \right)_i \tag{6}$$

$$Y = \ln C + m \ln \Delta K + \varepsilon \tag{7}$$

$$\varepsilon \sim N(0, \sigma^2) \tag{8}$$

式中:N_{res}——剩余疲劳寿命;

$[a_c, a_p]$——被划分为 n 个等长的了区间的区间范围;

a——表面裂纹长度;

da/dN——裂纹扩展速率;

ΔK——应力强度因子变化量;

C、m——材料常数;

σ^2——测量误差引起的裂纹扩展速率的不确定性。

郁胜[29]基于数字孪生提出了一种结构健康混合监测方法并将其应用于斜拉桥拉索和钢桥面板的疲劳问题评估。该方法将结构的正演与反演分析紧密结合,其核心在于利用健康监测系统的数据,通过数字孪生技术,实现多尺度模型之间的信息传递,并推演应力分布,以评估和预测桥梁结构易损部位的状态和寿命。

基于数字孪生技术的疲劳问题分析仍处于起步阶段,对于梁桥的疲劳问题研究仍存在一些挑战和空白。本文给出了一种用于疲劳分析的数字孪生桥梁模型和分析框架,主要包括以下部分:

(1)建立初步数字孪生模型:基于实际桥梁的几何形状、材料属性、载荷条件等数据,在数字空间中构建起精准的物理对象的虚拟模型。这个模型能够反映桥梁的实际状态和工作情况,为后续的疲劳分析提供基础。

(2)数据采集与处理:通过各种传感器和监测设备,收集桥梁在实际运营过程中的载荷数据、结构响应数据、环境条件数据等,包括结构应力、应变、位移等,并对这些数据进行处理用于修正初步的数字孪生模型。

(3)疲劳分析:基于数字孪生模型和采集的数据,采用适当的数值分析方法,如有限元分析、有限差分分析等,基于现有的疲劳理论对桥梁进行疲劳分析。通过模拟计算,可以预测出桥梁在不同载荷条件下的疲劳损伤情况,从而评估其疲劳寿命和安全性。

(4)优化与改进:根据疲劳分析的结果和桥梁监测数据,对数字孪生模型进行优化和改进。例如,调整模型中的材料属性、本构关系、计算方式等,以此修正疲劳计算理论。通过引入各项人工智能算法,基于大量训练数据和工程场景,可有效提升数字孪生模型的状态检测深度和预测可靠性。

(5)反馈与更新:将优化和改进后的数字孪生模型反馈到实际桥梁中,并不断进行试验和验证,以检验模型的准确性和可靠性。同时,也可以根据分析结果对桥梁的设计、制造、运维等环节提出优化建议,提高其耐久性和安全性,随着时间的推移和技术的发展,需要不断更新数字孪生模型和相关分析方法,以适应新的需求和变化。

通过以上步骤,可以建立起一个完整的用于疲劳分析的数字孪生桥梁模型和分析框架(图2)。这个框架不仅可以用于评估桥梁的疲劳性能和安全性,还可以用于指导桥梁的设计、施工、运营和维护,为提高桥梁的性能和寿命提供有力支持。

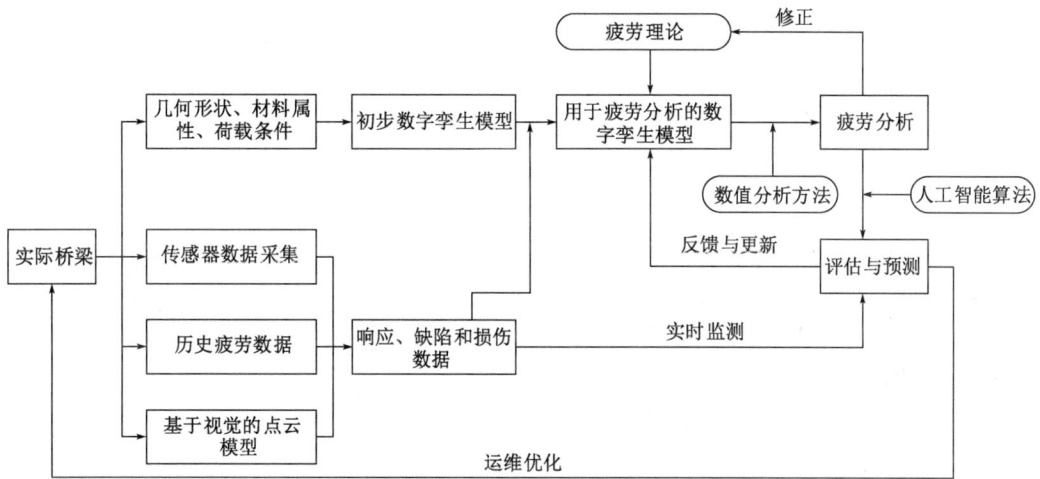

图2 用于疲劳分析的数字孪生桥梁模型和分析框架

4 结语

本文从钢筋混凝土梁桥的疲劳问题出发,分析了疲劳破坏的成因以及疲劳试验研究的发展过程,针对现阶段对疲劳破坏的分析中存在的问题,提出采用基于数字孪生技术分析疲劳问题的方法。

(1)钢筋混凝土梁桥的疲劳破坏的影响因素有很多,在荷载条件、外部环境和材料性质等多种因素的耦合作用下,进一步加剧了疲劳破坏进程,且该过程作用复杂,难以精细分析和量化。

(2)数字孪生技术作为新兴的超现实概念的技术,在实时监测和精细化模拟分析方面有显著优势,利用数字孪生技术对疲劳问题进行分析有很大的发展空间,数字孪生技术可以充分利用现有的疲劳理论和大量的历史数据,给予桥梁有效可靠的疲劳评估和与预测。

(3)提出一种用于桥梁疲劳分析的数字孪生模型和分析框架。根据桥梁基础数据和缺陷、损伤、响应数据等建立桥梁的数字孪生模型,充分利用现有的疲劳理论、数值分析方法和人工智能算法进行疲劳分析,并不断更新与修正,评估桥梁的疲劳问题的同时给予运维建议。

参 考 文 献

[1] 张劲泉,宋紫薇,韩冰,等.车辆荷载作用下公路混凝土桥梁疲劳问题研究进展[J].土木工程学报,2022,55(12):65-79.

[2] 宋玉普.混凝土结构的疲劳性能及设计原理[M].北京:机械工业出版社,2006.

[3] FRANCESCO F,LORENZO M. A predictive phase-field approach for cover cracking in corroded concrete elements[J]. Theoretical and Applied Fracture Mechanics,2022,122.

[4] 商怀帅,柴鑫.往复荷载下锈蚀钢筋与混凝土黏结性能的试验研究[J].材料导报,2023,37(1):133-138.

[5] 韦建刚,吴庆雄,陈小佳,等.高等桥梁结构试验[M].北京:人民交通出版社股份有限公司,2018.

[6] 马达洛夫.钢筋混凝土受弯构件在重复荷载下的性能研究[M].北京:科学出版社,1964.

[7] 沈忠斌.疲劳荷载作用下钢筋混凝土受弯构件使用性能的试验研究[D].南京:东南大学,1989.

[8] 李秀芬,吴佩刚,赵光仪.高强混凝土梁抗弯疲劳性能的试验研究[J].土木工程学报,1997,30(5):6.

[9] SCHLAFLI M,BRUHWILER E. Fatigue of existing reinforced concrete bridge deck slabs[J]. Engineering structures,1998(11):20.

[10] 陈浩军,彭艺斌,张起森.冷轧带肋钢筋混凝土受弯构件疲劳性能研究[J].中国公路学报,2006,19(1):5.

[11] 冯秀峰,宋玉普,朱美春.随机变幅疲劳荷载下预应力混凝土梁疲劳寿命的试验研究[J].土木工程学报,2006,(9):32-38.

[12] 朱红兵.公路钢筋混凝土简支梁桥疲劳试验与剩余寿命预测方法研究[D].长沙:中南大学,2011.

[13] MALUMBELA G, ALEXANDER M, MOYO P. Steel corrosion on RC structures under sustained service loads-A critical review [J]. Engineering Structures, 2009, 31 (11): 2518-2525.

[14] 易伟建,孙晓东.锈蚀钢筋混凝土梁疲劳性能试验研究[J].土木工程学报,2007,(3):6-10.

[15] YI W J,KUNNATH S K,SUN X D,et al. Fatigue Behavior of Reinforced Concrete Beams with Corroded Steel Reinforcement[J]. Aci Structural Journal,2010,107(5):506-508.

[16] 吴瑾,王晨霞,徐贾,等.疲劳荷载下锈蚀钢筋混凝土梁弯曲性能试验研究[J].土木工程学报,2012,45(10):118-124.

[17] APOSTOLOPOULOS C A,PAPADOPOULOS,M P. Tensile and low cycle fatigue behavior of corroded reinforcing steel bars S400[J]. Construction and Building Materials,2007,21(4): 855-864.

[18] GRIEVES M. Digital Twin:Manufacturing Excellence through Virtual Factory Replication[J]. 2015.

[19] GLAESSGEN E,STARGEL D. The Digital Twin Paradigm for Future NASA and U. S. Air

Force Vehicles [C] ∥ Paper for the 53rd Structures, Structural Dynamics, and Materials Conference：Special Session on the Digital Twin,2012.

[20] 姚萱,许立言,樊健生.面向桥梁工程的数字孪生技术研究进展[J].市政技术,2023,41 (8):17-25,102.

[21] YE C,BUTLER L,BARTEK C,et al. A digital twin of bridges for structural health monitoring [C] ∥12th International Workshop on Structural Health Monitoring 2019. Stanford University (CA),USA：Stanford University,2019.

[22] SHIM C S, DANG N S, LON S, et al. Development of a bridge maintenance system for prestressed concrete bridges using 3D digital twin model [J]. Structure and Infrastructure Engineering,2019,15(10):1319-1332.

[23] KANG J S, CHUNG K, HONG E J. Multimedia knowledge-based bridge health monitoring using digitaltwin[J]. Multimedia Tools and Applications,2021:1-16.

[24] FEBRIANTO E, BUTLER L, GIROLAMI M, et al. A Self-Sensing digital twin of a railway bridge using the statistical finite element method[J]. arXiv preprint,2021,2103(13729).

[25] DANG H V, TATIPAMULA M, NGUYEN H X. Cloud-based digital twinning for structural health monitoring using deep learning[J]. IEEE transactions on industrial informatics,2022, 18(6):3820-3830.

[26] CUI M, WU G, DANG J, et al. Deep learning-based condition assessment for bridge elastomeric bearings[J]. Journal of civil structural health monitoring,2022,12(2):245-261.

[27] 项长生,施昊,杨睿.基于模态频率应变能熵和Tent-SSA-BP神经网络的桥梁损伤识别方法的研究[J].公路,2023,68(3):8.

[28] JIANG F,DING Y,SONG Y,et al. Digital Twin-driven framework for fatigue life prediction of steel bridges using a probabilistic multiscale model：Application to segmental orthotropic steel deck specimen[J]. Engineering Structures,2021,241:112461.

[29] 郁胜.公路桥梁监测数据孪生车流和温度作用模型与疲劳评估方法[D].大连:大连理工大学,2021.

9. 基于数字图像相关技术和链式激光技术的桥梁变形监测系统研究及应用

赵 煜 孙士尧 原晖程 药天运 周勇军

（长安大学）

摘 要：针对目前桥梁变形测量受到诸多制约因素影响的现状，分别提出基于数字图像相关方法（DIC）和基于链式激光技术的结构位移测量方法。在基于 DIC 技术的结构位移测量方法方面，介绍基于亚像素匹配算法的结构位移计算流程，研发用于桥梁荷载试验的 QBD-A 型和 QBD-M 型结构静动态位移测试系统和用于桥梁长期监测的 QBD-B 型结构变形实时动态测试系统。该系统集成远距离、免标靶、实时、低成本和多点测量等优势，实现以毫米级的精度进行结构位移测量。在链式激光技术的结构位移测量方法方面，介绍基于椭圆拟合的光斑中心亚像素定位流程，设计了链式激光基准桥梁挠度检测系统，提出了检测系统的原理和组成。该系统具有结构简单、安装方便、抗干扰能力强等优点，可实现全天候桥梁多维度挠度检测。两类结构变形测试新技术已在新疆果子沟大桥、沪苏通大桥等国内大型桥梁工程的荷载试验和长期监测中推广应用，其优良的技术指标得到应用单位的高度认可，具有广阔的工程应用前景和技术推广价值。

关键词：桥梁工程 变形监测 数字图像相关方法 链式激光技术

1 引言

为了保证桥梁几何、刚度状态满足设计要求，桥梁在施工和运营过程中，均需进行关键截面的几何状态变形测试，这也是桥梁施工质量控制、运营检测试验以及长期运营监测的重要内容。特别是桥梁运营阶段的活载挠度，是桥梁抵抗外荷载变形能力的重要指标，也是评价桥梁结构整体刚度的重要参数。本文在传统变形测试方法的基础上，提出基于数字图像技术和链式激光技术的变形测试新技术。

数字图像相关方法（DIC）是一种基于现代数字图像分析技术的光学测量新方法。过去 30 年里，该技术在工程检测领域中得到了飞速的发展。Tommy 等[1]使用电荷耦合元件（CCD）相机获取图像，利用像素识别和边缘检测技术完成了桥梁挠度的监测。何小元等[2]研究基于 CCD 的位置探测技术的远距离位移测量系统，运用数字图像处理技术计算光标的坐标，获得了目标的位移。Lee 等[3-4]通过基于数字图像处理技术的方法开发桥梁位移测量系统，并对大跨径柔性桥梁进行位移测量。Fukuda 等[5]利用方向编码匹配算法（OCM）进行目标动态跟踪。

杜鹏等[6]以超大跨悬索自锚桥模型为目标尝试了无靶标动态位移监测。Feng 等[7]利用模板匹配算法,研发了一套能够对结构进行非接触式位移测量的系统。胡建军等[8]利用图像处理技术进行结构动态位移监测的研究;利用人工标定的方法和直接线性变换,实现图像坐标与空间坐标之间的转换,测量精度达到 0.1mm。韩亚荣[9]提出基于小目标图像的阈值算法,可以准确地识别光斑中心。这些研究成果表明视频图像识别技术可有效应用于结构位移测量,但传统 DIC 方法需要在被测试件表面粘贴长度已知的标尺,导致操作不便,且在图像噪声及数据精度方面仍需开展进一步研究。

链式激光技术是精确测量大跨径桥梁挠度变化的一种有效方法,其广泛应用在直线度、同轴度、平面度、平行度等形位误差的测量方面[10-11]。姜广文等[12-15]首次提出使用多个相机与标志物组合形成相机链,用来传递待测目标相对于测量基准的三维位置、姿态及其位移变化量。并研究了相机链位姿传递摄像测量方法的原理,探讨了测量传递站的形式,进行了精度分析和试验验证。陶佳[16]利用激光的准直特性,将多个传递监测站以首尾相连的方式连接,形成一个激光链,并进行多级图像式位姿传递测量原理研究。分析这些研究成果还存在很多不足,其中最为显著的是不能进行桥梁多点长期自动监测。因此本文结合链式激光网络结构与图像视觉检测方法,提出基于链式激光的大跨径桥梁挠度监测方法。该方法打破了传统方法中需要将激光发射系统自动调平的约束,解决了实际工程中测量设备安装位置本身存在位移和倾斜这一测量难题,实现了桥梁挠度多点同步实时监测。

2 基于数字图像技术的结构变形监测系统

2.1 测量原理

数字图像相关方法(DIC)作为一种光测技术,实质上是对变形前后结构表面的光强分布图采用相关运算,从而测量出结构的位移。通常将变形前的图像称为"参考图像",在参考图像中,取某待求点(x,y)为中心的 $M \times N$ 像素大小的矩形参考子区,在变形后的图像中通过一定的搜索方法按预先定义的互相关函数进行相关运算,寻找相关系数为全局极值的目标图像子区,并计算该子区的中心坐标(x',y'),以确定参考图像子区的位移 u,v。基于这种原理,本文的结构变形测试系统直接利用变形前后两幅数字图像的灰度变化来测量被测物体表面的位移。由于该方法中物体表面的灰度信息通过白光照明或测点自发光可以直接获得,并且可以同时计算一幅图像中的多个目标位置,解决了目前单台传感器无法实现多点测量的问题。

2.2 检测系统硬件构成

根据实际应用中对桥梁位移监测的不同需求,长安大学结构智能检测技术研究所研发了用于桥梁荷载试验的 QBD-A 型和 QBD-M 型结构静动态位移测试系统,以及用于桥梁长期监测的 QBD-B 型结构变形实时动态监测系统。

QBD-A 型结构位移测试系统采用高性能电荷耦合器件(CCD)、长焦变焦镜头、精密自动云台与激光测距系统,其长焦可变焦镜头可以实现超长工作距离的位移测量并使获取更加清晰稳定的图像,高性能 CCD 可实现较强的光敏感性和抗噪声能力,360°全方位云台可快速、稳定调整待测区域进入视野。该系统具有远距离、非接触、精度高、多点同时测量等突出优点,可同时实现对特大跨径、大跨径桥梁的多点静、动态变形测量。

QBD-M 型结构位移测试系统由工业级定焦镜头、高像素工业级互补金属氧化物半导体(CMOS)、主控电脑组成,其工业级定焦镜头可根据测试距离的远近更换合适焦距镜头测量,高像素 CMOS 使图像采集更加清晰、精确度更高,主控电脑可实现图像捕捉、数据处理、分析和处理等内容。该系统具有测试精度高、操作简单便捷、功能扩展性强等优点,可用于中小跨径桥梁的多点动、静态位移的变形测量。

QBD-B 型结构变形实时动态测试系统由高性能处理器、大底高像素工业级 CMOS 传感器、长焦镜头、云台、特征标志件、测距模块、数据传输模块及分析软件组成。其选用多种焦段的定焦镜头,可根据测试距离要求搭配合适的镜头进行不同距离和范围的精准测量,大底高像素工业级 CMOS 传感器使得图像采集画幅更宽、测试精度更高。该系统具有功能可靠、安装方便、操作简单、可扩展性强等突出优点,可应用于桥梁结构主塔变形监测、主梁控制截面的实时动态挠度监测,也可应用于其他建筑结构的多点动态位移长期监测。

2.3 亚像素定位

数字图像相关算法的匹配过程是通过迭代优化的方式求得全局极值来实现的,因此迭代优化判据的定义是数字图像相关分析的必要前提和理论基础。本系统判据采用了零均值归一化平方和函数(Zero-mean Normalized Sum of Squared Difference,ZNSSD)[17],其表达式如式(1)所示,与其他相关函数相比,该函数的相关峰值是全场唯一且尖锐的,因而能更准确地寻找到整个搜索区域的相关函数极值,并且该相关函数较其他相关函数抗干扰性更强,对光强的线性变化不敏感,因此更适合用于实际测量中。

$$C_{\mathrm{ZNSSD}} = \sum_{i=-m}^{m} \sum_{j=-m}^{m} \left[\frac{f(x_i,y_i) - \overline{f}}{\sqrt{\sum_{i=-m}^{m} \sum_{i=-m}^{m} [f(x_i,y_i) - \overline{f}]^2}} - \frac{g(x_i',y_i') - \overline{g}}{\sqrt{\sum_{i=-m}^{m} \sum_{i=-m}^{m} [g(x_i,y_i) - \overline{g}]^2}} \right] \quad (1)$$

式中:$f(x,y)$——参考子区中某一点的灰度值;

$g(x,y)$——目标子区中某一点的灰度值;

$\overline{f}$、$\overline{g}$——参考子区和目标子区中所有像素点的灰度均值。

最后求得的 C_{ZNSSD} 是相关系数矩阵,矩阵中元素的取值范围为 $[-1,1]$,矩阵中元素绝对值越大意味着模板与图像之间配越好。

由于数字图像记录的是离散的灰度信息,在利用相关函数进行搜索时窗口的平移以整像素为单位,因此获得的位移只能是像素的整数倍。但实际上位移值一般不是像素的整数倍,尤其当测试距离较远时,结果常常为几分之一甚至几百分之一像素。为提高数字图像相关方法的测量精度,本文系统采用了牛顿-拉夫森方法(Newton-Raphson)[18]进行亚像素位移测量。Newton-Raphson 图像变形模型如图 1 所示。该方法不仅考虑参考图像子区中心位置的变化,而且考虑其形状的变化(正应变、剪应变、转动及其组合),更符合实际的变形情况。

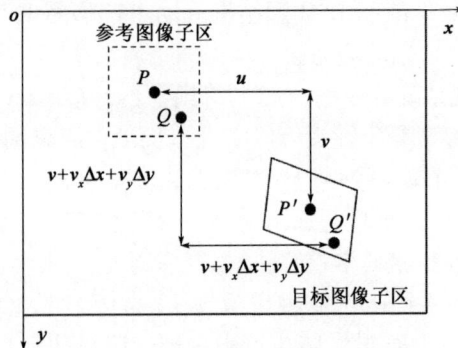

图 1　Newton-Raphson 图像变形模型

64

$Q(x,y)$ 与 $Q'(x',y')$ 的坐标对应关系,满足:

$$x' = x_0 + \Delta x + u + \frac{\partial u}{\partial x}\Delta x + \frac{\partial u}{\partial y}\Delta y \tag{2}$$

$$y' = y_0 + \Delta y + v + \frac{\partial v}{\partial x}\Delta x + \frac{\partial v}{\partial y}\Delta y \tag{3}$$

待求矢量:

$$p = (u, u_x, u_y, v, v_x, v_y)^{\mathrm{T}} \tag{4}$$

当待求变形参数矢量 p 使变形前后图像子区灰度最为相似时,目标函数取最小值,即其灰度梯度为0:

$$\nabla C(p^{i+1}) = \nabla C(p^i) + \nabla\nabla C(p^i)(p^{i+1} - p^i) = 0 \tag{5}$$

式中: $\nabla C(p^i)$——相关函数一阶梯度向量;

$\nabla\nabla C(p^i)$——相关函数二阶梯度矩阵;

p^i——迭代初值。

迭代计算:

$$p^{i+1} = p^i - \frac{\nabla(p^i)}{\nabla\nabla(p^i)} \tag{6}$$

判断是否收敛:

$$|p^{i+1} - p^i| \leqslant \varepsilon \tag{7}$$

若满足收敛条件式(7),则输出 P,转到下一点;若不满足收敛条件(7),则继续按式(6)迭代计算,直到满足收敛条件为止。

2.4 系统技术优势

QBD-A 型结构位移测试系统可实现远距离高质量成像,经过处理可得到待测目标的静动态位移以及实时动态曲线,可实现冲击系数、基频及阻尼比测试。该测试系统具有如下突出优点:①测试精度高,百米精度可达 0.1mm,完全满足桥梁及其他结构相对变形测试;②极限测试距离大于 1 000m,可用于超大跨径桥梁变形测试;③采用免靶标测量模式,选点准确、便捷,极大提高工作效率;④实现图像内多点捕捉,可同时测量多个测点,实现多点静动态位移测试。QBD-A 型结构位移测试系统可广泛应用于大跨径桥梁荷载试验及其他结构的相对变形测试中。

QBD-M 型结构位移测试系统采用集成设计理念,实时动态测量采用多点自动跟踪方式,可得到测点实时位移数据散点图及滤波后的拟合曲线。该测试系统具有以下产品优势:①测试精度可达 0.02mm(10m);②基于图像法的无靶标测量技术;③定焦镜头可根据现场测试需要及时更换;④设备轻巧、携带便捷;⑤图像清晰、稳定,测点选择方便,测试过程简单,人工干预少,全自动完成静、动态挠度测量;⑥设备性能稳定,可扩展性强,满足特殊测量需要。QBD-M 型结构位移测试系统可广泛应用于中、小跨径桥梁荷载试验及其他结构的相对变形测试中。

QBD-B 型结构变形实时动态测试系统可实时显示结构二维变形动态时程曲线,可设置阈值,实现变形预警功能。结合无线数据传输系统,可实现远程监测与控制,满足结构长期监测要求。该测试系统具有如下突出优点:①选用多种焦段的定焦镜头,可根据测试距离要求搭配合适的镜头进行不同距离和范围的精准测量;②多点自动跟踪算法,保证动态测量的可靠性,昼夜自动切换,实现数据的连续不间断采集;③设备可根据测点数量自由扩展与组合,形成多点同步数据采集与传输;④数据可对多个测点实时数据形成实时散点图,显示各点竖直和水平方向的位移值,本地保存或上传云端,查询和处理更加方便。QBD-B 型结构变形实时动态测试系统的研发成功,解决了行业内无法进行远距离实时监测结构变形的难题,并首次在我国最大的公铁两用斜拉桥——沪苏通长江大桥施工监控中成功应用。

3 基于链式激光基准的桥梁挠度监测系统

激光基准图像测量方法是将激光技术和视觉测量技术相结合的一种非接触变形测量方法。激光图像测量方法具有测量速度快、精度高、稳定性好等特点,可实现远距离自动连续测量,近年来广泛应用于结构变形测量和工业生产中。进行大跨径桥梁挠度监测时,需要在桥梁的关键节点处分别放置挠度检测仪,以便对桥梁多点同时进行监测,本文基于激光图像视觉方法设计出链式激光基准桥梁挠度监测系统。

3.1 测量原理

链式激光基准桥梁挠度位移传递是要将多个检测单元以等距离、近似直线的方式固定在桥面上,形成一个链式激光网络结构的挠度测量系统。链式激光位移传递测量示意图如图 2 所示。

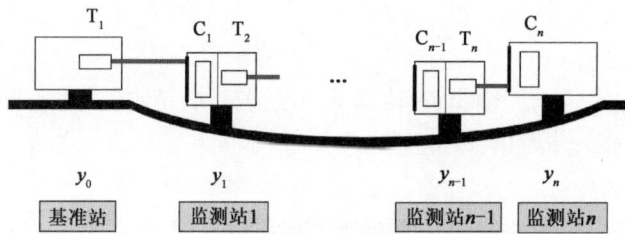

图 2 链式激光位移传递测量示意图

链式测量结构的起始单元由激光发射器T_1构成,该装置需要固定在桥梁被测区域不产生形变的位置,将其成为基准站,可以将绝对位移值引入到系统,为系统提供一个全局的基准坐标。中间的挠度位移传递单元由相机C_i与激光 T_{i+1}组合而成,将其称为监测站,其中相机轴线与激光器发射出的激光平行,并且两者之间没有相对位移。监测站不仅要检测当前测量点相对于基准点的挠度变化,还要将该测点的位移变化值传递给下一级监测站。以此通过监测站接力传递方式,形成一个监测链,实现整个范围内各测点的挠度变形监测,传递监测站原理示意图如图 3 所示。

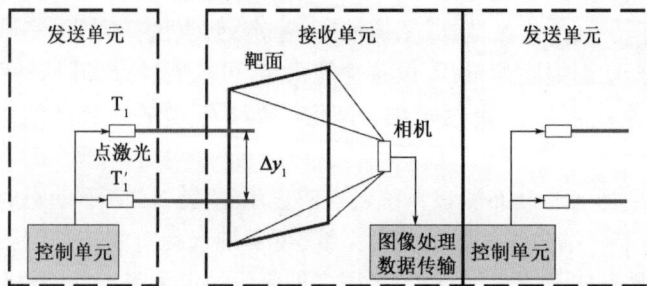

图 3 传递监测站原理示意图

66

3.2 检测系统硬件构成

桥梁挠度视觉成像检测系统主要由激光基准发射装置、发射瞄准装置、成像靶标、电荷耦合器件(CCD)像机、滤光片、成像镜头、图像数字信号处理(DSP)器和无线发射装置等组成,其功能框图如图4所示。安装在桥梁桥堆部位的准直激光器发出的激光光束作为基准,在悬挂于跨中位置的透射式智能靶标成像,位于靶标后方的CCD相机拍摄基准靶标的光斑图像,将光图信息转换为数字图像信息,图像信号处理板,采集CCD相机的图像信号,并对光斑图像信息进行解算,获取激光光斑的相对偏移尺寸,即可得到桥梁的挠度测量值。为了提高检测系统的实时处理能力,将靶标图像的处理与检测结果传输分开进行。

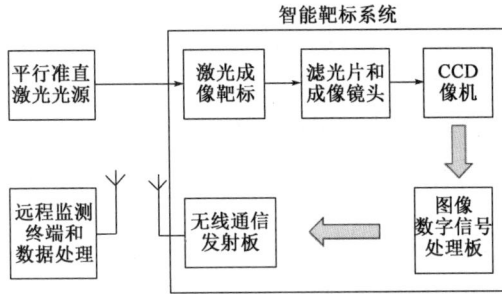

图4　桥梁挠度视觉成像检测系统功能框图

3.3 基于椭圆拟合的光斑中心亚像素定位

为提高检测精度,将图像中的像素点划分为更小的像素单元求取光斑的中心点[18]。由于监测系统在应用现场进行实际安装时很难将激光发射模块与靶标安装于同一平面,所以采集到的光斑图像会产生畸变,理想的圆形光斑变成近似椭圆形光斑,因此用椭圆来描述激光光斑的形状更加精确[19]。椭圆的一般表达式为:

$$Ax^2 + Bxy + Cy^2 + Dx + Ey + F = 0 \tag{8}$$

式中:A、B、C、D、E、F——椭圆的方程系数。

式(8)可以变形为

$$Bxy + C(y^2 - x^2) + Dx + Ey + F = -(A + C)x^2 \tag{9}$$

约束条件为:

$$A + C \neq 0 \tag{10}$$

由式(9)可知至少6个点(x_i, y_i),$i = 1, 2, \cdots, 6$;联立求解即可得到椭圆的参数,令$A + C = 1$,将式(9)写成矩阵形式

$$MX = Y \tag{11}$$

式(11)可以写成

$$M'MX = M'Y \tag{12}$$

最小二乘法求式(12)椭圆方程系数B、C、D、E、F,$A = 1 - C$,则可计算出椭圆的中心坐标(x_c, y_c)为:

$$\begin{cases} x_c = \dfrac{BE - 2CD}{4AC - B^2} \\ y_c = \dfrac{BD - 2AE}{4AC - B^2} \end{cases} \tag{13}$$

设像素点(x_i, y_i)到$f(x, y)$的残差平方和为:

$$(A,B,C,D,E,F) = \sum_{i=1}^{N} (Ax_i^2 + Bx_iy_i + Cy_i^2 + Dx_i + Ey_i + F)^2 \qquad (14)$$

当式(14)取最小值时即可求得六个参数的值,由极值定理当目标函数中参数的偏导数为0时目标函数取值最小,即式(15):

$$\frac{\partial f}{\partial A} = \frac{\partial f}{\partial B} = \frac{\partial f}{\partial C} = \frac{\partial f}{\partial D} = \frac{\partial f}{\partial E} = \frac{\partial f}{\partial F} = 0 \qquad (15)$$

求得椭圆的参数后,根据椭圆方程可以获得椭圆的长轴短轴长度、椭圆中心坐标,该中心坐标也就是所求的激光光斑中心。

3.4 系统技术优势

基于激光基准的桥梁挠度多维度智能实时监测系统,具有结构简单、安装方便、抗干扰能力强的特点。该系统采用太阳能光伏系统供电,安装不受环境的限制,可实现全天候桥梁多维度挠度检测。被测桥梁的检测数据通过 GPRS/4G 网络传输到云服务器终端,在网络 Web 端和手机 Android 端便可实现实时在线监测。

4 工程应用

4.1 桥梁荷载试验中的相对变形测试

桥梁控制截面位移测试是桥梁荷载试验的重要测试内容,也是桥梁整体刚度评价的重要依据。采用图像变形监测系统已经在多点(空间)动态挠度测试、超远距离静动态挠度测试、多跨桥梁变形同步测试、铁路桥梁静动态挠度测试方面成功应用。静态测量采用多点自动跟踪,自动进行高性能数字滤波,精度可达 0.1mm(100m 距离);动态挠度测量方便快捷,能高效进行桥梁结构动挠度及冲击测试。整个测试过程可以实现桥梁特征点的非接触、超远距离、高精度、免靶标多点位移测试,测点捕捉简单快捷测试结果稳定,极大提高了工作效率。

荷载试验应用实例见图5。

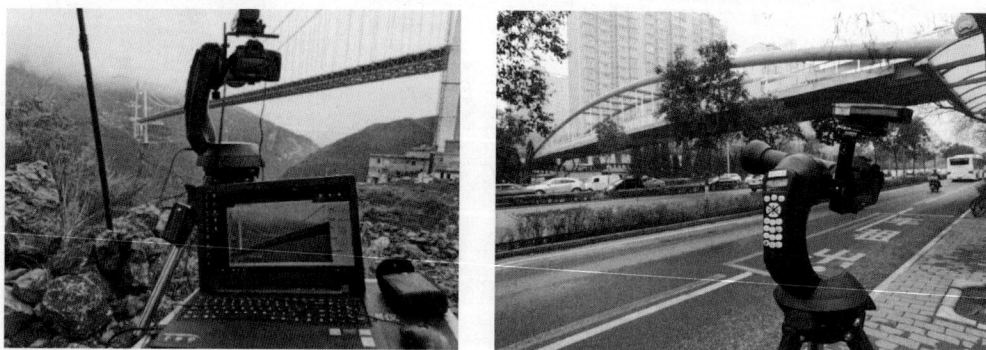

图5 荷载试验应用实例

4.2 桥梁变形实时动态监测

果子沟大桥位于 G30 高速公路线上,桥梁全长 700m,为双塔双索面钢桁梁斜拉桥。果子沟大桥健康监测系统包括桥梁自动化监测部分、电子化巡检部分,并设置云监控中心。基于团队研发的图像和激光监测系统,可实现桥梁结构监测数字化、养护管理信息化,为大桥管养提供科学的决策依据。全桥共布置测点 170 个,可全天候实时获取环境荷载以及结构的响应、局部损伤等信息,并对监测信息进行综合评估,获得行车和结构的双重安全状态信息。同时,建立了健康监测系统数据中心，通过云平台可实时获取各个测点监测数据，掌握大桥结构状况。果子沟大桥测点布置及云平台界面见图6。

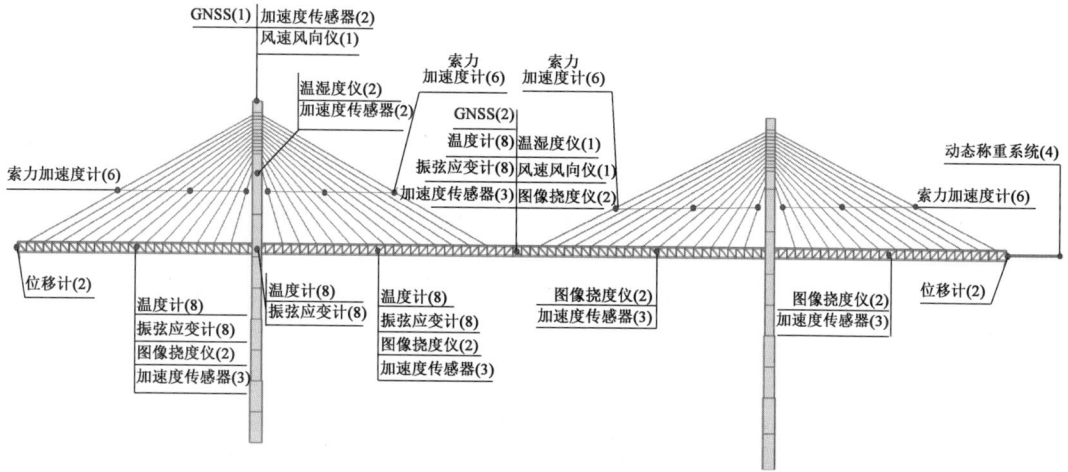

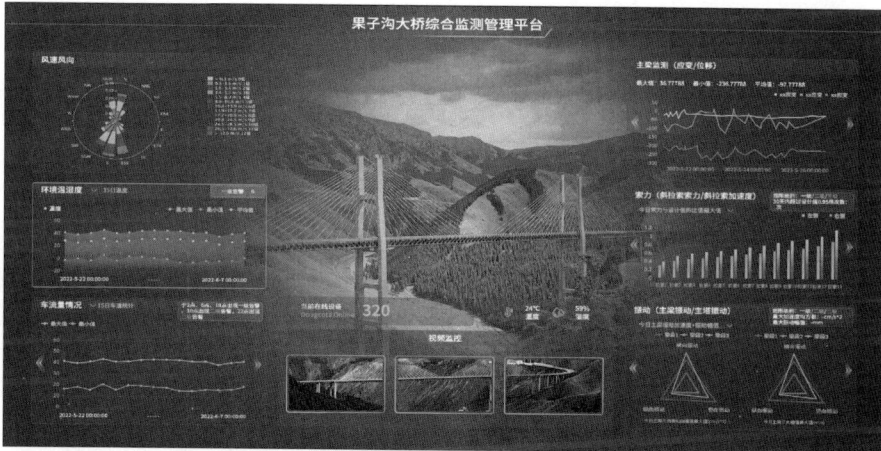

图6 果子沟大桥测点布置及云平台界面

除上述几座桥梁外，图像法和激光法监测系统还在港珠澳大桥、沪通长江大桥、苏通长江大桥、胶州湾跨海大桥、三亚海棠湾景观桥等国家重点工程项目成功应用，并且该系统正在向多领域拓展应用，包括结构表面缺陷状况检测、高桥墩外观缺陷检测、桥梁转体施工中的智能监测、桥梁全场位移监测、装配式桥梁快速安装与智能监测等。两类结构变形测试新技术已在国内大型桥梁工程的荷载试验和长期监测中推广应用，其优良的技术指标得到应用单位的高度认可，具有广阔的工程应用前景和技术推广价值。

参 考 文 献

[1] TOMMY H T, ASHEBO D B, TAM H Y, et al. Vertical displacement measurements for bridges using optical fiber sensors and CCD cameras-A preliminary study [J]. Structural Health Monitoring, 2009, 8(3): 243-249.

[2] 梁庆松, 何小元. CCD 位置探测技术在桩基静载试验中的应用[J]. 扬州大学学报(农业与生命科学版), 1996, 17(4): 86-86.

［3］ LEE J J,SHINOZUKA M. A vision-based system for remote sensing of bridge displacement［J］. NDT and E International,2006,39（5）:425-431.

［4］ LEE J J,SHINOZUKA M. Real-Time Displacement Measurement of a Flexible Bridge Using Digital Image Processing Techniques［J］. Experimental Mechanics,2006,46（1）:105-114.

［5］ FUKUDA Y,FENG M Q,NARITA Y,et al. Vision-Baseddisplacement sensor for monitoring dynamic response using robust object search algorithm［J］. IEEE Sensors Journal,2013,13 （12）:4725-4732.

［6］ 杜鹏,邵帅,余忠儒,等. 桥梁全息性态特征提取方法试验研究［J］. 科学技术与工程, 2020,20（25）:10459-10465.

［7］ FENG D,FENG M Q,OZER E,et al. A vision-based sensor for noncontact structural displacement measurement. Sensors,2015,15:16557-16575.

［8］ 胡建军,赵文光,文银平,等. 用图像处理技术进行结构动态位移监测的研究［J］. 土木工 程与管理学报,2002,19（4）:34-37.

［9］ 韩亚荣. 图像法动态位移监测系统的实现及其工程应用［D］. 武汉:武汉理工大学,2012.

［10］ 康玮玮. 全站式激光准直系统中的测距技术研究［D］. 天津:天津大学,2007.

［11］ 张奔牛,石玲莉,周志祥,等. 土坎乌江大桥准直点激光投射式挠度监测系统［J］. 建筑科 学,2011,27（3）:14-16,33.

［12］ 姜广文. 相机链位姿传递摄像测量方法及船体变形测量研究［D］. 长沙:国防科学技术大 学,2010.

［13］ 尚洋,于起峰,关棒磊,等. 大型结构变形监测摄像测量研究进展［J］. 实验力学,2017,32 （5）:593-600.

［14］ LIU H,SUN C,ZHANG Y,et al. Hull deformation measurement for spacecraft TT&C ship by Photogrammetry. Science China Technology Science,2015,58:1339-1347.

［15］ YU Q,JIANG G,SHANG Y,et al. A displacement-relay videometric method for surface subsidence surveillance in unstable areas. Science China Technology Science,2015,58:1105- 1111.

［16］ 陶佳. 图像式路基表面沉降位姿传递研究［D］. 兰州:兰州交通大学,2021.

［17］ PAN B,LI K,TONG W. Fast,robust and accurate digital image correlation calculation without redundant computations［J］. Experimental Mechanics,2013,53:1277-1289.

［18］ BRUCK H A,MCNEILL S R,SUTTON M A. Digital image correlation using Newton-Raphson method of partial differential correction［J］. Experimental Mechanics,1989,29（3）:261-267.

［19］ YU H,WAN Q H,LU X R,et al. A robust sub-pixel subdivision algorithm for image-type angular displacement measurement［J］. Optics and Lasers in Engineering,2018,100: 234-238.

10. 基于 Apriori 算法的混凝土桥梁病害传递路径研究

马妍雪　刘小玲

（宁波大学海运学院）

摘　要：针对桥梁结构病害发展规律认识不足问题，本文开展桥梁病害传递路径研究。以宁波市公路桥梁为研究对象，统计桥梁典型病害，探究对整体影响较大的病害类型，及高频出现病害的部件；进而，利用 Apriori 算法挖掘桥梁部件间病害关联规则。在此基础上，提出了从伸缩缝装置、支座、排水系统出发的三组典型病害传递路径。结果表明：非主要承重构件发生病害促进主要承重构件病害产生，主要承重构件病害产生后也加剧了非主要承重构件的劣化过程。同时，由病害链式传递可知，支座病害更容易引起上部承重构件裂缝和伸缩缝装置失效的病害产生，伸缩缝装置存在的病害更容易引起主梁和桥面系构件产生钢筋锈蚀和开裂等病害，排水系统的缺陷使得伸缩缝装置和上部承重构件更容易产生病害。积极主动对其进行养护维修，以有效遏止病害沿着路径传递发展。

关键词：Apriori 算法　桥梁病害　病害链式传递

1　引言

了解桥梁常见病害的发展模式、掌握桥梁部件的病害传递规律是制定桥梁养护策略的前提。目前我国已经建立了较为完善的桥梁检测、评定与加固规范体系用于指导桥梁养护工作，但是目前养护效果不理想。我国桥梁在服役 10～30 年后就过早地进入病害高发期，这正是由于桥梁病害发展规律认识不足[1-2]，无法对桥梁构件损坏过程给予及时有效的干预，导致桥梁养护效率较低。

针对上述问题，需开展公路桥梁的病害传递发展规律进行研究，进而，制定科学、高效的桥梁长期养护计划，最终实现桥梁长寿命的目标。李[3] 总结了桥梁伸缩缝典型病害及成因，从设计、施工、自身、养护四大方面归纳了伸缩缝破坏机理，以及对伸缩缝锚固区进行相关力学分析，并进行相应的优化。陶[4] 总结出支座病害类型，继而对支座劣化过程进行分析以及各类病害进行机理分析。邱等[5] 对支座出现开裂、脱空、剪切变形超限、移动等病害的成因进行了分析，并提出了相应的修复措施。田等[6] 从设计和施工两方面分析了桥涵病害产生原因，并给出了相应的处理方案，包括桥涵基础防排水处理措施。

同时,本文所使用的 Apriori 算法是关联规则经典算法,关联规则的生成主要有两个关键,一是在大型数据事务库中找出所有的频繁项目集,这是该算法的核心;二是根据最小支持度和最小置信度生成强关联规则[7-8]。基于此,许多学者对该算法进行了改进,Sun[9]提出一种改进的 Apriori 算法,即通过扫描交易数据库以提高运算效率,并对其进行加权,以反映对象的重要性,从而可以有效地提取隐藏和有价值的信息。Chen[10]建立基于 Apriori 算法的权重模型——熵权法-Apriori-信息值模型,计算出各指标因子的客观权重,消除了现有因子加权方法的主观不确定性。

本文对宁波市公路桥梁典型病害以及桥梁各个部分结构(上部结构、下部结构、桥面系)技术状况差异进行研究,分析了三个部件内桥梁常见病害的病害率[11],探究对整体影响较大的病害类型,及高频出现病害的部件。利用 Apriori 算法挖掘了桥梁部件间病害关联规则,定量分析了桥梁不同构件间病害关联程度,为病害传递提供了数据支撑。在此基础上,根据全寿命周期理论,提出了从伸缩缝装置、支座、排水系统出发的三组典型病害传递路径,揭示了病害衍生传递发展的内在机理。该研究结果强调了伸缩缝装置、支座、排水系统等桥梁病害传递关键构件的重要性,为桥梁养护策略的确定提供了参考。

2 基于权重改进的 Apriori 算法

Apriori 算法是一种经典的关联规则挖掘算法,用于从大规模数据集中发现项之间的关联关系。该算法的主要目标是发现数据集中频繁出现的项集,并基于这些项集生成关联规则。

根据传统的 Apriori 算法,通过逐层迭代搜索频繁项,然后利用频繁项构造关联规则,最后筛选出强关联规则。由于在关联规则挖掘中不考虑不同项之间的重要性或影响力,根据《公路桥梁技术状况评定标准》(JTG/T H21—2011)的桥梁各部件权重值,对上述算法进行两点改进:

改进一:设置权重以便更准确地评估关联规则的重要性。改进后的算法可以体现出不同项及其对应的权重,每个项都有一个指定的权重值。在生成关联规则时,考虑项的权重差异对关联规则的影响,更灵活地管理每一项的重要程度。

改进二:考虑权重的修正提升度是一种修正了传统提升度(lift)的指标,用于衡量关联规则中项之间的关联程度,并考虑了项的权重。传统提升度是指某个规则的置信度与后项的支持度之比,相对于前项的支持度的比值。传统提升度公式 $\text{Lift}(A{\rightarrow}B)$ 为:

$$\text{Lift}(A{\rightarrow}B) = \frac{\text{Conf}(A{\rightarrow}B)}{\text{Sup}(B)} \tag{1}$$

考虑权重的修正提升度在计算传统提升度的基础上,额外考虑了项的权重。运用项的权重比值来调整提升度指标,从而更准确地反映项之间的关联程度。修正提升度 $\text{cor\_Lift}(A{\rightarrow}B)$ 的公式如下。

$$\text{cor\_Lift}(A{\rightarrow}B) = \frac{\text{Conf}(A{\cup}B)}{\text{Ex\_Conf}(B)} \tag{2}$$

考虑权重的修正提升度 $\text{w\_cor\_Lift}(A{\rightarrow}B)$ 的公式如下。

$$\text{w\_cor\_Lift}(A{\rightarrow}B) = \text{cor\_Lift}(A{\rightarrow}B) \times \frac{\text{weight}(A)}{\text{weight}(B)} \tag{3}$$

式中:Ex_Conf(B)——后项的期望置信度,通过后项在所有事务中的支持度与事务总数的比例来计算。期望置信度则更关注在前项出现的情况下,期望项集的出现概率,它考虑了在特定条件下项集之间的关联程度。相较于正常置信度,期望置信度更加关注在特定条件下项集之间的关联程度,这使得分析更加精细,可以更好地捕捉不同项集之间的关联情况。

3 案例分析

3.1 典型病害统计分析

依据《公路桥梁技术状况评定标准》(JTG/T H21—2011)的桥梁技术状况分类标准,对本文所研究的公路桥梁各部分技术状况类别进行统计。统计的公路桥梁中,1 类的桥梁23 座(16.79%)、2 类的桥梁92 座(67.15%)、3 类的桥梁22 座(16.06%)。桥面系、上部结构、下部结构技术状况等级为1 类的桥梁占比分别为9.49%、13.87%、35.04%;等级为2 类的桥梁占比分别为60.58%、52.56%、61.31%;等级为3 类的桥梁占比分别为27.74%、27.01%、3.65%。并且,桥面系、上部结构、下部结构平均病害率分别为97.08%、91.24%、89.78%。下部结构技术状况最优,上部结构、桥面系技术状况情况较差,桥面系病害率最高,技术状况等级最低。

考虑到技术状况等级可能受部件权重取值的影响,本节对各个结构技术状况病害率进行分析。病害率是指构件出现病害的桥梁与全体桥梁样本数量的比值,反映桥梁各个结构整体病害水平。

3.1.1 上部结构

上部结构各部件平均病害率由高到低依次为上部承重构件、上部一般构件、支座,分别为86.86%、83.21%、57.66%,见图1。这种统计方式具有一定的缺陷,它仅仅反映了是否发生病害的情况,而没有考虑病害的具体表现或严重程度。因此,某些部件的平均病害率可能会被高估。

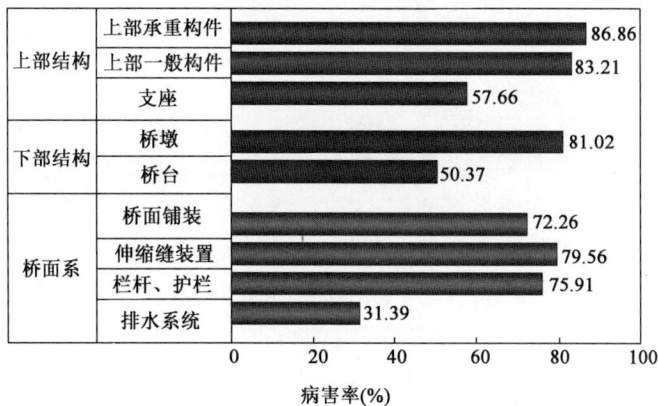

图1 各部件病害率情况

为此,考虑病害类别及严重程度,本文对上部承重构件和上部一般构件中的病害进行统计。上部承重构件中的裂缝病害为最高为73.72%;其次为上部一般构件中的剥落掉角病害,占比为61.31%;再者为上部承重构件中的钢筋锈蚀病害,占比为54.01%。值得关注的是,上部结构中渗水盐析病害占比较高,为51.82%。由于现行规范中并未明确将渗水盐析单独划分标准,但在实际检查过程中,该病害在各个构件中发生频率高,且对其他病害有一定的发展作用。

支座主要病害有板式支座老化变质开裂、板式支座位置串动、脱空或剪切超限和支座掩埋。板式支座位置串动、脱空或剪切超限占比最高,为 54.01%。在桥梁检查过程中,支座病害,尤其是支座脱空病害,往往难以及时发现。由于支座通常位于桥梁的下部,没有专业的设备不易察觉,且脱空往往发生在结构内部,而外部看不到直接的迹象。特别是对于高大、复杂结构的桥梁,增加了检查的难度和成本,故实现支座脱空病害检测实现相对较为困难,实际上支座的实际平均病害率可能比统计得到的数据还高。

3.1.2 下部结构

下部结构中纳入统计的部件有桥墩和桥台,其占比分别为 81.02%、50.37%。相对于其他部件,桥墩、桥台受力较为复杂,容易受到桥面系结构、上部结构的影响。例如,桥梁上部结构的运动、振动、温度变化以及桥面系结构的变形、荷载传递不均匀等因素使得桥墩出现裂缝时,桥墩的形状和几何特性发生变化,进而影响荷载的传递和分布;同时,裂缝可能使得水分渗透到桥墩内部,导致桥墩内出现钢筋锈蚀、混凝土腐蚀等问题。

在桥墩和桥台中各种常见病害类型的平均病害率,最高为盖梁系梁中的钢筋锈蚀病害,为 53.28%;其次为盖梁系梁中的剥落、露筋病害,为 31.39%。由此可见,在桥墩和桥台中,盖梁、系梁为常发病害的部位,通过计算可知,该部位的平均病害率为 69.34%。这是由于盖梁和系梁处于桥梁结构的连接部位,通常承受桥梁上部结构的主要荷载,结构相对复杂且受力较大,种种原因可能导致混凝土表面的腐蚀、钢筋锈蚀等问题,进而引发桥墩病害。

3.1.3 桥面系

桥面系结构中纳入统计的共有四个部件,病害率由高到低有伸缩缝装置、栏杆护栏、桥面铺装和排水系统,占比分别为 79.56%、75.91%、72.26%、31.39%。作为桥梁上部结构的保护层,桥面系结构直接承受来自桥梁服役环境的各种影响,包括太阳照射、温湿耦合效应、交通荷载等。因此,桥面系的部件病害率相对较高。

通过分析,在伸缩缝装置中,伸缩缝装置失效最为严重,占比高达 69.34%。伸缩缝的失效可能导致桥梁在温度变化等自然力作用下无法进行正常的伸缩和收缩,从而引起结构的非正常变形。同时,失效的伸缩缝可能导致水分渗透到桥梁结构内部,增加了结构元件的腐蚀风险。这些因素可能导致桥梁结构的损坏、裂缝和变形,危及桥梁的结构安全。

分析上部结构、下部结构、桥面系发现,各个部件均或多或少地受到过水分渗透侵蚀的影响,这导致混凝土碳化、腐蚀和钢筋锈蚀等。其次,当水分中含有盐类物质时,渗透到混凝土结构后,随着水分的蒸发,盐类物质会残留在混凝土中,引起盐渍化,进而引发表面脱落和裂缝,削弱结构的耐久性。此外,若水分侵蚀发生在支座和基础部分,导致基础土壤的松动、沉降或侵蚀,降低了支座和基础的稳定性和承载能力。由此可见,排水系统在桥梁结构中起着至关重要的作用,有效的排水能力可以保护桥梁结构免受水分侵害。

3.2 病害链式传递指标筛选

桥梁结构是由不同的构件共同组成的一个整体,各个构件之间彼此联系、相互影响,表现为一个构件的病害可能会引发另一构件发生病害。本文将一个构件发生病害进而引发其他构件接连产生病害的现象称为病害链式传递现象。通过上述数据统计及分析,本节针对支座、伸缩缝装置、排水系统三个部件进行数理统计,分析相关病害链式传递现象。

由上述分析可知,支座作为连接桥梁与桥墩的关键部分,其受损可能影响桥梁整体的稳定性和安全性,增加了结构的不稳定风险。当支座受损或因渗水、锈蚀等原因而发生问题时,可能导致支座滑动受限。这会影响桥梁的伸缩能力,限制桥梁在温度变化或结构变形时的自由移动。由表 1 可知,在支座发生病害的前提下,桥墩、伸缩缝产生病害的比例分别高达 97.47%、96.20%。

支座病害与其他部件病害关系统计　　　　　　　　　　　　　　　　表 1

支座存在病害的桥梁数量	79
主梁病害占比(%)	100
桥墩病害占比(%)	97.47
伸缩缝病害占比(%)	96.20

伸缩缝位于桥面板的连接处,伸缩缝病害容易引发伸缩缝下方盖梁混凝土碳化、钢筋锈胀,支座在渗水作用下钢板锈蚀、最终导致支座滑动受限。伸缩缝的问题可能扩散到桥墩或梁体。例如,因伸缩缝病害导致的荷载传递不均匀,可能在桥墩或梁体上产生不均匀的压力,导致裂缝或结构变形。由表 2 可知,在伸缩缝发生病害的前提下,桥墩、支座产生病害的比例分别高达 89.00%、69.73%。

伸缩缝装置与其他部件病害关系统计　　　　　　　　　　　　　　　表 2

伸缩缝装置存在病害的桥梁数量	109
主梁病害占比(%)	99.08
桥墩病害占比(%)	89.00
支座病害占比(%)	69.73

不良的排水系统可能导致水分滞留在支座和基础部分,进而引发混凝土碳化、钢筋锈蚀及基础土壤的侵蚀,进而削弱支座和基础的稳定性,降低其承载能力。同样,若水分渗入桥墩柱和梁体中,引起混凝土结构的腐蚀和碳化,同时加速钢筋锈蚀。不良的排水可能影响伸缩缝区域,导致伸缩缝密封材料老化、断裂或失效,影响伸缩缝的功能,从而发生链式反应,影响其他构件。由表 3 可知,在排水系统发生病害的前提下,桥墩、伸缩缝、支座产生病害的比例分别高达 86.02%、81.40%、60.47%。

排水系统与其他部件病害关系统计　　　　　　　　　　　　　　　　表 3

排水系统存在病害的桥梁数量	43
主梁病害占比(%)	93.02
桥墩病害占比(%)	86.02
伸缩缝病害占比(%)	81.40
支座病害占比(%)	60.47

4　结果分析

4.1　改进的 Apriori 算法结果分析

通过改进后的 Apriori 算法,对宁波市公路桥梁病害数据进行分析,表 4 是算法结果。

改进后的 Apriori 算法结果　　　　　　　　　　　　　　　　　　表 4

规则	关联组		支持度	置信度	提升度
	前项	后项			
1	主梁	伸缩缝装置	78.83	86.40	1.09
2	伸缩缝装置	主梁	78.83	99.08	1.09

规则	关联组		支持度	置信度	提升度
	前项	后项			
3	排水系统	主梁	29.20	93.02	1.02
4	支座	主梁	57.66	100	1.10
5	排水系统	伸缩缝装置	25.55	81.40	1.02
6	支座	伸缩缝装置	55.47	96.20	1.21
7	排水系统、伸缩缝装置	主梁	25.55	100	1.10
8	主梁、排水系统	伸缩缝装置	25.55	87.50	1.10
9	伸缩缝装置、支座	主梁	55.47	100	1.10
10	主梁、支座	伸缩缝装置	55.47	96.20	1.21
11	排水系统、支座	主梁	18.98	100	1.10
12	排水系统、支座	伸缩缝装置	18.98	100	1.26
13	伸缩缝装置、支座、排水系统	主梁	18.98	100	1.10

根据关联规则1、2可知,主梁病害与伸缩缝装置病害之间是相互影响的,但值得注意的是,当主梁发生病害时,伸缩缝装置发生病害的概率为86.40%;当伸缩缝装置发生病害时,主梁发生病害的概率为99.08%。这说明伸缩缝装置发生病害所造成的影响更大。同时,由关联规则3、4、5、6可知,支座和排水系统病害分别会促进主梁和伸缩缝装置病害的产生,提升度分别为1.02、1.10、1.02、1.21,均大于1。

根据关联规则8、10,当主梁和排水系统或者支座产生病害时,伸缩缝装置产生病害的概率分别为87.50%、96.20%。同时,结合关联规则7、9、11和关联规则12、13可知,主梁与伸缩缝之间构件劣化进程是互相影响的,非主要承重构件发生病害促进主要承重构件病害的产生,主要承重构件病害的产生后也加剧了非主要承重构件的劣化过程。

4.2 病害链式传递路径分析

基于全寿命周期理论,从规划设计阶段、建设阶段和运营阶段三个阶段对桥梁病害进行分析。在规划设计阶段,可能存在设计方面的不完善,如受力分析不准确、结构设计不合理等,导致桥梁构件在建造后自带一些初始缺陷。在建设阶段,施工过程中可能存在的失误、不当操作、材料质量问题等,可能导致构件在建设过程中出现缺陷或损坏。在运营阶段,管理和维护方面的不足可能加速桥梁结构的老化和劣化。其次,环境作用也是不可忽视的,车辆荷载、温度、湿度等环境因素会对桥梁结构产生影响,促进桥梁结构的逐渐劣化。这些缺陷可能在相互作用下导致更大范围的问题,从而形成病害链式传递。随着病害不断发展,这些初期的缺陷逐渐衍生成更为严重的病害,可能导致桥梁承载力减弱或正常功能缺失。

4.2.1 由支座病害出发的链式传递路径

支座常见病害有老化变质开裂、板式支座位置串动、脱空或剪切超限及支座掩埋。在规划设计阶段,支座设计存在缺陷或者制造过程中出现缺陷,如材料不合格、尺寸不准确、材料的缺陷等,导致支座自带初始缺陷。在建设阶段,参差不齐的施工工艺,例如连接处的不牢固,可能会加速支座的老化和裂缝的产生。同时,不恰当的安装或调整,可能导致位置不准确或者螺栓没有正确固定,进而引发位置串动或脱空。在运营阶段,潮湿的气候、盐分侵蚀、水分侵蚀等环境因素可能加速支座材料的腐蚀和老化,从而引发裂缝。其次,预期之外的大型荷载、交通运输超载或者地震等外部因素,导致支座承受超过设计负荷的压力,这些荷载和振动可能会在支座中产生变形和应力集中,长期下来可能导致支座结构的疲劳、开裂,以及支座位置串动、脱空或剪切超限。同时,若支座被掩埋,可能会使得支座处于潮湿环境中,长期暴露于潮湿和水分中会导致支座材料腐蚀。这种环境会加速支座材料的老化,包括金属部件的锈蚀、混凝土的劣化等,从而削弱支座结构的稳定性。

支座老化、裂缝和支座位置串动、脱空或剪切超限病害可能导致主梁部件受力不均匀,加剧主梁的疲劳、裂缝或变形。同时,支座问题可能导致伸缩缝受力异常,加速伸缩缝部件的磨损、裂缝或变形。这可能包括伸缩缝金属部件的腐蚀、密封材料的老化和损坏,甚至伸缩缝板块的位移。在本次研究中,在支座发生位置串动、脱空或剪切超限的前提下,有93.24%的桥梁出现上部承重构件裂缝病害,该部分之间的关系与上述 Apriori 算法所得到的关联规则4一致;有94.59%的桥梁出现伸缩缝装置失效病害(关联规则6)。在支座发生老化、裂缝的前提下,有90.48%的桥梁出现伸缩缝装置失效病害。支座病害传递路径具体见图2。

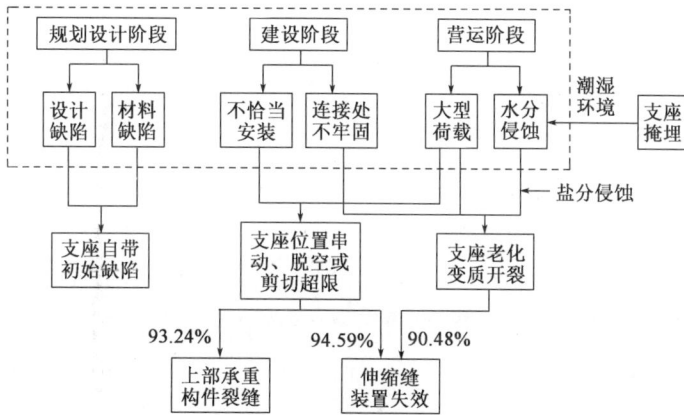

图2 支座病害传递路径

4.2.2 由伸缩缝装置出发的链式传递路径

伸缩缝装置常见病害有伸缩缝失效和伸缩缝破损。在规划设计阶段,很多桥梁的伸缩装置的锚固件与主梁连接的部分很少,几乎全部位于桥面铺装层中。这种锚固方法在荷载作用下导致力的分布不均匀,不易传递,微小的变形可能演变成大的位移。而且由于铺装层薄弱,连接不牢固,容易脱落。有些桥梁的伸缩量计算不准确,选择的伸缩装置很难调整初始位移量,使得桥梁的纵向位移受到限制,从而导致伸缩装置破坏。在建设阶段,对伸缩装置两侧的后浇混凝土和铺装层材料、配合比、密实度等未按要求选择,防水、排水设施设置不当,由于漏水使锚固件受腐蚀,从而导致伸缩装置的破坏。在运营阶段,伸缩装置内的砂土、杂物等未及时清除干净,也能削弱伸缩装置的变形能力,加剧伸缩装置的破坏。同时,桥面伸缩缝由于设置在梁端构造最薄弱部位,直接承受车轮荷载的反复冲击作用,而且长期暴露在大自然中,接受强光暴晒、雨雪冲刷,所处环境比较恶劣,年温差和日照温差加剧其破坏。

伸缩缝产生病害时,不仅会影响伸缩缝正常功能的使用,而且会引发其他结构发生病害。伸缩缝发生堵塞情况下,在高温期间将在梁端产生巨大的负弯矩作用,导致伸缩缝位置附近的桥面铺装混凝土膨胀变形受到约束,出现板块挤压破坏,最终引起桥面铺装端部发生鼓包开裂;同时,也会导致主梁与台背耳墙翼墙顶死,严重挤压主梁端部,甚至引起主梁端部、桥台耳墙翼墙破损开裂。当伸缩缝橡胶条脱落时,桥面污水及碎屑物会顺着伸缩缝往下流,支座老化开裂、钢筋锈蚀、支座碎屑杂物过多导致滑动变形受限以及桥墩、桥台盖梁混凝土碳化、钢筋锈胀。在本次研究中,在伸缩缝发生失效的前提下,有70.53%的桥梁出现桥面铺装裂缝病害,有89.47%的桥梁出现上部承重构件裂缝病害(关联规则1、2)。在伸缩缝发生破损的前提下,有66.67%的桥梁出现上部承重构件钢筋锈蚀病害。伸缩缝装置病害传递路径具体见图3。

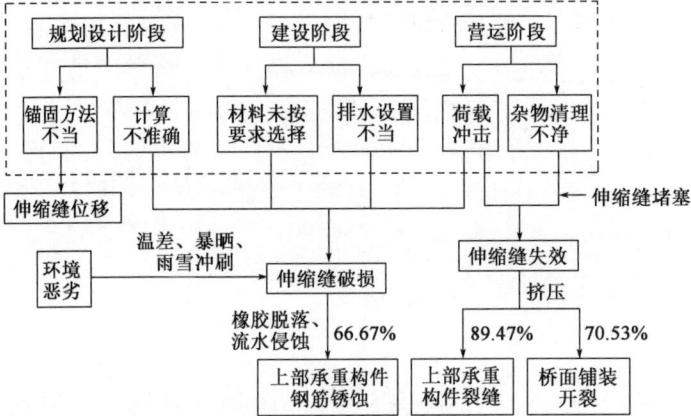

图3 伸缩缝装置病害传递路径

4.2.3 由排水系统出发的链式传递路径

排水系统常见病害有防排水泄水管、引水槽缺陷。在规划设计阶段,易存在设计不当,未充分考虑到周边地形、降雨情况、水流特性等因素,疏忽排水系统维护和保养。排水系统具有维护和清洁需求,若在设计阶段考虑不周,会导致系统在后期运行时难以维护,增加了病害发生的可能性。在建设阶段,不合格的施工工艺、材料选择不当或施工操作不规范,可能导致排水系统的构建出现问题,例如管道连接不紧密、坡度设计不合理等。在运营阶段,若排水系统缺乏及时维护、清洁和修复可能导致系统的堵塞、腐蚀或损坏,进而影响排水效果;水质、降雨量的变化、周边土壤的侵蚀等环境因素可能导致排水系统的老化、损坏或堵塞,影响其正常运行。

当防排水泄水管或引水槽缺陷时,会导致排水系统效率下降、水流不畅,增加了排水系统部件的腐蚀、堵塞或损坏风险。同时,缺陷可能导致水分渗透至伸缩缝系统,引发伸缩缝金属部件的腐蚀、密封材料的老化和损坏,影响伸缩缝的正常功能。若流水渗透至其他部件中,会加剧构件表面腐蚀、混凝土劣化、裂缝扩展或变形,影响整个桥梁的稳定性。在本次研究中,在排水系统发生防排水泄水管、引水槽缺陷的前提下,有67.44%的桥梁出现伸缩缝装置失效病害(关联规则5),有58.14%的桥梁出现上部承重构件钢筋锈蚀(关联规则3)。排水系统病害传递路径具体见图4。

5 结语

针对桥梁不同构件之间病害相互关联,相互传递的特点,本章通过基于权重改进后的Apriori算法,揭示病害之间的关联规则及发展方向,提出了从支座、伸缩缝、排水系统出发的三组典型病害传递路径。并且,结合宁波市公路桥梁为例分析病害发展过程。

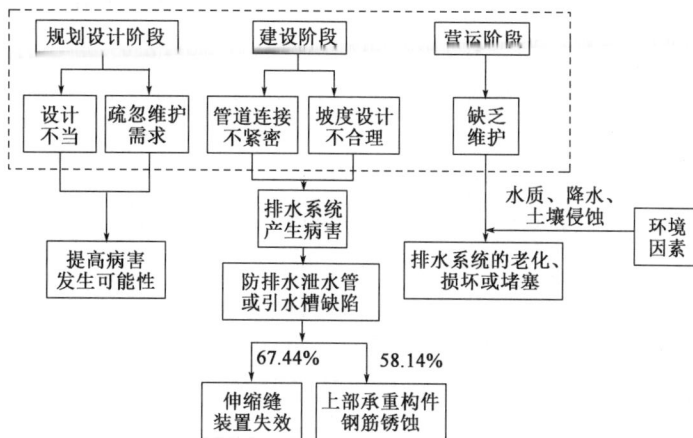

图4 排水系统病害传递路径

（1）对宁波市公路桥梁典型病害进行梳理统计分析。不同桥梁部件受损程度存在差异，桥面系、上部结构、下部结构平均病害率分别为97.08%、91.24%、89.78%，桥面系病害率最高、技术状况等级最低、劣化速率最快。总结归纳了桥梁各部分结构常见病害类型，其中伸缩缝装置、支座、排水系统病害率高且容易引发其他桥梁构件产生病害链式反应。

（2）利用Apriori算法挖掘了伸缩缝装置、支座、排水系统及主梁四类构件的病害关联规则。支座和排水系统病害分别会促进主梁和伸缩缝装置病害的产生，且伸缩缝装置产生病害又会进一步加剧主梁病害的发展。非主要承重构件发生病害促进主要承重构件病害产生，主要承重构件病害产生后也加剧了非主要承重构件的劣化过程。

（3）基于全寿命周期理论，从规划设计期、建设期和运营期三个阶段依次提出了从伸缩缝装置、支座、排水系统出发的三组桥梁病害传递路径，多组传递路径共同组成病害链。上述分析使得各部件间的病害关系更加清晰。支座病害更容易引起上部承重构件裂缝和伸缩缝装置失效的病害产生，伸缩缝装置存在的病害更容易引起主梁和桥面系构件产生钢筋锈蚀和开裂等病害，排水系统的缺陷使得伸缩缝装置和上部承重构件更容易产生病害。同时，在桥梁养护过程中，应针对伸缩缝装置、支座、排水系统等桥梁病害传递关键构件，积极主动养护维修，有效遏止病害发展。

参 考 文 献

[1] 斯新华,刘大洋,韩坤林,等.基于检养系统的病害原因和养护对策智能诊断技术研究[J].公路,2023,68(8):326-331.

[2] 朱利明,钱思沁,陈沁宇,等.在役桥梁垮塌风险评估及预防策略[J].南京工业大学学报(自然科学版),2020,42(3):284-290.

[3] 李双龙.公路桥梁伸缩缝锚固区病害快速修复及构造优化研究[D].重庆:重庆交通大学,2023.

[4] 陶俊.支座失效对桥梁结构的影响及失效标准研究[D].西安:长安大学,2016.

[5] 邱文,邹开泰.高速公路桥梁支座病害分析及修复[J].公路,2021,66(2):129-132.

[6] 田世宽,张海波.膨胀土地带桥梁病害分析及处治措施[J].施工技术,2014,43(17):84-87.

［7］ KARIMTABAR N,FARD M J S. Finding Frequent Items:A Novel Method for Improving the Apriori Algorithm［J］. Computer Science,2022,23(2):161-177.

［8］ 蔡源忠.基于 Apriori 算法的海事事故中人为失误致因探讨［J］.珠江水运,2023(21):9-11.

［9］ SUN L. An improved apriori algorithm based on support weight matrix for data mining in transaction database［J］. Journal of Ambient Intelligence and Humanized Computing,2020,11:495-501.

［10］ CHEN B,WEI N,QU T,et al. Research on weighting method of geological hazard susceptibility evaluation index based on apriori Algorithm［J］. Frontiers in Earth Science,2023,11:1127889.

［11］ 赵金凯.高速公路混凝土梁桥病害传递性机理研究与案例分析［D］.西安:长安大学,2021.

11. 基于智慧梁场的预制 PC 箱梁施工技术研究

李湘知[1]　吴庆雄[2]　鲍军平[3]　陈东阳[1]　黄卿维[2]

(1. 广东省南粤交通投资建设有限公司;

2. 福州大学土木工程学院;

3. 中铁十二局集团第一工程有限公司)

摘　要: 为解决传统箱梁施工存在台座使用效率低、梁场占地大、制梁工期长的弊端,本文依托湛江机场高速公路预制梁工程,提出了采用"全天候智慧梁场 + 环形流水线移动台座 + 高温蒸汽养护"建造新模式,实现了梁片在环向流水线作业平台快速预制施工的效果,仅用 6 个月完成1 255 片箱梁的预制任务;研发了智慧梁场综合管控系统,以地理信息系统(GIS) + 建筑信息模型(BIM)与物联网技术为基础,以信息化管理为手段,智能化数控设备为抓手,通过生产、运输、施工、装配等全过程的信息数据传递和共享,增强工序间的统筹协调性,进而提高梁场生产效率和质量;与传统固定式台座施工方法相比,新技术可节省预制场地面积 50% ,减少养护时间约 71% ,提升单台座制梁效率 400% ,可实现全年全天候施工,可节省征地与场区硬化费用约 50% 和48% ,节约预制工程投资 361 万元,经济指标和施工性能优越,具有广阔的工程应用前景和推广价值。

关键词: 智慧梁场　预制箱梁　环形流水生产线　移动式台座　蒸汽养护

1　工程概况

湛江机场高速公路作为直接通往湛江吴川机场的唯一高速通道,将改善湛江市的交通条件和投资环境,对培育粤西经济增长和助力湛江市高质量建成省域副中心城市具有重要意义。湛江机场高速公路前期 TJ2 工程路线全长 6.820km,设计速度为 120km/h,共设桥梁 2 886m/8座,桥梁比例为 42.3% ,共需预制 1 255 片箱梁,工期仅为 13 个月。

传统 PC 箱梁预制施工是在固定底座上采用"施工区域固定、施工工序循环"的预制模式[1-2],存在台座使用效率低、梁场占地大的弊端。常用自然喷淋养生周期[3]一般至少需 7d才可满足《公路桥涵施工技术规范》(JTG/T 3650—2020)[4]规定的预应力张拉要求,养护时间

基金项目:福建省交通运输科技项目(202127)。

占整体制梁时间三分之二以上,制梁周期较长[5-6],无法满足项目制梁需求。

为此,本工程拟采用"全天候智慧梁场 + 环形流水线移动台座 + 高温蒸汽养护"建造模式,即通过在全天候施工的封闭车间内设置环形生产流水线,利用智能移动台座将钢筋加工区、钢筋绑扎区、混凝土浇筑区、蒸汽养护区、张拉压浆区与提梁区有机串联[7],采用高效节能智能温控的蒸汽养护工艺,达到梁片在环向流水线作业平台快速预制施工的效果,辅于智慧梁场综合管控系统,以 GIS + BIM 与物联网技术为基础,以信息化管理为手段,智能化数控设备为抓手,通过生产、运输、施工、装配等全过程的信息数据传递和共享,增强工序间的统筹协调性,进而提高梁场生产效率和质量,为按期保质保量完成施工任务奠定基础。

2 智慧梁场规划

湛江机场高速公路 TJ2 标智慧梁场长 300 m,宽 236 m,成 L 形布置,占地面积 5 万 m²。计划共生产箱梁 1 255 片,涉及 9 种梁型,主要以 25 m 箱梁居多,占设计总数的 67.9%;梁场共设置 8 条环形流水生产线,计划预制箱梁月产量 240 片,制梁工期 6 个月。

智慧梁场布置钢筋加工区、钢筋绑扎区、制梁区、蒸汽养护区、张拉压浆区(图 1)等功能区,其生产工序为钢筋加工、智能移动台座就位→制梁区进行钢筋骨架就位、智能数控液压模板安装、浇筑混凝土和拆除内外模→智能温控蒸汽养护区进行密闭蒸汽养护→智能张拉区进行预应力索张拉→梁体吊离移动台座存梁→移动台座利用桁式起重机吊至回梁轨道、台座自行移动至制梁区、利用桁式起重机吊至生产轨道,完成环形流水线循环作业。环形生产线布置如图 2 所示。

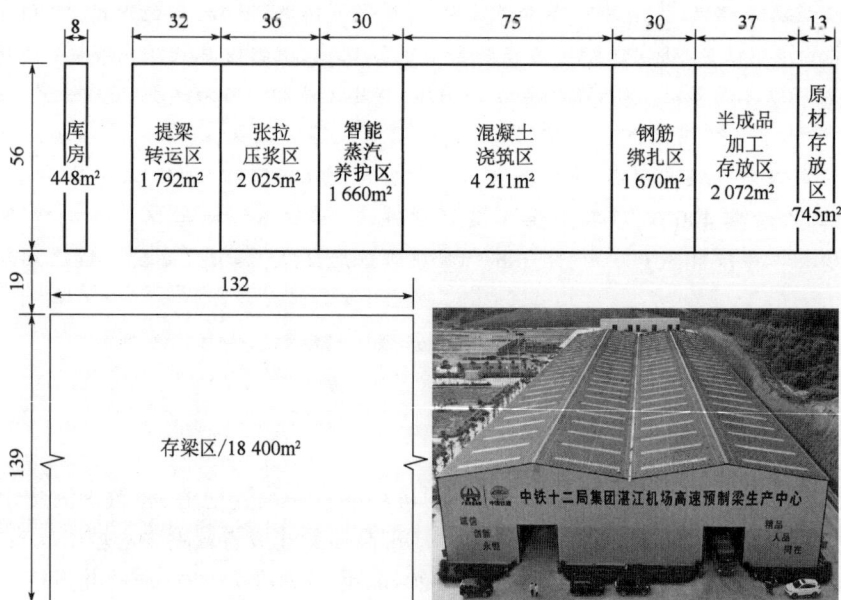

图 1 湛江机场高速公路 TJ2 标段智慧梁场布置图(尺寸单位:m)

该生产模式通过自行式移动台座系统实现施工工序固定,工人分区域完成单一工序任务的作业模式,较好地解决了传统制梁工序穿插作业时对生产效率带来的不利影响,能使劳动力和机械设备得到充分利用,进行流水线作业。整个生产过程顺畅,提高了工装设备的使用效率,节约了梁场占地面积,大幅提升了制梁效率。

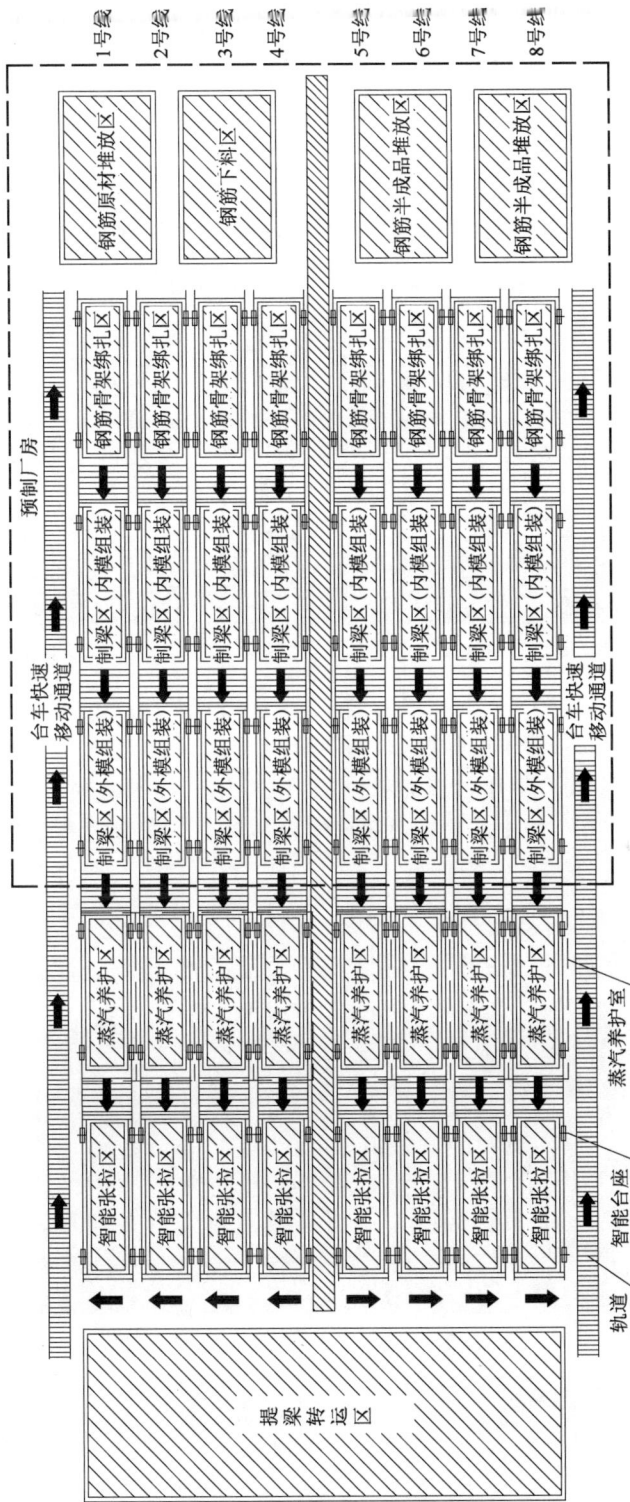

图 2　湛江机场高速公路 TJ2 标段环形生产线布置图

3 智慧梁场智能设备与管控系统研发

3.1 智慧梁场综合管控平台

智慧梁场综合管控平台(图3)集成了预制场生产指挥中心、智能移动台车、智能液压模板、智能温控蒸养、智能张拉压浆、预制构件追踪、全流程工序管控中心、存梁等子系统。预制场生产指挥中心模块可实现从预制梁制定计划、生产、养护至架设的整个流程进行跟踪管理,可在平台实时追溯预制梁在钢筋加工、模板安装、混凝土浇筑、养护、张拉、压浆、封端、存梁、架设等全过程信息化管理,增强工序间的统筹协调性,实现智能化、工厂化与集约化。

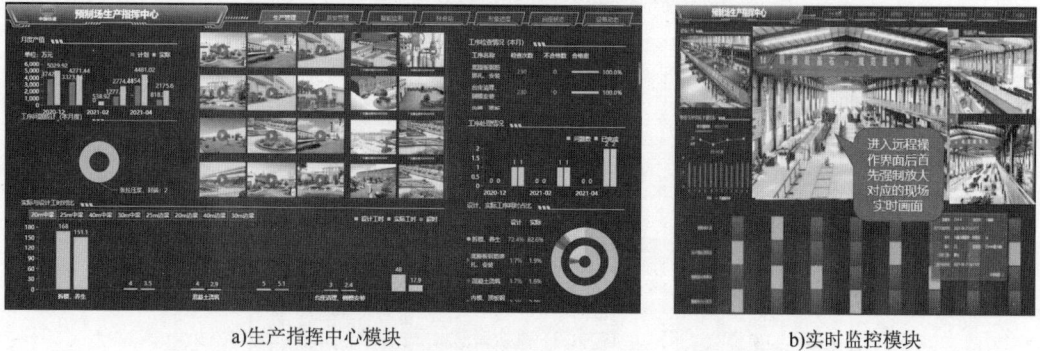

a)生产指挥中心模块   b)实时监控模块

图3　湛江机场高速公路 TJ2 标段智慧梁场综合管控平台

3.2 钢筋自动化数控弯曲中心模块

智慧梁场配置多台钢筋自动化数控加工设备,利用 BIM 技术协同实现钢筋下单、加工一体化,形成钢筋自动化数控弯曲中心管理系统(图4)。该系统集成远程操作和信息实时共享两大模块,远程计算机(PC)端输入需批量加工的钢筋编号和数量,即可在信息实时共享平台查看该批次钢筋的加工信息,包括进度、完成时间等,从而实现远程下单与数控加工。

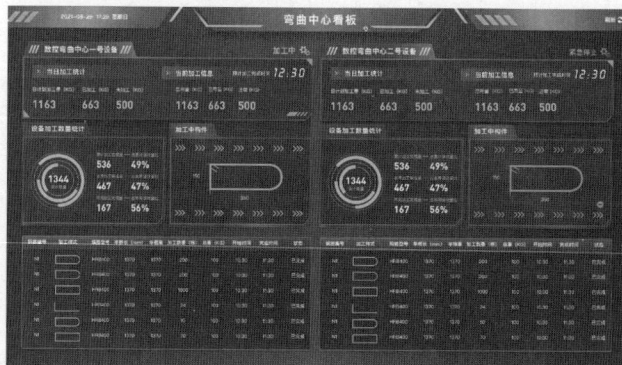

图4　钢筋自动化数控弯曲中心管理系统界面

3.3 智能移动台座管控系统

智慧梁场配置20台智能移动台座(图5),其可通过电机智能集成化控制准确就位与自动行走;运梁移动速度3m/min,空车移动速度30m/min。通过感应器对梁场台车实时位置进行自动采集,并将数据自动上传至智能移动台座管控系统(图6),可在页面实时查看台座状态,包括每一台座所处工位、一个循环所用时间总用时和平均用时,实现工位占用超时智能预警,为提高预制梁施工效率提供数据支撑。

图 5 智能移动台座

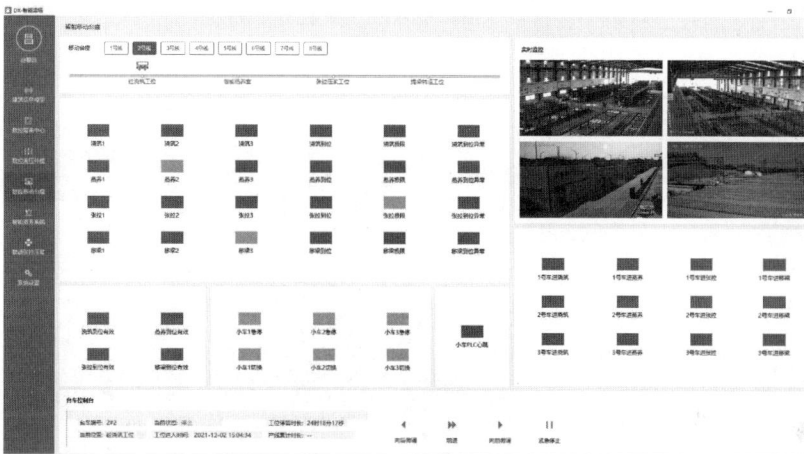

图 6 智能移动台座管控系统界面

3.4 智能液压模板管控系统

针对传统分段式液压式模板存在纵向伸缩与拼装精度、难度大等不足,研发了8套同步数控整体式液压模板系统[8](图7),该系统设置有纵向模数化拼接的支撑骨架,形成可伸缩模板结构,并作用于模板滑移支撑体上,在同步顶推液压缸和倾角可调节的滑移轨道配合下实现模板整体的横向顶推与回缩,可匹配多尺寸的预制梁体,极大地提高模板的通用性和利用率,简化模板拼装拆卸工艺,严控混凝土超方现象,降低建造成本,提高预制施工效率。

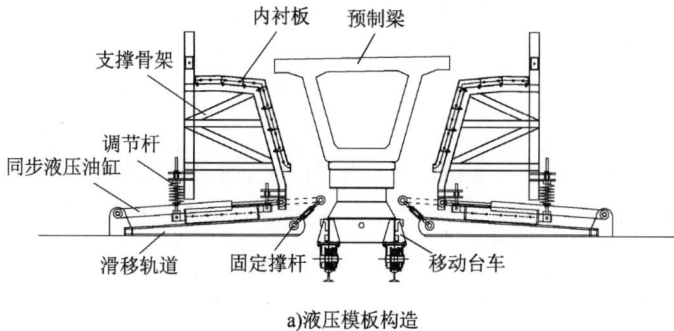

a)液压模板构造

图 7

b)液压模板照片

图 7 同步数控整体式液压模板系统

智能液压模板管控系统(图 8)具备远程一键控制模板张合到位功能,可实现模板状态信息自动采集与上传、工位占用超时智能预警、远程微调和现场紧急启停功能,为指挥大厅对现场流水线的统筹管控提供技术支撑。

图 8 智能液压模板管控系统界面

3.5 智能温控蒸养系统

通过往密闭蒸汽养护室(图 9)输入蒸汽来实现对预制 PC 箱梁的高温养护。蒸汽养护分升温、恒温和降温 3 个阶段。经过研究,恒温阶段的温度控制在 55℃,升降温速率为 10℃/h,以避免过高养护温度对混凝土微细观结构带来损伤,且防止因升降温过程混凝土内外温差过大而开裂。从图 10 的混凝土力学性能指标随龄期的变化规律可以看出,测试龄期内蒸汽养护的强度与弹性模量均高于常温养护,只需蒸汽养护 11h 即可使混凝土强度和弹性模量满足《公路桥涵施工技术规范》(JTG/T 3650—2020)[4] 规定的预应力张拉要求(较常温养护提前了 5d),从而达到快速预制箱梁的目的,大幅提升了制梁效率。

智能温控蒸养系统(图 11)可自动根据预定曲线控制系统升温、恒温与降温,降低人工成本,减小人为操作误差。通过温湿度感应器实时上传数据,显示 8 间智能蒸养室的温湿度数据曲线,对混凝土强度与弹性模量进行预判并给出相应的应对策略;通过增加微信小程序和 API 接口,可在手机端与指挥大厅查看现场设备状态和实时数据,便于对风险预警信息进行及时处理。

图9 蒸汽养护室照片

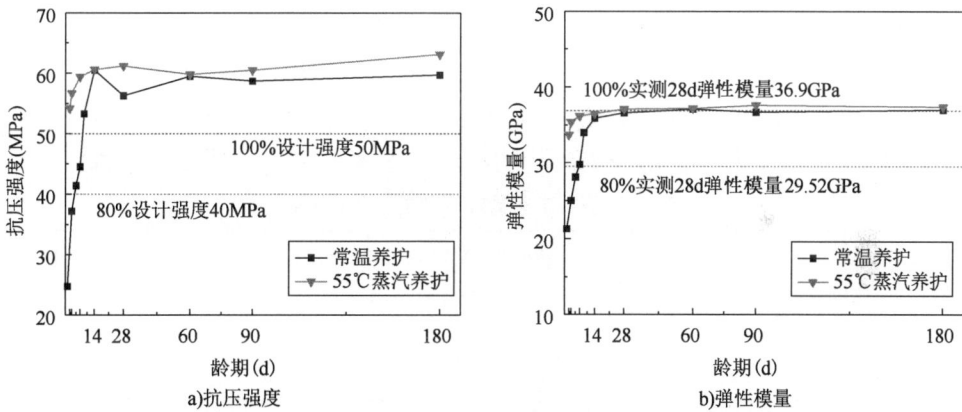

a)抗压强度

b)弹性模量

图10 蒸汽养护制度下混凝土力学性能随龄期的变化规律

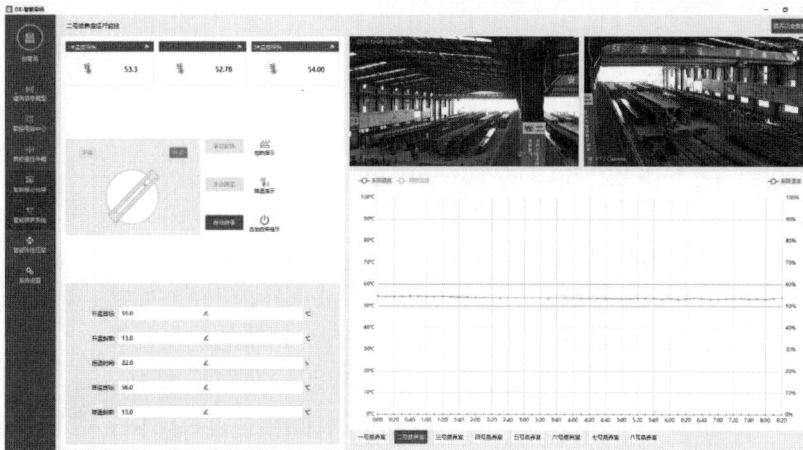
图11 智能温控蒸养系统界面

4 与传统施工工艺的比较

4.1 施工性能

表 1 给出了两种不同预制工艺的施工性能比较。与传统固定式台座施工方法相比,采用环形移动式台座工厂化流水线预制箱梁施工新技术可节省预制场地面积 50%,减少养护时间约 71%,提升单台座制梁效率 400%,且制梁过程不受恶劣环境因素影响,可实现全年全天候施工,具有优越的施工性能。

两种不同预制工艺的施工性能比较 表 1

项目	传统固定式台座施工	移动式台座流水线施工
预制模式	施工工序交叉,易受影响	平行作业,不受影响
台座数量	100 个固定台座	24 个移动台座
预制场地面积	80 000m²	40 000m²
每年施工时间	200d/年	365d/年
梁体养生时间	7d	2d
单台座梁体生产效率	2～3 片/月	8～10 片/月

4.2 经济效益

表 2 给出了两种不同预制工艺的经济效益比较。与传统固定式台座施工方法相比,移动式台座工厂化流水线预制箱梁施工方法的经济指标更为优越,可节省征地费用、场区硬化费用约 50% 和 48%,预制工程总费用从 2 289 万元降低到 1 928 万元,节约预制工程投资 361 万元。

两种不同预制工艺的经济效益比较(万元) 表 2

项目	传统固定式台座施工	移动式台座流水线施工
征地费用	465	233
台座费用	190	300
场区硬化	696	365
预制厂棚与蒸汽养护棚费用	128	490
人员成本	810	540
合计	2 289	1 928

5 结语

(1)提出了基于智慧梁场预应力混凝土预制箱梁施工新技术,采用"全天候智慧梁场 + 环形流水线移动台座 + 高温蒸汽养护"建造模式,即通过在全天候施工的封闭车间内设置环形生产流水线,利用智能移动台座将钢筋加工区、钢筋绑扎区、混凝土浇筑区、蒸汽养护区、张拉压浆区与提梁区有机串联,采用高效节能智能温控的蒸汽养护工艺,实现了梁片在环向流水线作业平台快速预制施工的效果,仅用 6 个月完成 1 255 片箱梁的预制任务。

(2)研发了智慧梁场综合管控系统,以 GIS + BIM 与物联网技术为基础,以信息化管理为手段,智能化数控设备为抓手,通过生产、运输、施工、装配等全过程的信息数据传递和共享,增强工序间的统筹协调性,进而提高梁场生产效率和质量,为按期保质保量完成施工任务奠定基础。

（3）与传统固定式台座施工方法相比，施工新技术可节省预制场地面积50%，减少养护时间约71%，提升单台座制梁效率400%，且制梁过程不受恶劣环境因素影响，可实现全年全天候施工，具有优越的施工性能；可节省征地费用、场区硬化费用约50%和48%，节约预制工程投资361万元，经济指标更为优越，具有广阔的工程应用前景和推广价值。

参 考 文 献

[1] 陆杰.预制梁施工技术在高速公路工程建设中的应用[J].工程技术研究,2020,5(16):76-77.

[2] 林杰.预制小箱梁施工关键技术探讨[J].华东公路,2016(5):48-50.

[3] 王海林.箱梁预制喷淋养生施工技术[J].山东交通科技,2016(2):87-88.

[4] 中华人民共和国交通运输部.公路桥涵施工技术规范:JTG/T 3650—2020[S].北京:人民交通出版社股份有限公司,2020.

[5] 杨益伦,陈荣刚,吴庆雄.桥梁预制快速施工的混凝土蒸汽养护制度研究[J].福建建筑,2019,252(6):67-70.

[6] 王海林.箱梁预制喷淋养生施工技术[J].山东交通科技,2016(2):87-88.

[7] 陈礼彪,陈荣刚.自行式台座工厂化流水线预制箱梁新技术的应用[J].中国公路,2019,539(7):98-99.

[8] 蒋惠,吴庆雄,陈东阳,等.一种包括模数化衬板的箱梁预制模板骨架[P].实用新型专利:CN219276161U,2023.

12. 基于 BIM 的大型桥梁智慧工地建设应用及探索

——以常泰长江大桥建设为例

尹森浩[1,2]　沈孔健[3]　吴巨峰[1,4]　李　杰[5]　张子权[5]

(1. 桥梁智能与绿色建造全国重点实验室；

2. 中铁桥研科技有限公司；3. 江苏省交通工程建设局；

4. 中铁大桥科学研究院有限公司；

5. 中铁大桥局集团第二工程有限公司)

摘　要：面对大型桥梁施工现场环境复杂、多方协同管理指挥困难、自动化水平低等问题，引入智能化、信息化技术，对传统桥梁施工进行数智化升级，实现施工过程的质量安全可视化管控，形成大型桥梁智慧工地建设的应用典型。本文以常泰长江大桥施工为背景，以 BIM 技术为纽带完成智慧工地建设。该成果已在常泰长江大桥项目中应用，为施工管理提供高效准确、可视化的技术支持，对积极推动桥梁施工数字化、智能化具有非常好的指导借鉴意义。

关键词：BIM　大型桥梁　智慧工地　智能建造

1　引言

BIM 是建筑行业一项"革命性"的技术，全称是"建筑信息模型（Building Information Modeling）"，其原始概念为：建筑信息模型包含了不同专业的所有信息、功能要求和性能，把一个工程项目的所有信息包括在设计过程、施工过程、运营管理过程的信息全部整合到一个建筑模型[1-3]。

近年来，BIM 技术在我国建筑行业蓬勃发展。2019 年 2 月，国家有关部门和专家，已经就 BIM 行业的应用标准发出了国标的意见稿，BIM 技术在桥梁建设中也得到了大力推广。但是众多工程尤其是桥梁工程应用之后，项目参建人员普遍感觉是宣传展示多、实际使用少；前期大力建设、后期撇开不用[4-5]。经多个项目调研分析，认为有以下几个原因有：

（1）以宣传展示为导向，而非实际需求为导向，片面追求高大上，全面开花但浅尝辄止。对于 BIM 的应用只是为了彰显 BIM 技术本身，或只是为了应付合约中的要求，但实质上对工程实务本身并无明显帮助，甚至造成阻碍。

（2）后台开发与现场应用脱节。系统开发单位脱离现场实际，施工单位有实际经验，但又无法自己开发,前后台沟通不畅,造成 BIM 系统不贴合现场实际需求。不仅没能提高项目管理水平,反而额外增加管理负担。

针对上述问题,本文中为了实现在常泰长江大桥的信息化智能化应用进行了深度探索。

2　工程概况

常泰长江大桥位于泰兴市和常州市,公路接线常州侧接江宜高速公路,起点位置设置在安家互通,泰兴侧由过江通道向北接入宁通高速公路,终点设置在泰兴东互通与广陵枢纽之间。常泰长江大桥(跨江段)工程位于泰州长江公路大桥与江阴长江公路大桥之间,分别距离泰州大桥约 28.5km,距离江阴大桥约 30.2km。项目采用"高速公路 + 城际铁路 + 普通公路"方式过江,跨江采用桥梁方案,其中主航道桥采用 142m + 490m + 1 176m + 490m + 142m = 2 440m 双层斜拉桥,桥梁上层为高速公路,下层为城际铁路和普通公路;录安洲、天星洲专用航道桥采用 168m + 388m + 168m = 724m 钢桁拱桥,录安洲非通航孔桥采用 124m + 124m + 124m = 372m 连续钢桁梁桥,两岸引桥采用预应力混凝土梁桥。如图 1 所示。

图1　常泰长江大桥效果图

3　智慧工地管理系统建设架构

为了夯实信息化建设基础工作,创新信息化建设关键技术,通过 BIM 及虚拟建造、BIM 项目管理、智能监控监测、智慧工地和可视化调度管理等信息技术在常泰长江大桥的深入运用。结合项目管理开展 BIM 模型设计、施工组织(方案)模拟、场地规划等 BIM 应用,并将 BIM 模型对接集成至管理信息系统中进行进度、设备、文档管理等业务数据,形成具有各项管理数据的 BIM 模型。面向常泰长江大桥 CT-A4 标段主要施工部位和工艺,通过智能化施工装备、智能监测控制系统、硬件及软件系统集成、三维可视化等技术,构建智慧工地系统,提升建造的安全、质量和效益水平。构建的智慧工地系统包括沉井下沉监控系统、主塔智能液压爬模系统、钢塔式起重机装系统、钢梁悬臂拼装系统等,以及智慧工地相关应用,对工地环境、安全、质量等进行智能状态感知和主动预警,打通信息化落地的最后一公里。系统架构如图 2 所示。

4　智慧工地管理系统技术应用

BIM 核心系统的各功能模块介绍如下所示,对施工过程中的监测、管理数据结合 BIM 模型、三维 GIS 进行可视化展示,包含常泰长江大桥 CT-A4 标段项目常泰主看板、项目简介、形象进度、智慧视频、人员网格化、智能液压爬模、钢壳吊装、钢梁架设、沉井监控等。

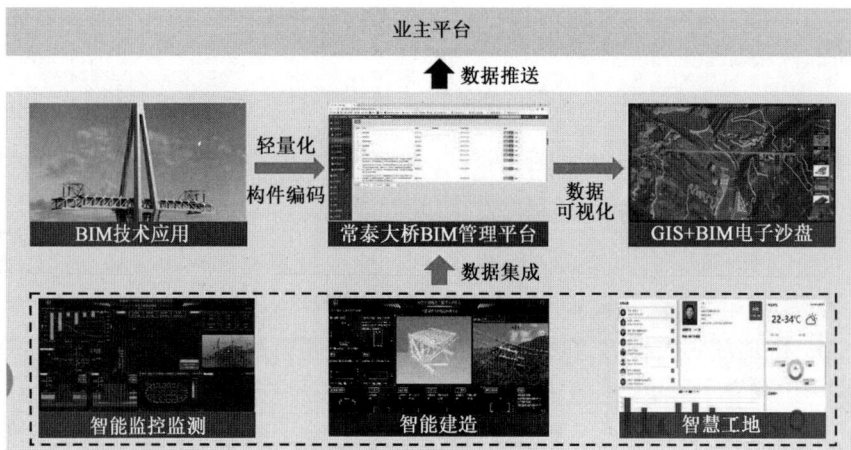

图 2　系统架构

4.1　BIM 项目管理平台

基于大桥局企业级 BIM 项目管理平台,针对常泰长江大桥项目施工特点和管理难点,搭建 BIM 项目管理系统,可以实现相关的单位推送数据。常泰长江大桥 CT-A4 标段项目基于 BIM 的项目协同管理包括模型管理、进度管理、安全管理、质量管理、文档管理、设备管理、安全质量隐患排查系统 7 个部分。通过 BIM 模型,将项目实施过程中的业务数据与模型进行绑定,有效提升数据的贯通性。BIM 项目管理平台如图 3 所示。

图 3　BIM 项目管理平台

4.2　智慧沙盘及大数据看板

建立基于 BIM 和云技术的可应用于桥梁全寿命的通用数据平台,将设计、施工中的全部工程信息以数字化的方式集中存储和整理。本标段根据 BIM 技术及信息化应用成果开发设计智慧沙盘及大数据看板。将主看板、项目简介、形象进度、智慧视频、人员网格化、智能液压爬模、钢壳吊装、钢梁架设、沉井监控核心数据进行提取、整理和分析,通过智慧沙盘(图 4)及大数据可视化看板进行展示。

通过人机交互感知系统,以数据库为基础,结合现代先进的虚拟现实技术及图形处理技术,生成的反映真实地理场景的虚拟空间,为用户提供沉浸式交互体验,对施工过程中可能遇到的问题进行模拟,提升管理水平,为质量管理提供更直观的感受,辅助决策者对关键点质量提供指导性建议。

92

图4 智慧沙盘

智慧沙盘将项目所有施工、监测等关键信息进行数据收集和分析,结合 BIM 模型对现场监控、生产进度、施工工艺演示、安全风险提醒、施工信息等进行可视化展示。项目管理人员可通过智慧沙盘直观形象了解项目整体关键信息,实现高效、便捷、直观、智能的项目管理。

4.3 沉井监控系统

在参考既有沉井施工监控项目的基础上,结合常泰长江大桥 6 号墩沉井施工监控的目的,监测包括:①周边环境:井外河床面冲淤、长江水位、沉井附近区域的流速流向分布等。②几何姿态:沉井下沉过程中对沉井顶面中心位置、高程、平面扭转、倾斜度,沉井主体结构挠曲变形等指标的实时监控。③底面反力:沉井在下沉过程中内、外井壁刃脚踏面、中隔墙底面土压力大小及沉井底部支撑情况。④侧壁土压力:沉井外井壁受到地基土作用的水土压力。⑤结构应力:沉井下沉过程中的刃脚根部应力、刃脚-隔墙连接部位结构应力、隔墙底部结构应力、外井壁结构应力、外挂壁板结构应力等。沉井监控云平台如图 5 所示。

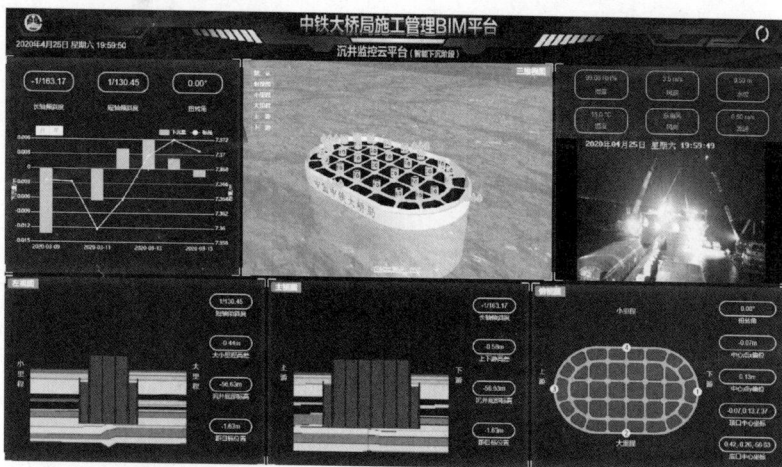

图5 沉井监控云平台

基于实测数据及控制策略,为常泰长江大桥 6 号墩沉井高效平稳下沉提供了有力支撑。实现了黏土层内单日下沉量超过 0.2m 的超高效率,实现了沉井下沉全过程倾斜度不超过 1/100、终沉状态中心偏位不超过 0.1m 的精准下沉目标。后续可联动取土设备、门式起重机设备,集成一体化数字工厂。

93

4.4 主塔智能液压爬模系统

中塔柱液压爬模系统要具备模板功能、自爬升功能、布料功能、振捣功能、养护功能、信息化监控功能等多项功能于一体,同时通过信息化监控系统传输到终端信息平台,对现场作业环境、混凝土温控指标、爬模系统功能及安全性实时监控,做到信息化、智能化[6-7],如图 6 所示。

图 6　大型智能模板系统

实现对常泰长江大桥 6 号墩桥塔液压爬模在施工工况、爬升工况以及停工工况下施工环境、施工进度及施工状态的精确化表达,根据预警预报信息及时对现场施工管理人员进行预警,有效解决了安全监测与管理时效性等问题,可为智能化液压爬模在高大结构施工中的应用提供参考。

系统运行过程中,实现了全方位的系统管理。其中,基于视频流的分析可以丰富功能,利用基于 AI 技术的混凝土振捣质量智能检测,通过识别振捣质量检测结果,对不满足要求的振捣质量进行预警提醒,有效减少人力检测工作。

4.5 钢塔吊装数字孪生系统

建立塔机 BIM 模型和各种工况场景三维模型,融合塔机监控系统、智能吊装辅助控制系统、结构健康监测系统等相关数据,进行动态可视化展示,为大型塔式起重机运维监管提供集成管控数字孪生平台;同时,积累的各种工况运行与安全监测数据,可为超大型塔机相关研究和优化升级提供数据支撑[8-9]。塔式起重机数字孪生系统如图 7 所示。

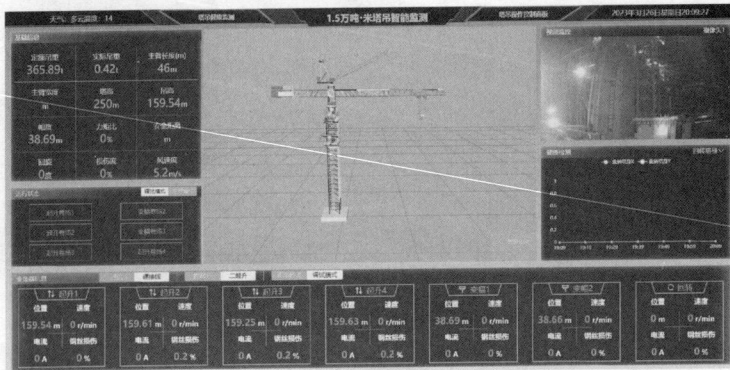

图 7　塔式起重机数字孪生系统

针对超大型塔式起重机结构复杂、运行精细度要求高等特点,为了更加高效、更加安全地完成主塔施工作业,从现场施工的智能控制及塔机运行智能化管理出发,进行了大型塔式起重机的数智化升级,保障每一次吊装都安全受控。

4.6 钢梁架设拼装系统

针对以往钢梁架设过程中结构状态监测与架梁吊机监测系统相互割裂的问题,在传统悬臂架设过程中,主要通过目视和对讲机进行吊装指挥,对人的经验和责任心依赖较强,本系统对吊装钢梁位姿等参数和吊机运行状态进行一体化监测,实现了从状态监测到反馈调整的精准闭环控制。本系统将两台吊机工况和钢梁状态进行实时监测、偏差分析预警、三维可视化,实现了基于数据驱动的钢梁架设过程高效可靠控制。钢梁拼装管理系统如图8所示。

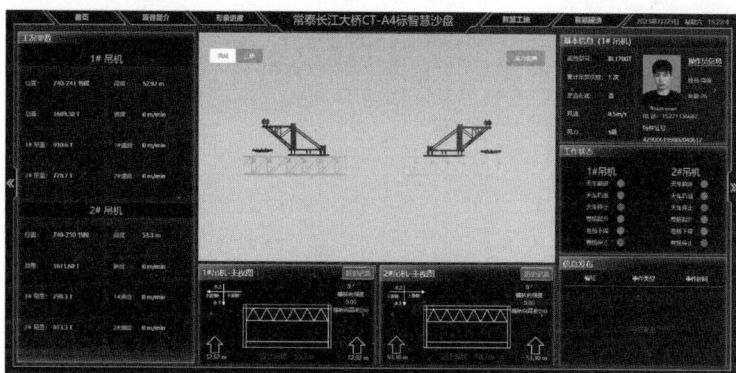

图8 钢梁拼装管理系统

5 结语

以常泰长江大桥施工过程的重难点为研究背景,研究开发了基于BIM的智能建造体系。针对传统施工方式存在的安全监测困难、现场问题管理滞后等信息壁垒问题,对常泰长江大桥施工过程进行数字化升级,构建以"工业化、数字化、网络化、智能化"为总体理念的智能建造成套技术。实现数据采集、危险预警、三维可视化展示等全方位工作,实现进度精细化管理。完成施工环境、施工进度及施工状态的精确化表达,根据预警预报信息,提前对现场施工管理人员进行预警,有效提升了大桥施工质量控制水平。

参 考 文 献

[1] 刘占省,孙啸涛,史国梁.智能建造在土木工程施工中的应用综述[J].施工技术,2021,50(13):40-53.

[2] 张云翼,林佳瑞,张建平.BIM与云、大数据、物联网等技术的集成应用现状与未来[J].图学学报,2018,39(5):11.

[3] 祝兵,张云鹤,赵雨佳,等.基于BIM技术的桥梁工程参数化智能建模技术[J].桥梁建设,2022,52(2):18-23.

[4] 傅战工,郭衡,张锐,等.BIM技术在常泰长江大桥主航道桥设计阶段的应用[J].桥梁建设,2020,50(5):90-95.

[5] 张晖.BIM技术在棋盘洲长江公路大桥北锚碇施工中的应用[J].世界桥梁,2021,49(1):89-94.

[6] 黄郑文.山区高速公路桥梁空心薄壁高墩液压自爬模设计与施工[J].世界桥梁,2019,47

（3）:10-14.

[7] 刘康,邢惟东,淳长奎,等.重庆红岩村嘉陵江大桥桥塔施工关键技术[J].世界桥梁, 2022,50（3）:20-24.

[8] 刘爱林,刘幸福,王令侠.芜湖长江公铁大桥主桥上部结构施工关键技术[J].中国铁路, 2021（9）:161-166.

[9] 张杰,马弯.基于BIM的黄黄高铁无砟轨道智能建造创新应用[J].中国铁路,2022（8）: 68-75.

创新设计与工程实践

13. 大跨径高速磁浮桥梁技术指标
讨论及方案概念设计

徐利平[1]　张　丛[2]

（1. 同济大学土木工程学院；

2. 天津市市政工程设计研究院）

摘　要：大跨径磁浮桥梁目前尚无工程实例，文章依据现有磁浮常规高架轨道梁平顺性技术标准，在分析大桥上轨道梁的构造与变形特征的基础上，提出大跨径桥梁桥上轨道梁静、动折角定义及其平顺性技术标准。根据外部荷载作用不同，桥上轨道梁折角分为自身折角、跟随折角以及由于安装误差产生的折角，受大桥刚度影响的为轨道梁跟随静、动折角，控制指标分别为 ±1.7/10 000rad、±3.3/10 000rad。文章结合主跨458m高速磁浮双塔斜拉桥技术方案概念设计，提出了计算大跨径磁浮桥梁轨道梁平顺性加载算法，给出了该桥梁方案轨道梁平顺性指标验算结果。

关键词：大跨度桥梁　高速磁浮　桥上轨道梁　平顺性　轨道梁折角

由于磁浮列车与轨道梁之间耦合工作的特点，桥上轨道梁平顺性是保证列车安全行驶的关键，磁浮间隙过大或过小都会导致减弱甚至丧失磁浮力。描述轨道梁平顺性的重要指标是轨道梁折角。不管列车是行驶在中小跨径轨道梁高架桥上，还是行驶在大跨径桥梁桥面的轨道梁上，用以保证列车安全行驶的轨道梁折角要求是相同的。

由于大跨径磁浮桥梁目前尚无工程实例，通过本论文的研究成果，希望可以获得对大跨径磁浮斜拉桥更高层面上的认识，供以后大跨度磁浮桥梁设计参考。

1　桥上轨道梁折角

大桥在各种荷载作用下将发生变形，根据这些变形发生的速度和持续的时间分成三类，将这三类变形分别对待。

第一类为"长期变形"，桥面由混凝土结构收缩徐变、墩台沉降等永久荷载作用产生的永久变形是缓慢长期的过程，可通过定期监测，利用调索、顶升支座等技术措施解决，所以计算大桥变形对轨道梁影响时不予考虑。

第二类为"拟长期变形"，桥面由除列车活载以外的可变荷载作用，如季节温差（整体升降温）、材料温差、日温差（温度梯度）以及静风作用等产生的变形，相对于列车经过大桥的时间内保持不变，对轨道梁来说这些变形的性质相当于高架轨道梁下部结构的"塑性变形"，区别在于塑性变形是轨道梁的个别桥墩的变形。而这里是大桥桥跨较大范围(或全跨)发生的变形,大桥的这一变形是弹性的,故不可称为"塑性变形",并为了与桥梁工程既有的"长期变形"概念区别,这里称作"拟长期变形"。

拟长期变形的特征是:

(1)列车荷载作用期间,该部分变形不发生变化,这一特征与高架轨道梁下部结构塑性变形特征相同。

(2)列车活载作用后大桥桥面总变形是列车活载变形与拟长期变形的叠加。

第三类为列车活载(可变荷载)及其冲击力、制动力等作用产生的变形,这一变形与铁路、公路活载作用产生的桥面变形类似,是随列车行驶位置而变化并产生动力效应的变形。

这里,将上述第二类桥面变形等引起的轨道梁折角称为静折角,第三类桥面变形引起的轨道梁折角称为动折角,轨道梁端静折角和动折角两者组合值控制在一定范围内,方能保证列车正常行驶。鉴于两种类型的折角特性不同,所以,将两种类型的折角分别计算和控制(图1)。

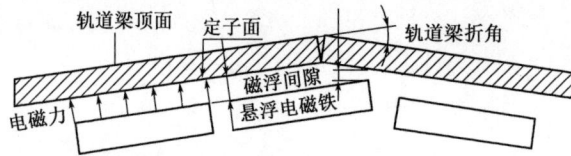

图1 轨道梁折角示意图

2 桥上轨道梁静折角技术指标

在任何条件下,大桥上轨道梁的平顺性要满足坡度变化指标(NGK)要求,NGK 的定义是

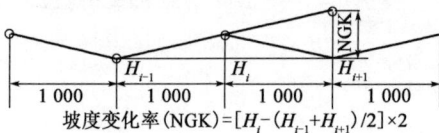

坡度变化率(NGK)=$[H_i-(H_{i-1}+H_{i+1})/2]\times 2$

图2 坡度变化率(NGK)示意图(尺寸单位:mm)

每1m 长的功能面相对于相邻的1m 长功能面的倾斜度的偏差值,其中,定子面最大绝对值为1.5mm/m,折算成轨道梁折角为15/10 000(rad),这个限值可以看成轨道梁端静折角控制的总指标(图2)。

功能面安装在轨道梁上,其定子面的倾斜度偏差15/10 000(rad)可以看成相邻轨道梁的允许折角总量,影响功能面平顺性(轨道梁平顺性)的因素包括如下四个方面:大桥受各种荷载作用后的变形、轨道梁受荷载作用后自身产生的变形、轨道梁在大桥桥面上以折代曲安装和功能件安装误差等,下面分别叙述这四个影响因素。相应地,轨道梁静折角由这四部分组成。

2.1 轨道梁跟随静变形

轨道梁跟随大桥桥面的静变形,大桥桥面由除列车活载以外的可变荷载作用,如季节温差(整体升降温)、材料温差、日温差(温度梯度)以及静风作用等产生变形,桥面变形后,桥上轨道梁梁折角将随之变化,如图3所示。

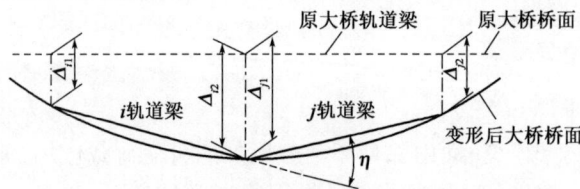

图3 大桥变形与轨道梁转角的关系示意图

图中,由于大桥桥面发生变形,轨道梁 i 与轨道梁 j 之间的夹角发生变化量为 η_{ij}。轨道梁 i 的两端 Z 向位移分别为 Δ_{i1} 和 Δ_{i2},轨道梁 j 的两端 Z 向位移分别为 Δ_{j1} 和 Δ_{j2},根据几何关系,轨道梁 i 与轨道梁 j 之间的夹角发生变化量(单位 rad):$\eta_{ij} = [(\Delta_{i2} - \Delta_{i1}) - (\Delta_{j2} - \Delta_{j1})]/L_{Sys}$

将高架轨道梁下部结构塑性变形量控制标准转化为轨道梁折角控制标准。

z 为方向下部结构塑性变形的极限值,这里为大桥桥面竖向拟长期变形限值:

(1)轨道梁梁端支墩:$\Delta z_{St,1,plas} = \pm L_{Sys}/6\,000$;

转化为轨道梁折角:$\eta_z = 2\Delta z_{St,1,plas}/L_{Sys} = 2/6\,000 = 1/3\,000 = 3.3/10\,000\,\text{rad}$

y 为方向下部结构塑性变形的极限值,这里为大桥桥面横桥向拟长期变形限值:

(2)轨道梁梁端支墩:$\Delta y_{St,1,plas} = \pm L_{Sys}/6\,000$;

转化为轨道梁折角:$\eta_y = 2\Delta y_{St,1,plas}/L_{Sys} = 2/6\,000 = 1/3\,000 = 3.3/10\,000\,\text{rad}$

汇总上述桥上轨道梁折角控制值,见表1。

桥上轨道梁静折角技术标准

表1

方向	大桥变形类别	梁折角 (1/10 000rad)
y 向	拟长期变形	3.3
z 向	拟长期变形	±3.3

2.2 轨道梁自身静变形

轨道梁静变形包括温度、混凝土收缩徐变等可变荷载等作用引起的轨道梁变形以及梁折角,相关计算及标准见《线路设计计算基础》,其主要以单跨梁为例。

2.3 轨道梁在设置竖曲线的桥面上以折代曲引起的相对折角

大桥设置一定半径的圆竖曲线,以利桥面排水,并且当各种荷载作用下桥面发生下挠时,大桥仍处于上拱的线形状态,给人以安全感。

当桥面竖曲线设置后,轨道梁即以折代曲的方式通过支座安装在桥面上的,就使得轨道梁之间产生一个初始折角,这个初始折角与竖曲线半径、轨道梁长度有关,表2为各种桥面竖曲线和两种常用轨道梁长度的初始折角。

轨道梁以折代曲安装时的初始折角(1/10 000rad)

表2

竖曲线半径 (m)	轨道梁长度 12.384m	轨道梁长度 6.192m
20 000	6.192	3.096
30 000	4.128	2.064
40 000	3.096	1.548
50 000	2.477	1.238
∞	0	0

选择竖曲线半径时,应考虑尽可减小轨道梁的初始折角。

2.4 功能面安装误差

磁浮列车系统对轨道功能区提出了严格的制造精度要求,对三个功能面的制造安装精度要求基本上都在 1mm 以内。

功能面的几何公差主要是两个方面:一是可直接测量的公差,如位置偏差、相互之间的错位、相互之间的间隙、轨道宽度、钳距等;二是根据测量的数据,进行一定的加工计算得出的公差,如长波误差、短波误差、坡度变化指标等。

我们这里主要关心定子面 z 方向安装允许错位,一般情况下,安装偏差是无规律出现的,但是,不能排除相邻轨道梁定子面安装时形成折角,如图4所示。

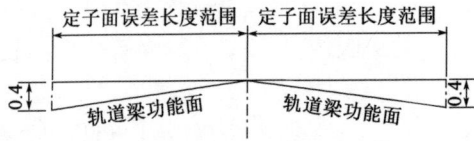

图4 相邻轨道梁定子面安装误差形成折角示意图(尺寸单位:mm)

假定定子面安装误差长度为 1m,安装误差产生的折角为:$\eta = 0.4 \times 2/1\,000 = 8/10\,000\text{rad}$。可见,这一数值非常客观,因此,在安装时应避免功能面形成这样的折角。

3 桥上轨道梁动折角技术指标

轨道梁动折角不同于静折角,静折角可随时监测、控制,而动折角监测较困难。由于磁浮间隙是受静折角和动折角组合影响的,所以,即使静折角满足控制指标,如果动折角过大,同样会导致列车无法正常行驶,所以动折角需要单项计算、控制。

轨道梁动折角由两部分组成:一部分是大桥桥面受列车作用产生变形引起的轨道梁折角,第二部分是轨道梁自身受列车作用产生挠曲引起梁折角。

3.1 轨道梁跟随动变形

轨道梁跟随大桥桥面动变形,桥面由列车动荷载产生的变形,列车经过后瞬时恢复,轨道梁跟随变形和恢复,采用轨道梁下部结构允许弹性变形控制标准限值。

z 方向下部结构弹性变形的极限值,这里为大桥桥面竖向活载变形限值。

(1)轨道梁梁端支墩:$\Delta z_{\text{St},1,\text{elas}} = \pm L_{\text{Sys}}/6\,000$;

转化为轨道梁折角:$\eta_z = \Delta z_{\text{St},1,\text{plas}}/L_{\text{Sys}} = 1/6\,000 = 1.7/10\,000\text{rad}$;

y 方向上下部结构的弹性变形的极限值,这里为大桥桥面横向活载变形限值。

(2)轨道梁梁端支墩:$\Delta y_{\text{St},1,\text{elas}} = \pm L_{\text{Sys}} \times (0.001\,3 - 1/6\,000) \times k$;

其中,$k = h_{\text{G},\text{Gelaende}}\,[\text{m}]/20\text{m}$,$h_{\text{G},\text{Gelaende}} \geqslant 3\text{m}$ 及 $k \leqslant 1$;

转化为轨道梁折角:$\eta_y = \Delta z_{\text{St},1,\text{plas}}/L_{\text{Sys}} = 0.001\,1\text{rad}$;

汇总上述桥上轨道梁折角控制值,见表3。

桥上轨道梁动折角技术标准 　　　　　　　　　　　　　　　　　表3

方向	大桥变形类别	梁折角 (1/10 000rad)
y 方向	列车作用产生变形	11
z 方向	列车作用产生变形	± 1.7

3.2 轨道梁自身动变形

轨道梁动变形包括列车荷载作用引起的轨道梁变形以及折角,相关计算见《线路设计计算基础》,其主要(以单跨梁为例)结论。

4 桥上轨道梁折角技术标准讨论

将以上轨道梁折角技术标准汇总见表4。

方向	轨道梁静折角				轨道梁动折角	
	跟随静折角	自身静梁折角	以折代曲	功能面安装误差	跟随动折角	自身动梁折角
y 方向	3.3	6.90	—	—	11	4.2
	3.3 + 2 × 6.9 = 17.1				11 + 2 × 4.2 = 19.4	
	36.5					
z 方向	±3.3	−6.15/7.41	—	—	±1.7	−8
	+3.3 + 2 × 7.4 = +18.1 −3.3 − 2 × 6.15 = −15.6				+1.7 − 2 × 8 = −14.3 −1.7 − 2 × 8 = −17.7	
	+18.1/ −33.3					

注:未计入以折代曲和功能面误差引起的轨道梁折角。

以上标准根据现有磁浮上海线的技术标准推算得到,也就是说,如果对桥上轨道梁折角的各个单项折角和总折角分别以此标准控制,可以保证列车行驶需要的平顺性要求。

但是,对于中小跨径轨道梁高架桥梁来说,其跨径布置受地形、地质等条件限制,有一定的经济合理跨径要求,不可能布置像桥上轨道梁那样很小的跨径,所以,轨道梁自身折角远大于跟随折角(轨道梁跟随高架桥梁下部结构弹、塑性变形产生的折角)。桥上轨道梁不同于中小跨径轨道梁高架,轨道梁支点搁置在桥面上,跨径可以较小(如6.092m),一般可以根据加劲梁横隔板间距设置支座,如3～4m,这样可以最大限度减小桥上轨道梁自身变形和折角。

另一方面,中小跨径高架桥墩的弹塑性变形较大桥加劲梁变形容易控制得多,而且因此付出的代价要小,所以,对于大桥来说,适当放宽轨道梁跟随变形要求,设法减小轨道梁自身变形量,将是更合理、经济的设计理念。为此,我们提出大桥轨道梁平顺性控制标准的原则是:合理调节轨道跟随折角和自身折角的比例,不突破折角总数值。

这里有一种特殊的情况,当桥上轨道梁采用较密的多点支承,如果自身变形和折角小到可以忽略不计时,当桥面平顺性良好时,桥上轨道梁不存在跟随折角,自身折角忽略不计,这时,大桥加劲梁梁折角与桥上轨道梁梁折角就相同了。

当然,桥面变形引起轨道梁平顺性和舒适度均发生变化,所以除了验算折角指标外,还需要验算舒适度指标。

5　大桥方案概念设计

磁浮列车在大桥上行驶,列车荷载通过磁浮力反作用在轨道梁和大桥上,导致桥面发生竖向变形,桥上轨道梁跟随桥面变形发生折角变化,这一变化发生在整个大桥长度范围内,而我们关心的、可能会影响列车行驶的是列车长度范围内(8节车总长202.608m)的轨道梁折角变化。

图5以主跨458m双塔斜拉桥为例,全桥长度891.648m,可布置12.384m轨道梁72根(单线),布置6.192m轨道梁144根(单线)。磁浮列车总长度202.608m在桥上行驶。轨道梁折角静力计算时,磁浮列车沿桥梁纵向每移动12.384m(或6.192m)加载一次计算,全桥需加载72次(144次),计算列车从车头上桥到车尾离开桥的全过程,分别记录下车头、车中和车尾的轨道梁折角。为提高大桥整体刚度,本算例大桥主梁桥面系为扁平钢混组合箱梁并通过与钢桁架结合进行刚度加强。

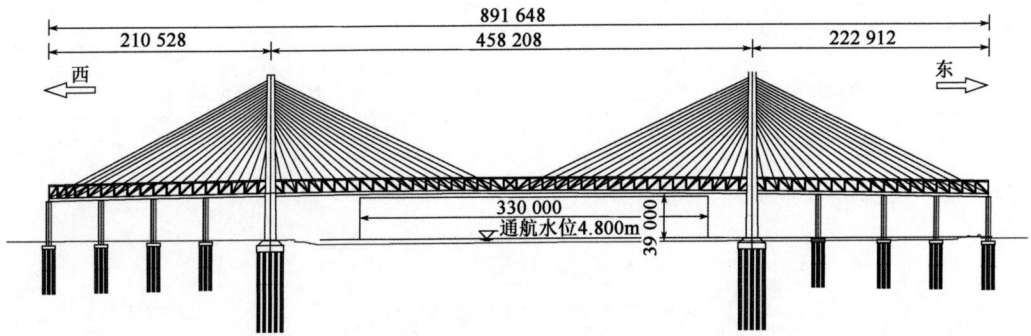

图5 主跨458m双塔斜拉桥桥型布置图(尺寸单位:mm)

图6～图8分别是单列车在桥上行驶时,车头、车中和车尾位置的桥上轨道梁折角沿桥长的分布图,取出三幅图中轨道梁的最大值,得到单线列车行驶时轨道梁最大折角包络图,如图6所示。在单线列车轨道梁最大折角包络图的基础上,叠加另一侧轨道梁行车引起本轨道梁折角图,就得到双线列车行驶时轨道梁最大折角包络图,如图7、图8所示。

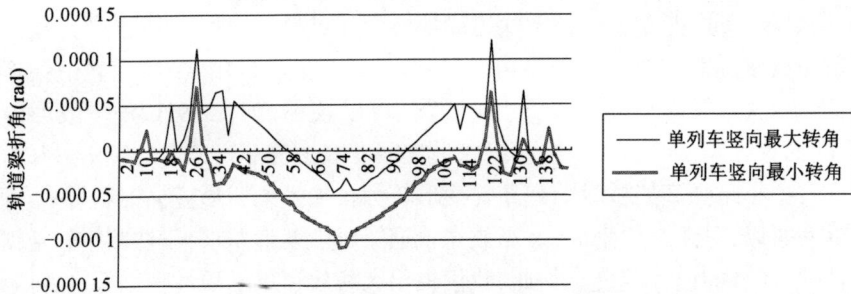

图6 单线列车轨道梁最大折角包络图

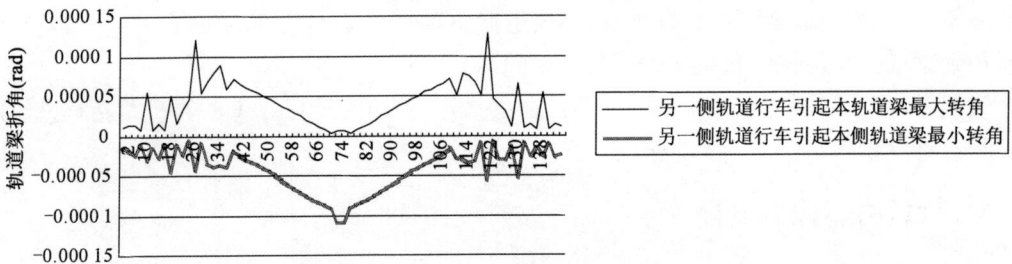

图7 另一侧轨道梁行车引起本轨道梁折角图

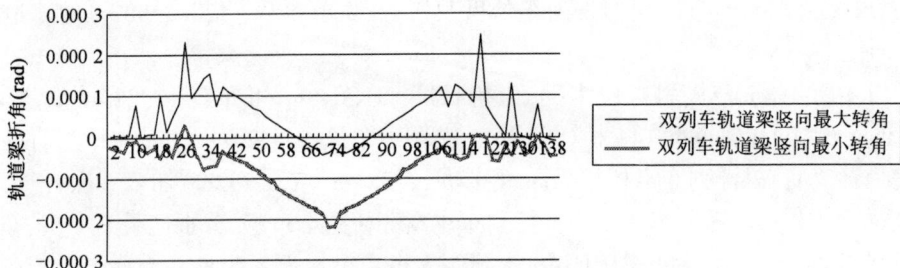

图8 双线列车轨道梁最大折角包络图

计算结果显示,双列车轨道梁竖向弹性折角最大产生在主跨跨中,双列车轨道梁横向弹性折角最大产生在主跨跨中,双列车轨道梁竖向拟长期折角最大产生在主跨跨中,双列车轨道梁横向拟长期折角最大产生在左塔右侧第二节间处。

简支轨道梁竖向弹性转角控制值为 1.7/10 000,本方案单线列车轨道梁最大弹性转角值为 −0.000 07,满足行车要求;双线列车轨道梁最大弹性转角值为 −0.000 157,满足行车要求。简支轨道梁横向弹性转角控制值为 11/10 000,本方案单线列车轨道梁最大弹性转角值为 −0.000 017,满足行车要求;双线列车轨道梁最大弹性转角值为 −0.000 034,满足行车要求。

6 结语

(1)影响磁浮列车过桥时的行车安全性的轨道梁折角受多因素影响,本文对由大桥结构变形所导致的轨道梁跟随折角进行了研究,对轨道梁竖、横向跟随静、动折角分别提出了控制标准。

(2)根据本文算例计算结果,采用钢箱组合箱梁为下弦杆的新型钢桁架形式作为加劲梁时,主跨 458m 双塔斜拉桥整体刚度可满足高速磁浮列车对轨道平顺性的要求。

参 考 文 献

[1] 杨进.京沪高速铁路南京越江工程PC箱钢桁叠合梁三塔斜拉桥方案设计[J].铁道工程学报,1999.
[2] 范钦海.高速常导磁悬浮车辆对轨道平顺性要求的探讨[J].中国铁道科学,2002.
[3] 余华.磁悬浮轨道梁刚度对列车走行性影响研究[J].铁道标准设计,2005.
[4] 邓亚士.高速磁浮交通迭合式轨道梁变形及力学特性研究[D].北京:北京交通大学,2011.
[5] 颜志华.中低速磁浮桥梁结构设计与试验研究[J].都市快轨交通,2011.
[6] 中华人民共和国住房和城乡建设部.中低速磁浮交通设计规范:CJJ/T 262—2017[S].北京:中国建筑工业出版社,2017.

14.万龙大桥工程主桥总体设计

文望青[1]　卿仁杰[2]　王新国[1]　王存国[1]　王志平[1]　黄　振[1]

(1.中铁第四勘察设计院集团有限公司;

2.广州市南沙区建设中心)

摘　要:综合通航、防洪、港口等多方面因素,万龙大桥主桥采用 50m + 220m + 608m + 220m + 50m 的空间缆椭圆塔自锚式悬索桥,是目前世界上最大跨度自锚式悬索桥。该桥主缆采用空间双主缆,主跨矢跨比约为 1/7.15,每根主缆含 61 股 127 丝 φ6.0mm 镀锌高强钢丝;全桥共 65 对吊索,纵向标准间距 12m,吊索采用钢丝绳吊索,一般吊索公称 φ72mm,特殊吊索公称 φ80mm;主鞍座采用自适应式结构,左右鞍座一体,散索套采用承拉结构;主跨采用钢箱梁,锚跨采用 50m 预应力混凝土梁,钢混结合段位于辅助墩偏主跨侧 37m 处;钢主梁采用单箱三室分离式断面,梁高 4.0m,单幅桥面宽 20.75m,两幅箱梁间开槽宽度 11m,主塔从中穿出,桥面全宽 52.5m(含风嘴);边跨变截面预应力混凝土梁采用单箱三室分离式断面,梁高 4.0 ~ 9.0m,桥面宽度 49.1 ~ 60m;内圆外椭造型钢桥塔,塔高 127.1(125.1)m,桥塔内部圆直径 62.5m,外圆直径 82.5m;主塔基础采用 29 根 φ3.0m 钻孔灌注桩基础,辅助墩截面 4 × 5m,采用 4 根 φ3.0m 钻孔灌注桩基础,边墩采用双柱式实心墩,墩底截面 2 × 3m,采用 4 根 φ2.2m 钻孔灌注桩基础。研究计算表明,本桥具有良好的静动力特性。大桥以"皓月南沙"为主题,桥梁造型优美,具有良好社会效应。

关键词:自锚式悬索桥　空间缆索　钢塔　静动力特性　顶推法施工

1　引言

1.1　工程概况

万龙大桥工程位于广州市南沙区万顷沙镇与龙穴街之间,工程西起于万新大道以西 500m 处,跨过万新大道、万环东路和龙穴南水道后,设互通连接龙穴大道,之后上跨南沙港铁路,与规划万龙东路相接,路线主线总长约 5.146km。本项目是连接自贸区海港区块龙穴岛作业区和万顷沙保税港加工制造业区块的快捷通道。万龙大桥工程连接万环西路及深中通道,将有助于加快南沙港货运物资外运,构建港口、铁路、公路及市政道路多式联运的立体运输网络,提高龙穴岛国际航运物流中心的对外辐射能力,把南沙区打造为海上丝绸之路和丝绸之路经济带的珠三角战略支点,助力粤港澳大湾区的高质量发展。

万龙大桥区位图如图 1 所示。

图 1 万龙大桥区位图

1.2 建设条件

1.2.1 地形地貌、工程地质

桥址位于广州市南沙开发区,地处珠江口。为珠江三角洲冲积平原地貌,属珠江 I 级阶地,地势开阔低平,地质情况为淤泥质软基,地下水位较高。区域水网密布,鱼塘众多,总体地势普遍较低。右岸万顷沙侧,线路基本平行十二涌,桥位下游紧邻十二涌水闸。

沿线所经过的地层岩性按其成因和时代分类主要有:第四系海陆交互相沉积(Q_4^{mc})、上更新统河流相冲积层(Q_3^{al})的淤泥、淤泥质黏土、粉质黏土及砂层、残积层(Q^{el})砂质黏性土,下伏基岩主要为下古生界混合岩(Pz1)、局部遇构造岩(碎裂岩)(F)。

1.2.2 水文、气象

工程处于北回归线以南,属亚热带海洋性季风气候区,气候温暖,夏季湿热,有台风,冬季干燥,有寒流。年平均气温在 21.8℃,极端高温达 38.7℃,1、2 月气温最低,月平均气温在 13℃,极端低温亦在 0℃以上。本区以季风为主,风速最大可达 34m/s。台风、强热带风暴雨带来的灾害性暴雨最具破坏性,是本区的主要自然灾害。

万龙跨海工程位于龙穴南水道(也称蕉门延伸段)中段,陆域两侧为鸡抱沙及万顷沙围垦区,工程附近水域是伶仃洋的重要组成部分。工程所处的龙穴南水道为狭长水道,上窄下宽,上游入口宽约 800m,下游出口宽约 1 500m,河道总长约 13km。河道断面呈滩—槽—滩分布格局,滩地发育,主槽狭窄,深槽宽度在 300m 左右,水深一般在 4~6m 之间,滩地水深一般为 0.2~0.4m,主槽在平面上略趋向右岸万顷沙一侧。

1.2.3 航道、港口

主桥位于红莲大桥下游约 2.7km 跨越龙穴南水道,桥址河宽约 1.2km,水深良好,最大水深 7.4m。根据《广东省交通运输厅关于印发广东省航道发展规划(2020—2035 年)的通知》(粤交规〔2020〕786 号),龙穴南水道(蕉门口—广州港 30 号标段)31km 规划为通航 5000 吨级海轮航道,根据航道部门意见,本项目按 5000t 级航道对应的通航净宽及防船撞设计标准,通航净高按 24m 控制。

拟建工程位置两岸无已有及新建港口与码头。根据《广州南沙区龙穴岛分区(港区)控制性详细规划》,龙穴岛西侧岸线长 19km,其中 17km 规划为中级泊位岸线及江海联运的小船泊位岸线,码头陆域纵深 350m,作业区总规划用地 53.1km²。工程位置左岸为规划江海联运小船泊位岸线,上下游各 365m 规划为绿化区。

107

1.3 主要技术标准

道路等级:城市主干路,设计速度60km/h。

桥梁设计基准期:100年。

设计安全等级:一级。

设计荷载:汽车荷载城-A级,人群及非机动车道荷载按《城市桥梁设计规范》(CJJ11—2011)(2019版)取值。

平纵横:大桥平面位于直线、纵坡为1.2%、桥面横坡2%。

2 桥跨布置及桥型方案

2.1 桥跨布置

根据航道要求,桥梁的通航净宽还应考虑桥墩两边的紊流区,单孔双向通航净宽不小于301m。

拟建通道河段河面宽约1.2km,河道断面呈滩—槽—滩分布格局,滩地发育,主槽位于河道中央位置,深槽宽度在488m左右,水深在3~8m,龙穴南水道规划泄洪整治线宽度约568m。

综合考虑上下游桥梁阻水累积效应,结合通航、防洪条件及上游已有桥梁跨径,桥梁基础形式等综合考虑,万龙大桥主跨按608m考虑。

2.2 桥型方案选择

对于主跨600m左右的桥梁,可选用的桥梁结构形式有拱桥、斜拉桥、悬索桥等。

目前南沙区龙穴南水道、蕉门水道上修建了包括凤凰一桥、凤凰二桥、凤凰三桥、明珠湾大桥、南沙港铁路桥、红莲大桥在内的多座跨江桥梁。这些桥梁各具特点,风格各异,景观特色鲜明。桥梁以多为大中跨径桥,桥型则斜拉桥、拱桥为主。

通过国际方案竞赛、公众投票及南沙区规委会环境艺术委员会审议等环节,确定"皓月南沙"自锚式悬索桥双圆塔桥梁结构为万龙大桥工程方案竞赛推荐方案(图2)。

图2 "皓月南沙"桥梁方案图

打造独特的桥梁景观,体现历史、文化和美学价值是万龙大桥的建设目标之一,而桥塔是彰显桥梁个性特点和打造桥梁整体景观效果的重要因素。桥塔景观造型设计需要在实现结构功能的同时,反映地域文化的过去与将来,最大限度地实现功能、技术、经济、美观与历史文化的统一。

万龙大桥桥塔的设计灵感来源于岭南传统民居的代表——镬耳屋,并抽象为独特的圆环造型(图3),宛若半入云层的皓月,空灵优美,与柔美灵动的水波完美融合、相得益彰,创造出安宁与静谧的情韵,是岭南风格和水乡特色的完美结合。远观大桥,视线穿塔而过,江山入画,见证着浪潮奔涌间南沙的沧海桑田和傲然崛起,同时带来现代桥梁美学的震撼。

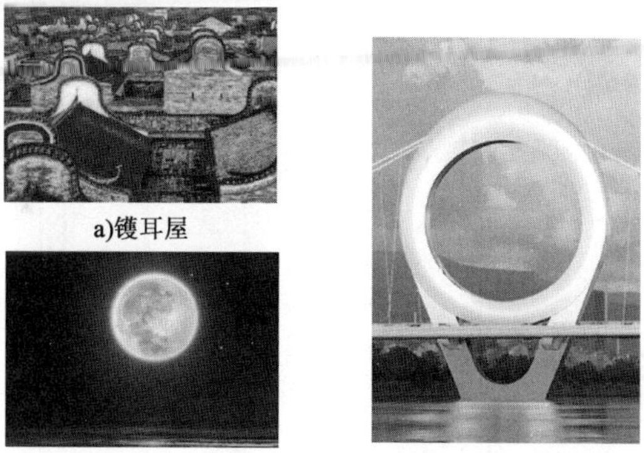

a)镬耳屋

b)皓月当空

c)桥塔造型

图3 桥塔造型设计

3 主跨608m自锚式悬索桥设计

3.1 总体布置

主桥桥跨布置为50m+220m+608m+220m+50m的自锚式悬索桥,如图4所示。主梁采用7跨连续结构,跨径布置为50m+201m+38m+570m+38m+201m+50m=1 148m。其是目前世界上最大跨径自锚式悬索桥。主缆采用空间双主缆,理论边主跨比约0.37,主缆主跨矢跨比约为1/7.15[1-2]。

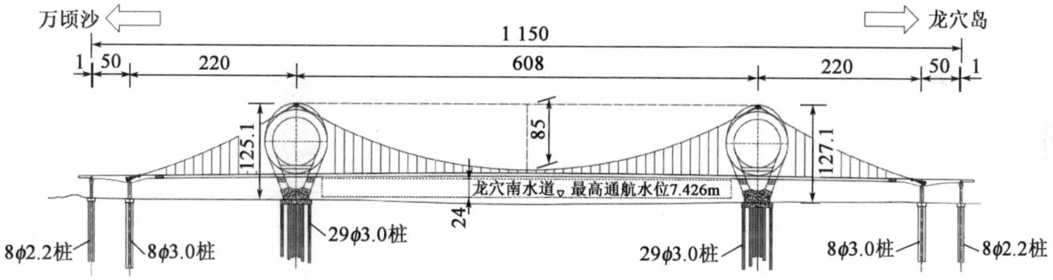

图4 桥梁总布置图(尺寸单位:m)

3.2 结构体系

本桥支承体系为7跨连续半漂浮结构体系,具体布置为:主塔挑臂横梁上设有竖向球型钢支座(均为双向滑动)。辅助墩顶设置竖向球型钢支座与E型钢阻尼器一体(纵向活动,横向固定)。边墩顶设置竖向球型钢支座与E型钢阻尼器一体(为纵向活动,横向固定)。在主塔处设置有横向抗风(震)支座。边墩、辅助墩顶横向设置球型钢支座与E型钢阻尼器一体式支座,横向地震力作用下支座横向活动,E型钢阻尼器减震耗能,每个主塔4个牛腿位置均设置有纵向阻尼器。

3.3 桥塔及基础

3.3.1 桥塔总体布置

桥塔采用内圆外椭圆形钢塔,万顷沙侧塔高125.12m、龙穴岛侧塔高127.12m(均含塔座),主塔内圆直径62.5m,外椭圆短轴长82.5m、长轴长99.5m。主塔基础采用29根φ3.0m钻孔灌注桩基础。塔顶设有弧形后装结构,横梁设有弧形装饰板,与塔柱共同组成整体内圆外椭圆形造型。下塔柱设牛腿以支承钢主梁,桥面以上10m高度处设直线横梁,横梁外包装饰下端与桥面相切,上端与横梁顶面平齐。塔顶后装结构内设主索鞍,为方便主缆施工,后装结构待全桥体系转换完成后再安装。桥塔总体布置见图5(括号内数字适用于龙穴岛侧桥塔)。

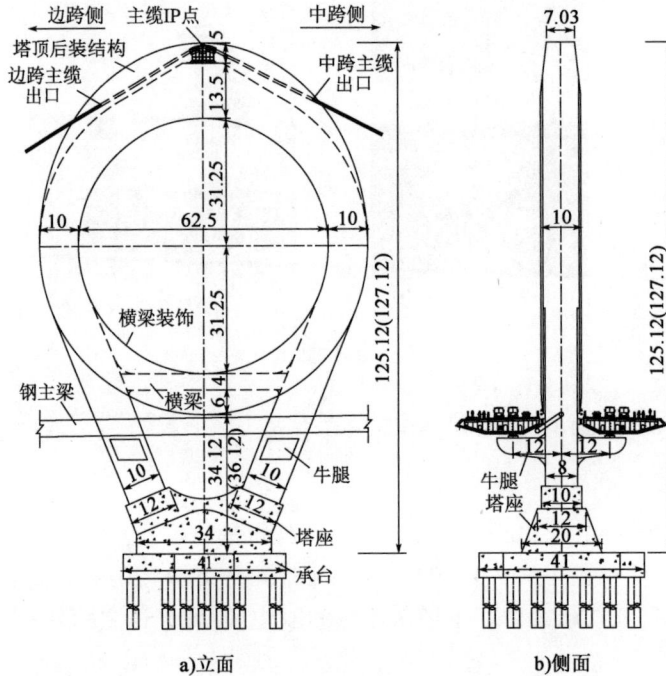

图5 桥塔总体布置(尺寸单位:m)

3.3.2 钢塔柱构造

本桥圆形桥塔的受力特点类似于圆环受集中力作用,在主索鞍 $4×10^8$ N 竖向力的作用下,塔顶的弯矩达 $5.0×10^9$ N·m,剪力达 $2×10^8$ N。如果采用常规的单箱单室截面,所需板厚超过100mm,加工制造难度过大。因此提出采用双层顶底板和四腹板的单箱九室截面,将板厚控制在 60mm 以内。其中,下塔柱采用单箱九室的矩形截面,纵桥向截面高度为 10m,横桥向截面宽度为 8m。上塔柱采用单箱九室的弧形四边形截面,纵桥向截面高度为 10~13.5m(塔顶),横桥向截面宽度为 10m,外腹板由圆弧 + 直线(与圆弧相切)构成,圆弧半径为 12m。钢塔柱外侧顶板厚 36~60mm,外侧次顶板厚 32~60mm,内侧次底板厚 32~48mm,内侧底板厚36~60mm,外腹板厚40~48mm,内腹板厚40~60mm。根据极限承载力分析结果,框架式横隔板对壁板的支承和加劲作用与实腹隔板十分接近,考虑到实腹隔板可以兼作平台,因此采用实腹隔板与框架隔板间隔布置的方式。下塔柱每隔 2.0m 设置一道横隔板,隔板垂直截面设置,框架隔板间距2.0m,实腹隔板间距8.0m;上塔柱每隔约 2.0m(外侧弧长1.98m,内侧弧长1.5m,对应圆心角为 2.75°)设置一道横隔板,隔板沿径向设置,框架隔板间距约 2.0m,实腹隔板间距 6.0~8.0m。钢塔柱外壁板及其加劲肋等关键受力部位板件采用 Q500qD 钢材,其余内壁板及其加劲肋、横隔板等采用 Q420qD 钢材。

钢塔柱截面如图6所示。

3.3.3 塔底钢混结合段

塔底钢混结合段是钢塔柱和混凝土塔座的过渡段,如图7所示。本桥主塔弯矩大,钢混结合段内侧和外侧受力状态存在差异,针对该受力特点采用大断面非对称承压传剪式钢混结合段构造,非对称布置大规格预应力钢绞线。钢混结合段共布置 101 根 37-φ15.2 有黏结预应力钢绞线,内侧布置 37 根,外侧布置 30 根,中间布置 34 根,预应力在混凝土塔座内分三层锚固,层间距 1.5m。钢混结合段总长 8m,包括 4m 长钢结构过渡段和 4m 长钢混过渡段。钢混结合面设 150mm 厚承压板,承压板钢塔一侧设置支承加劲,将钢塔柱竖向压力均匀传递至结合面混凝土,同时兼作预应力锚固架,承压板混凝土塔座一侧钢混过渡段与塔座之间通过剪力钉、与钢板焊接的钢筋及 PBL 剪力键连接。

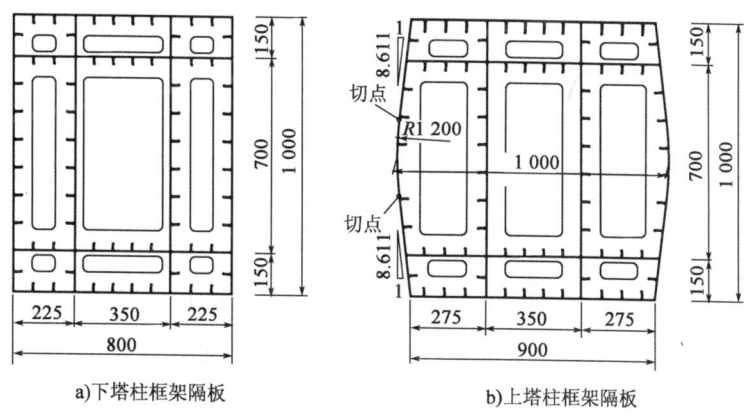

a)下塔柱框架隔板

b)上塔柱框架隔板

图 6　钢塔柱截面(尺寸单位:cm)

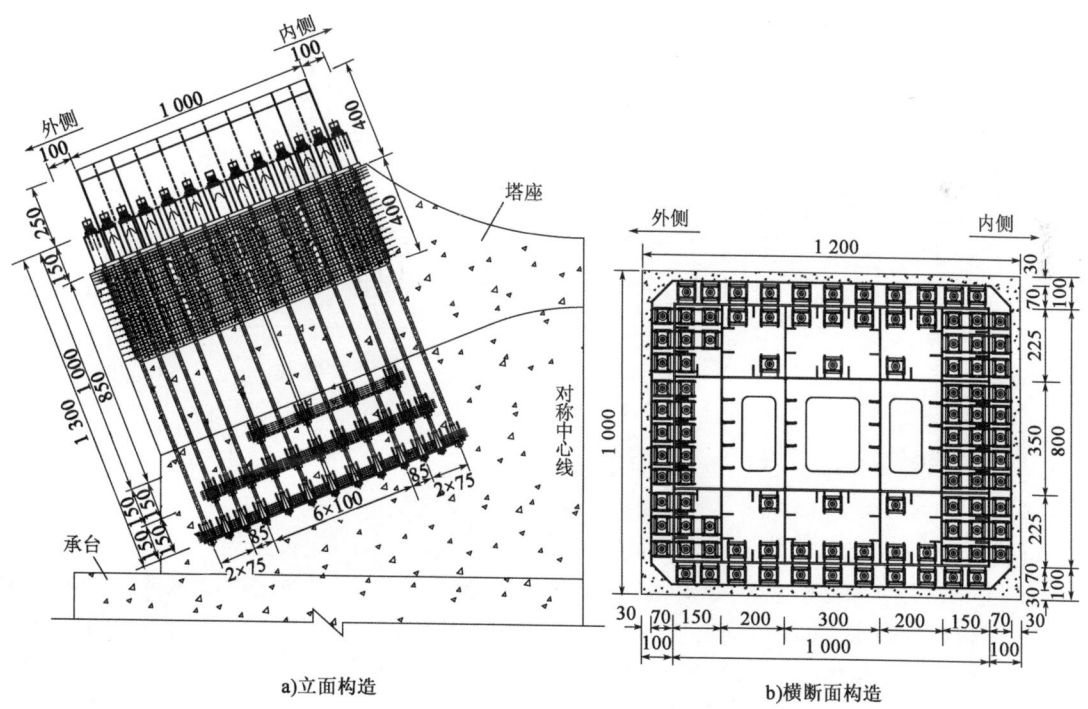

a)立面构造

b)横断面构造

图 7　塔底钢混结合段构造(尺寸单位:cm)

3.3.4　塔顶鞍座加劲段

塔顶鞍座加劲段(图 8)是主索鞍作用力向钢塔传递的重要构件,其构造形式直接决定了主索鞍作用力能否均匀地向钢塔传递。本桥塔顶鞍座加劲段除了传递主索鞍作用力之外,还需承受该作用力在圆形桥塔塔顶中产生的巨大弯矩和剪力。为了使力的传递更加顺畅直接,塔顶段两道内腹板与主索鞍两道鞍体对齐,中间 7 道支承隔板与鞍座横肋对齐,边跨侧顶板处

111

隔板间距为0.85m,中跨侧顶板处隔板间距为0.9m。空间有限元分析结果表明,鞍座作用力在支承隔板中传递随着高度降低而逐渐衰减,距顶板5m处已衰减至10%左右,因此可间隔采用一半隔板(第1、3、5、7、9道隔板),减少用钢量和节段吊装重量的同时增大了底部的加工空间。通过对其余隔板构造形式的研究发现,中间采用刚度较大的实腹隔板(第4、6道隔板)而两侧采用刚度较小的框架隔板(第2、8道隔板),可以使得鞍座传力更加均匀。鞍座区顶板肋过渡为纵隔板,与支承横隔板在顶板与次顶板之间形成格栅,使主索鞍竖向压力均匀传递至钢塔中。

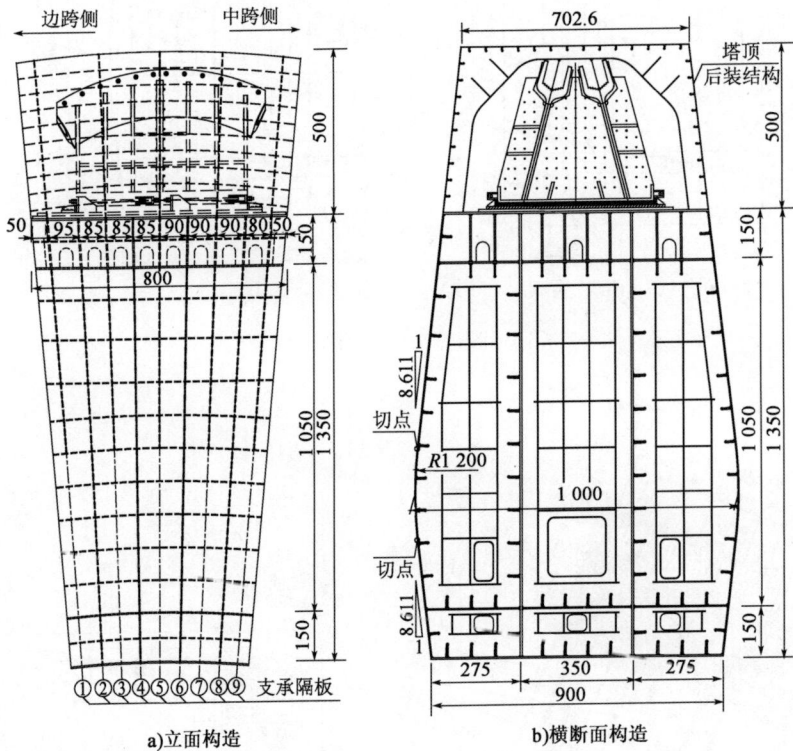

a)立面构造 b)横断面构造

图8 塔顶鞍座加劲段构造(尺寸单位:cm)

3.4 主梁

3.4.1 钢主梁

(1)标准钢主梁(图9)。

钢主梁采用分离式钢箱梁,单幅截面为流线型扁平封闭截面,外设风嘴,主梁梁高4.0m,单幅桥面宽19.3m,含风嘴宽20.75m,主梁全宽52.5m(含风嘴),两幅箱梁间开槽宽度11m,主塔从中穿出。主梁标准节段长12m,吊杆锚固于风嘴横隔板处,锚点横向间距49.2m,纵向间距12m。单幅钢箱梁为正交异性板结构,单箱三室截面,由顶板、底板、斜底板、纵腹板围封而成,节段纵向每3m左右设置一道横隔板,2道实腹隔板、2道框架隔板交替布置。

(2)桥塔附近无索区钢主梁(图10)。

桥塔中心线两侧各34m范围钢箱梁底板铺设0.4m厚混凝土,通过PBL剪力键和底板剪力钉保证了力的可靠传递和扩散,从而改善无索区钢梁受力。混凝土采用低收缩、高抗裂、高韧性的混杂纤维混凝土。

112

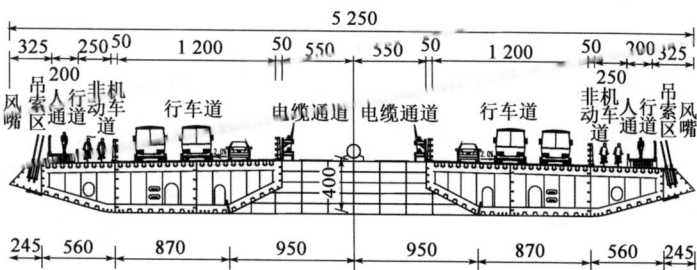

图 9　标准钢主梁断面(尺寸单位:cm)

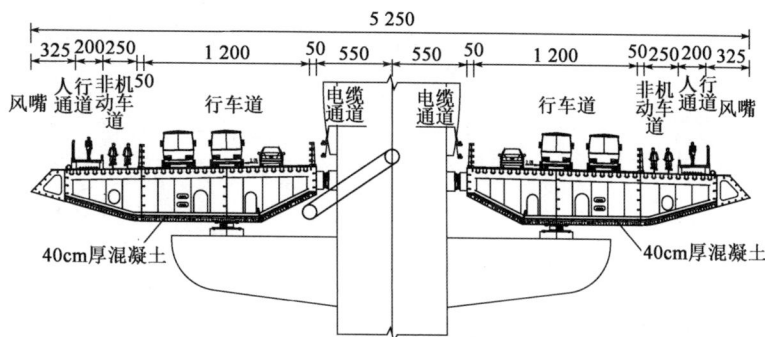

图 10　桥塔附近无索区钢主梁断面(尺寸单位:cm)

(3)钢混结合段。

钢混结合段长 10m,包含 3m 钢混结合段和 7m 钢梁加强段。

其中 3m 钢混过渡段采用阶梯形填充混凝土后承压板式钢-混凝土接头,通过将结合段钢梁的顶板、底板、腹板与隔板和端承压板之间围封组成钢格室,其内填充混凝土,与混凝土箱梁顶板、底板和腹板平顺过渡。在钢-混凝土结合段中设置纵向预应力,预应力筋一端锚固在钢格式挡板上,另一端锚固在尾端混凝土中。PBL 剪力键、纵向预应力索以及钢格室顶底板布置的剪力钉保证力的可靠传递和扩散。为方便混凝土浇筑及自由流动,钢-混凝土结合段的钢格室顶板上开设浇注孔,隔板上设置连通孔;为保证钢格室角点混凝土密实,在上角点及适当位置设置出气孔;为确保连接的可靠性,钢格室箱体内侧钢板设穿孔钢筋及搭焊钢筋与混凝土梁内钢筋连成整体。

3.4.2　混凝土主梁

两侧主缆锚固区梁段 50.85m + 34m 采用预应力混凝土梁,截面为单箱三室分离式断面,通过隔板横梁连接为整体,变截面梁高 4.0 ~ 9.0m,桥面宽度 49.1 ~ 60m(图 11、图 12)。标准截面单幅箱梁箱顶宽 19.05m,箱底宽 9.37m,外斜腹板水平长度 5.68m,内斜腹板水平长度 4.0m,顶板厚 35cm,底板厚 40cm,中腹板厚 50cm,斜腹板厚 40cm。混凝土主梁三维示意图见图 13。混凝土梁采用三向预应力体系,纵、横向预应力采用钢绞线,竖向预应力筋采用缓黏结预应力钢绞线。锚固段与锚跨结构混凝土均采用 C60 高性能混凝土,采用支架浇筑。

主缆分散锚固于辅助墩顶双幅主梁横梁两侧,主缆理论散索点位于距辅助墩靠近主塔侧 12.75m 处,索股穿过预埋镀锌钢管散开锚固在混凝土实体段上,锚固面主梁理论中心点距梁顶 5.5m,距辅助墩中心线 4.5m,主缆理论锚点横向间距 54m。因索股施工和后期检查维护的需要,在锚固面前后分别设置前锚室和后锚室。主缆张拉完毕后,锚室均需密封,并安装除湿设备保持室内空气干燥。

113

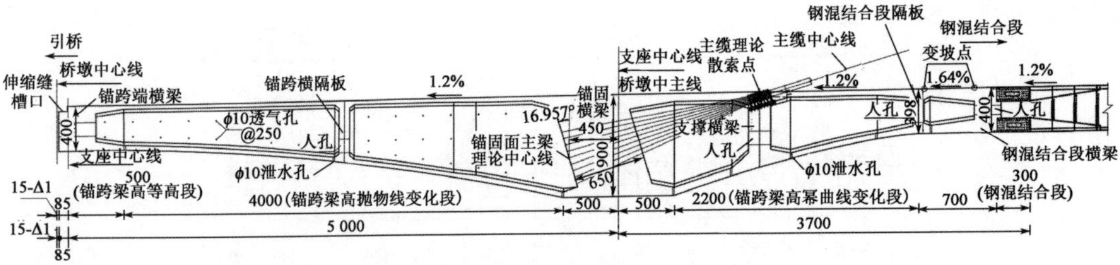

图11 混凝土主梁构造图(尺寸单位:cm)

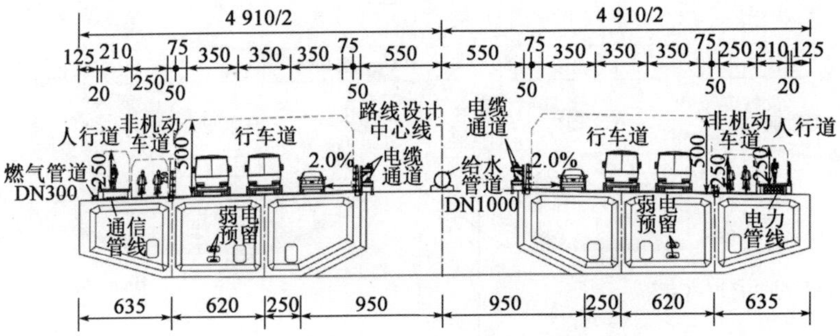

图12 混凝土主梁标准断面(尺寸单位:cm)

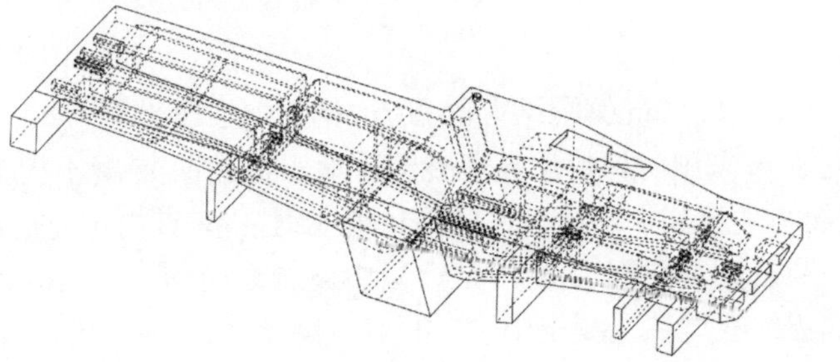

图13 混凝土主梁三维示意图

主缆锚固构造如图14所示。

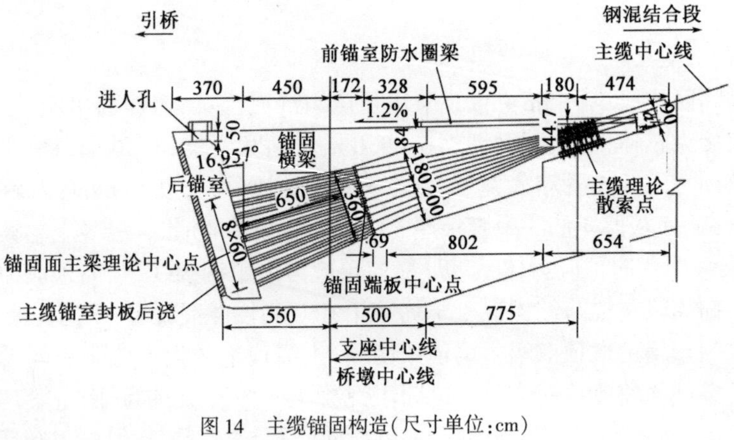

图14 主缆锚固构造(尺寸单位:cm)

3.5 缆索系统

(1)主缆:主缆采用空间缆,主缆跨径 = 17.25m(锚跨) + 207.25m + 608m + 207.25m +

17.25m(锚跨)=1 057m,主跨矢跨比为1/7.15。锚固点横向间距为54m,塔顶IP横桥向间距1.2m,每根主缆含61股127丝 φ6.0mm镀锌铝合金高强钢丝。主缆直径索夹外590.4mm(孔隙率20%)、索夹内583.2mm(孔隙率18%)。索股两端设索股锚头,索股锚头采用热铸锚,在锚杯内浇注锌铜合金。主缆紧缆完成后,先进行捆扎并安装索夹,待桥面系施工完成后,进行缠丝等防护工作。主缆在钢塔及锚室入口等处采用喇叭形缆套密封防护,主缆上方设置主缆检修道。

(2)吊索:本桥采用钢丝绳吊索。吊索与索夹为骑跨式连接;与钢箱梁为锚箱承压连接。各吊点纵向标准间距12m,每个索夹设置2根吊索,全桥共65对吊索。一般吊索钢丝绳公称直径为72mm,公称抗拉强度为1 960MPa,结构形式为8×55SWS-IWR;特殊吊索公称直径为80mm,公称抗拉强度为1 960MPa,结构形式为8×55SWS+IWR。吊索下端锚头采用热铸锚,锚杯内浇筑锌铜合金。锚杯与高强钢拉杆连接。钢拉杆下端设置球形铰,吊索长度由螺母调节,用以消除制造、架设引起的吊索长度误差。对于悬吊长度大于20m的吊索,需在悬吊长度的中央设置减振架,以将一个吊点的两根吊索互相联系,减少吊索的风致振动。

(3)主索鞍:本桥采用空间缆索系统,两个鞍座进行一体化设计,采用自适应式主索鞍结构。主索鞍鞍体为铸焊结合结构:中间肋板部分采用焊接钢板,鞍体整体制造。为增加主缆与鞍槽的摩阻力,并方便索股定位,鞍槽内顺桥向设竖向隔板,隔板厚度12mm,走向应沿鞍槽走向。鞍体顺桥向尺寸约5.35m,横桥向为5m,高度约4.22m。单个鞍座鞍体质量约为181t。鞍座下承板设置沉头螺栓与桥塔顶部连接。

(4)散索套:散索套采用上下对合型结构形式,用高强螺杆连接紧固,散索套采用法向约束式,散索套顺主缆方向为活动,垂直主缆方向约固定约束,散索套底板通过地脚螺栓AM42与混凝土梁相锚固,底板设置滑动槽,散索套安装在滑动槽里实现顺主缆方向活动。

3.6 辅助墩、边墩及基础

辅助墩采用分离单柱式实心墩,桥墩截面为4m×5m;基础采用4根直径3.0m的钻孔灌注桩,呈行列式布置,纵向行距为6.0m,横向列间距为6.0m,桩基础按嵌岩桩设计。承台平面为矩形,横向长11m,纵向宽11m,承台厚5m。

边墩采用双柱式实心墩,桥墩墩底截面2m×3m;墩顶引桥侧为双挑臂盖梁,总宽16m,主桥侧宽7.6m,纵向尺寸5.0m。基础采用4根直径2.2m的钻孔灌注桩,呈行列式布置,纵向行距为6.0m,横向列间距为6.0m,Z1桩基础按摩擦桩设计,Z6桩基础嵌岩桩设计。承台平面为矩形,横向长10m,纵向宽10m,承台厚4m。

4 总体施工方案

主桥施工栈桥和平台桥采用"钓鱼法"施工,桩基采用冲击钻进行钻孔桩施工,采用"浮运法"进行主墩钢套箱围堰施工,利用平台进行边跨钢管桩围堰及承台施工。边墩及辅助墩通过设置施工栈桥进行基础施工。边墩和辅助墩墩身采用"翻模法"施工。万龙大桥主梁分为现浇梁段和钢箱梁段。现浇梁采用现场拼装支架辅助施工。钢箱梁段采用大节段吊装+支架滑移法+扣塔顶推法施工。主塔采用原位塔式起重机吊装方案施工,通过猫道和牵引系统施工主缆,最终成桥[3-5]。

总体施工布置如图15所示。

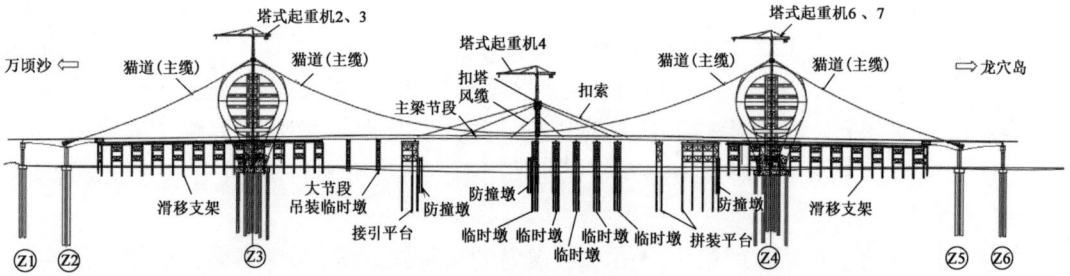

图15 总体施工布置图

5 静动力特性分析

(1)刚度条件:汽车活载位移为741mm,挠跨比为:0.741/608 = 1/820.5 < 1/250,满足竖向刚度的要求;极限横风作用下,主梁最大横向位移为206mm,0.206/608 = 1/2 951 < 1/150,满足横向刚度要求。

(2)结构受力:荷载组合单根主缆最大索力为222 325kN,桥梁各结构均满足强度、应力的要求;当桥梁承受(恒载 + 汽车 + 人群 + 自来水 + 温度 + 风)作用时,满足主缆抗滑要求的最小摩擦因数 μ 取值0.215,设置12mm竖向摩擦板能满足抗滑要求。

(3)极限承载力及非线性稳定性分析研究表明:结构总体稳定性安全系数比较高,即使以钢梁截面出面应力屈服考虑,其整体安全系数也在1.74以上,整体结构实际的极限承载力安全系数最小也在2.70以上。参照《公路斜拉桥设计规范》(JTG/T 3365-01—2020),该系数满足规范的要求[6-7]。

(4)抗风稳定性研究表明:大桥结构的颤振、涡振、抖振、驰振等抗风稳定性满足抗风规范要求[8-9]。

(5)抗震研究。为了研究万龙大桥的动力特性和抵御地震能力,开展了大桥抗震性能及减震措施研究、主桥地震模拟试验,研究结果表明,万龙大桥满足抗震性能要求[10]。

全桥风洞模拟试验、全桥地震模拟台试验分别见图16、图17。

图16 全桥风洞模拟试验

图17 全桥地震模拟台试验

6 结语

综合通航、防洪、港口、等多方面因素,万龙大桥采用50m + 220m + 608m + 220m + 50m 的空间缆椭圆塔自锚式悬索桥,本桥是目前世界上最大跨径自锚式悬索桥,同时具有世界最大直径钢圆塔、空间缆、体系转换过程复杂等创新点。大桥以"皓月南沙"为主题,桥梁造型优美,景观效果突出,具有良好的社会效应。万龙大桥工程已于 2023 年 6 月开始水上动工,建成后将成为大湾区地标性建筑(图 18)。

图 18　建成后效果图

参 考 文 献

[1] 黄铁生,万田保.自锚式悬索桥关键技术的设计构思[J].桥梁建设,2005(3):25-28.

[2] 臧瑜,戴建国,邵长宇.重庆鹅公岩轨道大桥设计关键技术 [J].桥梁建设,2020,50(4):82-87.

[3] 杨霭,赵全治,杜民,等.自锚式悬索桥钢箱梁拖拉法施工技术 [J].桥梁建设,2008(5):28-30.

[4] 汪济堂,吴波,韦壮科,等.自锚式悬索桥空间索面主缆架设 [J].桥梁建设,2008(5):49-52,70.

[5] 陈永宏.平胜大桥自锚式悬索桥钢箱梁顶推施工 [J].桥梁建设,2006,(S1):33-35.

[6] 沈锐利,成新,白伦华,等.自锚式悬索桥极限承载力及安全性评价方法研究 [J].铁道学报,2017,39(11):89-96.

[7] 胡建华,王连华,沈锐利,等.大跨度自锚式悬索桥稳定性研究 [J].湖南大学学报(自然科学版),2008(7):12-15.

[8] 李永乐,强士中,廖海黎.风-车-桥系统空间耦合振动研究 [J].土木工程学报,2005(7):61-64,70.

[9] 李永乐.风-车-桥系统非线性空间耦合振动研究[D].成都:西南交通大学,2003.

[10] W G GODDEN,董卓超.大跨度桥梁抗震模型试验 [J].世界地震工程,1984(5):12-17.

15.红莲大桥工程主桥总体设计

文望青[1]　曾　敏[1]　罗春林[1]　王存国[1]　黄　振[1]　蔡振宇[2]
（1.中铁第四勘察设计院集团有限公司；
2.广州市南沙新区产业园区开发建设管理局）

摘　要：综合通航、防洪等多方面因素，红莲大桥采用62m＋104m＋580m＋104m＋62m双塔混合梁双索面斜拉桥，桥面同时敷设高压电缆、大直径供水管、燃气管线及通信电缆，是国内目前已知的市政综合管线规模最大、种类最多、难度最大的大跨泾桥梁，为我国最大跨泾的多功能斜拉桥。本桥主跨采用钢箱梁，边跨采用混凝土主梁；主塔为H形钢筋混凝土结构，索塔高180.0m/178.0m；斜拉索采用抗拉标准强度1770MPa锌铝合金镀层平行钢丝拉索；边墩及辅助墩采用花瓶型墩。设计中针对本桥技术重难点，开展了系列研究：主桥采用超短边跨、边跨变宽设置匝道的设计，解决了临江道路快速上桥的问题；深入开展了斜拉桥边中跨重量配比理论研究；深入研究了主跨采用钢箱梁方案及结合梁方案；研究了集约式多功能主梁结构形式，解决了大跨泾桥上敷设复杂市政管线的技术难题；研究布设了基于多目标位移状态控制的大跨泾斜拉桥约束体系，为节省投资及管线敷设创造了条件；设计采用了新型纵向扰流抗风栏杆，解决了滨海台风区大跨泾P-K钢箱梁斜拉桥的抗风难题；设计使用了电涡流阻尼器，克服了传统黏滞阻尼器耐久性差的技术难题。研究计算表明，本桥具有良好的静动力特性。红莲大桥已于2023年5月开通运营。大桥造型优美，技术先进，造价经济，具有良好社会效应。

关键词：混合梁斜拉桥　管线　抗风　抗震　悬臂法施工

1　引言

1.1　工程概况

红莲大桥工程位于广州市南沙区的东南部，跨越龙穴南水道，连接万顷沙区块和龙穴岛，是南沙港重要的对外疏港通道，同时也是万顷沙区块连接其他区块以及对外联系的重要干道。

红莲大桥工程西起红莲路与迪安路交叉口东侧，上跨万新大道、万环东路、万顷沙联围海堤之后，主桥采用62m＋104m＋580m＋104m＋62m双塔斜拉桥的形式上跨龙穴南水道，跨越龙穴围海堤后设置一处Y形互通（龙穴互通）连接龙穴大道。此外，为快速连接红莲大桥与万新大道，在万新大道东侧沿引桥设置两条平行匝道。红莲大桥区位图如图1所示。

图1　红莲大桥区位图

1.2　建设条件

1.2.1　地形地貌、工程地质

桥址位于广州市南沙开发区,地处珠江口。为珠江三角洲冲积平原地貌,属珠江Ⅰ级阶地,地势开阔低平,地质情况为淤泥质软基,地下水位较高。区域水网密布,鱼塘众多,总体地势普遍较低。

沿线所经过的地层岩性按其成因和时代分类主要有:第四系海陆交互相沉积(Q_4^{mc})、上更新统河流相冲积层(Q_3^{al})的淤泥、淤泥质黏土、粉质黏土及砂层、残积层(Q^{el})砂质黏性土,下伏基岩主要为下古生界混合岩(Pz1)、局部遇构造岩(碎裂岩)(F)。

1.2.2　水文、气象

工程处于北回归线以南,属亚热带海洋性季风气候区,气候温暖,夏季湿热,有台风,冬季干燥,有寒流。年平均气温在21.8℃,极端高温达38.7℃,1、2月气温最低,月平均气温在13℃,极端低温亦在0℃以上。本区以季风为主,风速最大可达34m/s。台风、强热带风暴雨带来的灾害性暴雨最具破坏性,其是本区的主要自然灾害。

红莲大桥工程位于龙穴南水道(也称蕉门延伸段)中段,陆域两侧为鸡抱沙及万顷沙围垦区,工程附近水域是伶仃洋的重要组成部分。工程所处的龙穴南水道为狭长水道,上窄下宽,上游入口宽约800m,下游出口宽约1500m,河道总长约13km。河道断面呈滩—槽—滩分布格局,滩地发育,主槽狭窄,深槽宽度在300m左右,水深一般在4～6m之间,滩地水深一般为0.2～0.4m,主槽在平面上略趋向右岸万顷沙一侧。

1.2.3　航道、港口

根据《广东省内河航运发展规划(2010—2020年)》,龙穴南水道规划为内河Ⅰ级航道,通航3000吨级海轮,通航净高24m,设计通航净宽450m。

拟建工程位置两岸无已有及新建港口与码头。根据《广州南沙区龙穴岛分区(港区)控制性详细规划》,龙穴岛西侧岸线长19km,其中17km规划为中级泊位岸线及江海联运的小船泊位岸线,码头陆域纵深350m,作业区总规划用地53.1km²。工程位置左岸为规划江海联运小船泊位岸线,上下游各365m规划为绿化区。

1.2.4　管线需求

为解决龙穴岛开发建设对水、电、气等基本生产资料的迫切需求,根据本项目区块管线规划要求,该处过江通道需敷设燃气管道、DN1000供水管、通信电缆、2回110kV高压电缆＋2

回 220kV 高压电缆过江。

1.3 主要技术标准

桥梁设计基准期:100 年。

桥梁设计荷载:汽车荷载为城-A 级;人群荷载按《城市桥梁设计规范》(CJJ 11—2011)第 10.0.5 条执行。

设计安全等级:一级。

通航标准:龙穴南水道航道等级为Ⅰ级,通航 3000t 海轮。

设计基本风速:百年一遇 $V_{10} = 38.4 \text{m/s}$。

抗震设防标准:根据《城市桥梁抗震设计规范》(CJJ 166—2011)以及本项目地震安全性评价报告,红莲大桥属于甲类桥梁,地震基本烈度Ⅶ度,抗震设防措施等级Ⅷ度。场地类别为Ⅲ类。

平纵横:大桥平面位于直线,纵坡为 4%,桥面横坡 2%。

2 桥跨布置及桥型方案

2.1 桥跨布置

根据航道要求,桥梁的通航净宽还应考虑桥墩两边的紊流区,单孔双向通航净宽不小于 252m。

拟建通道河段河面宽约 1.03km,河道断面呈滩—槽—滩分布格局,滩地发育,主槽位于河道中央位置,深槽宽度在 300m 左右,水深在 4 ~ 6m 之间,桥位处龙穴南水道泄洪整治槽宽度约 425m,根据水利部门意见,主桥东侧主墩可适当进入原主槽范围,但西侧主墩仍应向西移动接近现状 -5.0m 珠基深槽边缘线。

综合考虑通航、防洪条件,以及上游已有桥梁跨径、桥梁基础形式等,根据水利部门防洪要求,红莲大桥主跨按 580m 考虑。

2.2 桥型方案选择

对于主跨 580m 的桥梁,可选用的桥梁结构形式有拱桥、斜拉桥等。

目前南沙区龙穴南水道、蕉门水道上修建了包括凤凰一桥、凤凰二桥、凤凰三桥、明珠湾大桥、南沙港铁路桥、新龙大桥等在内的多座跨江桥梁。这些桥梁各具特点,风格各异,景观特色鲜明。桥梁多为大中跨径桥,桥型以斜拉桥、拱桥为主。

总体来看,斜拉桥美观大方,桥梁景观较好;主梁采用节段悬拼施工方法,施工期间对航道的影响小。斜拉桥的经济性能、施工工期相比悬索桥和拱桥也具有优势,综合优势明显,本桥采用斜拉桥方案。混合梁斜拉桥具有造价经济、桥梁刚度大等多方面优点[1-4],本桥采用了主跨 580m 混合梁斜拉桥设计。针对主跨主梁截面形式,设计中研究比选了主跨钢箱梁、主跨结合梁两种类型,两种方案的综合比选见表 1。

主跨主梁方案综合比选表 表 1

桥型方案	方案一 62m + 104m + 580m + 104m + 62m 混合梁斜拉桥 (主跨钢箱梁)	方案二 92m + 104m + 580m + 104m + 92m 混合梁斜拉桥 (主跨结合梁)
主梁形式	主跨钢箱梁 + 边跨混凝土梁	主跨结合梁 + 边跨混凝土梁
跨径	62m + 104m + 580m + 104m + 62m	92m + 104m + 580m + 104m + 92m

桥型方案	方案一 62m＋104m＋580m＋104m＋62m 混合梁斜拉桥 （主跨钢箱梁）	方案二 92m＋104m＋580m＋104m＋92m 混合梁斜拉桥 （主跨结合梁）
主桥全长	912.0m	972.0m
建安费	9.76 亿元*	10.02 亿元
桥梁功能	桥梁能够满足通航、防洪、市政道路车行及两侧接线、市政综合管线过江等功能	桥梁能够满足通航、防洪、市政道路车行及两侧接线、市政综合管线过江等功能
技术特点	（1）主跨钢箱梁的自重约 175kN/m。自重较轻，因此边跨长度相对较小，主桥总长相对更短。 （2）主跨采用自重相对较轻的钢箱主梁，斜拉索索力相应更小，可减小斜拉索、桥塔及基础的规模。 （3）采用正交异性钢桥面，桥面结构及桥面铺装存在耐久性较差的风险。但是目前可采用组合桥面的新技术解决此问题	（1）主跨结合梁的自重约 380kN/m。自重较大，因此需要更长的边跨来平衡主跨的自重，主桥的总长度也更长。 （2）主跨采用结合梁，由混凝土桥面板替代正交异性钢桥面，节约了主梁的用钢量。 （3）结合梁自重相对较大，斜拉索、桥塔以及基础等规模相应更大。 （4）结合梁采用混凝土桥面板替代钢桥面结构，桥面的局部刚度大，避免了正交异性钢桥面耐久性较差的风险
施工特点	（1）主跨采用钢箱梁，最大节段重量约 270t，吊重较轻，主跨共 18 个标准节段。 （2）钢箱梁节段采用栓焊连接，施工方便，安装速度快，减小了台风对施工安全的影响	（1）主跨采用结合梁，最大节段质量约 460t，吊重较大，主跨共 23 个标准节段。 （2）结合梁钢箱采用栓焊连接，桥面板采用胶拼施工。 （3）即使采用了结合梁段整体吊装＋桥面板胶拼施工方法，加快了施工工期。但是与钢箱梁相比，仍存在施工工序复杂，吊装节段数量较多，主梁的施工工期相对长的问题，施工受台风影响也相对较大
工期	26.5 月	28.0 月
结论	推荐	比较

注：* 两方案均基于 972.0m 的桥梁长度进行比较，方案一的建安费包含 60m 长度引桥部分。

通过对桥梁的功能、技术特点、施工特点、工期及造价等方面进行综合比较，主跨采用钢箱梁方案更优，同时，主跨采用钢箱梁方案能够搭配更短的边跨，更能满足临江道路快速上桥的功能需求。综上所述，推荐方案一——62m＋104m＋580m＋104m＋62m 混合梁斜拉桥（主跨钢箱梁）方案作为本桥的推荐方案。

3 主跨 580m 双塔斜拉桥设计

3.1 总体布置

红莲大桥主桥采用 62m＋104m＋580m＋104m＋62m 双塔混合梁斜拉桥，主桥全长 912m，其中主跨采用钢箱梁，边跨采用混凝土主梁。主桥边跨长 166m，边中跨比例为 0.286，桥梁总布置图如图 2 所示。主桥结构采用半漂浮体系。主桥纵断面位于 ±4.0% 的人字坡上，变坡点位于主跨跨中位置。主线平面位于直线上。万顷沙侧 E、F 匝道的加、减速车道变宽段进入主桥范围，主桥混凝土梁按变宽梁设计，对应的斜拉索锚固位置在平面上呈不规则变化布置。

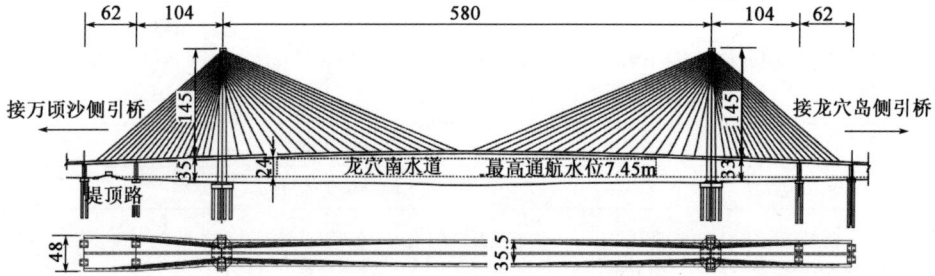

图2 桥梁总布置图(尺寸单位:m)

3.2 结构体系

主桥中桥塔 P3 和 P4 处设置横向限位支座,即横向固结;辅助墩采用双向活动球钢支座;使用荷载下,过渡墩采用单向活动球钢支座,但 E1 和 E2 地震作用下,支座横向约束剪断,按双向活动支座考虑。纵桥向,塔、梁间布置纵向电涡流阻尼器。E1 地震作用下引桥横向与过渡墩间固定,E2 地震下引桥横向与过渡墩间横向约束释放。阻尼器对温度变化、车辆活载等缓慢荷载不约束,但对制动、脉动风、地震力等冲击荷载激励下的动力响应产生限制作用。

由于本桥位于滨海区域,台风强烈,桥梁受风载大,桥梁端部纵向变形大,将直接影响管线的布置,因此,本桥设计中研究布设了纵向位移分级约束装置[5]。主梁在正常运营期间的恒载、活载、温度等荷载产生的纵向位移不受限制(一级限位位移 $L_1 = 350\text{mm}$),当叠加了纵向风荷载时,主梁位移超过一级限位位移 L_1,此时通过钢构件对主梁纵向位移进行限制,可将桥塔弯矩值降低34%。在恒载+纵向极限风荷载组合下,通过限位装置将桥塔弯矩降低20%,极大优化了桥塔结构受力。限位钢构件通过剪力销与桥塔横梁挡块连接,当地震作用下,限位钢构件剪力超出剪力销的承载力,剪力销被减断,实现主梁的纵飘,此时纵向阻尼器实现对斜拉桥的减震。地震作用下,通过三个挡块之间实现二级限位($L_2 = 560\text{mm}$),通过二级限位保护纵向阻尼器的行程、梁端伸缩缝以及市政管线伸缩装置的伸缩量不超限。纵向位移分级约束装置示意图如图3所示,纵向位移分级约束体系受力分析如表2所示。

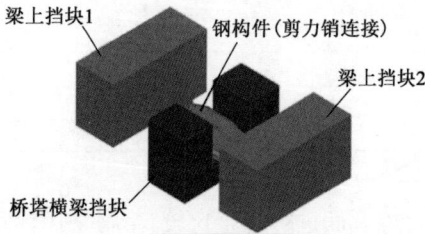

图3 纵向位移分级约束装置示意图

纵向位移分级约束体系受力分析表   表2

工况	限位量(mm)	限位荷载	原组合弯矩(kN·m)	有车纵风弯矩(kN·m)			制动力弯矩(kN·m)			限位后组合弯矩(kN·m)	
				原弯矩	降幅	降低后	原弯矩	降幅	降低后	弯矩	降幅
②标-恒+沉降+车+人+水+制动+纵风+温	212	有车纵风+制动力	1.33×10^6	4.37×10^5	-66.30%	1.47×10^5	2.03×10^5	-82.10%	3.63×10^4	8.73×10^5	-34.36%

工况	限位量（mm）	限位荷载	原组合弯矩（kN·m）	有车纵风弯矩（kN·m）			制动力弯矩（kN·m）			限位后组合弯矩（kN·m）	
				原弯矩	降幅	降低后	原弯矩	降幅	降低后	弯矩	降幅
④标－恒＋沉降＋极限纵风	165	极限纵风	1.52×10^6	1.344×10^6	-23.00%	1.03×10^6	1.21×10^6	-20.26%			

3.3 斜拉桥边中跨重量配比理论研究

受限于场地条件,本桥采用了短边跨的设计。设计过程中,为充分掌握短边跨斜拉桥的受力特性,开展了斜拉桥边中跨重量配比理论研究。根据斜拉桥受力特点,从理论分析角度推导边跨合适长度及恒载集度,用以指导斜拉桥边跨设计。

斜拉桥各部分受力关系如图4所示。

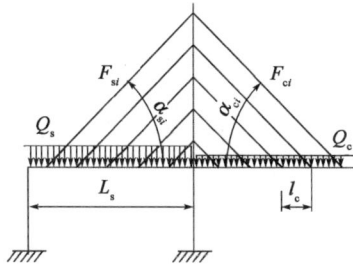

图4 斜拉桥荷载图示

其中,α_{si} 为边跨第 i 根索倾角;α_{ci} 为中跨第 i 根索倾角;F_{ci} 为中跨第 i 根索轴力;F_{si} 为边跨第 i 根索轴力;Q_s 为边跨主梁总荷载集度;Q_c 为中跨主梁总荷载集度,Q_c 为中跨一期恒载集度 q_1 ＋中跨二期恒载集度 q_2 ＋活载 q_h;l_c 为中跨斜拉索锚点距离。

由力系平衡:斜拉索塔顶处水平力平衡:

$$F_{ci}\cos(\alpha_{ci}) = F_{si}\cos(\alpha_{si}) \qquad (1)$$
$$F_{si} = F_{ci}\cos(\alpha_{ci})/\cos(\alpha_{si}) \qquad (2)$$

又跨中斜拉索索力为:

$$F_{ci} = Q_c l_c/\sin(\alpha_{ci}) \qquad (3)$$

所以,边跨斜拉索索力为:

$$F_{si} = Q_c l_c/\sin(\alpha_{ci})\cos(\alpha_{ci})/\cos(\alpha_{si}) \qquad (4)$$

又由竖向力平衡,边跨斜拉索竖向力合:

$$\sum F_{si}\sin(\alpha_{si}) = \sum\left[Q_c l_c/\sin(\alpha_{ci})\cos(\alpha_{ci})/\cos(\alpha_{si})\sin(\alpha_{si})\right] = Q_s L_s \qquad (5)$$

从而,要平衡中跨竖向力,边跨荷载总集度最小值需要满足:

$$Q_s = \sum\left[Q_c l_c/\sin(\alpha_{ci})\cos(\alpha_{ci})/\cos(\alpha_{si})\sin(\alpha_{si})\right]/L_s \qquad (6)$$

现在以红莲大桥为例,运用以上理论分析公式,估算边跨所需的恒载集度:

主跨钢箱梁 $Q_c = 321.2$ kN/m,代入式(6)。通过计算,本桥边跨长度为166m,根据以上理论计算,本桥边跨最小恒载集度需要1 051kN/m。考虑支座的压力储备,边跨最小恒载集度考虑提高 1.1 倍,约为 1 160kN/m。

以大里程边跨为例,大里程侧边跨混凝土箱梁宽度为 35.5m。通过计算,在满足构造要求的前提下,大里程侧边跨混凝土箱梁顶底板采用 35cm、中腹板采用 50cm,恒载集度大约为 1 123.9kN/m,支座压力富余量较小。通过加厚箱梁顶底板至 40cm,可获得较好的受力状态。通过计算,本桥边跨支座未出现负反力,且混凝土箱梁应力状态较好,满足设计要求。因此,证明本理论推导的正确性。

3.4 桥塔及基础

主塔为 H 形钢筋混凝土结构,塔柱向内倾,主塔由下、中、上塔柱及上、下横梁几部分组成,索塔高 180.0m(25 号)/178.0m(26 号),两索塔下塔柱高度不同,上、中塔柱高度和构造均相同。斜拉索锚固于上、中塔柱内,1~5 号斜拉索锚固于锚固齿块上,其余均采用钢锚梁形式锚固。桥塔总体布置见图 5。

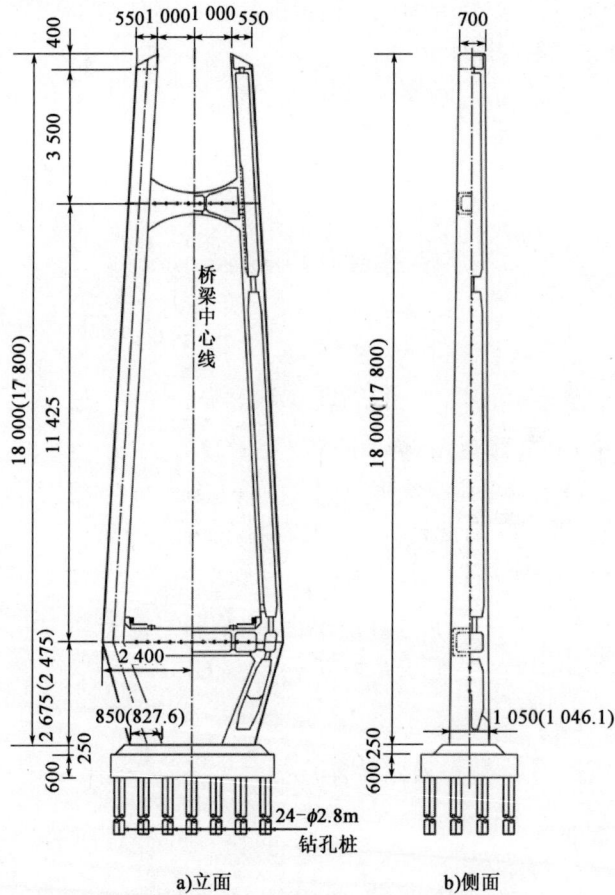

图 5 桥塔总体布置(尺寸单位:cm)

3.5 主梁

3.5.1 主梁管线布置设计

红莲大桥除了满足汽车通行外,还集中超高压电缆、大直径供水管、燃气管道、通信管道过江功能于一体,是目前国内已知市政综合管线规模最大、种类最多的大跨径桥梁。

本桥设计了一种集约式多功能桥面布置,研发了新型桥上高压电缆支架结构,解决了大跨径桥上敷设复杂市政综合管线的技术难题。创新了一种大跨径桥梁敷设复杂市政管线的集约布置形式,大幅降低了工程造价。

本桥共需搭载四类管线过江,包括1根燃气管道、1根DN1 000供水管、24孔信息电缆、2回路110kV+2回路220kV高压电缆。

(1)高压电缆通道设置于桥面的正下方,在主梁横隔板中央开洞通过;为了降低箱内温度对高压电缆的影响,并且便于高压电缆在钢箱梁环境下的通风、透气,将钢箱梁设计为半开口形式的分离双箱主梁结构,高压电缆从间隔布置的钢横隔板中的孔洞内穿过。高压电缆支架实景如图6所示。

图6 高压电缆支架实景图

(2)DN1 000大直径供水管通道敷设于主梁顶板中上部防撞护栏之间,满足大直径水管施工及养护维修的需要,且充分利用了中央分隔带的空间。

(3)跨钢箱主梁的风嘴外侧设置挑臂,挑臂上方放置燃气管道及通信电缆管道,同时起到分流板的作用,有利于桥梁抗风。

3.5.2 钢主梁设计

主梁钢箱梁采用正交异性板PK箱断面,PK箱由顶板、平底板、斜底板、边腹板、中腹板围封而成。梁中心线处内轮廓高3.5m,桥面宽35.5m,全宽40.5m(含风嘴及分流板),桥面设2%双向横坡。梁高与主跨比为1/165.7,与宽度比为1/10.1。钢箱主梁全长560m(包含结合段长度)。钢箱梁吊装质量107.5~321.4t。标准钢主梁断面如图7所示。

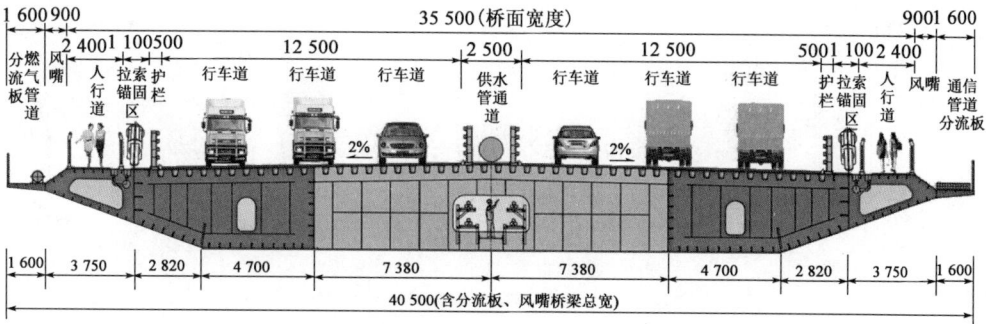

图7 标准钢主梁断面(尺寸单位:mm)

设计过程中,研究了两种 U 肋开孔方案,两个方案的结构如图 8 所示。计算工况采用车辆重轴位于斜拉索横隔板,计算结果如图 9 所示。方案 1 及方案 2 的斜拉索位置横隔板最大 Mises 应力分别为 234MPa、211MPa,采用方案 2 可以降低应力 10%,设计最终采用方案 2 开孔形式。

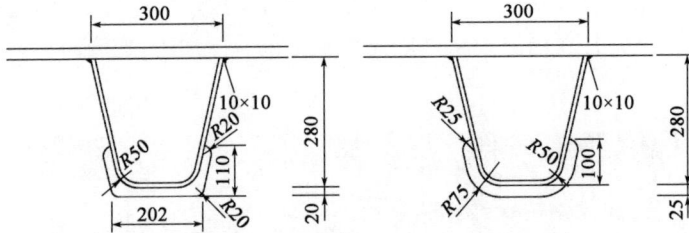

图 8　U 肋开孔方案(尺寸单位:mm)

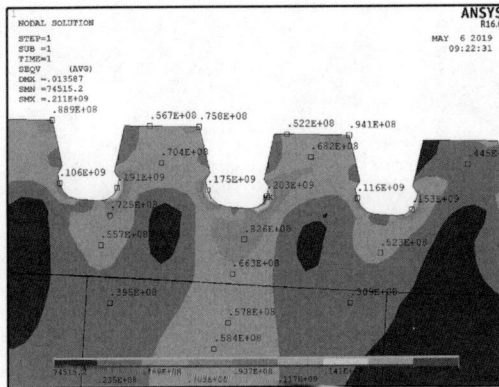

图 9　方案 2 斜拉索横隔板 Mises 应力计算结果(单位:Pa)

3.5.3　混凝土主梁设计

本桥设计中开展了超宽、异形混凝土梁设计研究。为了满足主线与万新大道衔接,边跨主梁宽度由 35.5m 变化至最宽处 48.0m,边跨主梁具有桥宽、异形的特点,属于超宽混凝土主梁,同时存在宽度过渡,其纵横向受力均较复杂。采用的超宽渐变混凝土边跨,解决了匝道上主桥的需求,很好地适应了迅速上下桥的路网交通需求。混凝土主梁构造图、结构平面图分别如图 10、图 11 所示。

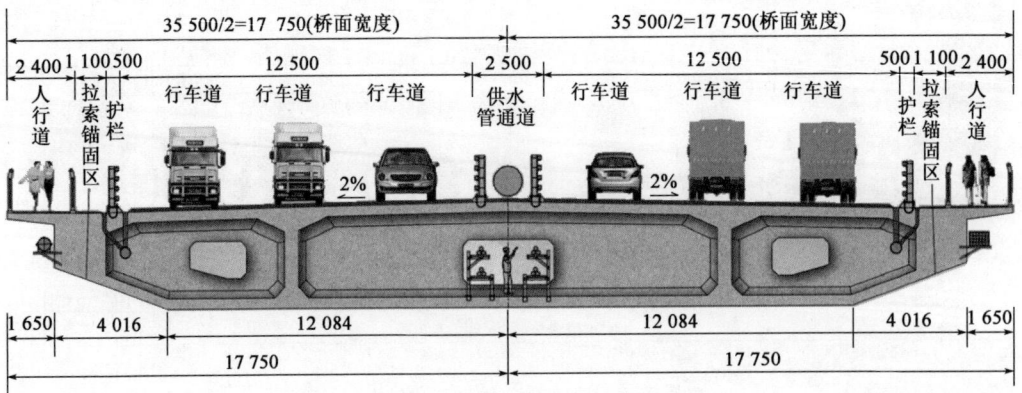

图 10　混凝土主梁构造图(尺寸单位:mm)

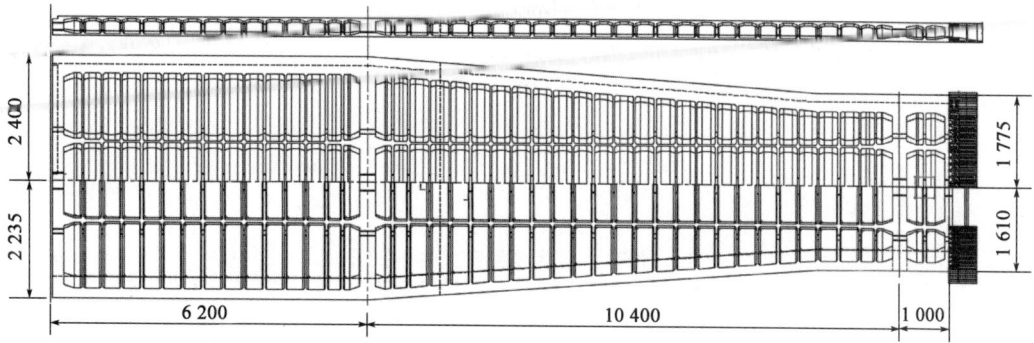

图11　变宽度混凝土-梁结构平面示意图(尺寸单位:cm)

混凝土箱梁采用单箱三室整体箱形截面,箱中心处截面高度3.52m,标准截面宽度为35.5m。万顷沙侧62.0m梁长范围截面宽度为48.0m,其余位置标准混凝土梁截面宽度为35.5m,通过顺桥向设置88.0m的变化段完成两种不同宽度的截面过渡,截面变化过程中腹板位置不变,加宽边箱实现截面宽度变化。

3.5.4　主梁抗风措施设计

本桥为强台风地区的大跨度桥梁,采用半开口分离双箱截面主梁(PK截面钢箱梁)结构,为提高桥梁抗风稳定性,设计中采用了一种半封闭半通透新型抗风栏杆,形成了"PK钢箱梁+大挑臂风嘴+间隔扰流抗风栏杆"一体化的主梁断面,适应复杂管线布置的前提下,解决了大跨径双箱截面主梁斜拉桥的抗风技术难题。

对大桥各类管线的布设方案进行抗风性能研究,优化了管线设置位置。通过主梁节段模型风洞试验研究表明,最终采用的布设方案(燃气管道设置于外侧分流板,并内移至靠近风嘴)的颤振临界风速均大于120m/s,颤振稳定性满足要求[6]。半封闭半通透的抗风功能栏杆如图12所示。

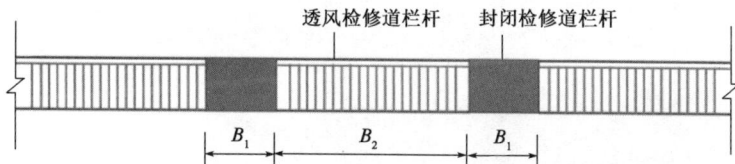

图12　半封闭半通透的抗风功能栏杆

3.6　斜拉索设计

斜拉索采用抗拉标准强度1 770MPa锌铝合金镀层平行钢丝拉索,空间双索面体系,扇形布置,全桥共72对斜拉索。斜拉索在梁端设外置式阻尼器以抑制风雨振,并在其下端2.5m高的范围内外包不锈钢管。

3.7　辅助墩、边墩及基础

边墩及辅助墩采用花瓶型墩,墩高为18.92~23m,为适应上部结构主梁支座布置,桥墩横向逐渐加宽,桥墩标准截面尺寸为8.0m×4.0m(横×纵)。

主桥23、24、27、28号墩承台尺寸均为9.5m×9.5m×4.0m(横×纵×高),其中27、28号墩承台设系梁,单个承台桩基采用4根钻孔灌注桩,桩径φ2.2m。

3.8　钢箱梁桥面铺装设计

本桥将主要承担自贸区万顷沙保税港加工制造业区块与龙穴岛南沙港的货运交通联系,

127

建成后通行的重车比例高。对于正交异性钢桥面而言,往复的重车轮压使得桥面系发生疲劳开裂是最主要的病害形式。为有效解决该类型病害,本桥采用了超高性能混凝土(UHPC)组合桥面,确保了桥梁的使用寿命,进而降低维修养护成本。主桥钢箱梁桥面铺装采用了50mmUHPC + 改性环氧树脂黏结层 + 35mm 沥青铺装层 SMA-13,能够较大幅度改善钢桥面系及横隔板的应力,其中桥面系部分活载应力降低 20% ~ 30% UHPC。UHPC 层对红莲大桥钢箱梁影响的分析见表 3。

UHPC 层对红莲大桥钢箱梁影响的分析   表 3

项目		未考虑 UHPC	考虑 UHPC	幅度
桥面竖向位移(mm)		14.7	12.8	− 13%
顶板	顺桥向正应力(MPa)	− 55.4 ~ 52	− 35.6 ~ 46.7	− 10% ~ − 35%
	横桥向正应力(MPa)	− 94.2 ~ 82.3	− 93.6 ~ 80.2	− 1% ~ − 3%
	Mises 应力(MPa)	81.4	83.5	—
U 肋	顺桥向正应力(MPa)	− 79.8 ~ 72.2	− 60.9 ~ 51.5	− 23% ~ − 29%
	Mises 应力(MPa)	103	79.1	—
斜拉索横隔板	Mises 应力(MPa)	220	170	− 23%

3.9 主梁阻尼器

设计采用了电涡流阻尼器,克服了传统黏滞阻尼器耐久性差的技术难题,更好地适应了大跨径重载桥梁纵向位移频繁的特点,且取得了良好的减震效果。红莲大桥电涡流阻尼器如图 13 所示。

图 13 红莲大桥电涡流阻尼器

4 总体施工方案

主桥施工栈桥和平台桥采用"钓鱼法"施工,桩基采用冲击钻进行钻孔桩施工,利用平台进行钢管桩围堰及承台施工。边墩及辅助墩通过设置施工栈桥进行基础施工。边墩和辅助墩墩身采用"翻模法"施工。主梁分为现浇梁段和钢箱梁段。现浇梁采用现场拼装支架辅助施工,钢箱梁段采用悬拼法施工[7]。主塔采用爬模施工,主梁施工如图 14 所示。

图 14 总体施工

5 静动力特性分析

（1）刚度条件：活载竖向位移 535mm，挠跨比为：$0.535/580 = L/1\,084 < L/400$，满足刚度要求。

（2）结构受力：各荷载组合作用下，各结构满足承载能力极限状态和正常使用极限状态的设计要求。

（3）稳定性分析研究表明：裸塔状态稳定安全系数为 22.1，最大悬臂状态稳定安全系数为 16.7，成桥及运营状态状态下稳定性系数最小值为 5.1，依据《公路斜拉桥设计规范》（JTG/T 3365-01—2020），该系数满足规范的要求。

（4）抗风稳定性研究表明：红莲大桥结构的颤振、涡振、抖振、驰振等抗风稳定性满足抗风规范要求[8-10]。全桥风洞模拟试验如图 15 所示。

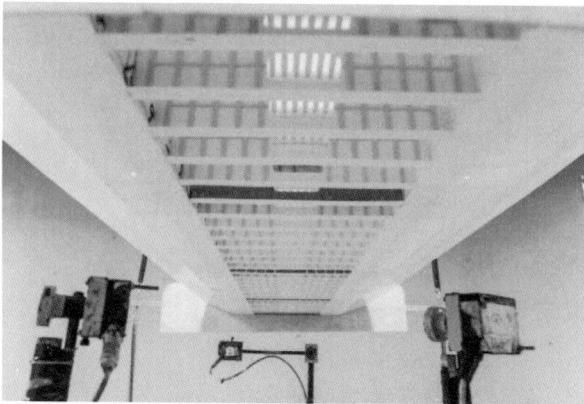

图 15 全桥风洞模拟试验

（5）抗震研究表明，E1 地震作用：主桥所有墩柱、桥塔验算截面及桩基础最不利单桩截面地震弯矩小于其初始屈服弯矩，截面保持为弹性工作状态，满足预期性能目标要求；E2 地震作用：主桥所有墩柱、桥塔验算截面及桩基础最不利单桩截面地震弯矩小于其等效屈服弯矩，截面基本保持为弹性工作状态，满足预期性能目标要求[11]。

6 结语

综合通航、防洪等多方面因素，红莲大桥采用 62m + 104m + 580m + 104m + 62m 双塔双索面斜拉桥，桥面同时敷设高压电缆、大直径供水管、燃气管线及通信电缆，是国内目前已知的市政综合管线规模最大、种类最多、难度最大的大跨径桥梁(图16),为我国最大跨径的多功能斜拉桥,同时采用了变宽异型主梁、新型抗风栏杆及超高性能混凝土组合桥面等多项新技术新工艺。红莲大桥已于2023年5月开通运营,广州南沙万顷沙镇和龙穴岛之间的交通行程由原来的45min缩短至10min内,极大地提升了该区域的交通功能,对打造粤港澳大湾区国际航运物流中心具有重要意义。

图16　建成后实景图

参 考 文 献

[1] 徐国平,张喜刚.混合梁斜拉桥[M].北京:人民交通出版社,2013.

[2] 刘科峰,蔡敦松,杨光武.万州牌楼长江大桥主桥设计[J].桥梁建设,2020,50 (S2): 109-114.

[3] 胡明义,黄冰释,余俊林,等.鄂东长江公路大桥设计关键技术 [J].桥梁建设,2011(5): 64-68.

[4] 刘振标,罗世东,潘茂盛,等.主跨468m铁路钢箱混合梁斜拉桥设计 [J].桥梁建设, 2014,44 (1):81-88.

[5] 郭日强,李宁,唐绪,等.超大跨度公铁两用斜拉桥纵向限位约束体系荷载作用效应分析 [J].铁道建筑,2021,61 (12):13-17.

[6] 潘韬,肖海珠,赵林,等.大跨度桥梁超宽分体三箱梁抗风性能及控制措施研究 [J].桥梁建设,2020,50 (S2):29-35.

[7] 施洲,胡豪,周文,等.大跨度混合梁斜拉桥施工控制关键技术 [J].桥梁建设,2018,48 (3):111-115.

[8] 雷永富,张燕飞,韩金,等.基于风洞试验的宽幅混合梁斜拉桥抖振性能研究 [J].桥梁建设,2020,50 (S1):32-37.

[9] 李永乐,强士中,廖海黎.风-车-桥系统空间耦合振动研究 [J].土木工程学报,2005(7): 61-64,70.

[10] 李永乐.风-车-桥系统非线性空间耦合振动研究[D].成都:西南交通大学,2003.

[11] 李双红.大跨度索结构桥梁抗震设计与加固方法研究 [J].交通世界,2023(Z2): 217-219.

16. 一种悬浮-固支组合式水下阿基米德观光桥与水上观景平台的设计

项贻强[1,2,3] 杜引光[3] 赵　超[3] 陈　将[3] 高超奇[1,2] 申永刚[1,2,3]

（1.浙江大学建筑工程学院；

2.浙江大学建筑工程学院悬浮隧道研究中心；

3.浙江大学-浙江交工协同创新联合研究中心）

摘　要：本文针对传统近海秀水区域连接观光岛屿之间桥梁功能单一、科普性综合娱乐少、无水下及水上观光平台的缺憾，创新性地提出了悬浮-固支式水下阿基米德观光桥与水上观景平台相结合的设计方法及关键技术。悬浮-固支式水下阿基米德观光桥与水上观景平台主要包括：桩基组、多个承台、立柱、下层阿基米德观光桥节段、上端固定支撑受力骨架（受力骨架主要由上层平台曲梁、上层平台径向纵梁、上层平台立柱盖梁和上层平台横梁构成）、上层观光平台、桥墩柱、人行楼梯和/或抗渗防水电梯井、下层阿基米德观光桥通风换气通道井等组成。同时，通过在该平台上安装实施智能化、无人值守、近远程监测控制平台，还可为海洋其他平台的监测预警及悬浮式阿基米德桥交通结构物的设计分析积累监测数据和经验。

关键词：桥梁　近海　水下阿基米德桥　水上观景平台　监测预警

1　引言

目前，海上的休闲旅游度假主要以随大型豪华邮轮出海旅游及出访一些港口城市、浅海潜水探寻海洋浅海鱼类或珊瑚生物、海岛垂钓等为主。乘豪华邮轮出海旅游主要感受海上的气候及邮轮上的各种娱乐设施。浅海潜水则需要在专业人员的指导下、携带专业的设备进行下海潜游才能体验。

在一些大陆附近的海岛地区有山有秀水，但可能没有大片的沙滩，有的只是连接岛屿的桥梁或近海的房屋建筑，传统的桥梁建筑的功能相对比较单一，如供行人或观光车辆的通行，缺乏可供游人近距离观察体验海洋鱼类及生物的水下海洋平台及运动休闲平台。为吸引游客来岛上休闲旅游度假，有必要结合海岛的交通旅游基础设施的开发建设，设计出一些能兼顾科普

基金项目：国家自然科学基金（51279178，51541810），浙江大学-浙江交工协同创新联合研究中心悬浮隧道研发项目2022。

及休闲娱乐的旅游设施和项目,以增加游客对大海、海洋生物及高科技的体验感受。

阿基米德桥又称作悬浮隧道桥,其主要的科学和设计问题涉及结构的流固耦合作用分析,涉及土木、海洋工程多学科。从2002年起,研究人员对水下阿基米德桥(SFT)开展了长达20余年的研究,主要包括水下阿基米德桥的结构形式、分析方法、风险分析与控制,车、桥、波、流及相关冲击作用下的振动响应、涡激振动、耦合振动的分析理论及试验研究,取得了一系列的成果[1-30]。本文在这些研究的基础上,结合某些海岛桥梁的特点,提出了悬浮-固支式水下阿基米德观光桥与水上观景平台相结合的结构设计与相关关键技术。

2 悬浮-固支式水下阿基米德观光桥与水上观景平台的设计构思

设计方案主要包括:桩基组(桩基组上设有多个承台固定下层的阿基米德观光桥)及承台和立柱(承台之上)以及受力骨架(立柱上端固定支撑有受力骨架)。受力骨架主要由上层平台曲梁、径向纵梁、立柱盖梁和横梁构成,受力骨架上固定上层观光平台及透明玻璃,承台上同时固定有下层阿基米德观光桥(节段),以及阿基米德观光桥与上层观光平台之间设置的人行楼梯和/或抗渗防水电梯井;下层阿基米德观光桥上还连通有通风换气通道井。下层阿基米德观光桥包括下层阿基米德观光桥节段Ⅰ、节段Ⅱ及连接段,节段Ⅰ和节段Ⅱ通过连接段连接。下层阿基米德观光桥通过抗浮压重横梁或锚拉装置固定在承台上,如图1所示。

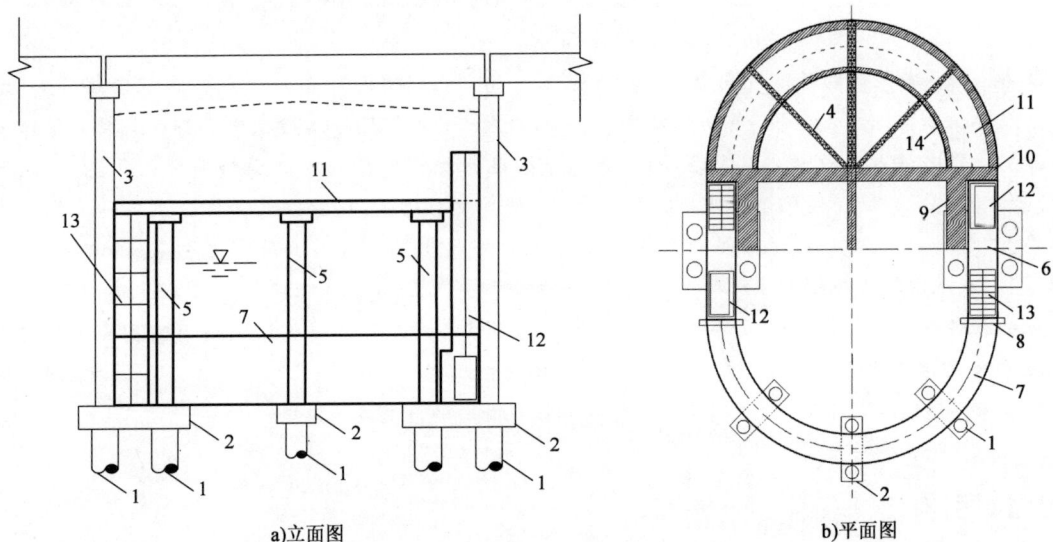

a)立面图   b)平面图

图1　一种悬浮-固支式水下阿基米德观光桥与水上观景平台
1-桩基;2-承台;3、5-立柱;4-上层平台径向纵梁;6、7-下层阿基米德观光桥节段;8-隧道节段连接段;9-上层平台立柱盖梁;
10-上层平台横梁;11-上层观光平台的受力骨架;12-抗渗防水电梯井;13-人行楼梯;14-上层平台曲梁

为方便游人近距离观赏海洋生物和亲近大自然,下层阿基米德观光桥上嵌有透明耐高压钢化玻璃,上层观光平台底面也设置部分透明钢化玻璃,观光平台范围内的海域内还可设置海上天然游泳池,下层阿基米德观光桥设置有通风送风换气装置。

为使结构在海洋风浪流作用下的稳定和安全,除各桩基础、承台和上立柱要有足够强度和刚度外,在上立柱间和相应下层阿基米德观光桥的上、下面应设置具有缓冲及调节约束功能的橡胶支座。为了及时监测和了解海洋环境和结构物的信息,在相关的结构物及附近海域应安装智能化、无人值守、近远程监测控制的平台,该智能监测控制装置包括多个多种不同功能的传感器和结构安全分析、评估、预警及应急的控制系统。传感器包括平台处风速传感器、海洋局地流速传感器、波高传感器、水温传感器、主体结构关键点的应力传感器、加速度传感器及位移动力响应传感器、混凝土氯离子渗透传感器、海洋生物监测传感器中的一种或多种。智能监测控制装置为现有技术，可以参考现有的专利技术，比如 CN201508484U、CN101916507B、CN204086219U、CN210952955U 等。

3 施工方法

悬浮-固支式水下阿基米德观光桥与水上观景平台的施工包括如下步骤：

步骤一：在桥位桥墩及平台位置处，把预设加工好的钢围堰通过浮运至预定桩位，逐节段下放下沉并固定，在其上架设作业平台，下设钢管护筒、架设钻机进行钻孔作业，或根据地质情况选择钢管打入桩进行施打作业。

步骤二：根据设计图纸和架设的平台，将钢管结构打入海床嵌入岩层一定深度或在其中再浇筑海中钢筋混凝土桩基 1，注意尺寸要求准确。

步骤三：桩基 1 施工完毕后，在水下嵌入经预制好的承台 2（抗腐蚀性能好的高性能海工混凝土承台 2 或钢混组合结构）或浇筑水下海工混凝土承台 2，将其与桩基 1 连成一体共同受力，待承台 2 及立柱 5 强度达到设计要求后安装底层的下层阿基米德观光桥节段 6、7，并进行锚固，同时水下隧道管节的拼接应按设计要求严格进行密封防渗漏处理，隧道管节壁及其他材料的强度均要能承受预定水深处的压强。

步骤四：通过承台 2 预留的连接筋或连接件架设立柱 5 的钢筋笼、外套钢管壁，浇筑水下高性能海工混凝土至水面以上预设高程处。

步骤五：将设计预制好的下层阿基米德观光桥节段 6 及抗渗防水电梯井 12、人行楼梯 13 及通风道井按要求下沉至预设高程及位置处，通过承台 2 上预留的锚固孔或螺栓等进行锚固和防锈蚀处理。

步骤六：将设计预制好的下层阿基米德观光桥节段 7 下沉至预设高程及位置处，通过承台 2 上预留的锚固孔或螺栓，以及阿基米德观光桥节段 6 和 7 的连接段进行连接和锚固，并进行防渗漏及防锈蚀处理。

步骤七：浇筑水面以上的各上层平台曲梁 14、上层平台径向纵梁 4、上层平台立柱盖梁 9 和上层平台横梁 10 的海工混凝土，并将其形成整体，构成上层观光平台 11 的受力骨架。

步骤八：安装智能监测控制装置，包括多个多种不同功能的传感器和结构安全分析、评估、预警及应急的控制系统。

在上述设施施工完毕后，还可根据需要完善观光平台中附属的遮阳棚、栏杆及其他附属设施安装。

4 结语

对一些近海水秀岛礁桥梁旅游开发建设的同时，可以通过引入悬浮-固支式水下阿基米德桥的理念，将其设计成水下阿基米德观光桥与水上观景休闲娱乐一体的平台，不仅可解决连接观光岛屿之间桥梁功能单一、科普性综合观光娱乐少、无水下及水上观光平台的缺憾，同时可以增加游客对大海、海洋生物及高科技的体验感受。

本文创新性地提出了悬浮-固支式水下阿基米德观光桥与水上观景平台的设计方法及施工相关的关键技术，同时，通过智能化、无人值守、近远程监测控制平台的实施，还可为海洋其他平台的监测预警及悬浮式阿基米德桥交通结构物的设计分析积累监测数据和经验,具有重大的学术价值和经济效益。

参 考 文 献

[1] 项贻强,薛静平.悬浮隧道在国内外的研究[J].中外公路,2002(6):49-52.

[2] 项贻强,林亨,白兵,等,悬浮隧道车-隧-流耦合振动模型试验设计及分析[C]//中国公路学会桥梁和结构工程分会.2021年全国桥梁学术会议论文集.北京:人民交通出版社股份有限公司,2021:676-683.

[3] 林亨,项贻强,白兵,等,悬浮隧道车-隧耦合振动响应的数值模拟分析[C]//中国公路学会桥梁和结构工程分会.2021年全国桥梁学术会议论文集.北京:人民交通出版社股份有限公司,2011:684-691.

[4] 项贻强,高超奇,申永刚.悬浮隧道波流-车辆荷载下动力响应的数值模拟方法及分析[C]//中国土木工程学会桥梁与结构工程分会.第二十五届全国桥梁学术会议论文集.北京:人民交通出版社股份有限公司,2022:861-871.

[5] LIN H,XIANG Y Q,et al. Fluid-vehicle-tunnel coupled vibration analysis of a submerged floating tunnel based on wake oscillator model[J]. Journal of Waterway, Port, Coastal, and Ocean Engineering,2021.

[6] YANG Y S,XIANG Y Q,LIN H,et al. Study on vibra-tion response of submerged floating tunnel considering vehicle eccentric load[J]. Appl. Ocean Res.,110. DOI:10.1016/j.apor. 2021.102598.

[7] XIANG Y Q,LIN H,BAI B,et al. Numerical simulation and experimental study of submerged floating tunnel subjected to moving vehicle load[J]. Ocean Engineering,2021,235.

[8] XIANG Y Q,CHEN Z Y,BAI B,et al. Mechanical behaviors and experimental study of submerged floating tunnel subjected to local anchor-cable failure. Eng. Struct.,2020 (12):110125.

[9] LIN H,XIANG Y,YANG Y. Vehicle-tunnel coupled vibration analysis of submerged floating tunnel due to tether parametric excitation[J]. Marine Structures,2019,67(9):102-120.

[10] LIN H,XIANG Y Q,CHEN Z Y,et al. Effect of marine sediment on the response of a submerged floating tunnel to P wave incidence [J]. Acta Mechanica Sinica,2019,35(4):773-785.

[11] XIANG Y Q,CHEN Z Y,YANG Y,etc. Dynamic response analysis for submerged floating tunnel with anchor-cables subjected to sudden cable breakage[J]. Marine Structures. 2018. 59:179-191.

[12] XIANG Y Q,YANG Y. Spatial dynamic response of submerged floating tunnel under impact load[J]. Marine Structures. 2017,53:20-31.

[13] LIN H,XIANG Y Q,YANG Y,et al. Dynamic response analysis of submerged floating tunnel based on fluid-vehicle-tunnel interaction[J]. Ocean engineering,2018(166):290-301.

[14] CHEN Z Y,XIANG Y Q,LIN H,et al. Coupled Vibration Analysis of Submerged Floating Tunnel System in Wave and Current[J]. Applied Sciences,2018,8(8).

134

［15］ XIANG Y Q, CHAO C F. Vortex-Induced Dynamic Response Analysis for the Submerged Floating Tunnel System under the Effect of Currents[J]. Journal of Waterway Port Coastal & Ocean Engineering,2013,139(3):183-189.

［16］ LIN H. XIANG Y Q. YANG Y. Coupled Vibration Analysis of CFRP Cable-tube System under Parametric Excitation in Submerged Floating Tunnel[J]. Procedia Engineering,2016,166:45-52.

［17］ XIANG Y Q, YANG Y. Challenge in Design and Construction of Submerged Floating Tunnel and State-of-art[J]. Procedia Engineering,2016,166:53-60.

［18］ XIANG Y Q,ZHANG K Q. Health Monitoring System of Submerged Floating Tunnel Prototype in Qiandao Lake [C]. Proceedings of 7th International Conference on Structural Health Monitoring of Intelligent Infrastructure (SHMII-7),TORINO,Italy 1-3 July 2015.

［19］ XIANG Y Q,CHAO C F. Transverse seismic response analysis of submerged floating tunnel considering boundary soil property [C]. Proceedings of International Conference on Engineering Vibration, Ljubljana, Slovenia, 7-10 September 2015. pp:336-345, ISBN:978-961-6536-974,National and University Library of Slovenia, by Miha Bolteoar,Janko Slavic, Marian Wiercigroch. EBook. Ljubljana:Faculty for Mechanical Engineering,2015.

［20］ 项贻强,陈政阳,杨赢.悬浮隧道动力响应分析方法及模拟的研究进展[J].中国公路学报,2017(1):69-76.(EI).

［21］ 杨赢,项贻强,陈政阳,林亨.悬浮隧道整体冲击响应模拟方法及试验验证[J].中国公路学报,2019,32(1):127-134.

［22］ 林亨,项贻强,陈政阳,等.轨道不平顺激励下悬浮隧道车隧耦合振动响应分析[J].振动与冲击,2019(1):1-7,8.

［23］ 晁春峰,项贻强,杨赢,等.悬浮隧道水下锚索抑振装置试验研究[J].振动工程学报,2016,29(4):687-693.

［24］ 晁春峰,项贻强,杨超.悬浮隧道锚索流固耦合振动试验研究[J].振动与冲击,2016,35(3):158-163.

［25］ 晁春峰,项贻强,林建平.基于流固耦合的锚索涡激振动抑制方法研究[J].力学与实践,2015,37(6):725-730.

［26］ 项贻强,晁春峰.悬浮隧道管体及锚索耦合作用的涡激动力响应[J].浙江大学学报(工学版),2012(3):38-44.

［27］ 项贻强,张科乾.基 Morison 方程分层积分计算悬浮隧道的波浪力[J].浙江大学学报(工学版),2011,45(8):1399-1404.

［28］ 项贻强,杨赢,陈伟强.悬浮隧道整体冲击响应试验装置:CN201410228242.6[P]2016-05-11.

［29］ 项贻强,林亨,陈政阳.一种跨水域浮桥-隧道组合结构:CN2018072502050470[P]2019-04-16.

［30］ 项贻强,林亨.一种反张式锚索体系支撑悬浮隧道结构:CN2018101700390590[P]2019-08-02.

17. 基于创新理念的城市桥梁建设技术与艺术

穆祥纯

(北京市市政工程设计研究总院有限公司)

摘　要：本文介绍了近年来相关设计、科研和施工单位围绕城市桥梁建设的新技术、景观艺术设计、智能建造、新材料、新设备等热点问题开展的研究和探讨情况,诠释了相关内涵。在分析国内外四个典型城市桥梁案例的基础上,提出了笔者的相关建议,力图树立城市桥梁建设技术及艺术的新理念,认真总结国内外城市桥梁建设的经验,推广创新技术和理念,将创新作为引领城市桥梁建设和发展的第一动力,深入实施创新驱动战略,早日实现我国由世界桥梁大国走向世界桥梁强国的目标。

关键词：城市桥梁　创新理念　造型艺术

1　引言

城市桥梁通常指城区范围内建造的跨河、跨江、跨海桥梁,立交桥及人行天桥等。城市桥梁既是城市生命线的重要组成部分,也是一种重要的历史遗存和城市建筑中的经典艺术品。城市桥梁建设中应充分把握当今国内外城市桥梁建设技术及艺术的最新发展趋势,认真总结国内外城市桥梁建设的经验,推广创新技术和理念。

2　基于创新理念的城市桥梁建设技术与艺术内涵诠释

城市桥梁建设技术与艺术的内涵：在城市桥梁建设中,围绕城市桥梁结构设计的创新技术、景观艺术设计、智能建造、新材料、新设备等热点问题,将更多的全新建设理念、美术元素、艺术元素等应用到城市桥梁建设中,进一步推动我国城市桥梁的高质量建设,促进城市桥梁品质提升与技术、艺术双创新,实现城市桥梁建设的全生命周期的预期目标。

前些年笔者曾专程赴美国、新加坡、以色列和阿联酋等国考察,深感这些国家在城市桥梁建设技术与艺术方面,有许多值得我们学习和借鉴的地方。在当前大力提倡创新驱动的大趋势下,我国应在城市桥梁大规模建设实践中,积极探索城市桥梁美学与功能的发展趋势和成功实践,在科学技术、美学及艺术的探索上相辅相成、相互促进、相得益彰,更好地服务和满足于人民群众高品质的生活需求。

3　相关案例分析

下面通过四个典型的案例,试图对充满了技术创新、艺术元素和数字化技术探索的桥梁建设技术与艺术进行剖析和思考。

3.1 北京新首钢大桥

位于北京长安街西部的北京新首钢大桥,历时 9 年多时间研究、设计、建造,为北京西部地区居民新增了一条进出中心城区的重要通道。新首钢大桥全长 1 354m,主桥长 639m,主跨跨径 280m,桥面最宽处 54.9m,设计双向 8 车道和非机动车道及人行道,桥型采用双塔斜拉刚构组合体系桥,桥梁设计和建造难度极大。

桥梁结构采用与自然环境融合的全新空间弯扭塔、梁、拉索组合结构体系,创新应用数字设计技术,实现了之前国内外桥梁行业内首座全曲面特大跨径钢桥结构精细化设计。设计团队经过 9 年的刻苦攻关和不懈努力,在国际上首次完成了全尺寸、超精细、参数化的特大跨径钢桥数字模型,有效解决了空间非一致曲率曲面重构、大量空间异形钢结构节点结构设计、受力分析、加工方法、验收方法、架设精度控制等行业难题,行业内首次实现了桥梁工程项目设计、加工、架设各方协同工作,使不可能变为可能。索塔采用全钢结构,高塔桥面以上高约112m,南北塔倾斜角分别约为61°和71°。主梁采用全焊接分离式变截面钢箱,中间横梁连接,横梁间距3m,车行道部分为正交异性钢桥面板。

中跨主梁宽度从 54.9m 至 47m 渐变,梁高从 10.51m 至 3.3m 渐变,边跨主梁宽度为47m,梁高3米。斜拉索采用竖琴式渐变布置,塔上索间距2.90～7.26m,梁上索间距3.76～14.4m。两座钢塔高矮不一,位于西侧的钢塔高度达112.195m,位于东侧的钢塔高度65.915m,倾斜角度达到57°。钢塔连接着的112根拉索也呈倾斜形式,共同拉起全桥30 000多吨钢箱梁。

大桥在建设中,其数字技术的创新突破在其中起到了至关重要的推动和保障作用。这座大桥是一座充满了技术创新、艺术元素和数字化技术探索的新建筑(图1)。

图1　新首钢大桥

3.2 香河王家摆大桥

王家摆大桥位于河北省廊坊市香河县安石路,跨越北运河,该项目是实现北运河旅游通航的重要保障。桥梁全长 1 060.1m,桥宽 49.5m,其中,主桥桥梁长 256m,桥梁主跨 164.5m,采用抱翅型拱梁组合体系,由钢主梁、斜拉索及"Λ"型钢拱肋三部分组成。主梁高2.5m,全宽49.5m,由 160 块总重达 7 700t 的钢箱梁组成;主桥拱肋采用"如意"造型,由 24 块单块重 200t 的节段组成。设计团队以"如意"和"浪花"为构思元素,将运河奔流涌动之态与"如意"的古典形象融合,采用三跨抱翅型斜拉索拱梁组合体系,实现了原创受力结构与艺术造型的巧妙融合。桥梁优美的弧线与河面共同构成一幅光与影的生动画面,使该桥成为大运河上又一标志性景观(图2)。

图2 王家摆大桥

王家摆大桥建设中采用 BIM 技术全阶段正向设计,成功解决三维曲面优化、放样等难题,利用 BIM 模型与仿真模型协同分析,提升设计品质;积极拓展应用场景,基于 BIM + GIS 研发数字化设计管理平台,管理全过程设计数据,为推动大桥全生命周期数字平台建设提供基础。

3.3 新加坡若锦大桥

若锦大桥为一座斜拉单铰钢管拱桥,也是一座别具创意的桥梁,是罗拔申码头三个横跨新加坡河的人行天桥之一,为行人出行提供了便利。

若锦大桥极具有现代美感,就像是月落长河里的弯月,尤其到了晚上,通过四周的灯光的照射,光彩夺目,让人感叹设计师细腻的心思和别出心裁的创意。若锦大桥四周环境优雅,高楼林立,树木茂密。通过若锦大桥,行人不仅可以到达目的地,更能够观赏美景,很多游客都在桥上拿起相机来拍摄四周的美景(图3)。

图3 新加坡若锦大桥

3.4 阿联酋谢赫扎耶德大桥

谢赫扎耶德大桥(图4)是坐落于首都阿布扎比的一座拱桥,是连接阿布扎比岛和大陆的交通通道之一。桥梁全长 842 m、高 64 m、宽 61 m,最大跨度为 140 m。大桥的结构非常复杂,被当地成为"史上最复杂的桥梁",其有着优美的弧形拱状造型,宛如起伏的沙丘,由扎哈哈迪德设计。整个桥墩结构由若干个高低起伏的波浪状拱构成。桥梁分两幅,每幅4个车道,两幅之间距离为 16 m。主梁为钢结构,两幅之间设钢拱梁相连。主拱结构最高处高出水面 60 m,桥面平均高出水平面 20 m。大陆是桥体结构的起点,主拱布置在两幅桥面的中央,桥面结构

138

悬吊在主拱外侧。主拱沿大块混凝土桥墩不对称地"跳"出来向上升起。主梁形如"脊椎结构"，从岸边沿着中空的地方并行伸出，在桥面下岔开伸向桥的另一端，这种新颖的仿脊椎结构形式是这座大桥的创新之处。

图4 阿联酋谢赫扎耶德大桥

4 相关启示

通过上述四个案例分析，笔者有如下四点启示：

(1)我国改革开放以来的成功实践表明，我们在城市桥梁的建设中应积极探索城市桥梁美学与功能的有机结合，努力实现探索和创新，并在桥梁建设中较好地把握科学技术、桥梁美学及艺术，使其相辅相成、相互促进、相得益彰，实现高品质的发展。

(2)城市桥梁作为土木工程和城市建设的重要载体，蕴藏着不同国家、不同民族的审美传统，是人类文明交流的纽带。我们应汲取其有益的营养成分，创造性地从事我们的桥梁设计，积极推动我国城市桥梁建设的健康发展，加快祖国现代化建设的进程。

(3)四个案例，秉承城市桥梁设计的创新理念上，高度重视异形钢结构的设计、加工和建造技术，结构安全、体系设计合理，充分满足桥梁结构的安全性和耐久性。

(4)在设计理念和建造手法上，四座成功的案例均充分体现了创新理念；其独具特色的外形和实用的功能需求，给人们带来美的享受，在桥梁结构建设技术和艺术的结合上，给我们提供了很好的借鉴。

5 结语

(1)桥梁造型艺术积聚着浓厚的民族文化内涵，蕴藏着不同国家、不同民族的审美传统、聪明才智和精湛技艺。我们应学习和借鉴各国顺应世界科技发展，大力建造城市桥梁的有益经验，认真总结我国在城市桥梁建造上的经验和教训，通过积极努力，使我们在城市桥梁建设上迈上新的台阶。

(2)我们应学习顺应世界科技发展趋势和先进工业化发展水平的桥梁建设理念，充分展现科技发展的总体实力和科技创新水平。从国家和行业层面上，大力发展我国城市桥梁建设技术与艺术，编制相应的标准和规范，使城市桥梁建设从源头上得到相应的发展。

(3)我们应学习国内外在现代城市桥梁建设方面的综合技术和先进理念，汲取人类所创造的一切文明财富，进一步推动我国城市桥梁建设与艺术的健康发展，促进祖国现代化建设。

（4）应认真总结国内外城市桥梁建设的经验,推广创新技术和理念,将创新作为引领城市桥梁建设和发展的第一动力,深入实施创新驱动战略;积极在城市桥梁结构设计新技术、景观艺术设计、智能建造、施工、新材料、新设备等方面展开深入讨论,进一步推动我国城市桥梁的高质量建设,促进城市桥梁品质提升与技术、艺术双创新。

参 考 文 献

[1] 马修·韦尔斯.世界著名桥梁设计[M].张慧,黎楠,编译.北京:中国建筑工业出版社,2003.
[2] 李世华,罗桂连.桥梁工程[M].北京:中国建筑工业出版社,2007.
[3] 徐风云,陈德荣.桥梁审美原理[M].北京:人民交通出版社,2007.
[4] 万明坤,程庆国.桥梁漫笔[M].北京:中国铁道出版社,1997.
[5] 穆祥纯.考察西欧国家城市建设的若干启示[J].特种结构,2004(1).
[6] 穆祥纯.基于创新理念的城市桥梁及市政建设[M].北京:人民交通出版社,2012.
[7] 穆祥纯.中外城市桥梁[M].北京:人民交通出版社,2015.

18. 宜来高速云南庄桥主桥梁部结构设计优化比选

杨齐海[1,2]　叶庆旱[1,2]　杨伯澜[1,2]

(1. 中铁大桥局集团公司；2. 大桥局国家重点实验室)

摘　要：以云南庄特大桥为典型工程实例，主要从设计施工的角度和全寿命周期的理念考虑，在主桥梁部结构初步设计为 150m + 280m + 150m = 580m 三孔一联预应力混凝土空腹式连续刚构桥的基础上，针对空腹三角区施工难度较大的突出问题，提出三种同型或类似的主桥梁部结构设计方案体系，从环境适应性、技术可行、施工便利与工效、资金投入及运营维护等主要方面进行了优化比选，经综合考虑各种关联因素，最终确定采用大跨度空腹式连续刚构桥。

关键词：云南庄桥　主桥　梁部　设计方案　优化比选

1　引言

云南庄特大桥系湖北宜都至来凤高速公路上的控制性工程之一，位于恩施州鹤峰县容美镇庙湾村五虎亭附近，跨越云南庄峡谷。主桥宜都岸主墩位于 G351 上，来凤岸主墩位于对面的山坡上，主桥起始里程为 K44 + 135 ~ K44 + 715，全长 580m。

桥址区属构造剥蚀低中山区，周边峰顶高程为 750 ~ 800m，山顶浑圆，山脊狭长，山间溪沟发育。九峰河为区内主要河流，自南而北流经桥位区。沟谷两岸坡面凹凸起伏，谷坡地形较陡，自然坡度 40° ~ 50°，河流下切形成的深谷与两侧山地高差约 160m。宜都岸纵向岸坡平面上呈圆弧形，坡面较陡，坡角约 45°，坡面被灌木覆盖，岸坡顶部高程在 670m 左右，距河谷水面高程约 150m。岸坡顶部桥台位于 G351 旁，地势较为平缓。来凤岸纵向岸坡及路线右侧岸坡均为临空陡崖，陡崖坡度 40° 左右；表层有植被覆盖，部分基岩裸露。岩溶稍发育，岸坡陡崖裸露岩体具有一定程度的溶蚀，河岸上部有古岩溶。桥址处地形地貌请详见图 1。

图 1　云南庄主桥及地形地貌示意图(尺寸单位：m)

桥梁按双向4车道高速公路设计,双幅桥设置,桥面宽度为25m,设计行车速度为80km/h。

鉴于桥址位于植被茂盛、山体陡峭的山区,遵照尽量减少对植被及山体的毁损和及早建成投入运营的意愿,初选拟定为大跨度梁式桥优势明显。在此基础上,从结构合理即满足受力要求和兼顾美观新颖、充分适应环境条件和建设投资、施工便利即易于保证质量和建设工期及后期维护等关键重点方面,经对众多设计方案筛选后重点对以下四个方案(表1)进行了优化比选,兹简要介绍说明如下。

优化比选设计方案汇总表　　　　　　　　　　　　　　　　　　表1

序号	方案编号	方案名称
1	方案一	空腹式预应力混凝土连续刚构桥方案
2	方案二	节段箱梁预制拼装方案
3	方案三	钢-混组合梁方案
4	方案四	连续钢桁梁方案

2 设计方案介绍与说明

2.1 方案一

主桥初步设计为150m+280m+150m=580m三孔一联预应力混凝土空腹式连续刚构桥,对应墩号为12号~15号墩,左右分幅设置,箱梁顶宽12.25m,直腹板,底宽7m;由0号块、空腹区(含上弦、下弦)、交汇区和一般梁段组成[1]。下弦截面、三角交汇区、一般梁段下缘连续光滑过渡。空腹上弦高6.5~5m,下弦高7m;箱梁跨中高度4.5m;根部至梁顶中心高度34m;箱梁高度及梁顶至下弦底缘距离按2.5次抛物线变化。主梁单侧共划分为34个节段,其节段划分、编号及长度如图2所示。箱梁除空腹区下弦外,均布置有预应力钢绞线,汇合节段11号段具有最大梁高和最大重量,最大重量为414.8t,最大梁高为15.93m。梁体混凝土设计强度等级为C55,共计29 884m³,预应力钢绞线2 304.3t。

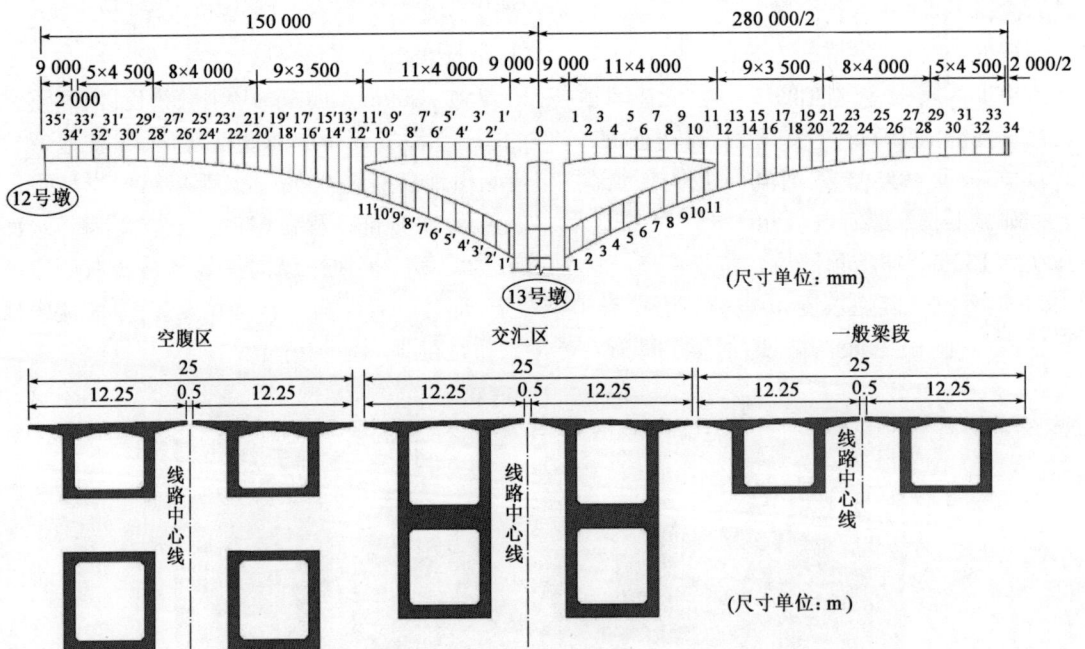

图2　上部结构箱梁总体布置立面示意

丰桥箱梁除 0 号块采用墩旁托架支架法现浇、边跨 35 号直线段采用支架现浇外,其余均采用挂篮悬浇;空腹区箱梁采用临时扣索辅助挂篮悬臂浇筑,上弦为菱形挂篮、下弦为三角挂篮,上下弦箱梁合龙后,在交汇处形成一个箱形截面,继续利用上弦挂篮悬浇施工直至合龙,合龙顺序为先中跨后边跨(图 3)[2]。

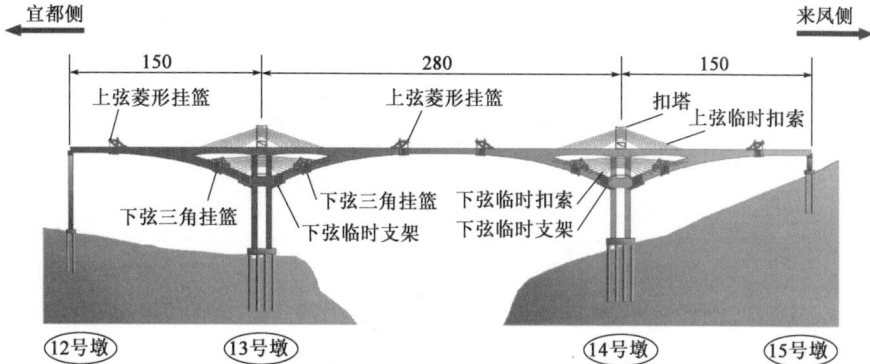

图 3 上部结构箱梁挂篮悬浇施工立面示意(尺寸单位:m)

空腹式连续刚构桥梁因设置了斜腿加劲弦,大大提高了其跨越能力,且与桥址处山体契合度高,对植被毁损较小;梁体线条流畅、新颖美观,广受人们青睐,是山区较为理想的桥型[3]之一。目前国内已建成有该类桥梁,尽管数量不是很多;但技术上无疑是可行的,施工上也是成熟的,并积累了一些可靠的经验。由于空腹三角区上、下弦箱梁挂篮悬浇施工悬臂大[4],需依托斜拉扣挂系统方可完成。下弦挂篮在斜坡上走行施工,上弦挂篮则需兼顾上弦、合龙交汇区和一般梁段箱梁现浇,因之需采用特型挂篮。空腹三角区上、下弦箱梁挂篮悬浇施工,受操作空间限制,施工难度大、工效低,且属典型的双层作业和高空作业,安全风险高[5]。参考借鉴已建成的同类桥梁的施工经验,初步估算全联箱梁悬浇完成约需 27 个月,临时设施钢结构超 3 000t。

该方案为初步设计方案,为深化设计并针对空腹三角区施工难度较大的突出问题,在此基础上,又对三种相近或类似的主桥梁部结构设计方案体系,进行了具体的优化比选。说明叙述于后。

2.2 方案二

鉴于空腹式连续刚构桥梁空腹三角区箱梁挂篮现浇操作空间受限,施工难度大、工效低的突出问题,在维持桥梁结构形式不变的前提下,设计将空腹三角区中的上、下弦箱梁 1～10 号节段采用预制拼装施工[4],其他节段箱梁仍采用挂篮悬浇施工。其施工总体布置如图 4 所示。

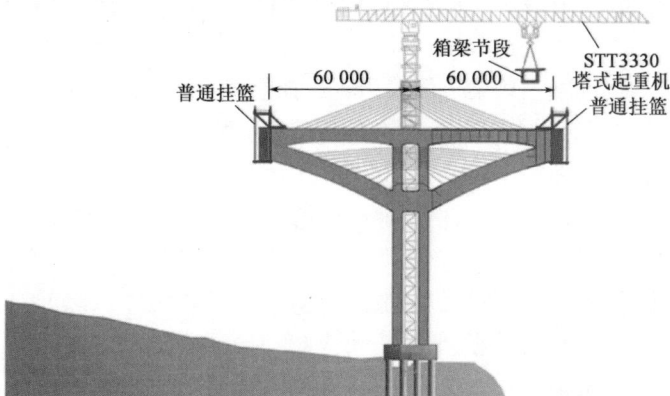

图 4 上部结构箱梁预制拼装施工总体布置立面示意(尺寸单位:mm)

该方案是利用大型塔式起重机 STT3330 吊装空腹区事先预制好的节段箱梁,再利用塔式起重机在空腹三角区箱梁顶面上拼装普通挂篮并进行后续箱梁节段悬浇直至主桥全部合龙。空腹三角区上弦和下弦箱梁节段重量如表 2、表 3 所示。

上弦 1~10 号节段箱梁重量汇总表　　　　　　　　表 2

节段号	1	2	3	4	5	6	7	8	9	10
重量(t)	203.7	173.1	153.6	150.8	150.8	150.8	150.8	152.5	159.3	173.0

下弦 1~10 号节段箱梁重量汇总表　　　　　　　　表 3

节段号	1	2	3	4	5	6	7	8	9	10
重量(t)	243.0	231.1	224.3	222.2	220.3	218.5	216.8	215.3	213.8	212.5

STT3330 塔式起重机吊装能力:采用 60m 臂长,当最大吊重为 160t 时,其最大吊幅为 16.96m;当吊幅为 45m 时(10 号节段外边缘距墩中心距离),最大吊重为 62.4t。据此需将下弦 1~4 号与上弦 1~8 号箱梁节段各分为 2 节段;下弦 5~10 号与上弦 9~10 号箱梁节段各分为 3 节段。

该方案的主要优缺点主要体现在:

(1)优点。

①施工加载流程与方案一基本一致,变化不大,因而设计主要内容基本与方案一相同;

②受力复杂的空腹三角区箱梁采用预制节段拼装施工,更能保证质量,安全风险降低;

③空腹三角区箱梁预制拼装施工效率高,梁段预制可平行作业,对工期控制有利;

④临时设施投入明显减少,可节约资金。

(2)缺点。

①预制拼装需依赖 STT3330 大型塔式起重机,机械使用费高;

②箱梁预制节段划分的数量多,节段自重大,吊装过程中需增加相应的辅助支撑结构;

③需设置预制梁场,增加提梁和运梁设备并修建专门运梁通道。

根据设计方案初步估算,该方案实施需工期约 24 个月,投入临时设施钢结构近 1 900t。

2.3　方案三

该方案仍维持主梁外观几何尺寸不变,保持空腹三角区 1~10 号节段及交汇区 11~15 号节段为混凝土结构[5],16 号节段为钢混过渡段,其余一般梁段全部采用钢箱梁节段,因之边跨共 39 个节段,中跨共 36 个节段 + 1 个合龙段[6],如图 5 所示。主梁钢梁节段总重 5 203t,最重节段为 17 号节段,重 95t;钢混过渡段重 162t。

钢混组合梁施工时,混凝土箱梁节段采用普通挂篮斜拉扣挂悬浇施工,常备塔式起重机配合吊装。边跨侧钢梁采用落地支架和大型汽车起重机拼装;主跨钢梁利用桥面运梁、履带起重机吊装,单悬臂拼装施工并在跨中合龙[7],如图 6 所示。

采用该方案的主要优缺点如下:

(1)优点。

①与方案二相比,无须大型塔式起重机;

②钢梁节段在工厂制作,质量好,现场拼装快,施工效率高,安全风险低;

③钢结构自重轻,主梁结构受力更有利,桥梁结构安全更有保障;

④钢梁节段制作,边跨侧钢梁拼装可与混凝土箱梁悬浇平行同步作业,不占用总工期。

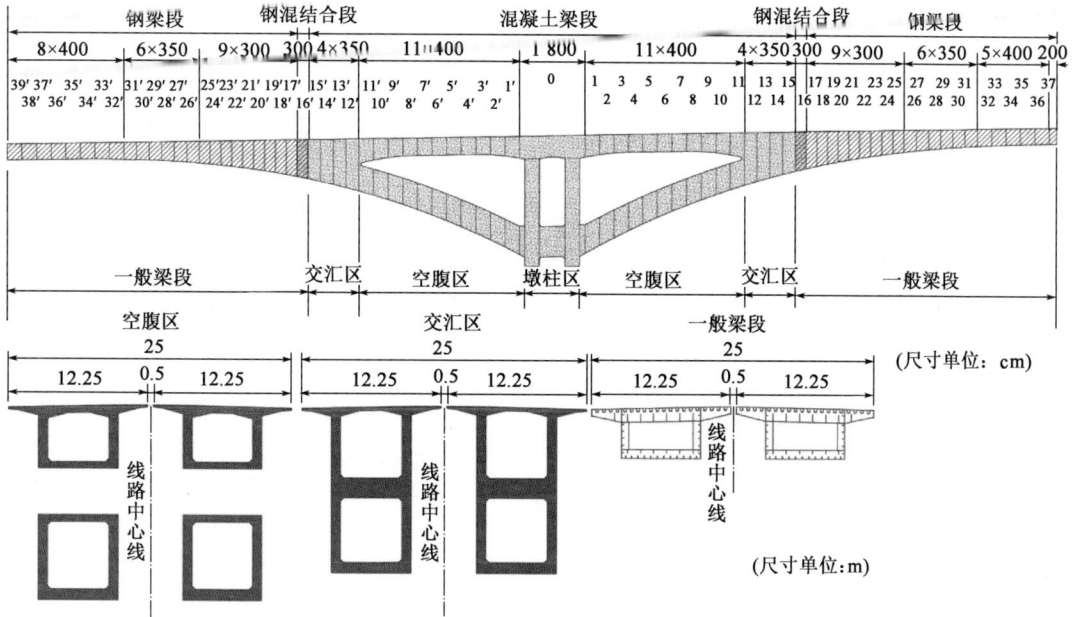

图5　上部结构钢混组合梁总体布置立面示意

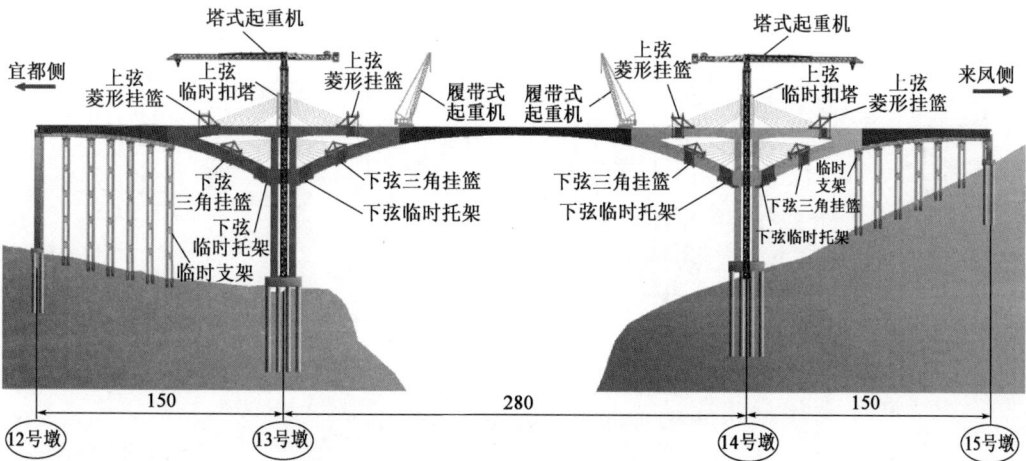

图6　钢混组合主梁施工总体布置立面示意(尺寸单位:m)

（2）缺点。

①临时支架较高,材料用量大;且处于喀斯特地质区,支架基础施工难度大;

②汽车吊机使用吨位大,起吊高,吊重量大,相应安全风险高;

③需设置钢箱梁节段运输通道和后续运营期钢梁需进行养护。

根据方案设计初步估算,该方案实施需工期22个月左右,临时设施钢结构近7 000t。

2.4　方案四

主桥总长580m,采用变高度连续钢桁梁桥结构形式,桁架由上下弦杆、竖杆、斜杆、上下平联、小纵梁、横向联结系等结构组成,如图7所示。

桥梁纵向跨径布置为150m＋280m＋150m＝580m,桁架高度从边跨向中跨由15m逐渐变为30m,桁架节点间距在墩顶位置为20m,跨中位置为15m。

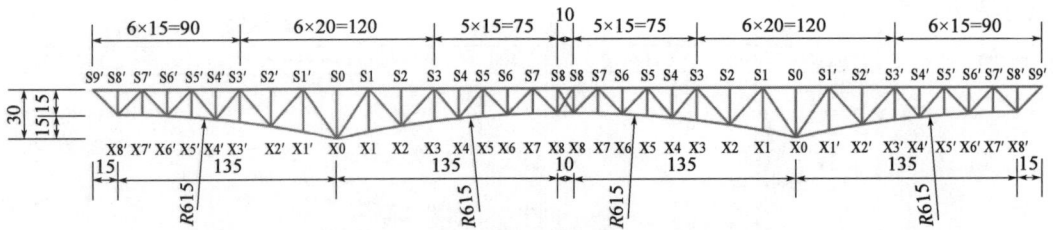

图 7 拱形连续钢桁梁桥总体布置立面示意(尺寸单位:m)

桥梁桁片横向间距为18m,两片桁架之间由上下平联连结,桥面板采用预制混凝土桥面板,桥面板横向分两块预制,中间留600mm湿接缝,如图8所示。

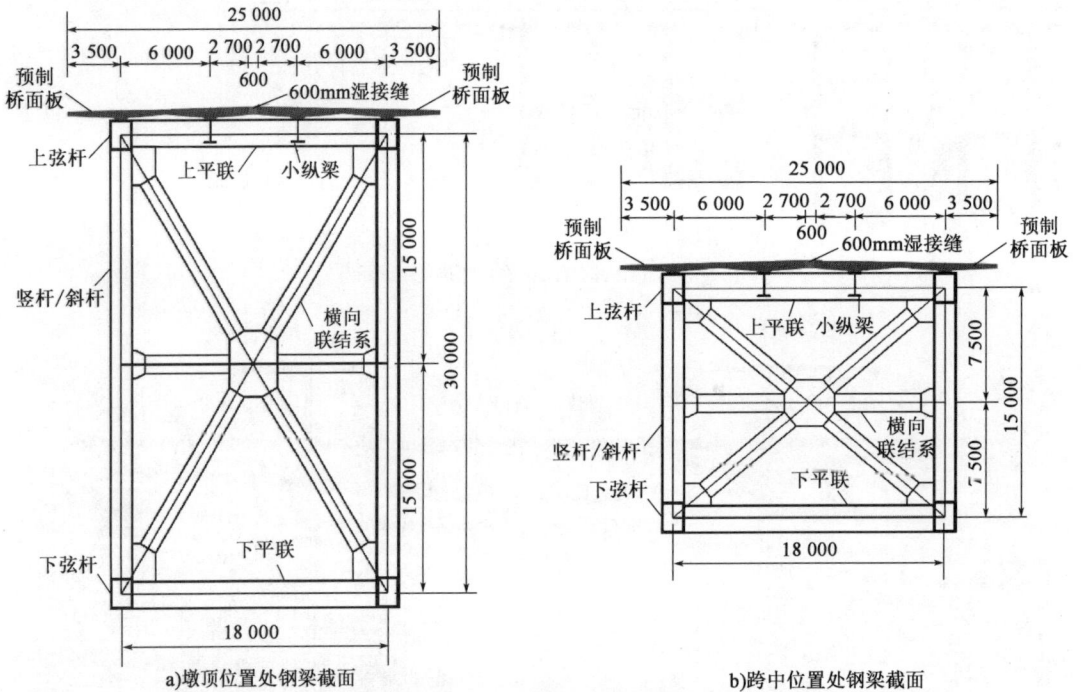

a)墩顶位置处钢梁截面

b)跨中位置处钢梁截面

图 8 钢桁梁横断面示意(尺寸单位:mm)

主桥钢梁用钢量约1.6万吨,平均每延米重量27.6t,桥面板需用C50混凝土约4 000m³。

钢梁施工采用在边墩位置处设置临时墩,单悬臂的方式进行逐根杆件拼装架设,如图9所示。其主要步骤如下:

(1)在桥墩施工时同步拼装临时支架,提升站及边跨部分钢主梁,利用大型汽车起重机配合吊装;

(2)边主墩施工完成后安装平衡反力架并将其与主梁连接、拼装塔式起重机和安装70t架梁吊机;

(3)利用提升架提升主梁杆件至桁架顶面,然后利用塔式起重机和架梁起重机倒运钢梁杆件并予以拼装直至主桁架合龙前的最大悬臂状态;

(4)利用塔式起重机安装吊索塔架,通过吊索塔架调整钢梁合龙前的线形,然后合龙钢桁梁并将主墩、边墩临时支座转换成正式支座;

(5)拆除临时支架,吊索塔架,利用提升架提升预制桥面板、利用架梁起重机安装桥面板;

146

(6)桥面板安装完成后将其与钢桁梁叠合;施工桥面及附属工程,完成主桥全部施工。

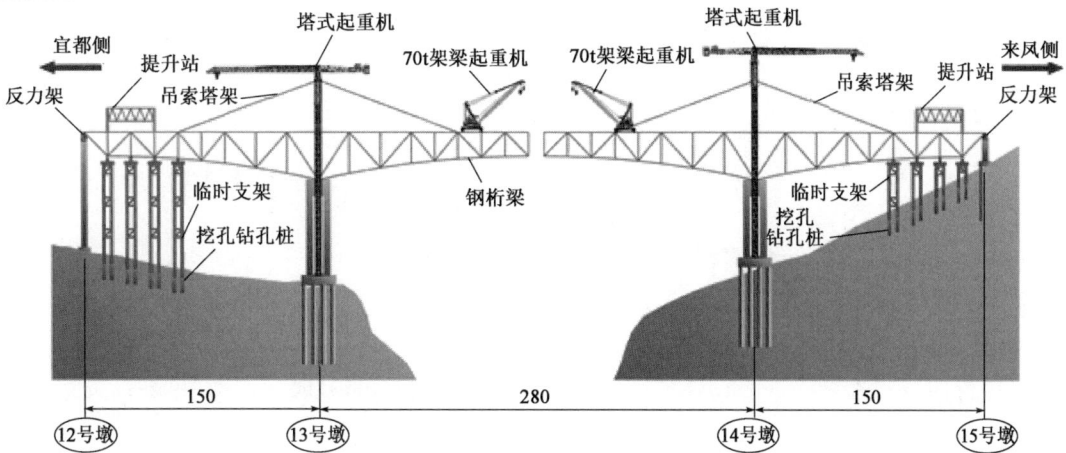

图9 钢桁梁单悬臂拼装总体布置立面示意(尺寸单位:m)

本方案虽然钢桁梁外形轮廓尺寸与前叙方案基本类似或近似;但系迥异的两种承载体系,故需进行必要的力学检算。依据此施工方案及加载程序,建立钢桁梁计算模型,各杆件采用梁单元建立,桥面板采用板单元,桥面板与钢梁之间采用弹性连接的刚接进行联结,钢桁梁支座主墩位置处约束 X、Y、Z 三个方向的变形,边墩位置处约束 X 方向变形。

力学计算的主要技术参数如下:

1)恒载

(1)结构自重:包括主桥钢结构,取 $G_1 = 78.5 \text{kN/m}^3$;混凝土桥面板,按 $G_2 = 26 \text{kN/m}^3$;

(2)二期恒载:主要为桥面铺装及混凝土栏杆荷载。

2)活载

按公路一级活荷载进行添加。

3)各主要材料技术参数,如表4所示。

钢材和混凝土材料技术参数表   表4

材料名称	弹性模量 E(MPa)	强度设计值(MPa)	泊松比	线膨胀系数
Q370qD 钢材	2.06×10^6	$-220 \sim 220$	0.31	1.2×10^{-5}
C55 混凝土	3.55×10^4	$-24.4 \sim 1.89$	0.2	1.0×10^{-5}

按照施工工况建立计算模型并计算如下:

(1)在边跨位置处设置临时支架并从边跨施工至中跨最大悬臂状态(图10)。

图10 边跨钢桁梁处于最大悬臂状态模型示意

(2)设置中跨临时支座,并将其悬臂施工至合龙前(图11)。

(3)中跨合龙,拆除临时支架,转换正式支座(图12)。

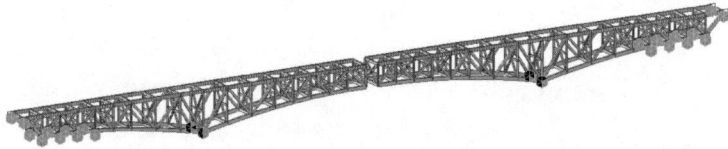

图 11   中跨合龙前钢桁梁处于最大悬臂状态模型示意

图 12   中跨合龙后全部钢桁梁安装完毕状态模型示意

（4）桥面板施工完成后，浇筑桥面板之间的湿接缝，并将桥面板与钢桁梁叠合，完成后施工二恒（图 13）。

图 13   钢桁梁桥全部施工完成即成桥状态模型示意

通过建模计算，钢桁梁在各主要工况下受力满足规定要求，计算结果详见表 5。

连续钢桁梁杆件应力表   表 5

杆件名称	最大应力（MPa）	最小应力（MPa）
上弦杆	167.1	−51.6
下弦杆	61.3	−200.5
斜腹杆	138.4	−170.1
竖杆	70.2	−173.3
平联	116.3	−127.4
小纵梁	104.7	−96.5
横向联结系	41.0	−82.5

合龙前最大悬臂挠度为 −561.3mm，主墩及临时墩反力如表 6 所示。

钢桁梁悬臂拼装施工支点控制反力汇总表（kN）   表 6

荷载工况	12 号、15 号边墩	13 号、14 号中墩	临时墩	反力架
单悬臂拼装	440.9	9 527.1	2 514.6	−1 200.9

采用该方案的主要优缺点如下：

1）优点

（1）钢梁按常规方法拼装施工，有成熟的施工经验，且施工进度快，易于保证质量和工期。

（2）钢结构自重轻，下构受力能大幅降低，有优化空间。

（3）钢梁单杆件自重轻，其运输可利用既有道路。

2）缺点

（1）临时支架较高，材料用量大；且处于喀斯特地质区，支架基础施工难度大。

（2）后续运营期钢桁梁养护费用投入明显增高。

依据方案设计，初步估算该方案施工需 19 个月左右，投入临时设施钢结构近 3 800t。

3 方案优化比选

对上述四种施工方案进行对比分析，其结果如表 7 所示。

各施工方案对比表　　　　　　表 7

方案名称	施工方法或工艺简述	方案优点	方案缺点	施工工期（月）	主体钢结构(t)	临时用钢量(t)	造价投入（亿元）
方案一：空腹式预应力混凝土连续刚构	空腹三角区上下弦箱梁临时斜拉扣挂＋挂篮悬浇	1. 传统常规结构体系，线条流畅、新颖美观； 2. 现有成熟施工经验可供借鉴	1. 空腹三角区施工空间受限，工效低，双层作业安全风险高； 2. 挂篮结构复杂，临时结构用量大	27	—	3 028	1.65
方案二：箱梁节段预制拼装	空腹三角区箱梁节段预制＋临时扣挂法拼装施工＋其余上弦箱梁节段挂篮悬浇	1. 设计工作变化不大； 2. 空腹三角区施工速度快且无须挂篮	1. 需利用大型塔式起重机； 2. 需增设预制场和运梁设备	24	—	1 868	1.95
方案三：钢混组合梁	空腹三角区上下弦箱梁临时斜拉扣挂＋挂篮悬浇、钢梁支架拼装＋悬臂逐节段拼装施工	1. 钢梁节段自重轻，有利于主体结构受力； 2. 可开展平行作业、钢梁施工速度快	1. 临时支架施工困难； 2. 需修建运梁道路； 3. 后期钢梁养护工作量大	22	5 203	6 988	2.92
方案四：连续钢桁梁	单悬臂杆件拼装即散拼施工	1. 传统常规方法施工有成熟的施工经验； 2. 钢结构自重轻，利于主体结构受力	1. 临时支架施工困难； 2. 运营期钢桁梁养护工作量大	19	16 000	3 808	3.49

4 结语

云南庄特大桥位于鄂西南山区，根据桥址地形及充分保护水土植被，设计宜着重考虑梁式桥型，在满足桥梁受力要求的前提下，对初选后的 4 种桥式方案进行了设计优化比选，经综合考虑各种相关要素后，最终选用 150m＋280m＋150m 三孔一联空腹式预应力混凝土连续刚构桥。现该桥正在进行挂篮悬浇施工，空腹三角区已经合龙，预计 2024 年 5 月底即可全联完工，工期大约 26 个月，比预期略有提前，可作今后同类工程设计施工参考与借鉴。实践证明，空腹三角区施工难度较大，工效低，耗时长。设计选用该类桥型时，空腹三角区的施工值得重视和深思；寻求和发明空腹三角区的设计新结构或施工新方法，是我们工程技术人员今后探索和研究的一个明确方向。

参 考 文 献

[1] 林骋,严爱国,廖祖江.宜昌至郑万高铁联络线超高墩连续刚构桥设计[J].世界桥梁,
    2020,48(S1).
[2] 陈淮,陈鹏飞,李杰.刚构-连续组合梁桥主梁合龙关键技术[J].铁道科学与工程学报,
    2015(1).
[3] 曲春升,陆从飞,彭运动.山区大跨连续刚构桥设计思路探讨[J].公路,2017(11).
[4] 冉旭,杨婷婷.空腹式连续钢构桥施工方法对比分析[J].四川建材,2016,42(4).
[5] 孙克强,李松,李百富,等.甘溪特大桥300m跨空腹式刚构桥三角区施工方案研究[J].世
    界桥梁,2020,48(2).
[6] 田雨金,周胜国,李亮.上坝夹江大桥钢箱梁施工方案比选及关键技术[J].公路交通科
    技,2022,39(12).
[7] 孙琦,李辉,林飞杨.宜昌伍家岗长江大桥钢箱梁架设技术[J].桥梁建设,2022,52(5).

19. 马来西亚东海岸铁路车站
道岔连续梁设计

余天亮　刘　强

（中交公路规划设计院有限公司）

摘　要：马来西亚东海岸铁路哥打巴鲁车站是马来西亚东海岸铁路的始发站，考虑城市规划和建设用地以及软土地基，采用高架式车站。车站高架桥在渡线区和咽喉区分别采用 4×32.7m 等宽连续箱梁和 5×32.7m 变宽连续箱梁，以满足无缝线路道岔对桥梁上部结构的要求。采用英国规范对 5×32.7m 变宽连续箱梁关键控制指标进行验算，结果满足规范要求。应对软土地基承载力低的问题，高架桥桩基采用打入式预应力混凝土管桩。车站范围采用门架墩满足桥梁宽度要求并有效解决建设用地问题。

关键词：马东铁路　咽喉区　车站　道岔梁　英国规范

普通铁路车站和咽喉区一般设置在平面场地上，由于城市规划、建设用地和环境保护等因素的限制，一些车站设置在高架桥上。咽喉区道岔梁应适应咽喉区宽度变化[1]。本文对马来西亚东海岸铁路项目哥打巴鲁高架车站咽喉区道岔变宽连续梁进行设计和研究。通过数值模拟分析，采用英国规范对结构各指标进行验算，确保结构设计的安全可靠。

1　引言

马来西亚东海岸铁路项目（简称"马东铁"）横贯马来西亚半岛，项目北起吉兰丹州哥打巴鲁，在登嘉楼州沿东部海岸线向南经彭亨州关丹港转向西，途径雪兰莪州后最终到达西海岸的巴生港，项目主线全长约 665km，是一条客货共用的铁路，设计速度为客运 160km/h、货运 80km/h。项目采用以英国规范（BS）和马来西亚规范（MS）为主，中国铁路行业标准（TB）、国际铁路联盟规范（UIC）等国际主流规范为辅的标准体系进行设计。项目工期为 2019—2027 年。

1.1　建设条件

马来西亚属热带雨林气候，全年高温多雨。年平均气温 28℃，环境相对湿度为 85%。项目从哥打巴鲁到龙运段，位于滨海区，属于海相沉积洪积区及低山丘陵区。软土分布范围广深度大，为高含水率淤泥、淤泥质土、砂土及砂砾质黏土，多呈软塑状，承载力低。龙运至关丹港沿线沟谷平坦地段，上部地层多为软土、松软土。路线过了关丹后逐渐进入山区，地质条件较好,沿线分布有页岩、片岩、砂岩、玄武岩、花岗岩等。项目所在区域地震地面峰值加速度为0.06g(475年一遇)。

1.2 哥打巴鲁车站布置

哥打巴鲁车站是马东铁项目的始发站,位于哥打巴鲁城市副中心,考虑城市规划和建设用地因素,采用高架式车站,线下预留机动车行车道。车站中心里程为CH0+670,采用2台夹4线布置,线间距为5.0m,站台长150m。车站布置平面示意见图1。

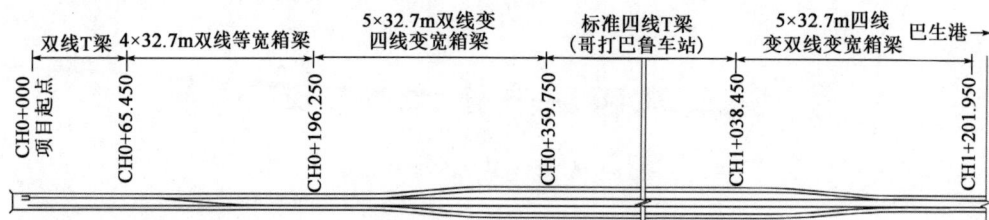

图1 哥打巴鲁车站布置平面示意图

2 道岔梁桥式布置

2.1 桥上道岔布置原则

首先道岔应尽可能整组布置在一联连续梁上。若道岔梁采用普通跨径简支梁,道岔则不可避免地布置在梁缝上面,梁体伸缩、梁端的转动都会引起道岔几何位置的变化,这种几何变位一旦超出一定范围将会引发列车强烈的动力响应[2]。正线道岔不应跨越梁缝,道岔始端、终端至梁缝距离不应小于18m。站线道岔不宜跨越梁缝,困难条件下跨越梁缝时,道岔尖轨尖端、尖轨跟端、心轨尖端、心轨跟端至梁缝的最小距离应满足道岔和桥梁结构安全,以及道岔转换设备正常使用等要求。本站共设置6组道岔,1、2号道岔为渡线区道岔,位于双线地段。3、4、5、6号道岔为咽喉区道岔,位于双线变四线或四线变双线地段。

2.2 道岔梁梁式布置

铺设无缝道岔的桥梁结构,宜采用刚度大,整体性和稳定性好的上部结构形式,并满足道岔稳定性、平稳性、列车运行安全性和旅客乘坐舒适性的要求。当道岔设于桥上时,受梁轨相互作用的影响,对于结构的连续性和变形要求高,一般采用连续结构。当桥下净空无特殊要求时,可采用较小的跨径,使设计相对简单,变形要求易于控制[3]。

哥打巴鲁车站高架桥采用预应力混凝土连续梁结构形式,标准跨径均为32.7m。其中,1、2号道岔渡线区范围采用4×32.7m双线等宽箱形截面连接梁,小里程和大里程道岔咽喉区均采用5×32.7m双线变四线变宽箱形截面连接梁,车站范围等宽段采用标准四线T梁。5×32.7m变宽连续箱梁布置如图2a)、b)所示。为了满足小里程和大里程咽喉区不同的股道布置特点,两处道岔梁平面布置有所不同,小里程方向双线横截面有两跨,四线横截面有一跨,大里程方向四线横截面有两跨,双线横截面有一跨,变宽段都是两跨,两种梁型变宽段变化规律一致。

3 高架站桥梁结构设计

本文重点阐述咽喉区5×32.7m变宽连续箱梁设计。起点处双线T梁及中间四线T梁均采用标准32.7m跨径T梁,此处不作阐述;4×32.7m双线等宽连续箱梁构造与5×32.7m变宽连续箱梁中的双线段一致,此处也不作阐述。

a)小里程方向5×32.7m变宽连续箱梁布置

b)大里程方向5×32.7m变宽连续箱梁布置

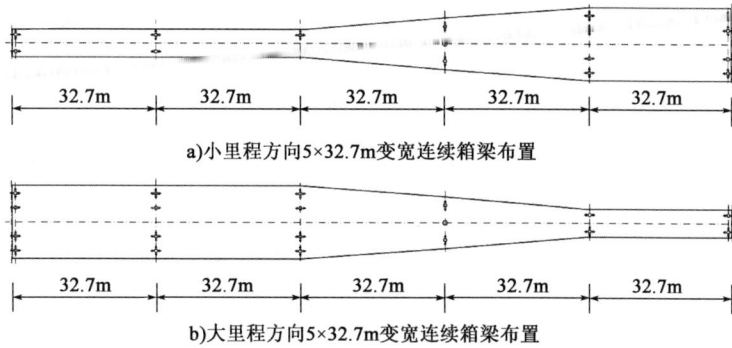

图2 5×32.7m变宽连续箱梁布置

3.1 咽喉区双线变四线连续箱梁桥

道岔咽喉区为了满足无缝道岔受力和变形技术要求,适当提高桥梁结构刚度,采用整体性好的箱形截面,并力求外表匀称美观[4]。双线变四线变宽连续梁采用斜腹板等高度预应力混凝土结构,梁高统一取3m,为了便于用统一模板,外侧悬臂长度统一采用3.1m,且外侧腹板倾斜斜率沿整个梁长保持一致。其标准横截面如图3所示,分别对应双线横截面、变宽中心位置横截面和四线横截面。其中双线横截面为单箱单室截面,顶宽13.1m,底宽6.2m;四线横截面为单箱三室截面,顶宽23.1m,底宽16.23m;中间两跨渐变段的第一跨为单箱双室截面,第二跨为单箱三室截面,腹板个数在支点位置存在突变,如图4所示。

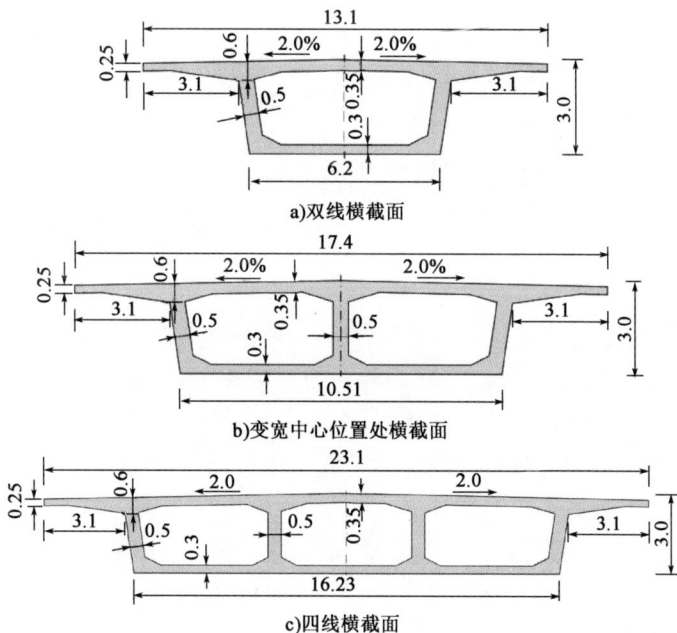

a)双线横截面

b)变宽中心位置处横截面

c)四线横截面

图3 连续梁截面变化(尺寸单位:m)

箱梁板厚的设置除满足结构受力要求外,还应满足预应力布置等构造方面的要求。跨中位置腹板厚度为0.5m,在支点处加厚到0.8m;跨中位置顶底板厚度分别为0.35m、0.3m,在支点处统一加厚到0.65m。在各支点处均设置横隔板并开人洞,中间支点横隔板厚2m,端支点横隔板厚1.5m。

153

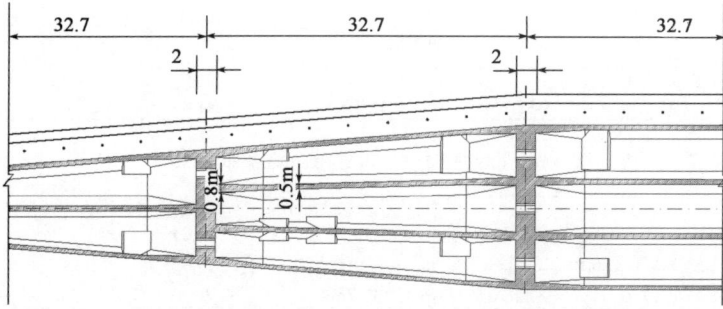

图4　单箱双室变单箱三室腹板布置(尺寸单位:m)

3.2　咽喉区预应力设计

现以大里程方向 5×32.7m 变宽连续箱梁为例,来阐述道岔梁咽喉区预应力设计。主梁设纵向底板束、底板束和腹板束,所有钢束均采用 17-15.2 钢绞线,锚下张拉控制应力取 1280MPa。咽喉区预应力钢束立面和平面布置如图5所示。其中,顶板束 T1 和 T2、底板束 B1 和 B2 为通长钢束,W1、W2、W3 为边腹板通长钢束,均在梁端锚固。随着梁宽增大,在底板和顶板补充布置短钢束,以提高截面承载力。

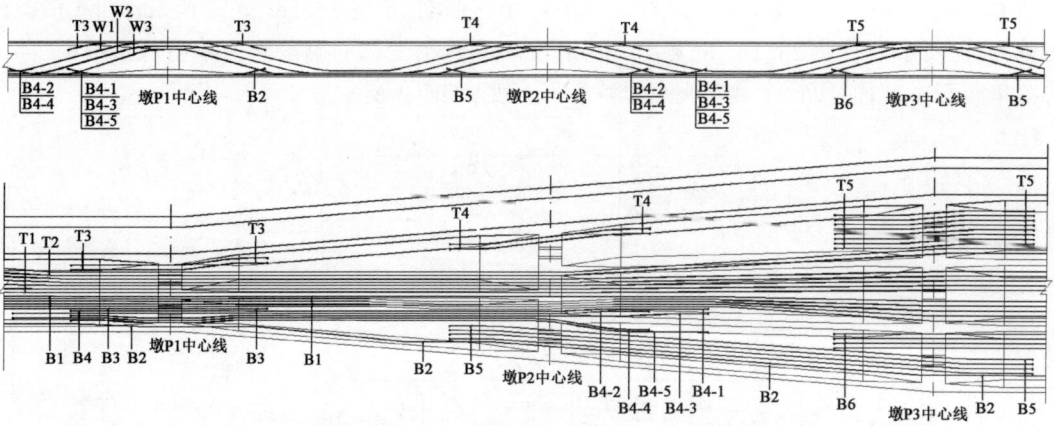

图5　咽喉区预应力钢束立面和平面布置

从双线截面到四线截面,箱室划分从双线截面的单箱单室,变为单箱双室,再变为单箱三室,箱梁内腹板是非连续布置,从无中间腹板,在中间支点位置变为一道中间腹板,再变化为两道中间腹板。与之相应的中间腹板的腹板束是非连续布置,边腹板的腹板束沿梁长连续布置。单箱双室截面中间腹板的腹板束布置如图6所示,中腹板束在该跨的布置类似于简支梁腹板束的布置,在两端竖弯并直接锚固在中支点横隔板上。单箱三室截面中间腹板的腹板束布置如图7所示(仅示意出部分),其一端锚固在中支点横隔板上,另外一端锚固在端部。通过对预应力的合理布置,各结构应力验算指标均满足规范要求,主要计算结果在下一节内容中给出。

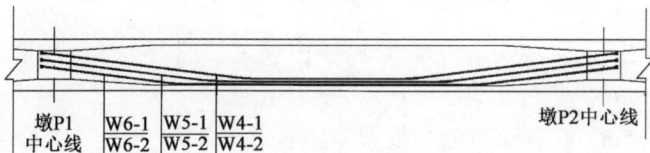

图6　单箱双室截面中腹板的腹板束布置

154

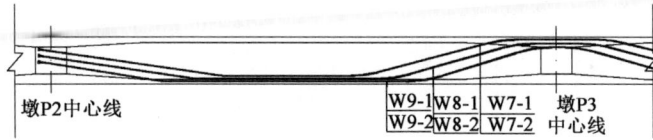

图 7　单箱三室截面中腹板腹板束布置

3.3　主要计算结果

本项目荷载组合和预应力构件极限状态验算均采用英国规范[5]。英国规范按主要成分不同将荷载组合分为五大类,其中组合 1 对于铁路桥为恒载加主要及次要活载的组合,这与中国标准中的恒载加活载的主力组合一致。

英国规范根据对弯曲拉应力的不同限制要求,将预应力混凝土构件分为三类:

类型一:不允许出现拉应力。

类型二:允许出现拉应力但拉应力不超限,无肉眼可见裂缝。

类型三:允许出现拉应力和裂缝,但是裂缝宽度不超限。

对拉应力的验算针对不同的荷载组合采用不同的构件类型,对组合 1 按类型一构件验算,对其他组合类型按类型二验算。各项限值要求和验算结果如表 1 所示,混凝土强度等级为 C55,验算结果均满足规范要求。

咽喉区道岔梁预应力结构应力验算(MPa)　　表 1

验算指标	计算结果	规范限值	结论
压应力	-20.7	-22	满足规范要求
SLS1 拉应力	-0.7	0	满足规范要求
其他组合拉应力	2.19	2.67	满足规范要求
施工阶段拉应力	0.1	1	满足规范要求

3.4　施工方法

道岔梁采用满堂支架分段现浇施工方法,根据现场施工组织逐孔施工。由于咽喉区箱梁一端接标准 T 梁,另外一端接 4×32.7m 双线等宽箱梁,标准预制 T 梁可在箱梁现浇施工完成之后吊装架设施工,而箱梁均需现浇施工,因此连续箱梁端均设置 0.55m 左右长度后浇带,给预应力施工操作空间,待预应力施工完成后再浇筑后浇带。道岔连续梁施工过程示意如图 8 所示。

步骤一:施工下部结构,安装支座,搭设临时支架,并对支架进行预压,预压重量为箱梁自重以及施工荷载的 1.2 倍,待支架的非弹性变形消除后方能进行箱梁混凝土的浇筑。

步骤二:搭设模板,绑扎钢筋,浇筑混凝土,混凝土灌注时与前段混凝土结合面应凿毛并清洗干净;待混凝土强度达到设计值的 95% 以上,弹性模量达到设计值的 100%,且龄期不小于 7d 后,张拉预应力;预应力张拉应对称进行,先张拉腹板束,再张拉顶底板长束,最后张拉顶底板短束。在预应力张拉施工完成后,需要在 2d 之内展开管道压浆处理。

步骤三:浇筑混凝土箱梁端部后浇带混凝土;拆除贝雷梁和临时支架;施工附属设施,完成整个道岔梁的施工。

155

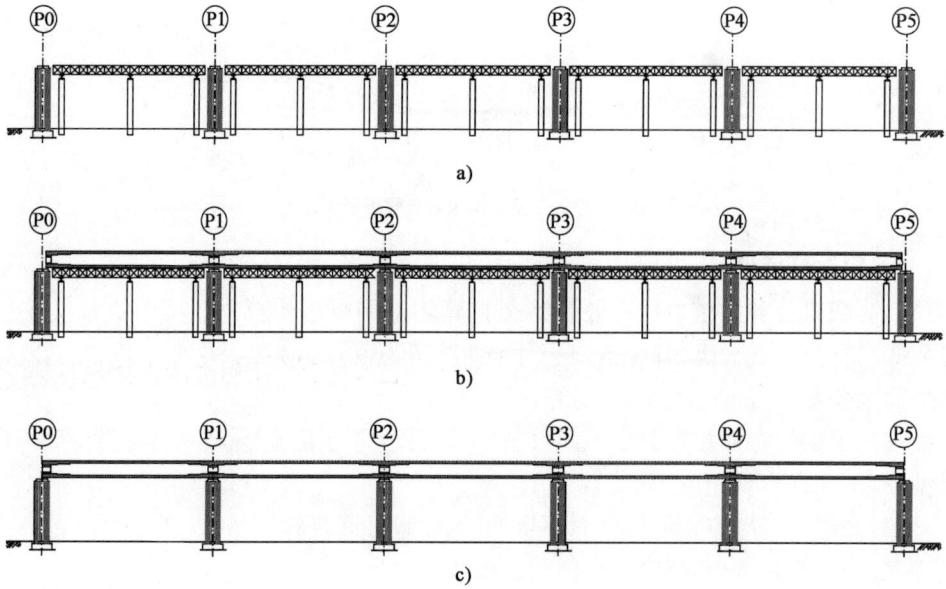

图8 道岔连续梁施工过程示意图

4 高架站桥梁下部结构设计

哥打巴鲁车站位于滨海区,软土分部范围广且深度大,多分布有淤泥、淤泥质土、砂土及砂砾质黏土,承载力低。面对这种地质情况,哥打巴鲁车站高架桥桩基采用打入式预应力混凝土管桩,管桩直径0.6m,壁厚0.1m。车站下部结构,对于渡线区道岔梁采用圆端形实体桥墩,壁厚按受力要求分别采用2.5m和2.8m,横向墩宽与箱梁底宽相适应。中间四线标准T梁采用方形截面双立柱门架墩,截面尺寸3m×3m,立柱中心间距12.5m。咽喉区道岔连续梁根据梁宽不同分别采用圆端形实心墩和门架墩,尺寸与四线T梁门架墩尺寸相同。咽喉区道岔梁门架墩一般尺寸见图9。

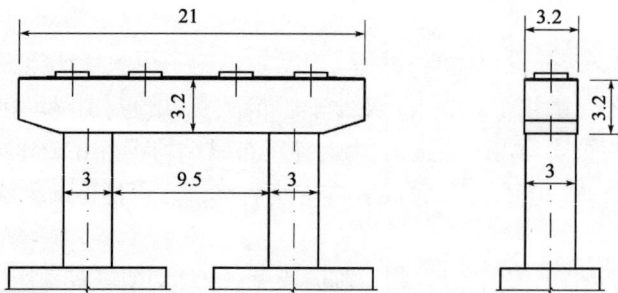

图9 咽喉区道岔梁门架墩构造(尺寸单位:m)

5 结语

在马来西亚东海岸铁路哥打巴鲁车站高架桥的设计过程中,充分考虑无缝线路道岔对高架桥设计的要求,在道岔区采用整体性好,竖向刚度大的箱形截面变宽连续梁,较好地控制了道岔尖轨、心轨距梁缝地距离。在变宽段采用变箱室数的措施解决箱梁变宽的问题,中腹板不连续处单独布置腹板束,并采用英国规范针对不同荷载组合对预应力结构应力控制指标进行验算,结果满足规范要求。在软土地区打入式预应力混凝土管桩,以解决普通钻孔灌注桩成桩困难承载力低的问题,采用门架墩满足桥梁宽度要求并节省建设材料和用地。

参 考 文 献

[1] 陈新.客运专线高架站咽喉区道岔梁结构设计与研究[J].铁道工程学报,2016,33(3):51-54.

[2] 王斌.京沪高速铁路高架车站道岔区桥梁设计[J].交通科技,2010(2):112-115.

[3] 姚峻生,许智焰,任伟,等.厦深铁路韩江特大桥道岔区变宽度大跨连续梁总体设计[J].铁道工程学报,2008(2):43-46.

[4] 王德志.甬台温铁路客运专线永嘉高架站桥梁设计[J].铁道标准设计,2010(5):39-43.

[5] British Standards Institution. BS 5400-4:Steel,Concrete and Composite Bridges Part 4. Code of practice for design of concrete bridges[M]. London,1990.

20. 400m 主跨连续刚构桥总体方案设计探讨

刘大成[1]　朱秀玲[2]

（1. 中交一公局集团有限公司；2. 中交综合规划设计院有限公司）

摘　要：目前建成的最大跨径的空腹式连续刚构桥在 300m 左右，要达到 400m 上限尚需探索。结合我国西南地区某二级公路跨河大桥主桥方案设计，总结国内外大跨径梁桥的发展现状及适用条件，提出了空腹式钢混混合梁连续刚构桥方案，从桥型总体布置、总体结构参数、关键构造处理及主桥整体结构计算等方面进行论证。结果显示，空腹式钢混混合梁连续刚构桥在该条件下具有可行性，该桥型也将为同类桥梁建设提供借鉴。

关键词：大跨度刚构桥　桥梁方案设计　钢混混合梁　空腹式刚构桥　总体结构参数　关键构造处理

1　引言

连续刚构桥具有结构受力性能较好、能适应一定的平面线形变化、行车平顺舒适、后期养护工作量较小的特点。同时，悬臂法施工，对机具、场地及运输条件的要求低，对于山高坡陡、施工场地狭窄的山区，具有很强的适应性，因而在我国交通基础设施建设中获得了大量应用。截至目前，我国已建成主跨超过 200m 的连续刚构桥达 80 余座。但连续刚构桥跨越能力有限，结构承载效率和材料利用率较低；在跨径大于 200m 时，技术风险增大，工程经济指标恶化，且易出现开裂、下挠等耐久性问题。受制于其固有的结构承载特点、混凝土材料水平、施工技术与质量成本控制等因素，2000 年以来连续刚构桥跨径的发展比较缓慢，甚至因为某些大跨径桥梁出现跨中下挠、梁体开裂等问题而限制跨径。目前，我国业内一般限制连续刚构跨径不超过 200m，部分山区省份限制跨径不超过 220m。

受制于山区公路路线总体和地形地质条件，桥梁跨径处于 200 ~ 400m，而地形地质条件不适于拱桥设置时，多采用非经济跨径的斜拉桥，甚至悬索桥。在此背景下，一种能填补 200 ~ 400m 经济跨径的桥型，成为桥梁建设的一个迫切需要。据不完全统计，目前国内外建成的 300m 左右的刚构桥见表 1。

<table>
<tr><td colspan="7">**300m 左右刚构桥梁统计表** 表 1</td></tr>
</table>

序号	桥梁名称	主跨跨径(m)	结构形式	建成年份	墩高(m)	桥址
1	里奥内特罗桥	300	钢箱梁	1974	—	巴西
2	斯托尔马桥	301	混合混凝土桥	1998	—	挪威
3	北盘江特大桥	290	空腹式	2013	170	中国贵州
4	石板坡长江大桥复线桥	330	钢混混合梁	2006	50	中国重庆
5	安海湾大桥	300	钢混混合梁	2020	30	中国福建
6	甘溪特大桥	300	空腹式	2022	123	中国贵州
7	云南庄特大桥	280	空腹式	在建		中国湖北
8	六枝特大桥	320	空腹式	在建	196	中国贵州
9	套尔河特大桥	338	钢混混合梁	在建	—	中国山东

由表 1 可知:目前已建成的刚构桥最大跨径为 330m,仅 1 座;大于 300m 的包括在建的六枝特大桥和套尔河特大桥,共计也只有 3 座。因此,探索可行的 400m 主跨刚构桥将能填补该方面的技术空白,具有较好的前瞻性。

2 工程概况

2.1 研究背景

为推动连续刚构桥跨径向更大方向发展,推动行业技术技术进步,中交一公局集团立项《400m 连续刚构桥设计与施工技术研究》课题,系统梳理和分析国内外连续刚构桥技术发展历程,在现有技术基础上,结合我国西南地区某二级公路跨河大桥主桥方案设计,初步探索400m 主跨级别的桥梁结构设计和施工技术,并逐步完善推广。

2.2 总体方案简介

2.2.1 设计标准

主要设计标准如下:

(1)公路等级:二级公路。

(2)设计速度:80km/h。

(3)行车道数:双向两车道。

(4)桥梁结构设计基准期:100 年。

(5)车辆荷载等级:公路-Ⅰ级。

(6)桥梁宽度:主桥 10.5m,引桥 10.5m。

(7)航道水位:设计最高通航水位为 213.455m(1985 国家高程基准)。

(8)设计基本风速:$V_{10} = 30.9$m/s(1/100)。

(9)航道等级:Ⅲ级。

(10)地震动峰值加速度:0.05g(地震烈度:Ⅵ度)。

2.2.2 场地基本情况

本桥通过的地貌单元主要为缓丘和江滩,地形起伏较小,地貌相对简单。通过的地层主要为某枢纽电站修建时的弃土场区域的粉质黏土、江滩上的卵石、泥岩、强风化砂岩、中风化砂岩,岩体较完整,节理裂隙不发育。覆盖层均较薄,桥址区域无断层通过,无崩塌、滑坡等不良地质情况,桥位整体工程地质条件较好。气候条件属于亚热带季风气候,温暖湿润,雨量充沛,具有春早夏长、秋雨连绵、夏季多暴雨、冬暖多雾之特点。

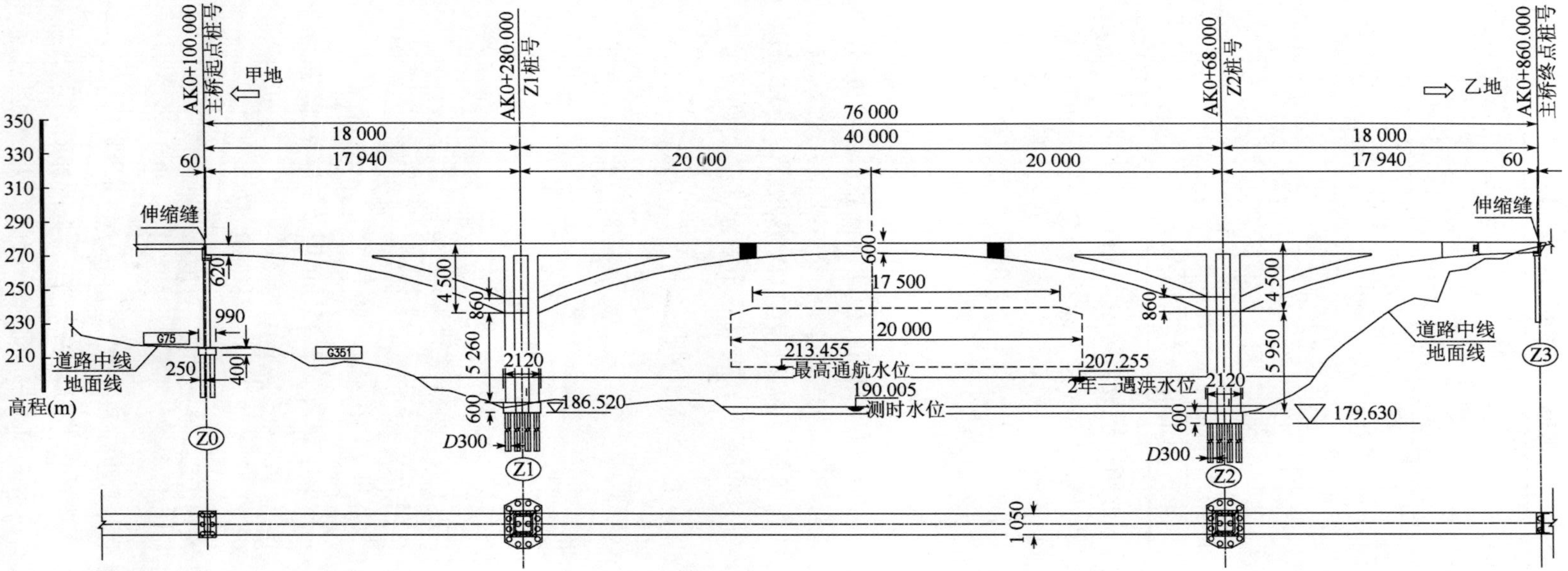

图 1 桥梁平立面示意图 (尺寸单位：mm)

160

2.2.3 桥型总体布置

桥位处地面线起伏较大,结合桥位处地形、地质和场地条件等特点,考虑工程的安全性、经济性、施工可行性及景观性,主桥采用180m+400m+180m=760m空腹式混合梁连续刚构桥,见图1。本文主要研究主桥,引桥不赘述。

3 空腹式钢混混合梁连续刚构桥方案设计关键技术探讨

3.1 方案的提出

经查阅相关文献资料及调研相关桥型,主跨跨径超过接近300m时,目前业内普遍不采用常规连续刚构形式,主要技术路线有以下几方面:

(1)主梁全部轻量化:主梁采用钢结构,如巴西里奥内特罗桥,主跨330m,但造价高昂,后期养护难度也较大;或采用超高强混凝土,如UHPC等,但目前尚在技术研究中,暂无实桥。

(2)主梁部分轻量化:即主梁跨中钢结构,如重庆石板坡长江大桥复线桥,主跨330m;或者主梁跨中采用轻质混凝土,如挪威斯托尔马桥,主跨301m。

(3)优化结构形式:目前,主流技术路线是采用空腹式连续刚构,建成桥梁较多,贵州甘溪桥为目前最大跨径,为300m。在建的贵州六枝特大桥,见图2,其主跨为320m,是世界范围的同类桥梁之最。

图2　六枝特大桥航拍图(空腹式)

(4)优化结构和主梁轻量化综合运用:即采用空腹式连续梁,但跨中部分采用钢结构,如福建三江口大桥(原名马尾大桥),见图3。由于结构体系为连续梁,且航道宽度不需要更大的跨径,主跨仅为240m。

图3　三江口大桥(空腹式+钢箱梁)

综上所述,目前无论是何种技术路线,真正成为现实的梁式桥最大跨径也只有330m,若要将跨径做到400m,在考虑经济合理、技术可行的情况下,必须综合运用刚构、空腹式和主梁轻量化等多重技术路线。鉴于目前主梁轻量化的成熟技术为钢箱梁,故本次桥型方案的结构形式选择了空腹式钢混混合梁刚构桥。

3.2 桥型总体布置介绍

借鉴在建的纳晴高速公路六枝特大桥和已建成的成功大桥等特大桥总体设计经验,拟定全桥跨径布置为180m+400m+180m,其中主跨分段为125m+150m+125m,其长度分别是混凝土梁段、钢箱梁段及混凝土梁段(图4)。

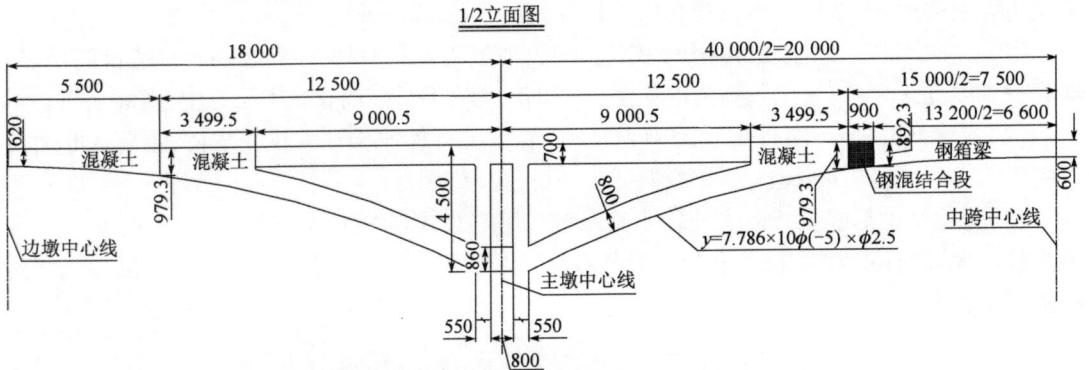

图4　400m主跨空腹式混合梁刚构桥上部结构布置示意图(尺寸单位:cm)

3.2.1 跨径总体布置拟定

(1)边主跨比的确定。

根据结构体系的划分,本桥首先是钢混混合梁刚构桥,故第一步研究其边主跨比。如表2所示,在已经建成或者在建的钢混混合梁刚构桥中,其边主跨比在0.32~0.69之间,但0.69和0.32都偏离常规值较明显,故一般边主跨比取0.38~0.5较为合理。本桥主跨为400m,则边跨范围在152~200m之间,结合桥址地形地貌及通航要求等,边跨确定为180m。

大跨径钢混混合梁刚构桥边主跨比等统计表　　　　表2

序号	桥梁名称	跨径组合(m)	钢梁长度(m)	建成年代	边主跨比	钢主跨比	桥址
1	石板坡长江大桥复线桥	138+330+104	108	2006	0.32	0.33	中国重庆
2	小榄水道特大桥	98+220+98	82	2006	0.45	0.37	中国广东
3	均安水道特大桥	110+250+110	107	2017	0.44	0.43	中国广东
4	鱼山大桥	180+260+180	85	2018	0.69	0.33	中国浙江
5	安海湾大桥	135+300+135	103	2020	0.45	0.34	中国福建
6	舟山港北通航孔桥	125+260+125	85	2020	0.48	0.33	中国浙江
7	舟岱大桥北通航孔桥	125+250+125	85	2021	0.50	0.34	中国浙江
8	套尔河特大桥	128+338+128	186	在建	0.38	0.55	中国山东

(2)钢梁长度的确定。

根据钢混混合梁连续刚构桥的特点,尚需确定跨中钢箱梁的合理长度。由表2可知,在已经建成或者在建的钢混混合梁刚构桥中,其钢梁长度与主跨比例在0.33~0.55之间,但0.55偏离常规值较明显,故一般钢梁长度与主跨比取0.33~0.43较为合理。本桥主跨为400m,则钢梁长度范围在132~172m之间,结合本桥同时还是空腹式刚构桥等因素,主跨钢箱梁长度确定为150m。

3.2.2 总体结构参数拟定

(1)总体结构参数介绍。

空腹连续刚构桥的主要设计参数见图5,参数有主跨径L、空腹上弦杆长度L_s、跨中梁高h、空腹区上弦梁高h_2、下弦梁高h_1、梁体根部总高度H、下弦梁底与实腹段梁底的过渡曲线幂次α等。

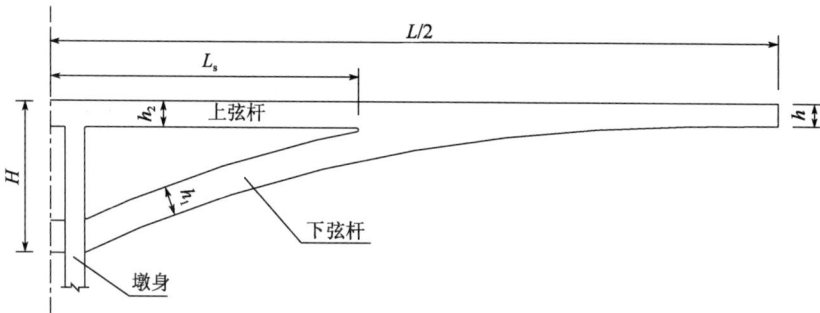

图5 空腹式刚构桥关键设计参数示意图

根据研究学者建议的总体构造参数取值以及实际工程的设计参数取值,总结得出空腹式连续刚构桥设计参数的建议取值范围:根部梁高H值应为主跨径的1/9~1/7、梁底曲线的幂次α最适合取在2.25~3.0之间、下弦梁高h_1宜取主跨跨径的1/50~1/40、上弦梁高h_2宜取空腹区上弦长的1/15~1/10、跨中梁高h宜取主跨跨径的1/70~1/50。据此,结合本桥400m主跨跨径及空腹上弦杆长度90.5m布置,则各参数范围分别为:44m≤H≤57m、8m≤h_1≤10m、6m≤h_2≤9m、5.7m≤h≤8m。鉴于本桥为钢混混合梁结构,各部结构尺寸一般取下限,故实际取值情况见表3。

400m空腹式钢混混合梁连续刚构总体结构参数表 表3

序号	参数名称	参数	取值范围(m)	采用值(m)	备注
1	根部梁高	H	44~57	45	$L=400$
2	下弦杆高	h_1	8~10	8	$L=400$
3	上弦杆高	h_2	6~9	7	$L_s=90.5$
4	跨中梁高	h	5.7~8	6	$L=400$
5	梁底曲线的幂次	α	2.25~3.0	2.5	—

(2)主要构件结构尺寸介绍。

空腹段箱梁上弦高度7m,下弦箱梁高度8m;常规梁段钢箱梁跨中高度6m;下弦根部至梁顶中心高度45m;箱梁高度及梁顶至下弦底缘距离按2.5次抛物线变化。中跨跨中钢箱梁、空腹区上、下弦杆横截面图依次见图6~图8。

163

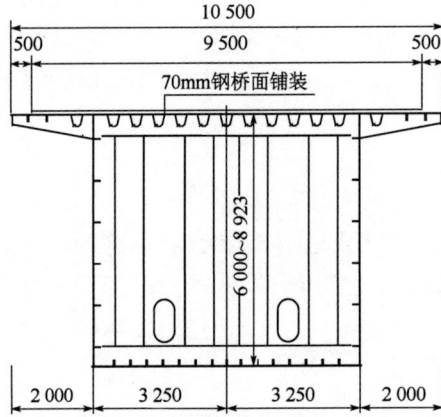

图6   主跨跨中钢箱梁横截面示意图(尺寸单位:mm)

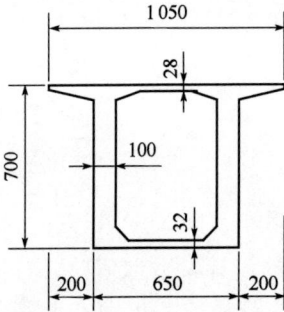

图7   空腹区上弦杆横截面示意图(尺寸单位:cm)

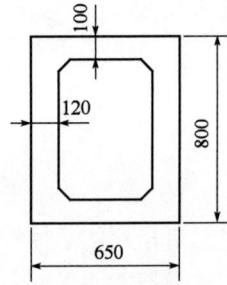

图8   空腹区下弦杆横截面示意图(尺寸单位:cm)

3.3   关键构造处理介绍

空腹式钢混混合梁刚构桥的关键节点主要包含上下弦杆交汇段和钢混结合段,此二处构造处理较关键,下面分述之。

3.3.1   上下弦交汇段构造处理拟定

空腹式上下弦交汇段一般有交叉式和汇合式两种。其上下弦杆交汇段构造应做到传力顺畅,力线方向变化的部位应设置必要的过渡段。其中交叉式过渡段传力路径更明确,但构造相对复杂,施工较困难;汇合式过渡段构造施工较方便,亦能较好地分散集中应力。鉴于本桥超大跨径,受力复杂,本次过渡段选择受力更明确的交叉式(图9)。交汇段设置上挑板与下挑板,板厚0.6m,为使交汇段刚度过渡均匀,上、下挑板平面设置成"U"形渐变形式,渐变长度4.5m。

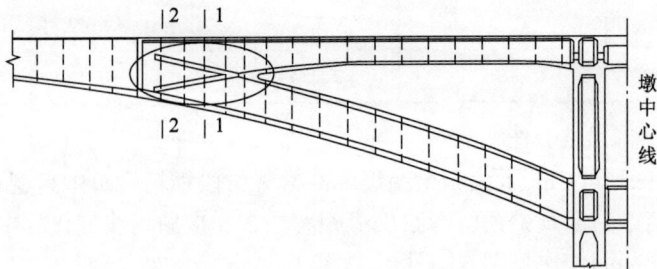

图   9

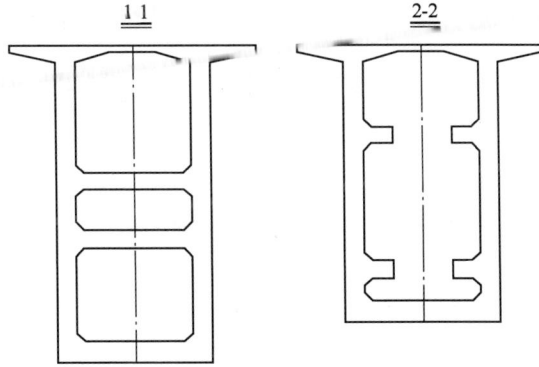

图9 交叉式构造形式示意图

3.3.2 钢混结合段构造处理拟定

在连续体系梁桥中钢混结合段不仅需要承受巨大的轴力,还需承受正负交替的剪力与弯矩,受力复杂,因此梁桥中的钢混结合段一般都是作为混合梁桥设计的重点。

混合梁结合段的结构类型通常有两种,即有格室和无格室。其中根据承压板的位置有格室又分为前、后、前后承压板三种不同的形式;而无格室根据承压板位置不同又分为后承压板、底板与后承压板组合两种形式。

根据相关文献研究成果,国内部分钢-混混合连续体系梁桥中钢-混结合段使用的结构形式一般为有格室后承压板、无格室后承压板及有格室前后承压板三种构造形式,其中最常用的是有格室后承压板结构形式。鉴于本桥跨径大、受力复杂,本次拟采用最常用有格室后承压板形式(图10)。

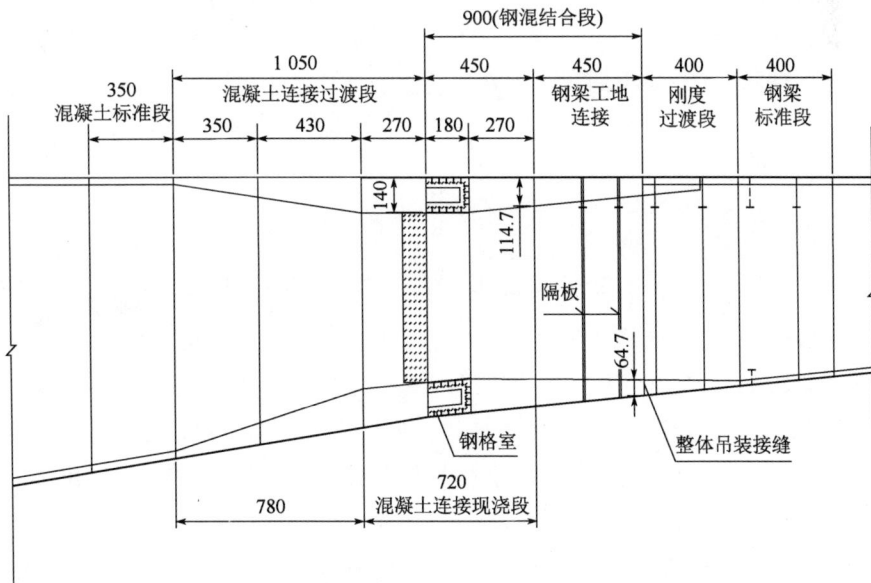

图10 钢混结合段构造形式示意图(尺寸单位:cm)

3.4 整体结构计算

3.4.1 主桥整体计算模型

通过有限元软件 Midas/Civil 建立三维模型进行桥梁整体分析,所有结构均按梁单元进行模拟;对墩柱根部进行固结约束,边跨梁进行竖向约束、横向约束,墩柱与梁连接采用刚接。整体模型见图11。

图11　桥梁整体计算模型

3.4.2　主要计算结论

按照现行《公路桥涵设计通用规范》(JTG D60—2015)对主桥进行整体计算分析,主要结果如下:

在频遇组合下,混凝土主梁按全预应力构件设计,未出现拉应力;钢箱梁最大拉应力167MPa。

在标准组合下,空腹段上弦及实腹梁段上缘最大压应力为17.6MPa,下缘最大压应力为16.3MPa;空腹段下弦梁段上缘最大压应力为15.5MPa,下缘最大压应力为12.8MPa;主墩最大压应力为15.7MPa。

主跨在活载(汽车)下产生最大竖向向下位移为10.31cm,$\delta/L = 1/3\,880 < 1/6\,000$($\delta$为频遇组合活载最大挠度,$L$为计算跨径)。

以上计算结果均满足规范要求,结构安全可靠。

4　结语

在充分考虑建设条件和桥位控制因素,借鉴大量国内外类似桥梁设计的成功经验,主桥创新性地采用了400m空腹式钢混混合梁连续刚构方案。该方案与传统的刚构桥方案相比,桥梁长度较短,各构件尺寸较小,降低了施工难度,避免了后期腹板开裂和主梁下挠,维护方便。该桥型较目前在建的主跨338m的套尔河特大桥主跨增长了约20%,填补了主跨400m级别的技术空白,并可为类似工程提供技术参考。

参 考 文 献

[1]　令狐垚.大跨度空腹式混合梁连续刚构桥设计构造研究[D].贵阳:贵州大学,2022.

[2]　彭元诚.大跨度空腹式连续刚构桥设计理论与方法[J].桥梁建设,2020.

[3]　张少勇,杨聪.钢-混混合梁连续刚构桥设计关键技术[J].公路,2018.

[4]　邓文忠,代彤.重庆石板坡长江大桥复线桥总体设计[J].桥梁建设,2006.

[5]　武电坤,杨兴,朱玉.马尾大桥跨江段主桥结构选型与设计[J].中外公路,2016.

[6]　林志习.安海湾大桥主桥的设计与施工[J].上海公路,2019.

[7]　甄玉杰,王鹏洲.大跨混合梁连续刚构桥设计要点研究[J].公路交通技术,2021.

[8]　易蓓,宗昕.六枝特大桥总体设计[J].世界桥梁,2022.

[9]　中华人民共和国交通运输部.公路桥涵设计通用规范:JTG D60—2015[S].北京:人民交通出版社股份有限公司,2015.

[10]　中国工程建设标准化协会.公路预应力混凝土空腹式连续刚构桥设计标准:T/CECS G:

D61-01—2020[S].北京:人民交通出版社股份有限公司,2020.

[11] 中华人民共和国交通运输部.公路钢筋混凝土及预应力混凝土桥涵设计规范:JTG D62—2018[S].北京:人民交通出版社股份有限公司,2018.

[12] 中华人民共和国交通运输部.公路钢结构桥梁设计规范:JTG D64—2015[S].北京:人民交通出版社股份有限公司,2015.

21. 中心城区地铁上方某跨线及跨河桥梁的总体设计

黄智华　诸兆益　沈慧捷　马晓刚　张大伟

（上海浦东建筑设计研究院有限公司）

摘　要：本文介绍了杨高路上跨芳甸路的跨线及跨河桥的桥梁工程总体设计，包括桥梁总体布置、跨径布置、结构形式选取、断面布置等。首先介绍了整个跨线桥工程与地铁的位置关系处理，总体布置方案，上部结构选型、孔跨布置等。然后介绍了洋泾港桥的总体布置所需考虑的因素，如地铁、管线、交通等，并对该处桥梁在施工及成桥的不同断面布置做了介绍。跨线桥跨越河道时，由于跨线桥在接近落地处无法在投影面下方布置地面辅道桥，导致该节点平面布置局促，总体布置难度较大。工程案例设计可作为经验总结，供相关类似工程参考。

关键词：杨高路芳甸路　跨线桥　跨河桥　地铁　总体设计

1　引言

1.1　邻近地铁的城市桥梁

由于城市轨道交通建设密度越来越大，其线位大多位于城市道路下方，车站常设置于道路交叉口处。同时，城市道路跨线桥或跨河桥也有较大的建设需求，因此车行道路桥梁越来越多的需要与地铁同位置建设。在地铁车站处，桥梁可以采取与车站合建的方案，相关工程案例[1-4]等均有不同的实践和研究。同时，如果车站距离桥梁中心线有一定的距离或者有较大偏心，采用桥梁与车站分离式方案也较多[5-6]，对于互相的受力影响均有不同程度的研究。

1.2　工程项目背景

随着浦东新区杨高路商务走廊的实施，地铁 9 号线 3 期及其芳甸路站的建设，拟同步实施道路节点立交方案，新建跨线桥一座，从芳甸路西侧起桥，杨高路跨越芳甸路，并跨越洋泾港河道后落地。洋泾港河道位于芳甸路东侧，现状有 50m 宽杨高中路老桥，需将其拆除，除跨线桥外，需新建跨河地面辅道桥和管线桥。桥梁方案总体布置需考虑地铁 9 号线的相互位置关系，以及施工期间交通组织和管线搬迁的方案及其影响。

1.3　跨线桥工程建设条件

1.3.1　交通组织及地下管线

杨高路为现状运行的主干道，位于中心城区，交流流量大，施工期间需满足临时交流流量要求。同时北侧受道路旁边民宅及其他建筑等影响,无可用道路供人行、非机动等通行便道的空间。

杨高路沿线管线众多,地铁九号线已经将影响地铁的管线搬迁至红线外南侧,并在现状洋泾港南侧新建一管线桥。但仍有南侧及横跨路口等管线影响跨线桥施工的未搬迁,桥梁设计需避让或者搬迁管线。

1.3.2 地铁9号线

跨线桥工程在杨高路北侧有地铁9号线盾构区间及车站通过,为东西走向,和杨高路平行,两盾构和道路中心线相距较近。车站位于芳甸路以东、洋泾港西侧,其外壁距离道路中心线最小仅5.5m。跨线桥、地铁盾构、车站、地面道路及河道等的位置关系如图1和图2所示。

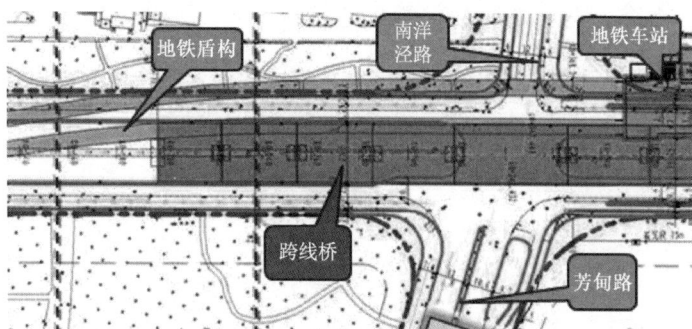

图1 跨线桥与地铁盾构位置关系

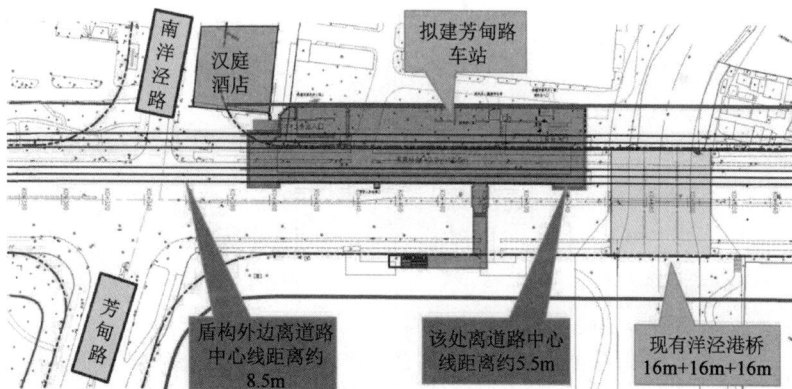

图2 车站、盾构区间及河道与道路中心线位置关系

1.4 地铁对本工程的影响与要求

(1)地铁盾构区间和车站使得桥梁桩基布置很局促,道路不能超出规划红线范围,桥梁桩基在平面上需与地铁保持一定距离,且只能布置道路中心线两侧很小的一个范围内。

(2)地铁要求桥梁桩基反力尽量小,单桩最大反力不超过约3 000kN,桩基采用长桩,尽可能减小工程实施引起的地铁结构变形量。同时,在靠近盾构一侧的钻孔灌注桩采用长钢护筒保护。

2 跨线桥总体设计

2.1 跨线桥与地铁分合建方案

在地铁车站位置,邻近工程9号线杨高中路站与民生路立交采用的是合建方案[2],车站位

169

置位于道路中央。本工程车站位于道路中心线北侧,若跨线桥往北侧偏移,难以满足地面辅道交通的要求,因此合建方案不太合适,跨线桥中心线位于规划道路中心处,可以采用桥墩与地铁车站分离的方案。将桥梁的桩基和桥墩集中在道路中心线附近,通过盖梁以及主梁的横向受力解决上部结构挑臂受力问题,整体布置满足抗倾覆要求。

2.2 跨线桥上部结构选型

城市桥梁上部结构常采用的结构形式有预应力混凝土大箱梁,预应力混凝土小箱梁,钢结构箱梁等。

预应力混凝土大箱梁方案,需要搭设满堂支架现浇施工,在地铁车站顶板会形成堆载,对现场交通及环境的影响较大,现场工期较长,方案不合理。

在芳甸路口位置:由于路中受管线影响不适合立墩,因此应采用大跨跨过,预应力混凝土小箱梁显然不合适,只能采用钢结构连续箱梁。

在其他位置,可以采用钢结构连续箱梁或预应力混凝土小箱梁结构,因此提出两个方案。

2.3 跨线桥梁方案比选

对于钢结构连续箱梁和预应力混凝土小箱梁方案,从以下几个方面来看,钢结构连续箱梁比预应力混凝土小箱梁更具优势:

(1)结构高度低。预应力混凝土小箱梁梁高较高,且需设置盖梁,因此其结构总体高度高。由于有利用桥下空间的需要,结构高度高,使得桥面高程较高,桥梁纵坡较大。钢结构连续箱梁的盖梁可以利用其自身的钢结构横梁的受力,将支座下的盖梁在横桥向长度缩短,留出桥下空间。

(2)自重轻。一方面,自重轻,桩基反力可以得到减小,从而以减小群桩的沉降对地铁造成的影响。另一方面,本工程位于交通繁忙的城市主干路,钢结构自重轻,减轻了运输、吊装的难度,施工难度降低,并且吊装重量轻,对地铁的影响小。

(3)跨径较大,与地铁间距大,桥墩位置有效避开了地铁车站的端头井等凸出位置。

(4)施工难易及工期。钢结构自重轻,运输、吊装重量小,对地铁不利影响小,施工更方便。小箱梁现场湿接缝工期相对长点,钢结构现场焊接相对较快,因此钢结构工期有优势。

(5)景观性。钢结构箱梁外形简洁轻盈,景观性好,在内环内市中心比较适合。

从经济性上来说,预应力混凝土小箱梁更具优势。

综合考虑道路总体、施工、景观、经济性等各方面,桥梁结构推荐使用钢结构连续箱梁。

2.4 跨线桥推荐方案总体布置

2.4.1 跨径选取

在一般段,跨径的布置主要考虑:①避开地铁出入口、人防连接口等控制点,合理跨径跨越洋泾港。②避开地铁车站平面上凸出的端头井等。③减小梁高,有利于道路纵断面线型。因此,标准跨拟采用40m左右,标准梁高为1.8m。

在芳甸路以西,盾构区间斜插进入桥下投影范围,需要合适的跨径避让地铁盾构,同时适当减小桥台后填土高度,以减小填土对地铁不利影响。

芳甸路以东部分,桩基承台需避让2号出入口通道、人防通道、端头井等。洋泾港桥需满足18m的通航净空要求、避开老桥、辅道桥桩基,管线等。因此布置了37.5m + 39m + 41m、40m + 37.5m + 2 × 24m 两联钢结构连续箱梁。根据地铁要求降低桥后填土高度,因此桥梁起桥点高度较低,为了满足桥梁结构高度以及桥下更换支座、养护检修的需要,需要在起桥处一定范围内的桥下空间处挖出一定深度的土坑,满足桥下净空需要。如图3、图4所示。

170

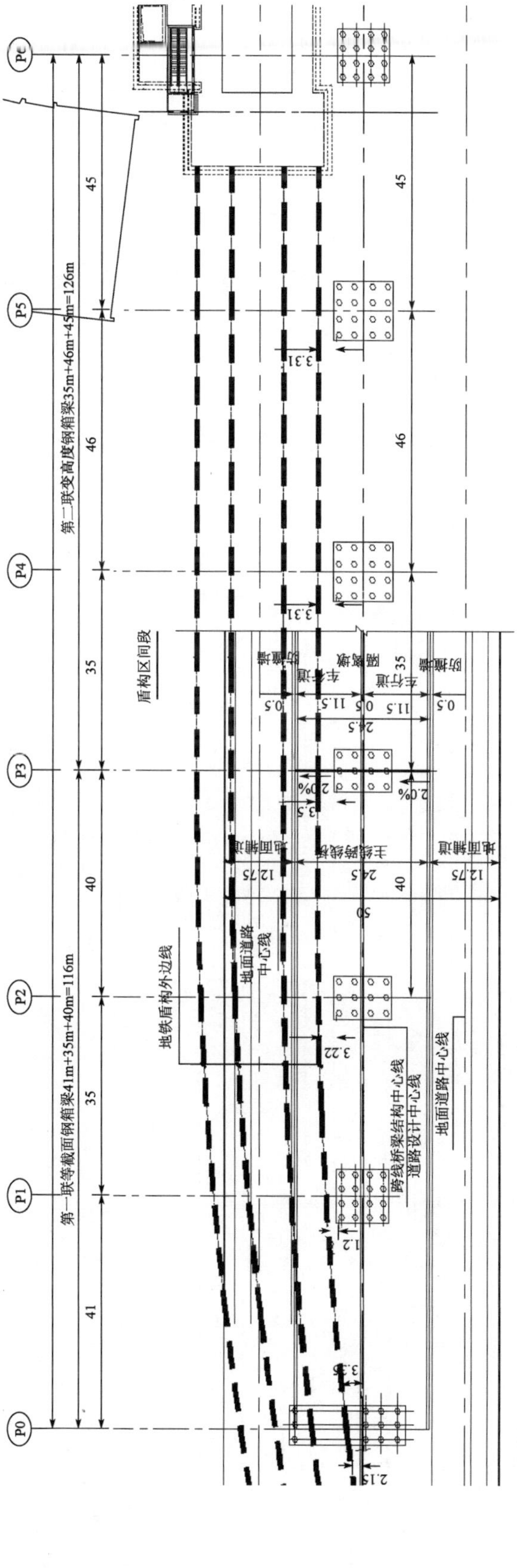

图 3　跨线桥总体布置平面图 (西侧, 尺寸单位: m)

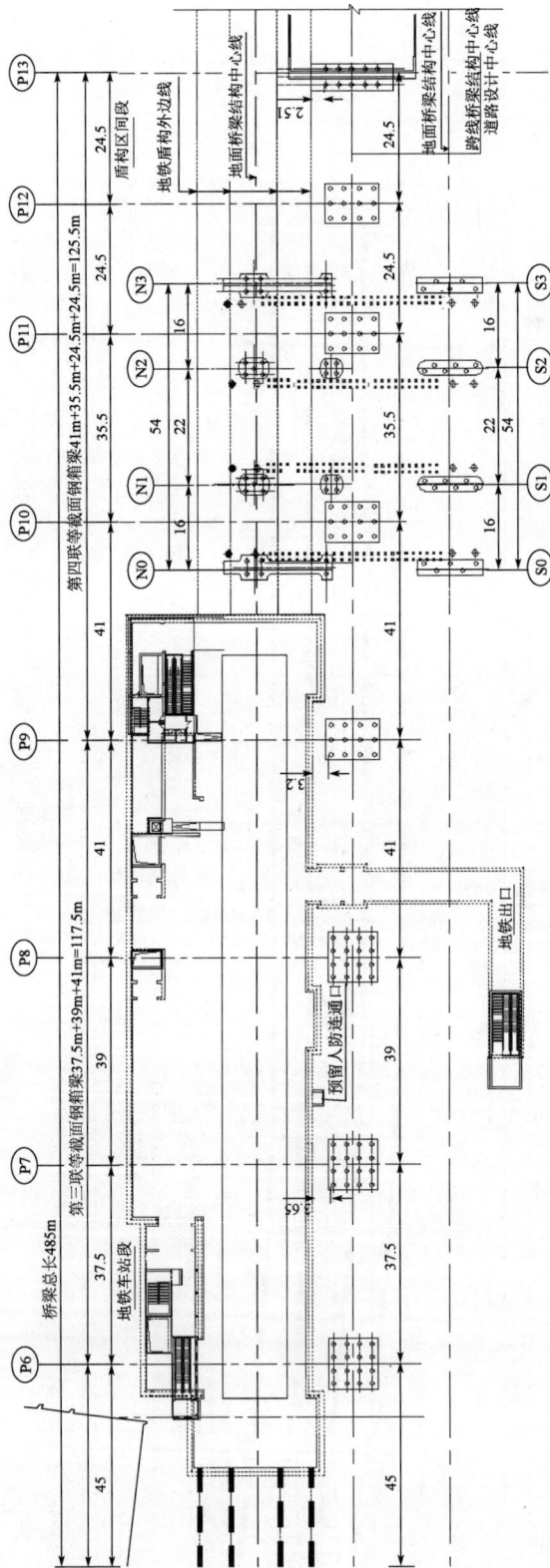

图 4 跨线桥总体布置平面图 (东侧, 尺寸单位: m)

172

2.4.2 横断面布置

跨线跨线桥与道路横断面保持一致,桥梁总宽为24.5m。如图5所示。

3 洋泾港地面跨河桥的设计

3.1 洋泾港桥老桥

洋泾港老桥跨径布置为3×16m,预应力混凝土空心板梁,全宽50m。桥上有众多管线。现状桥梁不满足通航净空的要求,拟先拆除,并按规划航道要求重建。拆除老桥对墩台可采用金刚石绳锯法等水下切割工艺,并拔除桩基。如图6所示。

地铁9号线先行施工,其承建单位在道路红线南侧新建一施工便桥和管线桥,目前施工便道桥已经通车,有一根东向西车道,其余为西向东车道。

3.2 施工期间交通组织和管线搬迁对桥梁结构的影响

本工程可先拆除北幅老桥,利用南幅老桥和施工便道桥维持交通,在此期间施工北幅辅道桥。然后地铁顶板完工可通车后,利用北幅辅道桥和施工便道桥维持交通,拆除南幅老桥,新建南幅辅道桥和洋泾港跨线桥。全部工程竣工通车后,可拆除施工便桥。由于杨高路道路交通在施工期间不能中断,因此在老桥拆除,南侧辅道桥未通车前,须增加北幅辅道桥的车道数来满足施工期间临时交通需求。因此北幅桥需临时加宽到18m,比成桥后宽出5.25m,宽出部分可在南幅辅道桥通车后拆除。

3.3 洋泾港地面辅道的设计

3.3.1 结构形式

跨线跨线桥跨洋泾港河道一跨35.5m跨过,为钢箱梁。北侧地面辅道桥下面有双线盾构穿过。杨高路为主干路,由于最大跨径为22m,因此采用横向连接较好的刚接空心板,其梁高较小,较为经济适用。

由于北幅辅道桥下有两个盾构区间需避让,因此桩基布置空间很有限,设置门架式盖梁,如图7、图8所示。

3.3.2 跨径布置

跨洋泾港河道的地面辅道桥梁,由于通航净宽要求不小于18m,梁底高程不低于+6.5m,且为了尽量降低辅道桥的桥面高程,减小桥头填方量,优化道路纵断面线形,需尽可能降低梁高。因此宜采用小跨径跨越河道,故选用了22m的中孔跨径。且结合河道蓝线,采用了16m+22m+16m的跨径组合。在平面上,桩基避开了老桥桩基,减少了老桥拔桩及相应处理的工作量和难度。

3.3.3 横断面布置

地面桥与道路横断面保持一致,其横断面宽为12.75m。南幅和北幅地面辅道桥断面相同。为了配合北幅桥在施工期间的交通需要,横断面宽18.0m。在南幅桥成桥,临时交通问题解决后,将多余的5.25m拆除。如图9所示。

3.4 洋泾港桥设计小结

洋泾港河道位置有跨线桥及地面辅道桥,均需跨越河道,与跨线桥不同的是,跨线桥在跨越河道后需要落地,故无桥下空间可供地面辅道桥行车用,因此桥梁布置平面无多余利用的平面空间,地面辅道桥的车道数也无富余。如果考虑到施工期间的交通组织问题,该处就成为一个平面位置紧张的节点。

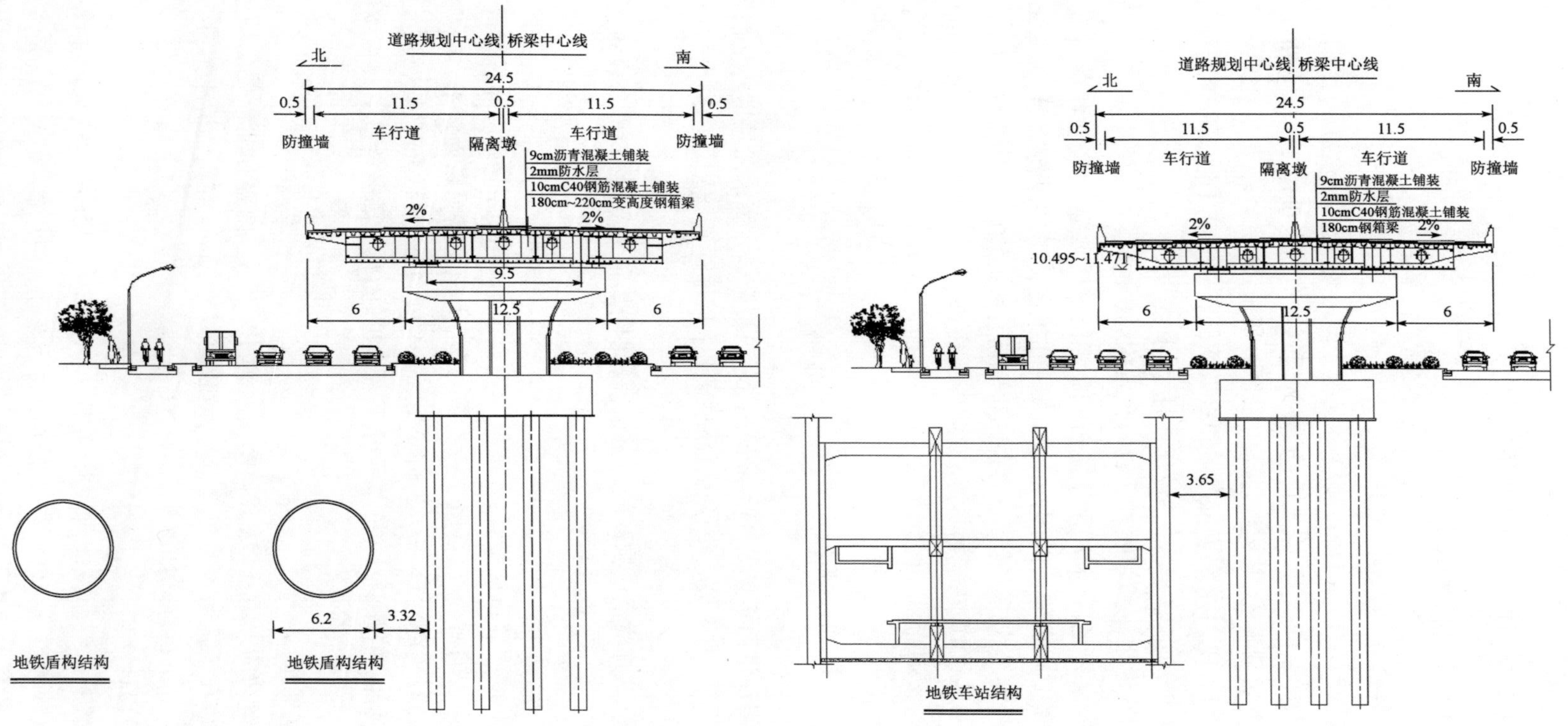

图 5　跨线桥总体布置断面图(尺寸单位:m)

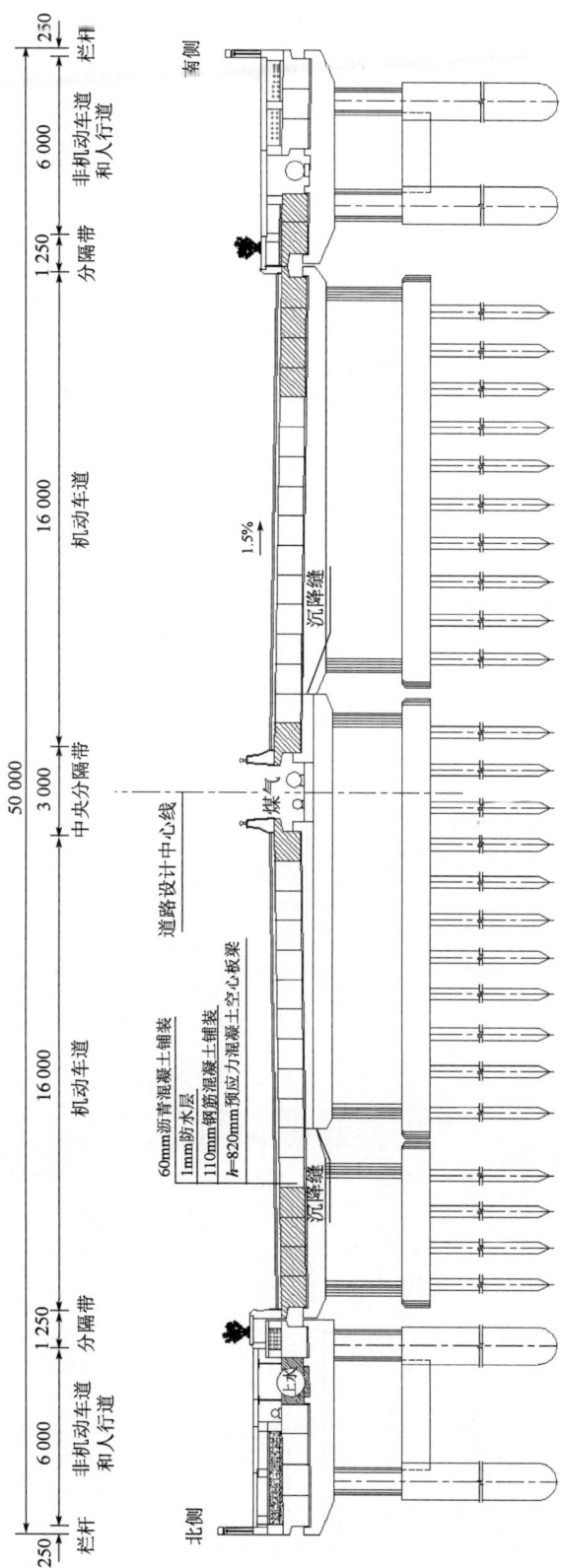

图 6 杨高路洋泾港老桥断面图 (尺寸单位：mm)

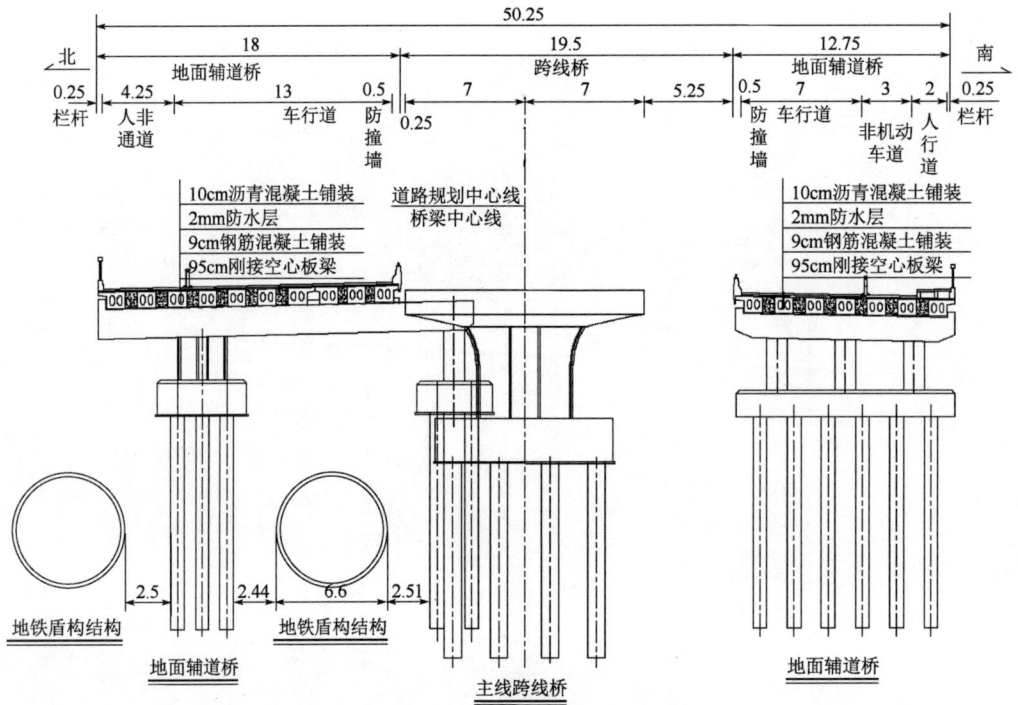

图 7　洋泾港桥施工期间断面图(尺寸单位:m)

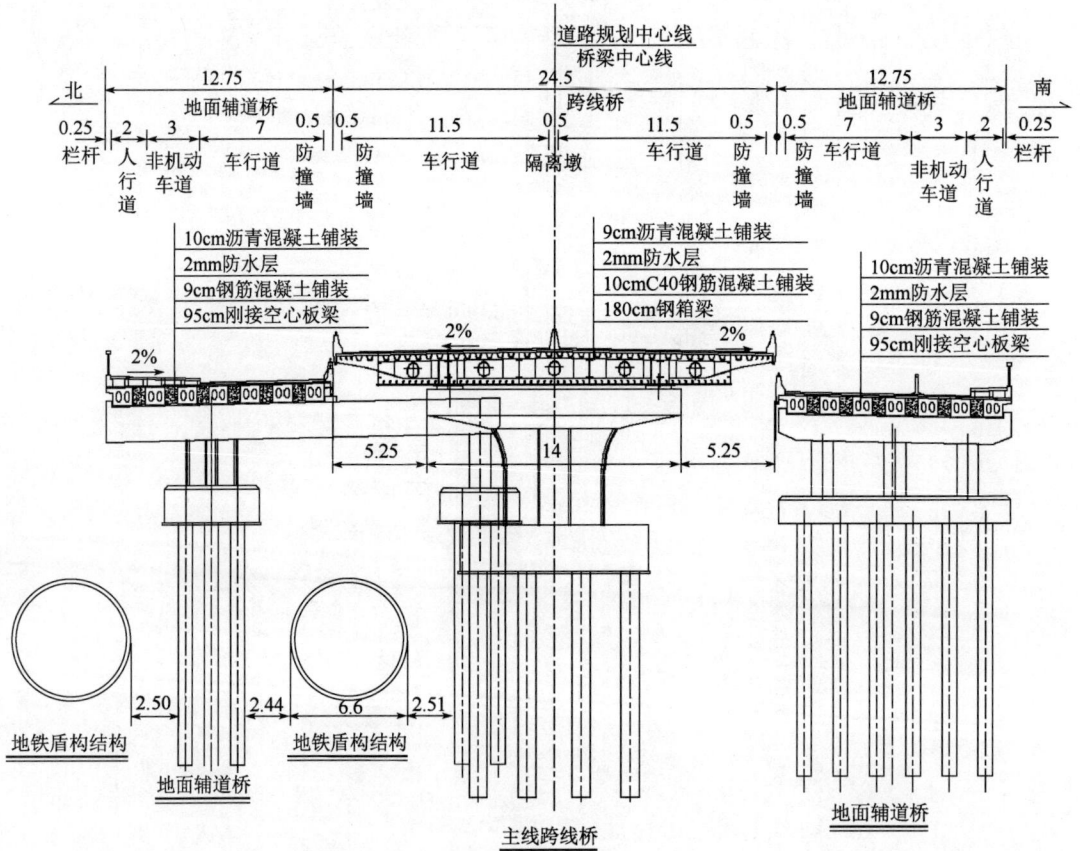

图 8　洋泾港桥成桥后断面图(尺寸单位:m)

176

图9 洋泾港桥施工期间现场图

杨高路为浦东中心城区主干道,交通量大,车道数多,施工期间交通不能中断,因此需要解决施工期间的交通问题。在跨线桥施工之前,辅道桥需要临时加宽,以满足交通需要,同时加宽部分的桥梁下部结构,由于作为永久结构,只能位于跨线桥结构的下方。本工程由于辅道桥跨越地铁盾构区间,因此桥墩和桥台需要设置门架,门架盖梁长度较长,伸入到跨线桥下方,故必须满足这部分结构的净空要求。

4 结语

杨高路芳甸路实施节点立交工程,结合地铁九号线的建设,拟同步实施。本文首先考虑了与地铁合建与分建的方案,然后对上部桥型方案比选进行了介绍,对桥梁与地铁断面、平面位置关系进行了介绍。由于是中心城区的既有道路,既有管线需要搬迁,桥梁孔跨布置需要对管线进行避让等,施工期间必须考虑交通组织问题,因此建设条件较为苛刻。地铁车站基坑开挖先于桥梁施工,避免了基坑开挖对于桥梁结构的不利影响。桥梁桩基施工在地铁施工之前,避免了对地铁的不利影响。

接着对洋泾港桥的总体设计进行了介绍,包括跨线桥和地面辅道桥。与高架跨河桥不同的是,跨线桥跨越河道时,由于跨线桥在接近落地处无法在投影面下方布置地面辅道桥,使得该节点平面布置局促,加上施工期间交通量大、管线多、跨越地铁等因素,总体布置较为困难,需要合理设计。

杨高路芳甸路跨线桥工程已经于2019年通车。工程的实施经验可为相关类似工程提供借鉴。

参 考 文 献

[1] 贺超,曾涛.城市跨线桥与地铁共建方案设计——以贵阳市某项目为例[J].四川建筑, 2023,43(6):120-122.

[2] 马晓刚.与地铁地下车站合建的桥梁设计[J].城市道桥与防洪,2021,(2):55-58,9-10.

[3] 胡显鹏.地铁站与跨线桥同期同位分离式合建方案设计研究[J].城市轨道交通研究, 2018,21(12):92-96.

[4] 杨家熙.地铁明挖车站与跨线桥同期同位合建关键技术研究[D].成都:西南交通大

学,2012.

[5] 周超,丁春林,李桂颖,等.跨线桥桥基与地下车站深基坑近距离施工相互影响分析[J].华东交通大学学报,2023,40(3):10-16.

[6] 曾东洋,李勃,叶欣欣.近接桥梁桩基的地铁车站基坑风险分析及措施应用[C]//《施工技术》杂志社,亚太建设科技信息研究院有限公司.2021年全国工程建设行业施工技术交流会论文集(上册).中交第一公路勘察设计研究院有限公司,2021:4.

22. 大运路潇河大桥主桥设计与分析

滕小竹

[同济大学建筑设计研究院(集团)有限公司]

摘　要：大运路潇河大桥主桥为世界首座大跨度空间斜对称纽带拱桥,桥梁跨径布置为 65m + 110m + 110m + 65m = 350m。通过横梁连接主、副拱与主梁形成拱梁固结,空间斜对称纽带拱桥力学特性转化为拱梁组合体系,结构自平衡,无水平推力;桥梁拱肋采用抛物线拱轴线、箱形断面,斜跨主拱跨径国内最大为 229m;主梁采用半封闭双边钢箱梁;对桥梁进行了空间静力、疲劳、稳定、抗震性能整体分析及拱脚局部分析,结果均满足规范要求。

关键词：拱桥　斜对称纽带拱　斜跨主拱　外倾副拱　拱梁组合　桥梁设计

1　引言

大运路潇河大桥位于山西省综改示范区大运路上,跨越潇河,与潇河南北路形成半互通立交,主线全长 1 164m,其中桥梁长 968m。大桥位于潇河景观核心区域,不仅承载着南北向的交通功能,也是重要的景观节点。

桥址位于太原盆地南部次稳定工程地质亚区,场地有一定厚度的粉细砂及细砂层,对抗震及桩基施工有不利影响。桥梁主要技术标准如下:

(1)道路等级为城市主干路,红线宽度 66m,设计速度为 60km/h。

(2)设计荷载为城-A 级。

(3)设计安全等级为一级,设计基准期及设计使用年限均为 100 年。

(4)地震设防标准:地震基本烈度 8 度,重现期为 475 年和 2475 年的地震动峰值加速度分别为 $0.221g$ 和 $0.426g$,设计特征周期 0.55s,主桥抗震设防类别为乙类。

(5)抗风设计标准:设计基准风速为 32.6m/s。

(6)水文及通航标准:百年一遇设计洪水位 776.4m,常水位 773.5m,无通航要求。

2　桥梁造型及总体设计

2.1　桥梁造型设计

大运路潇河大桥吸收"山、水、人、文"等设计元素,提取当地山水文化曲线要素,结合周边环境景观需求,独创螺旋形空间斜对称纽带景观拱桥,桥梁造型为世界首创。桥梁突破传统拱桥造型,主拱斜跨两个主跨,副拱分别位于主跨两侧向外倾斜伸展,中间通过横梁连接,演绎成闭合螺旋形空间斜对称纽带景观拱桥,景观上形成拱中有拱、景中有景的穿越感[1]和跃动感。螺旋形空间斜对称纽带拱结构空间丰富,采用黄金分割比例匀称美观,全角度视角均造型变化独特,游走在舒展、飘逸的拱肋之间,宛如置身三晋大地的山水变化之中(图1)。拱、梁、索均采用纯白色(金属色),体现纯净、自然、生态、科技的设计理念。

图1 潇河大桥景观效果

2.2 结构体系

桥梁拱肋由一片斜跨主拱、两侧外倾副拱组成,呈反对称形态,在拉索的作用下,存在顺时针扭转的趋势(图2)。

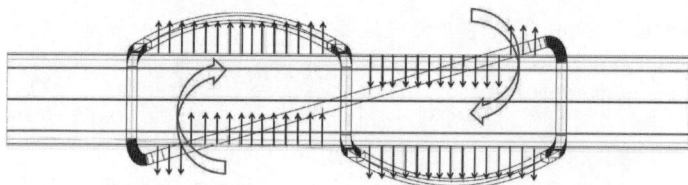

图2 主梁变形趋势

针对场地8度高烈度区,设计比选了拱墩梁固结、拱墩固结以及拱梁固结三种体系,前两种体系(图3)纵向水平推力过大,基础规模大造价高,拱墩固结体系主梁存在较大横向水平推力(图4);拱梁固结体系(图5)通过横梁连接主梁与主、副拱空间弯扭曲面拱脚,拱梁固结后在横梁下设置抗震支座,将受力复杂的空间纽带拱桥转化为受力明确的系杆拱桥。对于斜对称拱无法平衡的平面扭转问题,联合主梁平面刚度共同平衡,由箱梁承担拱肋纵向及斜向的水平推力,复杂的受力体系在拱梁体系内部基本平衡,水平向固定支座产生的最大水平力在边拱脚和中拱脚处分别为竖向力的6.5%和10.6%,减小了支座规格和基础规模。

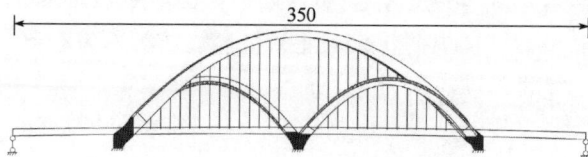

图3 拱墩梁固结、拱墩固结立面(尺寸单位:m)

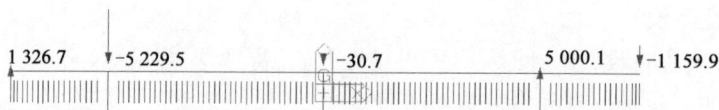

图4 拱墩固结主梁横向水平力(单位:kN)

180

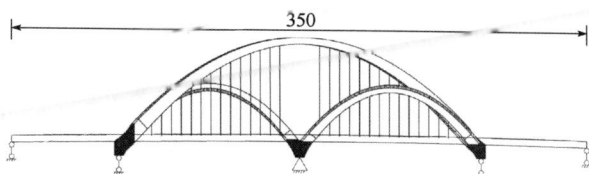

图5 拱梁固结立面(尺寸单位:m)

2.3 总体设计

桥位处潇河规划宽度约500m,考虑到防洪及景观要求,跨径布置为65m + 110m + 110m + 65m = 350m(图6)。主拱跨径229m,斜跨两个主跨后与外倾副拱通过横梁连接;外倾副拱外倾角度25°,分别位于桥梁主跨东西两侧于中支点处通过横梁相互连接,于主跨边支点处通过横梁与主拱连接,形成拱梁固结的拱梁组合体系,结构自平衡,无水平推力。

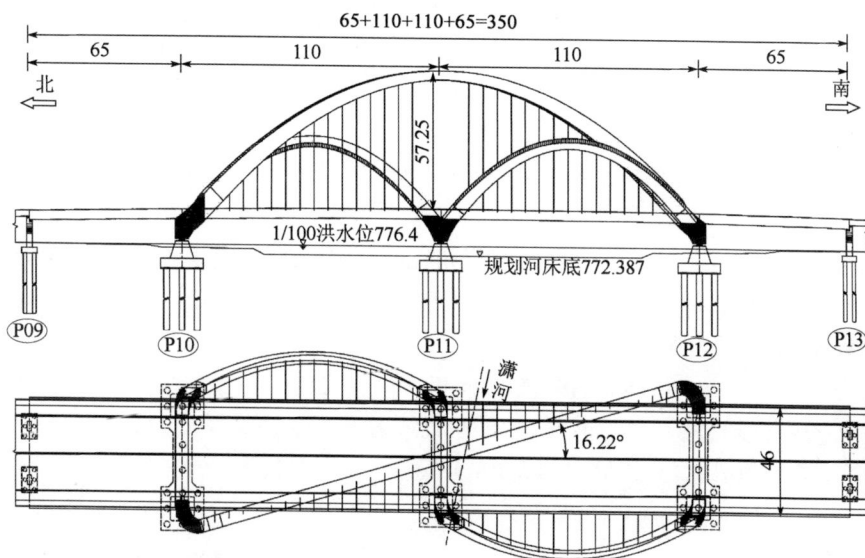

图6 潇河大桥主桥总体布置(尺寸单位:m)

大运路潇河大桥主、引桥平面位于路线直线段,桥梁立面位于半径6 000m的竖曲线上,主桥最大纵坡为1.5%,南、北引桥最大纵坡为3.49%;主桥宽46m,功能宽度44.5m,双向8车道,桥面布置为:2.5m(人行道) + 4m(非机动车道) + 0.5m(防撞护栏) + 15m(机动车道) + 0.5m(中央防撞护栏) + 15m(机动车道) + 0.5m(防撞护栏) + 4m(非机动车道) + 2.5m(人行道) = 44.5m(图7)。桥梁拱肋采用矩形钢箱断面,主梁采用双边钢箱梁断面,下部结构采用承台 + 群桩基础。

3 桥梁结构设计

3.1 拱肋

主桥斜对称纽带拱拱肋由一片斜跨两个主跨的大主拱,两片分布于主跨外侧的外倾副拱及其连接横梁组成,拱肋采用抛物线拱。

181

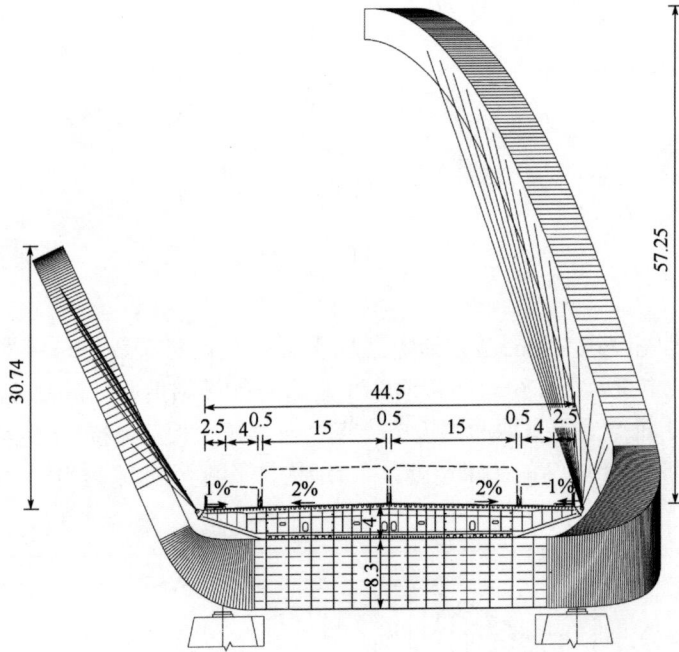

图7 边支点位置主梁横断面(尺寸单位:m)

（1）主拱。

主拱由主桥东南侧斜向跨越至西北侧;主拱在边拱脚处由主梁下的拱肋端横梁与副拱连接。主拱拱肋平面竖直,拱平面与纵桥向夹角为16.22°,跨度为229.12m,拱顶与桥面高程差57.25m。拱轴线主体段为抛物线,在拱平面内矢高为56.5m,跨度225m,矢跨比1/4;主拱拱脚与横梁采用 $R=10.5\text{m}$ 圆弧线连接;抛物线和圆弧线之间采用直线段过渡段顺接。主拱拱肋断面为矩形;拱肋抛物线段为变截面,与拱肋直线过渡段连接处尺寸为 $B \times H = 5.5\text{m} \times 8.1\text{m}$ (图8),在抛物线顶点处尺寸为 $B \times H = 5.5\text{m} \times 3.6\text{m}$,线性变化。

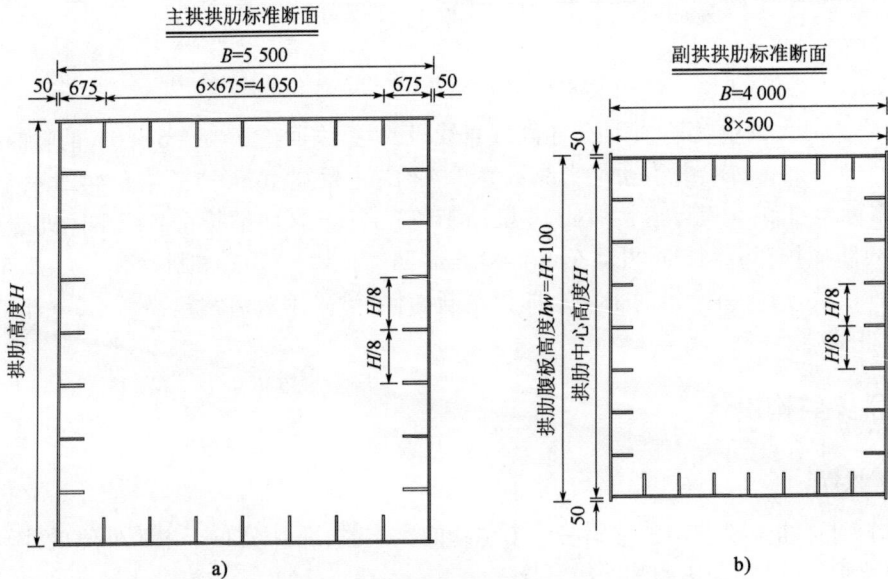

图8 拱肋标准断面(尺寸单位:m)

182

（2）副拱。

主桥两个主跨分别布置有一片副拱,南侧主跨副拱位于桥面西侧,北侧主跨副拱位于桥面东侧,两片副拱在中拱脚处由主梁下的拱肋中横梁连接,在边拱脚处由主梁下的拱肋端横梁与主拱连接。两片副拱构造一致,关于主桥中心点呈180°斜对称。

副拱拱肋平面横向外倾,外倾角度25°,跨径110m,拱顶与桥面高程差约30.0m。拱轴线主体段在拱平面内为抛物线,矢高为30m,跨度94m,矢跨比1/3.1;拱脚与横梁采用半径 $R=10m$ 圆弧线连接;抛物线和圆弧线之间采用直线段过渡段顺接。副拱拱肋断面为矩形,拱肋抛物线段为变截面,与拱肋直线过渡段连接处尺寸为 $B \times H = 5.5m \times 4.0m$（图5）,在抛物线顶点处尺寸为 $B \times H = 3.0m \times 4.0m$,线性变化。

（3）空间弯扭曲面拱脚。

主拱、副拱与横梁连接过渡段结构（即拱脚扭转段）既是实现大桥景观特色的关键,亦是主拱、副拱结构传力的关键部位。主、副拱脚均为弯扭曲面构件,由于受力复杂,设计采用 Q370qd 钢材,板厚40mm。

采用棱线为基准确定拱脚段外形,对于主拱,经拱脚段过渡后拱肋顶底板转换为横梁顶底板;对于副拱,拱脚过渡后顶底板转换为横梁腹板,最少化弯扭面数量,使得传力更加顺畅（图9）;优化隔板布置,根据棱线长度确定隔板与棱线交点,采用 BIM 放样空间隔板（图10）,确保加工操作空间与焊接质量;最终实现拱脚外在造型平滑美观、加工制造便利可行、结构受力连贯合理的目标。

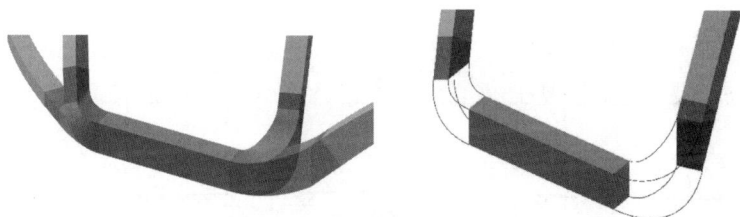

图9　拱脚段与横梁对接示意图

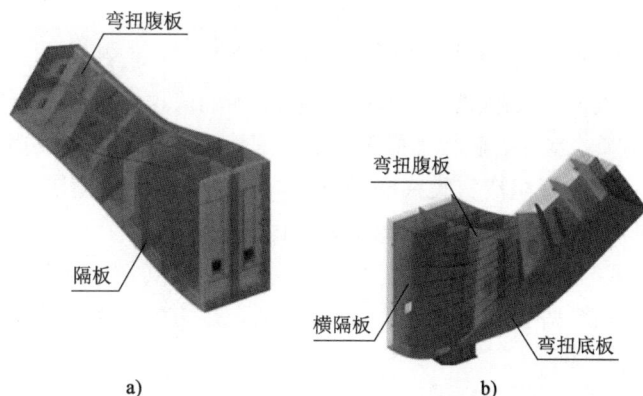

a)　　　　　　　　　　b)

图10　拱脚隔板布置示意图

（4）拱上锚固构造。

主、副拱采用吊耳形式与吊杆连接,吊耳与吊杆处隔板一体,由隔板伸出底板形成（图11）;拱上理论锚点设置于拱肋底板下方420mm处。

183

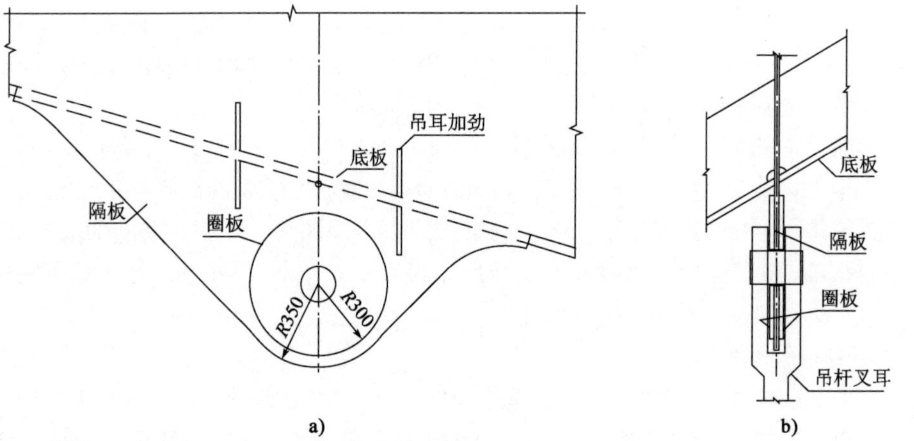

图 11 拱上锚固构造

3.2 主梁

主梁采用半封闭双边钢箱梁断面,中心线处标准节段顶底板外缘间高度 4.0m,标准断面宽度 44.5m(图 12),单边箱宽 8.7m,悬臂长度 7.55m,两箱室间净距 12m。主梁在横梁处通过大横梁与拱肋固结,在大横梁下设置两个支座,支座中心线距离桥梁中心线分别为 22.5m(主拱侧)、20m(副拱侧)主梁在过渡墩处设置两个支座,支座间距为 22.9m。

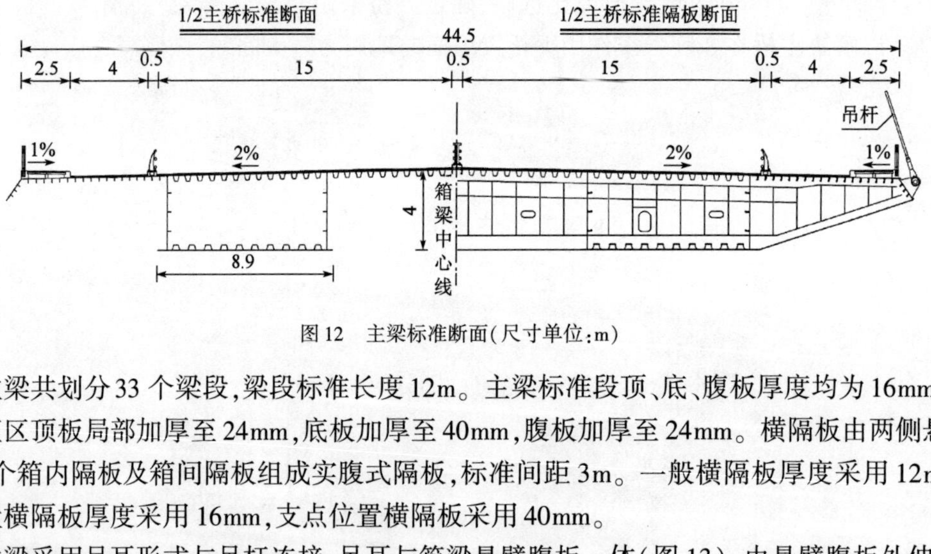

图 12 主梁标准断面(尺寸单位:m)

主梁共划分 33 个梁段,梁段标准长度 12m。主梁标准段顶、底、腹板厚度均为 16mm;中墩负弯矩区顶板局部加厚至 24mm,底板加厚至 40mm,腹板加厚至 24mm。横隔板由两侧悬臂腹板、两个箱内隔板及箱间隔板组成实腹式隔板,标准间距 3m。一般横隔板厚度采用 12mm,吊杆位置横隔板厚度采用 16mm,支点位置横隔板采用 40mm。

主梁采用吊耳形式与吊杆连接,吊耳与箱梁悬臂腹板一体(图 13),由悬臂腹板外伸形成,悬臂腹板与主梁腹板焊接,焊接位置有箱内及箱间隔板,以方便主梁恒活载顺畅的从主梁经过吊杆传递到拱肋上。

3.3 吊杆

主桥全桥共 4×14=56 根吊杆,长度最长 56m,采用标准强度 1 670MPa 镀锌平行钢丝拉索,规格为 PES7-73 和 PES7-121。吊杆梁上间距 6m,拱上顺桥向间距 6m,由于主拱斜跨、副拱外倾,全桥吊杆为空间扭曲面布置形式。吊杆在梁上和拱上均采用叉耳锚固形式。为使桥梁结构拱梁受力协同,纵横桥向对应的吊杆同步对称张拉。

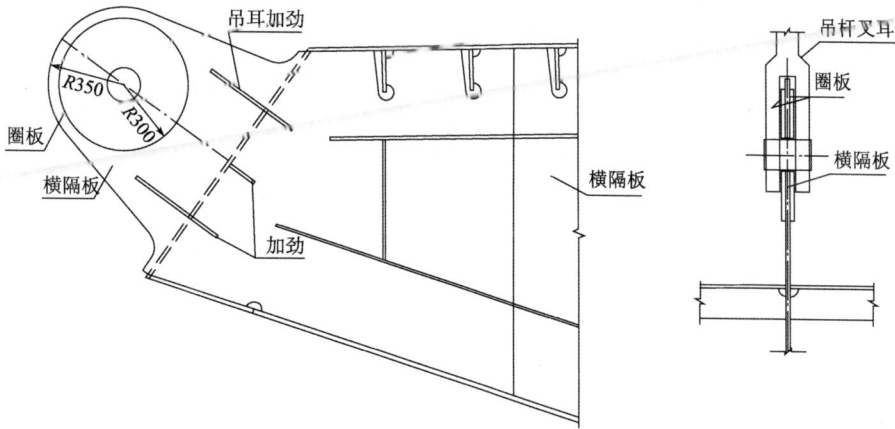

图 13　梁上锚固构造

3.4　桥面铺装

主桥桥面铺装采用浇筑式沥青混凝土,上层采用 45mm 厚改性沥青玛琋脂碎石(SMA-13),黏层采用改性乳化沥青,下层采用 35mm 厚浇筑式沥青混凝土(GA-10)[2],表面撒布粒径 10～15mm 的沥青预拌碎石,防水黏结层采用 MMA(甲基丙烯酸树脂)。

3.5　支座及其曲面调平结构

(1)支座。

经过详细的抗震分析和专项研究比选后,确定主桥采用减隔震体系。采用双曲面球型减隔震支座,以解决主桥在 8 度强震作用下桥梁纵横向地震力过大问题,减隔震支座设置在主墩墩顶和引桥盖梁顶。主桥主拱拱脚支座吨位为 6 000t,副拱近中墩处拱脚支座吨位为 4 000t,近边跨位置拱脚支座吨位为 3 500t。

(2)钢-UHPC 组合大吨位支座曲面调平结构。

为解决扭曲面拱脚结构下支座调平问题,采用钢-UHPC 组合大吨位支座曲面调平结构,实现拱脚处曲面支座调平功能,调平结构采用 6 块钢板进行十字交叉(图 14),解决空间曲面产生的坡度问题,在保证调平结构钢板承压满足需求的前提下,考虑到构造的耐久性及可靠性,在调平构件内灌入 UHPC,形成钢-UHPC 组合结构,将线性传载转换为面传载,增强了结构的一体性,同时将结构内空气排出,避免了钢材发生锈蚀的风险。

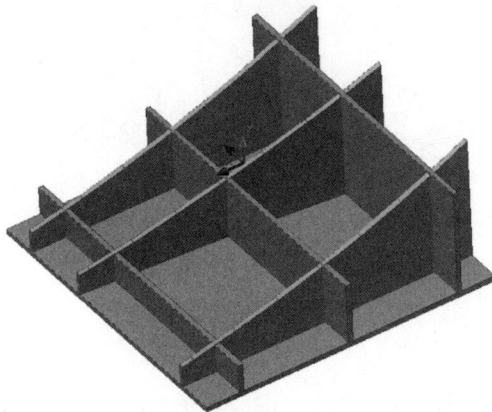

图 14　调平结构示意图

185

3.6 下部结构

主桥桥墩为四棱台型,上部尺寸为7m×5.4m,下部尺寸为10m×10m,墩高6.9m。承台尺寸18m×18m,厚度4m,采用3×3根φ2.5m钻孔灌注桩,承台之间采用系梁相连,系梁与承台等厚,宽度8m,系梁下设置2根φ2.5m钻孔灌注桩(图15)。

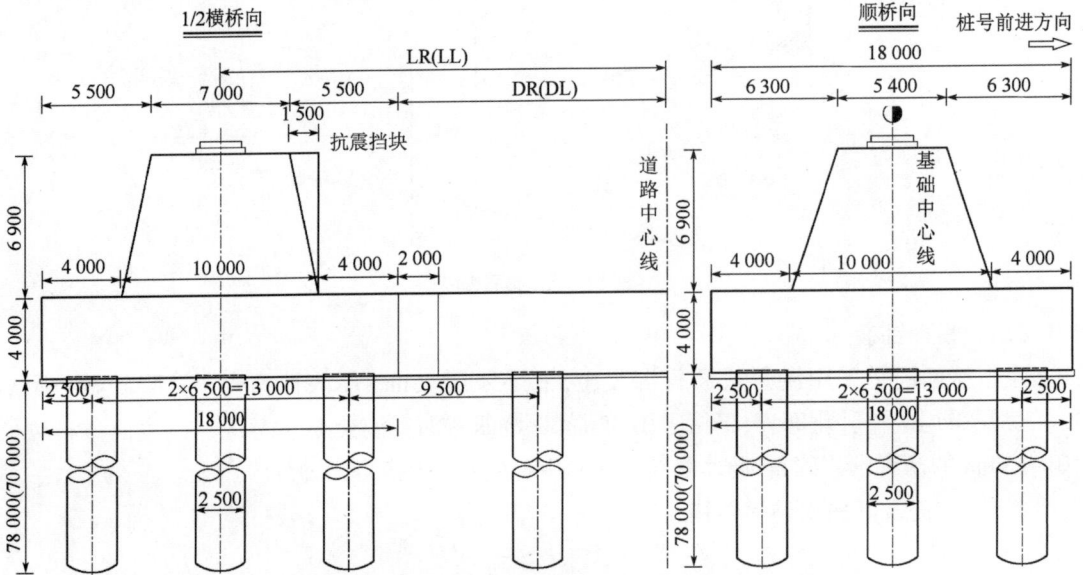

图15 主墩构造(尺寸单位:m)

主桥位于地震高烈度区,抗震设计采用减隔震体系,有效减少地震工况下基础受力。由于场地有一定厚度的粉细砂及细砂层,为保证结构安全,主桥桩基设置永久受力钢护筒,壁厚20mm。

4 桥梁结构分析

4.1 主桥整体分析

采用Midas Civil有限元程序建立主桥空间分析模型(图16),考虑主梁、拱肋施工阶段,进行全桥空间静力、疲劳、稳定、抗震性能分析。

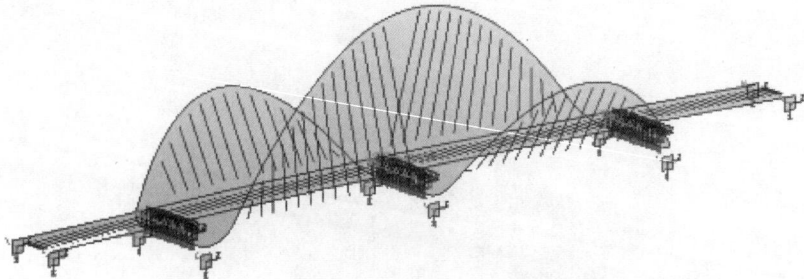

图16 主桥空间有限元模型

计算结果显示:

(1)静力强度,主梁基本组合上缘最大拉、压应力分别为191MPa、74MPa(图17),下缘最大拉、压应力分别为178MPa、178MPa,均小于计算控制应力;最大正、负号剪应力分别为

186

102MPa、103MPa,小于155MPa;拱肋基本组合最大拉、压应力分别为178MPa、175MPa(图18),小于270MPa;最大剪应力51MPa,小于150MPa,均满足规范要求。

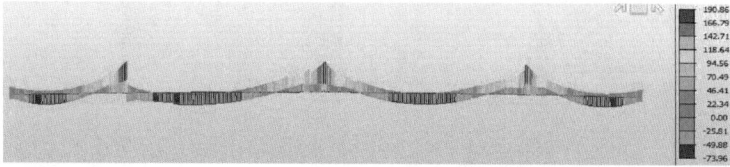

图17 基本组合主梁上缘应力包络(MPa)

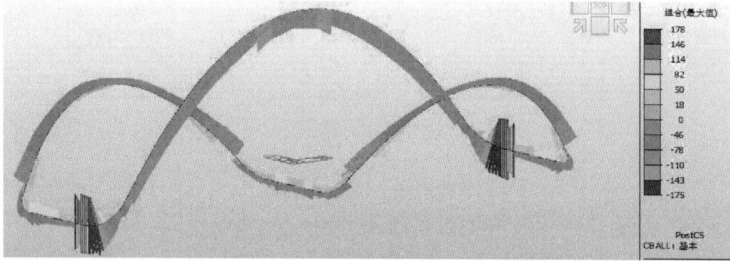

图18 基本组合拱肋应力包络(MPa)

(2)静力刚度,主梁活载挠度为40 + 16 = 56(mm) < 110/500 × 1 000 = 220(mm),主拱活载挠度为28 + 19 = 46(mm) < 220/1 000 × 1 000 = 220(mm),副拱活载挠度为9 + 6 = 15(mm) < 110/1 000 × 1 000 = 110(mm),均满足规范要求。

(3)疲劳强度,根据构造细节确定主梁、拱肋基材和主要焊缝的疲劳应力幅限值分别为76MPa和68MPa,吊杆的疲劳应力幅限值为102MPa,均大于参照疲劳荷载计算模型 I 计算得到的主梁、拱肋及吊杆疲劳应力幅,满足规范要求。

(4)整体稳定,拱肋整体弹性稳定系数为24.01,失稳模态为面外失稳。

(5)动力特性,全桥前5阶阵型自振频率和模态分别为一阶0.662Hz斜跨主拱横弯,二阶0.807Hz主梁反对称竖弯,三阶1.143Hz斜跨主拱竖弯,四阶1.261Hz斜跨主拱反对称横弯,五阶1.393Hz外倾副拱横弯。

(6)抗震性能,采用非线性动力时程分析方法,考虑相邻引桥对主桥地震响应的影响,计算减隔震体系下全桥地震响应并进行基础验算,桩基单桩容许承载力和截面强度验算均由地震力控制,现有桩基长度及配筋满足规范要求。

4.2 拱脚局部分析

主拱拱脚、副拱端拱脚和副拱中拱脚由于存在三维扭曲的情况,需要分析相应部位的屈曲情况。其中主拱拱脚的受力最不利,故本文仅简述主拱拱脚局部分析结果。

采用 Ansys 有限元程序对大桥主拱拱脚进行局部三维实体分析。建模部分从主拱轴线面外的起始弯折点开始,到拱箱与横梁相接处为止。模型较为准确地还原了实际拱脚内的横隔板、加劲以及开孔位置,并真实地反映各个板件的实际板厚。主拱拱脚实体模型外轮廓如图 19 所示。

计算结果显示,主拱拱脚内侧面受拉、外侧面受压;拱脚内部横隔板和加劲肋等构造的Von-Mises 应力绝大部分可以控制在 100MPa 以下;拱脚外四个外表面的 Von-Mises 应力大部分可以控制在 150MPa 以下,如图 20 所示。

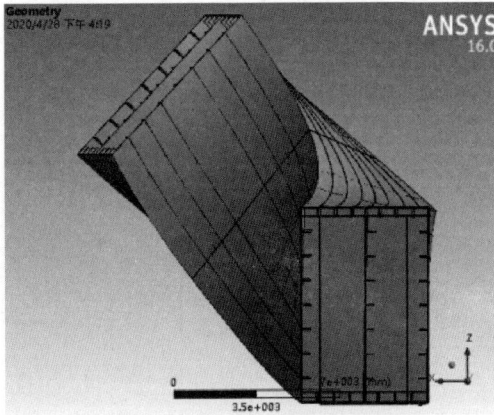

图 19　主拱脚实体有限元模型	图 20　拱脚应力分布图

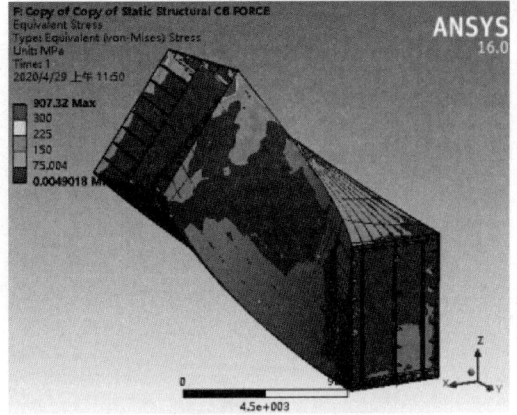

5　总体施工方案

由于潇河现状河道较窄,规划河道水面尚未形成,从施工速度和经济效益综合考虑,大桥采用少支架节段吊装施工方式,总体施工次序为先梁后拱:首先支架施工拱梁结合段,然后支架施工钢结构主梁至合龙,再支架施工至拱肋合龙后安装张拉吊杆,最后拆除支架施工桥面系,并将吊杆力调整至设计要求。

大桥为异形拱结构,为获得良好成桥内力状态,结构体系转换时,采用支座多向预偏技术进行优化:即拱梁结合段、钢主梁、拱肋支架施工时,设置横向和纵向预偏,在次中墩支座安装位移可控多向滑动装置,体系转换时,通过变形释放,减少支座恒载下水平力,并将斜跨钢拱不平衡推力产生的偏移值中和。

6　结语

大运路潇河大桥在国内创新性地首次采用空间斜对称螺旋形纽带拱桥,该桥结构形式新颖,造型美观。主桥由一片斜跨大主拱,两片外倾副拱及其连接横梁组成螺旋形纽带拱肋,与半封闭双边钢箱梁形成拱梁组合体系,结构自平衡,无外部推力,主拱、副拱采用钢箱形断面,拱轴线为抛物线,拱脚为空间扭曲面超厚板拱脚,支座位置采用钢-UHPC 组合大吨位支座曲面调平结构。桥梁采用双曲面球形减隔震支座,基础采用钻孔灌注桩基础。大桥的整体和局部计算分析结果表明:大桥结构力学性能良好,结构安全可靠,均满足规范要求,其设计和分析经验均为世界首创,可为今后类似工程提供参考。大桥已于 2019 年 6 月开始建设,2022 年 1 月竣工验收。

参 考 文 献

[1] 赵佳男,万杰龙,文杰.山西省综改区大运路桥美学构思与力学研究[J].世界桥梁,2022,(1):7-12.

[2] 胡会勇,赵健,任延龙,等.广州明珠湾大桥主桥总体设计[J].桥梁建设,2021,(3):93-99.

23. 衢州市双港大桥主桥设计与施工

方建平

（衢州市交通设计有限公司）

摘　要：随着国家交通运输需求的增长，我国桥梁建设的数量和规模与日俱增。在桥梁工程中，主桥的设计与施工方案是影响工程经济效益、安全性及耐久性的关键因素。结合衢州市双港大桥的现场条件，主桥设计采用 45m + 200m + 45m 下承式连续钢桁架拱桥结构，为双向六车道城市桥梁，通过 MIDAS Civil 进行了稳定性分析。鉴于环境因素与制约条件，采用整体步履顶推工法，将水中施工为主转化为陆上施工为主，使施工不受汛期影响，大大缩短了工期，为其他桥梁工程建设提供相关经验。

关键词：钢桁架拱桥　总体布置　结构设计　整体顶推

1　引言

随着国家交通需求的增长和桥梁设计理念的不断创新，我国涌现了一系列在国际上产生影响的桥梁。拱桥造型优美，容易与周围环境协调，而且拱桥跨越能力较大，因而经常在设计方案比选中被最终选用。现代拱桥施工方法按支撑方式可分为支架法、少支架法和无支架法，其中无支架施工包括缆索吊装、劲性骨架、悬臂浇筑和悬臂安装以及由以上一种或几种施工方法的组合。

同时，为了应对复杂环境对施工的挑战，顶推、转体等特殊施工技术在大跨径桥梁施工中得到了广泛应用。顶推施工早期应用于预应力混凝土连续梁结构，随着顶推施工技术和箱形薄壁结构有限元仿真技术的发展，顶推法也越来越多地应用在大跨度钢箱梁桥中；近些年来，在钢拱桥、钢管混凝土拱桥的应用也在逐渐增加。例如，2012 年建成的杭州九堡大桥为国内首座采用顶推法施工的梁拱组合结构桥梁；宁波新典路桥主跨 213m 钢箱拱桥，也采用了步履式整体式顶推施工方法，是国内跨径最大的整体顶推施工钢箱拱桥[1-4]。但总体上，采用整体式顶推施工的大跨径梁拱组合体系，拱肋多为钢箱拱。

当前大量的工程经验往往来自钢箱拱，对于钢桁架拱仍有部分关键技术需要进一步开展研究，具体表现在：①针对桁架式拱桥，结构的稳定性计算是施工安全的基础。②由于钢桁架拱从拱肋形式、结构受力特点均有别于钢箱拱桥，需要探索钢桁架拱桥顶推施工的技术特点与规律。因此，有必要对结构设计及其稳定性进行控制，并对相关施工难点予以探究。

基金项目：衢州市科技计划项目（No.2022K017）；浙江省住房和城乡建设厅建设科研项目（No.2022K081）。

2 工程概况

双港大桥是衢州市双叶线(新元路—叶家大桥)道路改造工程的控制性工程,是衢州市东西向的重要过江通道。双港大桥总长640m,其中主桥采用45m+200m+45m下承式连续钢桁架拱桥,东、西岸引桥分别采用(38+35+3×27)m和7×28m预应力混凝土等截面连续箱梁桥。双港大桥主桥布置图见图1。

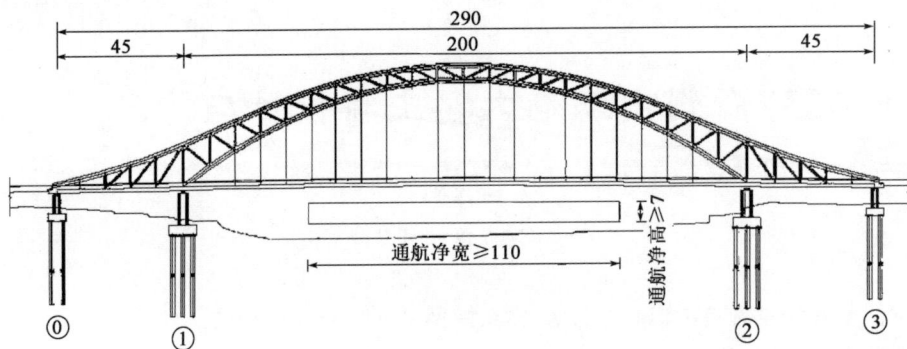

图1 双港大桥主桥布置图(尺寸单位:m)

3 主桥总体布置

主桥为下承式连续钢桁架拱桥,跨径布置为45m+200m+45m。主纵梁采用钢箱梁结构,主桥机动车道布置双向六车道,钢梁两侧挑臂布置人行道和非机动车道。主桥拱肋由2片桁架组成,2片拱肋间距26.5m,主桁外侧各挑出7.75m的悬臂用于支撑非机动车道和人行道,桥面全宽42m。主桥横断面及桥面布置见图2。

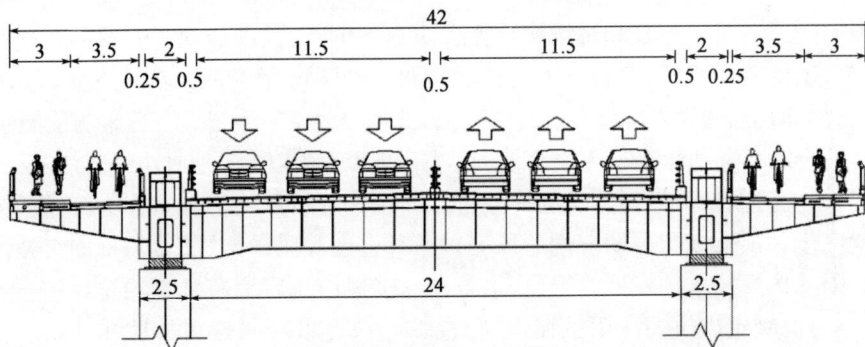

图2 主桥横断面及桥面布置图(尺寸单位:m)

每片拱桁架由上弦杆、下弦杆和腹杆组成。下弦杆采用二次抛物线,矢跨比1/5.556。上弦杆采用二次抛物线和圆曲线相结合,中跨部分采用二次抛物线,边跨至第三根吊杆之间采用圆曲线。钢桁架拱中桁高5.0m,中间支点处桁高14.5m。腹杆在中跨连接上、下弦杆,边跨连接上弦杆和主纵梁。直腹杆和斜腹杆每隔9.0m交错布置,全桥呈大N形分布。主拱与主纵梁通过整体节点构造连为一体,拱肋推力由主纵梁承担,不对基础产生水平推力。桁架拱桥通过设置于拱脚处的支座支撑于桥墩墩顶。中墩支座吨位45000kN,边墩支座吨位15000kN,均为球形支座。

190

4 主桥结构设计

4.1 桥拱肋

桥拱肋由 2 片桁架组成,每片桁架由上弦杆、下弦杆和腹杆组成。上、下弦杆采用矩形截面,截面高 1.5m、宽 1.3m,下弦杆拱脚处截面增大为高 1.8m、宽 1.3m。通过调整板厚度来适应不同区域的受力要求,上弦杆腹板及顶底板厚度为 20 ~ 35mm,下弦杆腹板及顶板厚度为 20 ~ 55mm。上、下弦杆纵向加劲肋采用钢板加劲,吊杆处设横隔板。拱肋纵向设置预拱度。

2 片拱肋通过 4 道钢桁架横向风撑连为一体。一道风撑包括上联、下联、前面和后面,每隔 36m 设置一道风撑,在中跨对称布置。

4.2 主梁

主梁采用等截面钢梁,桥面系采用新型钢-混凝土组合结构桥面板。钢主梁全高 2.5m,组合桥面板标准厚度为 158mm(150mm 厚混凝土桥面板 +8mm 钢底板),在横梁处设置加腋,桥面板厚度增加为 250mm,主梁全宽 42m。主梁纵向不设预拱度。

钢主梁为主纵梁、中横梁、端横梁、小纵梁组成的双主梁梁格体系,材质为 Q370qD。

桥面板为钢-混凝土组合结构,桥面板的钢底板焊接于纵梁和横梁顶板上,每一个由纵、横梁形成的矩形格子间设置一块钢底板;钢底板上现浇混凝土形成组合桥面板。

4.2.1 主纵梁

全桥共设两片平行四边形断面主纵梁,中心距 32.5m、高 2.5m,每 9m 为一个标准节段;顶底板 25 ~ 55mm,腹板 30 ~ 55mm。

主纵梁每 3m 设置一道横隔板,分别与横梁位置相对应。

4.2.2 横梁、小纵梁

小横梁顺桥向基本间距 3m,跨中梁高 2.265m,端部梁高 2.52m,采用工字形断面。顶板尺寸为 600mm × 25mm,底板尺寸为 600mm × 25mm 或 600mm × 30mm,腹板厚 14mm。

中横梁采用矩形箱形断面,箱宽 2.6m,顶板厚 25mm,底板厚 25 ~ 30mm,腹板厚 20mm;端横梁采用矩形箱形断面,在引桥支座位置设外伸牛腿,端横梁箱宽 3.0m,顶板厚度 25mm,底板厚度 25 ~ 30mm,腹板厚 20mm。中横梁和端横梁高度在主纵梁处与主纵梁同高,即 2.5m,跨中为 2.765m(顶面形成 2% 横坡,底面平坡)。

横断面上设三道小纵梁,三根小纵梁在横断面上基本按照均分原则布置。小纵梁采用工字形断面,高 400mm,顶板尺寸为 600mm × 25mm,底板为 400mm × 25mm,腹板厚度为 12mm。

4.2.3 人行道板

人行道板和非机动车桥面板采用带加劲的 12mm 的钢板。钢板支撑在沿桥梁纵向布置的工字型钢上,工字型钢支撑于横向挑臂上。

4.3 桥面板

桥面板采用新型钢-混凝土组合结构桥面板。组合桥面板由钢底板、带孔钢板(PBL 键)、现浇混凝土、钢筋和焊钉等组成。

组合桥面板与两片主纵梁不直接连接,主要支撑于小纵梁和横梁上。钢底板四边焊接在纵、横梁的顶板上,厚度为 8mm。每个由纵、横梁形成的矩形格子间设置一块钢底板。

钢底板上的带孔钢板沿顺桥向布置,标准间距为 400mm;带孔钢板设置在钢底板上方,厚度为 10mm,高度为 100mm,开孔直径为 50mm,开孔间距 100mm。

现浇混凝土板的标准厚度为 150mm,在与纵、横梁连接处设置加腋,桥面板厚度增大为

250mm。混凝土桥面板标号为C50，采用低收缩、高抗裂、高韧性的混杂纤维混凝土。

剪力钉主要布置在纵、横梁顶面以及靠近纵横梁的加腋处，采用 ϕ22mm 圆头焊钉，高度为 200mm 和 120mm 两种规格，材料为 ML15Al。剪力钉标准间距为 200mm × 200mm。

4.4 吊杆设计

吊杆在顺桥向间距9m。吊杆采用环氧涂层钢丝成品拉索，直径为 7mm，抗拉强度为 1 860MPa，弹性模量为 2×10^5MPa，产品性能满足《环氧涂层高强度钢丝拉索》（JT/T 902—2014）技术要求。承载力计算吊杆安全系数≥2.5。吊杆型号为 EPES-7-109。吊杆在拱、梁端锚头均为冷铸锚。

4.5 水平系杆设计

为改善组合桥面板受力，避免组合桥面板的混凝土裂缝宽度超过规范限制，在每片钢主纵梁箱室内布置水平系杆索（体外预应力）。水平系杆索通长布置，穿过每个横隔板，在梁端锚固。水平系杆索采用环氧钢绞线，主梁每侧主纵梁箱内各布置4根水平系杆索，每根系杆由30股 ϕ15.2mm 钢绞线组成。

4.6 下部结构设计

主桥墩采用柱式墩，立柱尺寸为4m×4m，每个墩柱下设置一个承台，采用 C35 混凝土，承台为矩形截面，承台尺寸为 13.75m × 10m，厚 3.5m，两个承台之间通过系梁连接，系梁宽7.5m。基础采用钻孔灌注桩，采用 C30 水下混凝土，每个承台下布置 12 根直径 1.5m 钻孔灌注桩，横向系梁下布置 1 根直径 1.5m 钻孔灌注桩。

边桥墩采用柱式墩，立柱尺寸为 2.5m×2.5m，每个墩柱下设置一个承台，采用 C35 混凝土，承台为矩形截面，承台尺寸为 10m×7m，厚 3.5m，两个承台之间通过系梁连接，系梁宽4.5m。基础采用钻孔灌注桩，采用 C30 水下混凝土，每个承台下布置 6 根直径 1.5m 钻孔灌注桩，横向系梁下布置 1 根直径 1.5m 钻孔灌注桩。

4.7 结构稳定验算

本桥采用 MIDAS Civil 进行结构的稳定性验算，其中恒载包括结构自重和二期恒载，活载为六车道城市 A 级，得到结构的一阶失稳模态如图 3 所示。整体稳定安全系数为 6.72，其失稳模态形式为主拱面外失稳，满足拱桥的整体稳定性安全系数 K 大于 4 的要求。

图 3　结构一阶失稳模态

5　主桥施工方案

大桥上跨的衢州市江山港流域属于典型的山区性河流，平时水流平缓，洪水时暴涨暴落，流速非常大，根据水利部门要求，主汛期（每年 4 月 15 日至 7 月 15 日）不得在水中施工。根据合同要求，本项目桥梁施工工期只有 17 个月，这其中还历经两个"春节"假期。鉴于衢州双港大桥桥位处的航空高度限制、桥位河道泄洪特定要求等施工复杂制约条件，针对大跨径下承式钢桁架拱桥的结构特点，提出顶推施工方案。尽管钢箱拱桥顶推施工的许多成功经验可以应用于钢桁架拱桥,但由于钢桁架拱从拱肋形式、结构受力特点均有别于钢箱拱桥,并且对于各种形式主梁连同其协作结构体系由于顶推重量重、顶推墩反力人、顶推时主结构和临时结构受力复杂,常规拖拉式顶推装置将难以适用。在经过多方案比选后,本桥主桥采用整体步履式顶推施工方案进行施工,步履式顶推具有设备操作便捷,临时垫梁与顶推装置分离、受力明确,以及纠偏方便、高程易调整的特点。施工时在主桥西岸进行整体拼装,再向东顶推至桥位。主桥钢结构拼装由水中转向陆地,不受汛期影响,且拼装时能够同步展开4个工作面,极大提升工作效率、缩短工作时间,同时还能改善施工条件,有利于工程质量保证。

5.1 支架搭设

在河岸和河中共设置17组顶推支墩,岸上设置11组拼装支墩,支架搭设完成后,在顶推支墩墩顶分配梁上安装1 000t的步履式顶推设备。

5.2 梁体吊拼装

在厂内制造钢梁杆件单元,汽车运输至现场。主梁、横梁、横肋均采用先在地面上将2~3个制造节段拼装成为一个吊装段,再整体进行吊装的拼接方法。为调平设计纵向坡度,在主梁下方设置垫梁,垫梁随主梁同时安装,自桥梁中心向两端依次拼装主纵梁、横梁及横肋、小从梁、挑臂、桥面板等。

5.3 拱肋支架安装

梁体安装结束后开始安装拱肋支架。单个拱肋支架由4根$\phi325 \times 10$钢管和Ⅰ20工字钢组成。钢管上方设置HW250×250型钢横梁。拱肋支架与桥面主纵梁顶板焊接、与拱肋下弦底板焊接、拱肋安装支架用于拱肋吊装定位,也用于顶推施工中钢桁拱结构的加强构件,全桥共设置10组拱肋支架。

5.4 拱肋及风撑吊装

待拱肋支架完成后,钢拱肋从两侧拱脚往中间进行安装,拱肋下弦2个制造节段现场拼装成一个吊装段,拱肋上弦2个制造节段加两个腹杆现场拼装成一个吊装段。采用260t汽车起重机依次吊拼拱肋下弦吊装节段、拱肋上弦及腹杆吊装节段,待拱肋拼装至风撑位置,采用2台260t汽车起重机抬吊吊装拱肋风撑,风撑至拱脚向跨中同步对称安装。

5.5 系杆、吊杆安装

待拱肋及风撑安装完成后,穿设全桥系杆索。

5.6 整体顶推施工

第一步:启动液压泵站,移桥器中顶升油缸被顶推构件顶起。

第二步:将顶升油缸截止,顶推油缸向前顶推一个行程,被顶推构件向前顶推1 000mm。

第三步:顶推油缸截止,顶升油缸缩缸,被顶推构件落在临时支墩上。

第四步:顶推油缸缩缸,重复以上步骤,直至被顶推构件顶推至安装位置。

第五步:顶推就位后,利用步履顶精确调整钢桥位置后进行钢桥支座的安装,支座安装就位后由顶推支墩上18台步履顶同步完成进行落梁施工。

第六步:拆除拱肋支架,进行第一次吊杆张拉,绑扎钢筋,浇筑桥面混凝土。

第七步:待桥面混凝土达到设计强度后对称张拉两端水平系杆,拆除水中及岸上临时支架附属结构施工,而后进行全桥吊杆和水平索的索力调整,主桥施工完成。

6 施工难点及注意事项

钢桁架拱桥采用整体步履顶推施工在特定的施工环境下具有较多的明显优势,但在确定采用顶推法施工前需对如下两个施工难点进行重点关注,提前谋划。

6.1 桥梁纵坡调整

为了桥梁美观,大部分桥梁主桥设计为中间高、两边低的人字坡。桥梁顶推的过程,就是桥梁整体平移的过程。受千斤顶纵向行程的影响,为保证桥梁可顺利通过每个支架,则支架顶高程需按照桥梁梁底最低点设置,如果梁体纵坡较大,在顶推过程中需不停对支架换手墩进行抄垫。因为梁底高差,不停地进行抄垫会严重影响顶推的速度,而且如若抄垫未垫实,将造成相邻支点受力不均,应力超出材料上限,对梁体结构造成不可逆的破坏,存在较大的安全隐患。针对该问题,本工程的处理措施为在梁底增设垫梁,用以调平桥梁底部的纵向坡度。设垫梁的优点是千斤顶不与主梁直接接触,主梁受力均匀,有利于施工过程中对主体结构的保护。设了垫梁之后对换手墩无须再进行抄垫,顶推施工速度较快,且有利于桥梁施工线形控制。设垫梁的缺点是垫梁钢材使用较多,增加了工程的临时措施费用。

6.2 主梁局部加强

在顶推施工过程中结构的受力和线形与成桥差别较大,顶推过程中结构受力与边界条件会不断变化,施工过程中有可能需要对原有的结构进行局部加强。本工程根据实际的施工过程采用 MIDAS Civil 软件建立了桥梁施工全过程的有限元整体模型及局部模型。通过分析计算,为了增强钢梁局部刚度,加强主桥在顶推施工过程中的安全性,防止局部受力突然加大时主纵梁产生变形,在原主纵梁隔板间(间距 1 500mm)每隔 500mm 增加 1 道高 340mm,厚 12mm 的加劲隔板,用于加大主纵梁底板的强度和刚度,全桥共需增加加劲隔板 768 件。

7 结语

主桥结构与施工方案的合理设计是影响工程经济效益与安全的重要基础,而在涉及复杂施工环境时,常规的施工方法难以适用;根据主桥结构设计、周边施工环境以及制约条件,介绍了本工程实际采用的整体步履顶推施工方法及技术特点。

衢州市双港大桥于 2021 年 12 月底开工建设,2023 年 1 月 5 日主桥顶推到位。主桥拼装时间共约 4 个月,顶推时间共 25d。主桥采用整体顶推施工,将水中施工为主转化为陆上施工为主,减少了水中支架且施工不受汛期影响,工期大大缩短,取得了良好的经济效益和社会效益。

双港大桥顶推重量达到 12 000t,是全国整体顶推施工的下承式钢桁架桥重量之最,双港大桥的建设可为我国类似桥梁的建设提供借鉴。

参 考 文 献

[1] 蔡向阳,肖威,赵志平.新疆果子沟钢桁梁斜拉桥总体设计及关键技术[J].公路,2012, (5):148-154.

[2] 侯满,王茂强.毕都北盘江大桥钢桁梁设计关键技术[J].世界桥梁,2018,46(3):1-6.

[3] 邵长宇.九堡大桥组合结构桥梁的技术构思与特色[J].桥梁建设,2009,(6):42-45.

[4] 陈友生,闵玉,邓亨长,等.软土地层变截面钢系杆拱桥顶推施工技术创新[J].公路, 2022,67(8):260-265.

24. 高质量城市滨水空间系列景观桥设计
——苏州河桥梁景观提升及南上海地标"上海之鱼"景观桥设计

许瑞红[1,2] 蒋晓飞[2] 钱凯敏[1] 崔 洁[3]

(1. 上海千年城市规划工程设计股份有限公司；2. NEXT 建筑事务所（中国）；

3. 天津城建设计院有限公司）

摘 要：滨水空间犹如城市流淌的血脉，是现代城市最具生机的活力新空间和地域特色汇集地。打造高质量滨水空间包含"以水为引导"促进城市生态、文化、沿岸土地开发三个维度。本文从城市滨水空间单体桥梁设计要点着手，进而串联提升至系列桥梁整体规划设计原则和理念，以上海母亲河苏州沿线桥梁景观提升和南上海地标"上海之鱼"景观桥设计为例，进行系列景观桥分析设计。

关键词：系列桥梁 高质量滨水空间 景观桥梁 方案设计

1 引言

古往今来，城市依水而生，因水而兴，滨水空间作为城市灵动活力空间，更是承载城市景观、文化和经济的重要载体。设计师通过创意，规划水陆之间的景观界面，展示城市水脉特色，提高城市环境质量，促进城市社会经济协调发展。桥梁作为滨水空间不可或缺的沟通构件，兼具连接、生态、人文属性，是滨水生态系统高效组成部分，更是滨水空间的高光关注点，被打造成"网红"的事例屡见不鲜。

20 世纪 90 年代以来，我国交通大发展及城镇化建设推进，桥梁的功能早已超过了跨越和交通，景观功能越来越受到人们的重视。本文从高质量滨水空间微观和宏观的打造维度着手，分析滨水空间单体桥梁设计要点，进而引申至系列桥梁设计原则和理念。

2 滨水空间系列景观桥梁设计原则

2.1 现代高质量城市滨水空间打造理念

滨水空间是现代城市珍贵的资源，是涵盖自然生态、人工物质和社会人文的多要素区域。高质量城市滨水空间的打造以水为驱动力，优化配置城市资源，形成和谐共生的水-城-人系统。高质量城市滨水空间包含如下三个维度：

（1）以水促进城市生态：以水系为骨架构建城市发展的空间布局。水系的基本功能排与蓄，赋予滨水空间生态弹性。依据水系的季节变化、降雨丰枯及人工调蓄规律，恢复生态系统自愈能力,以最低的影响力开展人类活动,将城市本底转化为蓝绿色基底。

(2)以水彰显文化积淀:建立生态与文化引领城市发展格局,利用滨水生态带将城市历史记忆和文化地标有机的联系在一起,用水讲故事,为市民提供有历史感和文化魅力的开放性滨水空间。

(3)以水驱动土地开发:以共生关系重新建立城市开放空间、水域、建筑、快慢交通与自然环境的关系,妥善处理滨水空间可达性和可见性,实现蓝绿网络组织的公共空间,提升土地价值和民众幸福感。

高质量城市滨水空间以规划筑面、路网塑骨、水系为脉、桥梁点睛、景观锦上添花的创意之势,打造蓝绿生态基底,发扬城市文脉,提升土地综合价值。景观桥作为多维滨水空间极具生机的表现元素,赋予新的使命和意义。

2.2 单体桥梁景观设计原则

桥梁美学涵盖技术、艺术和社会多重属性,单体桥梁须满足如下必要条件。

(1)结构受力合理,构件传力路径明确。

建筑大师圣地亚哥·卡拉特拉瓦常以人体或动物的动态结构分析作为设计灵感来源,认为美态能够由力学的工程设计表达出来。落实到景观桥梁设计中表现为:结构重力分布合理;结构支撑给人安全稳定的心理暗示;结构内部遵循力学原理,各部分有机结合共同抵抗外力,保持平衡。

例如,中承式拱梁组合桥通过中、边跨比例的合适选取尽量减小中墩推力,同时达到协调的视觉效果。不对称独塔斜拉桥的桥塔、拉索和桥面形成稳定的三角形,倾斜桥塔的自重对塔根弯矩加较小边跨对塔根弯矩与较长中跨平衡,形成极具张力的结构体系。典型案例如图1、图2所示。

图1 中承式拱梁组合桥结构受力图示	图2 东台市惠阳大桥结构受力矩图示

(2)构件纵横向分割比例符合黄金分割。

世界上许多经典艺术品和建筑物中,黄金分割比随处可见。最体现桥梁外观特征的跨径比例、桥下净空高度和桥面以上结构高度的因素,也应符合和谐的比例范围,才给人视觉上的愉悦感。图3所示为构件纵横向分割比例符合黄金分割示意图。

如图4所示,五跨中承式提篮拱桥,主桥跨径采用不等跨布置,配以高低错落的大、中、小拱桥面以上分别高68.6m、45.7m、38.5m,桥面距水面高约28m,拱梁纵横向比例和谐、流畅。

(3)桥梁与环境协调,与自然景观、人文景观和谐共生。

桥梁须与周围环境协调、融合。如图5所示,"上海之鱼"雕塑公园主、次入口桥是湖畔路通往湖心公园的门户桥梁,采用双层斜跨拱桥,飞虹斜渡,园路路径顺应上下拱梁桥轴线,结构呼应园中雕塑作品,为游人提供多角度的观景空间。

196

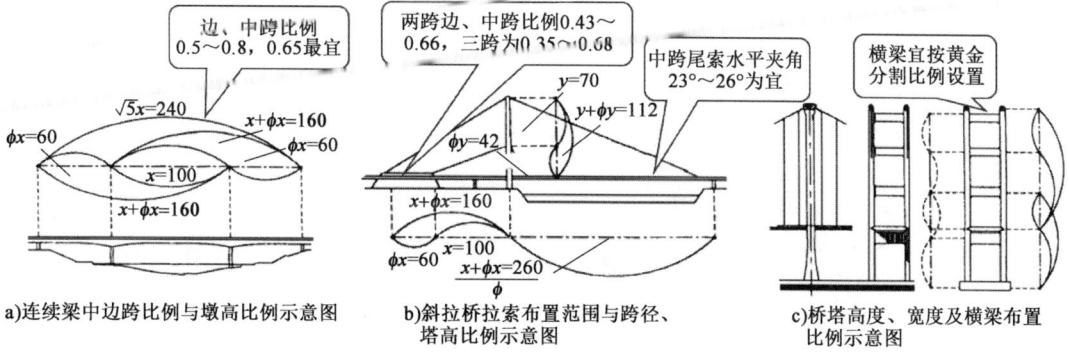

a)连续梁中边跨比例与墩高比例示意图   b)斜拉桥拉索布置范围与跨径、塔高比例示意图   c)桥塔高度、宽度及横梁布置比例示意图

图3 构件纵横向分割比例符合黄金分割示意图

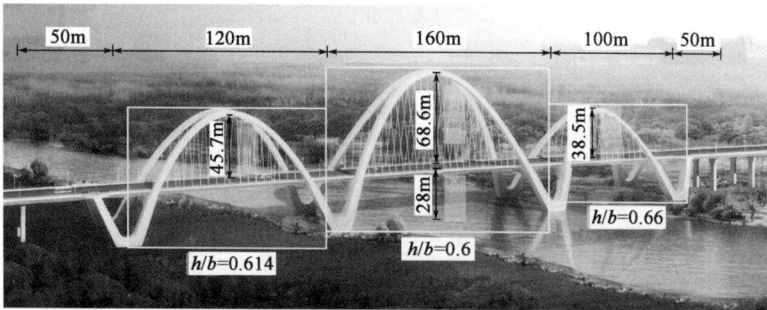

图4 构件纵横向分割比例符合黄金分割

图5 "上海之鱼"主入口桥

(4)方案设计体现创新,拒绝具象。

创新是推动社会发展进步的原动力,创意是对重复、简单的否定,突破思维定式,超越现有实践范畴,为世界留下一处处人文景观奇迹。当代新锐建筑设计大师的桥梁作品,从全新的角度塑造桥梁建筑形态,令人耳目一新、精神振奋(图6)。桥梁设计使用年限为几十乃至百年,太过具象的方案不能充分展示结构美,难以经得起时间考验。

(5)注重地域人文性格。

桥型设计注重地域特质和人文性格,北方景观桥梁较多选用高大、耸立结构,南方则多注重线条婉约流畅及细节体现。

图6 桥梁创新方案和具象方案对比

2.3 系列桥梁规划理念和设计原则

鲜明的系列桥梁是滨水空间独特的形象名片,设计者应从城市功能角度出发,深入解读上位规划,充分考量滨水空间整体地形地貌和历史文脉,在单体桥精心设计的基础上对系列桥梁进行整体风貌规划,满足未来发展的需要。系列桥梁应遵循的设计原则如下。

(1)系列桥型设计应符合城市规划的功能分区。

系列桥梁应从桥所在区域规划重要性出发,理清区域系列桥梁的脉络、层次,确定桥梁总体景观形态和主要特征,提炼设计元素,抽丝剥茧,最后落实到单体桥梁的景观设计上。商业中心桥型现代但不高耸;居住休闲区桥型尽量设置多角度的行人观景设施;文化政治中心桥型宜庄重有内涵。

(2)系列桥型方案应和谐统一、和而不同。

系列桥梁设计应注意协调与统一、主从与侧重、对称与均衡、稳定与动势等常见的造型手法,并考虑观景视点移步,高低错落,形成滨水景观空间高低起伏的节奏感和独特的韵律感。并可遵循分段规划的原则,将滨水空间划分为数个主体色彩分明的区域,既相互呼应又和而不同。

3 滨水空间系列景观桥梁案例

3.1 苏州河桥梁景观提升

苏州河是上海的母亲河,跨越百年的苏河桥梁建设是上海城建史的光辉篇章。外白渡桥承载城市历史记忆,新时代桥梁展现改革开放风貌。黄浦江滨江和苏河滨河将建设成为承载上海国际大都市核心功能的重要空间标志性载体。坚持高起点规划、高标准建设、高水平管理,努力将"一江一河"沿岸打造成为城市的"项链"、发展的名片和游憩的宝地。

按照建设世界级滨水空间的总目标,百里苏河沿岸定位为特大城市宜居生活的典型示范区,苏河桥梁景观提升力图延续城市发展文脉,突出桥梁功能性、艺术性和生态性,打造独特的海派桥文化。

东段"精做"——历史传承区:人流量大,以外白渡桥为代表,多具有历史价值且造型优美而被市民广泛接受。在保持原有形态的基础上拟仅进行修复、细节提升等工作。

中段"雅做"——城市活力区:人流量大,多为近年新建项目,作为景观提升是重点区域,以精致、美观、有亮点作为设计目标,突出重点桥位。景观提升方案涵盖桥体涂装色彩、外包装饰、增设可阅读桥铭牌、无障碍设施、附属设施安全隐患整治等多项内容。桥梁夜景照明通过沉浸式演绎、艺术探索、记忆复刻的景感创意方法,让灯光成为与人共鸣的"精灵",全方位建立"共情"感,使桥梁焕发新的活力和生机。

西段"简做"——简约现代区:人流量逐渐减少,以交通功能为主,将大气、简约、利于后期养护为目标。强家角桥拱肋涂装采用简洁、素雅的浅灰色,与夜景绚烂色彩形成对比;主梁采用浅色涂装以弱化桥身结构的厚重感。古北路桥、泸定路桥和祁连山南路桥均采用浅灰色涂装,增设梁底景观照明,勾勒出桥梁的结构美。

"悠哉苏州河"游船航线于 2022 年底面向公众开放,游人以全新的水上视点尽揽苏河桥美景,生动地诠释"一桥、一景、一故事"的美妙图景。

3.2 南上海地标"上海之鱼"系列景观桥

南上海地标"上海之鱼"是奉贤新城的核心景观湖,占地 2.53km²,是上海第三大的人工湖。景区由国际规划设计大师、迪拜"棕榈岛"主创设计师拉瑞·奚伯斯设计,以大地雕塑的手法,在十字相交航道水系金汇港、浦南运河交汇处开凿"金鱼"造型的人工湖,通过环形水系通江达海,塑造奉贤新城"十字水街、田字绿廊,九宫格里看天下,一朝梦回五千年"的城市形象。"鱼身"位置通过泵闸等水工建筑物控制调蓄水位,"鱼鳍""鱼尾"位置生态湿地和雨水花园净化涵养水质,构成"水清、岸绿、鱼跃、人欢畅"的生态图景。图 7 为"上海之鱼"设计图。

图 7 "上海之鱼"设计图

"上海之鱼"系列景观桥呼应临近公园及用地主题,采用跨径 20~50m 不等的梁、拱结构,抽象出"水""鱼跃"元素,营造东方水韵灵动之美。雕塑公园主、次入口桥桥身流线造型交相辉映,园路路径顺应桥轴线,主入口桥采用双层斜跨拱桥,宛如园中雕塑作品,为游人提供多角度的观景空间。金海河桥简洁的梁体配以"鱼骨"造型立面装饰,为环湖商业配套提供秀美通道。奉浦河桥沟通浦南运河支流水系,桥体蓝白相间的"波浪"造型流动而轻盈,呼应奉贤水乡文脉。沟通河桥纤细桥体辅以玻璃通透的栏杆,巧妙消隐于水景中,营造出人在画中游的美妙意境(图 8~图 13)。

集交通、休闲娱乐、文化观光功能为一体的系列景观桥宛如"明珠落碧盘",串联成为网红景点,与各主题公园、奉贤博物馆、九棵树艺术中心等共同打造高质量滨水空间,绘就出奉贤生态、靓丽、宜居的城市名片,提升了民众幸福感。

图8　主入口桥

图9　主入口桥

图10　次入口桥

图11　金海河桥

图12　奉浦河桥

图13　沟通河桥

4　结语

　　高质量城市滨水空间系列景观桥梁设计是我国经济持续高速发展条件下对桥梁品质提出的更高要求,究其实质则是物质文明的高度发展所引发的精神追求。景观桥梁的建设作为一种反映城市特色、体现地域文化、展示时代风貌的活动加以倡导,为桥梁景观设计提供了广阔空间。本文提出单体串联至系列的景观桥规划原则和设计理念,对主持完成的苏州河既有桥梁景观提升和"上海之鱼"系列景观桥进行案例分享,期望对国内其他城市滨水空间系列桥梁设计有一定的借鉴作用。

200

参 考 文 献

[1] 项海帆.桥梁概念设计[M].北京:人民交通出版社,2011.

[2] 肖汝诚,陈红,魏乐永.桥梁结构体系的研究、优化与创新[J].土木工程学报,2008(6): 69-74.

[3] 徐利平.城市桥梁建筑理论[M].上海:同济大学出版社,2018.

[4] 徐利平.城市桥梁美学创作[M].上海:同济大学出版社,2017.

25. 高强钢-UHPC 组合梁桥可行性研究

高天一[1]　王皓磊[1]　邵旭东[2]　杨　靓[3]　晏　焜[1]　刘　茜[1]　李子龙[1]

（1. 中南林业科技大学土木工程学院；2. 湖南大学土木工程学院；

3. 湖南湘江新区开发建设局）

摘　要：为综合解决传统钢-混凝土组合梁自重大、混凝土桥面板易开裂以及普通钢-UHPC 组合梁中材料应力相容等问题，本文提出一种高强钢-UHPC 组合梁桥方案。对 50m 高强钢-UHPC 组合梁桥进行试设计，并与同等跨径的传统钢-混凝土组合梁桥和普通钢-UHPC 组合梁桥进行材料用量和经济性的对比。对 50m 试设计高强钢-UHPC 组合梁桥进行荷载效应组合计算，以中国桥梁设计规范为基础，基于弹性设计法对试设计桥梁的承载能力极限状态、正常使用极限状态进行计算。结果表明：与传统钢-混凝土组合梁相比，高强钢-UHPC 组合梁桥的高跨比由 1/19 降低至 1/28，上部结构自重仅为其 54.95%，全桥全寿命造价为其 76.46%；与普通钢-UHPC 组合梁相比，高强钢-UHPC 组合梁梁高可进一步降低 16.67%，全桥全寿命造价为其 100.12%。试设计的高强钢-UHPC 组合梁桥由钢梁下缘疲劳应力幅控制设计。结构具有足够的抗弯、抗剪、抗疲劳承载力，活载作用下结构挠度小于设计限值，满足工程使用要求。

关键词：高强钢　UHPC　组合梁桥　可行性分析　试设计　经济对比

1　引言

钢-混凝土组合结构是一种依托于钢结构和混凝土结构发展起来的结构体系。该体系综合了钢和混凝土各自的性能优点，广泛应用于桥梁工程[1]。然而传统普通钢-混凝土组合桥梁在长期的使用过程中，存在自重大、混凝土易开裂进而影响结构耐久性等问题[2]。

目前，部分学者[3-4]提出使用超高性能混凝土（Ultra-high Performance Concrete，UHPC），替换传统普通混凝土。UHPC 是一种新型的纤维增强胶凝复合材料，具有高抗压、抗拉强度等优势。现有的工程实践表明，UHPC 的使用可以提高桥梁结构的抗裂性、减轻自重、改善耐久性[5]。然而，用于结构的 UHPC 即使是最低强度也在 120MPa 以上，若与目前广泛使用的普通强度钢材一起使用，可能会导致组合结构使用时应力、应变不相容，在造成材料性能的浪费同时，还会存在安全隐患[6-7]。

标称屈服强度超过 460MPa 的结构钢，通常称之为高强钢（High-Strength Steel，HSS）。若在组合结构中均采用高性能材料，即形成 HSS-UHPC 组合结构，则有可能综合解决上述传统组合结构桥梁的问题。在纯钢梁中，受压区域可能会产生屈曲，影响高强度性能的发挥，而在组合结构桥梁中使用高强钢时，由于大部分钢截面都会承受拉应力，其潜在优势可以得到最大化的利用[5]。HSS-UHPC 组合结构的研究起源于实现钢材与 UHPC 在组合梁桥中的协同使用，在此概念的基础上，国内外学者采用试验研究以及有限元分析研究等方法，分析其应力相容性、延性、极限承载力等对其整体受力性能的影响。贺绍华等[8]建立了高强钢-UHPC 组合梁桥的非线性有限元计算模型，分析了材料性能之间的匹配关系，证明了现有简化塑性理论的适用性；Liu 等[9]进行了高强钢-UHPC 的界面推出试验，总结了三种 PBL 剪力连接件的失效模式；Tong 等[10]对高强钢-UHPC 组合梁桥进行了四点弯曲试验，结果显示完全剪力连接的组合梁桥破坏为 UHPC 板在加载点的压碎，而部分剪力连接的组合梁桥则发生界面剪切破坏。

然而，目前针对全尺寸简支梁桥的试设计以及指标对比的研究有限。因此，本研究的重点是以某省高速公路钢结构通用图方案为基础，采用中国规范分别设计高强钢-UHPC、普通钢-UHPC 组合梁桥，得到并对比分析其经济性、承载能力极限状态、正常使用极限状态的各项指标，进而总结相应的规律和特点，旨在证明高性能材料结合的可能性和优势所在，为其实际应用奠定基础。

2 试设计概况

参照某省高速公路钢-混凝土组合梁桥的技术标准，试设计了一座高强钢-UHPC 简支梁桥。为进行对比，同时试设计了一座普通钢-UHPC 组合梁桥。试设计桥梁的标准跨径为 50m，桥面宽度 12.75m，高强钢-UHPC 方案梁高 1.8m，普通钢-UHPC 方案梁高 2.1m，主梁间距 3.3m，横联纵向间距 6.125m，考虑到 UHPC 良好的施工性能及无预应力反拱，将原设计 100mm 厚的沥青铺装层改为 50mm 厚的沥青磨耗层[11]。汽车荷载等级为公路-Ⅰ级，桥梁安全系数 $\gamma = 1.1$。高强钢-UHPC 方案钢材采用 Q500qD，普通钢-UHPC 方案钢材采用 Q345qD，UHPC 均采用 RPC120，考虑到高强钢-UHPC 组合梁桥梁高较小，选用抗疲劳性能更好的 PBL 作为剪力连接件将二者组合成整体。试设计桥梁的断面如图 1 所示。

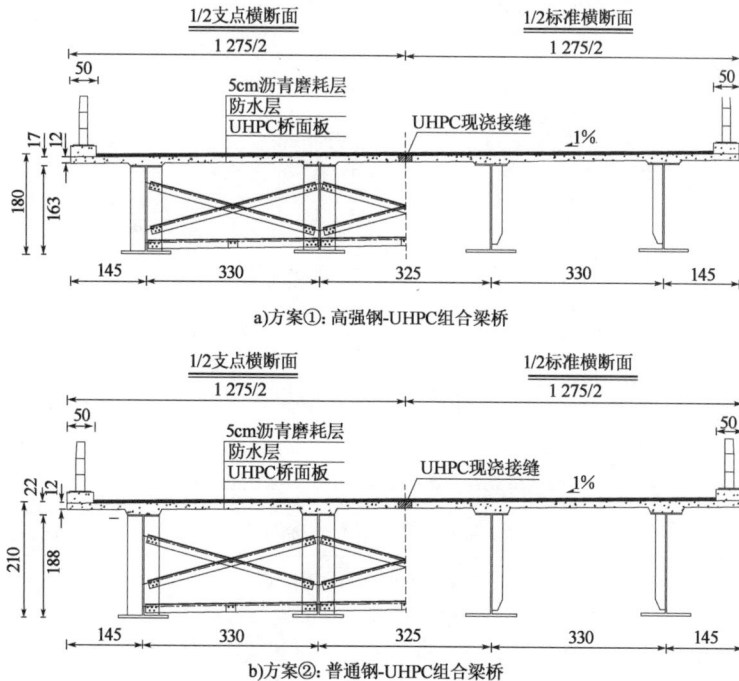

a)方案①：高强钢-UHPC组合梁桥

b)方案②：普通钢-UHPC组合梁桥

图 1 试设计桥型方案断面图(尺寸单位：cm)

3 经济性对比

以试设计的高强钢-UHPC组合梁桥作为方案①,其标准横截面如图 1a)所示;以试设计的普通钢-UHPC组合梁桥作为对比方案②,其标准横截面如图 1b)所示;以某省高速公路普通钢-混凝土组合梁桥通用图为方案③,其标准横截面如图 2 所示。

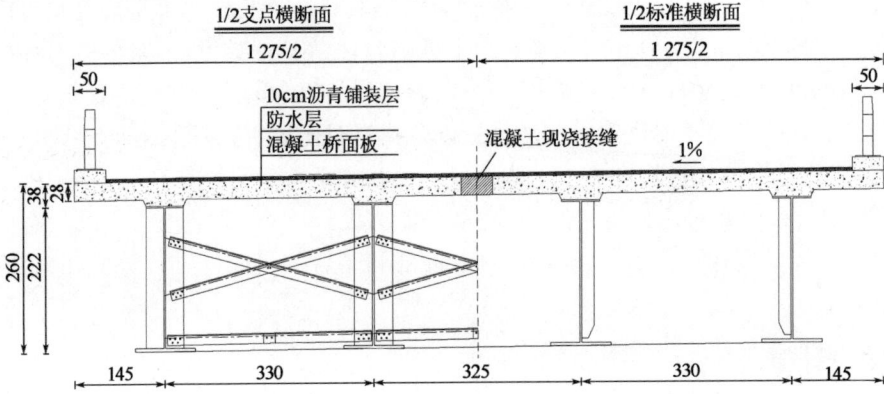

图2 方案③:普通钢-混凝土组合梁桥(尺寸单位:cm)

以某条高速公路的地质资料为背景设计下部结构。采用柱式桥墩,墩顶为长 10.9m,宽 2m(2.5m)的盖梁,桥墩中心间距为5.5m,墩底直接与1.6m(1.8m)桩基础相连,两个桩基用系梁连接,如图 3 所示(图中括号内数据对应方案③)。对构件主要材料用量和经济性进行对比,三种桥型方案的经济指标对比见表 1。

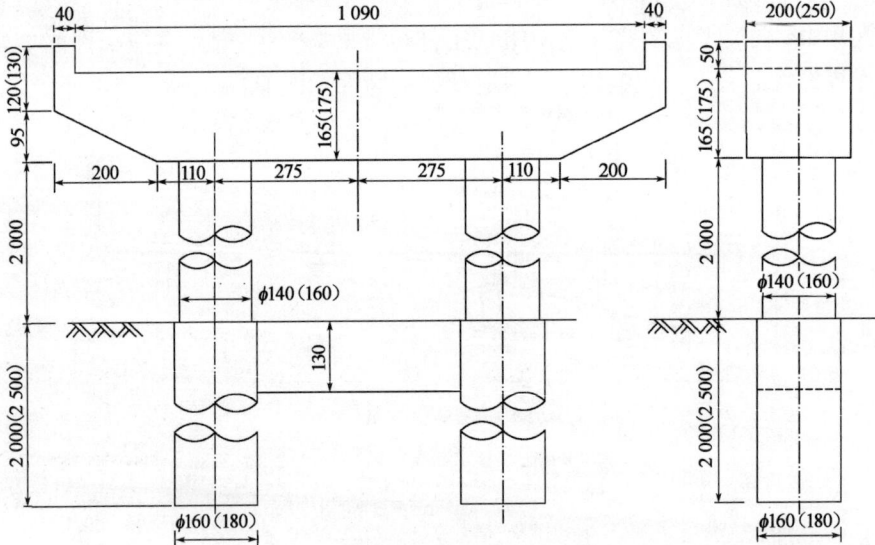

图3 试设计方案下部结构图(尺寸单位:cm)

三种桥型方案经济指标对比 表1

对比项目	高强钢-UHPC 组合梁①	普通钢-UHPC 组合梁②	普通钢-混凝土 组合梁③	①/②	①/③
混凝土/UHPC 指标(m³/m²)	0.130	0.140	0.300	—	—
钢材指标(kg/m²)	255.14	272.38	301.44	—	—

204

对比项目		高强钢-UHPC 组合梁①	普通钢-UHPC 组合梁②	普通钢-混凝土 组合梁③	①/②	①/③
桥面铺装		5cm 沥青磨耗层	5cm 沥青磨耗层	10cm 沥青铺装层	—	—
桥梁高度（mm）		1 800	2 100	2 600	86.71%	69.23%
主梁自重（kg/m²）		726.14	770.38	1321.44	94.26%	54.95%
下部结构混凝土（m³/m²）		0.230	0.230	0.330	—	—
初期 造价	上部结构（元/m²）	2 678	2 673	2 652	100.19%	100.98%
	全桥（元/m²）	3 368	3 363	3 642	100.15%	92.48%
全寿命 造价	上部结构（元/m²）	3 318	3 313	4 252	100.15%	78.03%
	全桥（元/m²）	4 008	4 003	5 242	100.12%	76.46%

注：1. 钢筋混凝土和配筋 UHPC 的单价分别为 3 000 元/m³ 和 8 500 元/m³、Q345qD 钢材为 5 150 元/t、Q500qD 钢材为 5 850 元/t、沥青混凝土铺装 200 元/m²，磨耗层 80 元/m²。

2. 自重计算中容重取值：铺装层、磨耗层为 24kN/m³、UHPC 为 27kN/m³、钢材为 78.5kN/m³、混凝土为 26kN/m³；铺装层每 10 年更换一次。

3. 全寿命造价 = 初始造价 + n × 沥青混凝土铺装单价（元/m²），其中 n 为桥梁设计基准期内桥面铺装的更换次数。

由表 1 可以看出，与传统钢-混凝土组合梁相比，高强钢-UHPC 组合梁的高跨比由 1/19 降低至 1/28；上部结构每平方米自重减少了 45.05%，初期造价增加了 0.98%，全寿命造价减少了 21.97%；全桥初期造价降低 7.52%，全寿命造价减少了 23.54%。目前 UHPC 的市场价格较高，但其用量与传统混凝土相比较少，有减小结构截面尺寸的优势。其使用使得桥梁自重减少，从而带动下部结构的优化，并且节省了维护费用。从全寿命周期的造价来看，高强钢-UHPC 组合梁比传统钢-混凝土组合梁具有更大的经济性优势。

与普通钢-UHPC 组合梁相比，高强钢-UHPC 组合梁上部结构每平方米自重减少了 5.74%，初期造价增加了 0.19%，全寿命造价增加了 0.15%；全桥初期造价增加了 0.15%，全寿命造价增加了 0.12%，考虑下部结构带来的影响后，二者经济指标更加接近。总体而言，尽管从经济角度来看，二者相差并不大，但高强钢-UHPC 组合梁的梁高大幅度减少，能够在梁高受限时得到应用，也可以节约不可再生资源。

4 组合桥梁计算分析

4.1 设计方法及计算理论依据

目前，高强钢-UHPC 组合梁桥未见应用，因而尚未形成相关设计规范。本文以现行的《公路钢混组合桥梁设计与施工规范》（JTG/T D64-01—2015）[12]、《高强钢结构设计标准》（JGJ/T 483—2020）[13]、《公路桥涵设计通用规范》（JTG D60—2015）[14]、《超高性能混凝土结构设计规程》（T/CCPA 35—2022）[15]为基础，对高强钢-UHPC 组合梁桥及普通钢-UHPC 组合梁桥的承载能力极限状态和正常使用极限状态进行设计计算。

4.2 荷载效应计算

试设计计算考虑桥梁自重、铺装、汽车荷载、环境温度和温度梯度等作用，计算活载效应时采用刚接梁法和杠杆法计算得到荷载横向分布系数，进而得到单片 T 梁的荷载效应。再根据《公路桥涵通用规范》（JTG D60—2015）的要求，对各分项荷载效应进行组合，得到最不利的荷载效应组合设计值，见表 2。可以看出，由于高强钢-UHPC 方案和普通钢-UHPC 方案的差别主要在于腹板高度，故而对内力的影响较小。

荷载类型	高强钢-UHPC 组合桥梁(单片 T 梁)		普通钢钢-UHPC 组合桥梁(单片 T 梁)	
	跨中弯矩(kN·m)	支点剪力(kN)	跨中弯矩(kN·m)	支点剪力(kN)
承载能力极限状态 (基本组合)	26 699.36	2 210.29	26 937.05	2 229.69
正常使用极限状态 (频遇组合)	17 069.01	1 408.76	17 267.09	1 424.93
正常使用极限状态 (准永久组合)	13 738.72	1 130.31	13 936.80	1 146.48

4.3 承载能力极限状态验算

根据设计规范,基于弹性理论计算组合梁的正截面抗弯和抗剪承载力,以判断设计方案的可行性。

4.3.1 材料参数

钢主梁分别采用 Q500qD、Q345qD,其材料各项基本参数按规范取值[13]。混凝土板为RPC120,其材料各项基本参数按规范取值[15]。各材料的主要参数见表3。

材料弹性模量和强度设计值 表3

材料名称	弹性模量 E(GPa)	抗压强度 f_{cd}(MPa)	抗拉强度 f_{td}(MPa)	抗剪强度 f_{vd}(MPa)
Q345qD	206	260	260	155
Q500qD	206	430	430	265
RPC120	42.8	54	2.76	—

4.3.2 抗弯承载力

根据现行设计规范,组合梁截面抗弯承载力采用线弹性方法进行计算。本设计中采用完全剪力连接,故使用规范内提供的换算截面法计算组合梁的应力。计算得到的高强钢-UHPC组合梁桥及普通钢-UHPC组合梁桥的应力值及抗弯承载力验算结果见表4。

抗弯承载力验算结果 表4

编号	荷载类型	高强钢-UHPC 组合桥梁				普通钢-UHPC 组合桥梁			
		钢梁上缘(MPa)	钢梁下缘(MPa)	混凝土板上缘(MPa)	混凝土板下缘(MPa)	钢梁上缘(MPa)	钢梁下缘(MPa)	混凝土板上缘(MPa)	混凝土板下缘(MPa)
组合(1)	$1.1 \times 1.2 \times (① + ⑦ + ⑧) + 1.4 \times [② + 0.75 \times (③ + ⑤)]$	−181.99	295.77	−32.96	−21.95	−164.74	253.85	−30.70	−21.00
组合(2)	$1.1 \times 1.2 \times (① + ⑦ + ⑧) + 1.4 \times [② + 0.75 \times (④ + ⑥)]$	−136.3	285.94	−39.20	−28.61	−119.92	243.85	−36.96	−27.88
组合(3)	$1.1 \times 1.2 \times ① + 1.4 \times [② + 0.75 \times (③ + ⑤)]$	−184.05	294.24	−30.14	−22.43	−166.57	252.43	−28.31	−21.43
组合(4)	$1.1 \times 1.2 \times (① + ⑦ + ⑧) + 1.4 \times 0.75 \times (④ + ⑥)$	−51.99	118.97	−20.53	−14.00	−45.87	103.06	−18.23	−13.05

编号	荷载类型	高强钢-UHPC 组合桥梁				普通钢-UHPC 组合桥梁			
		钢梁上缘（MPa）	钢梁下缘（MPa）	混凝土板上缘（MPa）	混凝土板下缘（MPa）	钢梁上缘（MPa）	钢梁下缘（MPa）	混凝土板上缘（MPa）	混凝土板下缘（MPa）
组合(5)	$1.1 \times [1.2 \times (①+⑦+⑧) + 1.4 \times ②]$	-152.08	289.67	-36.43	-25.77	-135.48	247.64	-34.18	-24.95
强度设计值		430	430	54	54	260	260	54	54

注：①恒载；②活载；③温度梯度（正）14℃；④温度梯度（负）14℃；⑤整体升温 19℃；⑥整体降温 -21℃；⑦收缩；⑧收缩引起的徐变。

由表 4 可以看出，UHPC 板、钢梁的应力均小于规范规定的限值，表明设计的高强钢-UHPC 组合梁桥及普通钢-UHPC 组合梁桥满足承载要求。根据计算结果可知，达到承载能力极限状态时，普通钢-UHPC 组合梁桥工字钢下翼缘的应力接近强度设计值，而 UHPC 板尚未达到抗压强度设计值，因而抗弯承载力会成为普通钢-UHPC 组合梁桥的设计控制标准。高速公路通用图中的方案使用的 C50 混凝土强度设计值仅为 22.4MPa，与设计强度为 54MPa 的 UHPC 相比，后者的使用提高了桥面板的抗压性能，是降低梁高的主要因素之一。高强钢-UHPC 方案钢梁下翼缘最大拉应力相较于普通钢-UHPC 方案高出 16.5%，而桥面板下翼缘最大压应力高出 40.6%，说明在桥面板尺寸相同时，钢梁高度的降低对桥面板下翼缘应力的影响更大。

4.3.3 抗剪承载力

组合梁的竖向抗剪承载能力由钢梁和 UHPC 桥面板共同提供。偏安全地，这里仅考虑钢梁的抗剪作用。边梁支点处为最不利位置，高强钢-UHPC 组合梁桥及普通钢-UHPC 组合梁桥的剪应力分别为 55.73MPa 和 48.45MPa，均小于剪切强度设计值，试设计组合梁桥抗剪强度满足要求。

4.3.4 抗疲劳强度

《公路钢结构桥梁设计规范》（JTG D64—2015）中推荐钢-混凝土组合梁的疲劳计算应采用容许应力幅法，应力按弹性状态计算钢梁上下翼缘的疲劳强度。容许疲劳应力幅按构件与连接件类别以及应力循环次数按照规范附录确定，采用规范规定的计算模型 I 进行验算，计算结果见表 5。疲劳荷载计算模型 I 采用等效的车道荷载，集中荷载为 $0.7P_k$，均布荷载为 $0.3q_k$，P_k 和 q_k 按公路-I 级车道荷载标准取值。

组合梁桥疲劳计算　　　　　　　　　　　　　　　表5

项目	高强钢-UHPC 组合桥梁	普通钢-UHPC 组合桥梁	计算限值
钢梁上缘疲劳验算（MPa）	50.69	36.27	80.89
钢梁下缘疲劳验算（MPa）	78.03	65.64	80.89

可以看出，试设计的高强钢-UHPC 方案及普通钢-UHPC 方案均满足疲劳应力限值的要求，但随着高强材料的使用，结构的建筑高度可相应降低，其疲劳应力幅值也随之增加，抗疲劳强度会成为结构的设计控制标准。

4.4　正常使用极限状态验算

正常使用极限状态主要验算组合梁的结构刚度。参考《公路钢结构桥梁设计规范》(JTG D64—2015),考虑长期效应的影响,以不计冲击力的汽车车道荷载频遇值,计算得到汽车活载下结构的最大挠度,对于简支梁桥的最大挠度不应超过计算跨径的 $1/600$ [16]。根据换算截面法得到的刚度,按照简支梁桥跨中挠度进行计算,求得高强钢-UHPC 方案及普通钢-UHPC 方案的挠度分别为 84.12mm 和 62.15mm,均小于 $L/600 = 98$mm,因此结构刚度满足设计要求。

5　结语

(1)利用高强钢和超高性能混凝土的良好性能,提出了一种高强钢-UHPC 组合梁桥方案。相比于传统钢-混凝土组合梁桥,高强钢-UHPC 组合梁桥的高跨比由 1/19 降低至 1/28,上部结构自重仅为其 54.95%。

(2)对 50m 高强钢-UHPC 组合梁桥进行了试设计,并以此为依据,基于弹性设计法对高强钢-UHPC 组合梁桥的承载能力极限状态和正常使用极限状态进行了设计计算。结果表明,试设计组合梁桥具有足够的抗弯、抗剪承载力,抗疲劳承载力和结构刚度满足设计要求。

(3)本文对高强钢-UHPC 组合梁桥进行了可行性研究,后续需要开展高强钢-UHPC 界面抗剪、组合梁抗弯承载力等研究,进一步探明新型组合结构的受力性能和承载机理,为其实际应用奠定基础。

参 考 文 献

[1]　聂建国.钢-混凝土组合结构桥梁[M].北京:人民交通出版社,2011.

[2]　王皓磊,孙韬,刘晓阳,等.钢-UHPC 连续组合梁抗弯性能试验[J].中国公路学报,2021,34(8):218-233.

[3]　邓舒文,邵旭东,晏班夫,等.全预制快速架设钢-UHPC 轻型组合城市桥梁[J].中国公路学报,2017,30(3):159-166.

[4]　SHAO X,YI D,HUANG Z,et al. Basic performance of the composite deck system composed of orthotropic steel deck and ultrathin RPC layer[J]. Journal of Bridge Engineering,2013,18(5):417-428.

[5]　邵旭东.钢-超高性能混凝土轻型组合桥梁结构[M].北京:人民交通出版社股份有限公司,2015.

[6]　NGUYEN C L,LEE C K. Flexural behaviours of Engineered Cementitious Composites-High strength steel composite beams[J]. Engineering Structures,2021,249:113324.

[7]　BAN H,BRADFORD M A. Flexural behaviour of composite beams with high strength steel[J]. Engineering Structures,2013,56:1130-1141.

[8]　贺绍华,杨刚,房腾鹏,等.带开孔板连接件的 HSS-UHPC 组合梁抗弯性能[J].交通运输工程学报,2022,22(6):143-157.

[9]　LIU Y,YANG H,LUAN L,et al. Three failure modes of High-Strength Steel (HSS) perfobond connector embedded in UHPC[J]. Engineering Structures,2023,286:116147.

[10]　TONG L,CHEN L,WANG X,et al. Experiment and finite element analysis of bending behavior of high strength steel-UHPC composite beams[J]. Engineering Structures,2022,

266:114594.

[11] 邵旭东,管亚萍,晏班夫.预制超高性能混凝土 π 形梁桥的设计与初步试验[J].中国公路学报,2018,31(1):46-56.

[12] 中华人民共和国交通运输部.公路钢混组合桥梁设计与施工规范:JTG/T D64-01—2015 [S].北京:人民交通出版社股份有限公司,2015.

[13] 中华人民共和国住房和城乡建设部.高强钢结构设计标准:JGJ/T 483—2020[S].北京:中国建筑工业出版社,2020.

[14] 中华人民共和国交通运输部.公路桥涵设计通用规范:JTG D60—2015[S].北京:中国建筑工业出版社,2015.

[15] 中国建筑材料联合会.超高性能混凝土结构设计规程:T/CCPA 35—2022[S].北京:中国混凝土与水泥制品协会,2022.

[16] 中华人民共和国交通运输部.公路钢结构桥梁设计规范:JTG D64—2015[S].北京:人民交通出版社股份有限公司,2015.

26. 马来西亚柔新捷运航道桥主梁设计

刘 强 张 凡 侯亚森

（中交公路规划设计院有限公司）

摘 要： 马来西亚柔新捷运工程是连接马来西亚柔佛州和新加坡的轻轨连接线。本文介绍了马来西亚柔佛侧航道桥主梁的总体设计。本项目采用欧洲规范进行设计，针对 95m + 110m 通航刚构桥，提出了平衡悬臂预制节段梁拼装和平衡悬臂挂篮现浇两种方案。经详细计算分析比较，为方案决策提供技术支撑。

关键词： 柔新捷运 航道桥 欧洲规范 预制拼装 挂篮现浇

1 引言

马来西亚柔新捷运系统（RTS）是一条双轨标准轨道的连接线，长约 3.5km，连接分别位于马来西亚柔佛新山和新加坡兀兰北的两个车站，线下土建标分新加坡侧和马来西亚侧，由双方政府各自招标。本项目为马来西亚侧，项目位于马来西亚柔佛州新山繁华市区，交通量大。项目建成后，其最高运载能力将达到在马来西亚新山与新加坡之间每小时单向运载 10 000 名乘客。其中，水上段高架部分是从马来西亚与新加坡的国界线到马来西亚侧的岸边，长约 730m，引桥为标准跨径为 45m 的简支梁桥，主桥为 95m + 110m 变截面连续刚构桥，如表 1 所示。

RTS 马来西亚侧水上高架桥桥梁跨径布置及长度 表1

部分	跨径布置(m)	长度(m)	备注
引桥	45×6 + 33×2 + 33.62 + 45×4	549.62	简支箱梁
主桥	95 + 110	205	连续刚构
总长度(m)		754.62	

2 主要技术标准

(1) 轨距：1 435mm，双线。

(2) 设计行车速度：80km/h。

(3) 桥梁标准宽度：10.14m。

(4) 百年设计基准风速：$V_{b,0} = 30.7m/s$。

（5）桥位区地震动峰值加速度：0.03g。

（6）通航标准：75m×25m。

（7）船撞荷载：30MN。

（8）列车荷载：200kN集中荷载和100m范围内50kN/m均布荷载，超出100m范围均布荷载为25kN/m，如图1所示。

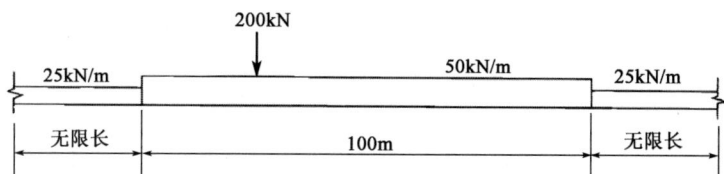

图1 列车荷载

3 建设条件

3.1 气象条件

本工程所在国气候属热带季风气候，全年湿热多雨，平均气温30℃，紫外线极强。

3.2 水文条件

桥梁跨越柔佛海峡，桥位处海面宽约1.5km，潮流属于典型半日潮，大潮潮差约2.42m，小潮潮差约1.06m。桥址处潮位见表2。

柔佛海峡潮位　　　　　　　　　　　　　　　　　　　　　　表2

潮位		高程（m）
最大天文潮	HAT	+4.00
平均大潮高水位	MHWS	+3.41
平均小潮高水位	MHWN	+2.73
平均海平面	MSL	+2.20
平均小潮低水位	MLWN	+1.67
平均大潮低水位	MLWS	+0.99
最低天文潮	LAT	0.00

3.3 工程地质

项目所在地覆盖层浅，地表以下5~10m为砂土层或碎石土层，以下为风化岩层，地层信息如表3所示。

桥位区工程地质描述　　　　　　　　　　　　　　　　　　表3

土层厚度（m）	地质状况
5.0	硬质粉质砂土
5.0	坚硬碎石土
30.0	坚硬、致密花岗岩

4 主桥总体设计

4.1 总体布置

主桥采用连续刚构，采用单孔单向通航方式以满足通航要求。主梁采用箱形断面，布置双线轨道,轨道中心线相距5m。马来西亚侧航道桥与新加坡侧航道桥对称布置,二者通过一跨23.5m简支箱梁连接。航道桥跨径布置为95m+110m=205m,其中,110m跨为通航孔。主墩和过渡墩均与主梁固结处理,如图2所示。

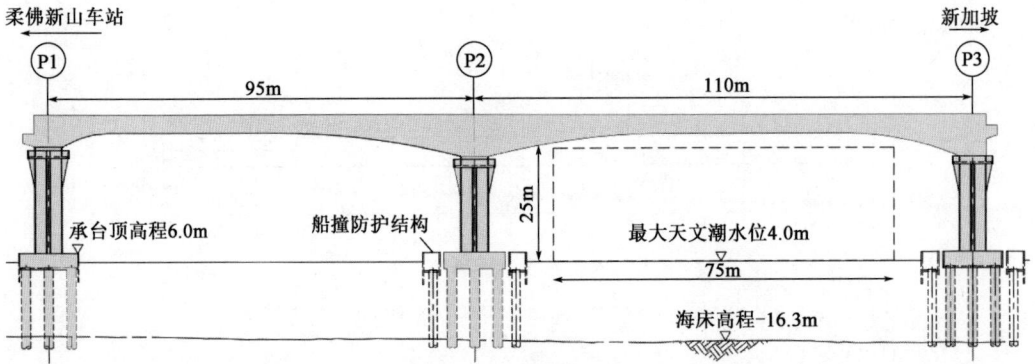

图2 航道桥桥型布置图

结合施工设备、场地和运输条件等,提出了方案一"平衡悬臂预制节段梁拼装"和方案二"平衡悬臂挂篮现浇"两种施工方案。经过数值模拟,研究了两种方案的受力情况、允许的最大悬臂长度,并对两种方案的应力状态和材料指标进行了详细的对比,为最终的施工方案决策提供技术支撑。

合同条款规定马来西亚侧航道桥外观需要与新加坡侧航道桥(外观与方案相同)保持一致,仅允许局部范围微调。因此,方案二梁高变化与方案一大体上保持一致,仅在P1墩附近调整梁底弧线,以适应最大悬臂长度的增加,即梁底弧线段长度相较方案一减少10m,墩顶梁高减少到7m,墩高相应的增加2m。

4.2 方案一:预制梁

主梁为变截面梁,采用单箱单室直腹板结构。箱梁根部高度为9.0m,高跨比为1/12.2,跨中高度4.0m,高跨比为1/27.5,梁高变化采用多次抛物线过渡。主梁根部及跨中断面见图3。主梁设置双向2.5%的横坡,顶部梁宽10.14m,底宽为5.47m,悬臂长2.02m/2.335m,箱梁各板件详细尺寸见表4。

主梁采用平衡悬臂预制拼装,其中0号块长度为8.3m。主梁设置22个节段,从0号块起,节段布置为2.65+21×3.0m,合龙段长0.4m。主梁设计为纵向预应力构件。预应力采用15.24mm直径的钢绞线,顶板束采用15.2-22、15.2-25和15.2-29三桥规格的钢绞线,底板束采用15.2-37规格的钢绞线。

主梁各部位构造尺寸 表4

箱梁部位	方案一构造尺寸(mm)	方案二构造尺寸(mm)
顶板悬臂	718/300	768/300
顶板箱室内	718/350	768/360
腹板	750/600	1 000/850/700
底板	1 063/1 000/850/500	1 074/983/827/550

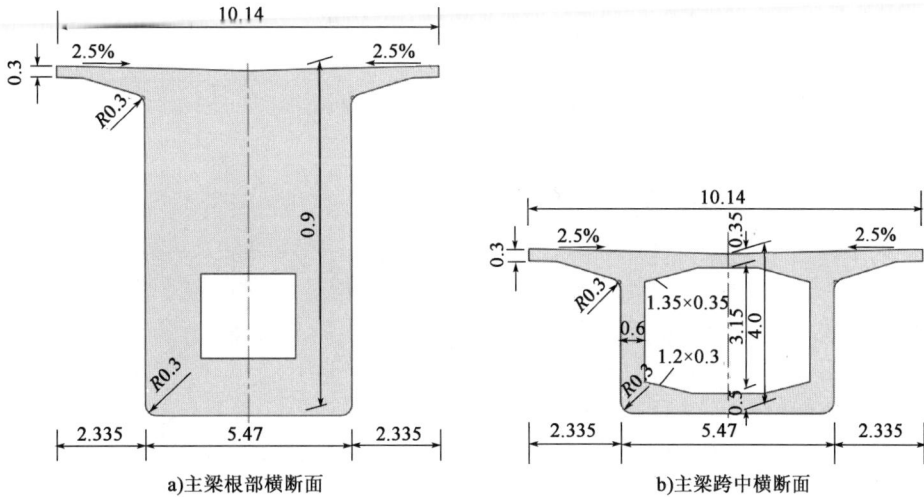

a)主梁根部横断面   b)主梁跨中横断面

图3   方案一主梁根部和跨中断面(尺寸单位:m)

4.3   方案二:现浇梁

主梁为变截面梁,采用单箱单室直腹板结构,主梁根部及跨中断面见图4,主梁各板件详细尺寸见表4。

主梁采用平衡悬臂浇筑法施工,其中 0 号块长度为 13.6m,以满足两侧挂篮对称拼装空间的需要。主梁设置 20 个悬浇节段,从 0 号块起,节段布置为 $7 \times 3.0m + 13 \times 4.0m$,合龙段长 2m。主梁设计为纵向预应力构件,顶板束采用 15.2-25、15.2-27、15.2-29 和 15.2-31 四种规格的钢绞线,合龙束采用 15.2-27 规格的钢绞线,底板束采用 15.2-31 和 15.2-37 两种规格的钢绞线。

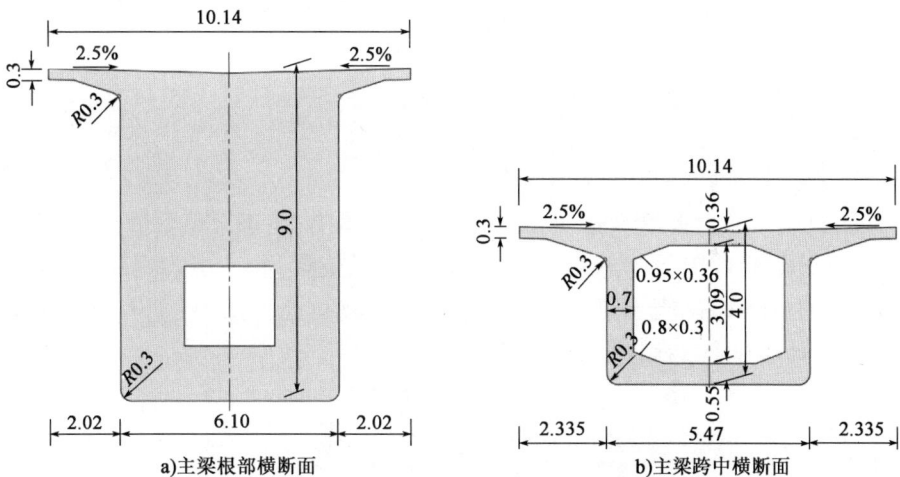

a)主梁根部横断面   b)主梁跨中横断面

图4   方案二主梁根部和跨中断面(尺寸单位:m)

由表4可见,方案二构造尺寸相比于方案一有所增加,顶板、腹板和底板厚度均不同程度加大,从而导致材料指标增加,其中混凝土增加25%,钢筋增加25%,预应力钢绞线增加24%(表5)。

213

主梁材料指标			表5
材料类别	方案一	方案二	方案二/方案一增量
混凝土(m³)	3658	4579	25%
钢筋(t)	658	842	25%
预应力钢绞线(t)	183	228	24%

4.4 最大悬臂状态

经分析,方案一允许的最大悬臂长度为69.8m,方案二允许的最大悬臂长度为79.8m,见图5。最大悬臂长度主要受梁底混凝土抗压强度控制,当超过当前最大悬臂长度时,需要显著增加主梁梁高、结构构造尺寸和预应力钢束,以控制混凝土压应力在规范限制范围内。根据欧洲规范,施工阶段和运营阶段的允许应力值见表6。

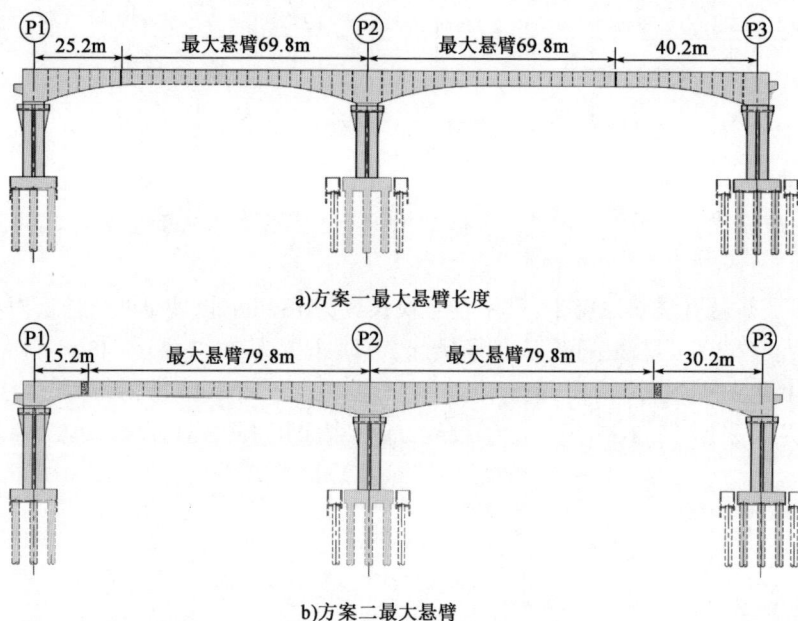

a)方案一最大悬臂长度

b)方案二最大悬臂

图5 两种方案最大悬臂状态

主梁在施工阶段最大悬臂状态和运营阶段应力情况见表7。两种方案箱梁顶底板均未出现拉应力,其中方案一最大悬臂状态时压应力为 −5.44MPa,小于规范限值,运营阶段压应力为 −18.46MPa,小于规范限值;方案二最大悬臂状态时箱梁顶、底板均受压,压应力分别为 −0.93MPa 和 −0.31MPa,小于规范限值,运营阶段箱梁顶板最大压应力为 −18.84MPa,底板最大压应力为 −16.63MPa,均小于规范限值。

欧洲规范应力允许值[2]				表6
C50 混凝土箱梁	施工阶段-最大悬臂状态 *		运营阶段	
	拉应力(MPa)	压应力(MPa)	拉应力(MPa)	压应力(MPa)
基本组合	$0.7f_{ctm}(t) = 0.21$ $f_{ck}(t)^{2/3} = 2.65\text{MPa}$ 或 $0.4\sqrt{f_{ck}(t)} = 2.68\text{MPa}$,二者取小	$0.6f_{ck}(t) = 27\text{MPa}$	$0.7f_{ctm} = 0.21f_{ck}^{2/3} =$ 2.85MPa 或 $0.4\sqrt{f_{ck}} =$ 2.82MPa,二者取小	$0.6f_{ck} = 30\text{MPa}$

C50 混凝土箱梁	施工阶段-最大悬臂状态*		运营阶段	
	拉应力（MPa）	压应力（MPa）	拉应力（MPa）	压应力（MPa）
频遇组合	—	—	0	—
准永久组合	$f_{ctm(t)} =$	—	0	$0.45f_{ck} = 22.5\text{MPa}$

注：* 预应力钢绞线张拉时混凝土强度达到90%的设计强度。

主梁应力情况 表7

箱梁部位	方案一				方案二			
	最大悬臂状态		运营阶段		最大悬臂状态		运营阶段	
	最小应力（MPa）	最大应力（MPa）	最小应力（MPa）	最大应力（MPa）	最小应力（MPa）	最大应力（MPa）	最小应力（MPa）	最大应力（MPa）
顶板	−5.44	1.29	−0.79	−18.46	−6.28	1.56	−0.93	−18.84
底板	−18.82	0.22	−0.37	−17.13	−21.15	0.42	−0.31	−16.63

注：应力数值负为压；正为拉。

5 结语

针对马来西亚柔新捷运工程航道桥主梁，开展了"预制梁"（方案一）和"现浇梁"（方案二）两种方案对比研究，得出以下结论，为方案决策提供技术支撑：

（1）方案一允许最大悬臂长度为69.8m，方案二允许最大悬臂长变为79.8m。方案一和方案二均满足欧洲规范规定的应力限制要求。

（2）方案二主材指标高于方案一，混凝土增加25%，钢筋增加25%，预应力增加24%。

（3）方案二施工技术成熟，仍是当前主流的施工方法；而方案一的实施要求更高的施工技术及安全和质量管理体系保障，是绿色桥梁建设的方向之一。

（4）应综合考虑施工设备（架桥机、预制模板、挂篮、运梁车等）、预制场地和条件、施工工期等因素，确定最终的主梁方案。

27. 城市空间视角下高架桥梁形态的可能性探索

魏晨希[1] 袁胜峰[2] 孙利民[1,3,4]

[1.同济大学土木工程学院;2.同济大学建筑设计研究院(集团)有限公司;
3.同济大学土木工程防灾减灾全国重点实验室;4.上海期智研究院]

摘　要:随着城市建设的逐步推进,为缓解交通压力,城市快速路高架桥依然有很强的建设需求。但高架桥对城市空间的消极影响也在逐步显现。本文引入城市空间视角,尝试更新优化高架桥设计理念,以理性的桥梁结构响应空间需求,以创新的结构形态打造场地性格,赋予城市高架桥更多的城市功能和美学价值;在设计流程上,打破工程的学科边界,兼顾城市空间规划、景观设计、交通合规等多维层面,将交通设计 + 结构设计的工作流,拓展为空间分析和指标建立 + 功能布局和形态设计 + 工程技术验证的三步骤设计。基于更新的高架桥设计流程,本文选取了典型城市空间之一的居住性空间作为案例,聚焦桥梁形态和断面设计,提出了叠置双层高架桥的设计方案,以探索高架桥梁形态的更多可能性。

关键词:城市空间　高架桥形态　设计流程　设计方案

1　引言

随着城市高速发展,高架桥这种经济高效的单一快速通道形态对城市空间造成的一些消极影响也在慢慢呈现:大体量的外形既难以融入周边的城市风貌,也割裂了高架两侧的横向空间联系;桥下的灰色消极空间大大降低了城市空间利用率,也带来了噪声、空气污染等环境问题,存在安全隐患。高架桥虽然给整个城市带来强劲的经济驱动力,却大大降低了其周边区域的空间质量,越来越难适应城市功能多元化和高品质的要求,亟待对现有的高架桥设计理念与时俱进地进行调整。

近年来,为了消除高架桥对城市带来的消极影响,越来越多的城市管理者与学者也开始关注研究高架桥的更新改造问题,国外甚至一度出现了高架拆除运动。部分学者[1-4]从城市空间层面探讨高架桥对城市布局的消极影响及衍生的城市设计里的注意事项,却鲜少提出相应的设计策略。也有学者[5-11]对高架桥下空间改造进行了研究,主要分为两方面:一方面是从景观层面进行空间利用,通过改善桥下绿化、装饰桥梁外形来优化桥下环境;另一方面,主要是以城市更新视角切入,通过改变桥下空间功能、提高空间利用率和增加人的舒适度等方式活化空间。但是,受限于桥下空间的先天不足,现有的空间更新改造局限于已有高架或是废弃高架的空间改造和再利用,其设计手段和效果有限,难以获得令人满意的结果。

因此，笔者尝试从高架桥梁的设计环节实现突破，希望在城市空间视角下，更新调整现有的高架桥的设计理念和设计流程。在设计方法上，将原有的桥梁"结构"设计提升为考虑空间要素的桥梁"形态"设计，提取高架桥功能需求和城市空间形态要素，合理布置功能性空间，结合桥梁的工程材料、结构形式开展设计，从而探索城市高架桥梁形态的更多可能性。

2 城市高架桥设计流程优化

2.1 常规城市高架桥设计流程

有效需求是设计的基本出发点。常规城市高架桥设计的流程是先由交通部门基于交通流量预测提出道路的建设规模，从而给高架桥梁建立设计目标和标准；桥梁工程再基于该设计条件进行结构安全性与可行性设计；最后验证设计方案的经济性。图 1 对其流程进行了直观表示。

图 1　常规城市高架桥设计流程

这一套设计流程设计对象只是城市交通体系，往往忽视高架桥两侧地块之间横向交互的需求，也忽视了城市空间对完整性的需求。随着城市发展从生产型驱动转为消费型驱动，城市涌现出了更多样的需求，高架桥不仅要满足交通层面的需求，也要兼顾考虑桥梁美学、街道景观、环境噪声和光污染、桥下空间的功能多样性和使用舒适度等多方面。设计方法上，亟待将原有的桥梁"结构"设计提升为桥梁"形态"设计。

2.2 本文城市高架桥设计流程

在设计学中，形态是设计产品的视觉化，是人的需求的物化，具有强烈的实用功能、认知功能和审美功能的特征[12]。在本文中，高架桥梁形态设计是指以城市空间形态设计为蓝本，对高架桥的交通功能和城市空间形态要素进行合理布局，通过点线面体的结构关系和秩序来形成空间网络关系，针对桥梁材料、结构和形式开展的设计活动。

高架桥梁形态设计希望将高架桥梁的研究范围从交通体系扩展为城市空间，分析高架桥在各类型城市空间下特有的空间设计需求，把规划、交通、景观领域的需求引入桥梁工程设计里成为设计的新边界、新目标，并由此催生出空间连续性、舒适度、景观风貌等新的评价维度，从而拓展高架桥梁设计的方向、提升城市高架桥的整体设计效果。

基于设计方法的更新，本文尝试建立了一套更具综合性的城市高架桥设计流程，分为空间分析和指标确立、功能布局和形态设计、工程验证这三个环节，图 2 给出了具体设计步骤。而对应的设计内容将结合居住性城市空间高架桥设计案例，在后续详细说明，以呈现完整设计流程。

2.3 常规流程与新设计流程的对比分析

常规高架桥梁设计流程仅关注城市的交通需求，对桥梁结构本身开展设计。本文提出的设计流程将城市高架桥设计环节向前拓展：设计对象从仅服务交通体系的桥梁结构扩展为沿着交通体系展开的城市空间；设计条件从交通适应性和结构安全性扩展为立体交通体系适应性和复合空间功能性；评价体系从适用性、经济性、安全性等扩展补充规划指标、人性化指标等。

本课题设计流程

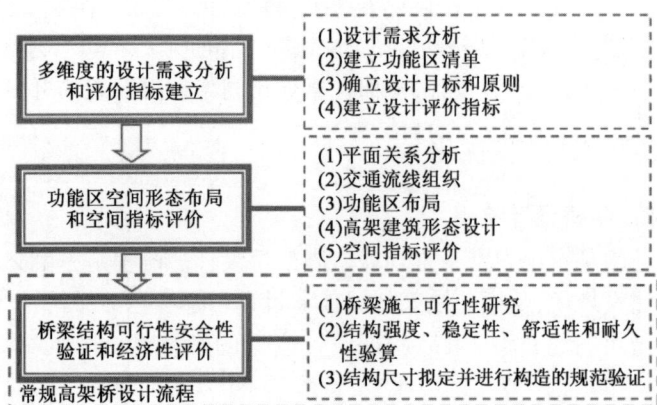

```
┌─────────────────────┐     ┌──────────────────────────────┐
│                     │     │ (1)设计需求分析                │
│  多维度的设计需求分析  │─────│ (2)建立功能区清单              │
│   和评价指标建立      │     │ (3)确立设计目标和原则          │
│                     │     │ (4)建立设计评价指标            │
└─────────┬───────────┘     └──────────────────────────────┘
          │
          ▼
┌─────────────────────┐     ┌──────────────────────────────┐
│                     │     │ (1)平面关系分析                │
│  功能区空间形态布局    │     │ (2)交通流线组织                │
│   和空间指标评价      │─────│ (3)功能区布局                  │
│                     │     │ (4)高架建筑形态设计            │
│                     │     │ (5)空间指标评价                │
└─────────┬───────────┘     └──────────────────────────────┘
          │
          ▼
┌─────────────────────┐     ┌──────────────────────────────┐
│  桥梁结构可行性安全性  │     │ (1)桥梁施工可行性研究          │
│   验证和经济性评价    │─────│ (2)结构强度、稳定性、舒适性和耐久 │
│                     │     │    性验算                      │
│ 常规高架桥设计流程     │     │ (3)结构尺寸拟定并进行构造的规范验证│
└─────────────────────┘     └──────────────────────────────┘
```

图2 本文城市高架桥设计流程

对比常规高架桥的设计流程与本文提出的设计流程,前者是后者针对交通空间进行桥梁形态设计的特例,后者更具普适性,也更能兼顾平衡城市的复杂需求,为探索城市高架桥创新性设计提供更多可能。

3 居住性城市空间高架桥设计案例

3.1 空间需求分析和评价指标建立

国内外关于城市高架空间形态的研究,将空间类型进行分类,并归纳出城市高架桥主要穿行的四大城市空间类型,包括商业性空间、公建群落空间、城市绿地空间和居住性空间。笔者选取居住性城市空间,通过分析该空间的特点,概括了其空间设计需求,并根据需求建立了功能区清单,制定了设计目标和设计原则,同时拓展和补充了原有基于交通和工程性的评价体系,引入了规划指标和人性化舒适度指标等。以下,是对居住性城市空间高架空间设计需求分析、评价指标的总结归纳,希望对之后的高架桥设计提供一定的借鉴作用。

3.1.1 空间需求

居住性空间指的是居民小区、居民楼等聚集的相关空间。该空间居民集中居住,人口密度高,生活服务设施覆盖需求大,居民有较强的慢行交通出行意愿,白天对采光需求大,夜间对噪声敏感。快速路系统在居住性空间的导入,能建立居住区与其他片区的联系通道,减轻地面交通系统的压力。因此,城市建设中存在沿快速路节点布置居住性空间的需求。

通过分析,居住性空间有以下需求:

(1)高架应尽量远离居民楼,尽量减小对临街居民的噪声污染和光污染。

(2)横向通行便利,生活设施服务范围广。

(3)高架桥下视野通透,尽量减少车辆和行人的视野盲区。

3.1.2 功能区清单

(1)快速路系统。

(2)横向慢行联络通道。

(3)绿化防护隔离带。

(4)街道服务性空间。

3.1.3 设计目标与原则

设计目标:打造节能环保、环境友好度高、桥梁隐匿性强的居住区高架道路空间。

设计原则:环保型原则、人性化原则、经济性原则。

3.1.4 评价指标

(1)污染源控制。如:高架与居民楼距离远、桥下灰色空间少、采光环境好。该空间适宜度可通过日照指数 α、交通噪声值 β 综合衡量,α 取值见式(1)、β 取值见式(2)、式(3)。β 值越高,空间适宜度越低,反之亦然。

$$\alpha = \frac{S_{充足}}{S_{总面积}} \tag{1}$$

式中:S——充足为日照时间大于 ih/天的区域面积,i 根据具体工程情况确定。

$$\beta = L_W - A \tag{2}$$

$$A = A_{div} + A_{atm} + A_{gr} + A_{bar} + A_{misc} \tag{3}$$

式中:L_W——声源噪声值;

A_{div}——几何发散引起的衰减量;

A_{atm}——大气吸收引起的衰减量;

A_{gr}——地面效应引起的衰减量;

A_{bar}——声屏障、树林、建筑物障碍引起的衰减量;

A_{misc}——其他多方面效应引起的衰减量。同时,变量均采用分贝为单位。

(2)空间连续性。如,增加横向通道以缩短行人过街绕行距离,使居民快速通过、便利生活。空间连续性可选取平均横向通行时间和通道间距进行定量比较。

3.2 功能布局和形态设计

应用已归纳的空间需求与评价指标,进一步讨论高架桥在具体空间环境下,为消除其消极影响,如何做较优形态选择。以空间管理者的角度,从需求出发,对对象空间进行平面、断面和交通流线分析,将不同的功能区结合桥梁结构、融入空间特性进行形态设计。需要强调的是,本文仅是对城市高架桥梁形态的探索性研究,提出的设计方案也只是面向现有高架桥问题的较优解之一,希望能为设计者们打开高架桥设计思路,探索出考虑城市空间影响后高架桥梁形态的更多可能。

3.2.1 平面分析

由图3可知,居住性空间一般两侧是高层居民建筑,靠近道路侧布置有隔离带或绿化,居中是市政道路。当高架穿过,会加剧噪声对周边居民的影响。但是,居民区交通空间有限,常规高架桥很难拉开足够的与居住地之间的距离。因此,高架道路的规模和其距离居民楼的远近成为平面布置中的主要矛盾,可从断面设计中寻求解决方案。另外,居民横向通行需求也不容忽视,横向交通便利度对居民生活质量具有不小影响。

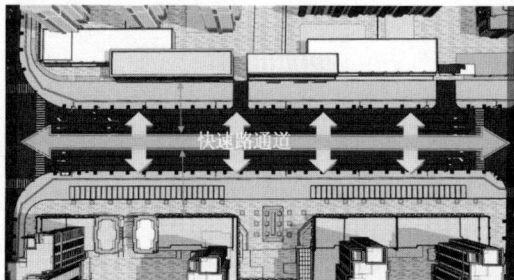

图3 居住性空间平面分析图

3.2.2 断面分析

高架桥双向六车道平面布置往往需要较大的横向宽度,会占据整个街道断面中大部分的城市空间,机动车噪声对两侧居民干扰大,大面积的桥下压抑空间也影响光照。在通常情况下,通过高架桥安装声屏障、居民楼装隔音设施等手段减弱高架桥对居民区的干扰,但这种方式有违集约和环保的建设理念,居民实际体验较差,同时也进一步放大了高架桥梁的体量,让桥梁结构对城市空间更具有侵略性。

本方案将高架空间进行叠置以减小横向尺寸,让渡出大量街道空间,增加桥下空间的光照,减轻其造成的压抑感。高架叠置后,也拉开了临街居民与道路噪声源的距离,在物理空间上削弱高架噪声对于居民的影响,也为绿化防护隔离带预留了布置条件。叠置高架桥断面如图4所示。

图4 居住性空间断面分析图

3.2.3 结构设计

本文拟定的叠置高架桥采用60m跨双层拱梁组合结构。下层桥面采用系杆拱桥下挂钢混凝土叠合梁结构,上层桥面采用鱼脊式上翻连续梁与拱桥上承体系联合支撑。桥梁采用钢结构和预制混凝土构件的组合,做到轻量化和快速化建造。

形态上,上层桥面的上翻梁形成了变截面流线,既有结构合理性,又和下层拱肋造型相呼应,让高架立面富于变化,避免了直线条的呆板无趣。

上翻的结构也形成了噪声传播的屏障,即结构化的声屏障系统。下层桥面侧面透空率高,日间行车采光好,无须人工照明补光。高架叠置后由于承载效率大大增加,桥梁的跨越能力也大大提升,桥梁可以在经济性前提下实现大跨径,这种处理方式能大大减少墩柱数量,提高桥下空间视野的通透性,营造舒适的桥下空间。居住性空间整体效果如图5所示。

图5 居住性空间设计整体效果图

3.2.4 方案评价

以上对居住性空间高架桥进行了形态设计,通过高架叠置的结构方案,实现了压缩横向高架尺度,减小噪声影响范围,增大街道蓝天面积,改善桥下采光条件,降低高架对街道空间的压抑感,污染源控制指标多方面优于常规高架;叠置后的高架桥,由于截面效率增加,桥梁跨度大大增加,桥墩数量减少,地面交通与横向慢行能有更好的视野,大幅减少了交通盲区,提升了慢行交通出行的安全性和舒适性,空间连续性指标也较优,是一种空间集约、环保安全、经济高效的高架断面方案。

3.3 结构设计与有限元验算

完成高架桥形态设计后,本文针对具体设计条件,对叠置双层高架桥结构做进一步的工程可行性验证。

3.3.1 技术标准

(1)高架断面:双向六车道。

(2)设计车速:100km/h。

(3)桥梁设计荷载等级:城-A级。

(4)设计基准期:桥涵结构设计基准期为100年。

(5)设计使用年限:100年。

(6)设计安全等级:一级。

(7)工程环境类别:Ⅰ类环境。

(8)抗震设防烈度:7度。

3.3.2 叠置双层高架结构设计

双层桥梁结构主体采用多跨连续拱桥结构,上层桥面为变截面双悬臂T形刚构梁桥与上承式拱桥协作体系,下层桥面为系杆拱桥形式。桥梁结构计算跨径为60m,主拱矢跨比为1:10,横向采用简支叠合梁结构。上层桥面于拱顶跨中处、下层桥面于拱脚处分别设置伸缩缝断开。桥梁总体布置(部分)如图6所示。

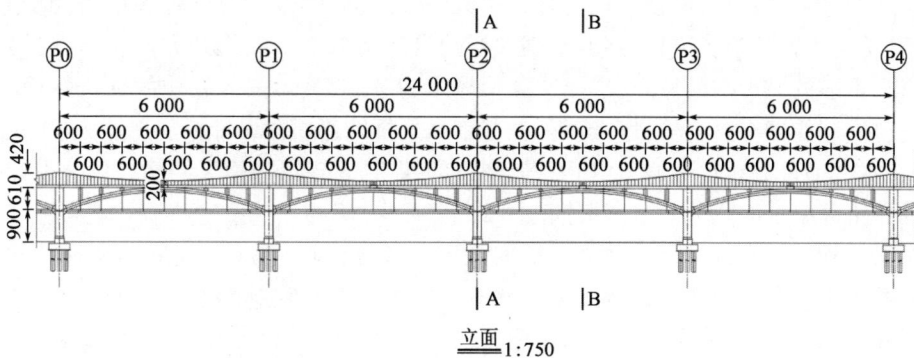

图6　叠置双层高架总体布置图(部分)(尺寸单位:cm)

主拱采用钢结构,上层桥变截面双悬臂梁采用钢结构箱梁断面,拱上立柱采用矩形钢结构箱型断面,吊杆采用柔性吊杆系统,横向桥面系均采用简支叠合梁结构。结构计算简图如图7所示。

221

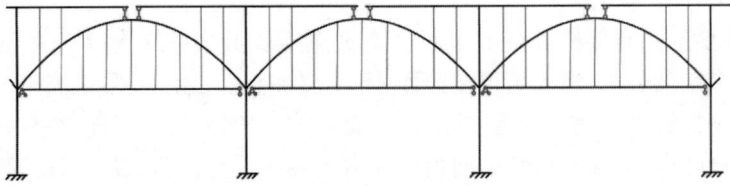

图7　结构计算简图

3.3.3　主要经济指标

对叠置双层高架桥的设计方案进行有限元建模计算,根据计算结果细化调整高架桥结构尺寸,进行结构优化。最终,得到符合规范要求、通过模型验算、经济合理的高架桥具体结构和尺寸,各项经济指标汇总见表1。

经济性对比表　　　　　　　　　　　　表1

桥梁结构	项目	单位	叠置双层高架桥方案
上部结构	混凝土用量	m^3/m^2	0.22
	钢结构用量	kg/m^2	477
桥墩承台	混凝土用量	m^3/m^2	0.32
桩基	混凝土用量	m^3/m^2	0.75
全桥	每平方造价	元$/m^2$	10 600
节省比例(对比60m钢混凝土叠合梁)		—	12%

通过和常规高架桥梁体系的对比,叠置双层高架桥梁结构同样具有很强的经济性优势;由于采用了梁拱组合结构体系,该种高架桥梁结构的施工可以采用先梁后拱再梁、快速化预制拼装的方式。综上,叠置双层高架方案在功能、形态、结构和经济性上,都较常规高架桥梁有大幅优化,值得在合适的工程场景中进行试点应用。

4　结语

本文从城市空间视角,审视了现有高架桥梁设计目的和方法,尝试打破城市和交通规划、景观设计、桥梁工程的学科边界,将城市高架桥的设计向城市空间规划方向拓展,将快速化交通空间引入更多的城市空间需求,以交通评价体系为基础,吸纳其他领域的评价指标,提出了一种更完整宏观的城市高架桥设计流程,为城市高架桥的创新性设计拓展思路。

同时,本文通过对居住性城市空间高架形态的探索,发现通过桥梁结构的优化设计可助力解决当前城市高架桥面临的一些消极问题。绿色、环保、集约、经济,这些新的城市发展理念能通过对桥梁结构的创新性设计开发得以贯彻实践。高架不应成为一个纯粹从交通功能出发确定形态并批量制造的工程产品。桥梁设计从业者应基于高架穿越的城市空间类型,充分考虑空间特质和需求,开发出更多类型的高架形态,让高架桥与城市空间结合得更加和谐,让高架桥更好地服务于城市居民。

参 考 文 献

[1]　简·雅各布斯.美国大城市的死与生[J].科技潮,2006(7):56-57.
[2]　韩冬青,冯金龙.城市·建筑一体化设计[M].南京:东南大学出版社,1999.

[3] 李阁魁. 高架路与城市空间景观建设——上海城市高架路带来的思考[J]. 规划师,2001,17(6):5.

[4] 谭鑫强. 城市高架桥主导空间解析[D]. 大连:大连理工大学,2009.

[5] 徐宁. 城市高架桥对城市空间的积极影响[J]. 华中建筑,2011(12):3.

[6] 特兰西克,朱子瑜. 寻找失落空间:城市设计的理论[M]. 北京:中国建筑工业出版社,2008.

[7] HORMIGO P, MORITA T. Urban Gapscapes:Problems and Opportunities in Urban Design Analysis of Gapspaces Originated by Elevated Railways[J]. Journal of Asian architecture and building engineering,2004,3(1):181-188.

[8] 何贤芬. 城市高架道路景观的尺度研究[D]. 西安:西南交通大学,2006.

[9] 郭磊. 城市中心区高架下剩余空间利用研究——以上海市为例[D]. 上海:同济大学,2008.

[10] 柯佳温. 城市高架桥附属空间人性化设计研究[D]. 福州:福建农林大学,2016.

[11] 赵蕾. 形态设计基础[M]. 上海:上海远东出版社,2007.

28. 成都市锦江"莲叶桥"设计浅析

吴　刚[1,2]　郑轶丽[1]

（1. 成都市市政工程设计研究院有限公司；

2. 合肥工业大学）

摘　要：现代城市桥梁对景观以及文化内涵的期望越来越高。文章从成都市锦江"莲叶桥"的概念设计入手，对其桥梁造型、静力分析、动力分析等各方面特征进行总结和提炼，并结合成都建设践行新发展理念的公园城市示范区建设总体方案要求，对公园城市示范区建设中的桥梁设计进行了一些探索和研究，具有一定的参考意义。

关键词：莲叶桥　公园城市示范区　桥梁　设计

1　引言

优秀的桥梁建筑不仅体现出人类智慧和伟大的创造力，而且往往成为时代的象征、审美的对象和文化的遗产。我国江河纵横、桥梁众多，在桥梁建筑艺术上具有悠久的历史和光辉的篇章，无论在技术上还是美学上，都有不少可以引为自豪的成就[1]。

桥梁美学的三要素包括"形式美""功能美"以及"与环境因素协调美"[2]。为充分协调各构件之间的逻辑关系，设计者常引用均衡比例、平衡韵律、分明层次等手法。与此同时，尊重力学基础，在紧张但平衡的结构中追求内在美，在外在表现中诠释一种力动感，从而表现功能美是不可或缺的。最为关键的是，桥梁作为固定结构，和空间环境构成了整体景观，共同影响着人民的生活，既相互作用，又给人民带来生活变化[3]。

当前中国城市快速发展，人口密度大大增加，对城市的市政环境要求越来越高，宋福春[4]认为城市人行天桥的建设至关重要。人行桥的结构不仅要安全可靠，还要注重与周围环境的协调，桥梁的整体美感尤为重要[5]。

2　"莲叶桥"桥梁造型设计

按照成都市建设践行新发展理念的公园城市示范区的发展战略，成都交子公园金融商务区是未来四川省乃至我国西部地区金融业发展和金融机构聚集的核心承载区。成都交子公园金融商务区位于成都市科技商务中轴天府大道两侧，北起府城大道，南至天府一街，西连益州大道，东临成仁路，横跨锦江，同处成都市高新区、锦江区两个行政区划。

在建的"莲叶桥"位于成都市高新区交子公园金融商务区核心区，横跨锦江以及红星路南延线,串联起交子公园东西两区及锦江绿道。其功能定位为:交子公园金融商务区重要的绿轴延续、片区内慢行系统的交通纽带、两岸慢行空间的联系脉络。

该桥是一座从自然中汲取设计灵感的公园城市多功能景观桥梁。桥体形态的设计灵感源自漂浮在水面上、层叠成片的荷叶,用一片片莲叶来跨越水面,以"圆"和"园"的组合形成绿色通行空间,让功能与形式完美结合,每一片"莲叶"即为一个独立活力空间(图1)。

图1 成都"莲叶桥"效果图

莲叶元素不仅运用在整体形态之中,在各个活动空间里也随处可见。伫立桥面的廊架犹如一支支完整的莲叶,架顶使用钢材搭建,勾勒出莲叶的脉络,模拟最自然的纹路。配以棱镜嵌体,在阳光的照射下,廊架顶部可折射出如彩虹一般的炫目虹光,并随太阳位置的改变而不断变化。动静相宜,皆有看点(图2)。

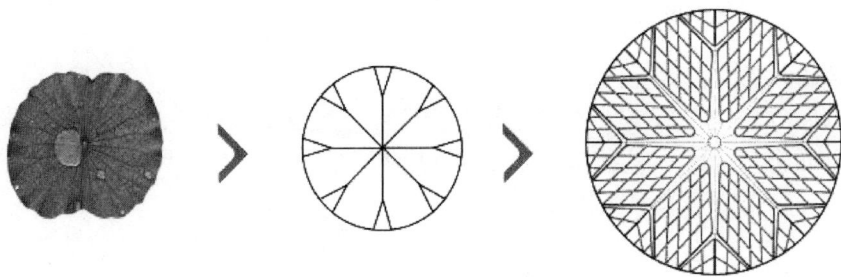

图2 成都"莲叶桥"设计要素提炼

此外,桥上的照明装置、座椅设备等公共设施的造型均植入莲叶元素,空中俯瞰,这些公共设施宛如一颗颗露珠"镶嵌"于片片"莲叶"之中,极力营造一个亲近自然、活跃开放于锦江之上的"莲叶露水"多功能景观桥梁。

在空间功能设计方面,项目从"莲叶"造型中,同形异构创造出9个灵活多样的活力空间:幻彩水秀、交子剧场、交子看台、智慧艺展、观水绿园、凌空看台、彩虹草坪、文创空间、迎宾广场,实现功能与景观的良好结合。

该桥建成后,将与锦尚大桥、锦言大桥呼应,实现"三桥连景",进一步凸显交子公园金融商务区内的滨水景观效果(图3)。

图 3　建成后的"三桥连景"效果图

3　"莲叶桥"桥梁静力性能分析

主桥平面由 6 个大小不一的圆形拼接而成,受通航和行洪限制,跨径布置为 23m(悬臂端) +70m +23m(悬臂端) =116m,桥面宽 49.42～83.5m。梁体和桥墩均为钢结构,墩、梁固结,基础均采用钻孔灌注桩。桥面设置 0.3% 排水坡,以各个圆心处为高点向外降低。

上部结构主桥采用纵横梁结构体系的异形钢结构,主跨 70m,主纵梁、主横梁均采用双箱单室钢箱梁结构,箱室宽度为 2.25m,跨中梁高 1.6m,桥墩处梁高 4.0m,跨中平直段长 24m,梁高采用直线变化;每个墩顶环向布置两道次梁,采用单箱单室钢箱梁;其余位置采用工字形开口截面横纵梁。桥梁顶板厚 16mm,墩顶 8.697m 范围内加厚为 25mm,底板厚 30mm,墩顶 8.697m 范围内加厚为 40mm。梁体钢材采用 Q345qD。

下部结构桥墩采用 $\phi2\,200mm$ 钢管混凝土桥墩,壁厚 62mm,墩、梁固结,桥墩钢材采用 Q420qD。钢管内灌注 C60 素混凝土。桥墩外设 10cm 厚 UHPC 防护层,钢结构桥墩与 UHPC 防护层之间留 5cm 间隙;基础采用 9.5m×9.5m×4.0m 承台,每个承台下布置 4 根桩,采用 $\phi2.5m$ 钻孔桩,桩基间距 5.5m。

3.1　有限元模型

采用 Midas/Civil 有限元软件建立主桥的全桥计算模型,桥墩与上部梁体结构采用板件刚接,均按板单元建模,两者的连接按实际板件连接情况建模。桥墩与上部梁体结构采用板单元模拟,其余构件均采用梁单元模拟(图 4)。

图 4　主桥静力计算有限元模型

3.2 上部结构

基本组合下,桥梁上部结构最大板单元有效应力为 174×1.1(结构重要性系数)$=191.4$MPa,最大剪应力为 $87 \times 1.1 = 95.7$MPa,上部结构材料采用 Q345qD 钢材,板厚在 $16 \sim 40$mm 范围时,其抗拉压强度设计值为 270MPa,抗剪强度设计值为 155MPa。根据《公路钢结构桥梁设计规范》(JTG D64—2015)[6],进行上部结构承载能力验算,均满足规范要求。

3.3 桥墩

基本组合下,桥墩最大应力为 203×1.1(结构重要性系数)$=223.3$MPa,桥墩材料采用 Q420qD 钢材,板厚在 $40 \sim 63$mm 范围时,其抗拉压强度设计值为 305MPa。根据《公路钢结构桥梁设计规范》(JTG D64—2015),桥墩承载能力满足规范要求。

3.4 桩基

基本组合作用下,桩基最大轴向压力 29891kN;横桥向最大弯矩 6803kN·m,顺桥向最大弯矩 1999kN·m;横桥向最大水平剪力 745kN,顺桥向最大水平剪力 2862kN。

经验算,主墩下桩基单桩轴向受压承载力安全系数为 1.42,桩基偏心受压承载力安全系数为 4.81,满足规范要求。

3.5 挠度

经计算,人群荷载作用下桥梁最大竖向挠度为 46mm,依据《公路钢结构桥梁设计规范》(JTG D64—2015),钢结构连续梁竖向挠度限值 $L/500 = 70\,000/500 = 140$mm > 46mm,桥梁挠度验算满足规范要求。

4 "莲叶桥"桥梁动力性能分析

相较于抗风、抗撞性能分析,"莲叶桥"动力性能集中体现在抗震分析方面。

4.1 抗震设计指标确定

地震烈度及抗震设防标准:成都市市区地震基本烈度为 7 度,设计基本地震动峰值加速度为 $0.1g$。根据《建筑与市政工程抗震通用规范》(GB 55002—2021)及《城市桥梁抗震设计规范》(CJJ 166—2011)[7],桥梁抗震设防类别为乙类;抗震设防措施按 8 度区执行。

4.2 地震工程地质条件

桥位场地位于成都平原岷江扇尾,地壳块体结构稳定性较好,构造活动微弱。第四系地基土结构紧密,地基抗震性较强,根据地震工程地质研究,该区内地面峰值加速度 $0.8 \sim 1.25$m/s^2,场地地面加速度反映谱类型多属Ⅰ、Ⅱ类。50 年 10% 超越概率地震烈度计算值小于Ⅶ度。从新构造运动特征反映此区为一相对稳定的地块,不具备发生 $5.5 \sim 6.0$ 级地震的地质构造背景。

区内地质构造简单,无较大断裂和发震构造存在,近期构造运动微弱,主要表现为区域平缓上升,根据《中国地震动参数区划图》(GB 18306—2015),场地地震动峰值加速度 $0.10g$,地震动反应谱特征周期 0.45s,对应的地震基本烈度Ⅶ度。

根据区域地质资料分析,场区内地质构造简单。总体来说,区内断裂构造和地震活动较弱。

4.3 场地基岩地震波合成

根据场地勘测结果和土动力参数测试结果建立场地土层力学模型,然后进行土层地震反应分析计算,最后确定场地设计地震动参数。

根据地震危险性分析结果,采用的不同随机相位谱,按 50 年超越概率 10%、2% 和 100 年超越概率10%、5%四个概率水准合成基岩加速度时程,其中每一个概率水准合成三条时程,时程采样步长为0.02s,目标谱与合成时程的反应谱(计算谱)之间的相对误差均小于5%。

4.4 场地地震动参数确定

对应于50年超越概率10%、2%和100年超越概率10%、5%四个概率水准,分别计算了地面地震加速度反应谱Sa(T),进而得到了场地地面地震加速度放大系数反应谱或设计地面加速度反应谱(5%阻尼比)如表1所示。

工程场地设计地震动参数(阻尼比5%)　　　　　　　表1

概率水平	T_0 (sec)	T_1 (sec)	T_g (sec)	β_m	γ	PGA (cm/s²)	α_{max}
50年10%	0.04	0.10	0.60	2.50	1.0	132	0.330
50年2%	0.04	0.10	0.65	2.50	1.0	167	0.418
100年10%	0.04	0.10	0.70	2.50	1.0	205	0.513
100年2%	0.04	0.10	0.70	2.50	1.0	224	0.560

4.5 抗震有限元模型

建立桥梁结构的空间动力计算模型,模型应反映实际桥梁结构的动力特性,尽量正确反映桥梁上下部结构的连接作用、支座和地基的刚度、质量分布及阻尼特征,从而保证在动力荷载作用下引起的惯性力和主振型能得到合理反映。结合《公路桥梁抗震设计规范》(JTG/T 2231-01—2020)[8],全桥结构的抗震有限元计算模型基本情况如下:

(1)考虑引桥对主桥边界条件的影响,将引桥共同建模计算,并按实际约束情况模拟边界条件。

(2)计算模型中主桥上部结构采用板单元模拟,引桥梁体、全桥桥墩、承台和桩基采用空间梁单元模拟,为确保主桥上部结构顶板的板单元刚度准确,将顶板加劲肋共同建模计算。

(3)各构件单元划分精度能正确反映结构的实际动力特性(图5)。

图5　全桥抗震计算有限元模型

(4)计算时结构阻尼比取0.03。进行时程分析时,采用瑞利阻尼。

(5)考虑永久作用下结构几何刚度等几何非线性影响。

(6)考虑桩基础与地基之间的相互作用,采用"m"法计算其作用效应,在进行抗震计算时,取$m_动=3m_静$,即抗震计算m值为静力计算的3倍。桩基持力层为中风化泥岩层。

(7)主桥桥墩采用钢-混凝土混合截面的梁单元模拟,将混凝土材料等效为钢材,并考虑混凝土收缩徐变产生的刚度折减,折减系数为0.9。

4.6 自振特性

经计算,成桥状态动力特性计算结果见表2。

228

成桥状态动力特性计算一览表

表 2

模态号	振型主要特征	自振频率 f(Hz)	自振周期 T(s)
1	结构纵向偏移	1.259	0.794
2	结构扭转	1.475	0.678
3	跨中局部竖弯	1.549	0.645
4	结构横向偏移	1.629	0.614
5	结构扭转	2.108	0.474
6	结构扭转	2.266	0.441

4.7 多遇地震 E1 反应谱法计算

采用反应谱法对结构进行分析,分析结果用作与多遇地震线性时程法分析结果相互校核。根据《公路桥梁抗震设计规范》(JTG/T 2231-01—2020)6.4.3 条,线性时程法的计算结果不应小于反应谱法计算结果的 80% 。本桥抗震设防分类为乙类,设计地震分组为第三组,地震基本烈度为 7 度,地震动反应谱特征周期为 0.45s,设计基本地震加速度值为 0.1g。采用多振型反应谱法对结构进行分析,并同时考虑顺桥向 X 和横桥向 Y 以及竖向 Z 三个方向的地震作用。各效应组合方式按 SRSS 法组合。

4.8 多遇地震 E1 线性时程法计算及验算

多遇地震作用时,选取设计加速度时程 50 年超越概率 10% 的数据,每个数据间隔 0.02s,将地震作用时间设定为 35s。

4.9 罕遇地震 E2 反应谱法计算及验算

采用多振型反应谱法对结构进行分析,并同时考虑顺桥向 X 和横桥向 Y 以及竖向 Z 三个方向的地震作用。各效应组合方式按 SRSS 法组合。

4.10 罕遇地震 E2 非线性时程法计算及验算

罕遇地震作用时,选取设计加速度时程 50 年超越概率 2% 的数据,每个数据间隔 0.02s,将地震作用时间设定为 48s。

5 结语

现代城市桥梁除了满足基本的功能之外,越来越注重桥梁造型的美观,以及桥梁本身蕴含的地域文化等方面。

按照国家战略规划和总体方案,成都建设践行新发展理念的公园城市示范区建设已进入全面实施阶段。而作为公园城市示范区建设中的桥梁,其对设计的综合水平要求更高。笔者通过对比较有代表性的成都市锦江"莲叶桥"桥梁造型、受力性能等方面的分析,结合其他城市桥梁设计总结后认为相对于公路桥梁和一般市政桥梁,公园城市示范区建设中的桥梁具有以下显著特点:

5.1 更注重美观要求

按照示范区总体方案要求,要实现"园中建城、城中有园、推窗见绿、出门见园"的公园城市形态,要呈现"窗含西岭千秋雪"美景。因此,在现代桥梁的六大设计原则"安全、适用、经济、美观、耐久、环保"中,桥梁设计对美观要求更高,且更注重桥位所在区域各类建筑的融合程度。这就要求设计师对桥梁造型(包括整体造型和构件造型)、材料、工法、灯光等的把握必须恰到好处,且必须综合考虑桥位处的地形、地貌、气象、水文等因素并从当地文化中汲取灵感,推敲韵律,确定风格,使其完美融入所在片区总体景观规划中,做到"不突兀、不花哨、有主题、有内涵"。

5.2　跨界的领域更多

一般来说,桥梁大多数跨径不大,但跨界领域更多,需要多行业、多专业融合才有可能取得理想效果,如:道路、排水、路线交叉、建筑、景观、绿化、照明、地铁、海绵城市、数字化等;对于项目总负责人的综合设计能力和方案把控能力也提出了更高的要求。

5.3　新材料、新工艺的需求更普遍

桥梁会更多地使用钢结构、钢混组合结构、新型混凝土、砖石、木、玻璃、纤维等多种材料及其组合;此外,考虑到桥位所在区域的复杂性,其建造也可能会出现特殊工法,以适应工程建设需要。

5.4　夜景效果要求较高

桥梁基本位于市民(包括外地游客)高度聚集区,经常出现在市民的生活范围内,包括晚间(尤其是节假日期间),高峰期甚至会出现交通管制。因此,桥梁在夜间的景观效果显得尤为重要,包括桥面空间和桥下空间。

此外,桥梁更应注重桥面密布人群荷载工况下的结构静、动力分析验算,尤其重视共振验算。

5.5　老旧天桥提升改造宜适度,方案设计需综合考虑各种因素

受建设用地及周边环境、既有建筑的拆迁条件等方面因素限制,老旧桥梁改建则需更为谨慎,更应兼顾经济性和必要性,综合考虑设计方案。

不宜短期内大范围进行改建,更不宜全部拆除重建。对于功能和结构上满足使用要求的老旧桥梁,可按照桥梁美学规则进行整体装饰和补充(如增设花箱、夜景灯饰、观光电梯等)。

参 考 文 献

[1]　杨士金,唐虎翔.景观桥梁设计[M].上海:同济大学出版社,2003.

[2]　王毅娟,郭燕萍.现代桥梁美学与景观设计研究[J].北京建筑工程学院学报,2004,(3):47-50.

[3]　宋福春,王厚宇,等.基于地域文化的景观桥梁美学设计[J].公路,2019(3):183-186.

[4]　宋福春,翟雪松.城市人行天桥美学设计[J].北方交通,2020(2):31-33.

[5]　梁艳,何晨,唐茂林.桥梁美学2020年度研究进展[J].土木与环境工程学报(中英文),2021,(43):234-241.

[6]　中华人民共和国交通运输部.公路钢结构桥梁设计规范:JTG D64—2015[S].北京:人民交通出版社,2015.

[7]　中华人民共和国住房和城乡建设部.城市桥梁抗震设计规范:CJJ 166—2011[S].北京:中国建筑工业出版社,2012.

[8]　中华人民共和国交通运输部.公路桥梁抗震设计规范:JTG/T 2231-01—2020[S].北京:人民交通出版社,2020.

29. 大跨径钢混组合梁设计关键问题研究

王　健　闫生龙　宋松林　翟晓亮

（中交第一公路勘察设计研究院有限公司）

摘　要：沁伊黄河大桥采用 85m + 25 × 100m 钢混组合连续梁桥跨越主河槽，采用无支墩步履式顶推法架设钢主梁，为目前在建的国内无支架顶推跨度最大的整体槽型组合梁。针对大跨度钢混组合梁桥，从结构整体性、桥面板局部受力、施工便捷性、工程经济性、运营维修养护等角度，详细对比工字钢板组合梁、整体槽型箱组合梁及分离箱室组合梁，结果表明，整体槽型箱组合梁的结构整体性好、加工制造及后期运营便捷、经济性最优。本文还研究了组合梁上翼缘宽厚比合理取值、高腹板稳定性、桥面板第二体系受力及负弯矩区桥面板抗裂措施等关键问题，对大跨度钢混组合梁设计具有指导意义。

关键词：组合梁　宽厚比　腹板稳定　第二体系　桥梁设计　防裂措施

1 引言

本文研究以沁伊黄河大桥为项目依托，对大跨径钢混组合梁设计中的关键问题进行了详细研究。沁伊黄河大桥为沁阳至伊川高速公路上的控制性工程，桥位位于黄河孟津-桃花峪段，全桥由堤外引桥、跨北大堤桥、北岸滩地引桥、黄河主桥和南岸滩地引桥组成，全长 7 278.5m。受湿地保护区、上下游桥梁间距、水文测验断面、黄河河岸防护工程、黄河行洪、机场限高、结构经济性等因素综合影响，跨越黄河主桥采用 100m 等跨度布置组合梁，主桥全长 2585m 跨越主河槽。经综合对比顶推法、架桥机及节段吊装等施工工法，为尽量减少水上作业工序，提高上部结构施工机械化水平，最终采用南北岸同步无支墩步履式顶推法架设上部钢梁，待钢梁就位后，铺设桥面板并结合。

2 钢主梁截面形式比选

结合世界桥梁技术发展现状，适用于 100m 跨可行的方案有钢箱梁、钢桁梁、钢混组合梁及混凝土梁桥。钢箱梁自重最轻，工厂化制作，但钢箱梁造价相对较高；钢桁梁冗余构件较多，用钢量最高，经济性最差；预应力混凝土连续梁桥经济性较好，但主桥用等跨布置，边跨受力不

基金项目：大跨径变截面混合连续箱梁桥设计建造关键技术研究，2022 年度陕西省交通科技项目，编号 22-30K。

大跨度钢-混混合变截面连续箱梁桥设计关键技术研究，2021 年度交通运输行业重点科技清单项目，编号 2021-MS1-047。

合理,且后期病害较多,施工时需要悬臂浇筑混凝土,工期长,不利于环保;钢混组合梁适宜等跨布置,耐久性较好,造价适中,因此主桥推荐采用钢混组合梁。

100m跨钢混组合梁合理结构主要有钢桁组合梁、工字钢板组合梁、整体箱组合梁及分离箱室组合梁四种[1],如图1所示。

a)钢桁组合梁

b)工字钢板组合梁

c)整体箱组合梁

d)分离箱室组合梁

图1　4类100m跨组合梁形式

以上四类组合梁中,钢桁组合梁刚度较大,可有效利用上下层形成双层桥面结构,多用于公轨两用桥或多功能桥,考虑其用钢量较大,一般可达720kg/m²,对于黄河主桥单一公路用途而言,略显浪费,暂不做详细对比。从经济性、结构整体性、桥面板局部受力、施工便捷性、运营维修养护等角度,对工字钢板组合梁、整体槽型箱组合梁及双边箱室组合梁三种组合梁形式进行对比,见表1。

三种形式组合梁综合对比　　　　　　　　　　　　　　　　表1

项目	主梁形式		
	工字钢板组合梁	整体槽型箱组合梁	双边箱室组合梁
用钢量指标(kg/m²)	510	455	490
加工便捷性	板件规整、焊缝少、便于加工	板件相对较少、焊接工作量适中、加工难度适中	板件构造略复杂,焊接量较大且操作空间小,加工难度最大
质量控制	较容易	适中	较难
结构整体性	整体性差、不同位置纵梁受力差异大	整体性好、受力明确	整体性适中,两片边箱受力相对明确、传力简洁
桥面板受力	横向单向板(受力简洁,不参与第一体系叠加)	纵向单向板(桥面板第一、第二体系叠加,受力相对复杂)	双向板+单向板(构造存在纵向单向板+双向板,桥面板受力复杂)

232

项目	主梁形式		
	工字钢板组合梁	整体槽型箱组合梁	双边箱室组合梁
运输	工字钢可整体运输至现场,较易	需分拆散件运输至现场焊接	边箱运输至现场,适中
顶推施工难易	整体性差,顶推施工较难	整体性好,可整体顶推到位,较易	现场拼接量较大,整体性适中,顶推难度适中
运营养护	开口截面,受力板件均外漏,需设置辅助措施养护维修	箱室内空间大,检修操作空间大,操作难度小	小箱室结构,检修空间较小,横向联系梁检修难度较大,检修工作量大
景观效果	梁片较多,景观效果差	整体式断面 + 挑臂,景观性最好	构造相对复杂,景观适中

综上所述,考虑结构经济性、施工易操性、质量易控性、加工便捷性、运营养护便捷性及与自然景观协调性等,最终推荐采用整体槽型箱组合梁[2]。

3 主梁设计关键问题研究

3.1 组合截面钢梁上翼缘宽厚比合理取值

现行《公路钢结构桥梁设计规范》[3](以下简称《公钢规》)规定:受弯为主的钢梁受压区翼缘宽厚比限值为 $12\sqrt{345/f_y}$,本钢主梁与桥面板分阶段施工,具有以下特点:

(1)桥面板与钢梁结合后,由于桥面板对钢梁上翼缘有一定的约束作用,一般不会发生上翼缘局部失稳,因此无须满足规范受压区翼缘宽厚比要求。

(2)施工过程中桥面板与钢梁未结合时,钢梁上翼缘无外部约束,可能会存在上翼缘局部失稳情况,但此时上翼缘应力水平较低,按照《公钢规》中构造要求控制上翼缘宽厚比,会造成上翼缘过厚,运营阶段应力富裕度较高,需合理控制钢主梁上翼缘宽厚比。

以下规范及标准均明确了应力水平较低时板件宽厚比处理思路:

(1)《钢结构设计标准》(GB 50017—2017)[4]。

《钢结构设计标准》7.3.2 条规定:当轴心受压构件的压力小于稳定承载力 φAf 时,可将其板件宽厚比限值由本标准第 7.3.1 条相关公式算的后乘以放大系数 $\alpha = \sqrt{\varphi Af/N}$ 确定。

(2)《铁路桥梁钢结构设计规范》(TB 10091—2017)(5.3.3 条)[5]。

《铁路桥梁钢结构设计规范》第 5.3.3 条规定:计算压应力 σ 小于容许应力 $\varphi_1[\sigma]$ 时,b/δ(翼缘宽厚比)值除铆接干角钢伸出肢外,可按规定放宽,即根据该杆件计算压应力与基本容许应力之比中按表 3.2.6 查出相应的 λ 值,再根据此值计算出杆件容许的 b/δ 值。

结合以上规范或标准,总结出分阶段形成组合梁的结合面处钢梁翼缘宽厚比处理思路为:提取未形成组合截面下钢梁最不利负弯矩,选取不同上翼缘厚度,依据《公钢规》计算考虑受压翼缘局部稳定折减后的上翼缘最大应力 σ,按照 $12\sqrt{345/\sigma}$ 考虑计算应力折减后允许翼缘宽厚比,当构造宽厚比接近且小于折减宽厚比时,所选板厚可作为钢梁未结合状态下最小允许板厚。

依据以上思路,通过建立沁伊黄河大桥分阶段施工模型,对钢梁上翼缘宽厚比限值进行分析,结果见表 2。最终考虑安全性与经济性平衡,选取最小板厚为 40mm,对应构造宽厚比 15,允许宽厚比最大值为 16.8。

未结合状态下上翼缘宽厚比限值分析   表 2

项目	上翼缘厚度（mm）			
	20	30	40	50
上翼缘宽度（mm）	600			
板厚对应构造宽厚比	30	20	15	12
上翼缘压应力（MPa）	285	222	175	137
按 $12\sqrt{345/\sigma}$ 折减后允许宽厚比（钢标）	13.2	15.0	16.8	19.0
是否匹配	NG	NG	OK	OK

3.2　钢主梁高腹板稳定性控制

黄河主桥高腹板稳定性问题突出[6]，主要表现在以下几个方面：①腹板倾斜布置，高度约 4.83m，腹板高度较高；②钢主梁采用顶推施工，主梁正负弯矩交替变化，截面上下缘均交替出现受压状态；③主跨跨度达 100m，先施工钢梁，后架设桥面板，一期恒载由钢梁承担，为典型的活载组合梁，钢梁内力较大。

《公钢规》中腹板屈曲稳定性控制相关公式假定中性轴位于腹板中心附近，对于整体槽型箱组合梁而言，中性轴一般均偏离腹板中心，直接采用《公钢规》规定进行腹板加劲设计可能偏于不安全，需要采用更精确的方法进行高腹板稳定性控制设计。

《钢结构设计标准》（GB 50017—2017）第 6.3.4-1 条规定：同时用横向加劲肋和纵向加劲肋加强的腹板，受压翼缘与纵向加劲肋之间的区格局部稳定性应按下列公式进行计算，该公式可根据腹板局部区格内应力状态进行加劲区格范围内腹板稳定性检算，相比《公钢规》腹板稳定性控制公式更加具有普适性。

$$\frac{\sigma}{\sigma_{cr1}} + \left(\frac{\tau}{\tau_{cr1}}\right)^2 + \left(\frac{\sigma_c}{\sigma_{c,cr1}}\right)^2 \leqslant 1 \tag{1}$$

式中：　　σ——计算腹板区格内平均弯矩产生的腹板计算高度边缘的弯曲压应力；

　　　　　τ——计算区格内平均剪应力产生的腹板平均剪应力；

　　　　　σ_c——计算腹板计算高度边缘的局部压应力；

σ_{cr1}、τ_{cr1}、$\sigma_{c,cr1}$——各种应力单独作用下的临界应力。

建立黄河主桥全过程总体分析模型及局部节段模型（图 2）。分析施工全过程及运营阶段腹板受弯、剪及局部荷载等状态，依据《钢结构设计标准》中区格稳定性公式对受压翼缘与纵向加劲肋形成的区格进行稳定性验算，结果见表 3 和表 4。

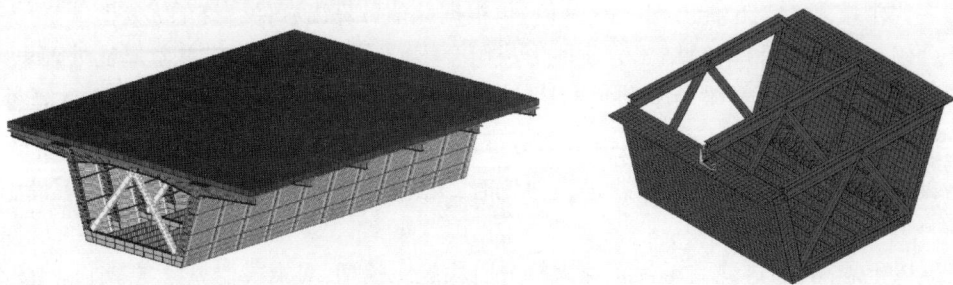

图 2　腹板稳定分析模型

234

施工阶段受压翼缘与纵向加劲肋之间的区格腹板稳定验算 表3

计算参数	符号	单位	最大悬臂工况	腹板最薄处
腹板钢材拉压设计强度	f	MPa	335	275
腹板钢材抗剪设计强度	f_v	MPa	195	160
纵肋距离腹板计算高度	h_1	mm	900	900
腹板横向加劲肋间距	a	mm	400	400
腹板厚度	t_w	mm	24	20
腹板计算高度边缘弯曲应力	σ	MPa	186.4	89
腹板区格内平均剪应力	τ	MPa	29.5	26
腹板计算高度边缘局部压应力	σ_c	MPa	119.7	102.1
ε_k			0.748	0.814
梁腹板受弯计算的正则化宽厚比	$\lambda_{n,b}$		0.668	0.737
梁腹板受剪计算的正则化宽厚比	$\lambda_{n,s}$		0.221	0.244
梁腹板局部压力计算正则化宽厚比	$\lambda_{n,c}$		0.256	0.283
腹板弯曲应力作用下临界应力	σ_{crl}	MPa	335	275
腹板剪应力作用下临界应力	τ_{crl}	MPa	195	160
腹板局部受压应力作用下临界应力	$\sigma_{c,crl}$	MPa	335.0	275.0
局部稳定验算结果(<1通过,>1不通过)			0.707	0.488

运营阶段受压翼缘与纵向加劲肋之间的区格腹板稳定验算 表4

计算参数	符号	单位	Q500区段	Q420区段	Q355区段
腹板钢材拉压设计强度	f	MPa	400	335	275
腹板钢材抗剪设计强度	f_v	MPa	230	195	160
纵肋距离腹板计算高度	h_1	mm	900	900	900
腹板横向加劲肋间距	a	mm	400	400	400
腹板厚度	t_w	mm	24	24	20
腹板计算高度边缘弯曲应力	σ	MPa	240.9	279	213
腹板区格内平均剪应力	τ	MPa	78	60	45
腹板计算高度边缘局部压应力	σ_c	MPa	159.9	0	0
ε_k			0.686	0.748	0.814
梁腹板受弯计算的正则化宽厚比	$\lambda_{n,b}$		0.729	0.668	0.737
梁腹板受剪计算的正则化宽厚比	$\lambda_{n,s}$		0.241	0.221	0.244
梁腹板局部压力计算正则化宽厚比	$\lambda_{n,c}$		0.279	0.256	0.283
腹板弯曲应力作用下临界应力	σ_{crl}	MPa	400	335	275
腹板剪应力作用下临界应力	τ_{crl}	MPa	230	195	160
腹板局部受压应力作用下临界应力	$\sigma_{c,crl}$	MPa	400.0	335.0	275.0
局部稳定验算结果(<1通过,>1不通过)			0.876	0.928	0.853

经分析,施工过程及运营阶段受压区局部区格稳定性系数均小于1,腹板区格稳定性验算满足要求。

利用局部有限元模型分析最不利状态下腹板各阶失稳模态(图3)。结果表明:最不利荷载下腹板一阶失稳模态系数为4.78,满足规范要求。

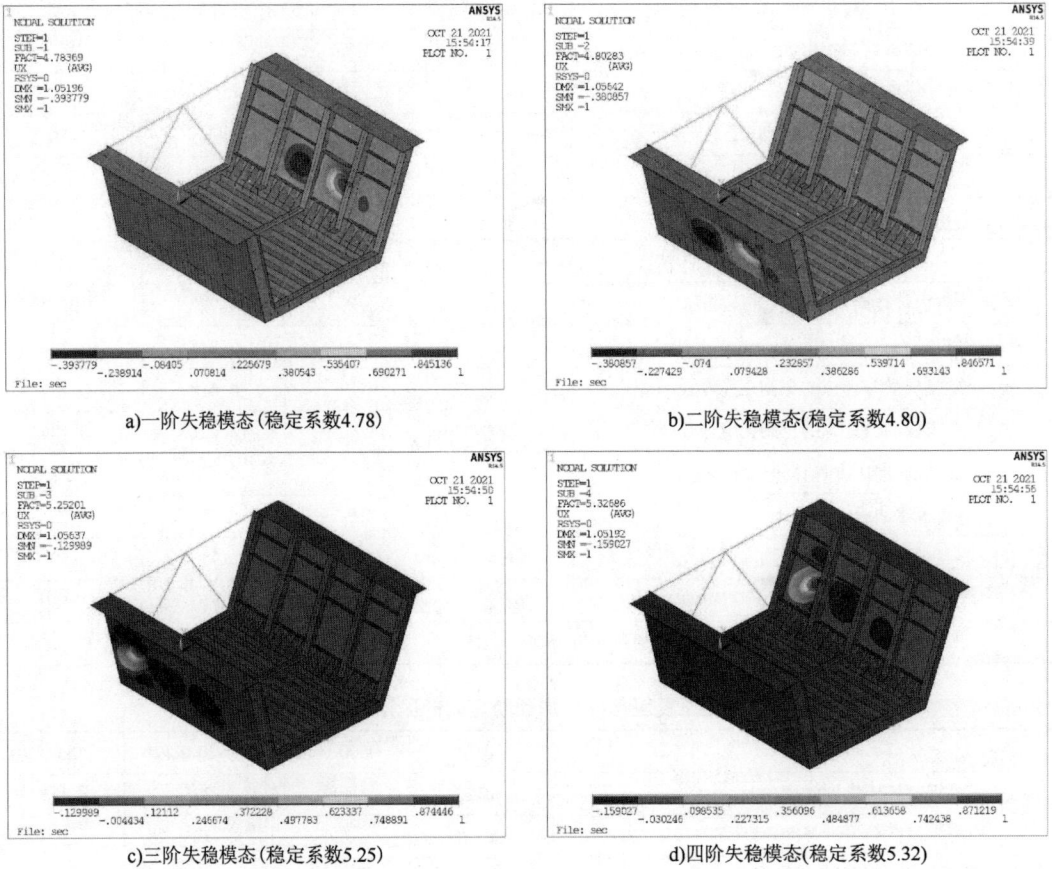

a)一阶失稳模态(稳定系数4.78)

b)二阶失稳模态(稳定系数4.80)

c)三阶失稳模态(稳定系数5.25)

d)四阶失稳模态(稳定系数5.32)

图3　钢梁腹板局部失稳模态

3.3　桥面板第二体系受力

黄河主桥桥面板以纵向受力为主,需要考虑第一体系与第二体系应力叠加问题[7],为有效改善桥面板第二体系受力,分别建立3m、4m两种横隔板间距下主梁局部模型,钢梁采用板壳单元模拟,混凝土板采用实体单元进行模拟。局部车轮荷载选取重轴140kN×2,车轮纵向间距1.4m,车轮大小考虑轮载在铺装层扩散效应。局部加载工况如图4所示。

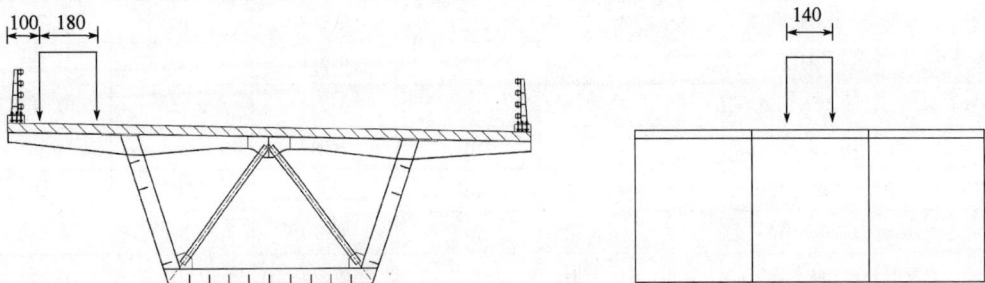

a)模式1:单车道偏载,纵向轮载布置于两横隔板跨中

图　4

236

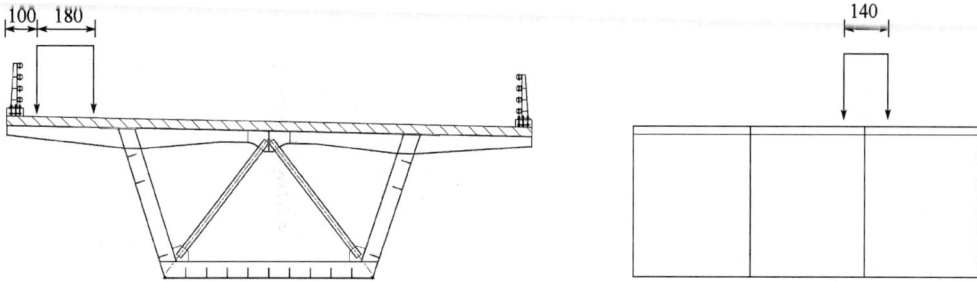

b)模式2：单车道偏载，纵向轮载跨横隔板布置

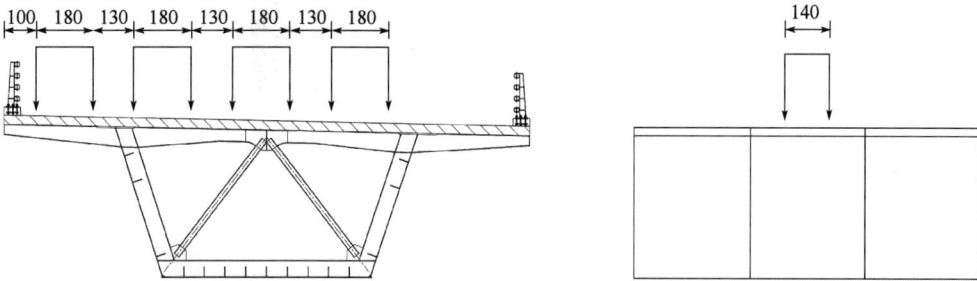

c)模式3：四车道偏载，纵向轮载布置于两横隔板中间

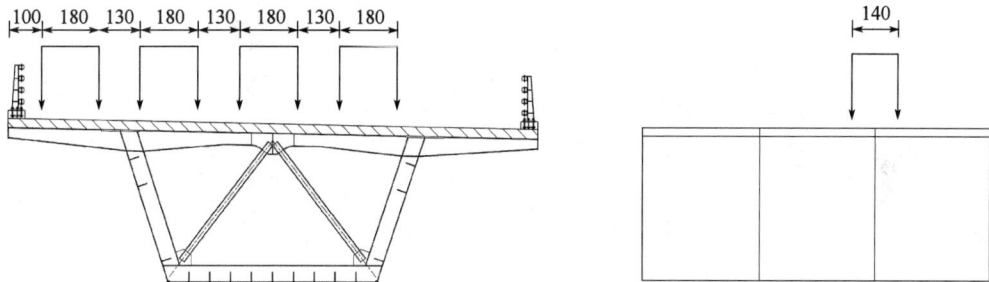

d)模式4：四车道偏载，纵向轮载跨横隔板布置

图4　局部轮载加载模式(尺寸单位:cm)

分析得到不同横隔板间距下桥面板单宽弯矩结果见表5。

不同横隔板间距下桥面板单宽弯矩(kN·m/m)　　　　　　　表5

加载模式	项目			
	4m 间距横隔板		3m 间距横隔板	
	横向弯矩	纵向弯矩	横向弯矩	纵向弯矩
模式1	43.26	25.96	39.34	21.84
模式2	39.84	18.92	37.14	16.80
模式3	48.00	35.90	42.82	25.02
模式4	43.62	19.80	40.06	17.20

由计算结果可知:4m 横隔板间距时桥面板纵向最大单宽弯矩为 35.9kN·m/m,3m 间距时为 25.02kN·m/m。横隔板间距为 3m 时仅第二体系裂缝宽度相比 4m 间距可减少约 0.04mm。

237

3.4 负弯矩区桥面板裂缝控制措施

为提高负弯矩区桥面板抗裂水平,沁伊黄河大桥采取了以下措施:

(1)多思路综合确定开裂区长度,加强开裂区桥面板配筋设计。

《公路钢混组合桥梁设计与施工规范》[8](后称公规)中采用($0.15L$,L 为梁的跨度)确定开裂区长度的方法太过于笼统,对大跨度桥梁可能存在一定误差,设计借鉴欧洲标准[9](后称欧标)思路进行开裂区长度分析,如图 5 所示。先进行非开裂分析,全桥所有截面特性均考虑混凝土强度贡献,若标准组合下截面混凝土上缘最大拉应力大于 $2f_{ctm}$(其中 f_{ctm} 是指混凝土抗拉强度平均值,即超越概率 50% 的抗拉强度,可以近似认为 $f_{ctm} = f_{tk}/0.7$),则认为该部分混凝土桥面板已经开裂,然后按照开裂截面分析,处于开裂区的混凝土桥面板仅考虑其中钢筋刚度贡献进行整体分析,重新进行迭代计算,直至开裂区长度收敛。

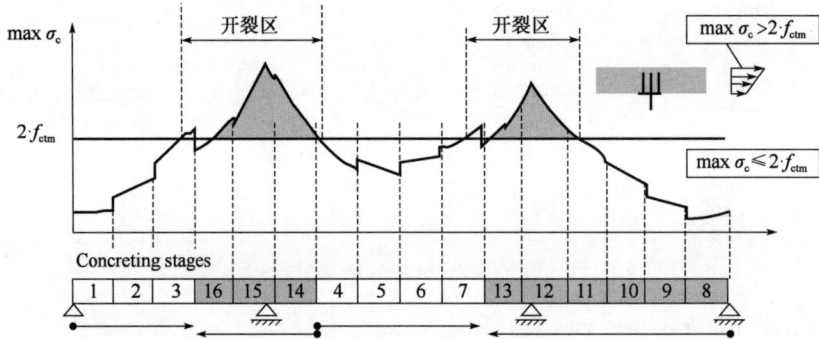

图 5 欧洲标准对于开裂区范围求解

按照《欧标》考虑最不利荷载标准组合,迭代多次计算得到黄河主桥中支点两侧各 25m 为开裂区,而《公规》计算得到开裂区长度为 15m,两种规范开裂区范围差异较大。考虑到梯度温度、风荷载、系统温度、支座沉降等荷载的内力或应力分布特点,最终采用《欧标》思路确定开裂长度,并加强开裂区范围内桥面板配筋设计。

(2)优化负弯矩区桥面板结合顺序,降低桥面板恒载负弯矩。

采用先正弯矩区段后负弯矩区段浇筑全桥湿接缝,正弯矩区由跨中向两侧支点浇筑,负弯矩区由支点两侧向支点浇筑,最终浇筑支点顶缘湿接缝,该措施能有效延迟高拉应力区桥面板结合时机[10],有效降低该范围桥面板拉应力水平。

(3)裂缝宽度计算时计入开裂区钢筋拉伸硬化效应。

《欧标》在总体计算和裂缝宽度计算层面,均考虑了拉伸硬化效应[11]。中国规范总体计算得到的钢筋应力不包含拉伸硬化效应,而裂缝宽度计算公式是通过试验拟合的,包含了拉伸硬化效应。参考《欧标》关于拉伸硬化效应引起的钢筋拉应力增量 $\Delta\sigma_s$ 计算公式:

$$\Delta\sigma_s = \frac{0.4f_{ctm}}{a_{st}\rho} \tag{2}$$

$$a_{st} = \frac{A_{cr}I_{cr}}{A_sI_s} \tag{3}$$

式中:f_{ctm}——混凝土平均抗拉强度,可近似取为 $f_{tk}/0.7$;

ρ——纵向受力钢筋配筋率;

A_{cr}、I_{cr}——开裂截面面积及惯性矩;

A_s、I_s——钢梁截面面积及惯性矩。

计算得到考虑钢筋拉伸应变后钢筋拉应力增量约为24MPa,会引起裂缝宽度增加约0.044mm。如不考虑该项应力增量,会低估结构裂缝宽度水平,造成开裂风险增加。

（4）优化墩顶范围横梁布置间距,改善第二体系桥面板受力。

3.3节中分析了横隔板间距对于第二体系桥面板受力的影响,横隔板间距为3m时仅第二体系裂缝宽度相比4m间距可减少约0.04mm,对于桥面板抗裂非常有利。因此,中支点桥面板高拉应力区局部横梁间距加密至3m,有效改善第二体系桥面板受力,降低开裂风险。

（5）桥面板混凝土中掺入合成纤维,提高桥面板本身抗裂性能。

为提高桥面板的抗裂性能,预制板及桥面湿接缝混凝土中均掺入合成纤维,设计掺入量参考值为0.9kg/m³。纤维能均匀分散混凝土中形成一种乱向支撑体系,减少原生微裂缝的数量和尺度,提高混凝土抗裂能力和韧性,从而延长混凝土的使用寿命。

（6）利用支点不同步顶、落措施,对桥面板施加一定的预压力。

钢主梁顶推到位后,落梁至设计指定高度（考虑中支点预抬升20cm和25cm）,待墩顶湿接缝浇筑完成后,回落至设计高程,该措施能降低最大负弯矩29 000kN·m,裂缝宽度减少约0.05mm,对降低桥面板开裂风险非常有效。

4 结语

沁伊黄河大桥采用整体槽型箱组合梁,为目前在建的国内无支架顶推跨度最大的整体槽型组合梁。针对大跨度组合梁设计关键问题进行研究,得出以下结论和建议:

（1）对于分阶段形成组合截面的组合梁,钢梁上翼缘可在《公钢规》基础上,根据钢梁架设阶段上翼缘计算应力对板件允许宽厚比限值进行调整,提高结构设计的经济性。

（2）大跨度组合梁高腹板局部稳定性问题较突出,《公钢规》中腹板屈曲稳定性控制相关公式假定中性轴位于腹板中心附近,对于整体槽型箱组合梁而言,中性轴一般均偏离腹板中心,直接采用《公钢规》规定进行腹板加劲设计可能偏于不安全,可综合采用《钢结构设计标准》区格稳定性控制公式和精确有限元方法进行高腹板稳定性分析。

（3）对于纵向受力桥面板,应考虑第一、二体系桥面板内力叠加,合理设计钢梁横隔板间距,可以有效降低桥面板第二体系内力,改善桥面板受力状态。

（4）考虑到梯度温度、风荷载、系统温度、支座沉降等荷载的内力或应力分布特点,大跨度组合梁建议借鉴《欧标》思路利用计算应力与容许强度关系进行开裂区长度迭代分析,以确定更加符合实际的开裂区范围。

（5）优化湿接缝浇筑顺序、考虑钢筋拉伸硬化效应引起的钢筋拉应力增量、优化桥面板板跨、采用纤维混凝土、增设支点顶落工序等措施均可有效降低负弯矩区桥面板开裂风险。

参 考 文 献

[1] 欧阳泽卉,师少辉,朱玉.狮子洋通道钢-混组合梁桥结构选型研究[J].桥梁建设,2023,53(zl):76-83.

[2] 杨忠良.揭惠铁路跨梅汕高铁特大桥槽箱组合梁设计[J].世界桥梁,2023,51(3):21-28.

[3] 中华人民共和国交通运输部.公路钢结构桥梁设计规范:JTG D64—2015[S].北京:人民交通出版社股份有限公司,2015.

[4] 中华人民共和国住房和城乡建设部.钢结构设计标准（附条文说明）:GB 50017—2017

[S].北京:中国建筑工业出版社,2017.

[5] 国家铁路局.铁路桥梁钢结构设计规范(附条文说明):TB 10091—2017[S].北京:中国铁道出版社,2017.

[6] 周伟翔,孙海涛,邵长宇.银川滨河黄河大桥连续组合箱梁桥设计[J].公路,2018,63(3):107-111.

[7] 朱斌,彭大鹏,魏乐永,等.大跨径钢连续梁桥设计需重点考虑的问题[J].公路,2015,60(7):161-168.

[8] 中华人民共和国交通运输部.公路钢混组合桥梁设计与施工规范:JTG/T D64-01—2015[S].北京:人民交通出版社股份有限公司,2015.

[9] Eurocode 4:Design of composite steel and concrete structures Part 2:General rules and rules for bridges[S]. London:British Standards Institution,2005.

[10] 王彬,刘来君,季建东.临猗黄河大桥组合梁负弯矩区力学性能优化措施研究[J].桥梁建设,2021,51(6):85-91.

[11] 陈正星,刘甜甜.钢-混凝土组合梁负弯矩区设计方法的国内外规范对比分析[J].公路,2020,65(8):203-206.

30. 昌樟二期工程装配式桥梁设计关键技术研究

裴辉腾[1,2] 吴廷楹[2] 贾丽君[1] 王 超[2] 詹刚毅[3]

（1.同济大学；2.江西省交通设计研究院有限责任公司；

3.中铁上海设计院集团有限公司）

摘 要： 在绿色环保、节能减排的整体发展理念指导下，装配式桥梁的优势日益凸显，各种类型的装配式桥梁结构在我国开始应用。文章以昌樟改扩建二期工程为研究对象，对先张法预制上部结构、半隐藏式盖梁、预制桥墩、快速施工免焊接湿接缝构造等装配式桥梁设计关键技术展开阐述，旨在为后续装配式桥梁设计提供经验参考，进而提升装配式桥梁的设计水平。

关键词： 装配式桥梁 先张法 半隐藏式盖梁 预制桥墩 免焊接湿接缝构造

1 引言

昌樟改扩建二期工程是南昌"十横十纵"干线路网中的重要组成部分，工程项目始于南昌市李庄山大桥，终于昌西南枢纽，顺接昌樟高速，全长约 9.92km。主线进行提升改造，将原双向 4 车道高速公路扩建为双向 6 车道，设计车速为 80km/h。由北向南分别与龙兴大街、上饶大街、复兴大道、临川街、东城路、青岚路、宜春大街、洪州大道、潼溪大道、科创大街相交。

依托昌樟改扩建二期工程的《高速公路装配式桥梁工业化绿色建造试点》项目被江西省推进交通强省建设领导小组办公室立项为"交通强省试点任务"。项目共有主线桥梁 12 座，支线上跨桥梁 5 座，匝道桥 6 座，是江西省内高速公路桥梁首次采用全预制模式的桥梁，是江西省推动交通强省试点任务的先行军。

2 装配式桥梁上部结构设计关键技术

2.1 研究背景

目前在我国的桥梁建设中，空心板梁、T 梁、小箱梁等是中小跨径桥梁采用的主要梁型[1]。空心板梁和小箱梁应用范围广、用量大[2]，空心板梁适用跨径为不大于 22m，小箱梁适用跨径为不小于 25m 且不大于 40m。空心板梁和小箱梁均为闭口断面，预制难度大，质量控制难度大。尽管国内工程项目通过空心板梁内模中采用双气囊的方法来改善上述问题，但气囊易上浮、偏位，空心板板厚偏差大，且空心板设计板厚较小，严重影响结构安全性和耐久性。空心板

基金项目：江西省交通运输厅科技项目（2024ZG002）。

梁内腔为带倒角矩形,内模可采用木模、钢模或轻质材料(如 EPS 材料)实心模具,由于空心板内腔尺寸小,当采用一次浇筑时,内模无法取出或部分无法取出,内模利用率低,施工费用高;小箱梁内模可采用木模或钢模,目前常采用成套钢模,成套钢模系统构造复杂、造价高,养护检修困难,同时耐久性差。考虑到以上空心板和小箱梁的缺点,作者认为预应力混凝土 T 梁、双 T 梁预制装配工业化程度高,具有施工速度快、安全可靠、耐久性好、经济性好等优势,适应于我国高速公路的荷载条件和车道布置。

施工方法上,根据预应力张拉顺序分为先张法和后张法。后张法由于其施工特点,本身不可避免地造成了许多隐蔽性,预应力钢筋、管道和锚栓等细节基本不可见,增加了检测、评估和加固的难度。由此,一些国家在桥梁设计中选用后张法时非常谨慎,尤其慎重考虑寿命周期后半段的维护问题。后张法预应力压浆管道如图 1 所示。对于应用量巨大的中小跨径标准化预制梁,在欧美国家都以先张法为主[3-4]。

图1   后张法预应力压浆管道

先张法预应力混凝土主要靠预应力钢筋与混凝土之间的黏结力自锚来传递预应力,无需留孔、穿束、压浆、封锚等工序,施工工序简单,节约了波纹管、锚具、锚下钢筋和管道浆料等材料,且在一定程度上解决了后张法施工中可能出现的孔道堵塞、压浆不密实、摩阻力大导致跨中区预应力度不足等质量隐患[5-6],适用于预制工厂批量化生产。经充分调研和比较,提出使用先张法 T 形梁与双 T 梁作为中小跨径桥梁标准化设计梁型。

2.2   先张法双 T 梁结构(20m 跨径)设计关键技术

基于以上研究背景的论述,本工程 20m 跨径上部结构采用先张法双 T 梁形式。标准横断面形式如图 2 所示。

先张法双 T 梁结构有以下几个设计关键点。双肋结构采用上宽下窄的形式,能增加单片梁的抗弯惯性矩,也便于脱模。开口截面有利于后期养护与检测。沿纵桥方向采用等截面标准截面形式,利于预制与施工,不同梁高可以利用同一套模板接高完成模板重复利用。双 T 梁每一片梁采用三支座设计,如图 2 所示,简支梁一端采用双支座放置于梁肋下,一端采用单支座放置于端横隔板,三支座设计可以避免梁片在预制、运输、运营阶段支座脱空。

本工程项目在国内也首次运用了无接缝双 T 梁结构,横断面示意如图 3 所示。

无接缝双 T 梁结构两片梁之间的间距采用 1 ~ 2cm,预制桥面板采用 10cm 厚度,单片梁吊装重量显著减少,待预制梁片吊装到设计位置调整固定后,现浇 20cm 厚的桥面板,用于增大桥面板刚度,并在该过程进行调平工作。桥面无接缝构造相较传统湿接缝桥面板,能有效提高桥面板刚度,在车辆车轮荷载作用下耐久性更佳。但因预制梁片间的间距很小,对于预制及施工吊装工艺要求很高,非常考验施工单位的管理及技术水平。

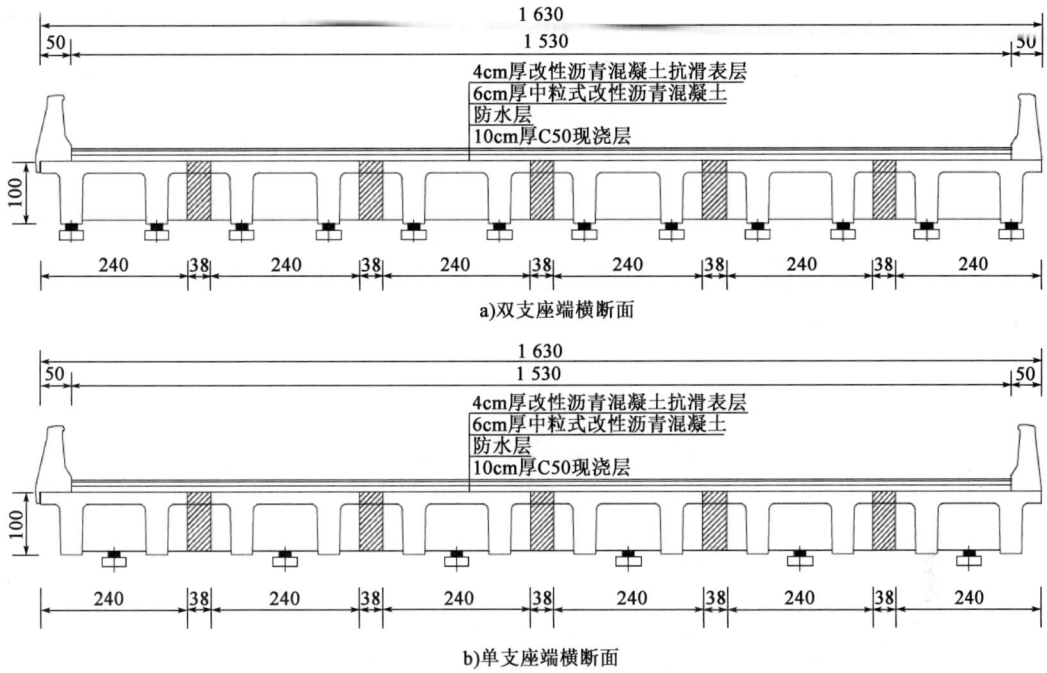

図2 标准横断面(双T梁)(尺寸单位:cm)

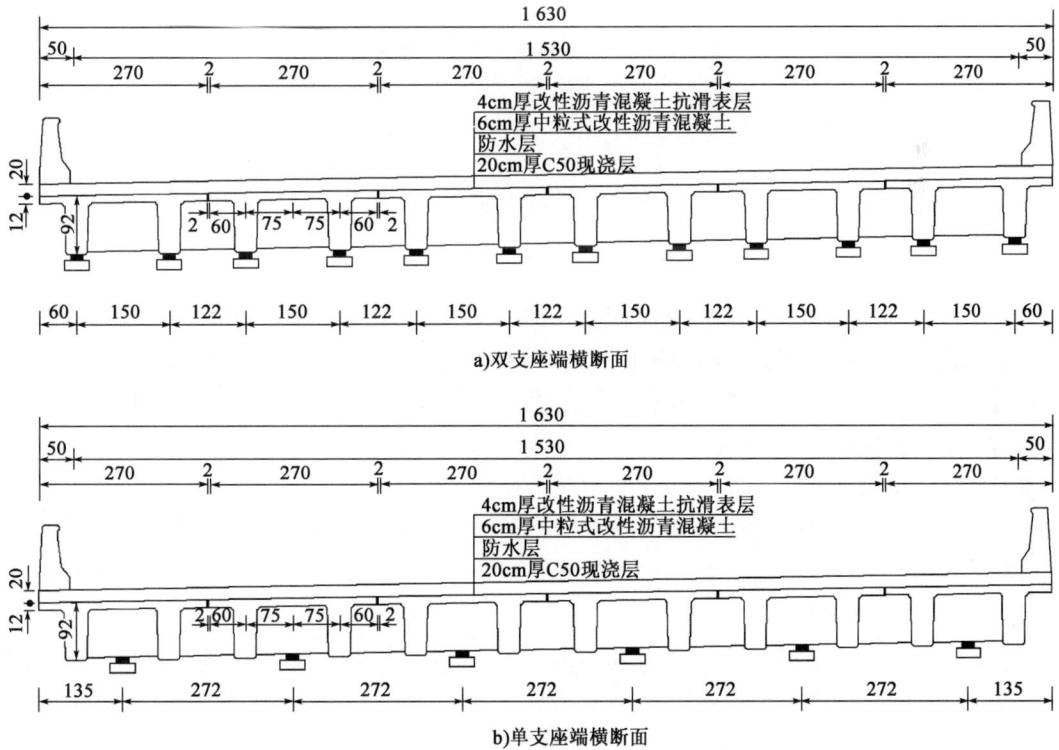

图3 标准横断面(无接缝双T梁)(尺寸单位:cm)

2.3 先张法单 T 梁结构(30m 跨径)设计关键技术

本工程30m 跨径上部结构采用先张法单 T 梁形式。标准横断面形式如图4所示。

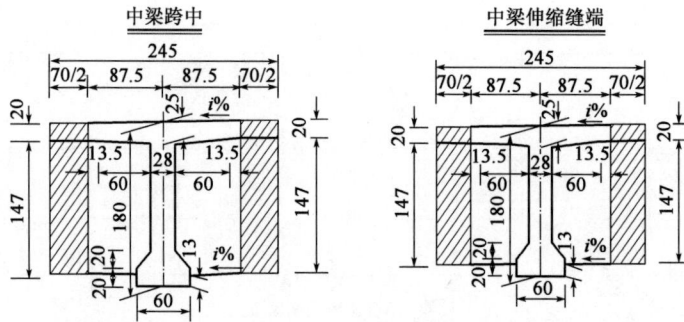

图 4　标准横断面(单 T 梁)(尺寸单位:cm)

为配合先张法梁工厂化预制,采用了国内首次运用的等截面单 T 梁结构,为满足 T 梁抗剪要求,腹板厚度由传统变截面 T 梁的 20cm 增加至 28cm,梁高由 2m 降至 1.8m,每片混凝土方量仅增加 1.56m³。等截面 T 梁设计利于运输、模板制作与施工,更利于工业化生产。

3　装配式桥梁下部结构设计关键技术

3.1　半隐藏式倒 T 形预制盖梁

本工程下部结构采用半隐藏式倒 T 形预制盖梁,示意图如图 5 所示。

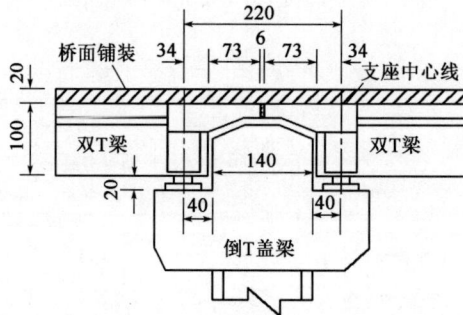

图 5　倒 T 型盖梁示意图(尺寸单位:cm)

半隐藏式倒 T 形预制盖梁相较于传统盖梁,具有造型美观,增加桥梁下部净空的优点,特别适用于城市市政桥梁。上部结构采用简支双 T 梁,桥面连续,双 T 梁主梁端部悬出,增加桥面连续处刚度,提高行车舒适性。由于采用简支结构也避免了张拉负弯矩预应力钢束,加快现场施工速度。

由于考虑到预制盖梁与预制桥墩的连接问题,盖梁与桥墩连接处采用凸出设计(图 6),保证预制盖梁与预制桥墩的连接部位平整,施工中减少了对墩柱的干扰,更易于施工,亦方便后期检测。

3.2　预制桥墩连接技术

预制桥墩一般需要与盖梁、承台连接,连接主要有灌浆套筒连接、浆锚搭接连接、后浇混凝土连接、螺栓连接、焊接连接等,考虑到预制桥墩与盖梁及承台连接主要是受力主筋连接,需要承受较大动荷载,本工程采用灌浆套筒连接形式。

预制桥墩连接施工主要步骤如下:

(1)承台设置"围堰"。清理承台顶面,在承台顶面做一个由钢板制成的临时四边形"围堰"(图 7),用于铺设接缝砂浆。

244

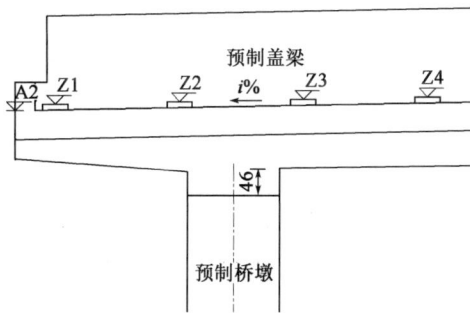

图6 盖梁桥墩连接示意图(尺寸单位:cm)

图7 承台"围堰"

（2）制备、铺设垫层砂浆。根据水灰比拌制垫层砂浆，同时把密封端盖穿入在突出承台的钢筋上。

垫层砂浆搅拌好后倒入"围堰"内，砂浆层的厚度为 15～25mm，且应平齐先前放置的薄垫片。

（3）吊装立柱。垫层砂浆铺设好后，尽快再次起吊立柱至承台上方，调整立柱方位使得立柱底面的套筒孔口与承台顶面突出的钢筋一一对齐，之后缓慢放下立柱。

（4）预拼装（图8）。起吊立柱至承台上方，调整立柱方位使立柱底面的套筒孔口与承台顶面突出的钢筋一一对齐，之后缓慢放下立柱。如果立柱垂直度不满足设计要求，要在承台顶面（"围堰"内）放置薄垫片来调整，直至立柱垂直度满足设计要求。

图8 预制桥墩与承台拼装

（5）调垂直度。使用全站仪对立柱进行定位，千斤顶及反力架微调立柱垂直度。

（6）制备套筒灌浆料并灌浆。根据使用说明拌制套筒灌浆料，通过套筒预留的灌浆孔及出浆孔完成灌浆。

4 新型接缝构造

4.1 研究背景

目前装配式桥梁的上部结构主要采用现浇缝的形式将小箱梁、T梁等预制梁到现场连接成一个整体。在国内的传统做法(图9)中,为了形成接头通常将预制梁的留出钢筋到现场进行焊接以确保连接的可靠性。这种接头是一种刚接头,可将剪力和弯曲力矩从一根梁传递到相邻梁。

图9 传统湿接缝连接

然而,由于留出钢筋的数量较多且接头的宽度较大,在现场可能需要大量的劳动力对接头进行施焊,且现浇混凝土的量也很大,使得现场的施工十分复杂,降低了预制拼装桥梁的拼装效率。同时,桥面板钢筋在汽车荷载作用下,其焊接接头也存在潜在的疲劳问题。因此有必要采用受力可靠,施工简便快速的预制梁连接接头。国内外有不少学者对快速施工的免焊接接缝构造进行了研究,提出了一些新型构造形式并进行了荷载试验[7-9],论证了免焊接接缝构造的可行性和安全性。

4.2 无模板U形钢筋错缝搭接构造

本工程在国内范围内首次采用了无模板U形钢筋错缝搭接构造,如图10所示。参照《公路装配式混凝土桥梁设计规范》(JTG/T 3365-05—2022)[10]要求,将湿接缝定为30~40cm。预制梁翼缘板伸出"脚趾",为湿接缝提供模板,单片梁"脚趾"增加0.24m³,综合增加费用较低。接缝填充材料采用C60钢纤维混凝土,环形U筋交错布置,间距10cm,环形U筋之间无须焊接,提高了现场的施工速度,但对施工控制精度要求高。

图10 无模板U形钢筋错缝搭接

4.3 直线钢筋端头锚构造

本工程除了使用了无模板 U 形钢筋错缝搭接构造外,也在国内范围内首次采用了直线钢筋端头锚构造,如图 11 所示,该构造形式相较于 U 形钢筋错缝搭接构造有着以下几点优点:①接缝连接钢筋无须弯曲,制作方便;②端头锚固力大,接缝承载能力更强,减少锚固长度;③分布钢筋可先捆绑后摊铺,施工更加方便。通过对本工程两种新型接缝构造的使用情况进行后期跟踪,以期为后期项目提供可靠的经验与借鉴。

图 11 直线钢筋端头锚

5 关键连接构造受力特性分析

5.1 桥面连续受力特性计算

5.1.1 分析概况

南昌至樟树高速公路改扩建二期工程采用先张法折线预应力预制双 T 梁结构,主梁与桥墩处桥面连续构造如图 12 所示。

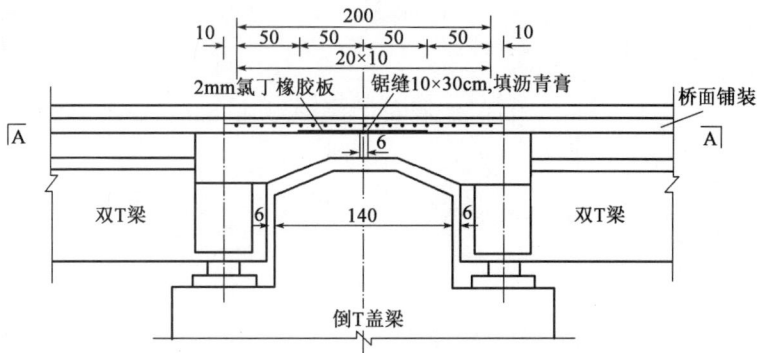

图 12 桥面连续构造(尺寸单位:cm)

设计采用简支梁 + 桥面连续的结构体系,桥面连续纵桥向支座中心线间距 220cm,桥梁分孔线两侧各 50cm 范围内桥面连续与 T 梁挑臂接触面之间设置 2mm 氯丁橡胶板,桥面连续采用 C60 钢纤维混凝土,钢纤维用量为 80kg/m³。纵桥向钢筋为直径 20mm@100,横桥向为直径 10mm@100。

5.1.2 有限元模型

选择相邻两跨20m双T梁进行建模,整体分析计算模型如图13与图14所示。

图13 计算模型

氯丁橡胶板隔离段采用图15建模方式模拟,桥面连续为上层梁单元,双T梁挑臂为下层梁单元并通过刚臂与主梁相连,氯丁橡胶隔离段上下两层单元分离。

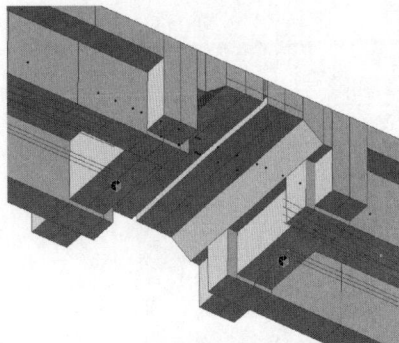

图14 连续缝构造

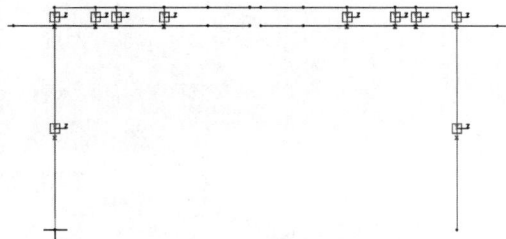

图15 连续缝2mm氯丁橡胶隔离段模拟

5.1.3 承载能力及抗裂验算

桥面混凝土材料参数偏保守按照C60混凝土取值,根据图16和图17桥面连续结构基本组合内力及图18桥面连续结构抗弯承载能力可知,当前计算条件基本组合截面承载能力满足要求。依据《公路钢筋混凝土及预应力混凝土桥涵设计规范》(JTG 3362—2018)计算桥面连续结构裂缝宽度如图19所示,最大裂缝宽度为0.141mm,满足规范要求。

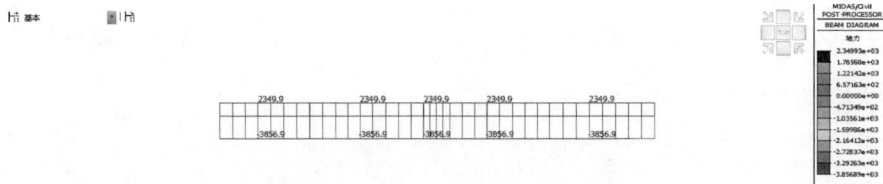

图16 桥面连续基本组合轴力图

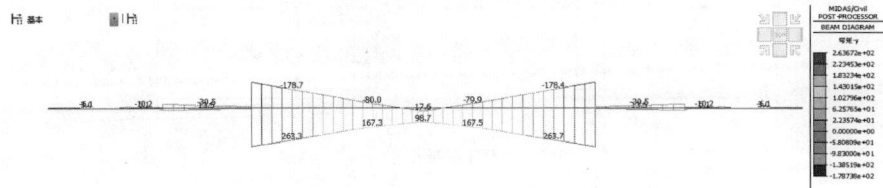

图17 桥面连续基本组合弯矩图

5.2 锚固板湿接缝连接性能分析

5.2.1 分析概况

针对南昌至樟树高速公路改扩建二期工程采用的先张法折线预应力预制双T梁结构,开展接缝力学性能数值模拟分析。上部结构接缝钢筋图如图20所示。

248

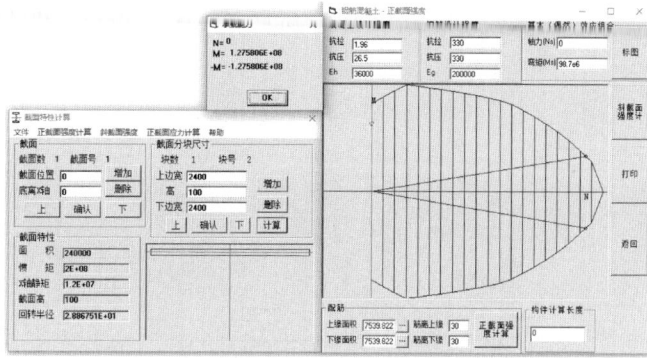

图 18　桥面连续截面抗弯承载能力

图 19　裂缝宽度计算

现浇接缝宽度 380mm,锚固板钢筋直径通过现浇 C60 钢纤维混凝土实现主梁横向联系,N2 钢筋直径 20mm,同一片梁内纵向间距 200mm,湿接缝内纵穿钢筋 N3 直径 12mm,横桥向间距 140mm,所有锚固板主体尺寸如表 1 所示。

锚固板主体尺寸

表 1

锚固板规格	直径 D_1	直径 B_1	直径 D_2	直径 B_2	螺纹小径 d_1	厚度 H	厚度 h_1	厚度 h_2	牙型角	螺纹尺寸 d3xp
Φ20	D52 ± 1.0	D50 ± 1.0	D36 ± 1.0	D34 ± 1.0	$18.53^{0.2}_4$	25 ± 1.0	4 ± 1.0	8.5 ± 1.0	70°	M20.75 × 2.5

5.2.2　有限元模型

双 T 梁湿接缝尺度和钢筋尺度分别为分米级和厘米级,属细观尺度范畴,基于均匀介质力学的有限单元法存在一定误差。同时,传统隐式有限单元法无法处理材料非线性中存在的负刚度,使得极限承载能力分析收敛困难。鉴于上述原因,本研究拟采用基于显式积分的有限元法开展分析。设计带接缝试件长度为双 T 梁腹板间距 1 380mm,宽度 600mm,厚度为桥面板实际板厚 200mm,支点设线弹性支撑块,顶部通过线弹性加载块实施位移加载,剪切破坏数值分析试验结构尺寸及加载设置如图 21 所示,弯曲破坏试件尺寸相同,加载块改为跨中单点加载。

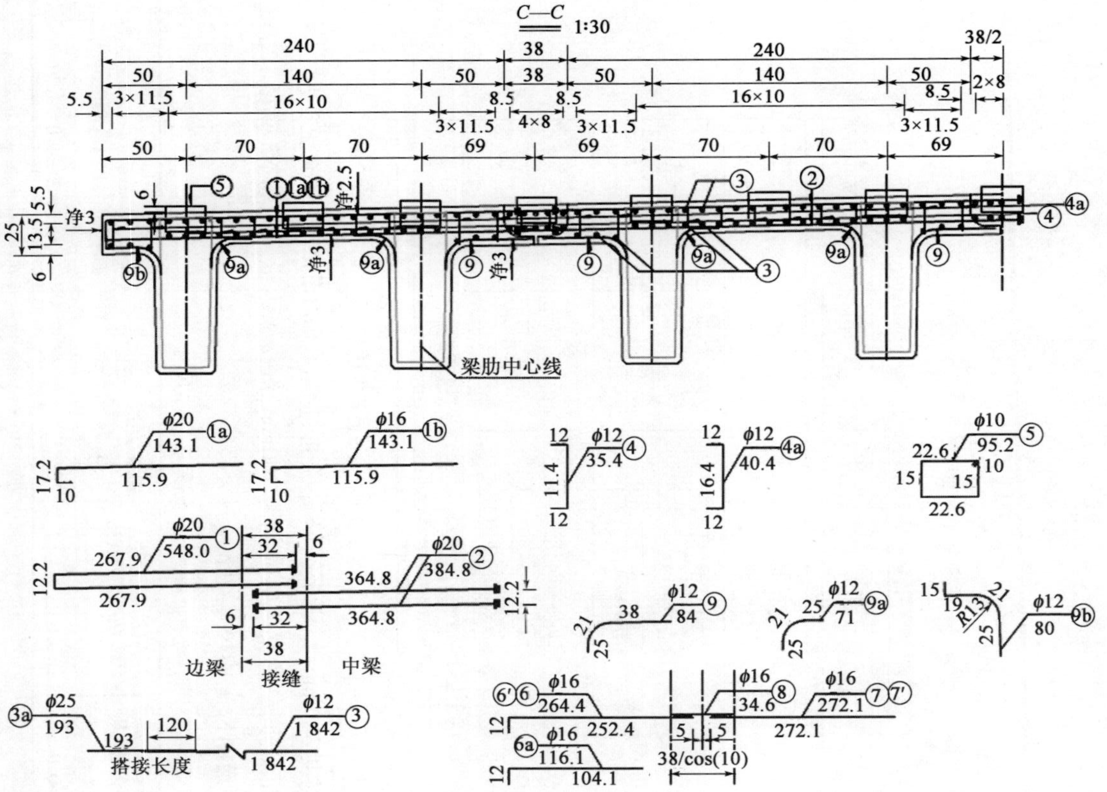

$\dfrac{C-C}{}$ 1:30

图20 接缝钢筋图

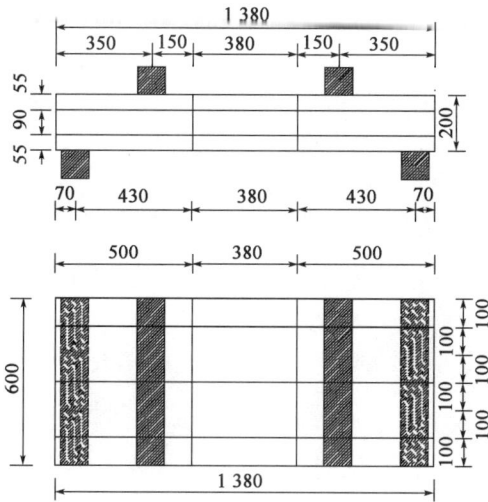

图21　模拟试件尺寸(剪切试验模型)(尺寸单位:mm)

采用显式有限元方法分析带接缝板在位移加载下的破坏力学行为,湿接缝、T梁翼缘板、加载块、支撑块均在实体单元solid164模拟,钢筋采用梁单元beam161模拟,钢筋与混凝土节点进行自由度耦合,通过混凝土单元的塑性软化模拟钢筋与混凝土之间的黏结滑移。

加载质量块、支撑质量块均采用线弹性模型,与混凝土板之间通过点面接触算法进行传力,约束支撑质量块底部节点自由度用以模拟简支约束。加载质量块顶部节点线性施加强制位移,最大加载位移10mm。为了避免瞬态分析中初始重力加载引起的非真实震荡,在分析前首先进行动力松弛,(Dynamic Relaxation)分析结构的初始状态。

考虑两种加载条件和3种钢筋配置形式共设置6个基本工况,如表2所示。

分析工况   表2

工况编号	加载形式	钢筋形式
1-1	两点加载	锚固板钢筋无吊筋
1-2	两点加载	钢筋对穿
1-3	两点加载	锚固板钢筋有吊筋
2-1	跨中单点加载	锚固板钢筋无吊筋
2-2	跨中单点加载	钢筋对穿
2-3	跨中单点加载	锚固板钢筋有吊筋

6个分析工况有限元模型如图22所示。

a)有限元模型(工况1-1)　　　　　　　　b)有限元模型(工况1-2)

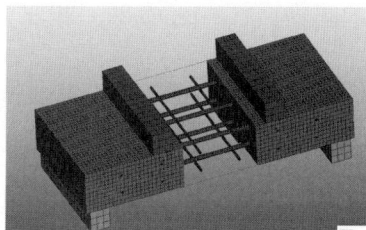

图　22

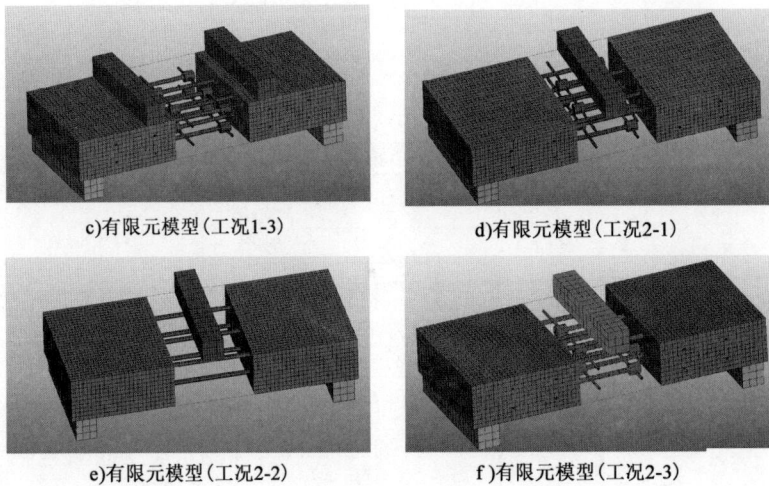

c)有限元模型(工况1-3) 　　　　d)有限元模型(工况2-1)

e)有限元模型(工况2-2) 　　　　f)有限元模型(工况2-3)

图22　模拟试件尺寸

5.2.3　承载能力分析

通过提取混凝土板与支撑块之间的界面接触力时程,分析荷载-位移曲线情况,两点加载的 3 个工况破坏全过程荷载位移曲线如图 23 所示。从破坏形态来看,三个工况均发生剪切破坏,接缝界面不是控制失效断面。钢筋对穿、锚固板、锚固增加吊筋对应的接触界面力峰值分别为 142kN,127kN,128kN,由于剪切破坏面并非出现在湿接缝区域,可以看出锚固板钢筋增加吊筋与否对剪切破坏承载能力影响不大,极限承载能力相当,但相较于钢筋对穿工况极限承载力下降 10.6%。

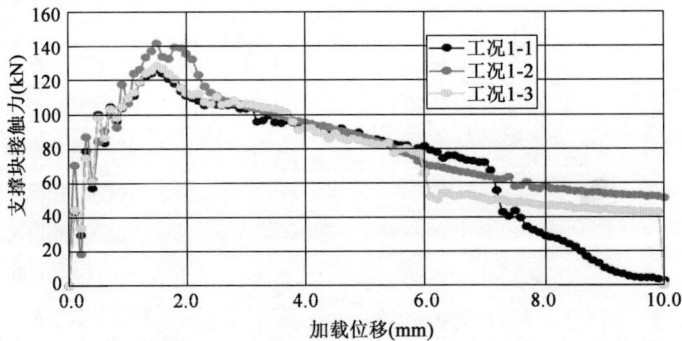

图23　两点加载 3 工况荷载-位移曲线

对比单点加载的 3 个工况(图 24),提取支座支撑块接触界面力合力用于描述构件加载过程的荷载-位移情况,由于钢筋对穿工况 2-2,最终破坏模式显著与锚固板两个工况不同,最终失效主体模式仍为剪切破坏,最大荷载为 130kN。锚固板和锚固板增加吊筋工况,破坏模式相同,均为弯曲破坏,最大荷载分别为 79.6kN 和 85.4kN,增加吊筋后,最大荷载增加 7.2%。

横向湿接缝断面弯矩承载能力,按界面接触力峰值 140kN × 支点距离 0.43 = 60.2kN·m,按截面承载能力程序计算 50.3kN·m(图 25)。

252

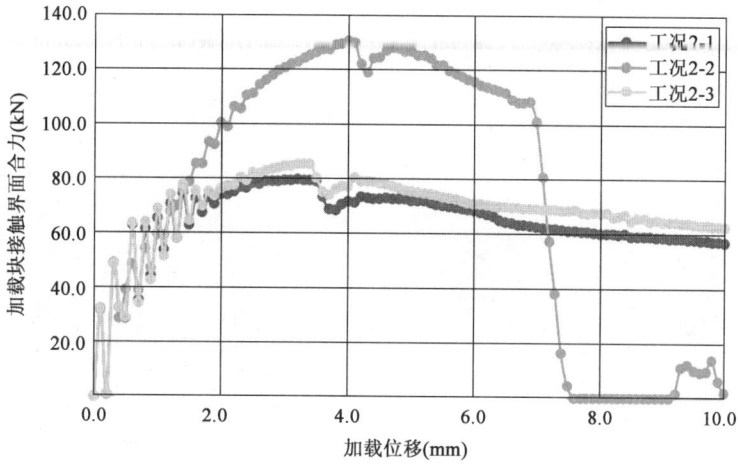

图24 单点加载3工况荷载-位移曲线

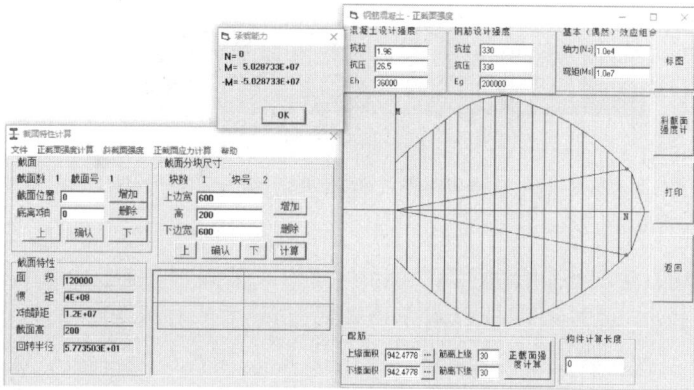

图25 结果理论计算承载力

5.2.4 钢筋应力分析

提取破坏过程钢筋应力图进行分析,两点加载三个工况最终破坏时均存在剪切破坏面主筋应力超限失效情况(图26)。同时接缝内锚固板钢筋破坏状态应力水平较低,未达到失效应力。

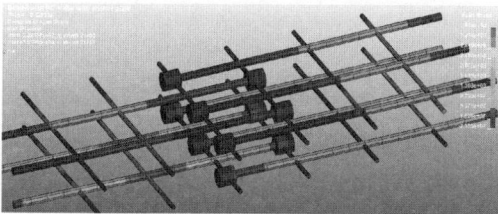

a)钢筋应力图(工况1-1)

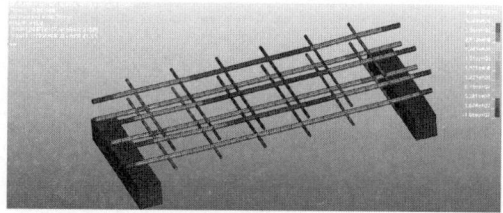

b)钢筋应力图(工况1-2)

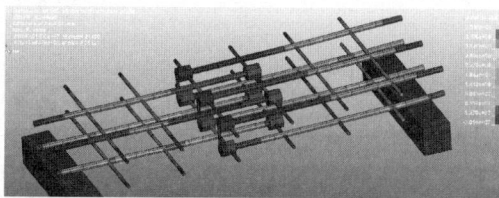

c)钢筋应力图(工况1-3)

图26 两点加载钢筋应力图

253

单点加载锚固板工况,最终破坏状态主筋应力 280MPa 左右,未达到破坏应力(图 27)。增加吊筋后,最终破坏状态吊筋应力超过极限应力发生破坏,说明增加的吊筋在接缝位置发生弯曲破坏时能够发挥较大作用。

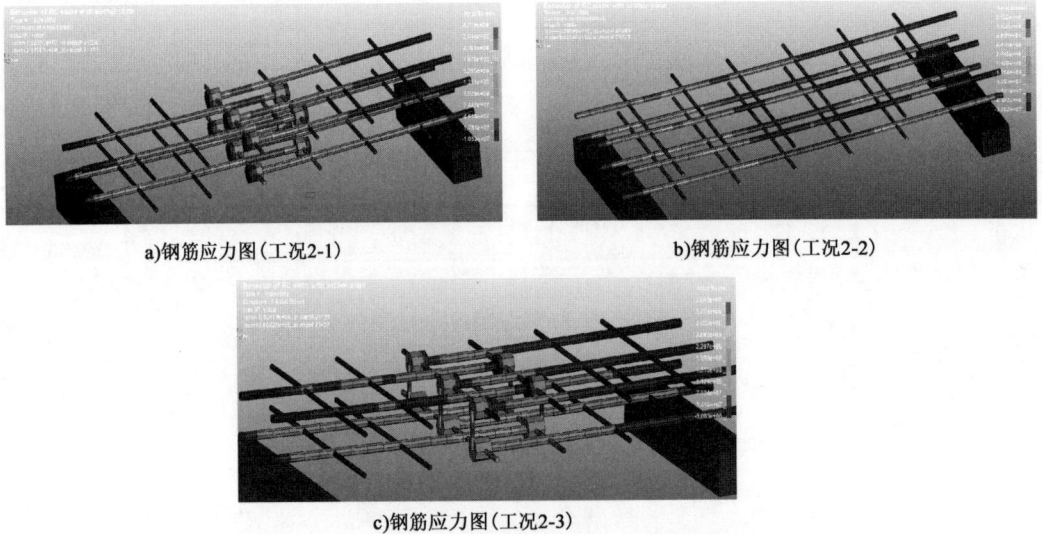

a)钢筋应力图(工况2-1)

b)钢筋应力图(工况2-2)

c)钢筋应力图(工况2-3)

图27　单点加载钢筋应力图

从荷载-位移曲线可见:

(1)两点加载均发生支点附近剪切破坏,钢筋对穿、锚固板、锚固增加吊筋对应的接触界面力峰值分别为 142kN、127kN、128kN,由于剪切破坏面并非出现在湿接缝区域,可以看出锚固板钢筋增加吊筋与否对剪切破坏承载能力影响不大,极限承载能力相当,但相较于钢筋对穿工况极限承载力下降 10.6%。

(2)单点加载工况,钢筋穿过接缝时最终破坏模式显著与锚固板两个工况不同,最终失效主体模式仍为剪切破坏,最大荷载为 130kN。锚固板和锚固板增加吊筋工况,破坏模式相同,均为弯曲破坏,最大荷载分别为 79.6kN 和 85.4kN,增加吊筋后,最大荷载增加 7.2%。

从破坏状态钢筋应力情况可见:

(1)两点加载三个工况最终破坏时均存在剪切破坏面主筋应力超限失效情况。同时接缝内锚固板钢筋破坏状态应力水平较低,未达到失效应力。

(2)单点加载锚固板工况,最终破坏状态主筋应力 280MPa 左右,未达到破坏应力。增加吊筋后,最终破坏状态吊筋应力超过极限应力发生破坏,说明吊筋与主筋形成的双 U 构造,在接缝位置发生弯曲破坏时能够发挥较大作用。

6　结语

装配式桥梁在城市立交、高架、跨线桥中具有竞争力,在高速公路改扩建、山区高速公路桥梁预制拼装、应急抢险工程中更具应用前景,甚至会导致桥梁设计理论和施工技术等发生变革。通过本项目造价测算预制装配式桥梁相较传统的现浇梁高 20% 左右,但由于预制构件的规模效应,当工程规模在 6km 以上时,造价与传统现浇梁持平。在施工方面,装配式桥梁建造需要高水平的施工管理队伍,由于预制装配化构件的容错性不如现浇结构,装配式桥涵推广需要充分体现设计施工一体化的建造全过程。预制装配式桥涵配合应用智能建造技术是新的发展方向,智能建造技术推广需要更多基础理论研究支撑。

参 考 文 献

[1] 高诣民.中小跨径梁桥装配化形式与组合梁桥承载力研究[D].西安:长安大学,2018.

[2] 李洞明.一种先张法预应力混凝土双 T 形梁的研发与应用[J].城市道桥与防洪,2019
(12):178-180,198.

[3] OZYILDIRIM C,DAVIS R T. Bulb-T beams with self-consolidating concrete on route 33 in
Virginia[J]. Transportation Research Record,2007,2020(1):76-82.

[4] RASHIQUE U,SHOKRGOZAR A,EBRAHIMPOUR A,et al. Finite element modeling of
longitudinal field-Cast connections between precast deck Bulb-T bridge girders[J]. Structural
Engineering International,2022,32(3):337-344.

[5] 谢昕.折线先张法预应力混凝土工字梁力学性能试验研究[D].武汉:武汉工程大
学,2018.

[6] 耿连恒.先张法与后张法预应力混凝土的施工工艺与特点[J].四川建材,2019,45(8):
133-135.

[7] HOU M,HU K,YU J,et al. Evaluation of high-performance fiber reinforced concrete for bridge
deck connections,closure pours,and joints[J]. Composite Structures. 2018(204):167-177.

[8] JOERGENSEN H B,HOANG L C. Strength of Loop Connections between Precast Bridge Decks
Loaded in Combined Tension and Bending[J]. Structural Engineering International,2015:
71-80.

[9] HOOMES L,OZYILDIRIM H C,BROWN M. Evaluation of high-performance fiber reinforced
concrete for bridge deck connections,closure pours,and joints[R]. Charlottesville:Virginia
Transportation Research Council,2017.

[10] 中华人民共和国交通运输部.公路装配式混凝土桥梁设计规范:JTG/T 3365-05—2022
[S].北京:人民交通出版社股份有限公司,2022.

31. 超大跨径混凝土拱桥参数化模型与有限元分析

郑琳千　邓卓章　方根深　葛耀君

（同济大学）

摘　要：随着施工技术的进步和高性能材料的应用，拱桥跨径纪录不断被刷新。本研究采用参数化建模和有限元数值分析，探讨了超大跨径混凝土拱桥的结构形式和结构体系，对关键设计参数对桥梁受力性能的影响规律进行分析，试设计了主跨 450～2 000m 混凝土拱桥的结构方案，结果表明主拱采用 C60 混凝土到 R200 混凝土依次可以实现 550m、650m、800m、1 000m、1 200m、1 500m、2 000m 的跨径，考虑到主拱截面尺寸和材料用量等限制条件，混凝土拱桥工程可行的最大跨径建议为 1 000m。

关键词：混凝土拱桥　超大跨径　试设计　极限跨径

1　引言

　　1996 年，Muller 和 Spielmann 提出了主跨 602m 的混凝土拱桥方案[1]。2003 年，日本土木学会采用上承式有推力无铰拱体系对 600m 跨径的混凝土拱桥进行了试设计和可行性研究[2-3]。2004 年，克罗地亚 Candrlic′ 和 Radic′ 研究了应用活性粉末混凝土修建 1 000m 跨径的混凝土拱桥[4]，矢跨比为 1/6，主拱圈为八边形等截面。2013—2015 年，周水兴团队对 600m级混凝土拱桥进行了试设计研究，主拱采用中间双室箱形配以两端 90° 风嘴的六边形截面[5]。2020 年，邵旭东开展了 800m 和 1 000m 级钢-UHPC 组合桁式拱桥的概念设计和可行性研究，提出了一种特大跨径钢-UHPC 组合桁式拱桥新体系[6-7]，试设计方案矢跨比均为 1/6，拱轴线采用悬链线，拱轴系数均取 1.2。

　　已有的超大跨径混凝土拱桥试设计方案的最大跨径为 1 000m，本文尝试给出 1 000～2 000m 跨度混凝土拱桥的试设计方案。为研究混凝土拱桥的力学性能随跨径变化的规律，也尝试给出 450～1 000m 跨径混凝土拱桥的试设计方案。本文探讨了超大跨径混凝土拱桥的结构形式和结构体系，然后进行参数化设计与有限元分析，对关键参数的影响规律进行探讨，最后给出超大跨径混凝土拱桥的试设计方案。

　　基金项目：国家自然科学基金项目（52108469，52278520）、上海市教育委员会晨光计划（22CGA21）和中央高校基本科研业务费专项资金（22120220577）。

2 参数化建模有限元分析

2.1 参数化模型

常见的拱桥结构体系有五种:有推力上承式、有推力中承式、部分推力中承式、部分推力下承式和无推力下承式[8]。在五种常用结构体系中,部分推力和无推力拱桥受限于水平推力,跨越能力较弱。上承式拱桥和中承式拱桥相比,主拱跨越能力基本相当,但当跨径很大时,上承式拱桥拱上立柱高度高、自重大,是结构设计的重要控制因素,而中承式拱桥立柱的高度更低,从这一点来说,有推力中承式拱桥的跨越能力比有推力上承式拱桥更大。表1给出了世界跨径前50的混凝土拱桥结构体系,可以看出5座混凝土拱桥全部采用了有推力上承式无铰拱体系,其中有4座采用了悬链线,跨径前4的均采用了箱形板拱且均采用了单箱三室截面,另外表1中5座超大跨径混凝土拱桥试设计方案均采用了箱形板拱。

世界跨径前5的混凝土拱桥结构体系   表1

序号	桥名	跨径(m)	矢跨比	结构体系	拱轴线	建成年份
1	沪昆高速铁路北盘江大桥	445	1/4.45	有推力上承式无铰拱	悬链线	2016
2	重庆万州长江大桥	420	1/5	有推力上承式无铰拱	悬链线	1997
3	云桂高速铁路南盘江大桥	416	1/4.2	有推力上承式无铰拱	悬链线	2016
4	krk1号桥	390	1/6.5	有推力上承式无铰拱	三次抛物线	1980
5	西班牙Almonte大桥	384	1/5.6	有推力上承式无铰拱	悬链线	2016

因此,确定本文的超大跨径混凝土拱桥采用有推力上承式无铰拱体系;其拱轴线采用悬链线;矢跨比在1/4～1/6的范围内,主拱形式采用截面为单箱三室截面的箱形板拱。同时本文的超大跨径混凝土拱桥主拱圈采用变宽变高变板厚的变截面方式,在拱顶设置等截面段,对等截面段长度和变截面段截面变化指数进行参数影响分析。拱上立柱采用矩形双立柱的形式,为提高长立柱的稳定承载力,设置横系梁。

2.1.1 主拱设计

主拱采用箱形板拱形式、单箱三室截面,变截面采用拱顶设置等截面段,变截面段变高变宽变板厚的方式,设计参数如图1所示。

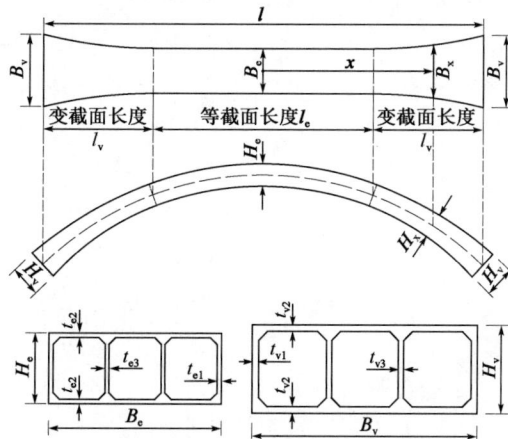

图1 主拱设计参数示意图

2.1.2 立柱设计

立柱采用矩形双立柱形式、单箱单室截面、设置横系梁,设计参数如图2所示。需要指出的

257

是,实际工程中,立柱上方需要设置盖梁,但盖梁的设计需要进行横向计算,考虑到立柱顶部的横桥向联接已经包括在与主梁的约束中,因此盖梁对整体的受力影响很小,本文不考虑盖梁的设计。

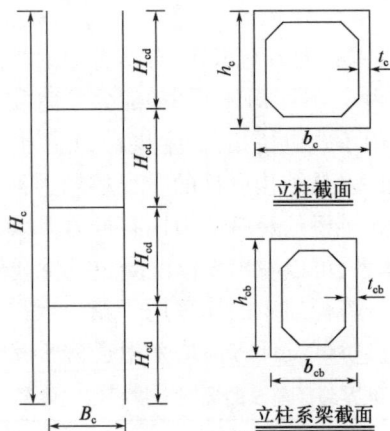

图2 立柱设计参数示意图

2.1.3 主梁设计

主梁结构体系有简支体系、连续体系、刚构体系三种,在本文中 $b_t = 0$ 表示简支系统, $b_t = 1$ 表示连续系统, $b_t = 2$ 表示刚性系统。主梁采用单箱五格截面,设计参数如图3所示。

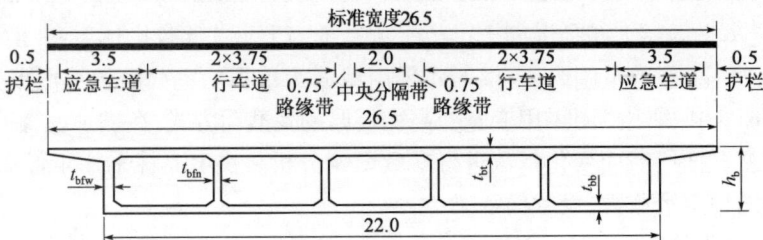

图3 主梁设计参数示意图(尺寸单位:m)

2.2 有限元分析

本文中,大跨径混凝土拱桥的试验设计不仅涉及多种不同跨径,还涉及拱轴线系数等几个关键设计参数的优化。在试设计过程中,需要反复调整设计参数,以满足检查条件,最大限度地减少材料消耗,确保试设计方案的合理性。本文采用参数化有限元建模方法和 ANSYS APDL 参数化有限元素建模技术,编制了特大跨径混凝土拱桥参数化有限单元模型的建模程序。主拱、柱、柱系梁和主梁采用 Beam188 单元进行模拟,二期恒载采用 Mass21 单元进行模拟。边界条件是根据不同的主梁结构体系定义的。

建立如图4所示的超大跨径混凝土拱桥的参数化有限元模型之后,就可以根据设计参数生成不同跨径的混凝土拱桥有限元模型,通过修改参数方便地对有限元模型进行调整。但如果仅有参数化的有限元模型,荷载加载及后处理仍然十分繁杂,因此需要在

图4 混凝土拱桥有限元模型示意图

258

参数化有限元模型的基础上继续进行参数化有限元分析及后处理。

3 参数敏感性分析

特大跨径混凝土拱桥的设计参数有很多,其中关键的设计参数是拱轴系数、矢跨比、主拱截面参数、主梁结构体系参数等。要保证试设计方案的合理性,就必须掌握关键设计参数对拱桥力学和经济性(如材料用量)的影响规律。因此,下面以主跨450m混凝土拱桥为例,进行关键设计参数的影响分析。

3.1 拱轴系数

拱轴系数对主拱受力性能的影响十分显著,为了定量探究拱轴系数对主拱受力性能的影响规律,对拱轴系数从1.10～2.00的情况(矢跨比1/5)进行计算分析。

根据图5给出的拱轴系数恒载计算结果,主拱的轴向力随着拱轴系数的增加而缓慢增加。拱轴系数对主拱的竖向弯矩和最大压应力影响很大,随着拱轴系数的增大,拱脚负弯矩减小拱顶正弯矩增大;图6所示不同拱轴系数恒载下主拱最大压应力,随着拱轴线系数的增加,拱脚的正应力减小拱顶的正应力增大。如图7所示,活载下的应力结果与恒载相比很小,拱轴线系数对活载计算结果的影响可以忽略。

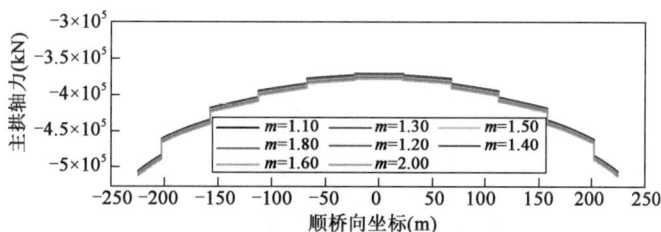

图5 不同拱轴系数恒载下主拱轴力

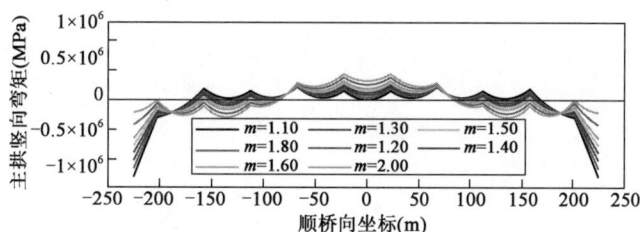

图6 不同拱轴系数恒载下主拱竖向弯矩

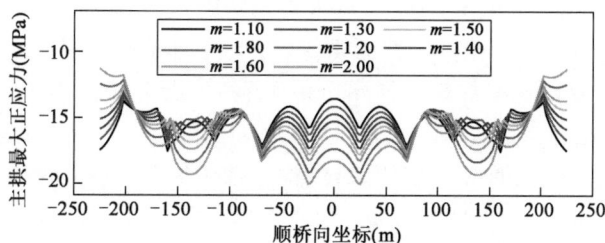

图7 不同拱轴系数恒载计算主拱最大压应力

从图8、图9可以看出,主拱的最大压应力随着拱轴线系数的增加先减小后增大。当拱轴线系数为1.40时,压应力最小,因此1.40是该组设计参数下的最优拱轴线系数。从理论上讲,每组设计参数都有一个最优拱轴线系数,因此在优化试验设计方案时,必须确保它是该组设计参数下的最优拱轴线参数。

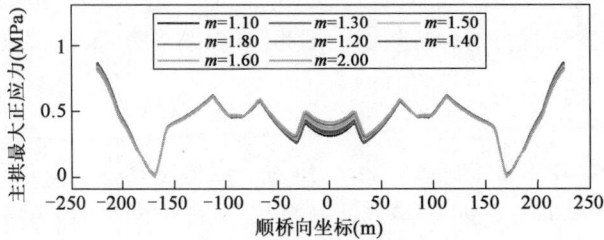

图8 不同拱轴系数活载计算主拱最大正应力

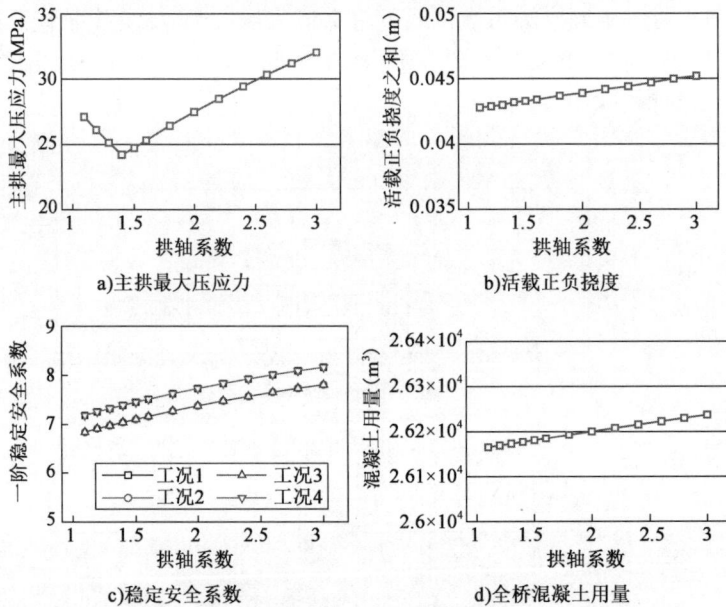

a)主拱最大压应力

b)活载正负挠度

c)稳定安全系数

d)全桥混凝土用量

图9 主要结果随拱轴系数变化规律

3.2 矢跨比

为了定量探究矢跨比对主拱受力性能的影响规律,对矢跨比1/3、1/4、1/4.5、1/5.0、1/5.5、1/6.0、1/8.0、1/10.0的情况(拱轴系数取1.40)进行计算分析。

从主拱轴力的结果中可以看出,随着矢跨比的增加,主拱的轴向力减小,拱脚负弯矩先减小后增大,拱顶正弯矩越来越小,逐渐变为负弯矩(图10)。根据图11,主拱最大压应力随着矢跨比的增加先减小后增大;当矢跨比大于1/5时,压应力随矢跨比的增加而缓慢增加,当矢跨比小于1/6时,压应力显著增加。从强度条件来看,最佳矢跨比为1/5。当矢跨比大于1/4.5时,稳定性安全系数急剧下降(图12、图13)。综上所述,本次试验设计的合理矢跨比范围为1/4.5 ~ 1/6,在此范围内可以根据强度条件、稳定条件综合确定矢跨比。

3.3 主拱截面

主拱截面参数众多,下面对几个主要的参数进行影响分析,包括主拱等截面长度、主拱截面高度、主拱截面宽度以及主拱截面变化指数。

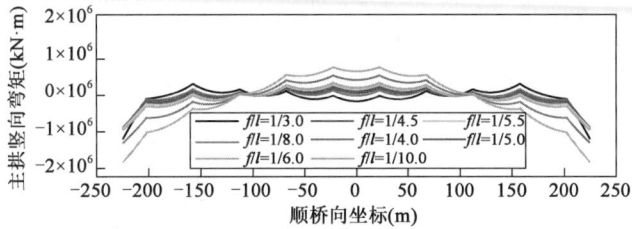

图10 不同矢跨比主拱竖向弯矩变化

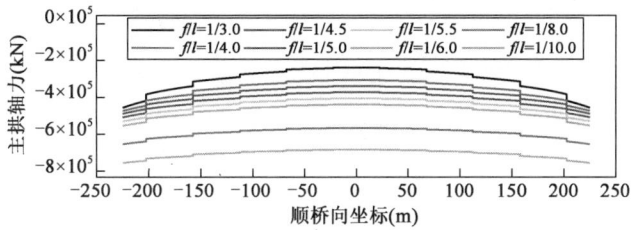

图11 不同矢跨比主拱轴力变化

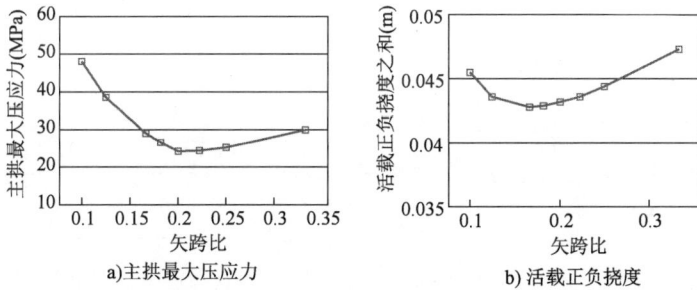

图12 最大压应力与混凝土用量随矢跨比变化规律

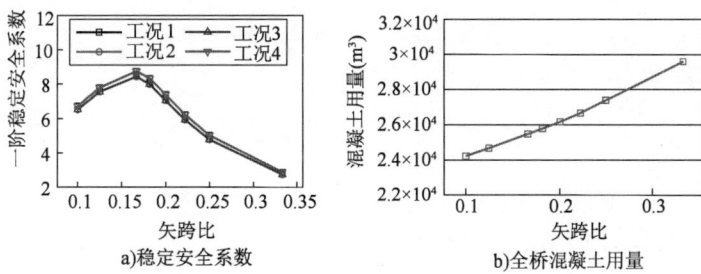

图13 正负挠度与稳定安全系数随矢跨比变化规律

3.3.1 主拱等截面长度

为了定量探讨主拱等截面长度对主拱力学性能的影响,对 0~350m 等截面长度(间距 50m,矢跨比 1/5)进行了计算分析。等截面长度对主拱压应力影响很大,拱脚压应力随着等截面长度的增加而减小,而距拱脚 50m 处的压应应力随着等截面长度的增大而增大,当等截面长度大于 300m 时,压应力急剧增大。恒定截面长度对压应力的影响较为复杂,因为等截面长度不仅影响着变截面点的位置还影响着恒载弯矩的分布。主拱最大压应力随着等截面长度的增加先减小后增大。当等截面长度为 300m 时主拱压应力最小,此设计参数下等截面的最佳

261

长度为300m。活载正负挠度之和随着恒定截面长度的增加而增加;混凝土消耗量随着恒定截面长度的增加而减少(图14)。需要指出的是,等截面长度影响恒载的分布,因此也影响最优拱轴线系数,不同的拱轴线系数也对应不同的等截面最优长度,需要综合多因素考量。

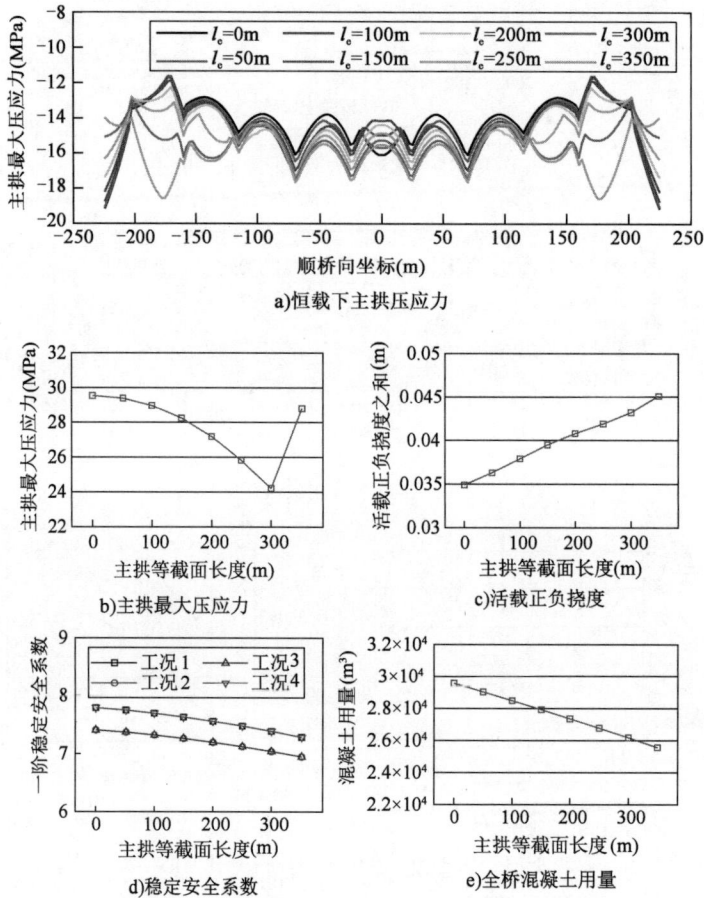

a)恒载下主拱压应力

b)主拱最大压应力

c)活载正负挠度

d)稳定安全系数

e)全桥混凝土用量

图14 主要结果随主拱截面长度变化规律

3.3.2 主拱截面高度

主拱截面参数众多,下面对几个主要的参数进行影响分析。

1)主拱截面高度

拱脚截面高度与拱顶截面高度的比例保持1.25不变进行计算分析(如拱顶截面高度为8.0m时,拱脚截面高度为10.0m)(图15)。

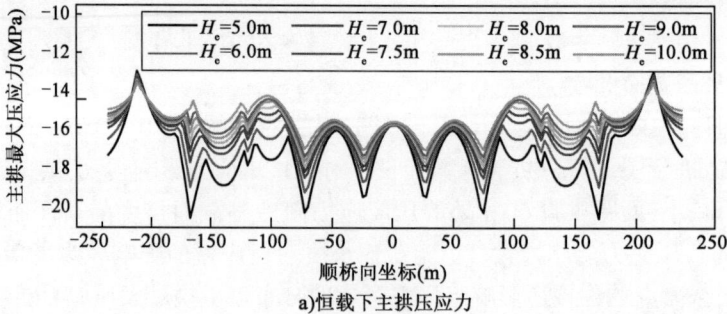

a)恒载下主拱压应力

图 15

262

b)主拱最大压应力

c)活载正负挠度

d)稳定安全系数

e)全桥混凝土用量

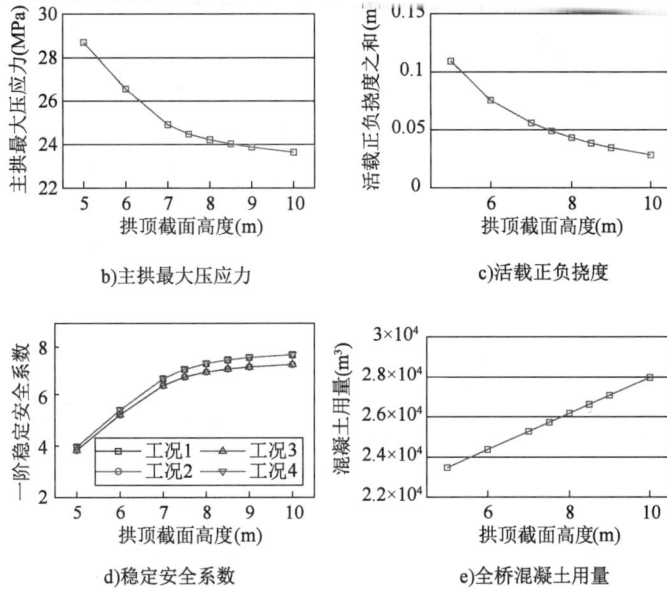

图15　主要结果随主拱截面高度变化规律

从图 15 可以看出,拱截面高度对压应力的影响较为明显。主拱的压应力随着截面高度的增加而减小,尤其是在距拱脚 50～150m 的范围内。可见同比例增加拱顶和拱脚的截面高度不能降低拱顶压应力,但可以降低其他位置的压应力。主拱最大压应力随着主拱截面高度的增加而减小。从以上结果综合经济性与受力性能来看,此时主跨 450m 的混凝土拱桥(主拱采用 C60 混凝土)的合理拱顶截面高度为 7.0～8.0m。

2)拱脚截面高度

拱顶部分的高度保持 7m 不变,对拱脚截面高度 7.0～14.0m 进行了计算分析(图 16)。

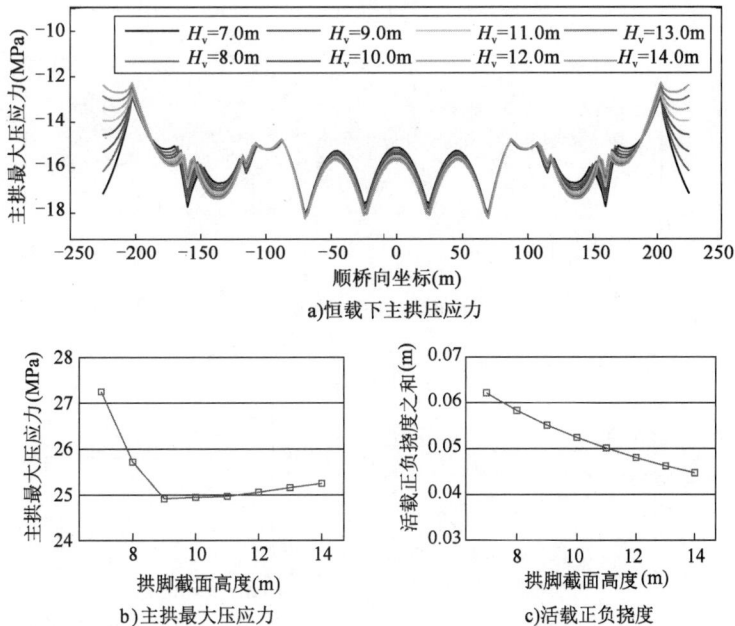

a)恒载下主拱压应力

b)主拱最大压应力

c)活载正负挠度

图　16

d)稳定安全系数   e)全桥混凝土用量

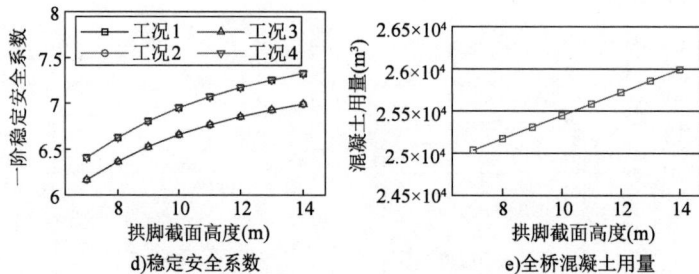

图16　主要结果随拱脚截面高度变化规律

根据图16,随着拱脚截面高度的增加,拱脚附近的压应力迅速减小,拱顶附近的压应力略有增加。增加拱脚截面的高度可以有效地降低拱脚附近的压应力。主拱最大压应力随着拱脚截面高度的增加而先减小后增大,当拱脚截面高度取9.0m时压应力最小。综上所述,本次试验设计拱脚段的合理高度为9.0~10.0m。截面高度过小时,拱脚的压应力将控制设计,截面高度过大时,将不利于拱顶受力。

3.3.3　主拱截面宽度

为了定量探究主拱截面宽度对主拱受力性能的影响规律,分别考虑拱顶和拱脚截面宽度同步增加且比例保持不变、拱顶截面宽度不变仅增加拱脚截面宽度两种情况。

1)主拱截面宽度(拱顶截面与拱脚截面宽度比例不变)

拱脚截面宽度与拱顶截面宽度的比例保持1.3不变,对拱顶截面宽度为16.0~30.0m的情况进行计算分析。根据图17,主拱各位置的压应力随着截面宽度的增加而均匀同步地减小。增大主拱截面宽度可以有效地降低主拱最大压应力。综合判断,本次试验设计的合理拱顶断面宽度为20.0~24.0m。如果采用较小的截面宽度,则不能满足强度条件。如果采用更大的截面宽度,混凝土消耗量将大大增加。

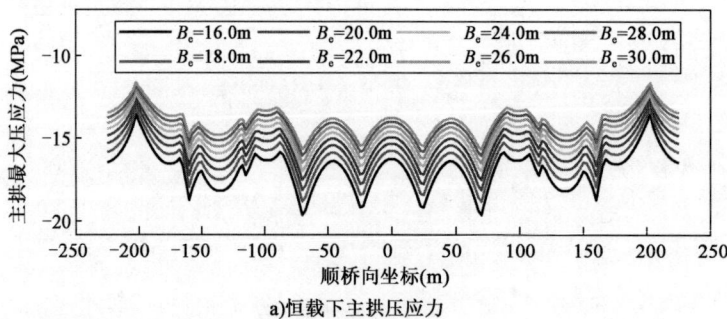

a)恒载下主拱压应力

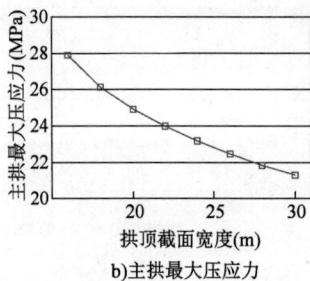

b)主拱最大压应力   c)活载正负挠度

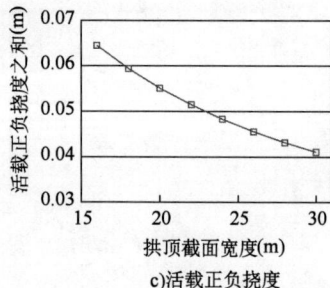

图　17

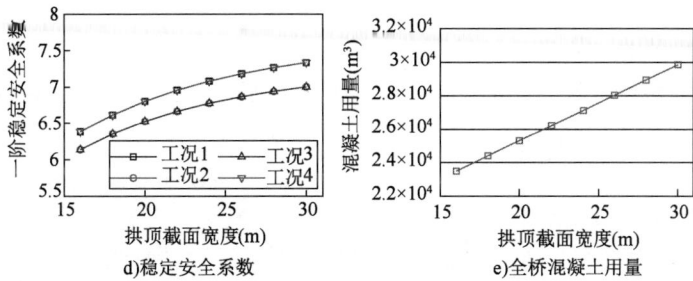

图 17　主要结果随主拱截面宽度变化规律

2）拱脚截面宽度（拱顶截面宽度不变）

拱顶截面宽度保持 22.0m 不变，对拱脚截面宽度为 22.0m、24.0m、26.0m、28.0m、30.0m、32.0m、32.0m、34.0m、36.0m 的情况进行计算分析。

图 18 出了主要结果随拱脚截面宽度变化，拱脚宽度仅对拱脚附近的压应力影响较大，对拱顶 150m 范围内的压缩应力影响较小。增加拱脚截面的宽度可以有效地降低拱脚附近的压应力。主拱的最大压应力随着拱脚截面宽度的增加而迅速减小，然后几乎保持不变。综上所述，本组设计参数中拱脚的合理断面宽度为 26.0~28.0m。如果采用更大的拱脚截面宽度对受力性能提升不大反而会增加混凝土用量。

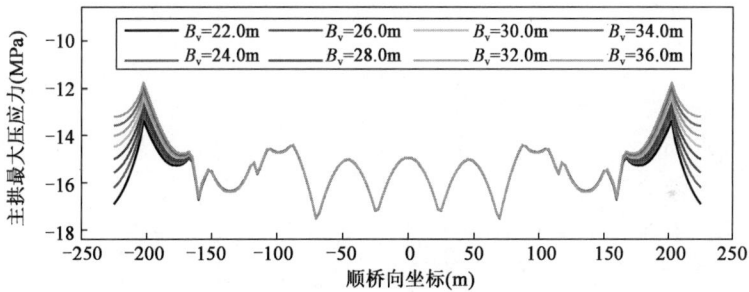

a)恒载下主拱压应力

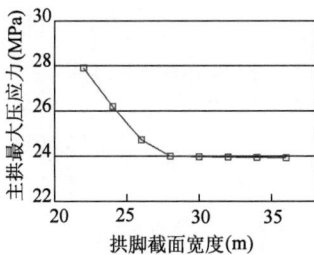

b)主拱最大压应力

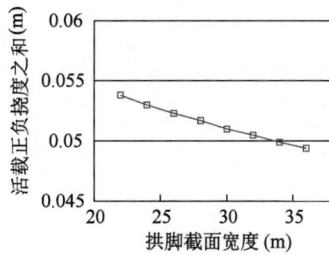

c)活载正负挠度

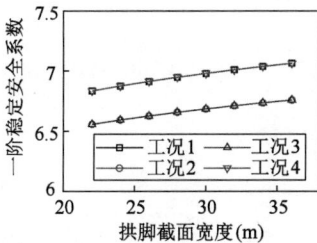

d)稳定安全系数

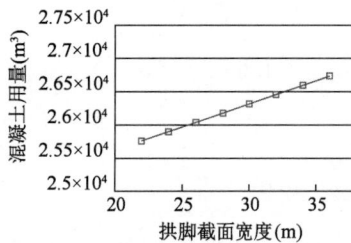

e)全桥混凝土用量

图 18　主要结果随拱脚截面宽度变化规律

265

3.3.4 主拱截面变化指数

主拱圈的高度、宽度和厚度沿跨径变化的规律要能适应内力的变化,在考虑截面变化指数时,主要是考虑惯性矩的变化。但超大跨径拱桥的变截面方式比较复杂,难以直接公式计算。故本文分析不同截面变化指数(高度、宽度和厚度变化指数相同,即 $\alpha_h = \alpha_b = \alpha_t = \alpha$)为 1.0、1.3、1.6、1.8、2.0、2.2、2.5 和 3.0 的情况(拱顶宽度 22.0m,拱脚宽度 28.0m),通过力学性能的对比确定一个合理的变化指数。

根据图 19 所示,拱脚处的压应力随着截面变化指数的增加而减小,而距拱脚 25 ~ 75m 范围内的压应力则随着截面变化指数的增加而迅速增大。随着主拱截面变化指数的增加,主拱的最大压应力先减小后增大,全桥混凝土消耗量减小,活载挠度略有增加。当截面变化指数为 1.3 时,压应力最小。当截面变化指数大于 1.6 时,压应力迅速增加。当截面变化指数大于 1.6 时,变截面部分中间的压应力将控制设计,此处的压应力将随着指数的增加而迅速增加。综上所述需要综合考虑确定截面变化指标。

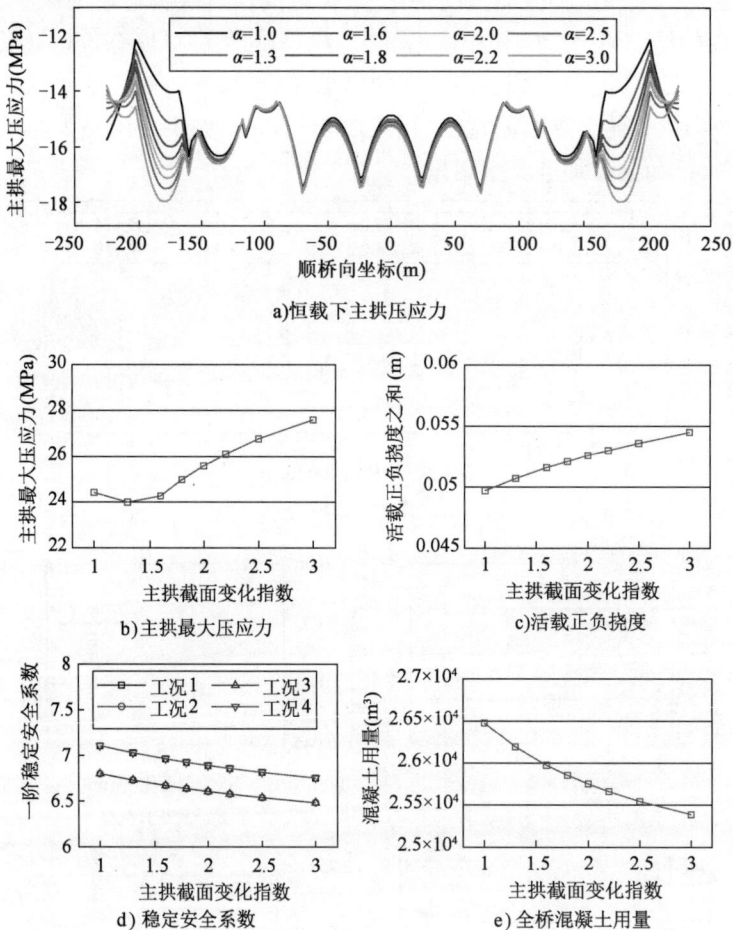

a)恒载下主拱压应力

b)主拱最大压应力

c)活载正负挠度

d)稳定安全系数

e)全桥混凝土用量

图 19　主要结果随截面变化指数变化规律

4　试设计比较分析

参照关键参数影响分析总结的关键设计参数对拱桥力学性能和材料消耗的影响规律,对主跨为 450 ~ 2 000m 的超大跨径混凝土拱桥进行了试验设计。试验设计方案的主要参数见表 2。

超大跨径混凝土拱桥试设计方案主要参数表

表2

主拱跨径（m）	450	550	650	800	1 000	1 200	1 500	2 000
主拱材料类型	C60	C60	C80	R100	R120	R140	R180	R200
主拱矢跨比 n	1/5	1/5	1/5	1/5	1/5	1/5	1/5	1/5
主拱拱轴系数 m	1.35	1.75	1.85	2.30	2.50	2.80	3.40	3.60
等截面长度 l_e（m）	300	250	350	300	400	400	400	600
主拱等截面 H_e（m）	7.5	10.5	10.5	14.0	20.0	24.0	28.0	38.0
拱脚截面 H_v（m）	9.0	12.0	12.0	16.0	24.0	28.0	34.0	45.0
主拱等截面 B_e（m）	22.0	22.0	22.0	22.0	22.0	30.0	40.0	60.0
拱脚截面 B_v（m）	28.0	30.0	30.0	40.0	40.0	45.0	55.0	80.0
主拱等截面 $t_{e1} \cdot t_{e2} \cdot t_{e3}$（m）	0.40	0.65	0.50	0.40	0.45	0.45	0.40	0.45
拱脚截面 $t_{v1} \cdot t_{v2} \cdot t_{v3}$（m）	0.60	0.85	0.70	0.50	0.65	0.65	0.60	0.65
高度、宽度、厚度变化指数 $\alpha_h \cdot \alpha_b \cdot \alpha_t$	1.3	1.6	1.6	1.6	1.6	1.6	1.6	1.6
立柱、系梁、主梁材料类型	C60	C60	C60	C80	R100	R100	R100	R100
立柱截面 h_c/b_c（m）	2.0/2.0	2.0/2.5	2.0/3.5	2.5/4.0	3.0/5.0	3.0/5.0	4.0/5.0	5.0/5.0
立柱截面 t_c（m）	0.35	0.35	0.40	0.50	0.50	0.50	0.50	0.50
每延米混凝土用量（m³/m）	58.9	90.5	78.2	82.4	115.7	136.4	160.1	234.6

注：所有跨径的混凝土拱桥设计方案都采用，立柱间距 $l_c = 45.0$ m，立柱横向间距 $B_c = 12$ m，桥面高差 $h_0 = 5$ m，主梁体系 $b_t = 2$，主梁截面 $h_b = 2$ m，主梁截面 $h_b = 2.5$ m，主梁截面 $t_{bt} = 0.3$ m，主梁截面 $t_{bb} \cdot t_{bfw} \cdot t_{bfn} = 0.3$ m。

从表3可见，混凝土拱桥各种跨径方案的一阶侧弯频率均低于一阶竖弯频率、一阶扭转频率，其一阶侧弯频率和一阶扭转频率随跨径增长而明显降低。主跨650 m方案提高了混凝土强度等级，其一阶竖弯频率降低十分明显。混凝土拱桥的竖弯、侧弯和扭转基频受主拱截面尺寸等因素影响较大，其随跨径的变化规律不是十分明显，难以给出精度高且使用方便的基频估算公式（图20）。混凝土拱桥的静风弹性屈曲风速（有恒载屈曲风速）均远大于检验风速，最小的安全系数也大于4，弹性屈曲风速随跨径的变化规律不是特别明显（图21）。

混凝土拱桥主要动力特性结果与静风弹性屈曲风速

表3

主拱跨径（m）	450	550	650	800	1 000	1 200	1 500	2 000
一阶竖弯频率（Hz）	0.390	0.377	0.195	0.180	0.182	0.157	0.123	0.101
一阶侧弯频率（Hz）	0.266	0.231	0.160	0.133	0.095	0.083	0.070	0.063
一阶扭转频率（Hz）	1.562	1.294	0.989	0.821	0.638	0.562	0.589	0.454
无恒载屈曲风速（m/s）	307.2	346.9	349.5	375.4	278.7	304.0	285.9	203.3
有恒载屈曲风速（m/s）	295.6	339.7	345.8	373.0	278.7	304.0	285.9	195.5
检验风速（m/s）	48.8	48.4	48.0	47.3	46.6	46.3	45.6	44.9
安全系数	6.05	7.01	7.21	7.89	5.98	6.57	6.27	4.36

混凝土拱桥试验设计方案中主拱在基本组合下的应力包络图如图22所示。材料的抗压强度设计值与应力0值均在图中标出，各跨径方案反复调整后均未出现拉应力。当跨径为450～650 m时，主拱的最大压应力分布相对均匀，而当跨径大于800 m时，四分点附近的压应力明显小于拱脚和拱顶。这主要是因为随着跨径的增大，风荷载逐渐成为控制荷载，而风荷载下主拱应力的零点刚好就在四分点附近。

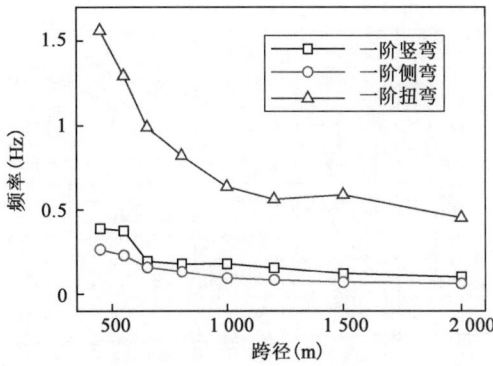

图20 混凝土拱桥基频-跨径关系

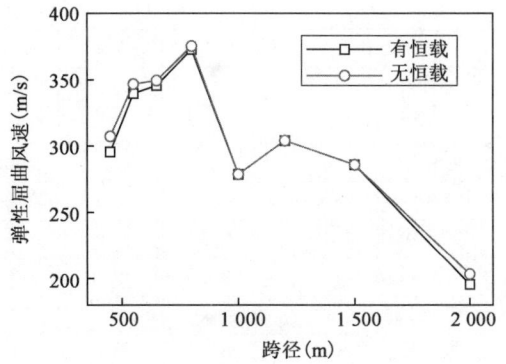

图21 混凝土拱桥静风弹性屈曲风速

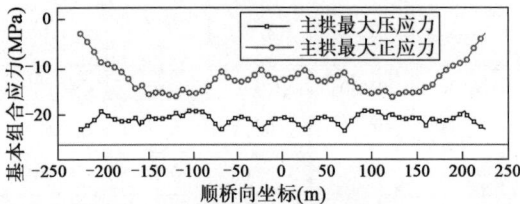

a)主跨450m(C60,f_d=26.5MPa)

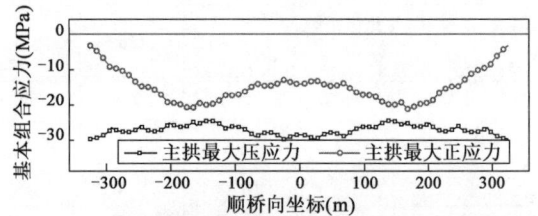

b)主跨650m(C80,f_d=34.6MPa)

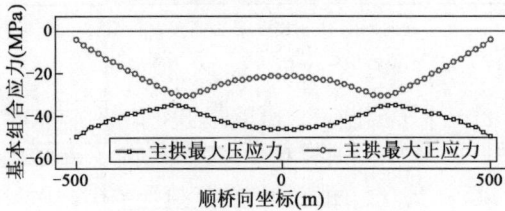

c)主跨1 000m(R120,f_d=58.0MPa)

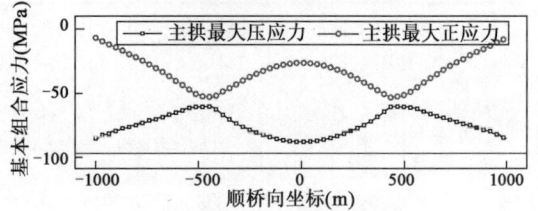

d)主跨2 000m(R200,f_d=97.0MPa)

图22 混凝土拱桥试设计方案主拱基本组合应力包络图

5 结语

本文对从现有跨径纪录(450m)到极限跨径(2 000m)的超大跨径推力上承式混凝土拱桥进行了设计和分析,主要有以下结论:

(1)试验设计方案的合理拱轴线系数随着跨径的增大而增大。因为随着跨径的增加,拱脚处立柱的恒载增大,拱脚与拱顶的恒载集中率也增大。合理的拱轴线系数近似于拱脚拱顶的恒载集中度之比。

(2)主拱采用 C60、C80、R100、R120、R140、R180、R200 依次可以实现 550m、650m、800m、1 000m、1 200m、1 500m、2 000m 的跨径,其强度、刚度和稳定性均能够满足要求。

(3)混凝土拱桥在刚度性能上具有巨大的优势,其活载正负挠度之和与跨径的比值均小于 1/7 000,而且挠跨比随着跨径的增长不仅没有增大的趋势,反而有减小的情况。

(4)混凝土拱桥每米混凝土用量随跨径的增加而迅速增加,混凝土拱桥的经济性将从 1 000m 的跨径开始急剧下降。跨径 1 500m 的混凝土拱桥主拱截面高度大于 30m,宽度大于 50m。从现有的施工技术来看,这几乎是不可能实现的。因此,建议有推力上承式混凝土拱桥的可行跨径为 1 000m。

参 考 文 献

[1] SPIELMANN A. An arch of 600 meters[C] // Proceedings of the 3rd International Conference on Arch Bridge. 2001:683-692.

[2] 日本土木学会. コニケリート長大アーチ橋 – 支間600mクラヌ一の設計施工[M]. 日本土木学会,2003.

[3] MIZUTORI K,KOSA K,OTSUKA H. Seismicity of super-long concrete arch bridge with over 600m center span[C] // Proceedings of the 4th International Conference on Arch Bridges, Advances in Assessment,Structural Design and Construction. 2004:282-291.

[4] CANDRLIĆ V,RADIĆ J,Gukov I. Research of Concrete Arch Bridges up to 1000m in Span[C] // Proceedings of the 4th International Conference on Arch Bridge,Advances in Assessment, Structural Design and Cinstruction. 2004:538-547.

[5] 张力树. 600m级钢筋混凝土拱桥主拱构造与拱上立柱布置形式研究[D]. 重庆:重庆交通大学,2015.

[6] 邵旭东,何广. 800m级钢-UHPC组合桁式拱桥概念设计与可行性研究[J]. 中国公路学报,2020,33(2):1.

[7] SHAO X D,HE G,SHEN X J,et al. Conceptual design of 1000 m scale steel-UHPFRC composite truss arch bridge[J]. Engineering Structures,2021,226:111430.

[8] 陈宝春. 钢管混凝土拱桥[M]. 北京:人民交通出版社,2007.

32. 自适应锚碇悬索桥受力性能参数研究

黄 健 孙 斌 肖汝诚

（同济大学土木工程学院）

摘 要：自适应锚碇悬索桥是一种不同于自锚式和地锚式悬索桥的新桥型，其锚索拉力的大小可以根据不同地质条件和施工需求进行调节。本文研究了自适应锚碇悬索桥的结构参数对其受力性能的影响，通过有限元方法研究了矢跨比、边中跨比、锚索刚度和加劲梁抗弯刚度等参数对桥梁的内力、变形和动力特性的影响，研究表明：锚索轴向刚度会对主缆水平力在加劲梁和锚索上的分配情况造成影响，但矢跨比、边中跨比等总体布置参数几乎不会对主缆水平力的分配比例产生影响。

关键词：悬索桥 自适应锚碇 受力性能 参数研究

1 引言

悬索桥的跨越能力大、抗震性能好、轻型美观，是特大跨径桥梁的首选桥型。悬索桥主要由桥塔、主缆、主梁、吊索、鞍座、索夹及锚碇组成，其中主缆是主要承重结构。根据主缆约束方式，悬索桥一般分为地锚式和自锚式。地锚式悬索桥主缆固定在锚碇上，锚碇承担主缆的上拔力和水平力。因此地锚式悬索桥需要修建大体积锚碇，在地质条件较差的地区和水中设置锚碇的工程条件下施工困难。其建造过程通常为先架设主缆后挂梁的方式，对桥下交通影响较小。自锚式悬索桥主缆固定在主梁上，主梁承受主缆传来的轴向压力，因此主梁截面需要相应增大，从而限制了其经济跨径的范围。其施工过程需要搭建大量临时支架以安装主梁，对桥下交通影响较大，施工费用较高。此外，自锚式悬索桥没有"重力刚度"，因此其刚度和结构效率低于同样跨径布置的地锚式悬索桥。针对上述两类悬索桥的局限性，自适应锚碇悬索桥这一新桥型应运而生[1-2]，结构形式如图 1 和图 2 所示。

该桥型中锚索拉力是实时监控和主动调整的，因而允许锚碇产生一定量位移，从而解决了土体蠕变导致主缆拉力减小的问题，设计中可以利用锚碇滑移产生的被动土压力来减小锚碇体量；同时锚索拉力的大小可以根据不同地质条件和施工需求进行调节，体现了"自适应锚碇"的特点。

基金项目：上海市 2021 年度"科技创新行动计划"社会发展科技攻关项目，21DZ1202900。

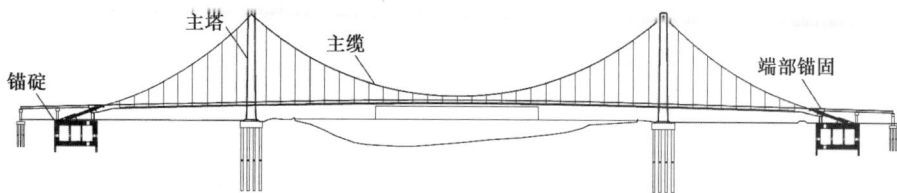

图 1 自适应锚碇悬索桥结构形式

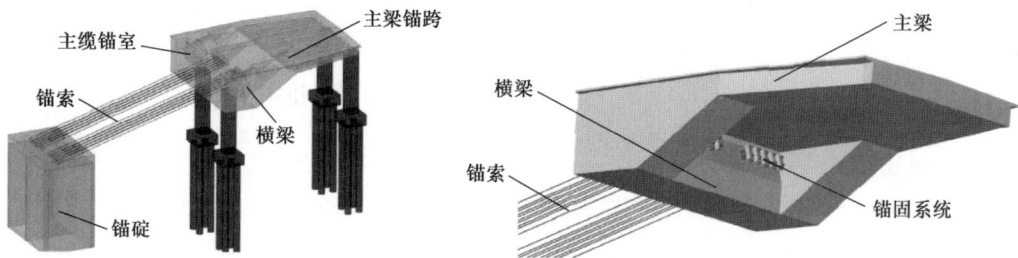

a)锚碇、锚索以及主梁端部的连接构造   b)锚索在梁端的锚固

图 2 自适应锚碇悬索桥锚碇的三维构造示意

在悬索桥设计中,结构参数的选择往往要根据理论计算结果来决定,但是悬索桥属于高次超静定结构,矢跨比、主缆刚度、主梁抗弯刚度、主塔抗弯刚度、边中跨比等设计参数互相耦合。为探明各参数对结构整体受力性能的影响规律,国内外的学者进行了大量的研究。目前悬索桥参数研究最常用的是有限元方法。同济大学肖汝诚等建立了单跨自适应锚碇悬索桥有限元模型,通过改变矢跨比、边中跨比、锚索恒载索力、锚索刚度、主梁抗弯刚度桥塔抗推刚度等结构参数,计算桥梁在恒、活载作用下产生的效应,从而得到各结构参数对桥梁受力性能的影响,进一步提出了自适应锚碇悬索桥结构体系性能的调整方法。自适应锚碇悬索桥作为一种新的悬索桥结构体系,目前相关研究较少且尚无工程应用。本研究采用有限元计算方法开展研究,以探明自适应锚碇悬索桥受力性能,优化自适应锚碇悬索桥结构体系,为该桥型的进一步推广应用提供理论基础。

2   自适应锚碇悬索桥参数研究的背景和方法

自适应锚碇悬索桥是对传统悬索桥桥型的一种改进和创新,对于此类桥型目前尚无工程实例,通过对结构主要设计参数进行参数研究具有比较重要的意义。对该类桥型进行成桥状态结构参数研究,可以考察结构总体布置参数和构件参数对结构受力性能的影响,设计时可以根据参数影响规律对参数进行优化,以取得结构参数在该类桥型下的合理取值范围,或者在满足设计要求的前提下尽量提高结构力学性能从而优化设计,为以后同类桥型的设计提供参考。

本文选取的结构主要受力指标包括:①内力指标:主缆恒活载水平力、主梁最大弯矩;②变形指标:主梁竖向位移;③动力特性指标:竖弯基频。其中内力指标和变形指标是结构在汽车荷载下的响应,是悬索桥在成桥状态下的主要活载响应,而竖弯基频对悬索桥抗风性能具有重要影响。因此,这些主要受力指标能够反映结构的受力状态和力学性能。

根据悬索桥的基本受力特征,可以采用杆系结构进行整体计算,其中桥塔和主梁采用梁单元模拟,主缆、吊杆和锚索采用索单元模拟,锚碇及辅助墩用边界约束代替。鉴于实际工程中双塔悬索桥的应用较多,本文以双塔自适应锚碇悬索桥为研究对象进行参数研究,图3是有限元标准模型的结构形式,按上述原则进行建模。

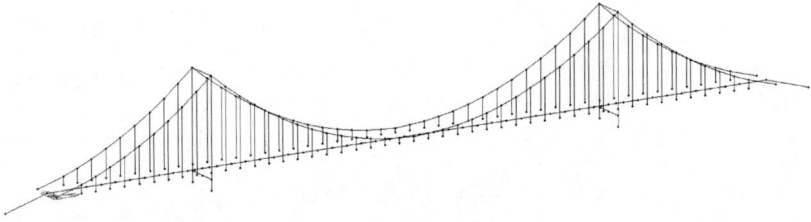

图3　有限元标准模型

3　自适应锚碇悬索桥总体布置参数对受力性能的影响研究

3.1　矢跨比

矢跨比是悬索桥最重要的结构参数之一。根据结构力学知识,对地锚式悬索桥而言,矢跨比越小,主缆水平力就越大,由于地锚式悬索桥主要由主缆提供"重力刚度",因而结构竖向刚度就越大。对自锚式悬索桥而言,主缆锚固在加劲梁上,"重力刚度"效应消失,矢跨比越小,主缆对加劲梁的轴压作用越明显,因此矢跨比越大结构反而更安全。为研究矢跨比对自适应锚碇悬索桥受力性能的影响,保持其他参数不变,分析不同矢跨比情况活载下结构的响应。

保证其他条件不变的情况下,矢跨比对加劲梁最大挠度和活载水平力分配的影响如图4所示。从图中可以看出,当矢跨比减小时,主梁的竖向位移将会增大也即是结构竖向刚度会减小,但是矢跨比并不影响水平力分配比例。由此可见,矢跨比的变化不会影响水平力的分配比例,只会影响结构的竖向刚度。因此,在保证经济性能的情况下,应当在设计时选取较大的矢跨比更有利于结构受力。

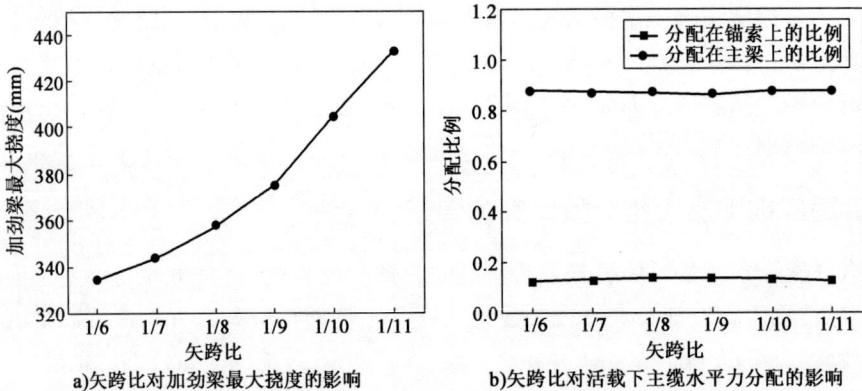

a)矢跨比对加劲梁最大挠度的影响　　　　b)矢跨比对活载下主缆水平力分配的影响

图4　矢跨比对自适应锚碇悬索桥结构的影响

3.2　边中跨比

悬索桥的另一个重要参数是边中跨比。悬索桥的边中跨比通常在0.2~0.5之间,本节考虑在其他参数条件不变的情况下,边中跨比从0.2变化至0.5,主梁的挠度和恒载与活载轴力变化。图5是边中跨比对加劲梁刚度和恒活载水平力增量的影响。可以看到边中跨比从0.2增加到0.5时,加劲梁竖向位移从0.355m增加到0.408m,从图中可以看出边中跨比会对竖向刚度造成较大的影响,活载水平力基本不发生变化。

由此可见,增大边中跨比降低边缆对桥塔的约束效力,减小主缆活载轴力。因此,在设计确定边中跨比时不仅要考虑锚碇的合适位置来选择适当边中跨比使得桥墩能设置在锚碇上方，还应该对受力和美观进行综合考量，保证桥梁结构美观的条件下应该选取较小的边中跨比。

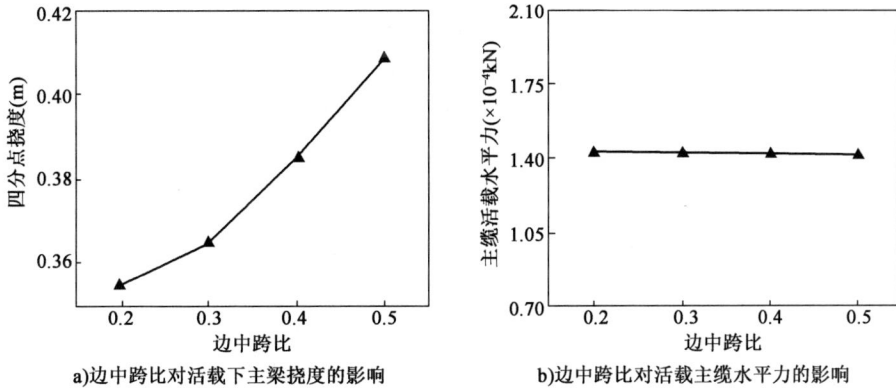

a)边中跨比对活载下主梁挠度的影响　　　　b)边中跨比对活载主缆水平力的影响

图5　边中跨比对自适应锚碇悬索桥结构性能的影响

4　自适应锚碇悬索桥构件相关参数对受力性能的影响研究

4.1　锚索刚度

锚索刚度的主要影响表现为主缆、主梁和锚索三者受力分配。在结构体系和其他构件（主缆、主梁等）参数都保持不变的情况下，锚索刚度的变化表现为锚索横截面积或锚索长度的变化，本节控制锚索长度不变，只改变锚索面积。图6是锚索相对刚度变化对活载下主缆水平力分配的影响，可以看出随着锚索刚度的增大，活载下锚索水平力与主梁水平力比值会随之增大，二者近乎严格的线性比例关系。

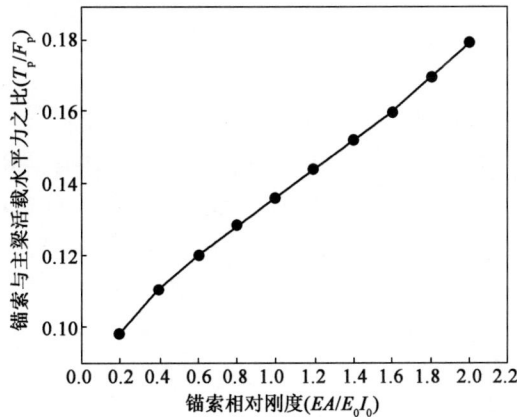

图6　锚索相对刚度对主缆水平力分配的影响

保证其他条件一定的情况下，结构的动力特性随加劲梁抗弯刚度变化见图7。随着锚索刚度的增大，结构的反对称竖弯基频基本不发生变化，在加劲梁抗弯刚度增大了10倍的情况下，对称竖弯基频增大了1.6%，这表明锚索刚度对结构的动力特性产生的影响很小。由此可见，锚索刚度的大小会直接影响主缆活载水平力在锚索和主梁上的分配比例，主缆活载内力按照二者刚度比在锚索和梁间分配。对于自适应锚碇悬索桥而言，设计时可以通过把锚索刚度控制在一定范围内来调节主缆活载缆力的分配。

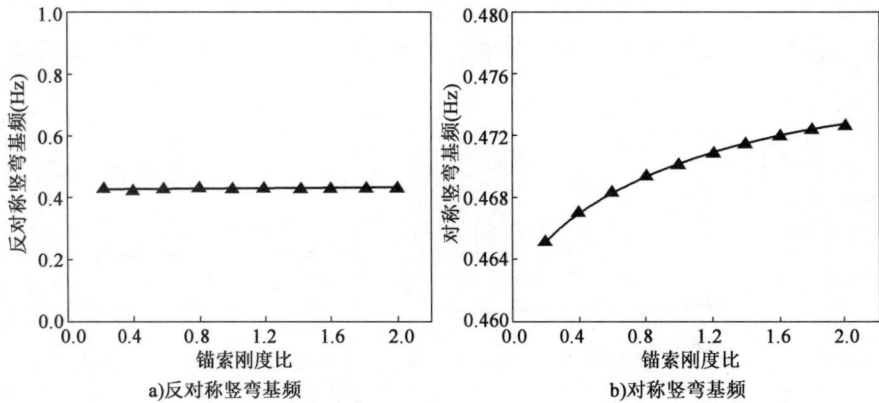

a)反对称竖弯基频　　　　　　　　b)对称竖弯基频

图7　锚索刚度对结构动力特性的影响

4.2　加劲梁抗弯刚度

对于自锚式悬索桥,加劲梁对桥梁结构不提供重力刚度,而是通过弯曲变形来承受较大比例的荷载,同时还要承担主缆通过锚固在梁端的锚固点传递而来的极大轴力。但对于地锚式悬索桥,主缆在吊杆拉力作用下具有很大的重力刚度,大部分荷载都由主缆承担,加劲梁直接承担车辆和人群荷载以并传递荷载至吊杆。本节考虑加劲梁的相对刚度由 $0.5EI$ 增加到 $1.5EI$。由结果可以看出,当加劲梁的抗弯刚度从 $0.5EI$ 增加到 $1.5EI$ 时,加劲梁最大竖向变形从 410.068mm 减小到 294.549mm,减小了 28.2%。同时可以看出加劲梁的最大弯矩也会随着加劲梁的刚度变化而变化,当加劲梁抗弯刚度从 $0.5EI$ 增加到 $1.5EI$ 时,加劲梁弯矩增大了 56.6%。

因为结构的整体刚度会随加劲梁的抗弯刚度增加而增加,所以桥塔顶部的水平位移会减小(图8),根据弯矩随刚度分配的原理,塔底弯矩减小。活载内力分配方面,主缆活载水平力(图9a)与加劲梁刚度也呈负相关关系。活载水平力缆梁分配比例(图9b)与主梁抗弯刚度的关系不大。这主要是因为缆梁分配比例主要是由锚索的水平锚固刚度和主梁的轴向刚度比值来确定的,但两者基本没有变化,因此分配比例也基本保持不变。

由此可见,加劲梁和主塔的受力均会受到加劲梁刚度的影响,提高加劲梁的刚度对结构的静力特性和动力特性都是有利的。工程上是通过增大梁高来实现增大刚度这一目的的,而增大梁高会对梁段的制造、加工和运输提出更高的要求,从而增加工程成本。

5　结语

目前我国的悬索桥建设以地锚式和自锚式为主,在软土地区则是以自锚式为主,但其跨径十分受限,自适应锚碇悬索桥可主动调节的适用于不同地质条件的锚碇与主梁协同抵抗主缆水平力的结构体系,突破传统自锚和地锚悬索桥结构体系的限制,为软土地基大跨径桥梁的建设提供极具竞争力的备选方案。本文以有限元标准模型采用控制变量方法对自适应锚碇悬索桥的部分总体布置参数和主要构件参数进行了研究,以内力、变形和动力特性等为指标,探明了自适应锚碇悬索桥的各参数变化对受力性能的影响规律,为其设计和应用提供参考。虽然已在数值计算层面对自适应锚碇悬索桥的受力特征进行了深入研究,但仍缺乏相关实验模型进行验证,以比较理论预测和实际结果的一致性,同时自适应锚碇悬索桥在长期使用和特殊环境条件(如地震、风暴等)下的疲劳性能和耐久性有待进一步论证。

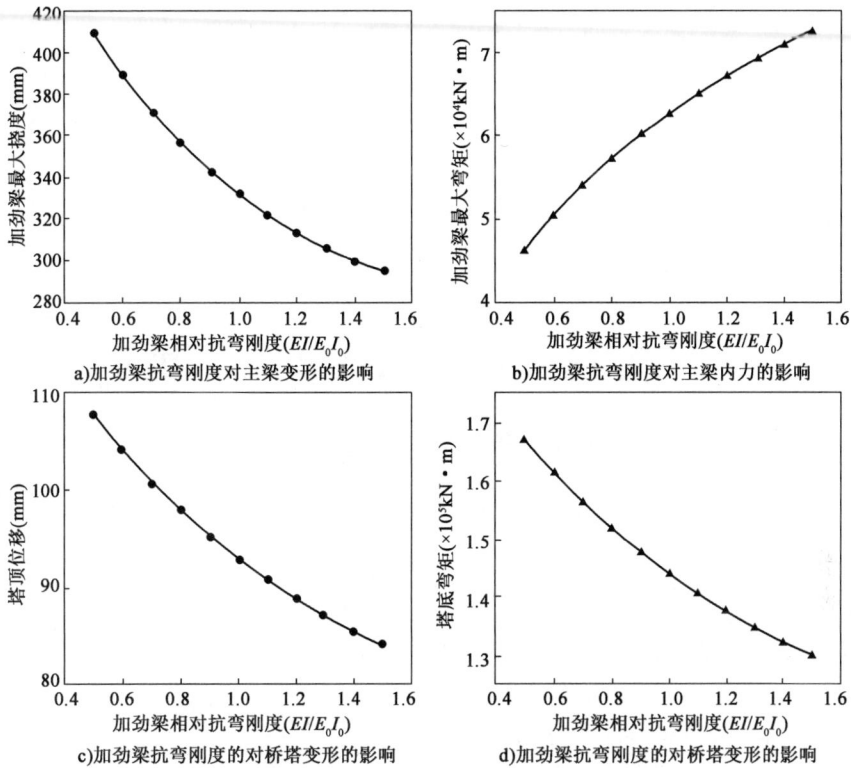

a)加劲梁抗弯刚度对主梁变形的影响

b)加劲梁抗弯刚度对主梁内力的影响

c)加劲梁抗弯刚度的对桥塔变形的影响

d)加劲梁抗弯刚度的对桥塔变形的影响

图8　加劲梁抗弯刚度对自适应锚碇悬索桥受力性能的影响

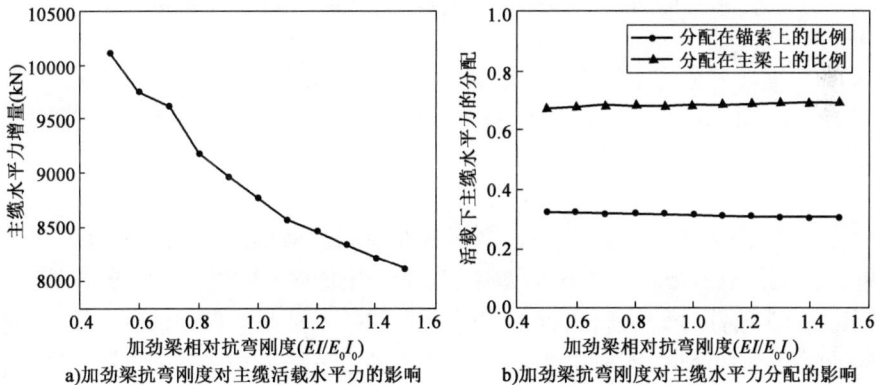

a)加劲梁抗弯刚度对主缆活载水平力的影响

b)加劲梁抗弯刚度对主缆水平力分配的影响

图9　加劲梁抗弯刚度对主缆受力的影响

参 考 文 献

[1] 肖汝诚,庄冬利,孙斌,等.自适应锚碇悬索桥:CN207244425U[P].2018-04-17.

[2] 肖汝诚,庄冬利,孙斌,等.自适应锚碇悬索桥及其施工方法:CN107190627A[P].2017-09-22.

[3] JENSEN J S. Cable-supported bridges:Design, maintenance, rehabilitation and management [J]. Structure and Infrastructure Engineering,2014,10(4):508-520.

[4] 肖汝诚,庄冬利,杨乐,等.自适应锚碇悬索桥的基本结构性能[J].同济大学学报(自然科学版),2020,48(11):1545-1551+1587.

[5] 杨乐.自适应锚碇悬索桥结构体系研究[D].上海:同济大学,2019.

33. 跨海高速铁路桥梁桩承式罩型预制承台基础研究

龚维明　王博臣

（东南大学土木工程学院）

摘　要：针对跨海高速铁路桥梁深水基础建设中面临的诸多挑战，如基础数量众多、刚度控制严格、海上施工条件恶劣等，本文提出了一种适用于深水环境新型的桩承式预制罩型承台基础。首先，详细介绍了该基础的构造设计、施工流程和基础特色。然后，阐述了在施工过程中各阶段所涉及的计算方法，包括波浪荷载下边坡稳定计算、铺设碎石垫层后的淤积计算、罩型承台沉放刺入深度计算、罩型承台结构强度等。最后，为了方便设计人员使用，编写了相应的全过程智能化计算与参数化自动绘图程序。

关键词：深水基础　预制基础　罩型承台　跨海高铁桥梁

1　引言

近二十年间，我国交通建设迅猛发展，众多大型桥梁应运而生。这些桥梁大多位于水深、流速迅猛的大江大河或者环境恶劣的海域中，通常采用深水基础[1]，而深水基础设计与施工的质量，往往是决定跨江（海）大桥成败的关键所在。随着杭州湾跨海大桥、平潭海峡公铁两用大桥[2]等重大工程的落成，跨海桥梁建设正处于迅猛发展阶段。目前，全球最长的跨海高速铁路桥——杭州湾跨海铁路大桥的海上工程已经正式开工；与此同时，渤海海峡跨海工程、琼州海峡跨海工程以及台湾海峡跨海工程也已经开始进行前期研究和规划工作。

跨海高速铁路桥梁深水基础的建设往往面临数量众多、刚度控制严格、海上施工条件恶劣、施工窗口期受限、海洋环境保护要求严格等一系列挑战。随着跨海桥梁工程建设要求地不断提高，桥梁深水基础的发展趋势将不断向着机械化、预制化、装配化的方向发展，以更好地适应复杂的建设条件。如图1所示，韩国居金大桥[3]采用预制钟型组合沉箱基础，首先在陆地预制沉箱的钢壳体，随后将其浮运至指定位置进行水下混凝土封底和箱体内混凝土浇筑。该基础形式具有结构整体刚度高、地质适应性较好的优势，且采用了整体预制的方法得以大幅减少海上施工工作量和造价。

基金项目：国家自然科学基金项目（52178317，52378328）。

| a)预制基础海上浮运 | b)施工示意图 |

图 1　韩国居金大桥部分施工图

本文以杭州湾跨海高铁桥梁为研究背景,针对其引桥基础数量多、阻水率要求严格、施工环境恶劣等特点,提出了一种深水环境下桩承式预制罩型承台基础方案,并详细介绍在各个施工步骤中涉及的计算工况及其设计计算方法。

2　桩承式预制罩型承台基础

2.1　基础构造

桩承式预制罩型承台基础由承台本体和墩台组成,如图 2 所示。在承台本体表面的中心处设置墩台,承台本体由承台侧壁、中隔墙和顶板组成,四块承台侧壁按顺序连接成一个方形腔体,顶板则安装在方形腔体的顶部,形成一个方形罩体。墩台被置于顶板的中心位置,并且墩台侧壁垂直布设在顶板表面上。设置若干中隔墙于承台本体的腔体内部,从而将方形腔体分割成为若干个小腔室。每个小腔室与一根管桩相匹配,这些管桩顶部会插入方形腔体的开口端。为了提升承台本体的整体刚度,在中隔墙两侧和侧壁上设置了剪力键。这样能够有效避免在后续浇筑混凝土时,混凝土与墙体在连接界面处发生相对滑移和分离。剪力键能够使墙体与混凝土有效地构成一个整体,共同完成工作。

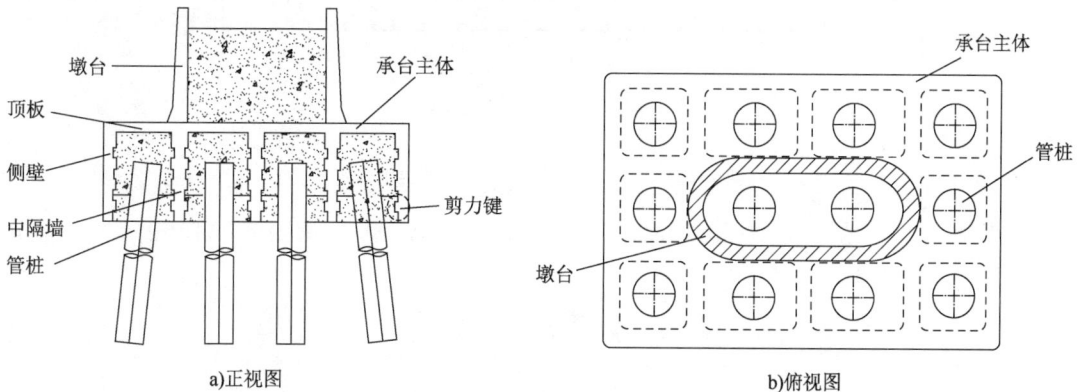

| a)正视图 | b)俯视图 |

图 2　预制罩型承台基础设计图

2.2　施工流程

(1)在陆地进行承台基础的预制作业;

(2)桥位处开挖基槽,铺设碎石垫层,打入管桩;

277

(3)将承台基础运输至打入的管桩位置,定位后进行吊装下放;

(4)对承台基础的下端开口处浇筑混凝土,进行水下封底;

(5)承台内部抽水,在腔内浇筑混凝土,使承台与桩连成一体,完成施工。

2.3 基础特点

预制罩型承台基础作为一种低承台基础形式,能够满足低阻水率的要求。该基础形式采用工厂预制方式,将大量现场水上工作转移到陆地进行,然后将预制好的基础构件运输至深水环境中进行施工。这种施工模式能够大大减少深水作业的工程量,显著降低深水环境下潜在的施工风险,加快施工进度,缩短工程周期,降低工程造价,并提高基础结构的耐久性。此外,预制罩型承台基础可以满足桥梁基础预制化、机械化和设计施工一体化的需求,能够为现阶段在深水环境下桥梁基础的建设难题(如长施工周期、高风险和高造价等)提供一种可行的解决方案。

3 罩型承台基础设计与计算方法

3.1 波浪荷载下边坡稳定计算

在打入管桩之前,需要对海床底面进行放坡开挖处理,如图3所示。由于深水基础的特点是存在较大的波浪荷载,因此需要进行特别的验算,以确保边坡在波浪荷载下的稳定性。本文采用了毕肖普条分法[4],考虑土条侧面的作用力,假定各土条底部滑动面上的抗滑安全系数相同,均等于整个滑动面的平均安全系数。通过采用国内外普遍使用的毕肖普条分法简化公式[式(1)],可以计算得到边坡稳定安全系数 F_s。

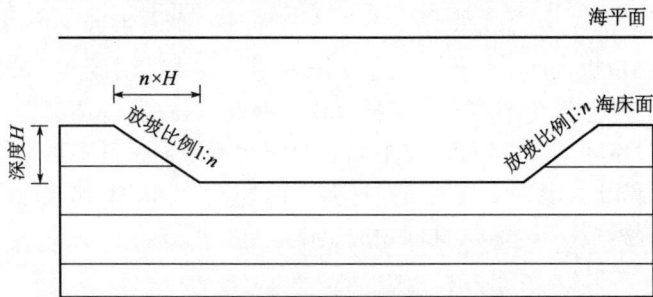

图3 海床面放坡开挖示意图

$$F_s = \frac{\sum \frac{1}{m_{\theta i}}[c'b + (W_i - u_i b)\tan\varphi']}{\sum W_i \sin\theta_i} \tag{1}$$

根据施工实际情况,考虑到海床面会受到波浪压力的作用,使用公式(2)和公式(3)计算海床面各点处产生的波压力。

$$P = P_0 \sin(\lambda x - wt) \tag{2}$$

$$P_0 = \frac{\gamma_w H}{2\cosh\lambda d} \tag{3}$$

式中:P_0——波压力幅值;

　　　H——波浪的波高;

　　　L——波浪的波长;

　　　d——计算点水深;

λ 　　波数，$\lambda = 2\pi/L_0$

根据毕肖普条分法和波流压力计算公式，编写了可以考虑静水条件和波浪荷载作用下的边坡稳定计算程序。如图4所示，在静水条件下，程序计算得到了最危险滑动面，即相应的滑弧圆心和半径，以及该滑动面的抗滑安全系数。

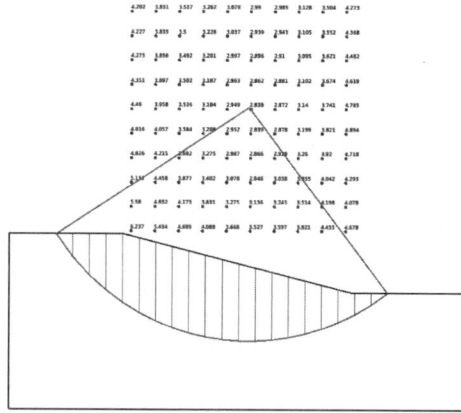

图4　静水条件下边坡稳定计算

对于考虑波浪荷载作用时，需要分别取不同的初始波浪相位进行计算，如图5所示，分别选取初始相位 t 为 0、0.25T、0.5T 和 0.75T 进行计算。可以看出，在不同的波浪相位作用下，边坡稳定安全系数是不同。在实际的设计中，参考最小的 F_s 值，然后对边坡开展进一步的优化设计。

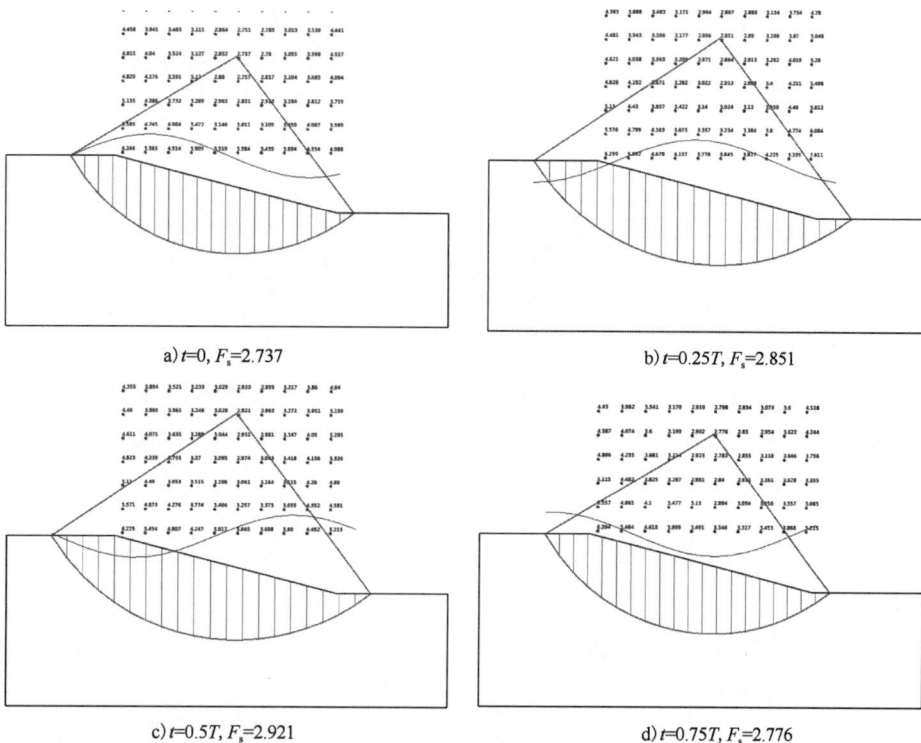

a) t=0，F_s=2.737

b) t=0.25T，F_s=2.851

c) t=0.5T，F_s=2.921

d) t=0.75T，F_s=2.776

图5　波流荷载作用下边坡稳定计算

3.2 铺设碎石垫层后的淤积计算

在罩型承台基础沉放前,需要铺设碎石垫层进行找平。在此过程中,会存在海底面淤泥的回冲情况。如果淤泥积累的厚度过大,会引起承台罩下放时发生倾斜。因此,需要对淤积厚度进行评估,以对碎石垫层的铺设厚度提供参考。依据《港口与航道水文规范》,对于开挖的进港航道,其年淤积强度计算使用式(4)或式(5)。

$$P_1 = \frac{\omega S_1 t}{\gamma_0} \left\{ K_1 \left[1 - \left(\frac{d_1}{d_2} \right)^3 \right] \sin\theta + K_2 \left[1 - \frac{d_1}{2d_2} \left(1 + \frac{d_1}{d_2} \right) \right] \cos\theta \right\} \tag{4}$$

$$P_1 = \frac{\alpha \omega S_1 t}{\gamma_0} \left[1 - \left(\frac{d_1}{d_2} \right)^{0.56} \cos^2\theta - \left(\frac{d_1}{d_2} \right)^3 \sin^2\theta \right] \tag{5}$$

式中:P_1——航道底面的淤积强度(m);

ω——细颗粒泥沙的絮凝沉降速度(m/s);

S_1——对应平均水深 d_1 的浅滩水域的平均含沙量(kg/m³);

t——淤积历时(s);

γ_0——淤积物的干重度(kg/m³);

K_1、K_2——横流和顺流淤积系数,在缺少现场资料的情况下,可取 $K_1 = 0.35$、$K_2 = 0.13$;d_1 和 d_2 分别代表浅滩平均水深和航道开挖后的水深(m);

θ——航道走向与水流流向之间的夹角(°);

α——经验系数,可取为0.45。

在实际工程设计计算中,可以参考《港口与航道水文规范》中给出的淤积强度计算公式,来得到淤积厚度。本文建议可以根据碎石垫层在回淤前后的孔隙比变化,来计算最终碎石垫层表面的淤积厚度。首先,可以通过室内试验,得出一定粒径的碎石垫层在抛填施工完成后的孔隙比为 e_0。若碎石层表面存在淤积层,淤积物渗入碎石层中后,会致使碎石层的孔隙比变成 e_1。假定碎石垫层的厚度为 H,单位碎石垫层体积为1,根据公式(6),可以计算得到淤积层在渗入碎石层后,其厚度会减少 Δh。从而,得到回淤后碎石垫层表面的淤积厚度为($P_1 - \Delta h$)。

$$\Delta h = (e_0 - e_1) \times H \tag{6}$$

3.3 罩型承台沉放刺入深度计算

在碎石垫层铺设完成并整平后,需要沉放罩型承台。由于此时承台底面仅为四个侧壁和中隔墙的底面积之和,相对较小,因此需要对沉放时刺入碎石垫层的深度进行计算,以确保罩型承台结构整体的稳定性。本文从两个角度分别对沉放刺入深度进行计算。

(1)从碎石垫层承载力的角度计算。首先,通过室内试验得出碎石的极限侧阻力 f_s 和极限端阻力 f_p。然后,根据公式(7),可以计算得出刺入深度 h_c,若 h_c 小于0,则表示侧阻力未发挥,承台罩沉放刺入深度为0。

$$h_c = \frac{Q - A_p f_p}{L_s f_s} \tag{7}$$

式中:Q——罩型承台在水中的重量;

A_p——承台底面与碎石垫层接触面积;

L_s——承台底面周长。

(2)从初始沉降(瞬时沉降)的角度计算。认为罩型承台沉放到碎石垫层的刺入深度与初始沉降 s_d 近似,因此可以按照下述弹性理论公式(8)进行估算。

$$s_d = C_d qB \left(\frac{1 - \mu^2}{E} \right) \tag{8}$$

式中：C_d——考虑荷载面积形状和沉降计算点位置的系数；

q——均布荷载；

B——荷载面积的直径或宽度；

μ——碎石泊松比；

E——碎石弹性模量。

3.4 罩型承台结构强度计算

在罩型承台基础底部开口端进行混凝土封底后，需要将承台内部的水抽走。在此过程中，承台底板、顶板和侧壁会受到较大的水压力，因此需要对承台结构（底板、顶板、侧壁）强度进行验算。此外，在承台整体浇筑完成以及上部桥墩建造完成之后，还需要对承台整体结构进行抗冲切和抗剪切进行验算。

（1）罩型承台底板强度验算。

根据水文条件，可以得到退潮时和涨潮时，海平面至承台底面的深度，将退潮时的荷载视为恒载，潮差引起的荷载视为活载，从而得到底板荷载标准值 $q_{标准} = q_{横} + q_{活}$ 和荷载准永久值 $q_{准永久} = q_{横} + 0.7 \times q_{活}$。

底板的计算采用双向板、四边固支的计算模型。首先，需要根据长短边之比，得到弯矩系数。然后，分别计算出跨中和支座处的弯矩标准值和准永久值。最后，将计算得到的各方向上的弯矩标准值与截面抗弯承载力做比较，判断承台底板截面是否满足抗弯承载力要求。同时，还需要进行裂缝验算，分别计算出在荷载标准组合和准永久组合下，受拉边缘法向应力 σ_{ck} 和 σ_{cq}，然后比较（$\sigma_{ck} - \sigma_{cq}$）与混凝土轴心抗拉强度标准值 f_{tk} 的大小，以判断裂缝是否满足要求。

（2）罩型承台顶板设计。

顶板的计算与底板类似，同样采用双向板、四边固支的计算模型。不同之处在于计算外荷载时，底板的外荷载是水压力减掉底板自重，而顶板的外荷载则是水压力加上顶板自重。首先，需要根据长短边之比，得到弯矩系数。然后，分别计算出跨中和支座处的弯矩标准值。接着，对顶板进行配筋计算，使用得到的弯矩值验算配筋后混凝土压应力和钢筋应力是否满足要求。最后，采用钢筋有效配筋率、荷载特征以及钢筋表面形状影响系数等参数，计算得出裂缝宽度，以判断裂缝是否满足要求。

（3）罩型承台侧壁设计。

侧壁的计算采用双向板、四边固支的计算模型。根据侧壁受到的梯形分布的水压力，应用数值模拟软件开展模型搭建和数值计算，从而得出长边和短边分别在支座处的弯矩值、剪力值以及跨中处的弯矩值。然后，需要对侧壁进行配筋计算，使用得到弯矩值验算配筋后混凝土压应力和钢筋应力是否满足要求。最后，采用钢筋有效配筋率、荷载特征以及钢筋表面形状影响系数等参数，计算得出裂缝宽度，以判断裂缝是否满足要求。

（4）罩型承台抗冲切、剪切验算。

对于墩柱对罩型承台的向下冲切，依据钢筋混凝土相关规范，采用公式（9）进行验算。

$$F_1 \leq 2 \left[\beta_{0x}(y + \alpha_{0y}) + \beta_{0y}(x + \alpha_{0x}) \right] \beta_{hp} f_t h_0 \tag{9}$$

式中：F_1——不计承台及其上土重，在荷载效应基本组合下作用于冲切破坏锥体上的冲切力设计值；

β_{0x}、β_{0y}——长边和短边的冲切系数；

α_{0x}、α_{0y}——长边和短边方向墩柱边离最近桩边的水平距离；

β_{hp}——受冲切承载力截面高度影响系数；

f_t——混凝土轴心抗拉强度设计值；

h_0——冲切破坏锥体的有效高度。

对于角桩对罩型承台的向上冲切，使用公式(10)进行验算。

$$N_1 \leq \left[\beta_{1x} \left(c_2 + \frac{\alpha_{1y}}{2} \right) + \beta_{1y} \left(c_1 + \frac{\alpha_{1x}}{2} \right) \right] \beta_{hp} f_t h_0 \tag{10}$$

式中：N_1——不计承台及其上土重，在荷载效应基本组合作用下角桩反力设计值；

c_1、c_2——长边和短边方向角桩内边缘至承台外边缘距离；

β_{1x}、β_{1y}——长边和短边的角桩冲切系数；

α_{1x}、α_{1y}——长边和短边方向从承台底角桩顶内边缘引45°冲切线与承台顶面相交点至角桩内边缘的水平距离。

对于罩型承台斜截面受剪承载力，使用公式(11)进行计算。

$$V \leq \beta_{hs} \beta f_t b_0 h_0 \tag{11}$$

式中：V——不计承台及其上土重，在荷载效应基本组合作用下斜截面的最大剪力设计值；

β_{hs}——受剪切承载力截面高度影响系数；

β——剪切系数；

b_0——罩型承台计算截面处的计算宽度。

3.5 智能化计算与参数化自动绘图程序

为解决基础数量众多、计算量巨大的问题，将上述所有罩型承台基础涉及的计算过程，使用C#语言编制成了一个界面操作程序。该程序实现了桩基础承载力验算、结构强度验算、水平刚度计算以及施工过程中的刺入深度计算、回淤深度计算等全过程的智能化综合计算，从而保证了承台设计结果的正确性。该软件的操作界面如图6所示。

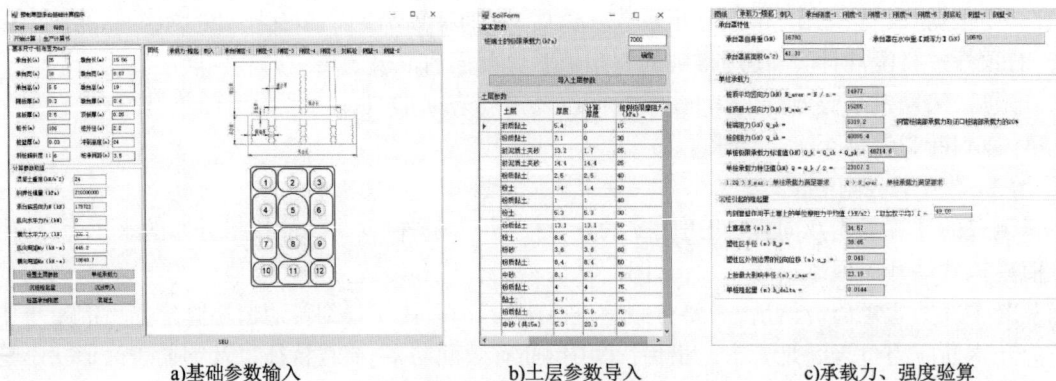

a)基础参数输入　　　　　b)土层参数导入　　　　　c)承载力、强度验算

图6　预制罩型承台基础智能化计算程序

同时，根据承台基础的设计尺寸，使用C#编程语言对AutoCAD进行了二次开发，编写了绘制预制罩型承台基础图纸的程序[6]。该程序可以实现使用上述计算软件生成的结构尺寸文件，完成罩型承台基础的参数化自动绘图。参数化绘图的实现流程为：首先，读取可以定义图形的基本尺寸；之后，利用编译程序分析尺寸关系，执行相关的操作命令；最终，相继完成罩型承台基础图纸的绘制。如图7所示。

桩径（cm）	PileDiameter	220
桩长（cm）	PileLength	13300
壁厚（cm）	PileThickness	2.2
桩身倾角（°）	PileAngle	10
1-1边桩距承台侧壁距离（cm）	PileCenterDX1	330
1-1边桩与中桩的桩间距（cm）	PileCenterDX2	570
1-1中桩间的桩间距（cm）	PileCenterDX3	700
2-2边桩距承台侧壁距离（cm）	PileCenterDY1	330
2-2边桩与中桩的桩间距（cm）	PileCenterDY2	570
承台长度（cm）	CapLength	2500
承台宽度（cm）	CapWidth	1800
承台高度（cm）	CapHeight	650
1-1墩台侧壁距承台侧壁距离（cm）	DunTaiDX1	670
2-2墩台侧壁距承台侧壁距离（cm）	DunTaiDY1	600
墩台高（cm）	DunTaiHeight	1230
墩台墙厚度（cm）	DuntaiWallWidth	70
承台顶面高差（cm）	CtopDeltaHeight	30
剪力键高度（cm）	ShearKeyHeight	60
剪力键宽度（cm）	ShearKeyWidth	10
侧壁剪力键个数	numShearKeyCebi	3
顶板厚度（cm）	DingbanHeight	30
侧壁厚度（cm）	CebWidth	30
内隔墙厚度（cm）	NeigeWallWidth	30
内隔墙底部距承台底距离（cm）	NgqFromBottomDis	35
墩台墙中的孔洞长度（cm）	HoleInDTLength	170
内隔墙中的孔洞长度（cm）	HoleInNgqLength	150
截面编号文字高度（cm）	SectionNumTextHeight	100
截面编号文字宽度因子	SectionNumTextXscale	0.75

a)尺寸参数文件

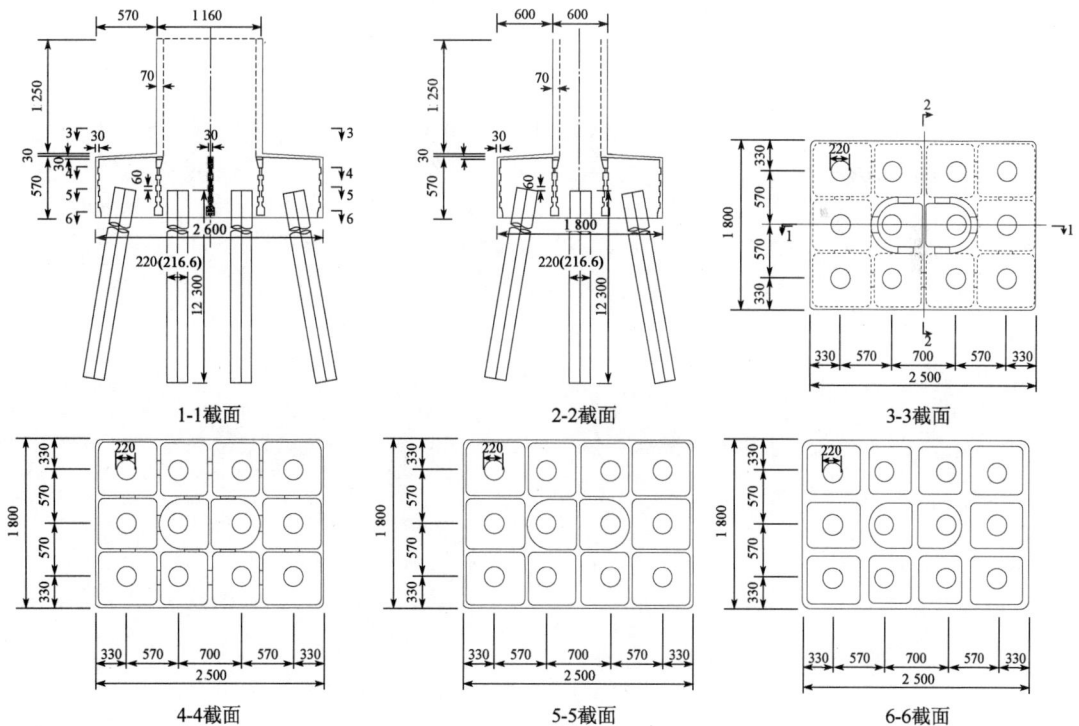

1-1截面 2-2截面 3-3截面

4-4截面 5-5截面 6-6截面

b)生成对应的设计图

图7 预制罩型承台基础智能化计算程序

4 结语

本文以杭州湾跨海铁路大桥作为研究背景,针对深水环境提出了一种新型的桩承式预制罩型承台基础解决方案,并对该基础形式的结构特征及设计计算方法进行了详尽的阐述。主

要内容如下:

(1)对于桩承式预制罩型承台基础的构造形式,明确了其各个组成部分,并详细介绍了在深水环境中的施工流程,同时阐明了桩承式预制罩型承台基础在深水环境中的独特优势和适用性。

(2)针对罩型承台基础在设计过程中的特殊需求,详细介绍了其设计计算方法,包括在波浪荷载作用下边坡稳定性的计算、铺设碎石垫层后淤泥回积的估算、罩型承台沉放过程中对碎石垫层刺入的计算,以及罩型承台整体结构强度验算方法。

(3)考虑到杭州湾跨海铁路大桥引桥基础数量庞大,计算量繁重的实际情况,设计了一套智能化计算与参数化自动绘图程序,旨在简化设计人员的工作量,提高设计效率。

参 考 文 献

[1] 刘自明.桥梁深水基础[M].北京:人民交通出版社,2003.

[2] 梅新咏,徐伟,段雪炜,等.平潭海峡公铁两用大桥总体设计[J].铁道标准设计,2020,64(S01):18-23.

[3] KIM W J,CHO K S. The Design and Construction of Geogeum Grand bridge[J]. 2005.

[4] 童小东,黎冰.土力学[M].武汉:武汉大学出版社,2014.

[5] 中华人民共和国交通运输部.港口与航道水文规范:JTS 145—2015[S].北京:人民交通出版社股份有限公司,2015.

[6] 曾洪飞,卢择临,张帆.AUTOCAD VBA&VB.NET 开发基础与实例教程[M].北京:中国电力出版社,2013.

34. 钢箱梁横隔板的合理布置间距

赵 凯[1] 孙 嘉[2]

(1.中国交通建设股份有限公司;2.中交公路规划设计院有限公司)

摘 要:横隔板对钢箱梁具有多方面的重要作用,合理设置横隔板的间距是钢箱梁桥构造设计过程中的首要任务。目前关于横隔板布置间距的选取还缺少统一标准,设计主要依靠经验布置横隔板。为探讨钢箱梁横隔板的合理布置间距,本文总结不同形式钢箱梁的横隔板布置的控制因素,提出箱梁畸变应力控制准则,通过工程实例计算分析验证畸变应力控制准则和日本经验公式的适用性。工程设计中对于常规梁式桥钢箱梁可按日本经验公式估计横隔板的布置间距,对于结构复杂钢箱梁宜通过计算畸变翘曲应力优化横隔板间距。

关键词:钢箱梁 横隔板 畸变 间距 翘曲应力

1 引言

钢箱梁属于薄壁结构,钢板在整体荷载、局部荷载作用下的受力行为非常复杂,处于一种弯、剪、扭的复杂受力状态。钢箱梁在偏心荷载作用下,箱梁产生以下四种变形:对称弯曲、刚性扭转、畸变和横向弯曲[1]。畸变指箱梁受扭时截面角点的角度发生变化,截面投影不能保持原有形状,畸变会引起翘曲正应力和畸变剪应力。

为减少钢箱梁在偏心荷载下的畸变,增加整体刚度,防止过大的局部应力,需要在箱梁的支点处和跨间设置横隔板。横隔板的作用可总结为以下几点:①限制箱梁畸变和横向弯曲变形;②支承顶板纵向构件第二体系的边界作用;③防止过大局部应力;④在制造、运输和安装阶段起到固定、维持截面形状及稳定的作用。为确保横隔板能够发挥应有作用,要求横隔板的布置间距不能太大,将畸变变形和应力限制到一定水平。在确定了横隔板的布置间距后,才能进行横隔板的刚度和强度设计。因此,合理确定横隔板的间距是钢箱梁桥构造设计过程中的首要任务。然而,现有的规范对横隔板的布置间距没有提出明确的确定方法,而箱梁的畸变效应计算又十分复杂,导致工程设计人员主要依靠工程经验和工程类比法确定横隔板间距,缺少科学性。调研发现横隔板设计灵活度大,无统一标准,横隔板的间距取值存在一定的随意性。

文献[2]通过数值建模分析,证实横隔板可以显著减小畸变效应,但当横隔板间距减小到临界间距的时候,再继续增加横隔板没有意义。文献[3]采用有限元方法分析新型波形钢腹板组合箱梁腹板高厚比、底板宽厚比对横隔板临界间距的影响,增大腹板和底板厚度能显著减小横隔板的设置间距要求。文献[4]进一步研究了箱梁截面高跨比对横隔板临界间距的影响,根据其研究成果,梁高愈大,则要求横隔板间距愈小。文献[5-6]分析了横隔板间距对正交异性钢桥面系的疲劳性能的影响,发现横隔板厚度和间距对横隔板弧形开口处面外弯曲应力幅影响较大,建议横隔板间距取 2.5~3.5m。

以上研究大多采用基于板壳单元模型的数值分析方法,得出的结论偏于原则性,工程设计可操作不强。本文结合国内外规范的规定,在设计调研和计算分析的基础上,进一步研究钢箱梁横隔板的合理间距问题。

2 箱梁畸变分析理论

2.1 荷载分解法

按照等效原则作用于箱梁上的任意偏心荷载可分解为对称弯曲荷载和反对称荷载,反对称荷载又可进一步分解为扭转荷载和畸变荷载[1,7]。荷载分解的图示见图1。

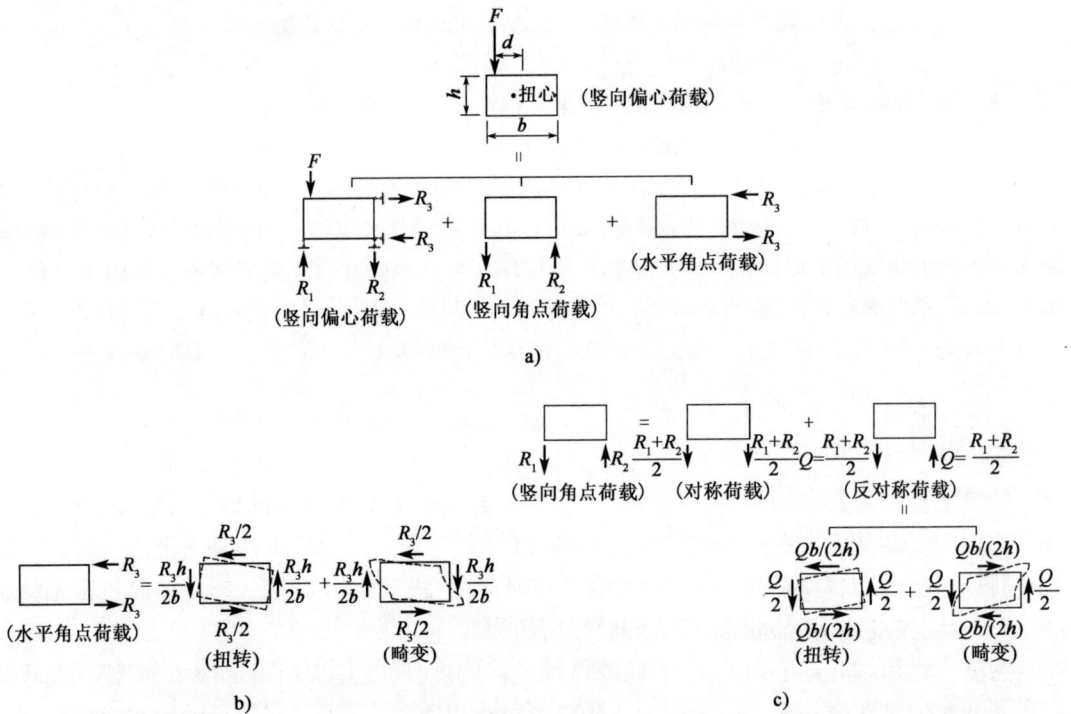

图1 荷载分解法图示

荷载分解后,畸变荷载中的竖向力 p_v 和横向力 p_h 分别为

$$p_v = \frac{Q}{2} = \frac{R_1 + R_2}{4} = \frac{F}{4} \tag{1}$$

$$p_h = \frac{Qb}{2h} = \frac{R_1 + R_2}{4} \cdot \frac{b}{h} = \frac{Fb}{4h} \tag{2}$$

式中:F——偏心荷载(N);

R_1、R_2——框架的竖向支点反力(N);

Q——分解得到的反对称荷载(N);

b、h——箱梁截面的宽度和高度(m)。

各荷载的含义如图1所示。

286

由竖向支点反力 R_1、R_2 引起的畸变荷载力偶为

$$T = \frac{p_v b}{2} + \frac{p_h h}{2} = \frac{k'}{4} b \tag{3}$$

由式(3)可见,由竖向支点反力 R_1、R_2 引起的畸变荷载力偶与箱梁的宽度 b 成正比,b 越大,则畸变荷载力偶越大。同理,由水平支点反力 R_3 引起的畸变荷载力偶也与 b 成正比。表明在相同条件下宽箱较单箱的畸变效应更大,宽箱的横隔板布置间距应当小一些。

2.2 畸变分析方法

箱梁畸变翘曲微分方程为[1]

$$EI_D \gamma'''' + EI_R \gamma = \frac{p_v b}{2} + \frac{P_h h}{2} = T \tag{4}$$

式中:γ——箱梁的畸变角(rad);

T——畸变荷载力偶(N·m/m);

EI_D——箱梁畸变翘曲刚度(N·m⁴);

EI_R——框架抗弯刚度(N·m⁴)。

为求解式(4)表示的畸变微分方程,通常采用比拟弹性地基梁法。弹性地基梁的微分方程为

$$EI y'''' + ky = q \tag{5}$$

式中:EI——抗弯刚度(N·m²);

y——地基梁的挠度(m);

k——地基弹性系数(N/m²);

q——分布荷载(N·m)。

可以看出式(4)畸变微分方程与式(5)弹性地基梁的挠曲微分方程形式相似,求解箱梁的畸变角 γ,相当于求解弹性地基梁的挠度 y。弹性地基梁比拟法[8]分析钢箱梁的畸变翘曲计算图示如图2所示,其中横隔板比拟为竖向集中弹性支撑。图中 k 为箱梁上、下翼缘横肋与腹板竖肋组成的闭合框架的剪切刚度,K 为横隔板的剪切刚度。弹性地基梁比拟法可将畸变翘曲问题转换为工程人员所熟悉的弹性地梁问题求解。由比拟弹性地基梁的受力特点可知,横隔板的布置间距代表地基梁的跨度,横隔板越密则畸变效应越小。

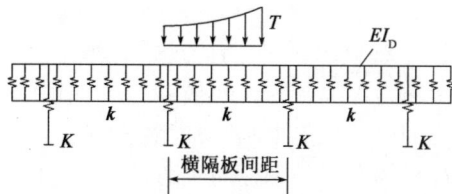

图2　弹性地基梁比拟法分析钢箱梁的畸变翘曲示意图

以上介绍的解析法仅对单箱单室箱梁可得到理论解,对于工程中的复杂截面形式,则须借助基于板壳单元或实体单元模型的有限元法分析。

3　横隔板间距合理取值分析

3.1　国内外规范的规定

《公路钢结构桥梁设计规范》(JTG D64—2015)针对横隔板的构造提出了一些要求,总体

上要求横隔板应有足够的刚度和强度,但正文中没有给出具体的计算方法。为指导设计,条文说明列出日本的经验做法。

《公路斜拉桥设计规范》(JTG/T 3365-01—2020)规定了钢箱梁隔板间距不宜大于4m,厚度不宜小于10mm。《公路悬索桥设计规范》(JTG/T D65-05—2015)规定横隔板间距不宜大于4m,应主要是根据正交异型板受力和疲劳性能的需求提出的要求。该规范还规定横隔板的厚度应不小于8mm。

欧洲规范针对公路钢桥未规定横隔板的最小间距,但对不同隔板间距下纵肋的刚度做出了规定,相当于间接规定横隔板的间距不能太大。加拿大规范规定钢混组合梁中间横隔板的间距一般不应超过8m。

日本学者根据工程实际情况,总结提出了钢箱梁横隔板间距的计算公式[8]。根据箱梁翘曲应力和横隔板间距的近似关系拟合而得到横隔板的间距 L_D 的计算公式(日本经验公式)为:

$$\begin{cases} L_D \leq 6m & L \leq 50m \\ L_D \leq 0.14L - 1 \text{ 且} \leq 20m & L > 50m \end{cases} \tag{6}$$

式中: L——等效桥梁等效跨径(m)。

从以上规定可看出,国内外相关设计规范对横隔板的计算和细节构造设计方面的规定较少,对横隔板设计的指导性不强,只有日本经验公式对横隔板的间距提出了比较具体的要求。日本大量公路钢桥的建设案例验证了该做法的合理性,值得我国借鉴参考。

3.2 横隔板间距影响因素

钢箱梁横隔板布设须考虑诸多因素,主要影响因素有:

(1)钢箱梁正交异性板桥面系的应力和变形。横隔板和顶板横肋作为桥面板和纵肋的支撑边界,对桥面板的应力和变形有直接影响。

(2)正交异性板桥面系的疲劳强度。横隔板的布置间距决定了顶板、纵肋以及顶板、纵肋与横隔板交叉部位的应力幅,同时也直接影响桥面系的刚度。综合考虑第二体系受力和桥面系的疲劳性能,对于采用正交异性板的钢箱梁,横隔板和顶板横肋的布置间距一般应取2~4m。

(3)箱梁畸变效应。减小箱梁畸变效应是设置横隔板的主要作用,因此需从分析畸变效应的角度出发研究横隔板的布置间距问题。目前尚无畸变变形的控制指标,相关研究一般从控制箱梁畸变翘曲应力入手。

(4)其他因素。横隔板间距的取值还要综合考虑构造要求、加工制造、运输安装等一些其他因素,如多箱式主梁构造上需考虑隔板与箱间横梁的设置相匹配;斜拉桥、悬索桥的隔板需与吊点的布置相匹配;施工方面受运架能力制约,横隔板间距还应和主梁分段长度相匹配。

根据以上分析,正交异性板钢箱梁的隔板间距通常是由桥面系的应力和疲劳控制,畸变不控制设计,可通过在中间布置顶板横肋或框架式隔板来减少实腹式横隔板的数量;对于混凝土桥面的钢箱梁,桥面板的应力通常不是设计控制因素,故横隔板间距一般由畸变效应的控制需求决定。

3.3 畸变应力控制准则

畸变应力需要控制到多少比较合适,目前并没有公认的标准。日本经验公式的建立基础是控制箱梁的畸变翘曲应力与容许应力的比值应在2%~6%之间[8],也就是将畸变翘曲应力的控制值与材料的容许应力建立起关系。由于畸变是由活载引起的,将畸变翘曲应力控制值与活载弯曲应力建立起关系更合乎逻辑。

工程设计中习惯采用 1.15 的偏载系数考虑薄壁效应,薄壁效应包括约束扭转翘曲应力和畸变翘曲应力,为保证安全,建议将畸变翘曲应力控制在活载弯曲应力的 10% 以内。钢箱梁桥活载效应与恒载 + 活载效应的比值一般为 0.2 ~ 0.6,若畸变翘曲应力取活载弯曲应力的 10%,并假设恒载 + 活载应力 ≈ 0.9 × 材料容许应力,则畸变翘曲应力与容许应力的比值为 1.8% ~ 5.4%,这与日本经验公式的控制标准 2% ~ 6% 基本相当。因此,将畸变翘曲应力控制在活载弯曲应力的 10% 以内作为横隔板布置间距的控制标准是合适的。

4 工程案例分析

为验证畸变应力控制准则的适用性,以三座桥梁为案例分析畸变应力。三座桥梁分别为:深中通道泄洪区非通航孔桥 6 × 110m 连续钢箱梁、港珠澳大桥深水区非通航孔桥 6 × 110m 连续钢箱梁和莞番高速公路 50m 简支钢箱梁。

4.1 工程结构简介

深中通道 6 × 110m 连续钢箱梁采用分幅断面(图 3),单幅桥面宽 20m,中心梁高 4m,梁高与跨径比值为 1/27.5。中腹板间距 7.4m,外侧边腹板高 1.3m,与中腹板间距 6.3m。横隔板采用实腹式,按间距 10m 一道布置,中间以 2m 等间距插入横肋。横隔板上下分块设计,靠近桥面的横隔板块体厚 14mm,靠近底板的横隔板块体厚 10mm。

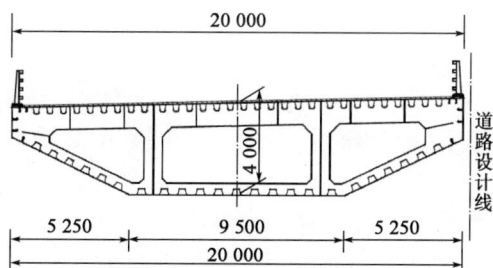

图 3 深中通道钢箱梁标准横断面(尺寸单位:mm)

港珠澳大桥 6 × 110m 连续钢箱梁采用整幅断面(图 4),箱梁宽 33.1m,梁高 4.5m,梁高与跨径比值为 1/24.4。悬臂长度 5.675m,悬臂根部高 1.45m。边腹板高 1.6m,与中腹板间距 10.875m。横隔板采用实腹式,按间距 10m 一道布置,中间以 2.5m 等间距插入横肋,横隔板厚 16mm。

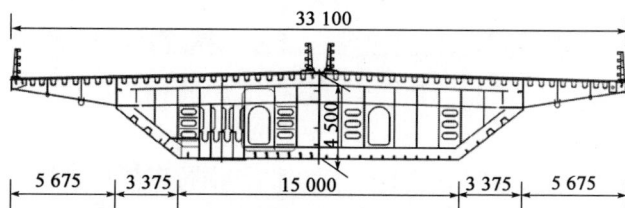

图 4 港珠澳大桥钢箱梁标准横断面(尺寸单位:mm)

莞番高速公路高架桥为双层结构,其 50m 跨简支箱梁采用梁高 2.4m 的小箱梁方案。下层钢箱梁标准横断面图如图 5 所示,下层单幅桥面宽 13.75m,采用 2 片小箱梁。小箱梁悬臂长 1.9m,单箱室顶宽 3.2m,底宽 2.2m,梁间距 5.9m,横隔板采用实腹式,板厚 12mm,布置间距 3m。

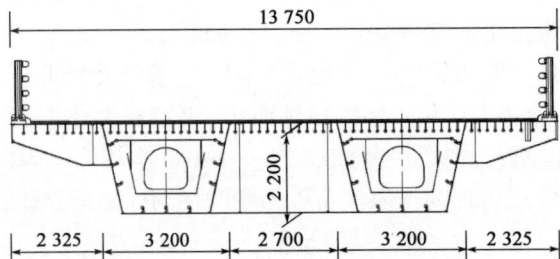

图5 莞番高速下层钢箱梁标准横断面(尺寸单位:mm)

4.2 畸变翘曲应力分析

(1)有限元模型。

①连续梁建模:采用通用有限元软件建立深中通道与港珠澳大桥完整的 $6 \times 110m$ 梁模型,中间位置 $55m + 110m + 55m$ 部分采用板单元,其余部分采用梁单元。

②简支梁建模:采用通用有限元软件建立莞番高速公路 50m 简支梁全桥模型,均采用板单元进行模拟。

三座桥梁的有限元局部模型如图6所示。

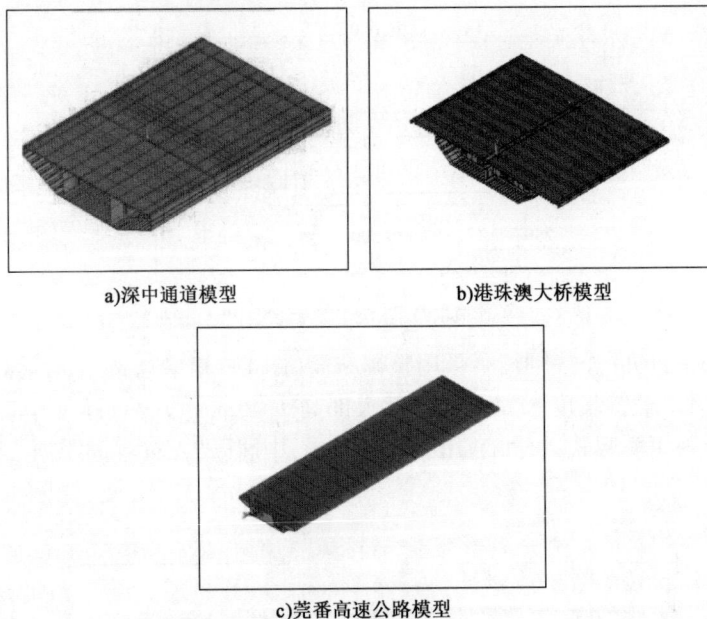

a)深中通道模型

b)港珠澳大桥模型

c)莞番高速公路模型

图6 有限元局部模型

汽车荷载纵桥向按影响线确定的最不利位置加载,横桥向按最大偏心位置加载。分别施加对称弯曲荷载和畸变荷载,其中畸变荷载根据荷载分解法求解得到。

(2)畸变翘曲应力计算结果。

三座桥梁的畸变翘曲应力计算结果见表1。由表1结果可知:①港珠澳大桥及深中通道钢箱梁的横隔板间距10m,畸变效应占活载应力比值分别为14.5%和11.2%,港珠澳大桥的畸变应力稍大,深中通道的畸变应力与10%的标准比较接近。②莞番高速公路钢箱梁畸变效应约占活载效应的5%,可适当增大其横隔板间距,以获取更好的经济性。

桥梁	畸变应力（MPa）	公路-Ⅰ级应力（MPa）	畸变应力占活载应力比重（%）
港珠澳大桥	顶板:7.2 底板:9.4	顶板:54.2 底板:65.1	顶板:13.2 底板:14.5
深中通道	顶板:7.1 底板:8.9	顶板:69.5 底板:80.2	顶板:10.2 底板:11.2
莞番高速公路	顶板:2.6 底板:4.1	顶板:56.8 底板:76.0	顶板:4.5 底板:5.3

4.3 横隔板合理布置间距的确定

港珠澳大桥和深中通道110m连续梁,等效跨径 $L = 0.6 \times 110 = 66m$,按照日本经验公式计算横隔板的需求间距为 $L_d = 0.14 \times 66 - 1 = 8.24m$。根据畸变应力控制准则和日本经验公式,深中通道的横隔板间距取10m比较合适,而港珠澳大桥的横隔板间距稍偏大。考虑到港珠澳大桥进行了精细化计算分析,结构安全性也是可以保证的。

港珠澳大桥和深中通道均为110m跨径,但二者的断面形式不同,断面形式对畸变效应有一定影响。由荷载分解过程可知,当箱梁高度不变而增加宽度时,畸变荷载将增大。港珠澳大桥的宽高比为7.4,深中通道的宽高比为5,定性分析表明港珠澳大桥的畸变应力更大一些,这得到了表1中有限元分析结果的验证。

在其他因素不变的前提下,通过改变横隔板的布置间距,研究横隔板间距对莞番高速公路薄壁钢箱梁畸变效应的影响规律。表2为莞番高速公路钢箱梁在不同横隔板间距下的畸变应力计算结果,可知:当横隔板间距为9m时,畸变应力占活载应力的比值为9.3%,接近控制值10%。因此,在不考虑第二体系受力要求的前提下,莞番高速公路钢箱梁横隔板间距可优化为9m。若按照日本经验公式计算,50m钢箱梁横隔板的需求间距为6m,相对于有限元分析结果,此结果是偏于安全的。

莞番高速钢箱梁在不同横隔板间距下的畸变应力 表2

横隔板间距（m）	畸变应力（MPa）	弯曲应力（MPa）	占比（%）
12	顶板:7.9 底板:11.4	顶板:65.1 底板:83.2	顶板:12.1 底板:13.7
9	顶板:5.2 底板:7.4	顶板:61.4 底板:79.2	顶板:8.4 底板:9.3
6	顶板:3.4 底板:4.9	顶板:58.3 底板:77.1	顶板:5.8 底板:6.4

5 结语

(1)正交异性板钢箱梁的横隔板间距通常是由桥面系的应力和疲劳控制,可通过在中间布置顶板横肋或框架式隔板来减少实腹式横隔板的数量;混凝土桥面的钢箱梁,隔板间距一般由畸变效应的控制需求决定。

(2)提出将钢箱梁的畸变翘曲应力控制在活载弯曲应力的10%以内的准则,以此为控制值确定横隔板布设间距。该准则将畸变翘曲应力与活载弯曲应力建立起关系,应力的实际控制水平与日本经验公式基本相当,但更合乎逻辑。

（3）通过实桥案例计算分析，验证了日本经验公式的适用性，工程设计中对于常规梁式桥钢箱梁可按日本经验公式估计横隔板的布置间距，对于结构复杂钢箱梁宜通过计算畸变翘曲应力优化横隔板间距。

（4）百米级钢箱梁横隔板间距宜取 8~10m。

（5）畸变荷载与箱梁的宽度成正比，在相同条件下宽箱较单箱的畸变效应更大，工程设计中对于宽桥应注意严格控制横隔板的布设间距。

参 考 文 献

[1] 项海帆,等.高等桥梁结构理论[M].2 版.北京:人民交通出版社,2013.

[2] 刘小渝,孙童龄.横隔板对钢箱梁受力畸变的分析[J].重庆交通大学学报(自然科学版),2007,26(5).

[3] 喻文杰,等.新型波形钢腹板组合箱梁桥横隔板间距研究[J].现代交通技术,2021,18(4).

[4] 李宏江,等.波形钢腹板箱梁横隔板间距的研究[J].公路交通科技,2004,21(10).

[5] 赵伟,郑剑涵.横隔板厚度和间距对钢桥面板疲劳应力幅的影响[J].桥梁钢结构,2015,30(4).

[6] 丁文俊,吴冲,赵秋.横隔板构造对桥面板疲劳应力幅的影响[C]//第18届全国结构工程学术会议论文集(第Ⅱ册),2009.

[7] 李明辉.薄壁钢箱梁横隔板合理间距研究[D].西安:长安大学,2011.

[8] 吴冲.现代钢桥[M].北京:人民交通出版社,2006.

35. 基于多目标性能的高强度等级索塔大体积混凝土配合比设计及优化研究

权宝安 朱晓亮 张国际 史思良

(中交路桥华东工程有限公司)

摘　要：大跨度是索桥索塔采用高强度等级大流动性混凝土，其配合比设计是一个系统性的关键工作，其中任何一个环节出现问题，都可能严重影响混凝土的力学性能和工作性能，从而影响结构的安全性和耐久性。本文以龙潭长江大桥索塔 C55 大流动性泵送大体积混凝土为依托，通过 20 余组适配试验分多阶段对混凝土配合比进行设计和优化，探索多目标力学性能、热物理性能和工作性能影响因素，系统研究并评估各影响因素对混凝土的影响，确定最佳的配合比方案，以满足索塔混凝土施工要求并提高混凝土的综合性能。

关键词：高强度等级　大体积混凝土　配合比设计　配合比优化　多目标性能

1　引言

龙潭长江大桥北塔设计采用门式框架结构，塔高 235.5m，塔柱采用矩形箱形截面，塔底设置 6m 高的实心段，塔柱采用 C55 大流动性泵送混凝土，具有高强、泵送大流动性、高表面质量、大体积等特点。对于高强高泵程大体积高均质混凝土而言，高强意味着低水胶比和高胶凝材料用量，高泵程意味着高工作性要求，则具有较高的粉煤灰掺量，大体积也意味着低水泥用量和高掺合料用量，而高均质的清水要求，则希望颜色均匀，粉煤灰用量较低。总体而言，混凝土工程是一个系统工程，是一项非常细致的工程，也是一个"细节决定成败"的工程。龙潭长江大桥北塔混凝土需满足包括工作性能、力学性能、变形性能和热物理性能在内的多目标性能，将各项参数控制在合理的范围内，且保证浇筑的稳定性。本文将通过多组配合比适配试验和混凝土力学性能及工作性能的影响探索，进一步开展基于高强度等级大体积混凝土多目标性能的配合比设计及优化研究，总结 C55 大流动性泵送大体积混凝土的配合比设计流程、研究方法和试验结论。

2 配合比试配与初调整

2.1 配合比参数初选

2.1.1 水胶比确定

参照《普通混凝土配合比设计规程》(JGJ 55—2011)和《公路工程混凝土结构耐久性设计规范》(JTG/T 3310—2019)进行配合比设计,设计强度为C55,确定试配强度:

$$f_{cu,0} \geq f_{cu,k} + 1.645\sigma = 55 + 1.645 \times 6 = 64.8\text{MPa}(\text{取} 65\text{MPa})$$

根据鲍罗米(Belomey)公式:

$$\frac{W}{B} = \frac{\alpha_a \gamma_f \gamma_s f_{ce}}{f_{cu,0} + \alpha_a \alpha_b f_{ce}} = \frac{0.53 \times 0.75 \times 1.0 \times 1.1 \times 52.5}{65 + 0.53 \times 0.20 \times 1.1 \times 52.5} = 0.323$$

按 JGJ 55—2011 规定,碎石取 $\alpha_a = 0.53$,$\alpha_b = 0.20$;Ⅰ级粉煤灰掺量为30%,查表取影响系数 $\gamma_f = 0.75$;S95 级矿渣微粉掺量为15%,查表取 $\gamma_s = 1.0$。f_{ce} 为水泥的28d强度值,试验所用水泥为52.5级水泥,富余系数取1.1。

2.1.2 粗、细集料

集料的选择主要考虑以下几个方面:集料的矿物组成和性能,有害物质的含量、颗粒的表面形状和表面性能、集料级配和粗集料的最大粒径等。

2.1.3 矿物掺合料掺比的确定

研究表明:较宽的颗粒分布使水泥砂浆或混凝土具有良好的密实性及孔结构,有利于强度的提高。而粉煤灰和矿渣微粉的加入有利于使粉体材料的颗粒分布变宽。优质的粉煤灰在混凝土中可产生活性效应、形态效应和微集料效应,将矿渣微粉作为掺合料掺入混凝土中可以大幅度提高水泥混凝土的致密度,优化混凝土胶结材的整体粒度分布,从而改善混凝土拌合物的流动性、保水性、可泵性以及抹面性等性能,并能降低混凝土的水化热,减少混凝土的收缩,提高混凝土耐久性能。

结合标准《公路工程混凝土结构耐久性设计规范》(JTG/T 3310—2019)和《混凝土结构耐久性设计标准》(GB/T 50476—2019)附录 B 的规定,粉煤灰掺量不宜超过30%,为了达到良好的工作性能和经济成本,保证混凝土的强度和耐久性能,选择掺合料比例为35%~45%。

2.2 基于工作性能确定的配合比参数

根据前述总结,选定水胶比 $W/B = 0.32$,控制用水量在 145~160kg 之间,以确保胶凝材料总量低于500kg。同时考虑到水化热和经济性两方面,参考其他工程经验胶材用量可低至450kg,掺合料总量为 35%~45%,质量砂率变化范围在 38%~45%,换算成体积砂率范围为40%~47%。为探究最合适的混凝土配合比,通过改变砂率、矿物掺合料比例和减水剂用量,进行了多次试配试验。

2.2.1 胶凝材料用量对混凝土工作性的影响

为了满足高强的要求,需要采用低水胶比和高的胶凝材料用量,研究采用 456~500kg/m³,改变配合比中胶凝材料的用量,研究胶凝材料用量对混凝土工作性的影响,配合比设计如表1所示。混凝土的工作性能见表2。

组别	水胶比（W/B）	用水量（kg）	胶材用量（kg）	胶凝材料比例（%）			砂率 S_p（%）		减水剂（%）
				水泥	粉煤灰	矿粉	质量	体积	
B500	0.32	160	500	65	15	20	45	47	1.00
B480	0.33	160	480	65	15	20	44	47	1.20
B456	0.32	146	456	55	25	20	44	46	1.00

不同胶凝材料下混凝土工作性能　　表2

组别	坍落度（mm）	扩展度（mm）	工作性描述	7d 抗压强度
B500	250	620	不泌水，扒底，坍落度损失快	68.4
B480	220	600	明显泌水，扒底，包裹性不好	60.5
B456	210	550	轻微泌水，扒底，坍落度损失快	59.3

可以看出，随着胶凝材料用量的增加，混凝土的坍落度和扩展度有所增加。但各组混凝土的工作性能总体均不佳，坍落度损失较快。当胶凝材料用量较高时，成本也随之升高。因此从经济成本和水化放热两方面考虑，当胶材用量降低至456kg，同时为了满足大体积混凝土的需求，矿物掺合料中粉煤灰的比例从15%增加到25%，矿粉掺量不变，混凝土的泌水性能有所改善。其中三组配比的7d抗压强度均已经超过55MPa。

2.2.2 矿物掺合料比例对混凝土工作性的影响

考虑到前述工作性欠佳，再次通过优化配合比中粉煤灰和矿粉的掺量，对比分析矿物掺合料对混凝土工作性能的影响。配合比设计如表3所示。工作性能如表4和图1所示。

不同矿物掺合料比例混凝土配合比设计　　表3

组别	水胶比（W/B）	用水量（kg）	胶材用量（kg）	胶凝材料配合比（%）			砂率 S_p（%）		减水剂（%）
				水泥	粉煤灰	矿粉	质量	体积	
30FA15SL	0.32	146	456	55	30	15	40	42	1.30
25FA20SL-1	0.32	146	456	55	25	20	40	42	1.30
25FA20SL-2	0.32	146	456	55	25	20	40	42	1.00
25FA15SL	0.35	153	440	60	25	15	38	40	1.30

不同矿物掺合料比例下混凝土工作性能　　表4

组别	坍落度（mm）	扩展度（mm）	密度（kg/m³）	工作性描述
30FA15SL	235	580	2446	轻微泌水，扒底
25FA20SL-1	235	540	2470	轻微泌水，扒底
25FA20SL-2	200	530	—	泌水，扒底，坍落度损失快
25FA15SL	230	500	2507	1h扩展度530mm，反增

不同比例的矿物掺合料对混凝土工作性能也有一定影响，由于粉煤灰的形态效应，当掺量增加时，混凝土流动性能提升，而当矿粉掺量增加时，流动性变差。当粉煤灰掺量为30%，矿粉掺量为15%时，混凝土的综合性能更好，总体仍然保坍性较差，坍落度损失较快，同时出现轻微的泌水、扒底现象。为了满足大体积和高泵程的要求，可确定配合比中矿物掺合料比例为45%，其中粉煤灰和矿粉的比例为30：15。

| a)30FA15SL | b)25FA20SL-1 | c)25FA20SL-2 | d)25FA15SL |

图1 不同矿物掺合料比例混凝土的工作性

第7组(25FA15SL)试验采用了新配制的减水剂,增加了保坍和引气的效果。将用水量提高至153kg且砂率降低为38%,混凝土的工作性能优异,没有泌水和扒底的现象。1h后,坍落扩展度出现反增。但是由于该配比提高了用水量,水胶比达到了0.35,超出了JTG/T 3310中的要求,因此,还需要继续对配合比进行优化。

2.2.3 砂率对混凝土工作性的影响

改变配合比中砂率,研究不同砂率对混凝土工作性能的影响。其配合比设计如表5所示。工作性能见表6和图2。

混凝土配合比设计 表5

| 组别 | 水胶比(W/B) | 用水量(kg) | 胶材用量(kg) | 胶凝材料比例(%) | | | 砂率 S_p(%) | | 减水剂(%) |
				水泥	粉煤灰	矿粉	质量	体积	
Sp44	0.32	146	456	55	30	15	44	46	1.30
Sp40	0.32	146	456	55	30	15	40	42	1.30
Sp38	0.32	146	456	55	30	15	38	40	1.30

不同砂率下混凝土工作性能 表6

组别	坍落度(mm)	扩展度(mm)	密度(kg/m³)	工作性描述
Sp44	260	650	2 415	含气量超7%,保坍性差
Sp40	270	630	2 433	含气量超7%,泌水,坍落度损失快
Sp38	245	500	2 454	含气量超7%,轻微泌水,扒底

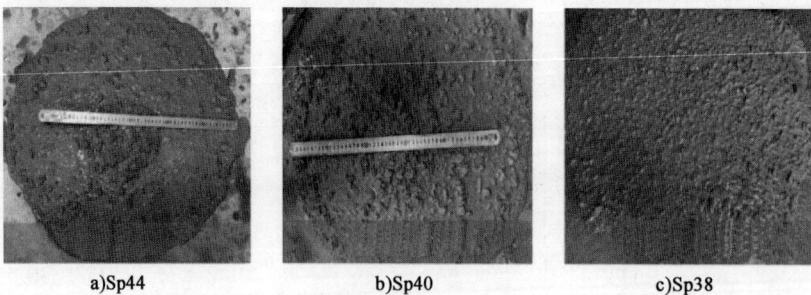

| a)Sp44 | b)Sp40 | c)Sp38 |

图2 不同砂率混凝土的工作性

通过试验对比可以发现,当配合比中砂率较大时,混凝土的包裹性较好,测试获得的坍落度、扩展度等性能更优,但坍落度损失较快。综合考虑,配合比中选择砂率为40%。

2.2.4 功能集料对混凝土工作性的影响

为了改善泌水所导致的扒底,提高混凝土的工作性能,在配合比中适当加入80kg的功能

296

集料,等体积替代5~10mm石子进行试验。配合比设计和工作性能如表7、表8所示。图3为掺入功能粗集料后混凝土的工作状态。

功能混凝土配合比设计 表7

组别	水胶比 (W/B)	用水量 (kg)	胶材用量 (kg)	胶凝材料比例(%)			砂率S_p(%)		功能集料 (kg)	减水剂 (%)
				水泥	粉煤灰	矿粉	质量	体积		
OPC	0.33	149	456	55	30	15	38	40	—	1.20
FLA-1	0.32	146	456	55	30	15	40	40	80	1.20
FLA-2	0.32	146	456	55	30	15	40	40	80	1.10
FLA-3	0.32	147	456	55	30	15	40	40	80	1.10

掺入功能集料后混凝土工作性能 表8

组别	坍落度(mm)	扩展度(mm)	密度(kg/m³)	工作性描述
OPC	230	490	2 460	坍落度损失较快
FLA-1	225	530	2 417	轻微泌水,扒底
FLA-2	230	510	2 395	没有泌水现象,工作性不佳
FLA-3	235	550	2 401	状态较好,没有泌水扒底

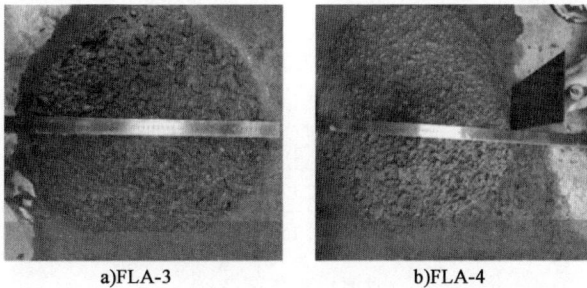

a)FLA-3　　　　　　　　b)FLA-4

图3　掺入功能集料后混凝土的工作性

由于陶粒本身进行了预湿,同时呈圆球形,对混凝土的工作性能有较大的提高。与此同时,陶粒为多孔材料,在拌和过程中,饱和面干的陶粒可以减弱混凝土的轻微泌水现象。第14组配合比在加入了少量陶粒后,既满足水胶比的要求,同时工作性能良好,没有泌水和扒底的现象。

2.2.5　C55混凝土配合比初定

混凝土设计强度等级为C55时,依据耐久性设计规范要求,确定所用最大水胶比为0.32。在此基础上,本文研究了胶凝材料用量、矿物掺合料比例、砂率和功能集料等配合比参数对混凝土工作性的影响,从而初步确定了配合比。

立足高强及高流动的要求,选取的胶凝材料用量范围为456~500kg/m³,总体而言,胶凝材料用量越大,工作性能越佳,同时从水化放热和经济成本两方面考虑,可使用胶凝材料用量456kg/m³。

不同比例的矿物掺合料对混凝土工作性能有一定影响,提高粉煤灰掺量,混凝土流动性提升。因此,为了满足大体积和高流动性的要求,可确定配合比中矿物掺合料比例为45%,其中粉煤灰和矿粉的比例为30:15。

随着砂率的增大,混凝土的坍落度和扩展度增大,但保坍性能较差。综合考虑,配合比中的砂率选择为40%。功能集料的掺入可以明显改善混凝土的工作性能,减小泌水和扒底的现象。总体而言,初步确定配合比见表9。

暂定配合比 表9

水胶比 (W/B)	用水量 (kg)	胶材用量 (kg)	胶凝材料比例(%)			砂率 S_p(%)		减水剂 (%)
			水泥	粉煤灰	矿粉	质量	体积	
0.32	147	458	55	30	15	38	40	1.20

3 水泥品种和功能集料对混凝土多目标性能的影响探索

3.1 混凝土配合比设计优化

由于项目水泥的比表面积较大且标准稠度用水量较高,为满足相应流动度要求时,所需用水量较大,需要提高水胶比或增加外加剂掺量。为此,通过改变水泥的品种,探究水泥品种对混凝土工作性能的影响。

在前期中发现,适当掺入少量功能集料等体积替代小颗粒石子后,混凝土的工作性能得到提升,同时泌水和扒底现象明显改善。为了研究功能集料对混凝土工作性能和力学耐久性能的影响,设计了两组对照组进行试验。配合比如表10、表11所示。

混凝土配合比参数设计 表10

组别	水胶比 (W/B)	胶凝材料比例(%)			砂率 S_p(%)		功能集料 (kg)	减水剂 (%)
		水泥	粉煤灰	矿粉	质量	体积		
OPC-1	0.32	55	30	15	38	40	—	1.20
FPC-1	0.32	55	30	15	40	41	80	1.15
OPC-2	0.32	55	30	15	38	40	—	1.20
FPC-2	0.32	55	30	15	40	41	80	1.11

混凝土配合比(kg) 表11

组别	水胶比	水	水泥	粉煤灰	矿渣	砂	石	功能集料	减水剂
OPC-1	0.32	147	251	138	69	712	1 162	—	5.50
FPC-1	0.32	147	251	138	69	712	959	80	5.27
OPC-2	0.32	149	251	137	68	683	1 093	—	5.47
FPC-2	0.32	147	251	137	68	719	999	80	5.02

注:OPC 代表普通混凝土,FPC 代表功能混凝土,"-1"表示所用水泥为小野田 P·Ⅱ 52.5 水泥;粉煤灰为南京悦力。"-2"代表所用水泥为龙潭项目水泥;粉煤灰为泰州国电。

3.2 混凝土工作性能

各配合比混凝土工作性能如表12所示。

混凝土工作性能 表12

组别	坍落度(mm)	扩展度(mm)	T50(s)	密度(kg/m³)
OPC-1	240	600	15	2 507
FPC-1	243	550	16	2 414
OPC-2	230	490	—	2 480
FPC-2	235	550	—	2 401

可以发现,当采用相同配合比时,项目水泥配制的组别工作性能明显低于小野田水泥的组别。由于项目水泥比表面积较大,导致需水量较大,所以相同配合比下,工作性能不佳。为配置高流动性高泵程的混凝土,不应采用项目水泥,但考虑到综合成本,水泥的品种不做改变。

当配合比中加入少量功能集料后,混凝土的密度降低,同时工作性能提高。达到相同流动度的前提下,可以适当减少外加剂的掺量。功能集料等体积替代 5~10mm 石子,由于功能集料本身呈圆球形并且进行了预湿,有利于工作性能提高。混凝土由泌水引起的扒底现象得以改善,增加了流动度。

3.3 混凝土力学性能

3.3.1 抗压、抗折和劈拉强度

对 2 组配合比拌制混凝土,标准养护后进行抗压强度、抗折强度和劈拉强度等力学性能研究。测试结果如表 13 所示。

不同配合比下的不同龄期的强度 表 13

组别	抗压强度(MPa)			28d 抗折强度(MPa)	28d 劈拉强度(MPa)
	3d	7d	28d		
OPC-1	32.9	59.6	67.0	9.15	5.64
FPC-1	35.1	47.5	56.5	8.23	5.50

对比两组试验,当混凝土中加入少量功能集料后,试件的抗压强度降低。7d 和 28d 抗压强度相较于普通混凝土下降了 10MPa,但依旧满足高于 55MPa 的要求。抗压试件的断裂面如图 4 所示。由图可以发现,普通混凝土试件受压破坏,主要是沿着石子骨料表面而破坏;而功能混凝土受压后,主要发生的是功能集料破坏。

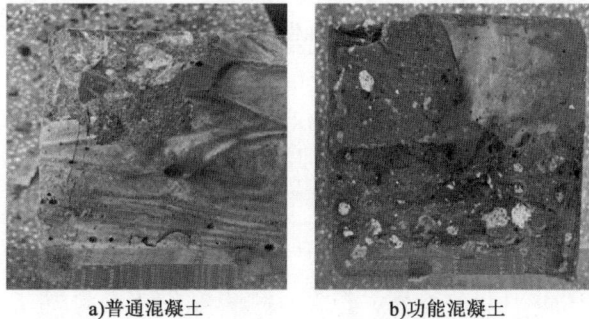

a)普通混凝土   b)功能混凝土

图 4　混凝土试件破坏表面

由于功能集料相对于水泥石强度较低,弹性模量较小,裂纹会首先在功能集料表面产生并扩展,发生集料破坏。总体而言,本次使用的功能集料强度偏低,宜选取强度更高的功能集料。而且本次使用功能集料时,采取饱和面干状态,而普通集料采用干燥状态,按普通集料饱和面干吸水率 0.91% 计算,实际用水量差别至少达到 10.0kg/m³,也导致了混凝土抗压强度的降低,因此在使用功能集料时,应适当扣除此部分的用水量。

3.3.2 动弹性模量

对所配制的 2 组混凝土进行了动弹性模量发展规律的试验,不同龄期的动弹性模量试验结果如图 5 所示。

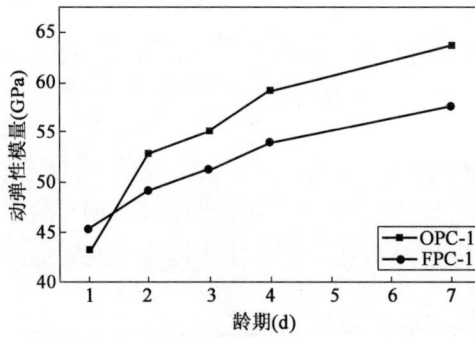

图 5 混凝土不同龄期的动弹性模量

混凝土动态弹性模量的增加可分为两个阶段:第一阶段为 0～14d 动态弹性量急剧增加阶段;第二阶段是 14d 后动态弹性计量逐渐增加的阶段,这一现象主要是因为随着龄期的增长,水泥颗粒内部熟料矿物的水化程度提高,凝胶体增加,毛细空隙相应减少,水泥石的强度也逐渐提高,对熟料矿物强度起决定性作用的 C3S 在初期很快发展,水泥强度在 3～14d 迅速增长,28d 后缓慢增加。

由表 14 不难发现,加入少量功能集料后,混凝土的弹性模量降低,增长趋势也相对平稳。这是由于功能集料颗粒本身的弹性模量比普通骨料低,所以配制成混凝土的弹性模量也低。在普通混凝土内部,粗集料与砂浆组分的弹性模量相差悬殊,是由"硬"集料和"软"砂浆所组成。当混凝土受到冻融或干湿作用时,由于粗集料的限制和约束,其内部容易产生大内应力,引起微裂甚至破坏。而加入功能集料之后,功能集料的弹性模量一般比周围砂浆组分低,它是由"软"集料和"硬"砂浆组成,而且功能集料与砂浆的弹性模量相差比较小,这种"弹性协调"使混凝土的构成比较匀质;再者功能集料与砂浆的界面黏度好,在结构功能集料混凝土内不易形成高内应力及其所引起的微裂。

混凝土动弹性模量（GPa） 表 14

组别	龄期					
	1d	2d	3d	4d	7d	28d
OPC-1	43.3	52.9	55.1	59.1	63.6	67.4
FPC-1	45.2	49.2	51.2	54.1	57.6	58.6

3.3.3 混凝土抗氯离子渗透

采用 RCM 法对两组试样进行氯离子渗透试验,其结果如表 15 所示。

混凝土 28d 氯离子渗透结果（$10^{-12}\text{m}^2/\text{s}$） 表 15

组别	1	2	3	平均值
OPC	1.8	1.7	1.7	1.7
FPC	0.7	0.9	0.8	0.8

粉煤灰与功能集料会形成独有的粗糙表面,也会有利于水泥砂浆的黏结性能的提高,使混凝土形成得更加密实,而且使功能集料表面的胶凝材料强度有所提高,形成一个以水泥砂浆紧紧包围住粉煤灰功能集料的整体,并且互相隔离,整个水泥石结构致密,不会有连续的渗水通道产生,因而抗渗性提高。

3.3.4 混凝土微观结构

OPC、FPC 水泥基与石子骨料的分界在不同倍数 SEM 下的微观形貌图如图 6、图 7 所示。

| a)OPC在150×的微观形貌 | b)OPC在1 300×的微观形貌 |

| c)OPC在2 000×的微观形貌 | d)OPC在5 000×的微观形貌 |

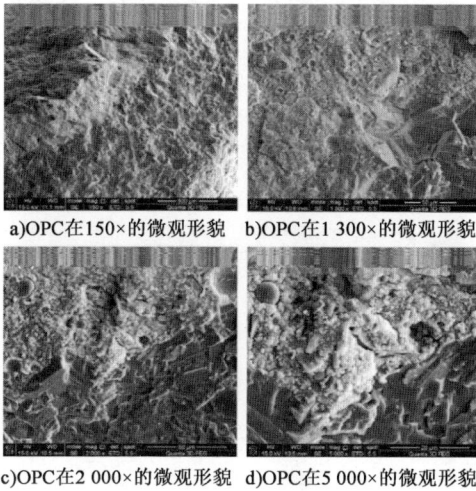

图6　OPC界面过渡区微观形貌

| a)FPC在150×的微观形貌 | b)FPC在1 200×的微观形貌 |

| c)FPC在2 500×的微观形貌 | d)FPC在5 000×的微观形貌 |

图7　FPC界面过渡区微观形貌

普通混凝土的集料界面区较为平滑,在5 000倍下可以明显观察到在界面过渡区处有大量CH粗大晶体。在混凝土中掺入少量功能集料后,改善了混凝土的颗粒级配,从以上图不同倍数下的SEM图片可明显地看出,功能混凝土的孔隙率较普通混凝土有明显下降,界面区水泥石的结构更加致密,且胶凝材料与集料之间的黏结更加紧密。2 500倍的SEM下可以明显看出FPC的界面过渡区,集料与水泥水化产物机械啮合在一起,但集料附近的水泥石中仍可观察到较多未反应的球状粉煤灰颗粒。相比于普通混凝土,其界面处并未发现大量CH晶体的存在,这也证明了FPC较OPC更为致密。

3.4　功能集料对混凝土性能影响

通过上述试验可以得出,在混凝土中掺入少量的功能集料,可以明显改善混凝土的工作性能,同时泌水和扒底现象明显改善。但是掺入少量功能集料后,由于功能集料采用饱和面干的方式加入,引入的外部水量较多,导致混凝土的力学性能有所下降。主要是由于功能集料自身强度比粗集料低,且因为后期释水效应,实际水胶比有所增加,导致混凝土强度下降。在满足相同工作性能的前提下,可适当减少配合比中的用水量,从而提高混凝土的强度。

功能集料的弹性模量和强度较低,限制混凝土变形的能力较弱。同时功能集料会与粉煤灰形成独有的粗糙表面,也会有利于水泥砂浆的黏结性能的提高,使混凝土形成得更加密实,使得混凝土抗氯离子渗透能力提高。

4　多目标配合比再次优化与性能验证

4.1　混凝土配合比优化

经过几组配合比试配,确定初步配合比。选定水胶比为0.32,用水量为150kg,胶凝材料用量460kg,矿物掺合料用量为40%,其中粉煤灰和矿粉的比例为25∶15。同时在送检配合比基础上进行了一系列的优化与调整,采用功能粗集料等体积替代5~10mm石子,保温功能集料等体积替代砂,配合比如表16所示。

混凝土配合比优化设计

表 16

组别	水胶比（W/B）	胶凝材料配合比（%）			砂率 S_p（%）		功能集料（kg）	减水剂（%）
		水泥	粉煤灰	矿粉	质量	体积		
基准组	0.32	60	25	15	40	42	—	1.30
低掺 FA	0.32	65	15	20	40	45	—	1.30
保温集料	0.32	60	25	15	34	35	80	1.30
功能集料	0.32	60	25	15	40	41	50	1.30

4.2 混凝土性能验证

各配合比混凝土工作性能如表 17 所示。加入两种功能集料后,混凝土的工作性能提高。减少粉煤灰掺量后,混凝土工作性能下降,坍落度和扩展度均有所降低。

混凝土工作性能

表 17

组别	坍落度（mm）	扩展度（mm）	T_{50}（s）	密度（kg/m³）
基准组	235	590	17	2442
低掺 FA	220	540	19	2440
保温集料	230	620	15	2420
功能集料	250	630	12	2386

4.2.1 混凝土力学性能

对不同配合比混凝土进行力学性能测试,结果如表 18 所示。加入功能集料后,混凝土强度有所下降。由于功能集料的加入,混凝土的工作性能提升,后期可以在保证相同工作性能状态下,适当减少用水量,从而降低水胶比弥补强度损失。

混凝土力学性能

表 18

组别	抗压强度（MPa）		
	7d	28d	56d
基准组	51.3	76.5	82.3
低掺 FA	50.7	77.6	
保温集料	42.7	72.3	
功能集料	45.5	71.2	74.5

4.2.2 混凝土变形性能

对几组配合比拌制的混凝土进行干燥收缩和自收缩测试,试验结果如表 19、表 20 所示。图 8 为混凝土收缩曲线图。

混凝土干燥收缩率（×10⁻⁶）

表 19

组别	龄期							
	1d	2d	3d	4d	5d	7d	14d	28d
基准组	60	94	119	138	150	194		
保温集料	44	75	101	116	126	180		
低掺 FA	63	99	136	169	188	221		

组别	龄期							
	1d	2d	3d	4d	5d	7d	14d	28d
基准组	5	13	37	40	51	81		
低掺 FA	7	14	23	41	53	88		

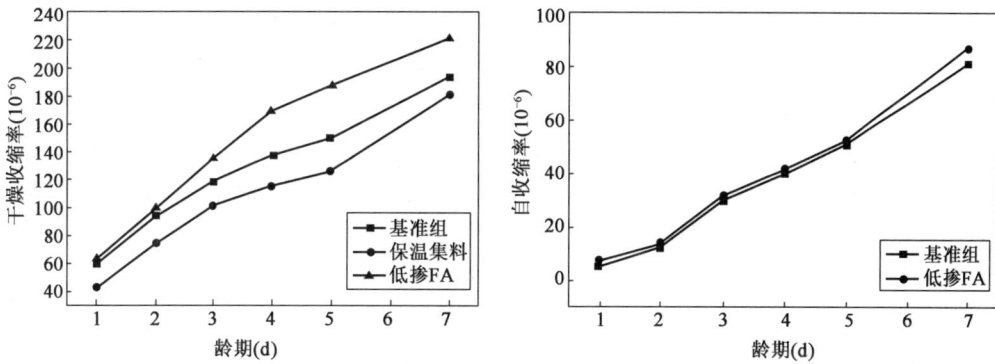

图 8　混凝土收缩曲线

由图 8 中可以看出,当粉煤灰掺量减少时,混凝土的自收缩和干燥收缩均有所增大。当混凝土中掺入少量保温集料后,混凝土干燥收缩率降低。

4.2.3　混凝土热物理性能

考虑到大体积混凝土对温度的控制,研究对 3 组配合比进行绝热温升试验,配合比如表 21 和表 22 所示。测试结果见图 9 和表 23。

混凝土配合比参数设计表　　　　　　　　　　表 21

组别	水胶比 (W/B)	胶凝材料配合比(%)			砂率 S_p(%)		功能集料 (kg)	减水剂 (%)
		水泥	粉煤灰	矿粉	质量	体积		
基准组	0.32	60	25	15	40	42	—	1.30
保温集料	0.32	60	25	15	34	35	80	1.30
储热集料	0.32	60	25	15	40	41	50	1.30

混凝土配合比(kg)　　　　　　　　　　　　表 22

组别	W/B	W	C	FA	SL	S	G	FLA	AD
基准组	0.32	150	272	118	70	736	1104	—	5.96
保温集料	0.32	150	272	118	70	619	1104	80	5.96
储热集料	0.32	150	272	118	70	736	1015	50	5.96

绝热温升数据(℃)　　　　　　　　　　　　表 23

分类	组别			
	基准组	保温集料	储热集料 1	储热集料 2
入模温度	—	20.03	17.97	13.34
结束温度	—	64.72	67.83	63.66
最大温升	46.17	44.69	49.86	50.32

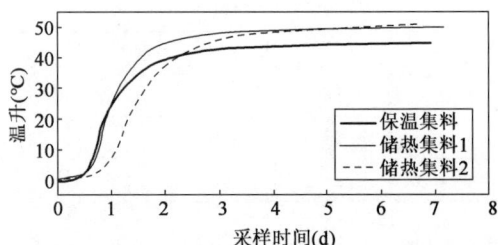

图9　混凝土绝热温升曲线

加入保温集料之后,混凝土的温升趋势有所延缓,3d 和 7d 最大温升相较于基准组均有所下降,最大温升降低了约 1.5℃。储热集料 1 组在入模 1 天内有一定的控温作用,但"延迟"效果不理想。可能由于储热集料养护时间较短,其中胶凝材料还未水化完全,导致后期温度上升较快,且峰值温度高于基准组和保温集料组。储热集料 2 组采用直接掺入法,将石蜡加入到混凝土中,在前 2 天的控温效果十分明显,大幅延缓了混凝土的升温速率。

4.3　优化结论

通过对初步确定配比拌制的混凝土进行各项性能测试和优化,其坍落度为 235mm,扩展度为 590mm,28d 抗压强度为 76.5MPa,满足高强高流动性要求。在配比中等体积加入功能集料后,可以明显改善工作性,同时强度下降不明显,仍满足 C55 的强度要求。可在相同工作性状态下,适当减少实际用水量,来提高混凝土强度。

当掺入保温集料后,混凝土的温升趋势有所延缓,峰值温度略微下降。加入储热集料后,在入模前两天控温效果明显,大幅延缓了混凝土的升温速率。

5　结语

通过 20 多组适配试验对索塔混凝土进行多阶段配合比设计和优化,研究了胶凝材料用量、矿物掺合料比例、砂率和功能集料等配合比参数对混凝土工作性的影响,初步确定了配合比;探索了水泥品种和功能集料对混凝土性能的影响,并以此为依据对混凝土配合比进行优化;最后通过对初步确定配比拌制的混凝土进行各项性能测试和优化,综合确定了满足索塔混凝土多目标性能的要求,提高了工程的安全性和耐久性。

通过本文的研究,可以得出以下重要结论:

(1)高性能大流动比泵送大体积混凝土配合比设计是一项重要的系统性工作,影响混凝土各项性能的因素繁多,因此需要对配合比进行多次设计优化和验证,因此原材料选择、配合比参数初选、配合比优化、各主要因素对混凝土性能影响探索、配合比在优化、混凝土性能验证、配合比确定等 7 个步骤都至关重要,其中任何一个小的细节,可能都会对混凝土的性能带来很大影响。

(2)综合考虑高强、高流动、大体积混凝土水化热的要求,胶凝材料用量在 $456\sim500 kg/m^3$ 范围内取小值;矿物掺合料中粉煤灰和矿粉的比例影响混凝土工作性能,保持总含量不变的情况下,提高粉煤灰掺量,混凝土流动性提升。随着砂率的增大;混凝土的坍落度和扩展度增大,但保坍性能较差,功能集料的掺入可以明显改善混凝土的工作性能,减小泌水和扒底的现象。

(3)在配比中等体积加入功能集料后,可以明显改善工作性,同时强度下降不明显,可在相同工作性状态下,适当减少实际用水量,来提高混凝土强度。当掺入保温集料后,混凝土的温升趋势有所延缓,峰值温度略微下降。加入储热集料后,在入模前两天控温效果明显,大幅延缓了混凝土的升温速率。

参 考 文 献

[1] 中华人民共和国交通运输部.普通混凝土配合比设计规程:JGJ 55—2011[S].北京:人民交通出版社,2011.

[2] 中华人民共和国交通运输部.公路工程混凝土结构耐久性设计规范:JTG/T 3310—2019[S].北京:人民交通出版社股份有限公司,2019.

[3] W D K. Concrete mix design, quality control and specification[M]. New York:Taylor and Francis Group,2006.

[4] 姚燕,王玲,田培.高性能混凝土[M].北京:化学工业出版社,2006.

[5] 张庆兵,周山山,许梦飞.轻骨料混凝土的强度影响因素分析[J].河南城建学院学报,2015,24(1).

[6] 王建君.高性能自密实清水混凝土的研究及应用[D].杭州:浙江工业大学,2012.

[7] 刘喜.高强轻骨料混凝土结构受剪性能分析及设计方法研究[D].西安:长安大学,2015.

[8] 吴贤国,王雷,陈虹宇,等.基于随机森林-NSGA Ⅱ高性能混凝土耐久性配合比的多目标优化研究[J].材料导报,2022(17):036.

[9] 唐凯.索塔高性能清水混凝土的配制及性能研究[D].武汉:武汉理工大学,2012.

[10] 王帆.基于比强度的高强高性能混凝土配合比优化设计[D].西安:西安建筑科技大学,2014.

[11] 王雷.多目标规划高性能混凝土配合比优化设计研究[J].建筑工程技术与设计,2018,000(26):533.

桥梁施工技术与创新

36. 钢桁梁结构钢桥弦杆构件
全自动化生产制造

李　镇[1]　刘伯清[2]　尹东亚[1]

（1. 江苏省交通工程建设局；2. 中铁山桥（南通）有限公司）

摘　要：本文介绍了中铁山桥（南通）有限公司钢桁梁结构的钢桥弦杆构件在生产制造过程中的自动化设备创新应用和技术特点，针对钢桁梁桥弦杆制造加工的重难点，重点介绍了板件自动化下料切割、高精度化杆件组装、全自动化杆件焊接等生产制造流程中的优化措施和创新应用，并阐述了其效果。此外，对钢桁梁弦杆制作的各种自动化设备也进行了介绍。

关键词：钢桁梁　弦杆　切割　焊接　涂装　自动化

1　钢桁梁弦杆结构介绍

钢桁梁的构造特点使其具有很高的承载能力和稳定性，能够承受较大的重量和压力。此外，钢桁梁还具有良好的抗震性能和抗风性能，能够保证桥梁在自然灾害中的安全性和稳定性。在施工过程中，钢桁梁的安装和拆卸相对简单，能够大大缩短施工周期，降低工程成本。因此，钢桁梁在各种桥梁类型中都有着广泛的应用，如高速公路、铁路、跨海大桥等。钢桁梁的出现，为桥梁建设的发展带来了新的机遇和挑战。随着科技的不断发展，钢桁梁的结构形式和材料也在不断改进和完善，相信未来钢桁梁将会在桥梁建设中发挥更加重要的作用。

钢桁梁的构造主要由弦杆、斜杆和竖杆等组成，其中弦杆是其最重要的组成部分之一，弦杆是钢桁梁中的主要承重构件，通常由两根或两根以上的直杆或曲杆组成，通过焊接或螺栓连接等方式连接在一起。在钢桁梁中，弦杆主要承受着桥面的载荷，并将其传递到钢桁梁的其他组成部分，如斜杆和竖杆等。

钢桁梁弦杆一般采用高强度钢材制作，常见的弦杆形式有 H 形、箱形和工字形等。在制作过程中，弦杆需要经过精确的切割、焊接等加工工艺，以确保其尺寸和形状符合设计要求。同时，为了提高弦杆的承载能力和耐久性，可能还需要进行防腐和防火处理。

钢桁梁弦杆的连接方式也是其重要组成部分之一。弦杆之间的连接通常采用高强度螺栓或焊接方式，以确保其连接牢固可靠。此外，为了满足特定的结构要求，可能还需要在弦杆上设置一些辅助构件，如横梁、斜撑等。

2 钢桁梁弦杆生产制造难点

精度控制:钢桁梁弦杆的制造需要严格控制精度,以确保整体结构的稳定性和安全性。在生产过程中,需要采用高精度的加工设备和工艺,确保弦杆的尺寸、形状和位置都符合设计要求。

焊接质量控制:钢桁梁弦杆是由多个单元件分段焊接而成,因此焊接质量的好坏直接关系到弦杆的质量和安全性能。在生产过程中,需要采用稳定的工艺和优秀的设备,确保焊接接头的强度、韧性和稳定性符合要求。同时,还需要对焊接质量进行严格的检测和控制,防止出现焊接缺陷和隐患。

防腐处理:钢桁梁弦杆长期处于自然环境中,需要承受风吹雨打、日晒冰冻等多种因素的作用,因此防腐处理非常重要。在生产过程中,需要采用适当的防腐涂料和工艺,对弦杆进行有效的防腐处理,提高其耐久性和使用寿命。

生产成本控制:钢桁梁弦杆的生产成本较高,因此在生产过程中需要采取一系列措施降低成本。例如优化设计、提高加工效率和焊接质量、采用自动化生产线等。这些措施可以有效地降低生产成本,提高企业的竞争力。

生产安全控制:钢桁梁弦杆的生产涉及多个危险因素,如焊接产生的烟尘和弧光、高温和高湿环境等。在生产过程中,需要采取一系列安全措施,确保工人的人身安全和健康。例如加强通风和排烟设施、提供个人防护用品、定期进行安全培训和检查等。

3 钢桁梁弦杆生产制造自动化的应用

中铁山桥(南通)有限公司一直以来都致力于提高生产制造过程的自动化水平,以提升产品质量和生产效率。在钢桁梁结构的钢桥弦杆构件的生产制造过程中,成功地应用了一系列自动化设备,实现了技术创新。通过自动化设备的应用和技术创新,中铁山桥(南通)有限公司成功地提高了钢桁梁结构的钢桥弦杆构件的生产制造水平,为整个行业的技术进步作出了贡献。

3.1 自动化切割下料

该生产线通过板材切割下料管理系统与车间制造执行信息化管控系统(iBIM)融合,由数控切割机、智能套料软件、BIM 信息化系统、网络等构成,可实现自动套料、自动切割、自动报工和数据汇总等功能,实现数控切割机的联网管控。主要切割下料的硬件设备包括空气等离子数控切割机、数控火焰切割机、激光切割机。

实现了自动划线、写号功能,消除了人为因素对划线、写号准确度和精度的影响。尤其是激光切割机和空气等离子数控切割机具有切割精度高、切割面质量好、切割工效高以及可有效控制薄板切割变形等优点。如图1~图4所示。

3.2 自动化焊接技术

3.2.1 单元件自动化焊接

弦杆构件的单元件使用半龙门式焊接机器人系统进行焊接(图5),焊接机器人系统实现了对焊缝根部实时精确跟踪,跟踪偏差不超过 0.2mm,跟踪精度更高。这一技术的运用,不仅提高了焊接质量,还大大减少了焊缝错位、焊穿等问题的出现。板单元的自动化焊接率达到100%,这意味着整个焊接过程无须人工干预,极大地提高了生产效率。

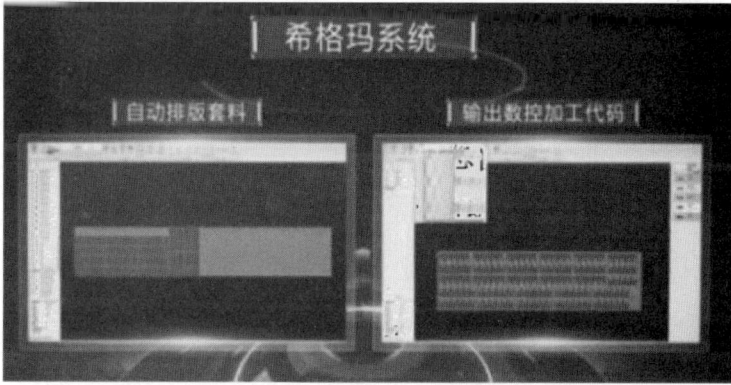

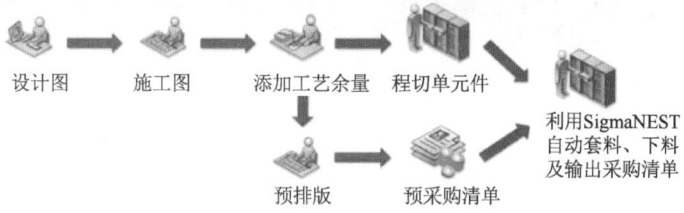

图1 板材切割下料管理系统

图2 数控切割机划线

图3 激光切割机

图4 数控空气等离子切割机

图 5　船位焊接机器人系统

在实际应用中,该焊接机器人系统表现出了卓越的性能和稳定性。通过对实际生产数据的统计和分析,该系统能够显著提高焊接效率和焊接质量,同时也为企业的自动化生产转型提供了强有力的技术支持。

3.2.2　弦杆主角焊缝自动化焊接

弦杆杆件主角焊缝自动化焊接系统是一款先进的自动化焊接设备(图6),采用了可编程序控制器进行集中控制,能够实现龙门行走、焊接转位等动作的一体化操作。该系统具备双电双丝埋弧焊和单电单丝埋弧焊两种焊接工艺,可以根据不同的焊接需求进行切换使用。

图 6　桁梁杆件主焊缝自动化焊接系统

在控制方面,该系统采用了传感器式焊缝跟踪系统,该系统能够实时跟踪焊缝位置,不受焊接电弧干扰,确保焊接精度和稳定性。这种跟踪系统的使用,不仅提高了焊接效率,同时也减少了人工操作的难度和误差,为高质量的焊接提供了有力保障。

此外,该自动化焊接系统还配备了高精度的机械结构和运动控制系统,能够实现快速、准确地定位和焊接。在焊接过程中,该系统还能够自动调整焊接参数,确保焊接质量的稳定性和一致性。这种自动化的操作方式不仅能够大幅提高生产效率,还能有效降低工人的劳动强度,为企业的可持续发展提供了有力支持。

3.2.3 弦杆内隔板自动化焊接

在狭窄的工作空间内,桁梁箱型杆件隔板智能焊接机器人展现出了卓越的适应能力(图7)。这款机器人具备角焊缝平位和立位焊接的双重功能,操作灵活,适应性强。通过采用先进的焊丝接触传感技术和电弧跟踪技术,机器人能够实时检测并纠正焊缝位置的偏差,确保焊接过程的精确性和稳定性。

图7 桁梁箱型杆件隔板智能焊接机器人

焊丝接触传感功能在焊接过程中起到了至关重要的作用。它利用高灵敏度的传感器,精确感知焊丝与焊缝的接触状态,以便在发现位置偏差时,及时进行自动调整,提高焊接效率和精确度。此外,电弧跟踪功能的引入进一步增强了机器人的工作能力。该功能通过实时监测电弧的稳定性,有效应对各种干扰因素,如气流和电磁场,保持电弧稳定,提高焊接质量。

为确保高效稳定的焊接效果,该机器人还采用了先进的算法和控制系统。通过精确的轨迹规划和运动控制,机器人能够保持稳定的速度和姿态,减少振动和抖动对焊接过程的影响,从而减少了潜在的焊接缺陷。

3.2.4 弦杆端隔板自动化焊接

在当今高度自动化的工业环境中,智能焊接机器人工作站发挥着越来越重要的作用(图8)。桁梁箱型杆件端隔板智能焊接机器人工作站拥有卓越的性能和高效的生产力。这款工作站具备先进的接触传感功能,能够精准地感应到焊接部位的位置和状态,从而协助机器人进行精确的寻位操作。这一功能的应用,不仅提高了焊接的精度,降低了生产成本,还为后续焊接过程的高效进行提供了有力保障。

图8 桁梁箱型杆件端隔板智能焊接机器人工作站

在控制系统方面,该工作站采用了全数字化技术。通过这一技术,焊接过程中的电流、电压、弧长等关键参数得到了精确控制。这不仅确保了焊接质量的稳定性,还进一步提升了生产效率,为企业的可持续发展奠定了坚实基础。

此外,该工作站还配备了独特的三维视觉校准功能。这一功能使得机器人能够自动识别焊缝并进行精确的校准焊接。这不仅极大地减轻了工人的劳动强度,提高了工作效率,还为产品的质量和一致性提供了有力保障。

3.3 自动化钻孔技术

双龙门三维数控钻床:精准联动与高效工作的完美结合,在当今机械加工领域,高精度、高效率的设备是制造高质量产品的关键。双龙门三维数控钻床作为一种先进的加工设备,凭借其独特的结构和功能,在各类机械加工中发挥着重要作用,如图9所示。

图9 双龙门三维数控钻床

双龙门三维数控钻床之所以能够在加工过程中实现高精度和高效率,其核心在于精准的联动系统。该设备能够同时对杆件两端螺栓孔进行精准施钻,确保极边孔距精度。这一技术的运用,大大提高了加工精度和生产效率,减少了传统加工方法中烦琐的调整和校准工作。

三向同时施钻的设计,确保了不同平面栓孔的纵向、横向不错位。这一功能的实现,得益于先进的数控技术和精密的机械结构,使得双龙门三维数控钻床在加工过程中能够实现高精度的空间定位和运动控制。

设备特点:大尺寸、高刚性、高稳定性。

双龙门三维数控钻床具有一系列显著的特点,使其在各类机械加工中表现出色。首先,其工作范围为3m(宽度)×5m(高度),为大型零件的加工提供了充足的作业空间。其次,杆件外形尺寸大,刚性好,能够承受较大的切削力和扭矩,确保了加工过程的稳定性和精度。

此外,双龙门框架的设计使得该设备具有较强的抗振性能和稳定性,有效避免了因设备振动而对加工精度的影响。同时,该设备还采用了先进的自动控制系统和安全保护装置,大大提高了设备的自动化程度和操作安全性。

单龙门数控钻床,其性能卓越,应用广泛(图10)。这款钻床的工作范围达到了1.5m×1.5m,为加工大型工件提供了充足的空间。同时,其三向同时施钻的设计,确保了不同平面栓孔的纵向、横向不错位,极大地提高了加工精度和效率。

单龙门数控钻床的出色表现,得益于其先进的数控技术。通过精确的控制系统,钻床能够实现高精度的位置控制和加工过程自动化。这种技术不仅提高了加工精度,还大大降低了操作人员的劳动强度,为现代化的工业生产提供了强有力的支持。

图 10 单龙门数控钻床

此外,单龙门数控钻床还具有高度的灵活性。它可以轻松应对各种不同规格、不同材料的工件,满足各种复杂的加工需求。无论是大型机械零件的批量生产,还是精密仪器的精细加工,单龙门数控钻床都能游刃有余地完成任务。

3.4 自动化喷砂涂装技术

智能化喷砂车间配备了多种机器人设备,包括天车式喷砂机器人、底部履带式喷砂机器人和侧部履带式举升喷砂机器人。这些机器人各具特点,能够完成不同的喷砂任务。例如,天车式喷砂机器人可以在空中自由移动,方便对大型物件进行喷砂处理;底部履带式喷砂机器人则适用于地面移动,能够对物件底部进行细致的喷砂作业;而侧部履带式举升喷砂机器人则能够在物件侧部进行举升和喷砂,适用于各种不同形状和大小的物件。

与喷砂车间类似,智能化喷漆车间也配备了多种机器人设备,包括天车式喷漆机器人、底部履带式喷漆机器人和侧部履带式举升喷漆机器人。这些机器人同样具有高度的灵活性和适应性,能够完成各种复杂的喷漆任务。通过这些机器人的协同作业,可以实现高效、高质量的喷漆生产,如图 11 所示。

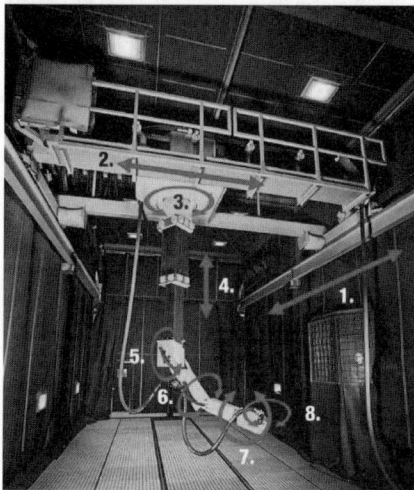

图 11

315

图 11　智能喷涂设备

在智能化喷砂车间和喷漆车间中,执行单元一级控制、人机互动、执行反馈、设备间协作等任务都非常重要。这些任务的执行情况直接影响到生产效率和产品质量。因此,对于这些任务的执行需要高度的专业知识和技能。

为了更好地管理智能化喷砂车间和喷漆车间,中控室设置了智能涂装系统管理平台。这个平台可以对喷砂、热喷涂、喷漆生产作业进行全局监控、关键信息传送/交互、智能设备远程预警以及生产及质量检测数据分析等。通过这个平台,可以实现信息化管理和智能化决策,进一步提高生产效率和产品质量。

4　自动化生产制造与人工的对比分析

随着科技的不断发展,自动化生产已经成为工业制造的主流趋势。在钢桁梁弦杆的生产过程中,自动化技术与传统的人工制造进行了对比分析,结果显示自动化生产在多个方面具有显著优势。

首先,从生产效率角度来看,自动化生产线可以连续 24h 不间断地运行,大大提高了生产效率。相比之下,人工制造需要工人轮班作业,而且在疲劳状态下,生产效率会明显下降。因此,在相同的生产时间内,自动化生产的产量远远高于人工制造。

其次,在产品质量的稳定性方面,自动化设备经过精确的参数设定和优化,可以确保每一根弦杆的质量都符合标准。而在人工制造过程中,由于工人的技能水平、工作状态等因素的影响,可能导致产品质量存在波动。因此,自动化生产在产品质量控制方面也具有明显优势。

另外,从劳动强度和工作环境方面考虑,自动化生产降低了工人的劳动强度,改善了工作环境。工人不再需要从事高强度、高风险的体力劳动,而是在控制室里进行远程监控和调整。这不仅有利于工人的身体健康,还能提高他们的工作满意度和归属感。

然而,尽管自动化生产具有诸多优势,但在某些特定情况下,人工制造仍具有一定的灵活性。例如,当遇到特殊定制的弦杆时,人工制造可以根据实际需求进行调整和优化,而自动化生产线则需要经过长时间的设备改造和调试。

综上所述,钢桁梁弦杆的自动化生产制造相对于人工制造具有更高的生产效率、更稳定的产品质量、更低的劳动强度和更好的工作环境等优势。随着技术的不断进步和优化,相信未来自动化生产将会在更多领域得到广泛应用和推广。

5　结语

随着科技的飞速发展,自动化生产已经成为制造业的主流趋势。钢桁梁弦杆作为桥梁工程中的重要组成部分,其生产制造过程的自动化和智能化将极大地提高生产效率和产品质量。以下是钢桁梁弦杆自动化生产制造的未来展望。

高度自动化:未来的钢桁梁弦杆生产将实现高度的自动化。从材料加工、切割、焊接、打砂、涂装等各个环节,都将实现自动化操作。这不仅可以大大提高生产效率,减少人工成本,还能保证产品质量和稳定性。

智能制造:随着物联网、大数据、人工智能等技术的发展,未来的钢桁梁弦杆生产将实现智能制造。通过智能化设备、传感器和数据分析技术,实现对生产过程的实时监控、预警和优化,进一步提高生产效率和产品质量。同时,智能制造还能快速响应市场需求,实现个性化定制。

绿色环保:随着环保意识的提高,未来的钢桁梁弦杆生产将更加注重绿色环保。通过采用环保材料、优化生产工艺、回收利用废弃物等措施,降低生产过程中的能耗和排放,实现可持续发展。

在钢桁梁弦杆自动化生产制造中,我们需要充分考虑到节能减排需求,以实现经济效益和环境效益的双重提升。自动化生产制造有助于降低能耗和减少排放。在传统的生产方式中,由于人工操作的精度和效率有限,往往需要大量的能源和资源来维持生产。而自动化生产可以通过精确控制和优化生产流程,降低能源消耗和减少废弃物的产生。同时,通过引入环保型的生产设备和工艺,还可以进一步减少对环境的负面影响。

参 考 文 献

[1] 杨春雷.自动化焊接技术在机械制造中的实践路径分析[J].模具制造,2023,23(12):34-36. DOI:10.13596/j. cnki. 44-1542/th. 2023.12.011.

[2] 李海娇.自动化焊接设备的技术发展与应用前景[J].自动化应用,2023,64(21):144-146.

[3] 马立朋,范军旗,徐向军.自动化焊接技术和装备提升钢桥制造水平[J].焊接技术,2022,51(12):43-47. DOI:10.13846/j. cnki. cn12-1070/tg. 2022.12.025.

[4] 张成桥,鲁效平,刘玲,等.自动化焊接技术的研究与思考[J].焊接技术,2021,50(12):1-6+129. DOI:10.13846/j. cnki. cn12-1070/tg. 2021.12.002.

[5] 肖传栋,于海霞,许少娟.自动化焊接技术在机械制造中的实践[J].科技资讯,2023,21(20):74-77. DOI:10.16661/j. cnki. 1672-3791. 2304-5042-1947.

[6] 张允敬.自动化焊接技术在机械制造中的应用[J].化学工程与装备,2023(8):204-205. DOI:10.19566/j. cnki. cn35-1285/tq. 2023.08.078.

[7] 张杰,康瑜,杨延音.新时代背景下焊接技术及自动化专业学生思想政治工作方法研究[J].焊接技术,2022,51(7):104-107. DOI:10.13846/j. cnki. cn12-1070/tg. 2022.07.005.

37. 高速铁路大跨径斜拉桥混凝土主梁预制及架设关键技术

廖云沼

（中铁广州工程局集团有限公司）

摘 要：广汕铁路增江特大桥预制混凝土节段梁斜拉桥是在高速铁路上应用的新型桥梁结构，节段梁预制精度要求高，吊装重量大，胶结法匹配拼装工艺复杂、线形控制难。φ50mm 高强精轧螺纹钢纵向预应力首次应用，通过技术研究，开发了短线法智能化节段梁预制控制技术、边跨节段梁支架胶结拼装线形控制技术、中跨混凝土节段梁悬臂匹配胶结拼装线形控制技术、UHPC 超高强混凝土合龙控制技术等一系列新技术、新工艺。

关键词：短线法 节段梁 预制 架设

近年来，高速铁路斜拉桥建设技术快速发展，大量新材料、新结构、新技术不断创新应用，大大促进了斜拉桥建造技术进步。从斜拉桥加劲梁来说，有钢桁架梁、钢箱梁、钢-混组合梁、混凝土节段现浇箱梁、混凝土节段现浇 π 形梁等结构形式，而预制混凝土节段梁因其预制工艺复杂、节段重量大、架设拼装难度大等技术难点而较少应用。广汕铁路增江特大桥设计时速 350km，为有砟轨道双线高速铁路混凝土节段梁斜拉桥。增江特大桥为目前世界上最大跨径的高速铁路混凝土节段梁斜拉桥，其短线法智能化节段梁预制控制、边跨节段梁支架胶结拼装线形控制、中跨胶结法悬臂拼装及线形控制、φ50mm 高强精轧螺纹钢纵向预应力施工等关键技术均为首次应用。

1 引言

广汕铁路增江特大桥主桥为跨径 48m + 84m + 260m + 84m + 48m 双塔双索面混凝土斜拉桥，主塔为 H 形桥塔，塔高 100m。桥梁主跨 260m 跨越增江水道，全长 526.3m。主桥位于双向 6‰ 的纵坡上，平面位于直线上。主梁采用节段预制混凝土节段梁胶拼法施工，混凝土梁预制节段标准长 4m，全桥共 132 个预制节段和 1 个合龙现浇梁段。桥梁整体结构采用半漂浮体系，共设 60 对斜拉索，斜拉索为 1 960MPa 平行钢丝组成，索间距 8m。最大梁段重量（预制）284t，标准节段重 192 ~ 220t 不等。梁体采用 C60 预应力混凝土，现浇合龙段采用 UHPC 高性能混凝土。桥梁总体布置图如图 1 所示。

图1 桥梁总体布置图

预应力混凝土主梁采用双边主梁带翼板单箱三室等高截面,箱梁截面宽为14.4m,中心处梁高4m,顶板横桥向设2%横坡。箱梁两侧各设两道纵腹板,两侧斜拉索分别锚固于两道纵腹板形成的边箱内。中跨及次边跨主梁截面中室顶、底板厚度为35cm,斜拉索锚固边箱顶、底板加厚,四道纵腹板厚度为40cm;为增加边跨梁体重量,48m边跨主梁及次边跨部分梁段截面中室顶、底板厚度增加,支点处主梁为实体截面。主梁横断面结构图如图2所示。

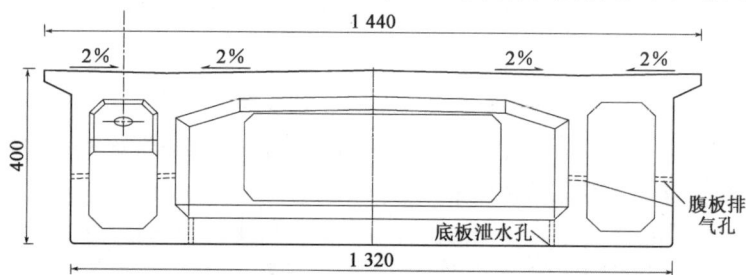

图2 主梁横断面结构图(尺寸单位:cm)

桥址处增江河面宽约240m,水深约10m,河底高程−8.0 ~ −9.0m,大里程侧有土质河堤,河堤顶宽约5m,底宽约30m,堤高约6m。桥址范围内覆盖层主要为:第四系全新统(Q4ml)人工填土、第四系全新统(Q4al + pl)冲洪积黏性土、砂类土,下古生界(Pz1)基岩、第三系(N)基岩,各地层岩性由上及下、由新到老。

节段梁场地区位于广州,属亚热带季风气候区,具有明显的干、湿季节,气候湿润,雨量充沛。受季风的影响,年内冬季多偏北风和东北风;春季以东南风较多;夏季以偏南风为主;秋季以偏北风为主。夏秋季间常有热带气旋侵袭,风速可急剧增大到8级以上的大风、台风。

增江现状通航等级为Ⅴ级,规划通航等级为Ⅲ级,通航净空为110m×10m,增江特大桥与增江的夹角为135°。大桥34号、35号墩间为通航河道,净宽241m,最小净高11.2m,承台顶高程为−4.613m,符合增江通航要求。

2 施工关键技术研究

主桥节段梁采用短线法预制,架梁时先边跨后中跨的顺序架设拼装,边跨采用支架法架设,中跨采用悬臂拼装法施工。节段梁拼装须从主塔位置的A0节段开始对称拼装,边跨、中跨各拼装4个节段后,暂停中跨拼装,待边跨拼装完成后再继续拼装中跨。支架拼装时须先将所有梁段存放在支架上,消除支架沉降变形后才能开始拼装。在预制场延长300t门式起重机轨道深入河道,设置节段梁下河码头,采用900t驳船运输至桥位处起吊。

大跨径预制拼装混凝土节段梁斜拉桥节段梁预制精度要求高、胶结拼装工艺控制难、节段梁架设线形控制技术要求高,根据增江特大桥结构和周围地质地形特点,研究了短线法预制混凝土节段梁技术,边跨节段梁提升、架设及线形控制技术,中跨节段梁架设及线形控制技术等关键施工技术,解决了施工难题。

2.1 短线法智能化节段梁预制控制技术

节段梁采用胶接法拼装,临接面匹配精度要求高,因此采用短线法预制,在桥位附近设置预制厂,预制台座、存梁台座均按受力要求进行加固。制梁台座设置4个,节段梁预制先从A0段作为基准段,分别匹配预制边跨A1、中跨B1节段,然后再分别以A1、B1节段为基准向边跨和中跨进行其他节段匹配预制。

存梁区设置在制梁区左侧,与制梁区平行,共设置两列存梁台座,除0号块以外均采用双层存梁。每列存梁存梁台座只存一个墩侧的节段梁,根据架梁需要,每个存梁台座下层存B号梁段,上层存A号梁段,A/B号梁段横隔板对称,按架设体位摆放,正好可以消除存梁台座的不均匀受力问题。

存梁区采用1台300t门式起重机提吊搬运,自动液压坦克滑移小车将预制好的节段梁从制梁区搬运至存梁区。300t门式起重机提运时梁体需完成横向预应力张拉压浆。

节段梁制梁底模台座、内模、侧模为全液压结构,通过智能控制技术实现了合模脱模自动化、模板系统精确线形调整、移梁自动走行及精确定位,大大减少了人工操作。

2.2 边跨节段梁支架胶结拼装线形控制技术

根据地质地形和水文情况,节段梁最重278t,在陆地运输需设置纵移、横移走道,大量加固处理地基,且需解决节段梁过墩顶架设的难题。

充分利用300t下河码头、900t运输驳船、280t桥面起重机等既有大型装备,利用280t桥面起重机改造,在主塔墩处设置固定提升站(图3),提升边跨所有节段梁。边跨设置架梁支架(图4)和运输轨道,采用300t运梁台车将节段梁从提升站运输至边跨架设位置存放。然后从A0位置逐段对称拼装A4~B4节段。待B4节段拼装完成后,暂停中跨拼装架设,在A0~B4拼装桥面起重机。边跨继续往前拼装架设直至A33节段拼装完成。

图3 固定提升站

图4 边跨支架

A0段为节段梁拼装基准段,纵、横、竖三向必须精确定位。在搬移台车上设置纵、横、竖三向千斤顶,通过三向调节,将A0节段通过测量放样精确定位,并与支座有效连接。为防止A1、

320

B1 拼接时造成 A0 位置发生纵向位移,用硬木楔将 A0 与横向限位挡块顶紧,再用运梁车将 A1、B1 匹配,匹配无误后,将梁段分开,匹配面涂胶拼接,对称张拉预应力钢筋拼接。

A1、B1 拼接完成后,利用梁底预埋孔安装纵向限位。经计算,架梁过程中产生最大水平力为 204t,梁底设置钢齿坎能够承受 276t 的水平力,能满足架梁纵向限位需要。

为保证支架上拼装梁段线形满足设计要求,先将支架拼装的所有梁段存放至支架上,待沉降稳定后,再逐段拼装。拼装时先进行试拼匹配,再用三向千斤顶调整梁的纵、横向位置,高度调整采用在支点位置垫橡胶垫、模板、薄钢板来调平,铺好后先落梁,复核梁体高程,必要时将量顶起继续抄垫,反复调整,直至梁段高程满足设计高程,然后再涂胶拼装。

2.3 中跨胶结法悬臂拼装及线形控制技术

B6 节段拼装完成后,拆除固定提升站起重机,局部改造后,在桥面组装桥面架梁起重机。经检查、荷载试验后开始拼装中跨节段梁。

架梁时,泊船通过四个角点搅锚的方式在起吊点定位,起吊前对航道上下游进行临时封航。梁段装船前需安装好钢齿坎、穿预应力精轧螺纹钢。梁段起吊到位后,先进行预拼,再将吊装段外移约 30cm,满足涂胶空间要求,检查匹配面是否满足涂胶要求,必要时再次清理拼接面。

梁段拼装时主要通过架梁机的天车进行线性调整,天车具备上下、左右、前后三向移动功能,必要时可以用 10t 倒链或者临时体外预应力配合进行微调。由于梁体预制时已考虑线形控制,在拼装过程中重点控制拼接涂胶厚度满足设计要求。梁段拼接过程中,永久纵向预应力高强螺纹钢筋未张拉完成前,架梁机严禁松钩,防止拼接面胶体撕裂。

斜拉索从 A4、B4 节段开始,每两个节段挂设一根,边跨、中跨对称挂设,主要按主梁线形控制索力,设计索力校核,当实际索力与设计索力相差较大时,暂停施工,及时进行检查校核,查清原因进行修正,确保主梁、主塔线形和设计索力匹配。

2.4 UHPC 超高强混凝土合龙控制技术

主桥合龙段长 1.4m,采用 C60UHPC 超高性能微膨胀混凝土浇筑,共 23.5m³。为保证成桥线形,合龙前将桥面吊机后退至 B30 节段,对合龙口的 B32 节段进行 72h 监控监测,测量合龙口平面尺寸、高程等线形控制参数随温度变化规律,并对靠合龙端面进行凿毛。根据桥面线形及索力状态,计算两侧配重设置方案。

合龙选择在夜间温度较低时段,且风力较小的情况下,挂设合龙吊架,布置底模、侧模、内模系统,先锁定合龙劲性骨架,绑扎钢筋,浇筑合龙段混凝土,待混凝土强度及弹性模量达到 100% 后,张拉合龙段预应力钢绞线 MT1、MB1,然后拆除桥面起重机及合龙临时固结,解除桥塔支座处固结,安装塔梁横向限位支座和纵向阻尼装置,拆除边跨支架,最后张拉中跨剩余预应力顶板、底板钢绞线,完成体系转换。梁体预应力施工完成整个桥静置 10d 后开始施工桥面及其他附属工程。

2.5 ϕ50mm 高强精轧螺纹钢纵向预应力施工控制技术

精轧螺纹钢在预应力混凝土桥梁结构中应用较为普遍,多作为竖向预应力筋、横向预应力筋使用,但作为特大跨径混凝土桥梁纵向主预应力筋的尚无工程实践。高强精轧螺纹钢刚度大、材质脆、不易弯折,梁体变形对预应力损失影响显著,要保证施工质量,控制难点主要为:

(1)节段梁预制超长预应力孔道线形顺直性精确控制难。

(2)高强精轧螺纹钢连接器刚度大,无线形调整空间。

(3)高强精轧螺纹钢筋预应力张拉损失精确计算和控制难。

为解决上述技术难题,优化了节段梁预制工艺,改进了节段梁拼装及线形控制工艺,加强了预应力钢筋连接质量和张拉质量控制,主要采取以下几点措施:

(1)节段梁预应力管道采用金属波纹管,加密定位钢筋,管道线形应按成桥线形换算放样;浇筑混凝土前用 $\phi 60mm$ 钢管通长穿过匹配节段定位,避免在浇筑混凝土过程中管道移位、局部弯曲,浇筑完成后再抽出。

(2)连接器直径和刚度较精轧螺纹钢大,在接头处设置较大尺寸的连接器安装槽,使其较好地适应管道线形变化。

(3)精轧螺纹钢筋预应力孔道在预制时精确控制线形,降低孔道摩擦、局部弯折带来的损失不确定性;为减少节段梁张拉预应力时的压缩变形,将节段梁养护时间延长至 6 个月以上,保证混凝土弹模达到最大状态,混凝土收缩徐变大部分完成;预应力张拉时,进行适当超张拉,预留预应力损失冗余度;张拉锚固后在 24h 内进行管道注浆,保证注浆充实度。

3 结语

广汕铁路增江特大桥预制混凝土节段梁斜拉桥是在高速铁路上应用的新型桥梁,节段梁预制精度要求高、吊装重量大,胶结法匹配拼装工艺复杂、线形控制难。$\phi 50mm$ 高强精轧螺纹钢纵向预应力为首次应用,高强精轧螺纹钢间连接、预应力损失控制及其传递规律等技术均无成功经验。通过研究,创新性地应用了短线法智能化节段梁预制控制技术、边跨节段梁支架胶结拼装线形控制技术、中跨混凝土节段梁悬臂匹配胶结拼装线形控制技术、UHPC 超高强混凝土合龙控制技术等一系列新技术、新材料、新工艺、新装备,创造了良好的经济及社会效益,为同类桥梁的施工提供了有益探索及借鉴。

参 考 文 献

[1] 刘文杰,韩冰,阎武通,等.预制拼装混凝土节段梁的结构力学性能研究进展[J].中国公路学报,2023(4):81-99.

[2] 屈红伟.预制节段拼装箱梁模板系统设计及节段箱梁预制质量控制技术[J].四川建材,2009(4):8-10.

[3] 罗昌文,王树盛.短线匹配法节段箱梁预制施工质量控制技术[J].冶金丛刊,2016(7):1.

[4] 杜官民.香港后海湾跨海大桥预制混凝土节段梁短线台座法预制原理[J].桥梁建设,2006(A01):30-32.

[5] 董传新,燕春阳,韩宗芳.连徐高速铁路连续梁节段预制装配式施工技术[J].冶金丛刊,2020(11):78-79.

[6] 郭毅.大跨度预应力混凝土斜拉桥施工技术[J].石家庄铁道学院报(自然科学版),2009,22(1):1.

[7] 廖文锋.预应力混凝土斜拉桥施工控制的关键技术研究[J].工程建设与设计,2019(20):1.

38. CAD 三维建模空间坐标点法 在复杂拱桥安装中的应用

黄振威　王安文

（中交路桥建设有限公司）

摘　要：本文以互通被交道跨线桥拱肋安装为例，通过 CAD 三维建模，利用三维坐标法对拱桥安装过程进行监控，保证钢结构拱桥的安装精度要求，成桥后线型达到设计理想线型。CAD 三维建模空间坐标点法在复杂拱桥安装中的应用，提高了安装精度，保证了安装质量，具有一定的推广价值。

关键词：CAD 三维建模　三维坐标　钢结构拱桥　安装精度

1　引言

互通被交道跨线桥工程主桥上部结构为结合梁-钢拱组合体系拱桥，一跨简支，支撑于 V 形桥墩上，主梁为等截面钢-混凝土结合梁结构，全高 2m，全宽 20.5m，是由主纵梁、中横梁、端横梁以及小纵梁组成的双主梁梁格体系。

拱肋系统由主拱肋、副拱肋、主副拱肋之间的横向连杆及拱顶横撑等构件组成（图 1）。主拱跨径 74m，外倾斜率 1/8，面内矢高 18m。副拱为空间曲线，跨径 68m，立面矢高 11m。主副拱之间横向连杆采用圆钢管，间距 2.5m。拱桥吊杆间距 5m。吊杆上端锚固于主拱肋，下端锚固于主纵梁。本文主要介绍钢拱肋安装施工。

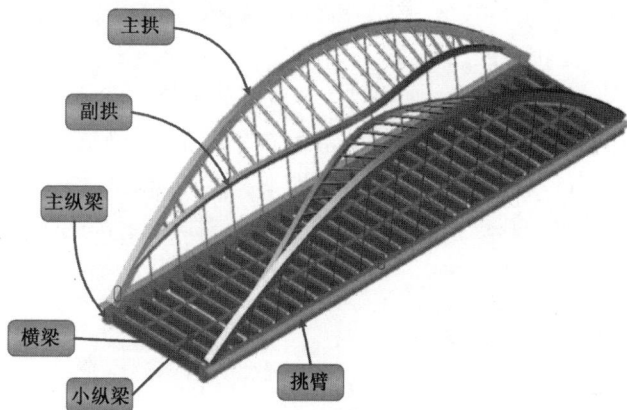

图 1　钢梁-拱总体结构图

主拱为钢箱结构,采用矩形截面,左右对称布置,制作时单侧主拱分为 9 个施工节段,其中两端拱脚跟随主梁一起安装,其余节段利用临时支架法进行拼装(图 2)。

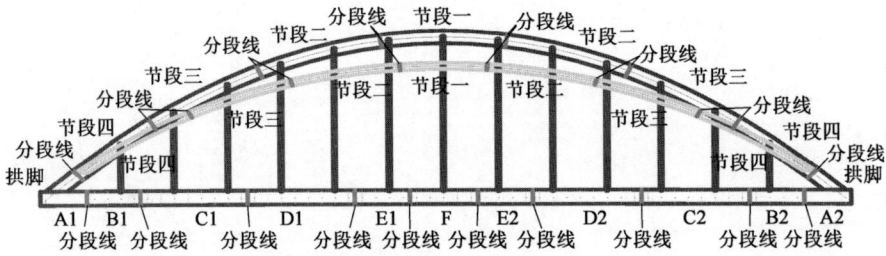

图 2　安装分段布置图

副拱采用正方形截面,副拱线型为空间扭曲构件,左右对称布置,单侧副拱分为 7 个施工节段,副拱两端采用嵌入式与主拱过渡(图 3)。

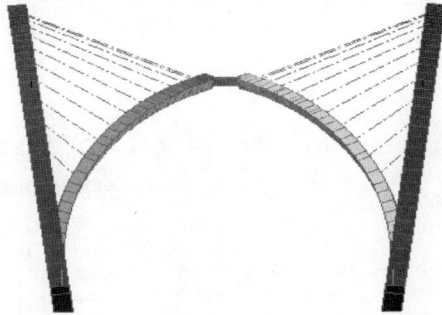

图 3　主拱-副拱连接示意图

本工程采用汽车起重机分段拼装的安装工艺,同时采用空间三维坐标法来控制主、副拱的安装定位精度。因此,三维坐标测量控制是工程质量控制的重要环节,测量成果是否可靠直接影响钢拱肋安装精度和工程质量。

2　安装控制难点及要点

(1)由于控制点距离桥位较远,施测作业环境比较特殊,安装精度要求高,根据现场实际情况建立可靠的测量控制网,是本工程的要点。

(2)钢主拱为外倾斜,斜率为 1/8,主拱在高处受到风、温差、支架等各方面的影响逐渐增大,提高了拱肋安装时的定位难度。

(3)副拱与主拱为镶嵌式连接,故对副拱首节段安装定位要求必须精准。

(4)副拱为空间扭曲结构,顶部合龙段测量无固定作业面,测量校正、钢构件吊装及早晚温差影响等对测量控制点影响较大,所以需要定时对测量站点进行校核。

(5)钢拱节段焊接收缩导致拱轴线产生较大偏差,为保证复杂结构的安装精度,必须设置有效的工装进行控制。

3　建立三维测量坐标系

3.1　确定测量控制点

钢主拱、副拱安装是通过控制所有拼接点三维坐标来控制拱肋线型的。根据设计给定整桥结构、线型和角度等参数,通过 CAD 软件建立三维空间模型,置于辅助坐标系中,标注出各个拼接点处的理论三维坐标值,将理论坐标值转换成测量用的大地坐标值,利用三维坐标来控制拱肋的安装尺寸和精度。

3.2 建立辅助坐标系

建立三维模型平面坐标系:根据钢梁、拱的设计高程,找到基础 0 线所在平面,以道路中心线为 X 轴,梁端横向投影为 Y 轴,竖向为 Z 轴,如图 4 所示。

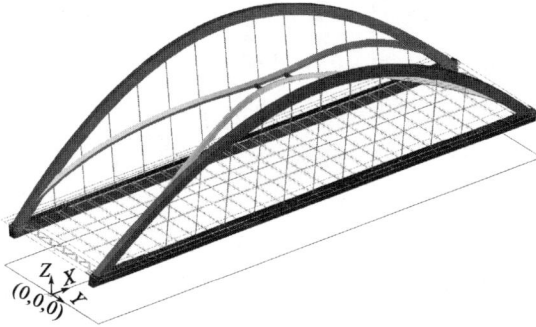

图 4　辅助坐标系示意图

4　钢拱安装定位

4.1　节段安装

(1)对运至施工现场的钢拱节段外形尺寸进行测量。

(2)通过三维建模确定支架横梁与拱节段的接触点(定位点 1),在临时支架上绘制拱节段接口的横向定位点(图中定位点 2、定位点 3),并进行标注,如图 5 和图 6 所示。

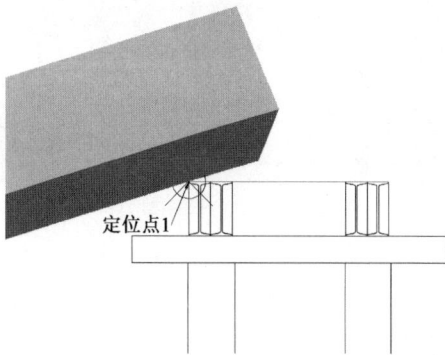

图 5　拱肋定位点示意图(一)

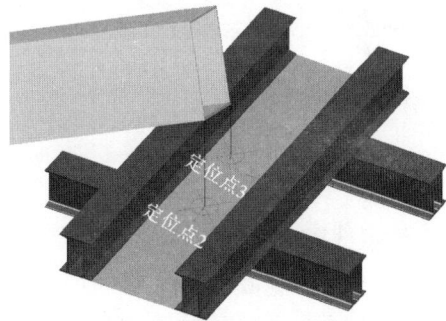

图 6　拱肋定位点示意图(二)

(3)工装设置。在拱肋节段上找到定位点 1 的位置,进行标记,并根据三维模型中,拱肋节段理论位置及角度制作楔形工装,安装在支架横梁上,使其顶点与定位点 1 重合,如图 7 所示。

(4)测量内容及方法。在辅助坐标系中,找出各个节段定位点的投影坐标,再转换成大地坐标,拱肋节段安装过程中利用全站仪对拱肋的纵横轴线严格控制,每安装一段都必须进行校核,校核拱肋节段上定位点投影与支架上定位点位置是否一致,只有调整一致后,方可进行下一节段的安装。

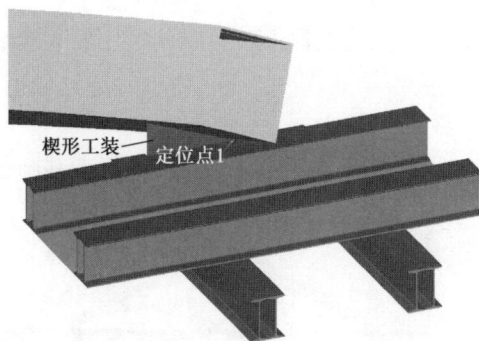

图7　拱肋工装示意图

（5）高程控制。利用辅助坐标系,在每组支架上表面标记拱底高程点,安装过程中,根据拱底高程点校核拱肋节段接口高程。

（6）安装定位。本工程拱肋节段采用两台汽车吊进行吊装,拱节段下口与上口分别定位,先保证下口与前一节段定位匹配,再调整上口与各定位点位置,定位完成后,将下口环焊缝打底 $40\% \sim 60\%$,并对节段进行横向加固。

4.2　合龙段安装

本工程主、幅拱安装均采用中间合龙的施工工艺,合龙段安装前对拱肋整体线型进行校核,并采集合龙段两端接口的坐标数据,然后将数据在三维辅助坐标系中精确放样,利用三维模型对合龙段进行模拟配切,再将切割数据反映到实际拱肋节段上,如图8、图9所示。

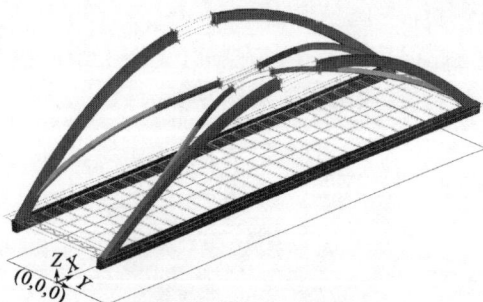

图8　拱肋合龙段数据采集

图9　施工现场拱肋合龙

4.3　测量数据转换

本工程主拱肋为等截面结构,定位时采用底板两点定位。将辅助坐标系中拱肋接口平面坐标数据转换为大地坐标系数据,高程则采用相对高程。主拱肋定位数据见表1。

主拱肋定位坐标数据表(大地坐标系)　　　　　　　　　　表1

位置	N	E	Z(相对高程,m)
左侧主拱 A1/B1 接口定位点 1	160 628.801	124 638.702	13.207
左侧主拱 A1/B1 接口定位点 2	160 628.862	124 639.692	13.331
左侧主拱 B1/C1 接口定位点 1	160 618.906	124 638.597	18.892
左侧主拱 B1/C1 接口定位点 2	160 618.971	124 639.588	19.015
左侧主拱 C1/D 接口定位点 1	160 607.838	124 638.864	22.194

326

位置	N	E	Z(相对高程,m)
左侧主拱 C1/D 接口定位点 2	160 607.899	124 639.854	22.318
左侧主拱 D/C2 接口定位点 1	160 596.568	124 639.554	22.194
左侧主拱 D/C2 接口定位点 2	160 596.629	124 640.544	22.318
左侧主拱 C2/B2 接口定位点 1	160 585.537	124 640.641	18.892
左侧主拱 C2/B2 接口定位点 2	160 585.598	124 641.631	19.015
左侧主拱 B2/A2 接口定位点 1	160 575.711	124 641.953	13.207
左侧主拱 B2/A2 接口定位点 2	160 575.772	124 642.943	13.331
右侧主拱 A1/B1 接口定位点 1	160 629.975	124 657.874	13.207
右侧主拱 A1/B1 接口定位点 2	160 630.035	124 658.865	13.331
右侧主拱 B1/C1 接口定位点 1	160 620.171	124 659.185	18.892
右侧主拱 B1/C1 接口定位点 2	160 620.228	124 660.175	19.015
右侧主拱 C1/D 接口定位点 1	160 609.149	124 660.271	22.194
右侧主拱 C1/D 接口定位点 2	160 609.209	124 661.262	22.318
右侧主拱 D/C2 接口定位点 1	160 597.879	124 660.961	22.194
右侧主拱 D/C2 接口定位点 2	160 597.94	124 661.952	22.318
右侧主拱 C2/B2 接口定位点 1	160 586.798	124 661.228	18.892
右侧主拱 C2/B2 接口定位点 2	160 586.858	124 662.218	19.015
右侧主拱 B2/A2 接口定位点 1	160 576.885	124 661.124	13.207
右侧主拱 B2/A2 接口定位点 2	160 576.945	124 662.115	13.331

注:相对高程的 0 线对应设计高程为 137.232m。

控制点 TC51 坐标:N = 160 619.355 0,E = 124 823.451 0。

控制点 TC52 坐标:N = 160 604.448 0,E = 124 482.882 0。

5 焊接对定位精度的影响

拱肋节段每次安装校正完毕后,对已安装拱肋轴线整体进行测量,计算出实际的偏差数值,然后按照实际数值编制焊接顺序。在焊接过程中对拱节段变形进行跟踪测量并根据构件变形趋势及时调整焊接顺序,控制焊接变形。本桥钢拱施工中焊接采用对称焊接的方式进行,减少焊接变形减小焊接应力。

6 拱肋安装线型的控制

6.1 拱肋轴线的安装控制原则

拱肋的安装除设计提供的轴线外,实际控制还要按三个阶段对拱肋轴线控制,即计算预拱、加工预拱、施工预拱,其中施工预拱为施工中控制曲线,合龙施工预拱以吻合设计预拱轴线为原则,这也是拱肋安装过程中的总体安装原则如图 10 所示。

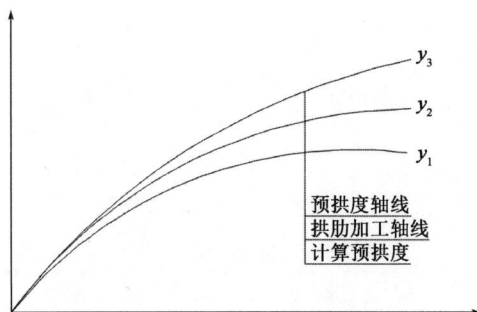

图10 拱肋轴线控制对比图

6.2 现场安装拱肋高程控制

在实际的施工预拱轴线控制时,特别是在各个阶段的施工高程控制,过程中按照监控数据,适当地修正,将各个拱肋节段的拱底高程高于计算预拱值且控制在误差允许范围内,并确保在施工过程中,各个节段的实际高程值始终不低于计算预拱值。

7 安装结果及效果评价

互通被交道跨线桥拱肋安装前,通过三维建模,利用辅助坐标系与大地坐标系的相互转换,从拱肋的轴线偏差、拱圈高程、对称点高差、拱肋接缝错边等方面进行精度控制,所有测量数据与设计数据之间误差均在设计规范要求之内,见表2、表3;成桥后效果图如图11所示。

拱肋轴线偏位测量表(mm) 表2

控制项	控制点1	控制点2	控制点3(拱顶)	控制点4	控制点5
左侧轴线偏位	4	5	4	6	-3
右侧轴线偏位	-3	7	5	6	5

注:规范规定值:$L/6\,000 = 13.33\,\text{mm}$,$L = 74\,000\,\text{mm}$。

拱圈高程测量表(mm) 表3

控制项	控制点1	控制点2	控制点3(拱顶)	控制点4	控制点5
左侧高程偏差	5	-6	-2	-7	3
右侧高程偏差	4	-5	-3	-8	6

注:规范规定值:$\pm L/3\,000 = 24.67\,\text{mm}$,$L = 74\,000\,\text{mm}$。

图11 成桥后效果图

328

8 推广应用

CAD 三维建模空间坐标点法应用于双塔双索面混合梁斜拉桥钢锚梁定位,钢锚梁作为斜拉索的锚固结构,设置在索塔上塔柱中,斜拉索为空间夹角,锚垫板的安装精度直接影响到成桥质量,因此锚垫板采用三维空间坐标定位法进行定位。通过三维建模,利用三维坐标系,测量锚垫板孔中心(图中 A 点)坐标及锚垫板面上四个辅助定位点(图 12 中 a、b、c、d 点)坐标,根据测量数据对锚垫板进行精确定位,保证了钢锚梁锚垫板的安装精度。

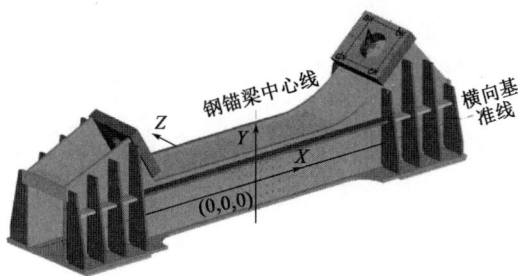

图 12　钢锚梁锚垫板三维定位

9 结语

在互通被交道跨线桥安装过程中,通过 CAD 三维建模的方法,灵活运用三维坐标,能够精确到空间结构上任意一点的坐标,再将三维坐标转换成大地坐标,可以有效地控制空间复杂拱肋的安装精度,取得了理想的结果。此方法可应用于复杂空间钢结构安装施工,为今后类似工程施工提供了重要的实践经验。

参 考 文 献

[1] 中华人民共和国交通运输部.公路桥涵施工技术规范:JTG/T 3650—2020[S].北京:人民交通出版社股份有限公司,2020.

[2] 中华人民共和国住房和城乡建设部.钢结构工程施工质量验收规范:GB 50205—2020[S].北京:中国计划出版社,2020.

[3] 王传杰.三维空间坐标测量在本溪北地跨线桥钢拱塔施工测量中的应用[J].中国高新技术企业,2016(3):92-94.

[4] 王景涛.CAD 三维坐标系统概述及 UCS 在三维建模中的灵活应用[J].硅谷,2011(15):156-156.

39.内倾中承式系杆钢箱拱桥多功能支架法安装施工技术

王安文　李　晔

(中交路桥建设有限公司)

摘　要:拱桥安装施工方法众多,如何选择合理最优的安装方法,直接影响着项目成本和安装工期。济宁环湖大道泗河大桥根据施工条件和自身结构特点,合理划分节段,利用钢结构自身结构受力,采用了一种支架两种功能的安装思路,系梁间主梁悬臂安装的施工方法,有效降低了大面积搭设支架带来的费用投入,提高了安装效率和施工安全性,可为同类型桥梁施工拓宽了思路。

关键词:内倾　钢箱拱　节段划分　支架结构设计　悬臂安装

1　工程概况

济宁环湖大道东线工程泗河大桥主桥为 30m + 95m + 130m + 95m + 30m 五跨中承式系杆钢箱拱桥,长380m,主梁全宽34.5m,中心位置梁高2m,横桥向布置两片拱肋,拱肋采用钢箱结构,拱肋内倾10°,拱轴线为二次抛物线,主拱矢高38.078m,矢跨比为1/3.4,次拱矢高为26.401m,矢跨比为1/3.6。主拱设置12对吊杆,每个次跨设置8对吊杆,吊杆纵桥向间距为8m,横桥向采用双面索,吊杆均采用环氧涂层PES系列钢丝成品索(图1、图2)。

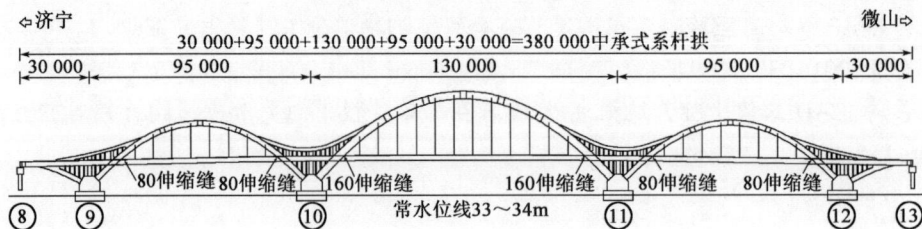

图1　泗河大桥主桥桥型立面图(尺寸单位:mm)

结构受力体系:主桥为中承式系杆结构,拱肋为主承重结构,主拱产生的水平推力部分由主、次、边跨间相互平衡,部分由系杆承受,系杆锚固于边跨系梁(系杆箱)内部。拉索区桥面系为纵横梁体系,由加劲梁、横梁、小系梁和桥面板组成,均为钢结构,桥面板为正交异形板结构。

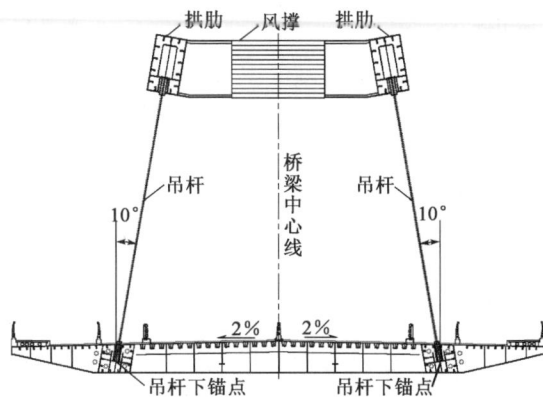

图 2   主拱跨中吊杆位置横断面图

2   总体方案概述

主桥采用先梁后拱,部分主梁待体系转换安装的总体施工工艺,总体安装顺序:济宁侧边拱次拱安装→主拱安装→济宁侧支架周转至微山侧→微山侧边拱次拱安装→主拱合龙。

主桥拱座钢筋绑扎完成后,搭设门式型钢支架,拱座预埋件运至墩位位置后,用手拉葫芦将拱座预埋件提升滑移至拱座支撑架上,预埋件精调固定,混凝土浇筑。

主桥两侧门式起重机地基处理,浇筑轨道基础,采用 1 台 135t 履带起重机配合 1 台 500t 汽车起重机进行龙门支腿安装,主梁和起重小车采用 135t 履带起重机安装,完成门式起重机的安装及检验。

拼装支架钢管桩振设和型钢安装,系梁节段安装在拼装支架上,135t 履带起重机安装三角区下肢拱,系梁间主梁利用门式起重机从下方提升至设计位置,与拼装支架冲突位置支架拆除后再安装;拼装支架接长至设计高度,利用门式起重机吊装拱肋节段,就位于拼装支架上,精确调整至设计位置后,再焊接连接。

每孔钢箱拱安装时遵循两侧对称、平衡从拱脚向拱顶安装的原则。

每个次拱拱肋合龙后,安装吊杆,张拉临时系杆,安装剩余系梁间主梁,主拱合龙后,安装吊杆,并张拉永久系杆,体系转换,安装主拱剩余系梁间主梁。

拱肋、风撑、系梁和系梁间主梁安装完成后,拆除支架和门式起重机,主梁右侧挑臂在门式起重机拆除后采用 135t 履带起重机安装,调整吊杆和系杆索力,进行涂装及附属工程施工。

3   钢结构节段划分

根据运输条件和安装要求,结合结构特点,泗河大桥钢结构节段划分原则为低处重长,高处轻短,主梁横向划分为三部分,系梁先安装,系梁间主梁和挑臂段采用倒挂的方式安装,拱肋对称划分,分段图如图 3、图 4 所示。

主桥结构点节段 J4、J8、J12、J13 为超宽节段,在工厂分块加工,现场组拼后吊装,最大节段为 J13,长 20m,重 20t,系梁间主梁最大节段为 QM8,长 18.1m,宽 5m,重 78.9t,拱肋最大节段为 J2 + J3,长 23.25m,重 79.88t。

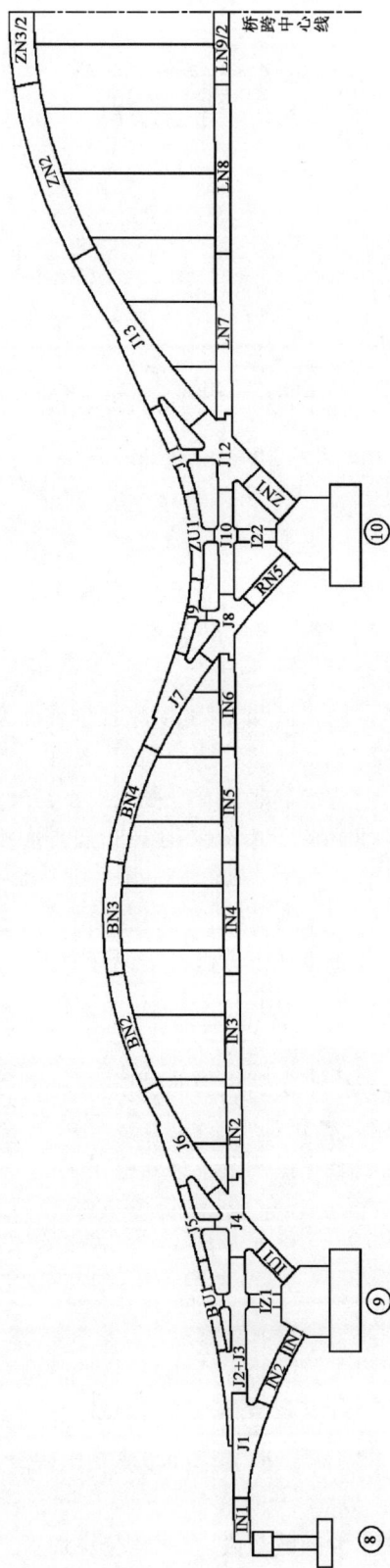

图3 拱肋、系梁节段划分图

332

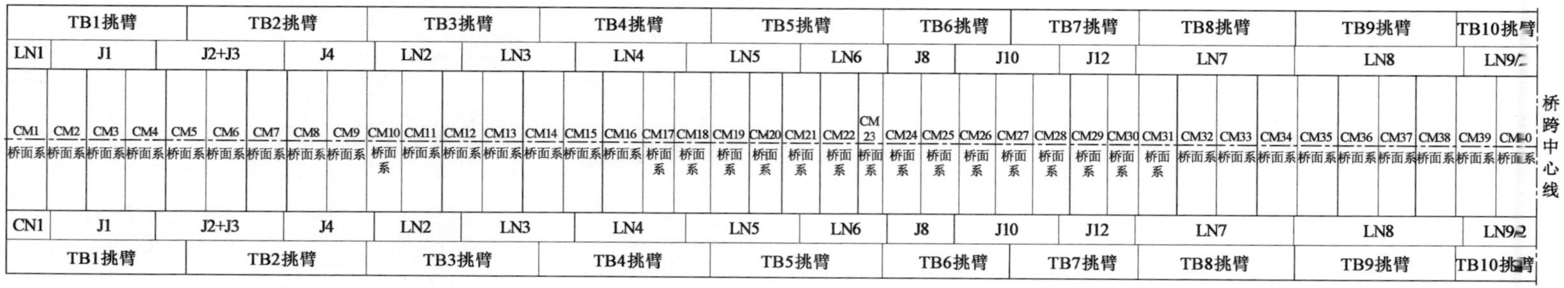

图4　主梁节段划分图

4 大临结构设计

4.1 门式起重机基本参数

节段安装 150t 门式起重机根据项目安装条件要求制作,跨径为 37m,最大起升高度为 45m,自重 138t,最大额定载质量 150t。主梁为桁架结构形式,由两榀组成,桁架上弦杆采用 2I45 工钢,桁架下弦杆采用 2[36 槽钢,竖杆采用 2[10 槽钢,呈 Z 形布置,间距为 2.3m,两榀桁架之间采用[14 槽钢连接门式起重机支腿采用钢管结构,直立支腿采用 $\phi720 \times 10$ 钢管,斜支腿立柱采用 $\phi351 \times 10$ 钢管。主梁设两台 10t 的卷扬机,一个主钩 150t,两个副钩各 35t。

4.2 门式起重机基础设计

门式起重机轨道基础采用倒 T 形 C30 混凝土条形基础,下基础宽 120cm,高 60cm,上基础宽 60cm,高 30cm,C30 混凝土内设构造钢筋,基础底设置厚度为 10cm,宽 1.4m 的 C30 混凝土垫层。门式起重机轨道基础每隔 20m 设置一道 2cm 宽的沉降缝,门式起重机钢轨采用 50 型轨。下基础底部采用 12 根 $\phi16$ 钢筋作为纵向受拉主筋,顶部放置 6 根 $\phi12$ 钢筋作为抗负弯矩主筋,侧面抗扭钢筋 4 根 $\phi12$ 钢筋,抗弯和抗扭钢筋均采用 HRB400;每隔 40cm 设置一道环形箍筋,箍筋采用 HPB235ϕ10mm 光圆钢筋(图 5)。

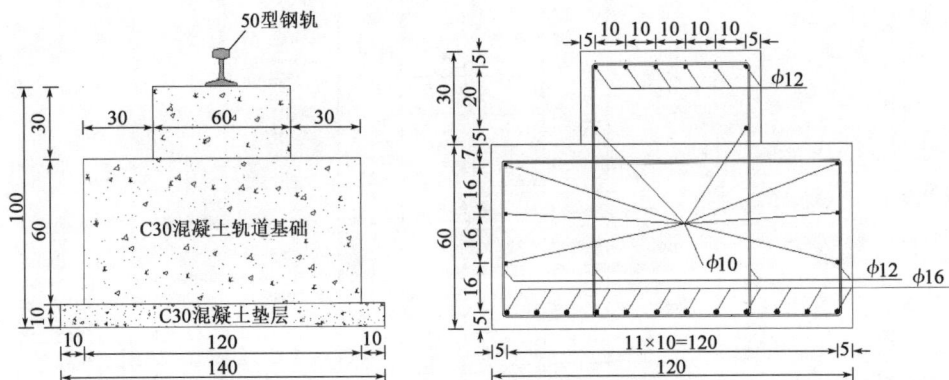

图 5　门式起重机轨道基础及其配筋图(尺寸单位:cm)

门式起重机轨道基础通过对拟定的尺寸采用 Midas 进行模拟计算,得到混凝土基础梁和垫层底收到的竖向反力最值,然后计算单元的底面尺寸,并将最值离散到底面得到需要的基底对地面的承载能力要求,考虑到基地处理过程中质量的不均匀以及轨道基础地面的不平整,加上门式起重机动荷载作用产生的动力特性等因素,地基承载力要求大于 150kPa,现场施工前对地基承载力进行检查,并采用建筑垃圾和细石进行基础换填,换填深度为 $1.5 \sim 2$mm。

4.3 栈桥设计

为确保雨季河水上涨不影响门式起重机轨道基础和施工便道,在主桥跨中位置两侧分别一座栈桥,栈桥跨中位置开挖宽度不超过 5m 的 U 形槽作为过水通道,栈桥作为车辆通行、门式起重机轨道基础和过水三项功能,栈桥顶与轨道基础顶面高程相同,栈桥两端分别与门式起重机轨道基础顺接。栈桥长 9m,总宽 8.5m,其中运输车通行段宽 6.5m,门式起重机通行段宽 2m,采用钢管桩 + 贝雷组合形式,两端分别布设 8 根 $\phi530 \times 8$mm 钢管作为基础立柱,在桩顶焊接托架,2I45a 工钢作为纵横向承重梁。

4.4 拼装支架设计

系梁和拱肋采用同一组支架,主拱采用 $\phi800 \times 8mm$,次拱和边拱采用 $\phi530 \times 8mm$ 钢管,根据拱肋内倾角度,钢管桩呈"口"字形或"日"字形布置,支架顶部设拱肋调节装置(图6、图7)。平面上钢管桩均避开系梁和拱肋,便于在剩余系梁间主梁安装时钢管桩拔除。

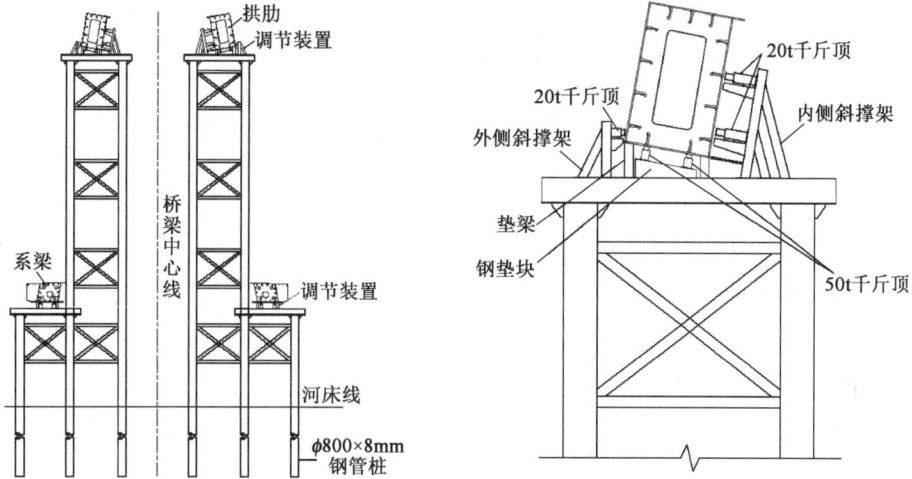

图6 主拱跨中支架断面图和调节装置图

图7 主拱跨中支架断面实物图

5 钢箱拱安装

5.1 拱座预埋件安装

拱座为多棱台空间钢混组合结构,承压预埋件由承压板和交错的劲板组成,承压预埋件设置在拱座的三个斜面上(图8)。承压预埋件采用门式型钢支架辅助安装,并利用千斤顶和拉手葫芦进行精调。安装前通过 CAD 三维空间建模获取控制点坐标,并结合 BIM 参数化建模技术对承压预埋件坐标进行复核,确保安装准确性。

图8　拱座安装实物图

5.2　结构点节段组拼

由于主桥为连拱结构,考虑结构受力,结构点位置作为整体进行吊装,结构点节段为不规则状,受运输道路限制,不方便运输,制造时分成两段或者三段,运到桥面位后再行组拼。组拼时,遵循"就地组拼、就地起吊"的原则,即在节段对应安装位置下的硬化场地上进行拼接。拱肋在桥面拼装摆放需按设计位置布置。

结构点节段采用卧拼法进行组拼。在硬化地面上按施工图放出两制造节段的控制点坐标,并在硬化场地上搭设整体拼装胎架,为保证胎架的整体刚度以及位置精度,胎架与硬化场地通过预埋件固定。节段底部与硬化场地间预留一定空隙,方便施工。节段组拼完成后,按规定对接缝质量进行检测,并进行防腐涂装。

5.3　节段安装流程

主梁安装遵循与支架不冲突,拱肋安装两侧对称,平衡从拱脚向拱顶施工的原则。

钢结构节段吊点按照吊装工况和结构构造进行设置,系梁上的临时吊点通过16mm腹板或者16mm横隔板传力,主梁节段通过16横隔板传力,拱肋通过拱肋壁板或者16mm厚横隔板传力,严谨在其他位置的焊接吊耳。吊装采用36钢丝绳四点八绳起吊。吊装时,钢丝绳一端连接一台200kN手拉葫芦,以对拱肋角度进行调整。吊装前,对节段的几何尺寸、焊接质量、涂装质量等进行全面的检查,验收通过后方可吊装。主要施工流程步骤如下。

步骤一:济宁侧次拱边拱三角区、系梁、系梁间主梁、拱肋安装和主拱三角区、系梁、系梁间主梁安装(图9)。

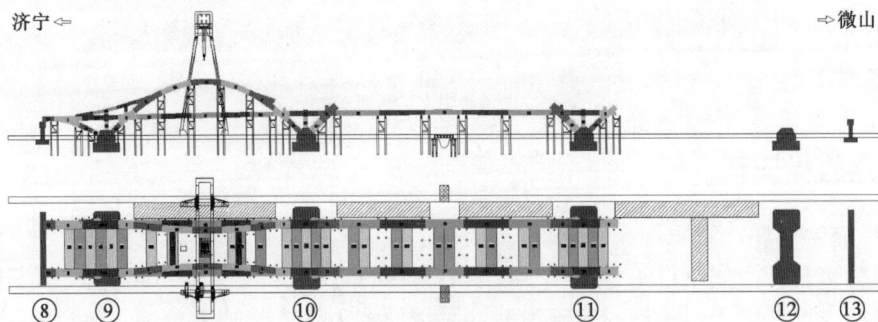

图9　步骤一示意图

步骤二：济宁侧次拱边拱拱肋、风撑安装；吊杆和临时系杆安装，体系转换；支架拆除周转至微山侧，安装剩余主梁（图10）。

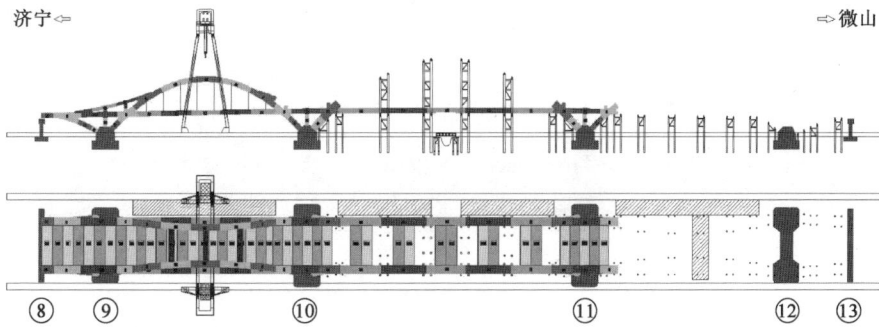

图10　步骤二示意图

步骤三：主拱拱肋和风撑安装，拱肋合龙段暂不安装（图11）。

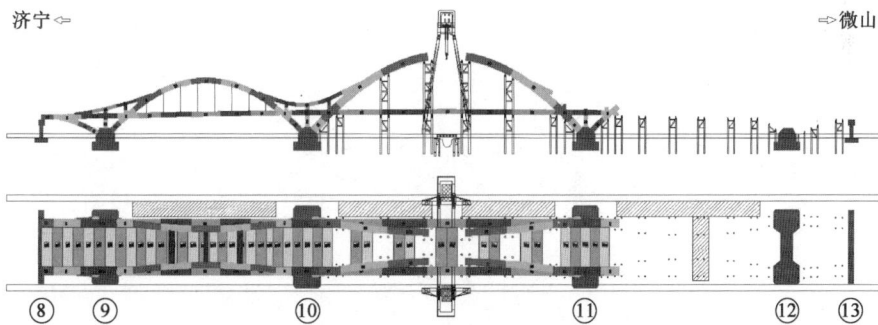

图11　步骤三示意图

步骤四：微山侧次拱边拱三角区、系梁、系梁间主梁、拱肋安装（图12）。

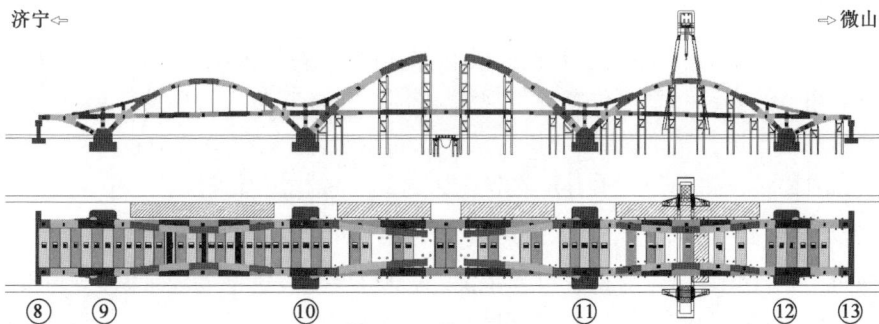

图12　步骤四示意图

步骤五：微山侧次拱边拱拱肋、风撑安装；吊杆和临时系杆安装，体系转换；支架拆除，安装剩余主梁（图13）。

步骤六：主拱拱肋合龙段安装，吊杆、永久长系杆和永久短系杆安装，体系转换，安装剩余主梁（图14）。

最后，安装主拱剩余风撑和装饰板结构，以及主梁挑臂段，调整吊杆和系杆索力。

5.4　节段线形调整

系梁安装前对支架高程进行测量，然后根据设计高程确定调节装置的高度。

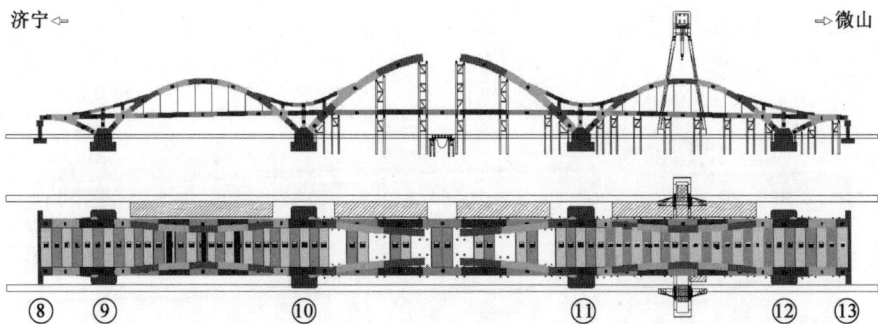

图13 步骤五示意图

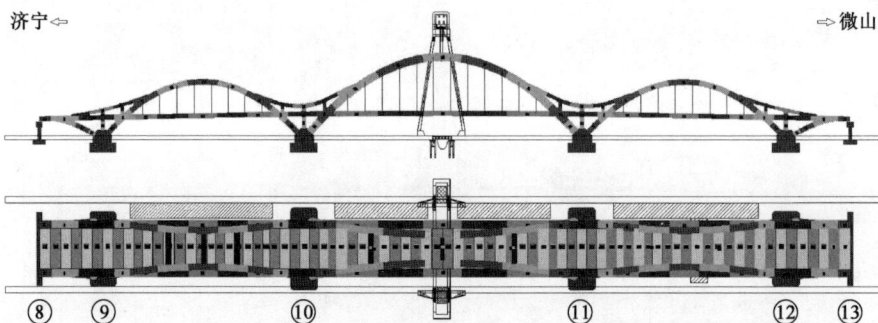

图14 步骤六示意图

下肢拱节段安装前,对拱脚预埋件段坐标进行复测校核,施工测量控制网宜进行一次全面复测。为调整拱肋线形,在拱肋每组支架上设有2组10台千斤顶,其中底部2组4台50t千斤顶用于调整拱肋高程,内侧2组4台20t千斤顶和外侧2组2台20t千斤顶用于调整拱肋横向位置及转角。

为方便与上一段梁对接,在已安装拱肋段底部和侧面焊接导向钢板。测量人员对所安装节段顶部两个角点的高程和平面位置进行观测,及时向现场安装人员反馈信息,现场安装人员根据反馈的信息指挥进行精确调节,使拱肋的线形符合要求,调整节头对接吻合后,将拱肋用型钢与支架临时固结。拱肋坐标调整应选择一天时间气温稳定时进行。

5.5 合龙段安装

主拱拱肋合龙段安装前应对合龙口的距离进行反复量测,由专人记录温度,并绘制温度变化规律表,为合龙段长度和合龙时间提供科学依据,确保合龙顺利。合龙段安装应重点做好以下三点:

①利用拼装支架顶部的调节装置进一步精调已安装拱肋线形;

②在气温均匀变化缓慢的时间内多次观测合龙口的距离;

③依据测量结果对合龙段拱肋轴线长度及接头结构尺寸进行施工及修正。

在确定的合龙日期气温平稳以后,吊装拱肋合龙段,并快速焊接临时码板,完成合龙。锁定拱轴线后仍需选定最佳观测时间多次测量拱轴线形,在符合设计要求后,开始对称同步焊接拱肋节段之间的环向焊缝。

5.6 吊杆系杆安装,张拉

本桥共设 20 根水平系杆索,系杆箱内为 4 根永久长系杆,主跨系杆箱外侧为 2 根永久短系杆,两个次跨系杆箱外侧为 2 根临时系杆,系杆采用全防腐型整束可调可换的镀锌成品索体系,系杆平行布置于底板及腹板内边线,采用焊接在主梁的托架固定,各跨拱肋合龙后应分别进行临时系杆、永久长系杆和主拱永久短系杆张拉,体系转换后拆除临时系杆。系杆张拉采用 500t 穿心千斤顶张拉,系梁间剩余主梁安装过程中,需要根据监控方监测数据实时进行系杆张拉。

主拱有 24 根吊杆,次拱有 32 根吊杆,纵向间距为 8m,吊杆采用环氧涂层 PES7 系梁钢丝成品索,吊杆在拱肋及钢箱梁内均设置钢箱锚固。吊杆在拱肋安装、调整完成且拱肋支架拆除后进行施工。吊杆安装时,先用吊车将吊杆吊起后放于桥面上,然后将吊杆上端锚头与下放的卷扬机钢丝绳牵引头连接,启动卷扬机,使锚头穿入拱肋内的钢导管,吊杆采用 150t 穿心千斤顶张拉并配备专用张拉撑脚、拉杆、液压电动油泵。张拉时,缓慢分级加压,并通知监控方监测拱肋应力及线形变化。吊杆索力调整完毕后,安装钢导管与热挤 PE 护套之间的减振器,安装防水罩,在防水罩内注入防腐油脂。安装钢箱拱端防水罩及上下锚头的防护罩。

在张拉前,对千斤顶油泵、油压表、测力仪器等进行标定,配套使用。

6 结语

泗河大桥承压板预埋件 2020 年 5 月 18 日开始安装,钢结构节段于 2020 年 6 月 6 日开始吊装,最后一节段于 2021 年 8 月 20 日安装完成,2020 年 7—9 月受连续降雨影响安装效率(图 15)。整个安装过程安全零事故,节段焊接质量控制良好,主梁和拱肋线形平顺,成桥后吊杆索力及拱肋高程满足设计要求(图 16)。

图 15 节段安装实物图

图 16 成桥远景图

拱桥施工方法众多,根据现场施工条件和桥梁结构受力特点,应选择合理安全经济的安装方法。对于多跨内倾中承式系杆拱桥,采用跨墩龙门式起重机安装,主梁、拱肋节段划分与拼装支架结合考虑,优化节段安装工序,减少拼装支架的投入,为同类型桥梁施工提供了新的思路和方法,对丰富拱桥施工方法起到了良好的借鉴作用。

参 考 文 献

[1] 济宁市鸿翔公路勘察设计研究院有限公司.环湖大道东线工程(太白湖新区段-变更)施

工图设计文件[R].济宁:济宁市鸿翔公路勘察设计研究院有限公司,2018.

[2] 卞永明,刘广军.桥梁结构现代施工技术[M].上海:上海科学技术出版社,2017.

[3] 中华人民共和国住房和城乡建设部.建筑地基基础设计规范:GB 50007—2011[S].北京:中国建筑工业出版社,2012.

40. 钢桁梁横移施工技术研究

马春江　贾　广　张永江

（中铁山桥集团有限公司）

摘　要：廊坊市交通中心工程主桥钢桁梁因邻近京沪高速铁路施工，且距离既有铁路较近，施工安全风险大，若处理不当，极易酿成事故，造成经济损失和不良社会影响。为保证高速铁路运营安全，远离铁路方向、预偏设计位置15m进行拼装，拼装完成后，利用横移滑道将钢桁梁横移至转体位置。结果表明，该横移方法降低了安全风险，并成功指导了施工。

关键词：邻近京沪高速铁路施工　连续牵引千斤顶　横移施工　同步施工

1　引言

随着我国桥梁的不断发展，桥梁施工方法也日渐丰富，原位支架法拼装、顶推施工、转体施工、架桥机施工等施工工艺已越发成熟。随着市政交通压力的不断增大，邻近铁路施工也将成为一种趋势，如何在保证铁路正常运营情况下完成桥梁施工值得深思。本论文以廊坊市交通中心工程高速铁路侧横移施工为依托，详细阐述了横移施工方法，该横移方法既保证了既有铁路的正常运营，又成功指导了施工。

2　工程概况

高速铁路侧钢桁梁跨度为119m + 138m，总长为257m，桥面宽度为32.2m（130m跨处部分桥面宽度为34.2m），共设有21个节间（即E0 ~ E21），节间距分为11.2m、12.2m、12m三种，自小里程向大里程节间布置形式为4×11.2m + 6×12.2m + 10×12.2m + 12m + 4m。为确保钢桁梁拼装过程中既有京沪高速铁路的安全，采用在远离铁路方向、设计位置外15m进行拼装（图1）。拼装完成后，用8台200t连续牵引千斤顶将钢桁梁向铁路方向横移15m至理论设计位置。横移利用钢桁梁下方的4条横移滑道梁实现，滑道梁长度为47m，分别位于E3、E8、E13、E18节间处，横移质量为9175.8t。

3　技术重难点

（1）横移施工靠近高速铁路，如何在保证铁路正常运营下完成横移施工是本项目重点。

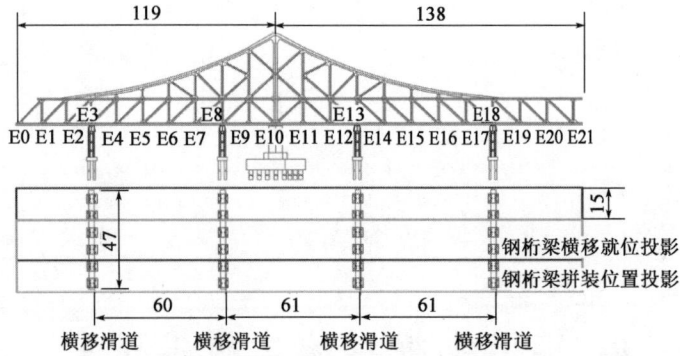

图 1　钢桁梁立面、平面布置图(尺寸单位:m)

(2)随着横移的不断进行,钢桁梁左右两侧可能会出现不同牵引造成的钢桁梁扭曲风险。如何保证千斤顶的同步是横移的重点及难点。

(3)钢桁梁加工制造精度、拼装质量控制是本工程的重点。

4　设备安装

横移所需设备布置如图 2 所示。

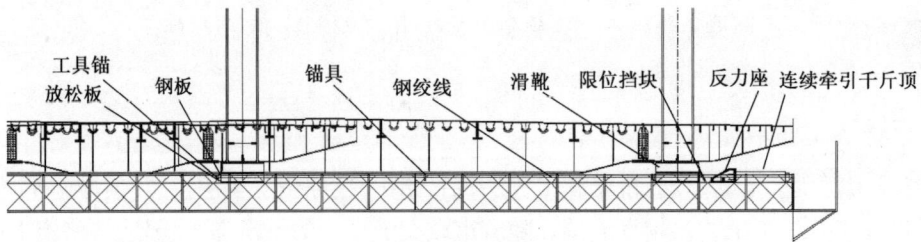

图 2　横移牵引设备布置图

4.1　横移滑道安装

高速铁路侧钢桁梁下方垂直于铁路方向设置 4 道横移滑道,4 组支架分别布置在 E3、E8、E13、E18 节点位置。滑道最高 17.9m,采用桩基 + 承台 + 钢管柱 + 钢箱滑道梁结构形式。采用双钢管立柱,边柱钢管为 $\phi1\,020 \times 20$,中柱钢管为 $\phi820 \times 20$,横向用联板连接,纵向采用 $\phi325 \times 8$ 剪刀撑;滑道梁高 2.4m,宽 2.4m,长 47m。

滑道梁以上部分的滑动体系分如下 2 种(图 2、图 3):

第一种:E3、E18 滑道梁,滑道梁顶部的找平钢板上焊接通长不锈钢板(图 4),不锈钢板侧面与找平钢板焊接,每隔 1m 设置一道塞焊。上滑靴下部设置 2cm 厚 MGE 滑块,滑块固定在上滑靴底部,滑块四周焊接 1.5cm 厚钢板条外框固定。横移时,MGE 滑块与不锈钢板进行摩擦,在两者之间涂抹硅油进行减阻(不需导滑块)。

第二种:E8、E13 滑道梁,滑道梁顶部的找平钢板上设置 1cm 厚 MGE 滑块(图 5),上滑靴底部焊有不锈钢板,横移时,上滑靴底部的不锈钢板与滑道梁上的 MGE 滑块进行摩擦,在两者之间涂抹硅油进行减阻(需要导滑块)。

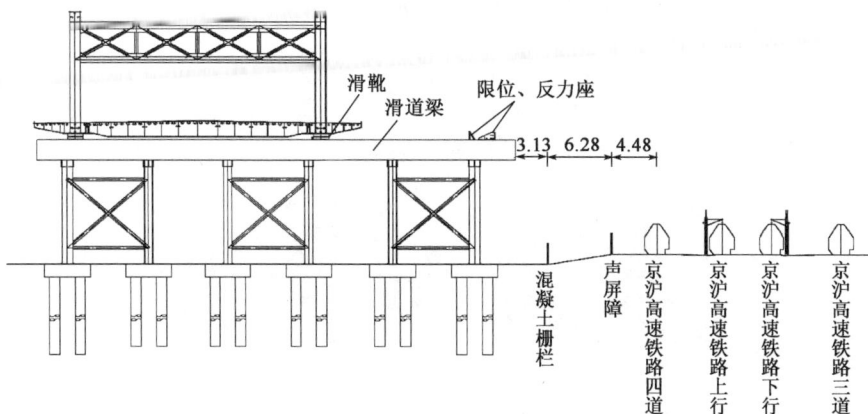

图3　滑道与铁路关系图(尺寸单位:m)

图4　不锈钢板实物图

图5　MGE滑块实物图

4.2　滑靴安装

每条横移滑道梁上安装两个滑靴,滑靴分为垫座和底座两层,以螺栓连接。垫座在横移到位并落梁时拆除,底座采用28mm下盖板,设前翘并包不锈钢板。滑靴两侧设置横向限位,限位与滑道梁之间的空隙为1cm。滑靴与下弦杆之间采用焊接固定。滑靴左右两部分用槽钢焊牢,横移到位后割除(图6)。

图6　滑靴实物图

4.3　反力座安装

每条横移滑道安装两件反力座,共加工八件,反力座与滑道梁焊为一体(图7)。

4.4　连续牵引设备安装

自动连续牵引系统主要由主控台操作系统、四台智能同步液压泵站及8台连续牵引千斤顶三大部分组成(图8)。4台智能液压同步泵站分别放于四道横移滑道梁下,8台连续牵引千斤顶分别放到反力座后,主控台与智能液压同步泵站之间用网线连接,4台智能液压同步泵站之间也是采用网线串联连接接收和采集数据回传到主控台,智能液压同步泵站和连续牵引千斤顶之间采用两根12芯屏蔽数据线缆连接。

图7 反力座实物图

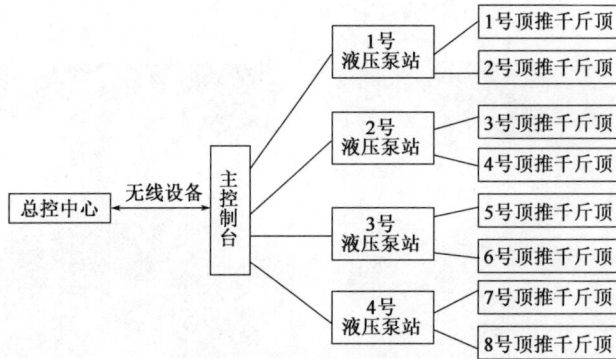

图8 自动连续牵引系统组成图

4.5 连续牵引拖拉索安装

每条横移滑道梁上布置2束托拉索,每束托拉索由12根钢绞线组成,其强度等级为1860MPa,直径为15.24m。每束分别固定在梁底滑靴上的预埋的锚固点,锚固点锚具为专用的锚具,具有防松、不回缩的夹持锚固功能。连续顶推拖拉索经逐根顺次沿着既定索道排列缠绕后,穿过连续牵引千斤顶,千斤顶钢绞线统一排布,无交错。钢绞线安装完成后用预紧千斤顶逐根对钢绞线预紧,预紧力5kN,使同一束牵引索各钢绞线持力基本一致。为防止钢绞线横移过程中发生断裂飞向铁路方向,在牵引索中间处增加一道卸扣保障安全(图9)。

图9 连续牵引拖拉索实物图

5 横移施工

5.1 试横移施工

在横移设备调试完毕、钢绞线穿束完成后,进行横移试顶施工,横移距离为200cm。在试横移的过程中,测试牵引力是否与计算数据相符、动摩擦力和静摩擦力实际数值、8台千斤顶是否能实现同步牵引、MGE滑块是否与滑道梁全面接触、钢桁梁应力变化、滑道梁应力变化和梁体变形、滑靴是否存在变形、钢绞线拉伸是否正常、千斤顶反力座焊缝是否良好、点动调节距离等。在试横移过程中,对梁体、横移滑道、位移同步性进行实时监测并记录有效数据。

5.2 横移施工

设备和各岗位人员均准备就绪后,在指挥长下达横移开始命令后,开始进行横移施工,启动设备令其在"自动"状态下运行。

在横移过程中,实时注意滑道梁有无变形、滑道梁上有无异物、滑靴间高栓有无松动、位移是否同步等,如发现异常情况,总指挥立即下达暂定横移指令,待查明原因后继续横移。滑靴上不锈钢板与滑道上MGE滑块接触,MGE倒换过程中,在MGE滑块上刷硅油减阻。

在横移过程中每前进1m,监测人员给控制台汇报一次监测数据;距设计位前2m内时,每50cm报告一次;在到达50cm内,每10cm报一次;在5cm内必须每10mm报告一次。以便控制系统的操作人员能及时掌握顶推拖拉情况,利于操作控制系统,使连续顶推拖拉达到理想的设计要求。

5.3 落梁施工

在E3、E8、E13、E18处布置16台800t千斤顶。千斤顶设置在每个滑靴中间横联处,安装千斤顶前,先将滑靴的横联进行切除,每处滑靴处布置2台千斤顶。在千斤顶安装前切除部分滑靴。保护垛设置在原滑靴处、千斤顶两侧。每道滑道梁上的4台千斤顶采用1台DSS-11超高压电动油泵连接,4台泵站串联后连接至主控台,通过PLC主控系统实现16台千斤顶的同步顶升。

5.4 同步性保障

(1)PLC同步牵引系统的应用,实现8个200t千斤顶等力同步顶推控制。在每处顶推拖拉点分别有独立的液压系统,采用计算机程序控制,实时比对。设置位移允许差为5mm,即所有参与连续牵引的千斤顶在牵引过程中最快牵引位移量与最慢位移量的允许差值为5mm,以避免某一台或多台设备过快或过慢顶牵引,保持整体的同步性,超过此值系统将自动进行调节。

(2)梁体位移实时监测,及时进行纠偏(图10)。在滑靴上安装位移监测装置,在横移过程中实时观测结果,并进行分析评价,与预先设定好的预警值相比较,一旦发现不同步达到5mm时,便提出预警,查明原因后再进行后续的施工。同时设置专人盯控滑靴横向限位间隙,在间隙达到5mm时进行预警。

(3)为了保证同步控制,本系统采用拉杆式位移传感器做伸长位移采集,精度为0.02mm,与泵站油泵变频器组成闭环控制,达到精准同步的目的。实现压力,位移同步双重控制。

5.5 横移纠偏措施

5.5.1 横纵向限位设置

梁体横向限位设置在滑靴上,滑靴两侧设置下沿包边,左右两侧与滑道梁的间隙均为

1cm。限位在沿横移方向的端头,设置为开口型,防止横移过程中损坏滑道梁的不锈钢板。横移到位后,立即将滑靴与滑道梁间间隙封死,防止梁体发生偏移。

图10 位移监测装置

纵向限位:在滑道梁顶部和侧面安装纵向限位装置,就位线需精确放样,滑道梁顶面限位装置为工字钢,滑道梁侧面限位装置为14a槽钢,通过焊接和滑道梁相连接。

5.5.2 纠偏措施

本桥共设置四道滑道梁,如出现其中两道滑道梁与另两道滑道梁不同步,发生横纵向位移,则单独调节滞后两道横移滑道梁上四台横移千斤顶,直至四道横移滑道同步;如出现单独一道滑道梁与另三道滑道梁不同步,发生横纵向位移,则单独调节滞后横移滑道上两台横移千斤顶,直至四道横移滑道同步。

5.6 横移监测

钢桁梁横移施工的主要对如下几部分进行监测:横移滑道的线形监测、横移过程主梁变形与应力监测、横移过程支架位移与应力监测、横移位移监测等。

5.6.1 应力监测

应力监测包括主梁与支架应力监测,监测采用表贴式应力传感器,所有应变计接入无线采集系统,进行自动化实时监测(图11)。①主桁应力测点选取各工况下出现的最大变化的节点处进行监测,每个杆件顶面和底面对称布设2个应变传感器,合计共监测12个杆件,总计24个应变测点。②横移滑道支架应力监测选取第三排中的1根和第六排的中1根立柱顶部及下滑道梁跨中底面作为应变监测点,每根立柱对称布置3个应变传感器,下滑道底面布置1个应变传感器,全桥合计有4根立柱、2个下滑道底面,共14个应变测点。

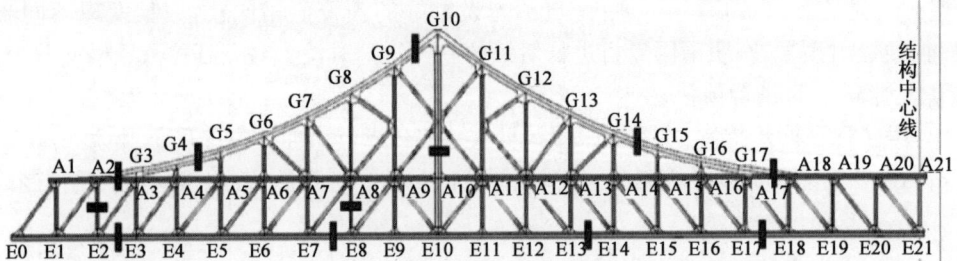

图11 滑道梁应力监测点布置

5.6.2 变形监测

变形监测包括主桁变形监测、横移滑道变形监测、钢管柱变形监测（图12）。①主桁变形监测测点布置于一侧主梁下弦杆 E0、E3、E8、E10、E13、E18、E21 节点处，由于横移为夜间作业，采用粘贴小棱镜的方式进行监测，每个节点各 1 个变形控制点，主梁合计 7 个测点。②横移滑道变形选取 L3 号和 L18 号横移滑道，在下滑道梁均布布置 3 个测点，合计共布设 6 个测点。

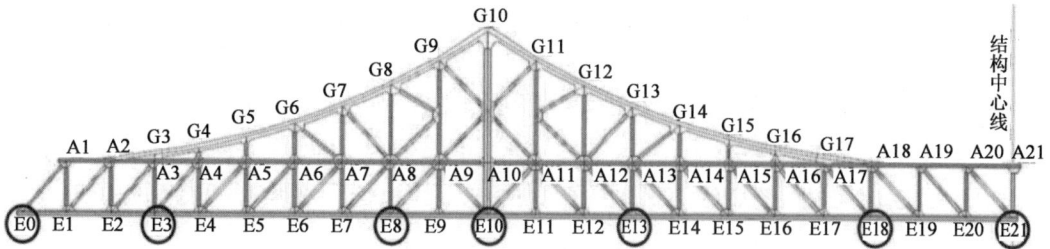

图12 滑道梁变形监测点布置

5.6.3 同步位移监测

为实时掌握主桁在横移过程中横向位移的同步性，在桁架一侧的所有的滑靴安装 1 个位移测量装置（拉线式位移传感器）进行实时观测，并在横移过程中实时观测结果，并进行分析评价，与预先设定好的预警值相比较，一旦发现出现较大的不同步性，便及时提出预警，查明原因后再行后续的施工。每道横移滑道布置 2 个传感器、4 道横移滑道共计 8 个位移测点（图13）。

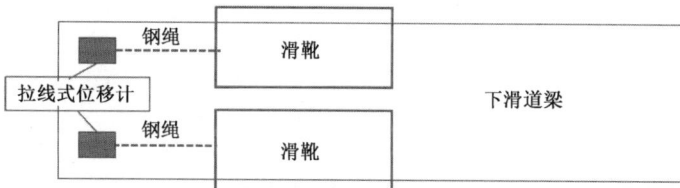

图13 同步位移监测点布置

5.6.4 监测控制值

在应力监测和变形监测的过程中，实行二级预警机制，在横移滑道 L3-3、L3-6、L18-3、L18-6 的应力值达到 156MPa、147MPa、98MPa、109MPa 时进行报警，横移滑道 L3 和 L18 变形量达到 6mm 时进行报警，在达到报警值的 80% 时进行预警，及时调整方案。

6 结语

本文主要对廊坊市交通中心工程高速铁路侧钢桁梁横移施工进行了研究，相比于以往桥梁顺桥向单点单个梁段顶推，廊坊桥则是横桥向、多点、整桥顶推，具有多点受力、重量大、跨度大等特点。成果表明此横移方法成功指导了廊坊桥施工该廊坊桥横移施工为多点受力、大质量、大跨度桥梁顶推（横移）施工提供借鉴意义，为紧邻高速铁路线路等特殊环境下施工提供借鉴意义。

参 考 文 献

[1] 凤淼.邻近营业线跨繁忙航道大跨度钢桁梁无导梁纵移及横移施工技术[J].价值工程, 2018(10):1.

[2] 朱伟.跨西宝客专1~132m钢桁梁横移架设施工技术[J].科技创新与应用,2017(7):1.

[3] 崔文科.跨越运营高铁的铁路钢桁梁桥横移施工技术[J].钢结构,2016(6):92-95.

[4] 马洪刚,刘子利.超高位大跨度128m钢桁梁拼装及横移施工技术[J].山西建筑,2014 (5):169-170.

[5] 孙连勇.大跨度钢桁梁横移架设技术研究[D].济南:山东大学,2013.

[6] 彭仕国.跨铁路钢箱梁顶推施工技术[J].铁道标准设计,2009(7):1.

[7] 杨凯,吴冰,徐洪新.跨既有线钢桁梁桥横移施工过程临时结构分析及监控[J].甘肃科学 学报,2019(3):77-84.

41. 大跨钢桁梁斜拉桥散件悬拼快速施工方法研究

李杰[1,2,3] 龙强[1,2,3]

（1. 中交第二航务工程局有限公司；2. 长大桥梁建设施工技术交通行业重点实验室；
3. 交通运输行业交通基础设施智能制造技术研发中心）

摘 要：本文为研究在山区复杂地形环境下采用散件拼装的大跨钢桁梁斜拉桥上部结构快速安装技术，以重庆白居寺长江大桥（主跨 660m 钢桁梁斜拉桥）为研究背景，针对散件拼装工效低、工艺烦琐费时等难题，提出采用"斜拉索滞后张拉＋桥面板滞后焊接"的施工优化方案，并通过理论分析和数值模拟对大跨板桁结合钢桁梁斜拉桥 3 种标准节间合理循环安装工艺进行对比分析。结果表明，对于采用散件拼装的钢桁梁斜拉桥，可利用其自身刚度大的特点，采用"斜拉索滞后一节间张拉＋桥面板滞后一节间焊接"进行上部结构快速施工，该方法较传统的索梁同步施工方案，工效可提高 33.3%，构件成桥应力偏差控制在 7.6% 以内，且结构受力均满足要求。

关键词：斜拉桥 钢桁梁 散件悬拼 施工方法

1 引言

随着我国城市轨道交通快速发展和城市桥位资源越来越稀缺，公轨合建桥梁得到了广泛应用。钢桁梁斜拉桥以其跨越能力强、结构刚度大、便于分层布置以及经济美观的优点成为公轨合建桥梁的主力桥型[1-3]。公轨两用钢桁梁斜拉桥主梁目前多采用整节段吊装[4-6]、散件悬拼[7-9]等工艺进行上部结构施工。整节段吊装架设钢桁梁效率高，但对运输条件和安装设备要求高，不同于传统长江中下游地区，在山地城市建设钢桁梁斜拉桥，由于受桥位地形和运输条件的限制，无法进行大节段运输吊装，只能采取散件悬拼工艺进行钢桁梁施工，但散件拼装钢桁梁逐根构件架设效率低，高空作业量大，危险因素多，安装工艺烦琐、费时。针对公轨两用板桁结合钢桁梁斜拉桥施工中存在的问题，在满足施工质量和安全的前提下，本文提出了一种基于全断面悬拼的快速架设方法。

2 工程概况

白居寺长江大桥是重庆市五横线跨越长江的节点工程，该桥主桥结构为主跨 660m 的双塔双索面半漂浮体系公轨两用钢桁梁斜拉桥，上层为 8 车道城市主干道，下层为双线轨道交通,边中跨比为0.591∶1,主桥采用五跨连续方式,桥跨布置为107m + 255m + 660m + 255m + 107m。主桥立面布置如图1所示。

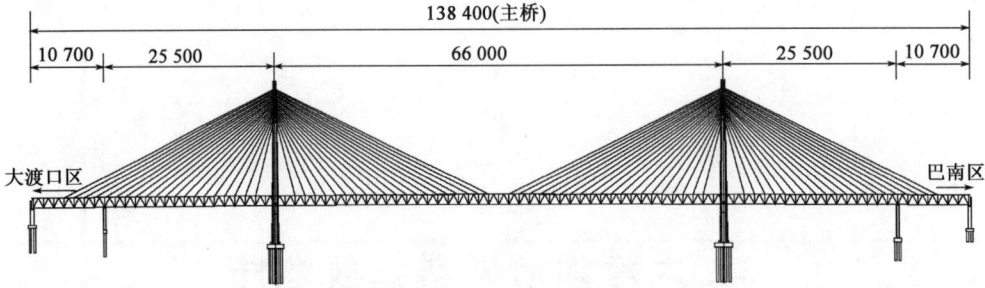

图1 白居寺长江大桥主桥立面布置图(尺寸单位:cm)

钢桁梁采用正交异性钢桥面板与钢主桁相结合的形式,立面布置为三角形,横截面为带副桁的梯形断面,标准断面上桥面总宽度为38m,下桥面总宽度为19.2m,主桁中心线高12.606m。主桁采用两片桁架,每片桁架由上弦杆、下弦杆、腹杆、边纵梁及斜拉杆组成,钢桁梁除上弦杆顶面采用焊接,其余均采用高强螺栓连接。桥面板与主桁均采用焊接连接。钢桁梁共分为93节间,节间标准长度15m,全桥共设置20对平行钢丝斜拉索。钢桁梁构造如图2所示。

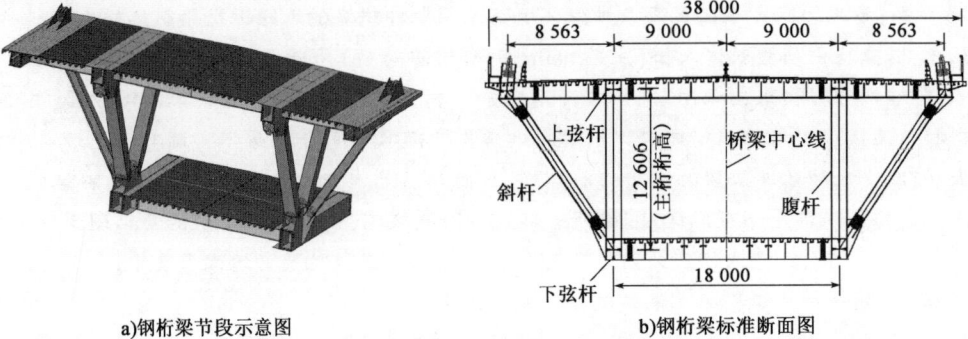

a)钢桁梁节段示意图   b)钢桁梁标准断面图

图2 白居寺长江大桥钢桁梁构造图(尺寸单位:mm)

3 钢桁梁总体安装方案比选

由于白居寺长江大桥钢桁梁为三角形桁架结构,故可采取"倒三角形"循环安装和"正三角形"循环安装两种架设方案,如图3、图4所示。为合理选择钢桁梁安装方案,对总体安装方式进行比选。

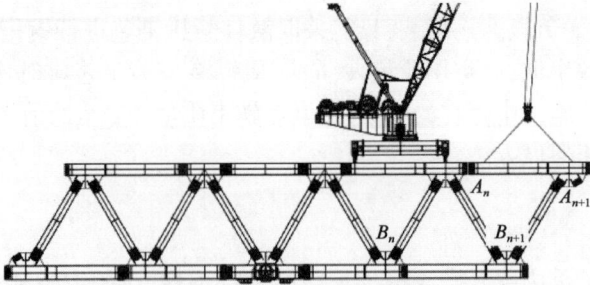

图3 "倒三角形"循环安装

350

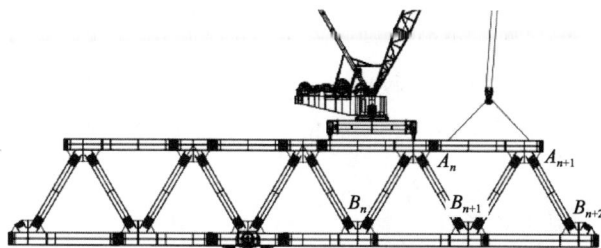

图 4 "正三角形"循环安装

两种钢桁梁标准节段架设方案的优缺点对比详见表 1。"倒三角形"安装方案和"正三角形"安装方案各有优势,根据具体情况,可将两种方案结合起来使用,即索塔无索区、杆件重量大的节段采用"倒三角形"安装方式,使其能够尽早形成稳定结构,降低安装风险;在后续标准节段,杆件重量较小时,可以采用"正三角形"安装方式,加快拼装速度,节省安装时间。

总体架设方案比选 表 1

安装方案	优点	缺点
"倒三角形"安装	主桁能够较快形成稳定三角形。 起重机起重力矩较小,对起重机起重能力要求相对较低	下弦杆安装需制作专用吊具
"正三角形"安装	不需要更换吊具,安装速度较快	不满足尽快形成稳定三角形,需用起重机起吊下弦杆前端,起重机安全风险大,起重力矩较大

4 钢桁梁标准节段快速拼装工艺研究

4.1 原施工方案介绍

白居寺长江大桥上部结构施工受地形和运输条件限制,只能采取散件悬臂工艺进行钢桁梁施工。标准节段施工流程为:起重机前移至 $N-1$ 节段→吊装 N 节段下弦杆→吊装 N 节段斜腹杆→吊装 N 节段上弦杆→吊装 N 节段下桥面板→吊装 N 节段上桥面板→吊装 N 节段边纵梁和斜拉杆→ N 节段桥面板焊接和高强螺栓施拧→ N 节段斜拉索张拉→起重机前移至下一节段,如图 5 所示。

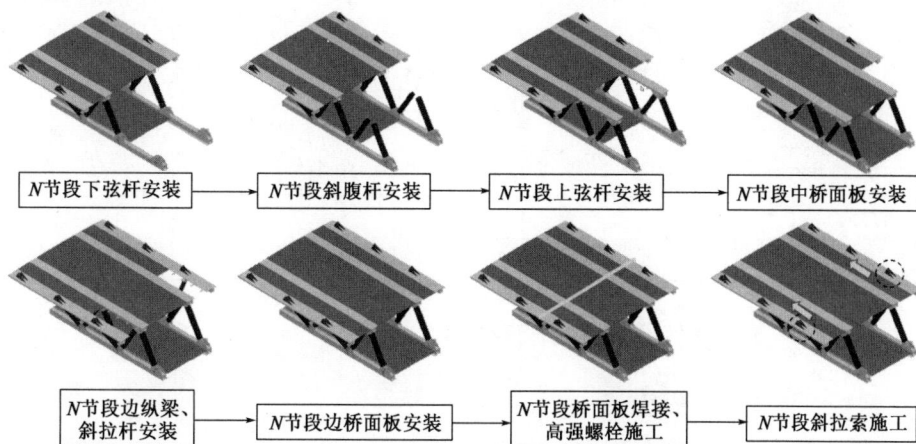

| N 节段下弦杆安装 | N 节段斜腹杆安装 | N 节段上弦杆安装 | N 节段中桥面板安装 |

| N 节段边纵梁、斜拉杆安装 | N 节段边桥面板安装 | N 节段桥面板焊接、高强螺栓施工 | N 节段斜拉索施工 |

图 5 原施工方案标准节段拼装流程图

该方法运输与吊装质量小,对施工机具要求低,构件的对位、调整及安装便捷。其不足在于,逐根构件架设的效率低,高空作业量大,危险性因素多,安装工艺烦琐、费时。白居寺长江大桥上部结构钢桁梁每个节段由上、下弦杆及桥面板等16个构件组成,若按照传统散件拼装施工流程,每个节段安装完需吊装16次,同时桥面板焊接和高强螺栓施拧占用近一半的主线施工时间,上部结构累计施工周期较长。为缩短工期,有必要对标准节段施工工艺进行优化。

4.2 标准节段循环施工优化方案

钢桁梁斜拉桥较其他主梁形式具有刚度大的特点,施工过程中,在不张拉当前节段斜拉索的条件下,利用钢桁梁自身较大的刚度承担下一节段待拼装钢桁梁杆件施工荷载,因此提出标准节段采用"斜拉索滞后张拉 + 桥面板滞后焊接"施工工艺。如图6所示,图6b)和图6c)分别为"斜拉索滞后一节段张拉 + 桥面板滞后一节段焊接"(优化方案一)和"斜拉索滞后两节段张拉 + 桥面板滞后两节段焊接"(优化方案二)的标准节段循环安装工艺。将当前节段桥面板焊接、高强螺栓施拧、斜拉索牵引与下节段桁架杆件拼装进行平行施工,节省每个节段桥面板焊接和高强螺栓置换冲钉的施工时间。优化方案不占用关键线路时间,显著提高了钢梁安装施工效率。

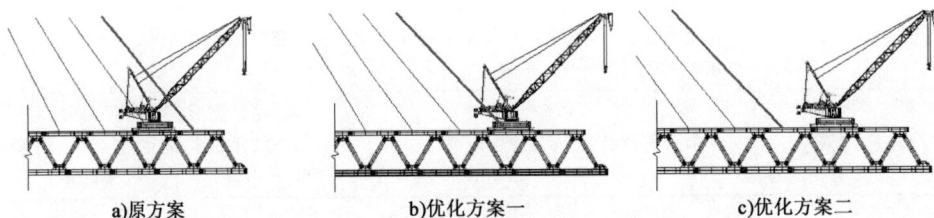

a)原方案　　　　　　　　b)优化方案一　　　　　　　　c)优化方案二

图6　标准节段循环施工优化对比示意图

分别对三种循环施工方案进行工效分析,从表2可知,原方案循环施工工效为15d/节段,而优化后的"斜拉索滞后张拉 + 桥面板滞后焊接"循环施工方案的工效均为10d/节段,这是由于主桁高强螺栓施拧和桥面板焊接与杆件吊装同时进行,优化方案一与优化方案二的主线施工时间相同。

标准节段斜拉索不同张拉时机工效分析(d)　　　　　　　　表2

工序	原方案工效	优化方案一工效	优化方案二工效
主桁安装	4	8	12
斜副桁安装	2	4	6
桥面板安装	3	6	9
主桁高强螺栓施拧、桥面板焊接	5	0 (与吊装作业同步)	0 (与吊装作业同步)
斜拉索牵引、张拉	1	2	3
平均每个节段工效	15	(8 + 4 + 6 + 2)/2 = 10	(12 + 6 + 9 + 3)/3 = 10

5　钢桁梁快速拼装优化方案计算分析

5.1　斜拉索滞后张拉影响分析

采用midas Civil有限元软件对斜拉索当前节段张拉、斜拉索滞后一节段张拉和斜拉索滞后两节段张拉三种循环施工方案进行施工阶段整体受力分析,其中,钢桁梁正交异性钢桥面板采用板单元模拟,板单元的厚度考虑加劲肋对桥面板刚度的贡献,钢主桁、索塔及桥墩采用梁单元模拟,斜拉索采用索单元模拟,共划分为 21 895 个单元,12 247 个节点。全桥有限元模型如图 7 所示。

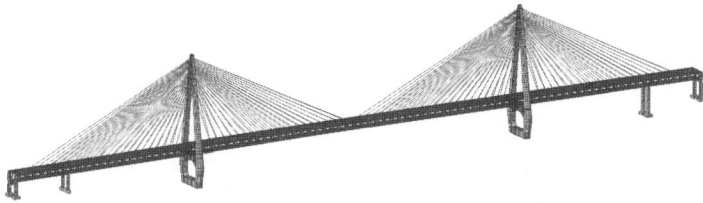

图 7　全桥有限元模型

对标准节段不同施工方案的斜拉索应力进行计算分析。如图 8 所示,斜拉索当前节段张拉、滞后一节段张拉和滞后两节段张拉索力安全系数变化趋势相同,且呈依次递减的规律。斜拉索滞后一节段张拉循环施工索力安全系数均大于 2.0,而滞后两节段张拉时 7A02 和 8A02 号索索力安全系数小于 2.0。图 9 为标准节段不同施工方案的钢桁梁应力包络图,由图可知,钢桁梁最大压应力为 – 121MPa,最大拉应力为 102MPa,均处于安全范围内。

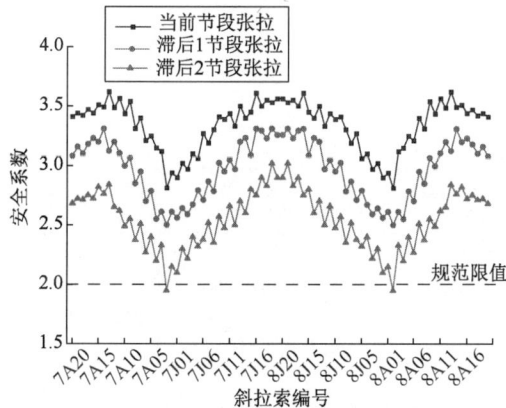

图 8　不同施工方案斜拉索安全系数

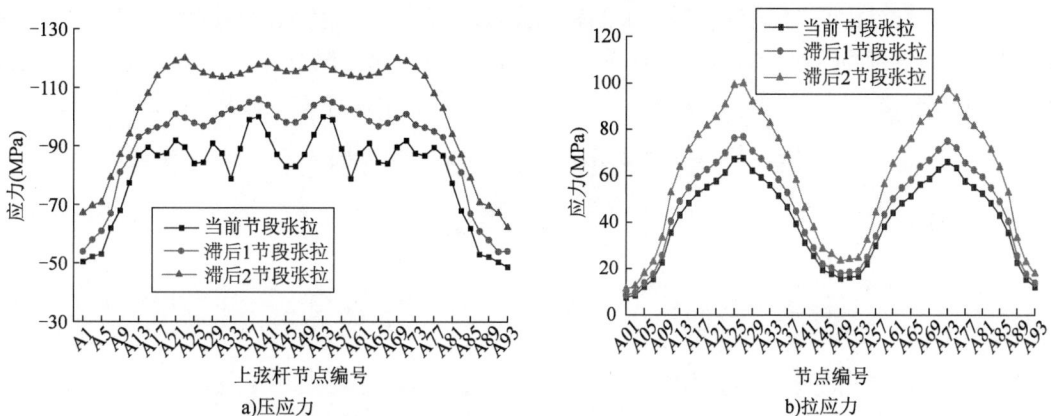

a)压应力

b)拉应力

图 9　不同施工方案钢桁梁应力包络图

图 10、图 11 分别为标准节段不同施工方案的主塔内力和主塔纵向变形图,由图可知,采用斜拉索滞后张拉方案时,主塔应力和线形变化趋势相同,且主塔最大压应力为 – 9.26MPa,

主塔塔顶最大纵向变形为 70.2mm,较原方案主塔最大压应力增大 0.6MPa,最大塔顶纵向位移增大 3.2mm,影响较小。

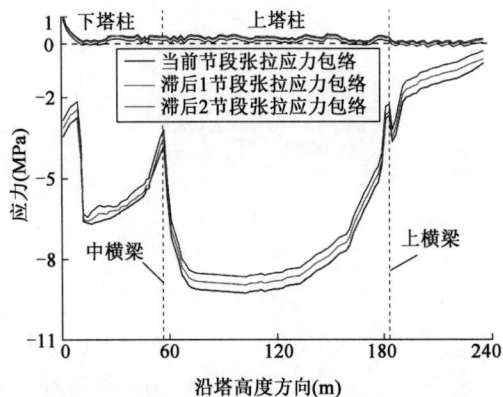

图 10 不同施工方案主塔内力

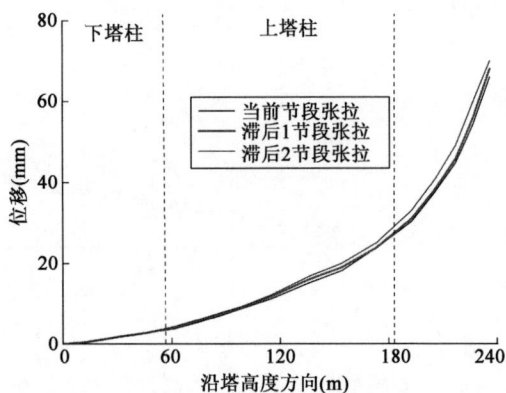

图 11 不同施工方案主塔纵向变形

综合考虑工效与结构受力,斜拉索滞后一节段张拉循环施工为优选方案。该方案钢桁梁结构受力满足要求,同时标准节段安装工期由 15d 缩减到 10d,循环拼装施工流程如图 12 所示。

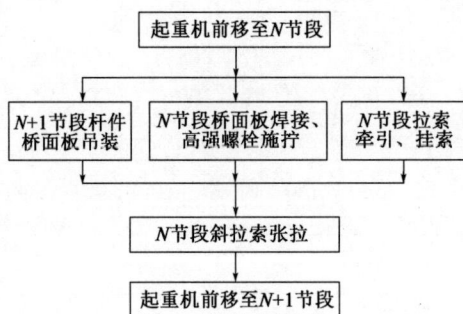

图 12 斜拉索滞后一节段循环拼装施工流程图

5.2 桥面板滞后焊接影响分析

图 13 为前端桥面板不同焊接时机下的钢桁梁成桥应力,在成桥索力相同的情况下,前端桥面板当前节间焊接与桥面板滞后一节段焊接两种情况下的钢桁梁成桥应力沿顺桥向的变化趋势一致,且应力偏差不超过 7.4%,因此选择前端桥面板滞后一节段焊接满足设计成桥受力要求。

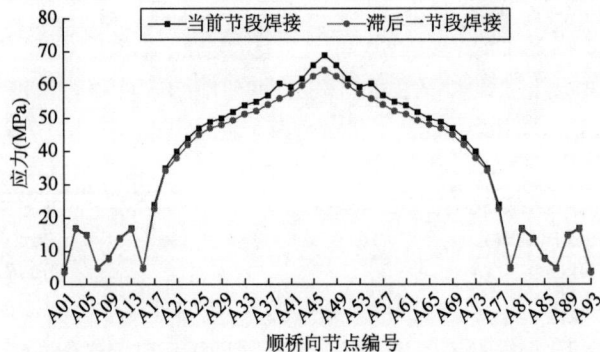

图 13 前端桥面板不同焊接时机下的钢桁梁成桥应力图

354

为进一步分析桥面板不同焊接时机对钢桁梁整体刚度的影响规律,选取全桥施工阶段钢桁梁应力最大的 4 个 60m 长梁段进行局部分析,采用 ANSYS 有限元软件对桥面板当前节段焊接与桥面板滞后焊接两种不同连接方式下桥面板局部应力及变形状态进行分析。钢桁梁与桥面板均采用 shell188 壳单元进行模拟,约束方式为一端固结。计算荷载考虑钢桁梁自重、桥面起重机、斜拉索索力,索力按斜拉索锚固角度以线荷载作用在锚拉板锚固的位置,施加的索力为 midas 模型中施工阶段分析得到的拉索内力,局部有限元模型如图 14 所示。

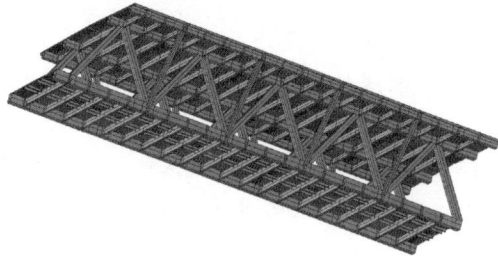

图 14　四节段壳单元局部有限元模型

两种不同连接方式下钢桁梁竖向变形如图 15 所示,桥面板滞后焊接比当前节段焊接钢桁梁悬臂端位移仅增大 2mm,表明桥面板对钢桁梁节段整体刚度贡献较小,因此钢桁梁悬拼过程中,可将桥面板焊接及桥面板 U 肋栓接与下一节段主桁的拼装同步进行。

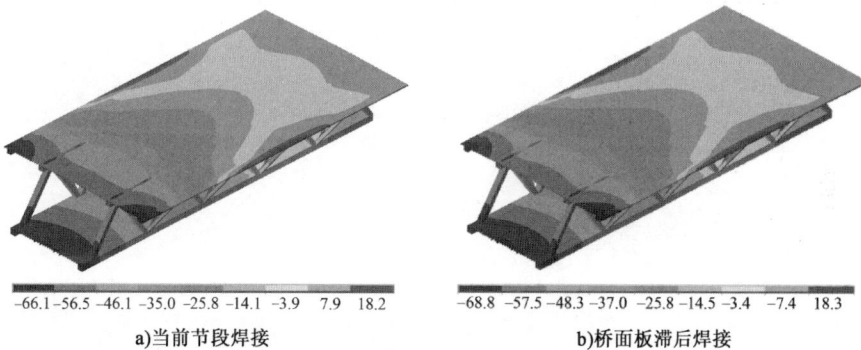

-66.1 -56.5 -46.1 -35.0 -25.8 -14.1 -3.9 　7.9 　18.2

a)当前节段焊接

-68.8 -57.5 -48.3 -37.0 -25.8 -14.5 -3.4 　-7.4 　18.3

b)桥面板滞后焊接

图 15　桥面板不同焊接时机下的钢桁梁竖向位移(单位:mm)

6　结语

(1)钢桁梁"倒三角形"拼装方案和"正三角形"拼装方案各有优势,可在索塔无索区、杆件重量大的节段采用"倒三角形"安装方式,使其能够尽早形成稳定结构,降低安装风险;在后续杆件重量较小时的标准节段采用"正三角形"安装方式,加快拼装速度,节省安装时间。

(2)提出"斜拉索滞后一节段张拉 + 前端桥面板滞后一节段焊接"的标准节段循环安装优化方案,该方法较传统的索梁同步施工方案,工效可提高 33.3%。

(3)采用"斜拉索滞后一节段张拉 + 前端桥面板滞后一节段焊接"方案时,钢桁梁施工期最大压应力为 -121MPa,最大拉应力为 102MPa,且较传统方案的成桥应力偏差在 7.6% 以内,对主塔内力线形影响较小,结构受力满足要求。

参 考 文 献

[1] 李永庆,李暾,王翰哲,等.山区大跨度斜拉桥主梁选型研究[J].公路,2022,67(5): 149-153.

[2] 付强,迟东彪.公路两用斜拉桥钢混组合梁与钢桁梁对比分析[J].西部交通科技,2021, (12):120-123.

[3] 侯满,王茂强.毕都北盘江大桥钢桁梁设计关键技术[J].世界桥梁,2018,46(3):1-6.

[4] 何明辉,胡雄伟.杭绍台铁路椒江特大桥主桥钢桁梁架设关键技术[J].世界桥梁,2023, 51(4):36-42.

[5] 姚华.平潭海峡公铁大桥大小练岛水道桥施工技术[J].桥梁建设,2020,50(1):7-12.

[6] 刘爱林,李旭.商合杭铁路芜湖长江公铁大桥主桥钢梁架设关键技术[J].桥梁建设, 2020,50(1):1-6.

[7] 邬宗平.渝黔铁路新白沙沱长江特大桥钢桁梁架设技术[J].桥梁建设,2019,49(3): 114-118.

[8] 蔡向阳,肖威,赵志平.新疆果子沟钢桁梁斜拉桥总体设计及关键技术[J].公路,2012 (5):148-154.

[9] 吴升宇.宽幅双层钢桁梁斜拉桥悬臂拼装施工控制关键技术研究[D].长沙:长沙理工大 学,2022.

42. 京雄白沟河大桥制造安装技术

赵玉娇　李　峰　高　松　马国英　潘丽婷　刘俊青

(中铁山桥集团有限公司)

摘　要：京雄白沟河大桥是京雄高速公路河北段主线上跨越白沟河的一座特大型景观桥梁。主桥设计采用上承空腹式钢箱连拱桥，是集"景观、实用"为一体的地标性建筑之一。本桥难点集制造和运输安装于一体，因此拟定了先在生产制造单位制造成可运输大节段再到桥址整体拼装的方案，对钢拱桥进行合理分块，解决制造和运输困难的问题。

关键词：钢箱连拱桥　拼装　分块

1　引言

京雄白沟河大桥为京雄高速公路上的一座特大景观桥梁。大桥靠近雄安新区，是进出雄安新区的门户桥梁，大桥的成功建设对整个公路项目具有重要的影响和意义。全桥共计 17 跨主拱，受线形叠加影响，大部分拱肋之间不能通用互换，需要逐个立体放样，并且板单元结构过大，对制造和运输安装，都是极大的挑战。

2　桥梁整体布置

京雄白沟河大桥主要跨越白沟河两岸防洪大堤及整个河床。设计采用上承式钢箱连拱，单跨横向布置 6 根拱肋，共 17 跨。桥跨布置为 $(3 \times 40 = 120\text{m}) + (17 \times 91 = 1\,547\text{m}) + (3 \times 30.67 = 92\text{m}) = 1\,759\text{m}$，其中主桥总长 1 547m，两侧引桥分别采用 40m 及 30.67m 预应力混凝土 T 梁。桥宽采用整体式路基，左右幅均为 20.5m。

本桥平面主要位于 $R = 5\,600\text{m}$ 的圆曲线上，平面线形依次为直线、缓和曲线、圆曲线、预拱度。4 种线形相互叠加，增加了钢拱桥放样及安装架设的难度。桥面纵向位于人字坡上，双向坡度分别为 2.0% 和 −2.0%，竖曲线半径为 20 000m。下部结构主墩采用三柱式圆柱墩，桥墩上部为直径 5m 的圆形变截面，渐变至桥墩中下部直径 4m 的圆形等截面，渐变段长度为 2.5m。主墩内设置钢混结合段，利用 PBL 剪力键及预应力钢绞线与拱脚钢箱相连。

主桥桥型布置为 $17 \times 91\text{m}$ 上承空腹式钢箱连拱桥，共 17 孔，其中第 9 孔桥跨中心为整个连拱的对称中心。桥跨布置如图 1 所示。

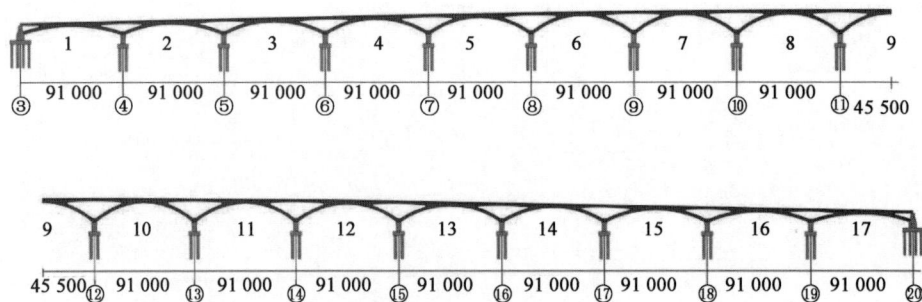

图1 桥跨布置图(尺寸单位:mm)

3 京雄白沟河大桥制造安装重点及难点

京雄白沟河大桥主要由实腹区拱梁结合段和桥面系顶板单元、空腹区、拱肋、拱脚等构成。从图2可以看出,主要构件截面较大、质量较大、长度较长,超一半结构质量属三超构件,需要分段制作,部分构件需现场拼装;较多构件长度较长且质量大,运输难度大及运输成本较大。而且项目整体工期较为紧张,工程量大,对加工制作能力提出较高要求。因此构件截面大、长度长,确保构件制作精度是重点。全桥共计17跨主拱,受线形叠加影响,大部分拱肋之间不能通用互换,需要逐个立体放样。拱肋顶底板均为曲线线形,均需要制作曲线拼装胎架,生产难度大。拱肋接口为槽形,对接精度要求非常高。拱梁结合段全部需在现场拼装,现场拼装要求高,且拼装工作量大,确保拼装工期及拼装精度是难点。

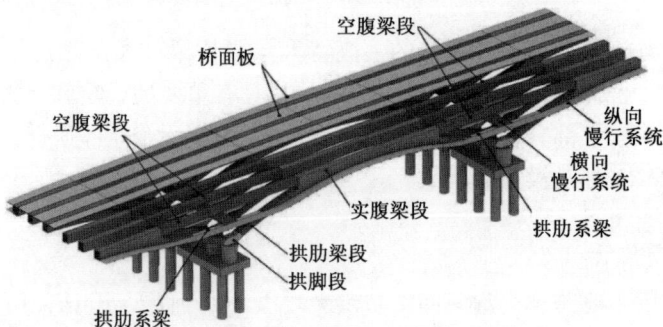

图2 单跨构造图

因此根据本桥钢结构的结构特点,综合考虑运输条件、安装方案及工期要求,本桥钢结构制造施工总体规划采用"一桥两地"的施工模式,钢构件采用先分节段制作后整体匹配预拼装的方式,以保证节段制作精度及桥梁桥位安装质量。因此将钢结构制造分为三个阶段进行。

(1)在生产制造单位制作板单元及节段块体;工厂加工制作主要内容为:拱脚、拱肋、空腹区箱梁、拱肋系梁、慢行系统等分段的制作,以及实腹区和钢桥面顶板板块的板单元制作。

(2)在生产制造单位进行预拼装及涂装。

(3)桥址进行桥位节段安装、连接及最终涂装施工。考虑到雄安绿色环保的建设理念,以及京津冀环保的高压态势,现场只补涂成桥后最后面漆。

4 钢桥厂内节段分块及制造工艺流程

根据陆路运输条件,块体划分时,钢结构块体宽度限制在4.0m以内,高度限制在3.5m以内,节段块体最重约27.3t,长10.2m,宽2.5m,高3.31m,每一孔分为144个运输节段。

4.1 实腹区分块及制造方案

本桥最大分段位置在实腹区拱梁结合段部位。由于拱梁结合段外形尺寸长度、宽度和高度严重超限,且质量超重,拱梁结合段最重块体27.3t,属超大型构件,工厂制作后无法进行运输。因此必须在现场进行拼装,拱梁结合段拟采用工厂制作板单元,然后以板单元的形式在现场进行整体拼装的方案。拱梁结合段纵向划分如图3所示,纵向分为5个吊装单元,其中1、2、4、5每个吊装单元分上下两层制造,分块后每个块体宽度限制在4.0m以内,高度限制在3.5m以内。这样就能够解决运输不便的问题。

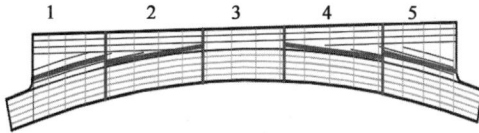

图3　拱梁结合段块体纵向划分

图4为拱梁结合段横向分块示,横向共分了7块。拱梁结合段块节段划分后,结构分为拱肋箱形(分上下两层)、顶板块体、挑臂块体及横梁。图5为实腹区顶板板单元划分情况。

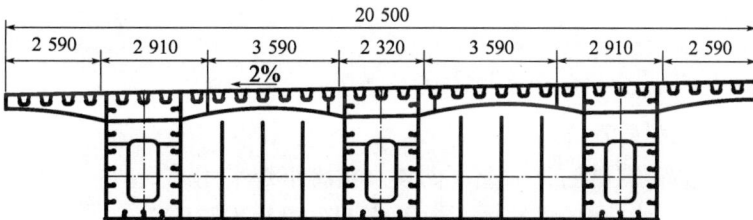

图4　拱梁结合段横向分块示意(尺寸单位:mm)

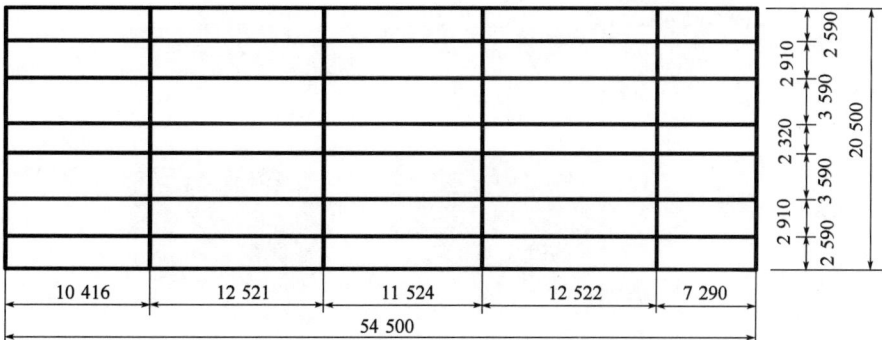

图5　实腹区顶板板单元划分情况(尺寸单位:mm)

拱梁结合段 1、2、4、5 吊装单元的上层拱肋块体及 3 吊装单元组焊采用倒装的方法,车间内胎架在横向设置 2%横坡。首先组装 U 肋顶板,然后组装横隔板,接着进行组装两侧腹板,最后组装挑臂隔板。即工艺流程为:U 肋顶板→横隔板→顶板→两侧腹板→挑臂隔板。1、2、4、5 吊装单元的下层拱肋块体组焊采用正装法。下层拱肋组焊在车间内带有拱度的胎架上进行。拱度根据钢拱肋自身曲线设置,应同时考虑自身圆曲线、平曲线、竖曲线及预拱度。工艺流程为:底板→横隔板→顶板→上部横隔板→两侧腹板。

4.2 空腹区分块及制造方案

如图 6 及图 7 所示,空腹区采用在拱肋纵向上分 4 块吊装单元,高度控制在 3.5m 以内,能够保证正常运输。在横断面上划分为 7 个板单元。空腹区组装方法同拱梁结合段上层拱肋块体组装方法。

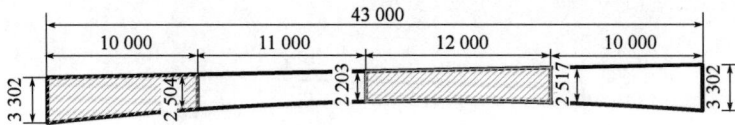

图 6 空腹区纵向分块示意(尺寸单位:mm)

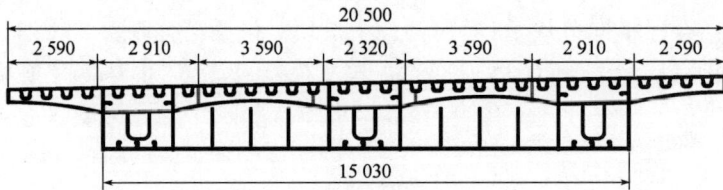

图 7 空腹区横向分块示意(尺寸单位:mm)

4.3 拱脚分块及制造方案

由于拱脚宽度超宽,需要划分为上下两块。拱脚组焊采用卧式,在车间平台上进行。如图 8 所示,先组装底板,然后内侧腹板,接着两侧腹板,最后安装顶板。

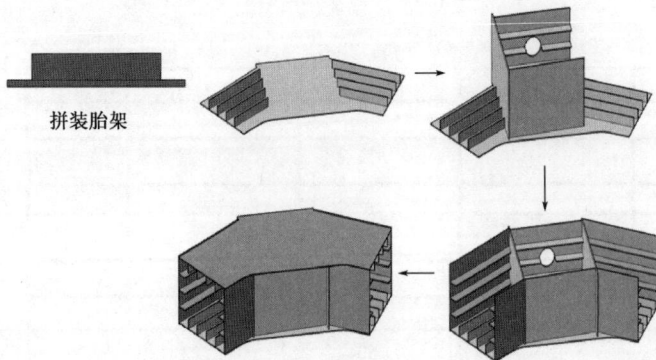

拼装胎架

图 8 拱脚组装

1～9孔钢混结合段处拱脚共有48个,如图9所示,其上直径为50mm的PBL剪力键数量尤为庞大。采用摇臂钻孔的方式不仅消耗大量人力和时间,而且孔定位精度低。为了保证质量和工期,采用数控火焰切割,不仅可以节约大量的钻头,而且孔精度大大提高。通过改进拱脚PBL剪力键的加工工艺,使得拱脚的生产效率大大提高,孔的定位精度也更加精确,避免了延误工期的问题。

图9 拱脚PBL剪力键分布及数控火焰切割方式

4.4 拱肋分块及制造方案

拱肋块体组焊采用正装法。拱肋组装采用专用组装胎架、划线平台、焊接胎架,设置合理的反变形量,通过工装进行约束,确保胎架的空间相对拱度坐标。拱肋组焊在车间内带有拱度的胎架上进行。拱肋不再进行分块,但为了保障拱肋架设顺利,接口对接准确,钢拱肋在工厂内要进行预拼装。钢拱桥节段预拼装的目的检查钢拱肋的线形、两相邻节段间的端面金属接触率、顶板连接螺栓孔的位置、轴线偏位等情况。若发现节段尺寸有误或预拱度不符时,可在工厂内进行尺寸修正,这样可以避免在高空调整,减少高空作业难度和加快安装速度,消除现场施工风险。

4.5 钢拱肋预拼装技术方案

为了保证对接口的精度,不仅拱肋需要预拼装,拱梁结合段、空腹区都需要预拼装。首先通过建模分析确定各制造分块的空间位置及理论线形。每联钢拱肋组焊完成后预拼装,在测量控制网中用全站仪精确测量采集钢拱肋测量监控点的三维坐标。实际数据与理论数据对比分析,计算出各测点偏差,对于超差项点做相应调整。

5 桥址节段拼装成全桥方案

本桥共17跨,1跨～3跨和14跨～17跨跨越河堤采用履带吊安装方案,中间4跨～13跨地势较平坦采用龙门起重机,计划开设6个作业面同时施工。节段安装顺序为拱肋、拱梁结合段、相邻跨拱肋及拱梁结合段、桥面系部分。每跨结构采用从下向上,先拱后梁吊装,单跨吊装顺序为:拱脚分段→实腹区箱梁分段及横向连接系→拱肋分段→拱肋系杆→横桥向慢行通道→空腹区箱梁及横向连接系→桥面板块→纵向慢行系统及其他。

对于实腹区箱梁采用现场四拼一的方式,前面已经介绍,从实腹区箱梁纵向分段上来看,纵向从小桩号到大桩号侧共分成5个吊装单元,其中第1、2、4、5单元分为上下两块。图10为实腹区箱梁现场"四拼一","四拼一"的做法就是 1、2、4、5 上下两个块体分别焊接完之后,1 和 2 组合焊接成一个新块体 A,4 和 5 组合焊接成一个新块体 B,然后 A 块体、3 块体和 B 块体在桥上焊接。同理空腹区也采用"四拼一"的方式。

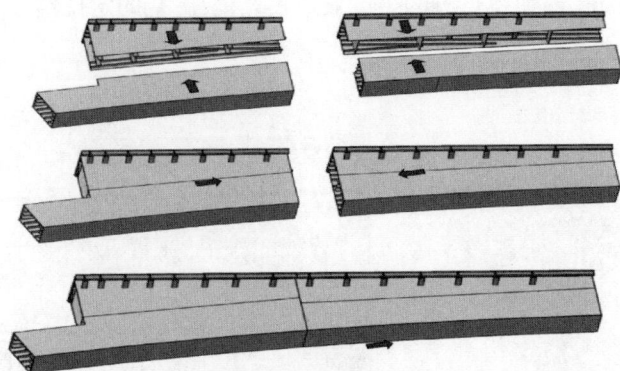

图 10　实腹区箱梁现场"四拼一"

6　结语

京雄白沟河特大桥结构复杂,杆件数量多,基于钢拱桥制造技术难点,京雄白沟河大桥采用"一桥两地"的施工模式,钢构件采用先分节段制造,后整体匹配预拼装的方式。实腹区和空腹区的块体结构过于庞大,因此采用现场四拼一吊装的方式,以保证节段制作精度及桥梁桥位安装质量,这样也可以保证运输,保证工期。通过京雄白沟河大桥的制造安装实例,可对今后同类型钢拱桥的制造安装起指导和借鉴作用。

参 考 文 献

[1]　王晨光,龙东力.北京通州北运河桥弯扭拱肋制作技术[J].钢结构,2016(4):68-69.
[2]　中铁山桥集团有限公司.铁路钢桥制造规范:Q/CR 9211—2015[S].北京:中国铁道出版社,2015.

43.大跨径通航水域刚性悬索桥上部结构施工方案研究

石 宏[1] 张 敏[1] 张 健[2] 师秀锋[1]
(1.中交路桥建设有限公司;2.中交路桥华东工程有限公司)

摘 要:随着大跨泾跨河跨江桥梁日益增多,桥梁施工技术也在不断发展。对于大跨泾通航水域刚性悬索桥上部结构施工常采用满堂支架、悬臂拼装、全桥顶推等施工方案进行施工。本文以浙江永宁大桥项目为工程背景,对刚性悬索桥施工常采用的满堂拼装支架、全桥顶推、悬臂拼装三种施工方案,分别从结构分析、临时设施、设备投入、施工难度、施工风险等多方面进行详细比选,最终确定本项目主桥钢桁梁采用全桥顶推施工,为后续大跨泾通航水域刚性悬索桥施工提供相关经验。

关键词:刚性悬索桥 钢桁梁 悬臂拼装 顶推施工

1 引言

大跨径通航水域刚性悬索桥上部结构施工具有通航要求高、施工难度大、施工工期有限、造价高等特点。如何能保证其施工过程中的稳定性并最大程度降低施工风险及施工难度,成为大跨径通航水域刚性悬索桥上部结构施工的重难点问题。近年来,国内外大型大跨径刚性悬索桥结合项目自身特点采用了不同施工方案进行上部结构施工。刚性悬索桥上部结构常采用满堂支架、悬臂拼装、钢梁顶推、大节段吊装等施工方案进行施工[1-2]。

针对大跨径通航水域刚性悬索桥上部结构施工方案比选问题,本文以浙江永宁大桥项目为工程背景,对本项目主桥钢桁梁上部结构三种施工方案——满堂拼装支架、全桥顶推、悬臂拼装,从结构分析、临时设施、设备投入、施工难度、施工风险等多方面进行详细比选,得出最优施工方案。

2 工程简介

2.1 项目概况

温州市域铁路S3线附属配套工程(瑞安段)永宁大桥项目是集市域铁路、快速路、一级公路、慢行系统、市政管线过江等功能于一体的复合型特大桥,采用双层桥梁建设。该桥是浙江省首座"三桥合一"的复合型交通特大桥,涉及城市、公路和轨道交通三种技术标准,也是国内迄今为止最大跨度的公轨两用多塔钢桁梁悬索桥。

永宁大桥水域正桥从北至南桥跨布置依次为:(90m+90m)简支钢桁梁+(140m+200m+260m+140m)刚性悬索桥+(90.4m+94.6m)简支钢桁梁,全长1 105m,是全线的控制性工程,如图1所示。

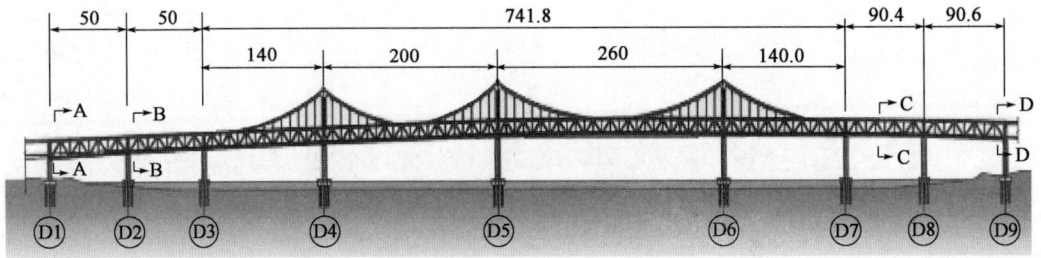

图1 永宁大桥跨江正桥总体布置图(尺寸单位:m)

2.2 钢桁梁概况

钢桁梁主桁架中心间距35m,桁架为带竖杆的华伦桁,如图2所示。桁高12m,全桥共106个节间,第三联共74个节间,标准节间距10m,边跨为了适应桥跨布置,两端节间长度调整为9m。第一、二、四、五联简支梁共32个节间,标准节间距11m或11.6m。

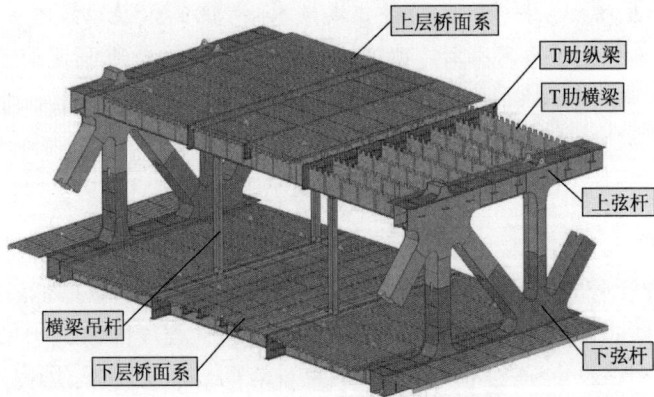

图2 标准节段模型图

本桥上下层桥面均为正交异性钢板的板桁组合结构整体桥面,桥面板与弦杆的顶板通长连接以实现板桁共同受力。

上加劲弦采用变高度箱形截面。截面内宽1 400cm,内高2 000~2 600cm,板厚32~48mm,加劲板高度300mm,板厚28~44mm,采用Q370qD及Q420qD材质钢材,如图3所示。

2.3 航道要求

拟建永宁大桥跨越的航道为飞云江航道(飞云江大桥至甬台温复线飞云江大桥段),如图4所示,现状及规划均可乘潮通航3 000吨级海轮。航道设计通航水深约7.5m,航道有效宽度200m,3 000吨级船舶可利用现有水深乘潮通航。

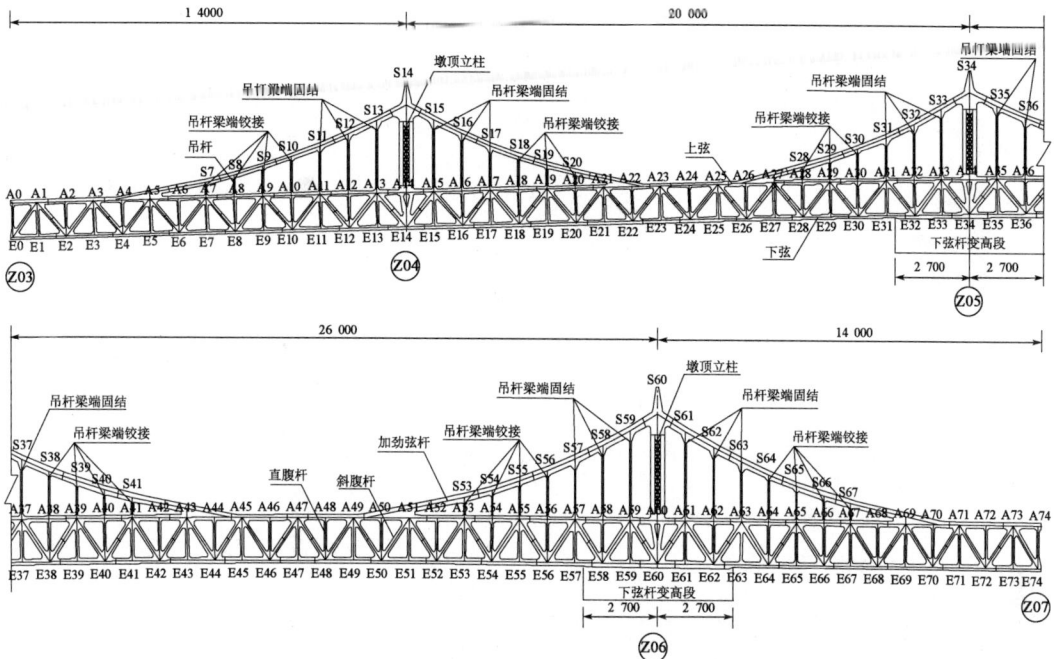

图3 上加劲钢桁梁立面布置图(尺寸单位:mm)

➤主通航孔
 3 000吨级海轮,通航净宽207.0m,
 通航净高30.5m。
➤副通航孔
 500吨级海轮,通航净宽103.5m,
 通航净高17.5m。

图4 飞云江航道示意图

3 施工方案

根据国内外大跨径通航水域刚性悬索桥钢桁梁主要施工方法,并结合本项目施工现场地形条件及桥梁自身特点,提出3种钢桁梁施工方案,即:满堂拼装支架、全桥顶推、悬臂拼装。

3.1 满堂支架施工

3.1.1 总体思路

满堂拼装支架施工是在钢桁梁每个节间大节点处均设置拼装临时墩[3-4],支架施工图如图5所示。

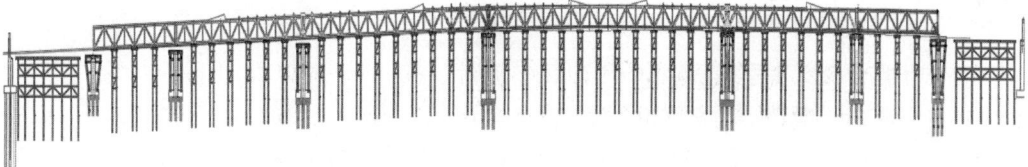

图5 满堂拼装支架施工图

3.1.2 主要施工流程

（1）在主桥钢桁梁每个节间大节点处搭设满堂拼装临时墩支架。

（2）全桥共布置39道满堂拼装临时墩，主要由1 020mm钢管与60型钢组合而成，上下游侧均布置。

（3）靠岸侧较浅侧采用履带吊进行钢桁梁吊装施工，较深区采用600t浮式起重机进行钢桁梁节段吊装施工。

3.2 全桥顶推施工

3.2.1 总体思路

这里的全桥顶推施工为双向顶推 + 原位吊装施工，即主桥第2、3、4联钢桁梁采用顶推法施工，第2联、第4联简支钢梁与第3联钢梁间设置临时固结连接。由两岸向江中进行顶推（图6），最后在A29～A30节间完成合龙，其中北岸顶推主梁长度为342.75m，南岸顶推主梁长度为536.25m[5]。

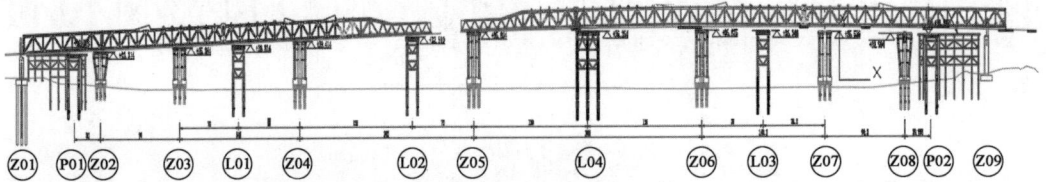

图6 正桥顶推施工图

第一联简支钢桁梁（Z01号墩～Z02号墩）、第五联简支钢桁梁（Z08号墩～Z09号墩）利用拼装区200t门式起重机进行原位吊装施工，如图7所示。

图7 简支梁吊装图

3.2.2 主要施工流程

（1）主桥顶推分别在北岸Z01～Z02墩、南岸Z08～Z09墩范围内搭设拼装支架，并设置1台200t门式起重机用于构件的起吊和拼装。南北岸各设置1处临时码头，且南北岸各设置3个临时支墩；每个主墩处设置墩旁支架，临时结构如图8所示。

（2）钢桁梁水运至临时码头，通过码头200t门式起重机起吊至运梁车。运梁车运输至两岸存梁区。钢桁梁前端设置90m钢导梁，钢导梁、钢桁梁由200t门式起重机起吊至拼装支架进行分节段拼装。

（3）钢桁梁节段拼装完成后，右两岸向江中进行顶推，顶推到位后，拆除钢导梁，在A29～A30节间进行主桁合龙[6]。

（4）主桁合龙后，通过公路桥面运输，采用400t汽车吊安装桥塔、上加劲弦和桥塔连接系，调整上加劲合龙口间距，进行上加劲杆件合龙。

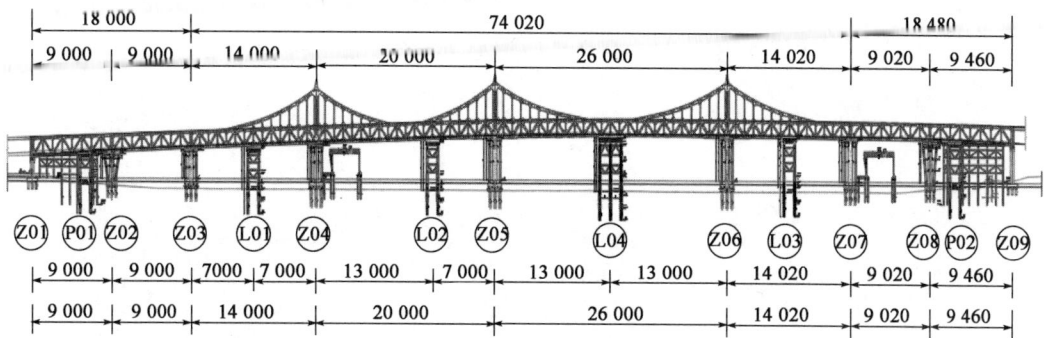

图8　主桥临时结构立面图(尺寸单位:cm)

3.3　悬臂拼装施工

3.3.1　总体思路

这里的悬臂拼装施工为边跨顶推 + 中跨悬臂拼装施工,即边跨顶推施工是先拼装成整体段,之后采用多点拖拉顶推,将钢桁梁推向两边位置。待边跨顶推施工完成后,在钢桁梁顶进行桥面起重机安装,开始中跨悬臂拼装[7-8],具体施工图如图9所示。

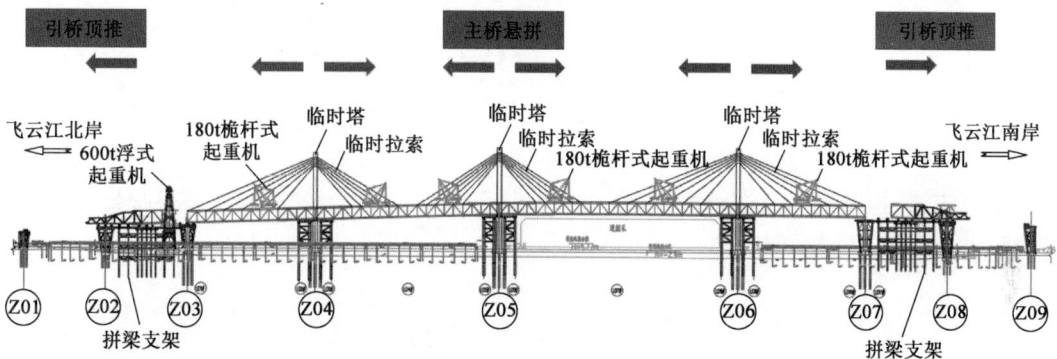

图9　边跨顶推 + 中跨悬臂拼装施工图

3.3.2　主要施工流程

(1)在边跨搭设拼装支架平台,钢桁梁杆件在工厂加工完成后运输至桥位,然后采用600t浮式起重机进行钢桁梁散件拼装,并与钢导梁形成整体,最后进行顶推施工,至边跨钢桁梁全部到位。

(2)边跨顶推完成后,在主塔处安装180t 桅杆式起重机,采用桅杆式起重机进行钢桁梁悬臂拼装。

(3)塔区外的上加劲弦及吊杆采用260t 履带式起重机进行上桥安装。

4　方案比选

对3种钢桁梁施工方案——满堂支架、全桥顶推、悬臂拼装,从结构分析、临时设施、设备投入、施工难度、施工风险等多方面进行方案比选。

4.1　结构分析

全桥施工过程分析,采用 midas 建立空间有限元模型。由于满堂拼装支架施工较为简单,因此此次仅对全桥顶推、悬臂拼装是施工过程中钢桁梁进行结构分析。

（1）对全桥顶推施工建立模型，分别对顶推合龙工况、拆除临时结构工况进行结构分析，计算云图如图10、图11所示。

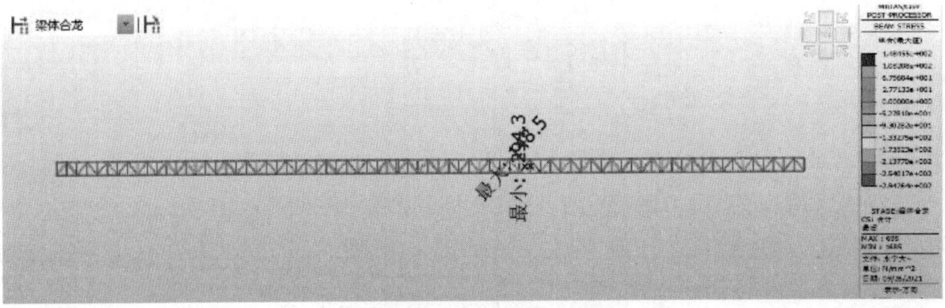

图10　顶推合龙工况

图11　拆除临时结构工况

（2）对悬臂拼装施工建立模型，分别对悬臂拼装主梁全部合龙工况、拆临时索、临时塔工况进行结构分析，计算云图如图12、图13所示。

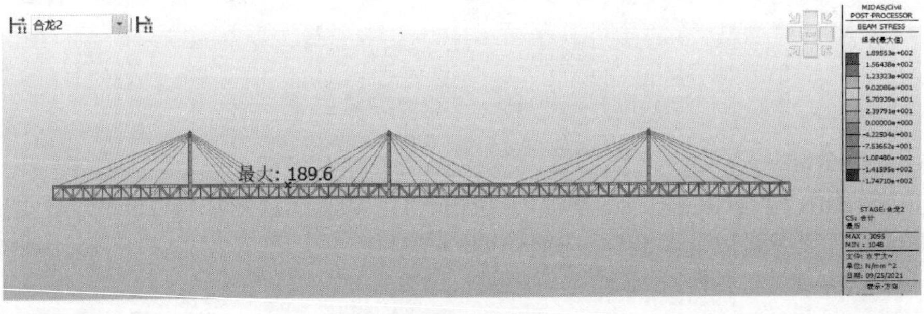

图12　悬臂拼装主梁全部合龙工况

图13　拆临时索、临时塔工况

由上图可知,主桥钢桁梁合龙工况时,顶推施工时杆件受到的最大压应力为294.3MPa,远大于悬臂拼装施工时杆件受到的最大应力为189.6MPa;拆除临时结构工况时,顶推施工时杆件受到的最大压应力为226MPa,大于悬臂拼装施工时杆件受到的最大应力为198.9MPa。

4.2 材料及设备投入分析

如表1~表3所示为各施工方案材料、设备投入分析。由分析表可知,悬臂拼装、顶推施工方案较满堂支架方案施工投入材料、设备均较多,悬臂拼装的临时钢塔及临时拉索用钢量投入较大,且加工质量要求高,成本也较高。而全桥顶推施工所需的临时结构多,投入的钢材量较多。

各方案钢材材料投入 表1

施工方法	序号	名称	数量	总重量(t)	钢材合计(t)
满堂支架	1	拼装支架	2	1 800	13 500
	2	拼装临时墩	39	11 700	
顶推施工	1	临时墩	6	6 620	20 848
	2	钻孔平台	6	4 376	
	3	墩旁支架	7	2 939	
	4	接长栈桥	1	577	
	5	拼装支架	2	1 886	
	6	轨道基础	2	1 394	
	7	码头设计	2	1 749	
	8	钢导梁	2	1 307	
悬臂施工	1	悬臂墩旁支架	3	7 800	18 838
	2	临时锚固结构	3	100	
	3	斜拉索	34	500	
	4	临时塔	3	4 300	
	5	钢锚梁	144	288	
	6	拼装支架	2	2 100	
	7	顶推墩旁支架	2	2 800	
	8	钢导梁	2	950	

各方案混凝土材料投入 表2

施工方法	名称	用量(m)
顶推施工	φ2m 钻孔桩	4 112
悬臂施工	φ2.5m 钻孔桩	1 440

各方案主要设备投入 表3

施工方法	名称	单位	数量
满堂支架	100t 履带式起重机	台	4
	600t 浮式起重机	台	2
顶推施工	拼装区 200t 门式起重机	台	2
	码头区 200t 门式起重机	台	2

施工方法	名称	单位	数量
顶推施工	运梁车	辆	4
	100t 履带式起重机	台	2
	卷扬机	个	10
	顶推设备	套	26
	400t 汽车式起重机	台	2
悬臂施工	600t 浮式起重机	台	2
	180t 桅杆式起重机	台	6
	260t 履带式起重机	台	2
	100t 履带式起重机	台	2
	顶推设备	套	8

4.3 施工难度及风险分析

如表4所示为施工难度及风险分析。由分析表4可知,满堂支架拼装方案最为简单,施工过程较为安全,但因需要中断通航,所以不满足本项目桥所跨飞云江的通航要求;悬臂拼装施工方案,需要设置临时斜拉索,施工难度大,整体施工风险较大。顶推施工由两岸向江中顶推,常规的顶推工艺较为成熟,易于控制。且占用航道时间较短,可推广使用。同时顶推施工仅有一个合龙口,合龙质量控制难度小,而对于悬臂拼装施工存在多个合龙口,合龙难度大,成桥线形也难以控制。综上可知,对于施工难度及风险分析,全桥顶推施工方案更为安全合理。

施工难度及风险分析 表4

施工方法	满堂支架施工	全桥顶推施工	悬臂拼装施工
航道条件	需在航道内搭设临时支墩,长期占用航道时间长	由两岸向江中顶推,占用航道时间短	下游侧通航限高29.5m,600t浮式起重机高度受限,选型困难
施工难度	满堂支架拼装方案最为简单,施工过程较为安全	临时结构较多,施工精度要求高,钢梁拼装存在倾覆风险;顶推施工同步性要求高	需要设置临时斜拉索,塔顶设临时锚固装置,工序多,塔水平力不平衡,产生弯矩,可能需要压重;顶推施工同步性要求高
施工风险	较为安全,施工风险低	(1)始终处于单侧悬臂状态,易于控制;(2)顶推支反力较大,对临时支墩结构要求高	(1)顶推施工与悬臂施工存在工序衔接,风险大;(2)悬拼吊装风险高,锚固体系在施工阶段稳定控制风险较大
施工质量	简单的吊装施工,质量易控制	顶推仅在中间合龙1次,合龙质量控制难度小	合龙口多,合龙难度大,施工线型控制难度大

5 结语

本文对本项目主桥钢桁梁上部结构三种施工方案——满堂支架施工、全桥顶推施工、悬臂拼装施工,从结构分析、临时设施、设备投入、施工难度、施工风险等多方面进行详细比选,得出全桥顶推施工为本项目最优施工方案,能为后续大跨径通航水域刚性悬索桥施工提供相关经验。

参 考 文 献

[1] 董正良,孙晓伟,陈诚.峡谷大跨径钢桁梁斜拉桥上构总体施工方案研究[J].施工技术,
  2018:7.

[2] 黄庆祥.山区特大钢桁梁斜拉桥上部结构施工方案比选分析[J].兰州工业学院学报,
  2018,25(6):1.

[3] 吴道洪,大跨度公铁两用桥钢桁梁架设方案比选[J].国防交通工程与技术,2018:5.

[4] 马永强.郑焦城际铁路黄河大桥钢桁梁架设施工关键研究[J].铁道勘察,2012(4):
  74-77.

[5] 杨梦纯.郑州黄河公铁两用桥连续钢桁梁悬臂拼装关键技术[J].桥梁建设,2010(2):
  1-3.

[6] 吴明威,华勇,向梨梨,等.大跨度钢桁结合梁斜拉桥合龙施工技术[J].施工技术,2016
  (S1):294-297.

[7] 杨梦纯.郑州黄河公铁两用桥连续钢桁梁悬臂拼装关键技术[J].桥梁建设,2010(3):
  1-3.

[8] 樊勇,郑海龙,马永军,等.浅谈跨线钢桁架桥顶推滑移施工技术[J].中国建筑金属结构,
  2020(6):52-54.

44. 双吊点缆索吊装承重索张力
状态方程讨论分析

黎六州

(中交路桥建设有限公司钢结构分公司)

摘　要：本文提出了关于双吊点缆索吊装主系统索结构的一种推导计算方法，利用抛物线理论及静力平衡原理，通过理论推导分析，推导出了双吊点缆索吊装承重索的曲线方程、弧长公式和承重索的垂度计算公式，同时推导出了在考虑温度及塔顶偏位影响下承重索的张力状态方程。同时，根据双吊点缆索吊装推导出来的方程，退化得到了单点吊装的承重索垂度及张力状态方程。通过理论分析推导和实际工程对比验算，该公式精度与现场实际误差较小，对于缆索吊装的施工设计及分析计算有一定的参考意义。

关键词：双吊点缆索吊装　弧长公式　承重索　垂度　张力状态普遍方程

1　引言

缆索起重机作为一种特殊的起重机械，其以柔性钢丝索作为大跨径架空支承构件，广泛应用于大跨径桥梁、水工建筑物施工、森林工业[1]等。缆索吊装的施工方法具有跨越能力大、运输灵活、施工效率高等特点[2]。

在缆索吊系统设计中，关于主索（承重索）受力计算是整个缆索吊系统设计的重要环节。吕红平等[3]提出了一种单吊点三跨计算模型，考虑了温度和塔顶偏位对承重索垂度的影响，结合实际工程的不同情况，得到了一些简化的计算公式；刘睿等[4]及汪海林等[5]均推导了双吊点作用下承重索的张力状态方程，但由于两者的推导方式不同，导致两者结果不一。同时，两者的推导均未考虑温度及塔顶偏位对承重索垂度及张力状态方程的影响；赵朝阳等[6]针对现有计算方法的不足，采用有限元算法给出了一种较精确的计算方法，对大跨度缆索吊装主系统索结构进行受力分析。本文提出了关于双吊点吊装的一种计算方法，同时还考虑了温度及塔顶偏位对承重索垂度及张力状态方程的影响，根据计算结果还退化出了单吊点吊装下的承重索垂度及张力状态方程。

2 承重索垂度及张力状态的普遍方程推导

2.1 基本公式

2.1.1 基本假设

(1)承重索为三跨连续钢丝绳结构,两端锚固在地锚上,中间支承于两塔架上,边跨会影响到中间跨。为简化计算,假定承重索两端固定在塔架上。

(2)承重轴线方程为悬链线,但实际使用情况下,承重索最大垂度 f_{max} 与跨径 l 之比为1/14 ~ 1/20,属于小垂度范围,承重索的曲线弧长与弦长相差不大,故以弦长代替弧长,且假定承重索的自重沿弦长均匀分布。

(3)承重索具有较好的柔性,假定承重索只承受张力,不承受弯矩。

(4)忽略主索与索鞍间的摩擦力,并假定索鞍固结在塔架上,则在支点位置相邻两跨承重索张力相等。

(5)计算中不考虑冲击的影响,仅对承重索进行静力分析计算。

(6)根据弹性变形理论进行计算,不考虑塑性变形。

2.1.2 支点反力计算

承重索两端锚固于锚碇上,中间支承于两塔架上的连续三跨结构,边跨会影响到中间跨。在基本公式推导中,为简化计算,假定承重索与索鞍导轮的接触点不发生滑动,视承重索两端固定在塔架上。作用在缆索系统承重索上的力有均布荷载 q 和集中荷载 Q。均布荷载 q 主要是由承重索、牵引索及起重索等各工作索自重产生,沿承重索的线形均匀分布;集中荷载 Q 包括重物、支索器、跑车和挂架、吊具、配重的重量等,假设集中荷载平均分配到两个吊点上(图1)。

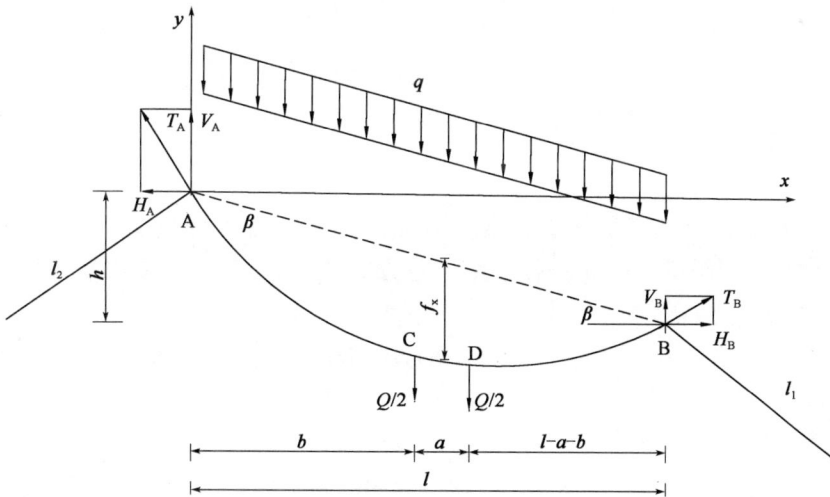

图1 承重索受力示意简图

在图1中, H_A 、 H_B 分别为承重索在左右两端塔顶的水平分力; V_A 、 V_B 分别为承重索在左右两端的垂直分力; f_x 是承重索的垂度; l 是承重索中跨跨经; b 为承重索从左端塔顶(A 点)到左吊点的距离; a 为两吊点间的距离; $l-b-a$ 为承重索从右端(B 点)塔顶到右吊点的距离; h 为两主塔的高差; β 是承重索的弦倾角即两塔高的水平夹角, $\beta = \arctan(h/l)$; q 为作用在承重索上沿承重索弦均匀分布的均布荷载(含承重索自重及通过支索器与承重索相附和的牵引索、起重索等); Q 为作用在承重索上的集中荷载(包括跑马、上下挂架、吊具及配重等)。

由平衡条件有:$\sum H = 0$、$\sum M_A = 0$、$\sum M_B = 0$。可得:

$$\begin{cases} H_A = H_B = H \\ V_B l + Hh - \dfrac{q\,l^2}{2\cos\beta} - \dfrac{Q}{2}b - \dfrac{Q}{2}(a+b) = 0 \\ V_A l + Hh - \dfrac{q\,l^2}{2\cos\beta} - \dfrac{Q}{2}(l-b-a) - \dfrac{Q}{2}(l-b) = 0 \end{cases} \tag{1}$$

解式(1)得:

$$\begin{cases} H_A = H_B = H \\ V_B = \dfrac{Q}{l}\left(b + \dfrac{a}{2}\right) + \dfrac{ql}{2\cos\beta} - H\tan\beta \\ V_A = Q - \dfrac{Q}{l}\cdot\left(b + \dfrac{a}{2}\right) + \dfrac{ql}{2\cos\beta} + H\tan\beta \end{cases} \tag{2}$$

由三角关系得出承重索拉力 T 为:

$$T = \sqrt{V_A^2 + V_B^2} \tag{3}$$

由图 1 及式(2)可得,当两吊点间的距离 $a = 0$ 时,表示为单吊点吊装,此时 b 表示承重索从左端塔顶到吊点的距离,式(2)退化为:

$$\begin{cases} H_A = H_B = H \\ V_B = \dfrac{Qb}{l} + \dfrac{ql}{2\cos\beta} + H\tan\beta \\ V_A = \dfrac{Q}{l}\cdot(l-b) + \dfrac{ql}{2\cos\beta} - H\tan\beta \end{cases} \tag{4}$$

2.2　承重索弧长计算

2.2.1　曲线方程

由图 1 可知,双吊点缆索吊装承重索线形可分为 3 段:AC 段(左塔顶 A 点到左吊点 C 点)、CD 段(两吊点间距段)、DB 段(右吊点 D 点到右塔顶 B 点)。承重索曲线弧长可以用承重索得曲线方程进行积分求解。

以较高侧塔架顶(A 点)作为坐标原点建立坐标系,沿水平力 H_A 方向作 x 轴,沿竖向力 V_A 方向作 y 轴,设 AC 段 $x \in (0, b)$,CD 段 $x \in (b, a+b)$,DB 段 $x \in (a+b, l)$。对于 AC、CD、BD 段承重索曲线,建立如图 2~图 4 所示的受力示意简图。

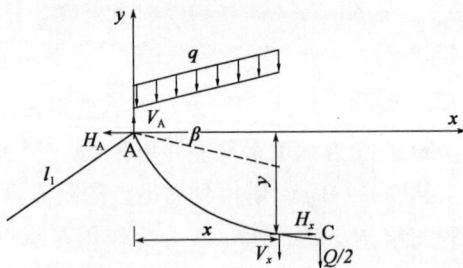

图 2　AC 段承重索受力示意简图　　　　图 3　CD 段承重索受力示意简图

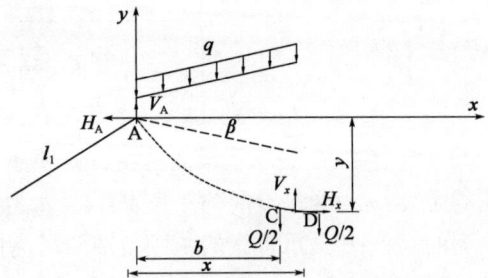

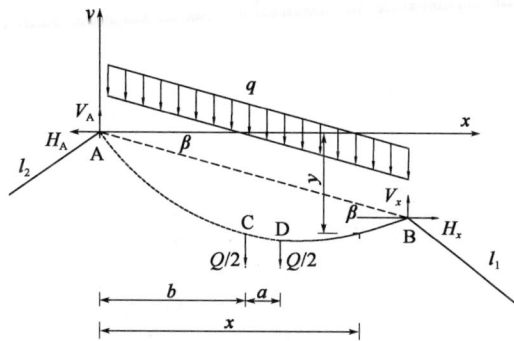

图4 DB段承重索受力示意简图

对于 AC 段,对 A 点取矩,由平衡条件 $\sum M_A = 0$ 得:

$$H_x y - V_x x - \frac{qx^2}{2\cos\beta} = 0 \tag{5}$$

对于 CD 段,由 $\sum M_A = 0$、$\sum V = 0$、$\sum H = 0$ 得:

$$\begin{cases} H_A = H_x = H \\ V_x x + H_x y - \frac{Q}{2}b - \frac{Q}{2}x - \frac{qx^2}{2\cos\beta} = 0 \\ V_A + V_x - \frac{qx}{\cos\beta} - \left(\frac{Q}{2} + \frac{Q}{2}\right) = 0 \end{cases} \tag{6}$$

对于 BD 段,由 $\sum M_A = 0$、$\sum V = 0$、$\sum H = 0$ 得:

$$\begin{cases} H_A = H_x = H \\ V_A + V_x - \frac{qx}{\cos\beta} - 2 \times \frac{Q}{2} = 0 \\ V_x x + H_x y - \frac{Q}{2}b - \frac{Q}{2}(a + b) - \frac{qx^2}{2\cos\beta} = 0 \end{cases} \tag{7}$$

解上述方程承重索的曲线方程为:

$$\begin{cases} y = -\frac{q}{2H\cos\beta}x^2 + \frac{V_A}{H}x & x \in (0, b) \\ y = -\frac{q}{2H\cos\beta}x^2 + \left(\frac{V_A}{H} - \frac{Q}{2H}\right)x + \frac{P}{2H}a & x \in (b, a + b) \\ y = -\frac{q}{2H\cos\beta}x^2 + \frac{V_A - Q}{H}x + \frac{P}{2H}(2b + a) & x \in (a + b, l) \end{cases} \tag{8}$$

2.2.2 弧长公式推导

利用弧微分公式可得承重索微段弧长为:

$$\frac{\mathrm{d}s}{\mathrm{d}x} = \sqrt{1 + \left(\frac{\mathrm{d}y}{\mathrm{d}x}\right)^2} = \left[1 + \left(\frac{\mathrm{d}y}{\mathrm{d}x}\right)^2\right]^{\frac{1}{2}} \tag{9}$$

$$(1 + x)^n = 1 + \frac{nx}{1!} + \frac{n(n-1)x^2}{2!} + \cdots \tag{10}$$

承重索曲线弧长为：

$$s = s_{AC} + s_{CD} + s_{DB}$$

$$= \int_0^b \Big[1 + \frac{1}{2} \Big(\frac{\mathrm{d}y}{\mathrm{d}x}\Big)^2 \Big]\mathrm{d}x + \int_b^{b+a} \Big[1 + \frac{1}{2} \Big(\frac{\mathrm{d}y}{\mathrm{d}x}\Big)^2 \Big]\mathrm{d}x + \int_{b+a}^l \Big[1 + \frac{1}{2} \Big(\frac{\mathrm{d}y}{\mathrm{d}x}\Big)^2 \Big]\mathrm{d}x$$

$$= l + \frac{q^2 l^3}{6H^2\cos^2\beta} + \frac{V_A^2}{2H^2}l - \frac{qV_A}{2H^2\cos\beta}l^2 + \frac{Qq}{4H^2\cos\beta}(a^2 - 2ab) + \frac{Qa}{2H^2}V_A + \frac{Q^2}{8H^2}a \tag{11}$$

将式（2）中 $V_A = Q - \frac{Q}{l} \cdot \Big(b + \frac{a}{2} \Big) + \frac{ql}{2\cos\beta} + H\tan\beta$ 代入式（11）得：

$$s = l + \frac{h^2}{2l} + \frac{q^2 l^3}{24H^2\cos^2\beta} + \frac{b(l-b)}{2\,H^2 l}Q\Big(Q + \frac{ql}{\cos\beta} \Big) -$$

$$\frac{Q}{8\,H^2 l}\Big[\Big(\frac{2ql}{\cos\beta} + Q \Big)a^2 + \Big(\frac{4qlb}{\cos\beta} - Ql - \frac{2q\,l^2}{\cos\beta} + 4Qb \Big)a \Big] \tag{12}$$

2.2.3　承重索垂度计算

（1）左吊点垂度计算。

图 5 为双吊点吊装系统承重索左吊点的计算示意简图，图中 b 为左吊点到左端塔顶的距离，它为变量。

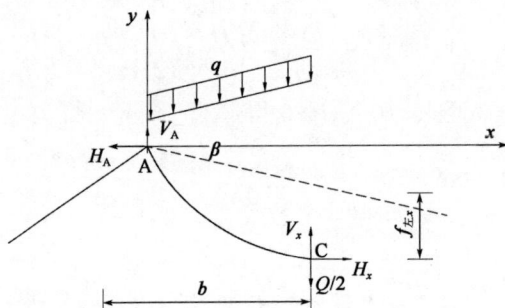

图 5　左吊点垂度计算示意简图

对 $x = b$ 处取矩，由平衡条件 $\sum M_x = 0$ 有：

$$V_A b - H_A(b\tan\beta + f_{左x}) - \frac{qb^2}{2\cos\beta} = 0 \tag{13}$$

解得：

$$f_{左x} = \frac{\Big[Q - \frac{Q}{l} \cdot \Big(b + \frac{a}{2} \Big) + \frac{ql}{2\cos\beta} + H\tan\beta \Big]b}{H} - b\tan\beta - \frac{q\,b^2}{2H\cos\beta}$$

$$= \frac{qb}{2H\cos\beta}\Big(l - b \Big) + \frac{Qb}{Hl}\Big(l - b - \frac{a}{2} \Big)$$

$$= -\frac{1}{H}\Big(\frac{q}{2\cos\beta} + \frac{Q}{l} \Big)b^2 + \frac{1}{H}\Big(\frac{ql}{2\cos\beta} + Q - \frac{Qa}{2l} \Big)b \tag{14}$$

（2）右吊点垂度计算。

图 6 为双吊点吊装系统承重索右吊点的计算示意简图，图中 a 为左右两个吊点间的距离，为固定值，b 为左吊点到左端塔顶的距离，为变量。

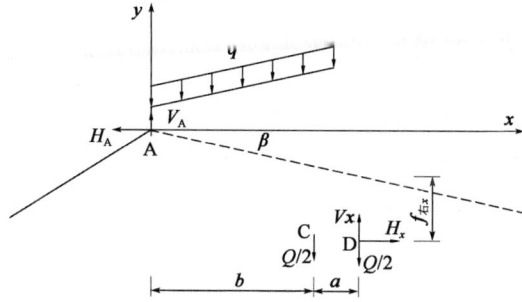

图 6　右吊点垂度计算示意简图

在 $x = b + a$ 处取矩,由平衡条件 $\sum M_x = 0$ 有:

$$V_A(b+a) - H_x\left[(b+a)\tan\beta + f_{右x}\right] - \frac{q(b+a)^2}{2\cos\beta} - \frac{Q}{2}a = 0 \quad (15)$$

解得:

$$f_{右x} = \frac{\left[Q - \dfrac{Q}{l}\cdot\left(b+\dfrac{a}{2}\right) + \dfrac{ql}{2\cos\beta} + H\tan\beta\right](b+a)}{H} - (b+a)\tan\beta - \frac{q(b+a)^2}{2H\cos\beta} - \frac{Q}{2H_x}a$$

$$= \frac{q(b+a)}{2H\cos\beta}(l-b-a) + \frac{Q(b+a)}{Hl}\left(l-b-\frac{a}{2}\right) - \frac{Q}{2H}a$$

$$= -\frac{1}{H}\left(\frac{q}{2\cos\beta} + \frac{Q}{l}\right)b^2 + \frac{1}{H}\left(\frac{ql}{2\cos\beta} + Q - \frac{3Qa}{2l} - \frac{qa}{\cos\beta}\right)b - \frac{Q}{2H}a \quad (16)$$

对式(14)和式(16)求一阶导数后,解得承重索的最大水平张力:

$$H = \frac{ql^2}{8f_{\max}\cos\beta} + \frac{Q(l-a)}{4f_{\max}} \quad (17)$$

式(17)可以退化为计算安装空览(只有承重索,无任何集中力,即 $Q=0$)时和承重索安装完成后(空载状态,此时集中力有跑车、挂架、吊具及配重等)承重索垂度的算,以此来进行承重索的安装调节。

当两吊点间的距离 $a=0$ 时,表示为单吊点吊装,此时 b 表示承重索从左端塔顶到吊点的距离,式(17)退化为:

$$f_{\max} = \frac{ql^2}{8H\cos\beta} + \frac{Ql}{4H} \quad (18)$$

2.3　承重索张力状态的普遍方程推导

图7左图表示承重索在外荷载 Q_m(含重物、支索器、跑车和挂架、吊具、配重等)位于 $x=(l-a)/2$ 处的平衡状态;右图表示任意荷载 $Q_x \leqslant Q_m$ 在吊点距离左侧 A 支点 x 处的平衡状态,承重索在此状态下对应的索曲线弧长为 s_x。

在上述两个平衡状态下,承重索曲线弧长的变化,主要是由承重索在不同荷载以及位置作用下张力的改变而引起承重索的弹性变形 Δl 所产生的,考虑温度变化和塔顶位移的影响,则:

$$s_m - s_x = \frac{(T_m - T_x)l}{E_k A_n \cos\beta} \pm \frac{\varepsilon l}{\cos\beta}(t_m - t_x) + \Delta l$$

$$= \frac{(H_m - H_x)l}{E_\eta A_n \cos^2\beta} \pm \frac{\varepsilon l}{\cos\delta}\Delta t + \Delta l \quad (19)$$

377

式中：A_n——钢丝绳总的横截面积；

t_m、t_x——荷载为 Q_m、Q_x 时的承重索温度（常常为环境温度）；

Δt——两温度之差；

E_η——钢丝绳换算弹性模量，$E_\eta = \dfrac{l}{\sqrt{L_左^2 + h_左^2} + l + \sqrt{L_右^2 + h_右^2}} E_k$，$E_k$ 为承重索弹性模量，

$L_左$、$L_右$、$h_左$、$h_右$ 分别为左右边跨跨度和承重索支点高差；

ε——钢丝绳线膨胀系数；

s_m、s_x——荷载为 Q_m、Q_x 时的承重索的伸长量。

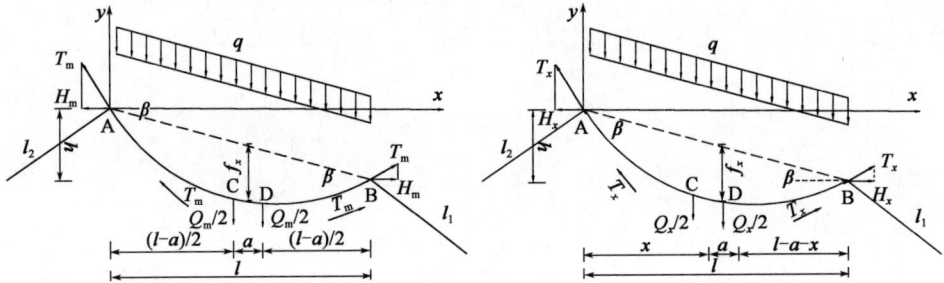

图 7　承重索张力分析

将式(12)代入到式(19)左边得：

$$s_m - s_x = \frac{q^2 l^3}{24\cos\beta^2}\left(\frac{1}{H_m^2} - \frac{1}{H_x^2}\right) + \frac{b(l-b)}{2l}\left[\frac{Q_m\left(Q_m + \frac{ql}{\cos\beta}\right)}{H_m^2} - \frac{Q_x\left(Q_x + \frac{ql}{\cos\beta}\right)}{H_x^2}\right] -$$

$$\frac{1}{8l} \cdot \left\{ \frac{Q_m}{H_m^2}\left[\left(\frac{2ql}{\cos\beta} + Q_m\right)a^2 + \left(\frac{4qlb}{\cos\beta} - Q_m l - \frac{2ql^2}{\cos\beta} + 4Q_m b\right)a\right] - \right.$$

$$\left. \frac{Q_x}{H_x^2}\left[\left(\frac{2ql}{\cos\beta} + Q_x\right)a^2 - \left(\frac{4qlb}{\cos\beta} - Q_x l - \frac{2ql^2}{\cos\beta} + 4Q_x b\right)a\right] \right\} \tag{20}$$

联立式(19)、式(20)化简得到承重索张力状态下的普遍方程为：

$$H_X^3 + H_X^2\left\{\frac{E_\eta A_n \cos^2\beta}{24H_m^2}\left[3 Q_m(Q_m + G - qa)\frac{l+a}{l} + G^2\right] - H_m \pm \varepsilon\Delta t E_\eta A_n\cos\beta + \Delta l \cos^2\beta \frac{E_\eta A_n}{l}\right\} -$$

$$\frac{b(l-b)}{2l^2}Q_x(Q_x + G)E_\eta A_n\cos^2\beta - \frac{G^2 E_\eta A_n \cos^2\beta}{24} +$$

$$\frac{Q_x a\left[(2G + Q_x)\,a^2 + (4G - Q_x l - 2Gl + 4Q_x b)\right]E_\eta A_n \cos^2\beta}{8l^2} = 0 \tag{21}$$

式中：$G = \dfrac{ql}{\cos\beta}$，为承重索自重。

（1）当 $Q_x = 0$ 且不考虑承重索的温度变化和塔顶位移时，即 Δt、Δl 均等于 0，承重索空览时的初始安装水平张力方程：

$$H_0^3 + H_0^2\left\{\frac{E_\eta A_n \cos^2\beta}{24H_m^2}\left[3 Q_m\left(Q_m + \frac{2ql}{\cos\beta} - qa\right)\frac{l+a}{l} + G^2\right] - H_m\right\} - \frac{G^2 E_\eta A_n \cos^2\beta}{24} \tag{22}$$

378

承重索的初始安装垂度 f_0 为：

$$f_0 = \frac{ql^2}{8H_0\cos\beta} + \frac{Q_0(l-a)}{4H_0} \qquad (23)$$

（2）当 $Q_x = Q_0$（承重索处于空载状态，Q_0 不含重物，仅有跑车、挂架、吊具等），且不考虑承重索的温度变化和塔顶位移时，即 Δt、Δl 均等于 0，为承重索空载时的水平张力方程：

$$H_X^3 + H_X^2\left\{\frac{E_\eta A_n\cos^2\beta}{24H_m^2}\left[3Q_m\left(Q_m + G - qa\right)\frac{l+a}{l} + G^2\right] - H_m\right\} - \frac{b(l-b)}{2l^2}Q_0\left(Q_0 + G\right)E_\eta A_n\cos^2\beta -$$

$$\frac{G^2 E_\eta A_n\cos^2\beta}{24} + \frac{Q_0a\left[\left(2G + Q_0\right)a^2 + \left(4G - Q_0l - 2Gl + 4Q_0b\right)\right]E_\eta A_n\cos^2\beta}{8l^2} = 0 \qquad (24)$$

承重索空载状态下的安装垂度为：

$$f_1 = \frac{ql^2}{8H_1\cos\beta} + \frac{Q_1(l-a)}{4H_1} \qquad (25)$$

（3）当两吊点间的距离 $a = 0$，表示为单吊点吊装，此时 b 表示承重索从左端塔顶到吊点的距离，得出单吊点（一个跑车）下承重索的张力状态方程为：

$$H_X^3 + H_X^2\left\{\frac{E_\eta A_n\cos^2\beta}{24H_m^2}\left[3Q_m\left(Q_m + G\right) + G^2\right] - H_m \pm \varepsilon\Delta t\, E_\eta A_n\cos\beta + \Delta l\cos^2\beta\frac{E_\eta A_n}{l}\right\} -$$

$$\frac{x(l-x)}{2l^2}Q_x\left(Q_x + G\right)E_\eta A_n\cos^2\beta - \frac{G^2 E_\eta A_n\cos^2\beta}{24} = 0 \qquad (26)$$

3 工程实例

嘉陵江大桥缆索吊中跨度 L 为 190m，最大拱肋段起吊重量约 80t，拱肋段最长长度为 43.2m，为此缆索吊设计双组索，每组索双跑马结构，单组索额定起吊重量为 90t，两组索共同起重为 180t，垂跨比为 $f/L = 1/13.5$，即额定吊重中垂度为 14.07m。

盘龙镇侧跨径为 $L_左 = 65$m，支点高差 $h_左 = 60$m，窑坝寺侧跨径为 $L_右 = 270$m，支点高差 $h_右 = 80$m，盘龙镇侧边跨锚碇为岩锚锚碇，窑坝寺采用桩基锚碇，边跨主索和扣索背索均锚固至锚碇上。

缆索吊整体布置图如图 8 所示。

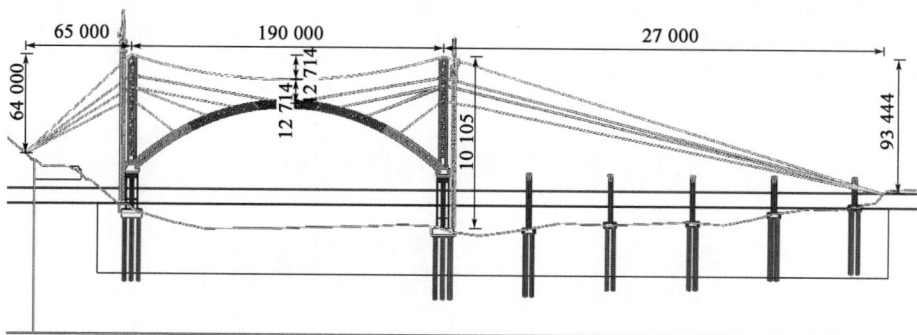

图 8 缆索吊布置图(尺寸单位:mm)

缆索吊主系统配索参数见表1。

缆索吊配索参数　　　　　　　　　　　　表1

规格	承重索
	56
	$6 \times 36WS + IWR$
根数(根)	8
单位重(kg/m)	13.1
横截面面积(mm²)	1 317
弹性模量(Pa)	105 000
公称抗拉强度(MPa)	1 960
单根破断力(kN)	2 190
总面积(mm²)	5 268
钢丝直径(mm)	3.19
走线	—

通过上述的计算,缆索吊系统索结构计算成果见表2。

索结构计算成果汇总表　　　　　　　　表2

项目	本文公式计算结果	文献[7]公式计算结果	现场实测
承重索初始安装水平最大张力(kN)	924.8	878.7	932.4
承重索空载水平最大张力(kN)	2 048.3	1 891.5	2 044.5
承重索吊装水平最大张力(kN)	4 786.1	4 670.4	4 775.2
空览垂度(m)	5.41	5.28	5.39
空载垂度(m)	10.21	9.91	10.19
吊装垂度(m)	14.31	14.07	14.28

表2的结果表明,本文推导的公式计算值与现场实际测量值误差较小,具有相对较高的精准度,对于现场施工具有一定的指导意义。

4　结语

通过理论推导分析,用分段法推导出了双吊点缆索吊装承重索的曲线方程,再利用曲线方程进行积分得到了弧长公式和承重索的垂度计算公式,通过吊装过程中承重索挠度的变化差,推导出了在考虑温度及塔顶偏位影响下承重索的张力状态方程。同时,根据双吊点推导出来的方程,退化得出了单点吊装的承重索垂度及张力状态方程。通过理论分析推导,推导过程清晰明了,对于缆索吊装施工的设计及分析计算有一定的参考意义。

参 考 文 献

[1] 严自勉,顾思照.缆索起重机[M].北京:中国电力出版社,2010.

[2] 刘中原.大跨度钢管混凝土拱桥无支架缆索吊装施工受力计算分析[D].长沙:长沙理工大学,2017.

[3] 吕红平,张江涛,吴海军.大跨经拱桥缆索吊装主缆垂度计算[J].工程力学,2007,24(8):

133-137.

[4] 刘睿,雷雨亮,周水兴.无支架缆索吊装系统单双吊点主缆计算[J].重庆交通大学学报,2020,29(6):841-845.

[5] 王海林,刘宪福.双吊重缆索吊机主索计算方法探讨[J].石家庄铁道学院学报,1997,10(1):30-34.

[6] 赵朝阳,杨文爽,李传习,等.缆索吊装主索系统的受力分析算法与工作性能[J].广西大学学报(自然科学版),2010,35(4):615-620.

[7] 周水兴,何兆益,邹毅松,等.路桥施工计算手册[M].北京:人民交通出版社,2001.

[8] 段良策.简易架空缆索吊[M].北京:人民交通出版社,1986.

45. 超高悬索桥混凝土桥塔智能装配建造关键技术

陈昭安[1,2] 巴正一[1,2]

（1. 中交路桥建设有限公司；2. 中交路桥华东工程有限公司）

摘 要：南京仙新路过江通道南主塔塔高263.8m，索塔分45节进行施工，每一节的节间偏差都对整个塔柱的施工质量产生极大的影响，同时本工程横梁高度较高，高空作业频繁，如何采取有效措施降低施工风险将成为本项目塔梁施工的难题。基于以上因素，对超高索塔横梁施工质量控制、施工成本及工期压力等方面的难题进行研究及技术攻关，形成一套超高混凝土索塔智能装配建造关键技术，对于提高我国在大型悬索桥塔梁施工方向上的施工及管理水平具有重要意义。

关键词：索塔 横梁 智能 建造 技术

1 引言

1.1 研究背景

悬索桥造型优美，结构受力合理，跨越能力大，是跨越宽阔水域和深切峡谷的最理想桥型之一，特别是跨越航道或海峡时，受桥址环境、地质条件、河床特征、桥下航行的净宽等因素限制，超大跨度悬索桥更是唯一能够选择的桥型[1]。目前世界上已建成的超千米级大桥几乎全部为悬索桥，见表1，这些都足以表明悬索桥是最具有跨越能力的桥型。随着我国长江干线过江通道布局规划(2020—2035年)、西部大开发战略的实施，以及粤港澳大湾区、长三角地区、沿江附近的主要城市的经济快速发展导致的交通拥堵现象，我国还会修建数量更多、跨径更大的悬索桥。

国内外已建大跨悬索桥 表1

名称	地点	主跨长度(m)	开通年份(年)
明石海峡大桥	日本，神户市—淡路岛	1 991	1998
杨泗港长江大桥	湖北武汉，汉阳区—武昌区	1 700	2019
虎门二桥	广州南沙区—东莞沙田镇	1 688	2019
舟山西堠门大桥	浙江舟山，册子岛—金塘岛	1 650	2009
大贝尔特桥	丹麦，西兰岛—菲英岛	1 624	1997

名称	地点	主跨长度(m)	开通年份(年)
奥斯曼一世大桥	土耳其伊兹密特	1 550	2016
李舜臣大桥	韩国,光阳市—丽水市	1 545	2012
润扬长江公路大桥	江苏,镇江市—扬州市	1 490	2005
岳阳洞庭湖二桥	湖南岳阳—君山	1 480	2018
南京长江四桥	江苏南京市	1 418	2012

目前在建的南京仙新路过江通道项目是国务院批复的《南京市城市总体规划》中连接南京江南和江北地区的重要过江通道之一。该工程距上游南京长江二桥约5.9km,距下游南京四桥约4.3km,采用悬索桥方案一跨过江,跨江主桥跨径为580m+1 760m+580m,为目前在建的国内第一、世界第三跨径的悬索桥(图1)。

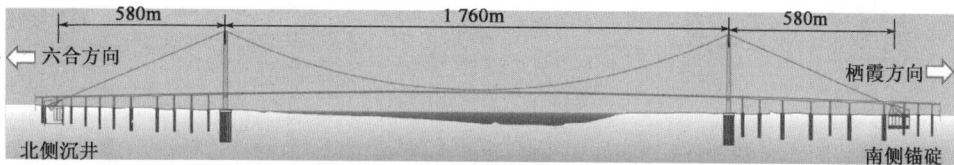

图1 南京仙新路过江通道项目情况

南京仙新路过江通道为主跨1 760m的钢箱梁悬索桥。为了满足桥梁的跨越能力,需要增加主缆的张拉,从而增加桥塔的高度,使本项目塔柱高度达到了263.8m。为了减小风阻系数以及景观效果,塔柱截面设计为五边形截面。塔柱横桥向尺寸从顶面7.5m变化到塔底10.5m。纵桥向尺寸从顶面11.0m变化到塔底14.0m。主塔下横梁为预应力混凝土单箱双室结构,下横梁中间高8m,梁底以半径为58.72m的圆弧变化,梁高由8m增至10m。横桥向长29.935m(横梁顶)、30.39m(横梁底),顺桥向宽12m,顶、底板厚度均为1.0m,腹板厚度为1.5m(边腹板)、1.0m(中腹板)。上横梁梁高17m,宽6m,梁体为单箱单室截面,顶、底、腹板厚度均为1.2m。顶面设有进人孔(图2)。

1.2 国内外研究现状

悬索桥经过上百年的发展,如今已经成为桥梁工程建设中特大跨径桥梁的主要采用形式[2]。

对于悬索桥塔柱及横梁施工,国内外的专家学者已经进行了大量的研究,并已经形成了一套较为成熟的施工技术:索塔塔柱施工时,通过液压爬模施工技术以适应不同的形状塔柱截面,通过安装劲性骨架解决钢筋施工中钢筋定位问题,针对索塔横梁一般高度高、跨径大、质量大等系列问题,常采用落地钢管支架或在塔柱内预埋牛腿支架的施工方法,实现桥塔横梁施工安全、质量及效益等方面的大幅提升。

1.2.1 索塔横梁施工技术

对于超高混凝土悬索桥索塔横梁施工,目前主要利用支架和模板将索塔横梁的形状和尺寸固定,然后在支架上搭设平台进行原位钢筋绑扎作业,在高空进行现浇混凝土,再进行养护和拆模。

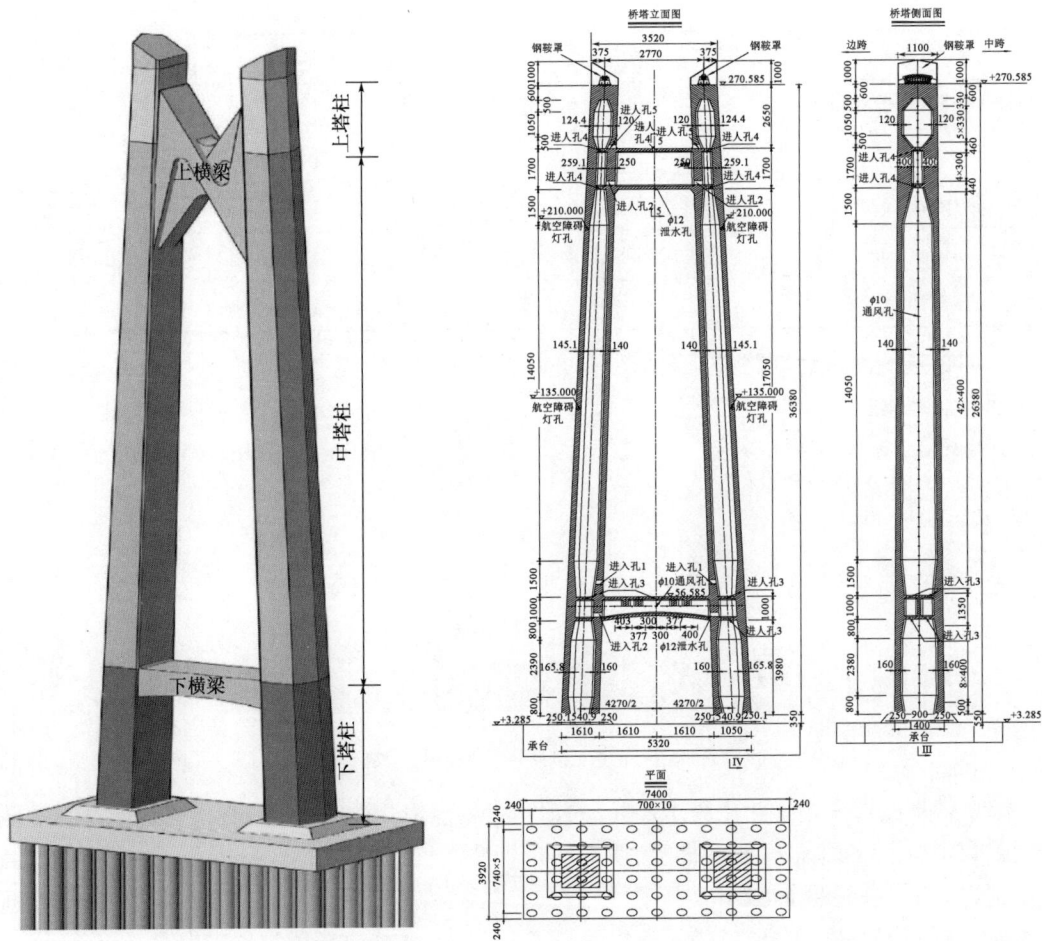

图 2　桥塔构造图(高程单位:m;尺寸单位:mm)

超高塔柱横梁为保证桥梁整体的连接,截面尺寸往往比较大,钢筋密集,施工期间高空作业频繁,往往采用钢筋原位绑扎方式,施工方法为搭设施工支架,然后安装劲性骨架,在支撑钢筋的同时,然后焊接定位框架对钢筋进行定位,但预埋件和模板拉杆较多,钢筋焊接的定位框架不能准确将预埋件和模板拉杆位置让出,造成后期预埋件安装和模板拉杆安装需二次调整钢筋位置,降低了施工效率。同时,钢筋焊接的定位框架仅能一次性使用,造成了材料的浪费。在测量钢筋保护层时,都为钢卷尺目测,而随着对工程质量要求的不断提高,对钢筋保护层厚度的合格率随之增加,钢卷尺目测法所带来的效率低下的缺点随之暴露;如阳光的照射等不利因素,将会带来诸多的影响。此外,横梁支架的拆除有两种拆除方式,即"整体下放"和"散拆",整体下放需在正下方具体施工条件,本项目上横梁施工期间,下横梁上方已施工完成边跨梁段,占据一半下横梁空间,施工受限;若散拆,常规采用塔式起重机进行下放,针对横梁正下方的支架,如何避免歪拉斜吊则是施工中的难题。

因此目前高塔横梁施工还存在以下需要克服的技术难题:①高塔异型横梁通常高度高,截面大,钢筋密集,原位钢筋高空作业时间长,安全风险高;②横梁施工完成后,横梁正下方支架拆除困难,由于空间限制,无法采用起吊设备直接吊装;③钢筋定位常采用劲性骨架划线定位,无法避免预埋件,后期改移工作量大;④随着钢筋保护层控制要求越来越高,常规采用钢卷尺进行量测,精度不足。

1.2.2 索塔液压爬模技术

液压爬升模板是滑模与支模技术有机结合的新工艺,它不仅吸收了支模工艺按常规方法浇注混凝土,劳动组织和施工管理简便,混凝土表面质量易于保证等优点,而且还有效地避免了滑模施工过程中常见的一些问题和缺陷,爬模的同步性控制对施工偏差影响尤为显著[3]。

索塔液压爬模常规采用多个油泵多面单独控制进行分段爬升,同步性难以保证,易导致整个爬架倾斜爬升,安全隐患大,同时易产生错台及塔偏。索塔塔柱混凝土养护结合以往施工经验大多是采用包裹土工布和塑料薄膜,人工洒水养护。采用此方法养护存在诸多不便:①土工布柔性大,无框架固定,很难紧贴塔柱表面,且大风天气下更甚之,达不到养护效果;②随着塔柱的变高,采用包裹土工布和塑料薄膜包裹,变得越来越难。高空风大,土工布和塑料薄膜很容易就被刮破;③采用土工布养护,土工布浸湿后,因抗拉纤维强度不够,土工布本身出现了大量孔洞,导致保湿部位做不到全方位;④传统喷淋系统没有将喷淋与养护覆盖介质有机结合,水压设置随意,且喷淋系统与塔柱养护土工布距离偏大,遇大风天气,很难均匀全面地喷淋到土工布上;⑤采用人工洒水随机性大,存在养护不及时、边角部位难以全面覆盖。

因此目前液压爬模施工还存在以下需要克服的技术难题:①普通爬模爬升同步性控制难度大,易产生错台及塔偏;②在保证外观质量方面,传统的覆膜洒水或涂养护液养护均需耗费大量的人力、物力,且由于塔柱较高,施工难度较大。

1.3 主要研究内容

针对以上研究的不足,本研究通过依托南京仙新路过江通道项目,通过借鉴类似工程经验,着重对超高混凝土索塔智能装配建造技术进行研究,研究思路如图3所示。

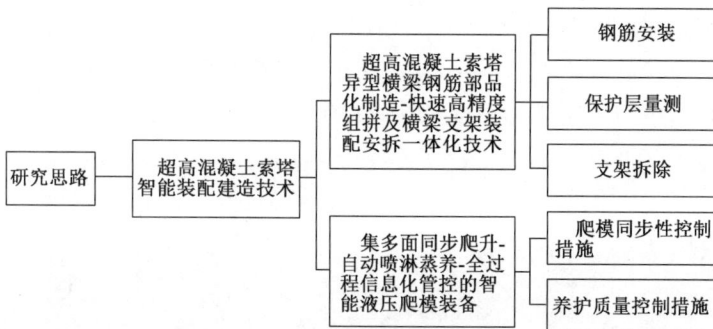

图 3 超高混凝土索塔智能装配建造关键技术研究思路

针对超高混凝土索塔施工措施、智能装备以及安全保障技术进行了系统的攻关和自主创新,形成了以下成果:

(1)超高混凝土索塔异型横梁钢筋部品化制造 – 快速高精度组拼及横梁支架装配安拆一体化技术。通过对索塔横梁钢筋和支架拆除施工工艺的优化,提高横梁施工和支架拆除施工的效率及安全性。

(2)集多面同步爬升 – 自动喷淋蒸养 – 全过程信息化管控的智能液压爬模装备。通过对爬模系统的优化,解决爬模同步性控制难度大及养护流程烦琐的问题。

2 超高混凝土索塔智能装配建造技术

2.1 超高混凝土索塔异型横梁钢筋部品化制造 – 快速高精度组拼技术

横梁为单箱双室及单箱单室结构,且下横梁梁底存在圆弧,上横梁梁底与塔柱间存在倒角,因此为异型结构。

由于高塔异型横梁钢筋原位绑扎高空作业时间长,安全风险高,通过类比钢筋笼"长线法"加工方式,即一次性加工整体,然后分块拆开,逐节安装,研发了大截面横梁钢筋分层分块地面高精度匹配技术,主要施工方法为:横梁块段之间提前在地面进行匹配组拼,然后划分成块,分块原则为使其重量在塔式起重机能力范围之内。此方法可化高空作业为地面作业,地面施工精度更容易控制,施工安全风险大大降低,同时将流水作业转变为平行施工作业,大大减少了施工周期,可极大节约项目成本(图4、图5)。

图4 横梁钢筋全断面匹配(地面)

图5 横梁钢筋全断面匹配(高空)

针对钢筋绑扎劲性骨架法需划线逐根对齐,耗时较长,焊接定位框架无法避免预埋件,后期改移工作量大,研发一种主筋定位梳齿板,由定位梁、定位角钢、定位螺栓、梳齿板和限位板组成,梳齿板具体尺寸可根据塔柱节段尺寸和钢筋设计间距大小进行调整。本项目标准主筋间距15cm,定位梁螺栓孔长度5cm,可根据主筋布置间距调整定位角钢距离,使主筋间距可调节范围为20~10cm,能有效实现非标准主筋间距位置处的主筋定位安装(图6、图7)。

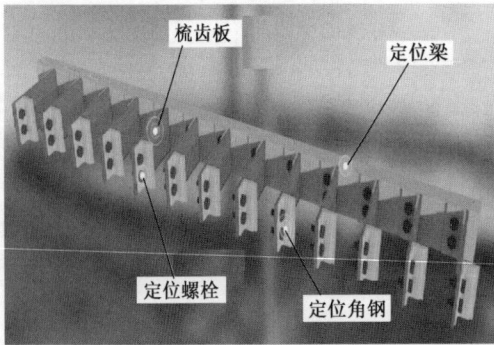

图6 主筋定位梳齿板

图7 定位梁螺栓调节主筋间距

施工人员在模板内侧使用钢卷尺测量,钢卷尺测量钢筋保护层厚度时不能正视读数,只能斜视估读,且测量底部钢筋保护层时光线不足,极大影响了钢筋保护层厚度测量精度和测量效率,造成钢筋工前保护层厚度合格率偏低。研发了"一种钢筋工前保护层厚度检测装置"。该装置可根据保护层厚度设计值和允许偏差进行调整,检测头长、宽分别为钢筋保护层厚度的上、下限值,检测头高度小于外侧箍筋竖向间距。

本项目采取异步施工方式,由于横梁钢筋采用了部品化安装的方式,部品之间的高精度匹配通过"长线法"即可解决,但部品钢筋和塔柱的连接又成为一大难题,塔柱预埋精度的控制是关键,但受塔柱高度影响,塔偏、垂直度每时每刻都在发生变化,受环境因素影响十分显著,因此为避免因塔柱套筒预埋精度不足而造成无法顺利连接的问题,针对横梁和塔柱连接位置,提出了一端套筒连接,另一端搭接(即横梁处留出1m接头与塔柱接出的钢筋进行焊接)的施工方法,有效避免了因套筒预埋精度不足带来的问题(图8)。

图8 横梁与塔柱连接形式

2.2 横梁支架装配安拆一体化技术

悬索桥索塔上横梁支架结构形式一般为型钢托架,主要承重构件为由型钢焊接而成的下部托架结构。由于内侧托架与上横梁边缘有一定距离,塔式起重机无法直接起吊拆除,若采用两台卷扬机同步下放时,由于边跨梁段已占据下横梁顶约一半位置,托架尺寸过大,无法放至下横梁顶,因此需安排人员在下放过程中拽拉至边跨梁顶,存在一定的安全风险,操作不便;若将托架从跨中切割成两半或全部切割成单根承重梁时,由于支架为悬空结构,且距地面约240m,风速大,人员切割作业存在较大安全风险。综合以上因素,研发了横梁支架高空滑移拆除装置,构建了高空横梁"滑移通道",使支架滑移至横梁投影面外侧,可用塔式起重机垂直起吊,本项目支架托架单侧塔柱两个,通过在外侧托架边缘焊接加劲板和限位板,并在限位板和承重梁上开孔,在托架钢板之间焊接工20垫梁及钢板,作为滑移轨道,实现了超高横梁支架快速安拆作业,提高工效30%,避免了塔式起重机歪拉斜吊高空作业风险(图9、图10)。

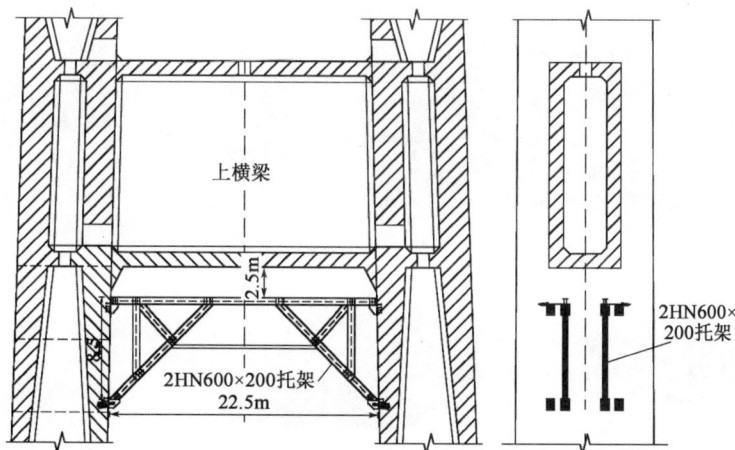

图9 横梁支架高空滑移拆除结构

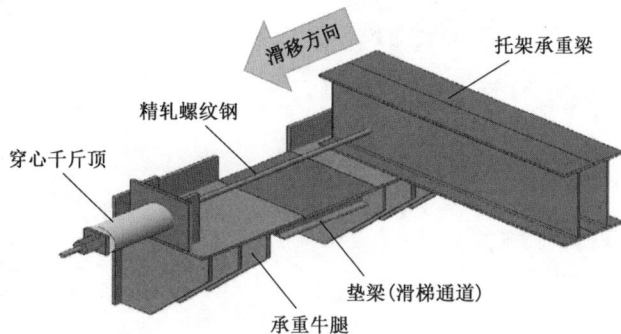

图10 横梁支架高空滑移拆除结构三维图

2.3　多面同步爬升-自动喷淋蒸养-全过程信息化管控的智能液压爬模装备

常规液压爬模各面爬升同步性控制难度大,安全风险高。传统的覆膜洒水或涂养护液养护均需耗费大量的人力、物力,且由于塔柱较高,施工难度较大。如何统筹解决上述问题,降低施工风险,提高混凝土养护水平,以精细化的技术手段确保超高塔柱的施工质量控制显得尤为迫切。因此,本项目在总结类似工程经验的基础上,研发集智能养护(喷淋 + 蒸汽养护)、PLC自平衡爬升、环境监测、视频监控等功能于一体的智能液压爬模系统,实现可视化、集成化、数字化、模块化,信息化的效果。

在设计中,以单个作业面为单位进行模块化设计,通过闭环控制,在实现单个作业面内多缸同步、多作业面间协调同步顶升的同时,具有安装操作简便、控制逻辑简单、模块无差异互换、工作面数量拓展方便等优点。

本套系统的控制系统采用PLC进行控制,通过 PLC 系统实现了程序的自动控制。所有的控制按钮集成在控制柜中,操作人员在通信状态良好的情况下可在原位实现爬模过程所有操作,提升导轨过程实现大部分操作(图11、图12)。

图11　智能液压爬模控制系统

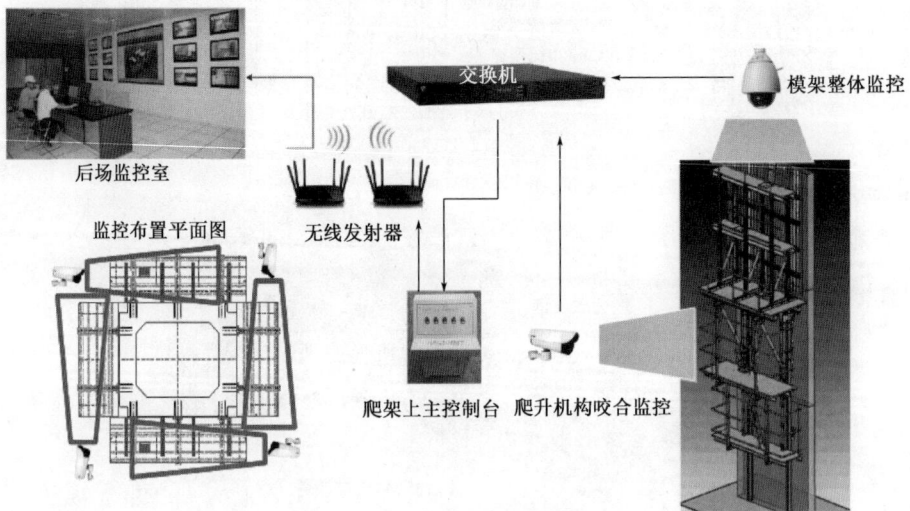

图12　智能爬模设备后台监控系统

本套系统还配置了摄像头,操作人员可在控制柜显示屏上直观地看到油缸是否动作以及液压平台的状态。

PLC 自动控制体现在以下几点:

(1)通过 PLC 控制实现面内油缸爬模时的同步性;

(2)通过 PLC 控制实现面与面之间的同步性;

(3)在爬升进油及回油过程通过 PLC 控制实现自动到位停机的功能。

主塔混凝土喷淋养护工艺原理是通过智能泵站、输水管、喷淋管组成喷淋系统,智能泵站自带蓄水池,蓄水池的蓄水量能够保证连续喷淋作业条件,智能泵站能与手机远程连接控制开动喷淋系统电源也可手动操作,设置喷淋时间。喷淋系统进入工作状态。喷淋系统在工作保证蓄水池内水量充足,输水管连接喷淋管对需养护的混凝土面进行喷水养护,喷水时间达到预定的时间后,时间继电器关闭水泵开关停止喷水。

智能蒸汽养护分为静止停止、升温、恒温和降温四个阶段。混凝土浇筑完后,立即用棉被和彩条布对其进行覆盖,并做好第一次温度记录,使覆盖层内温度维持在 10~20℃,并静停 4~6h。升温阶段就是由混凝土原始温度上升到养护温度的阶段。这一阶段的温度不能上升过快,否则会使混凝土表面因体积膨胀太快而产生裂缝。温度由静停期升至规定的恒温阶段为升温期。升温速度不得大于 10℃/h。恒温阶段是混凝土强度增长最快的阶段。这一阶段的恒温时间一般为 8~10h(如气温太低,可适当延长恒温时间,具体根据强度试验确定)。恒温加热阶段应保持 90%~95% 的相对湿度。表面混凝土温度不宜超过 45℃,芯部混凝土温度不宜超过 60℃,最高不得超过 65℃。按预定恒温时间,取出随养护的混凝土检查试件,经试验混凝土达到工艺设计要求的脱模或放张强度、弹模后,停止供汽降温,进入降温阶段。如检查试件达不到工艺设计要求的强度,则继续延长恒温时间进行养护,直到混凝土达到强度后方能降温。这一阶段如果降温过快,混凝土表面会产生裂缝,因此必须严格控制降温速度不大于 10℃/h。降温至接近环境温度或表面混凝土温度与环境温度之差不超过 15℃时,方可拆除保温设施和测试仪表,再拆除模板[4](图 13、图 14)。

图 13 智能喷淋养护实景 　　图 14 智能蒸汽养护实景

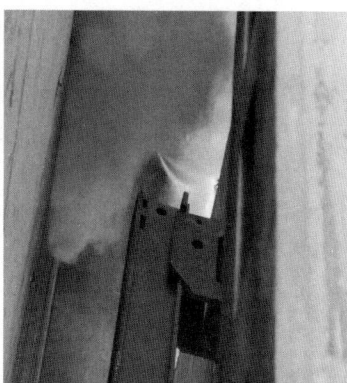

3 结语

3.1 总结

本文依托于南京仙新路过江通道南主塔及横梁施工,通过调研分析,现场试验,施工装备及控制系统与平台研发,研发了超高混凝土桥塔异型横梁钢筋部品化制造-快速高精度组拼及横梁支架装配安拆一体化技术,研制了集多面同步爬升-自动喷淋蒸养-全过程信息化管控的智能液压爬模装备,形成了塔柱及横梁快速高质量建造成套技术,实现了高空作业人员减少50%、工效提升60%、保护层厚度合格率>95%、节间错台<3mm,平整度<5mm的目标。

3.2 展望

通过以上研究,优化索塔横梁智能装配建造技术,必将产生深远影响,有助于加快施工进度,降低运营成本,施工安全可靠,具有很高的推广价值,应用前景广阔。

参 考 文 献

[1] 王冠青.悬索桥空中编缆法主缆架设关键技术研究[D].成都:西南交通大学,2021.
[2] 谢利宝.大跨径悬索桥混凝土索塔施工质量控制关键技术研究[D].南京:东南大学,2003.
[3] 马利波.液压爬模施工技术总结与发展方向[J].商品与质量:房地产研究,2013:1.
[4] 刘金权,秦军,黄继刚.蒸汽养护专项施工技术的探讨[J].建材与装饰,2012:5.

46. 浅析扁平钢箱梁桥位施工常见问题及应对措施

施临君 叶 飞

(上海振华重工(集团)股份有限公司)

摘 要: 目前,在跨海跨江桥梁架设过程中,钢制桥梁被广泛使用,扁平钢箱梁结构形式为其中最为典型的结构。桥位施工内容为扁平钢箱梁所有环口的环缝焊接、U肋嵌补安装、U肋高栓连接和涂装工作。在桥位扁平钢箱梁所有环口的焊接工作过程中,因误差累计出现了环口间隙不匀的现象同时梁总长也会相应地出现偏差等常见施工问题。通过对具体问题的分析,采取了梁段精度控制措施、梁长控制措施、匹配件设置优化和嵌补段设置优化等措施,有效解决了高标准下出现的各类常见问题。桥位施工后,成桥的整体线形和精度均满足项目的要求,证明了采取的措施有效。

关键词: 扁平钢箱梁 桥位施工 误差累计 环口间隙不均 梁段精度控制措施 梁长控制措施

1 引言

目前在跨海跨江桥梁架设过程中钢制桥梁被广泛使用,扁平钢箱梁结构形式为其中最为典型的结构(图1)。扁平钢箱梁一般在工厂预制做成单个12~18m长的标准梁段,在桥位架设条件优越的情况下,甚至可以做成上百米的梁段。梁段运输至桥位后进行吊装安装,再进行环缝焊接、U肋嵌补安装、U肋高栓连接等工作。

图1 典型扁平钢箱梁架设成形效果

在制造厂拼装阶段,解决了桥梁整体线形精度、U 肋错边、顶底板错边、箱口尺寸等问题,但在桥位施工过程中仍存在环口间隙控制不均、累计梁长小于理论梁长、环口匹配件设置过多及 U 肋嵌补段余量设置不合理等常见施工问题。

2 桥位常见施工问题及应对措施概述

因误差累计在桥位环缝间隙上往往会出现环口间隙不匀、顶底板焊缝间隙出现喇叭口、梁段左右幅出现喇叭口的现象同时梁总长也会相应地出现偏差等常见施工问题。单节段梁段制作及拼装时需根据基准段平整度修割相邻梁段余量端平整度;根据线形数据划出切割线,同时根据顶底板相对关系进行复核,加强制作过程中梁段检验,尽可能有效保证尺寸精度。

3 桥位常见施工问题及具体应对措施

3.1 梁段精度问题及控制措施

钢箱梁制作精度依据纵、横基准线进行控制。在板单元制作阶段,先分出板单元四周余量,划出纵、横基线,根据纵、横基线进行组装和焊接,并确定隔板、腹板的安装线及板单元余量线,修割基准端的余量。在梁段总拼阶段,先设置纵、横基线地样线,根据地样线结合底板单元的纵、横基线定位底板单元,根据顶、底板相对关系定位顶板单元,根据精控点控制梁体高程,复检并修正梁段的纵、横基线。梁段余量修割阶段,根据线形数据中顶板梁长,结合横基线划出顶板余量端切割线,根据线形数据中顶板梁长,结合横基线划出底板余量端切割线,根据顶底板相对关系复核修割线,结合梁段基准段平整度,相邻梁段横基线距离等,对修割线进行修正。桥位测点设置阶段,每一轮次梁段统一放线,设置各梁段中心线,并设置样冲,待桥位定位使用,根据横基线及梁段中心线,设置测量点。

根据以上流程,结合出现的环口间隙不均匀、顶底板及左右幅出现喇叭口等情况,分析及控制如下。

3.1.1 环口间隙不均

顶、底板定位拼板时,以纵、横基线为基准,由于板单元制作时长度公差为 ±3mm,导致其自由端平整度最大理论值为 6mm。对于板单元拼装时所引起的端部平整度差的问题,在确保相邻梁段横基线距离前提下,根据基准段平整度修割相邻梁段余量端平整度,最终确保环缝均匀。由于余量放置规则均为一端为基准段,另一端为余量端,因此出现间隙不均。

采取措施为根据顶底板相对关系复核修割线,根据平整度修正修割线修割避免上述问题。

3.1.2 顶、底板出现喇叭口

顶底板相对关系是根据线形数据计算得出,因此制造厂制造线形与桥位架设线型是否匹配,是影响桥位施工的重要因素。由于桥位架设过程中,梁段高程同时受初始梁段定位精度、主缆张拉影响,若这两方面出现偏差,则需通过梁段架设时进行纠偏,当高程变动 10mm 时,底板间隙变化为 5mm,因此桥位架设工况下的高程数据是导致出现喇叭口的重要因素。

采取措施为在梁段余量修割阶段,根据线形数据划出切割线,同时根据顶底板相对关系进行复核,加强制作过程中梁段检验,可有效保证尺寸精度。同时,提升线形数据、桥位架设精度,也将改善出现喇叭口的情况。

3.1.3 左右幅出现喇叭口

由于桥位架设过程中,梁段轴线同时受初始梁段定位精度、主缆张拉影响,若这两方面出

现偏差,则需通过梁段架设时进行纠偏,根据轴线与环口间隙关系换算,轴线偏10mm,环口间隙变化约为20mm,因此桥位架设精度是引发该问题的重要因素。桥位梁段定位时,以梁段整体匹配时所设置的中心线为基准,要求单个梁段两端中心点相对于桥轴线差值小于5mm,若单个梁段两端中心点相对于桥轴线差值无法控制在5mm以内,需调整梁段左右幅姿态进行纠偏。因此梁段中心线准确度及匹配情况也是影响桥位施工的重要因素。桥位梁段定位采用全站仪测量梁段两端中心点相对关系,且全站仪立于相邻梁段上,因此可认为全站仪测量精度对梁段定位的影响较小。

对于左右幅喇叭口现象,需及时掌握各工况下梁段轴线对环口间隙的影响,同时加强自身精度控制。

综合环口间隙不均和喇叭口问题,采取措施为桥位施工过程中,了解梁段定位数据以及桥位不同工况下对梁段定位精度的影响。对制造厂制作过程中的监控指令与桥位定位监控指令进行复核。从源头加强对纵横基线设置的重视,由于桥梁总拼精控都建立在纵横基线的基础上,应明确在图纸、线形及工艺方案中各项尺寸,均以纵横基线为基准,方便现场操作,便于施工数据换算。加强制造厂精度控制,建立健全精控方案及报验项,在公司内部建立各类型桥梁完整报验项目检查表,便于产品质量的内查内控。

3.2 桥位梁长控制问题及措施

桥位吊装过程中往往会出现累计梁长小于理论梁长的情况。为保证环口焊接质量,有些项目环口间隙控制在15mm以内,若超过此间隙需堆焊至10mm以内方可焊接。针对项目要求的环口间隙15mm,扣除环口焊接收缩2~4mm,剩余约11mm,即梁段实际长度仅有在短于理论长度11mm的情况下,方可对桥位里程造成影响。根据报验数据及桥位实测,制造厂所造梁段长度均符合制造验收规范要求,即公差应为0~−6mm。因此,实际梁长对桥位梁段定位里程影响较小。

桥位梁段架设过程中出现了左右幅喇叭口的情况,即梁段一侧无间隙,一侧最大间隙为15mm的情况(图2),造成梁段里程变短。

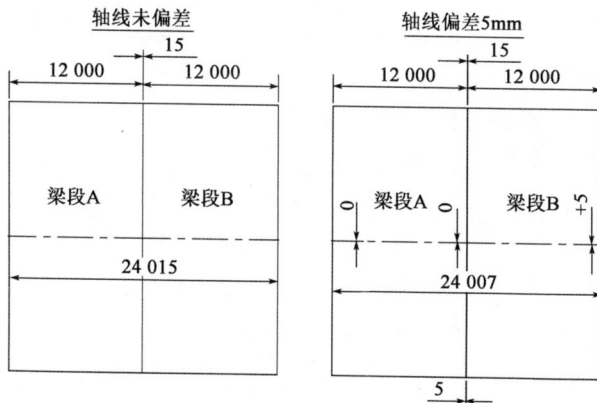

图2 轴线对里程影响示意(尺寸单位:mm)

由于梁段在桥位架设过程中,其轴线受测量精度、桥位施工工况、厂内制造精度等影响,存在一定偏差,同时在桥位环口间隙设定最大值的情况下,造成桥位里程偏差。采取措施为在加强制造厂质量内控的基础上,及时掌握各工况下梁段轴线对桥位施工的影响。

4 桥位施工优化

4.1 匹配件设置优化

以某扁平钢箱梁为例,项目梁宽23.6m,高4.5m,共设置临时匹配件15件,全桥合计质量约为100t,分别为止推板、对拉杆及锁定角钢(图3)。

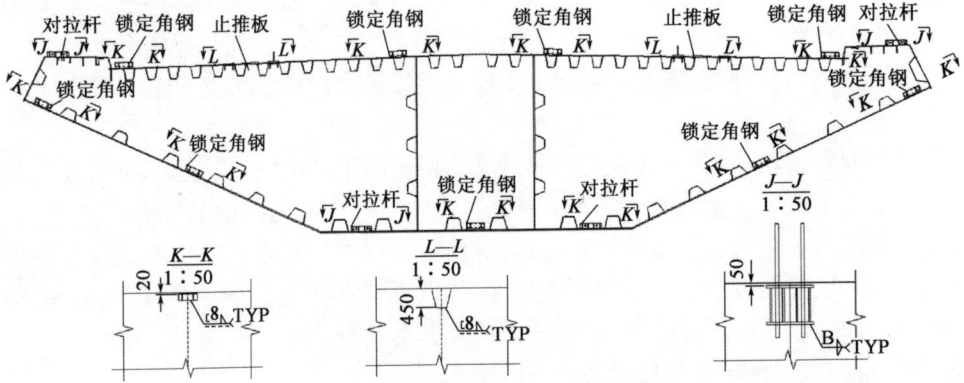

图3 环口匹配件布置(尺寸单位:mm)

在桥位梁段架设过程中,发现以上匹配件作用较小,但安装及去除时间较长,且影响主环缝焊接工效。根据桥位使用过程中分析,三类匹配件止推板、对拉杆及锁定角钢其作用分别见表1。

桥位匹配件类型及其作用 表1

名称	作用类型
止推板	重现厂内预拼装线形,进行快速架设
对拉杆	梁段临时锁定梁段姿态调节工具
锁定角钢	重现厂内预拼装线形,进行快速架设梁段临时锁定

匹配件的设置目的为重现厂内预拼装线形,进行快速架设。由于梁段桥位吊装定位时,实时线形受梁体温度、相邻梁段定位误差、测量误差、拉锁误差、主塔塔偏等影响,架桥线形需进行实时修正,即桥梁架设并非完全按照预拼装线形进行定位,导致匹配件的设置目的难以实现。

由于实际架桥线形与预拼装线形并不一致,而临时锁定装置多采用螺栓锁定,螺栓精度要求高,且要求接触面密贴。同时,根据梁段吊装流程,梁段精调后立刻采用码板固定,码板作业速度快,去除容易,因此梁段临时锁定建议优先采用焊接临时码板的形式。

对拉杆可用于梁段里程及左右幅间隙调节,实际发挥作用较大,建议对具有梁段姿态调节能力的匹配件予以保留。

通过以上分析,扁平钢箱梁匹配件中,由于预拼装线形与桥位实际线形存在一定偏差,导致止推板及锁定角钢无法发挥其应有作用。因此,后期设计及施工过程中应控制匹配件安装质量,适当对匹配件的位置及数量进行优化。

4.2 嵌补段设置优化

某项目桥位嵌补段安装时,应满足对接缝间隙为6~8mm的要求,为达到间隙控制要求,嵌补段需在桥位进行二次配切。因此，嵌补段在制作过程中需对应设置余量，同时为减少嵌补段制作工序，降低施工成本，拟对嵌补段制作工艺做出如下优化：

4.2.1　嵌补段余量设置优化

由于梁段吊装定位时，其实时线形受梁体温度、相邻梁段定位误差、测量误差、拉锁误差、主塔塔偏等影响，造成对架桥线形进行实时修正，即桥梁架设与厂内预拼装线形并不一致。实际架桥线形与预拼装线型的偏差，最终导致桥位环口间隙与理论间隙产生偏差，即环口所需嵌补段长度与理论长度不一致。

结合焊评覆盖及以往项目经验，桥位环口最大间隙最大值应不超过30mm，嵌补段单侧对接缝坡口间隙为6mm，两侧合计为12mm，因此嵌补段最大余量应为18mm。

综合以上情况，在桥位嵌补段下料时，在长度方向设置20mm余量，可满足桥位安装精度要求。

4.2.2　嵌补段制作工艺优化

桥位嵌补段主要分为U肋及I肋，其中又由于面板板厚差细分为标准件及非标件，各类型嵌补段厂内加工流程见表2。

嵌补段制作流程　　　　表2

嵌补类型	加工工艺
标准U肋	抽条下料，整体折弯，断料为标准U肋
非标U肋	数控为异形件下料折弯或整体下料后再断料并对两肢进行机加工
标准I肋	数控下料
非标I肋	数控下料

嵌补段发运至桥位后，再根据实际间隙进行配切。因此对于标准U肋嵌补段，建议整体发运至桥位进行配切，可减少厂内分段工序，且标准嵌补段发运需制作打包框，而整根发运仅捆装打包即可，因此整段发运亦可减少打包成本。

综上，对于嵌补段，建议余量设置为20mm，具备整根发运条件的采用整根发运桥位配切的方案。

5　结语

因误差累计在桥位扁平钢箱梁环口焊接工作过程中出现了环口间隙不匀、顶底板焊缝间隙出现喇叭口、梁段左右幅出现喇叭口的现象同时梁总长也会相应地出现偏差等常见施工问题。通过对具体问题的分析，采取了梁段精度控制措施、梁长控制措施、匹配件设置优化和嵌补段设置优化等应对措施，有效解决了高标准下出现的各类常见问题，有效完成了桥位施工作业。桥位施工后，成桥的整体线形和精度均满足要求，证明了采取的应对措施有效，可为同类钢梁的桥位施工提供参考。

参 考 文 献

［1］中国铁路总公司.铁路钢桥制造规范：Q/CR 9211—2015［S］.北京：中国铁道出版社,2015.

[2] 中华人民共和国交通运输部.公路桥涵施工技术规范:JTG/T 3651—2022[S].北京:人民交通出版社股份有限公司,2022.

[3] 周维,邹纪祥,许金明,等.沪通长江大桥非通航孔桥112m简支钢桁梁立体试装技术[J].世界桥梁,2018,46(1):1.

[4] 胡鹏,朱沈来.连续性组合型钢箱桥加工精度控制[J].施工技术,2019,48(S1):17:20.

[5] 林捷.基于城市复杂路况钢箱梁桥安装工艺技术研究[J].福建建设科技,2021,(6):1.

47.浅谈超深锁扣钢管桩围堰设计与施工关键技术

白 杨 巨润泽

（中交二公局第五工程有限公司）

摘 要：本文以珠海市鹤洲至高栏港高速公路（二期工程）鸡啼门特大桥45号墩承台围堰为依托，通过在45号墩承台围堰设计、施工过程中收集资料，总结形成了一套结构合理、安全性高的深水基础承台围堰设计方案与施工工艺，为类似施工项目提供借鉴。

关键词：超深 锁扣钢管桩围堰 设计 施工

1 工程概况

1.1 工程简介

珠海市鹤洲至高栏港高速公路二期工程 HGTJ5 标鸡啼门特大桥横跨鸡啼门水道东西两岸，主桥上部结构为 60m＋110m＋200m＋110m 连续刚构桥（42 号墩～46 号墩），其中 45 号主墩承台左右幅分幅设计，尺寸为 18m（顺）×11.4m（横）×5m（高），承台底高程为－12.342m，封底厚 3m，河床面高程约为－5.7～－12m，施工期高水位约为＋2m，最高通航水位＋2.807m，围堰深度18.15m，属超深围堰工程。所处位置淤泥层超27m，淤泥层下的粉质黏土层仅 6～7m，粉质黏土层下即为 5m 厚的砾砂层，砾砂下即进入微风化花岗岩，围堰施工难度大、施工风险高（图1、图2）。

1.2 地质情况

鸡啼门特大桥主桥承台所处地质情况如图3所示。第1层：淤泥，灰褐色（层厚29m、层底高程为－33.64m）。第2层：粉质黏土（层厚5m、层底高程－38.64m）。第3层：砾砂，深灰色（层厚1.7m、层底高程－40.34m）。

2 围堰设计

2.1 确定围堰需求

承台计划一次性浇筑以节省工期，围堰需要有足够刚度以抵抗内外压差；为方便后续墩身施工，围堰内支撑尽量避免与墩身冲突；承台施工宽度预留1.5m，围堰需要留有足够空间以满足施工需要。

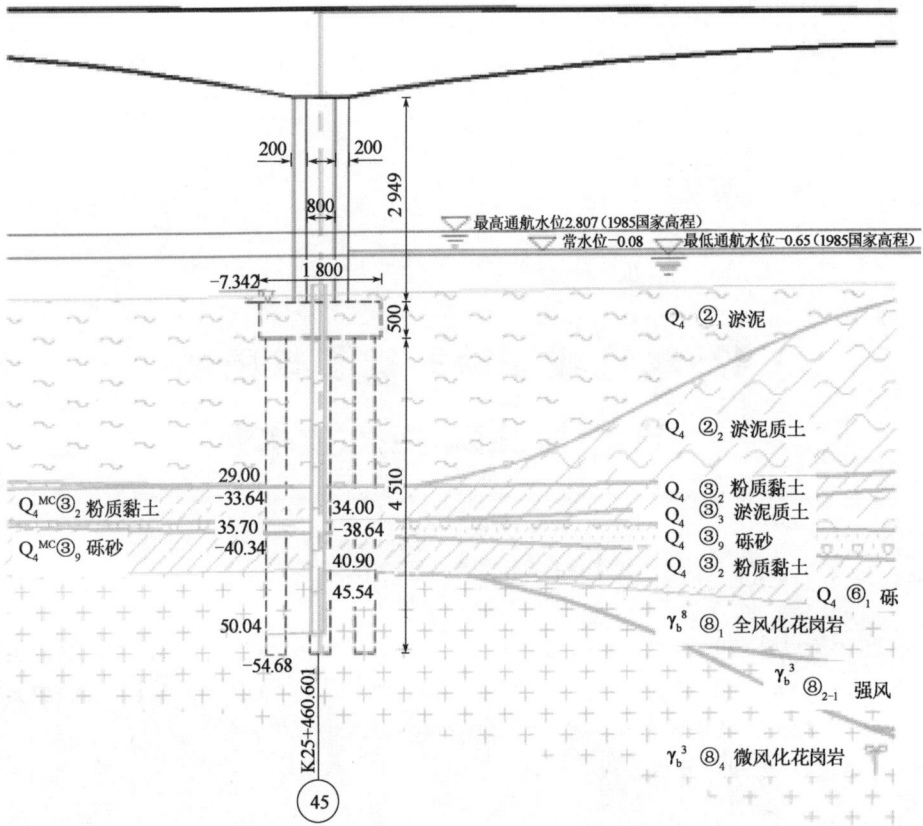

图1　鸡啼门特大桥45号主墩布置图(尺寸单位:cm)

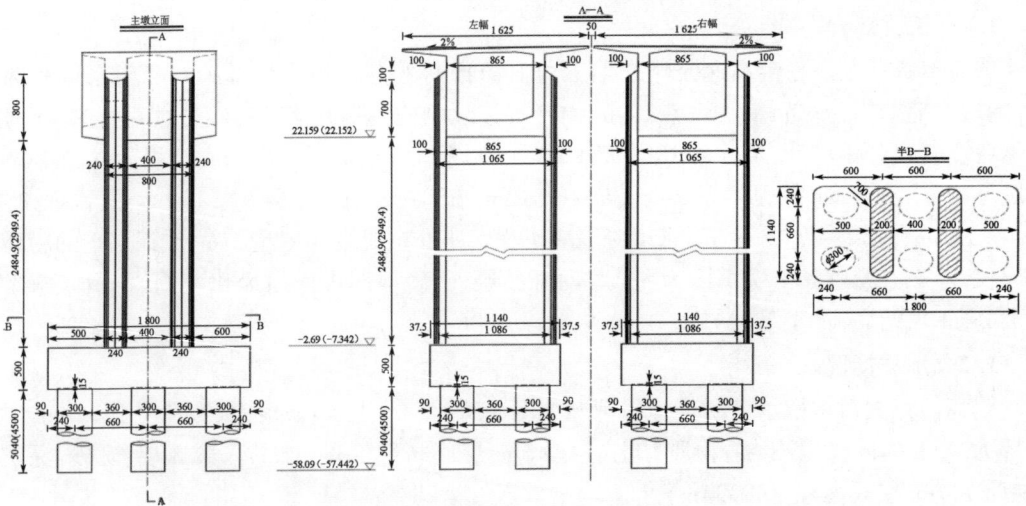

图2　鸡啼门特大桥45号主墩一般构造图(尺寸单位:cm)

2.2　方案比选

在深水承台围堰施工中广泛运用的有钢板桩围堰、锁扣钢管桩围堰、钢套箱围堰和钢吊箱围堰,其中钢吊箱围堰适用高桩承台,予以排除。钢板桩围堰具有施工简单,钢材投入少的特点,缺点在于钢板桩自身结构强度较低,适用于浅水基础施工。锁扣钢管桩围堰与钢板桩围堰结构相同,可以理解为一种结构强度较高的特种钢板围堰,同样具有施工简单的特点,但在同

398

等规格下,钢材投入量比钢板桩多约 30% 。钢套箱围堰是结构强度最高的围堰类型,可通过增加壁板厚度、调节围堰截面等手段来极大地提高结构强度,能适应各种深度的基础施工,缺点是钢材投入大,辅助设施多(临时拼装平台、下放装置等),需要大型起重设备,对施工精度要求较高。

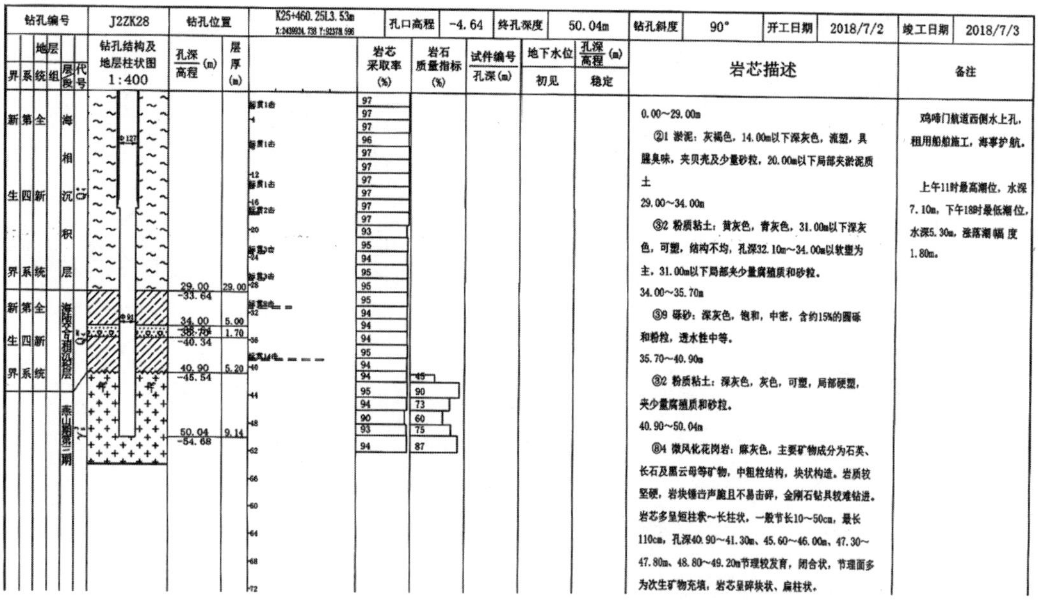

图 3 鸡啼门特大桥 45 号主墩处地勘图

2.3 比选结果

本围堰设计关键指标之一就是围堰需满足承台一次性浇筑。鸡啼门特大桥主墩承台高 5m,考虑到施工便捷和内支撑本身厚度,桩身最下层跨度至少为 6m。围堰施工期高水位约为 +2m,最高通航水位 +2.807m,最下层围檩高程约为 -6.34m,承台 -12.342m,水下封底厚 3m,围堰内清淤后基坑深度达 18.15m,封底后围堰内外高差为 15.147m,将内外压力简化为水压力、桩身简化为 6m 简支梁进行估算,经计算钢板桩围堰无法满足使用需求,而钢套箱围堰施工成本较大、施工难度较高需接长护筒整体下放、辅助结构较多。出于安全性、经济性和工效考虑,同时参考以往施工经验,鸡啼门特大桥 45 号墩承台围堰方案最终选择锁扣钢管桩围堰施工方案。

2.4 设计方案简述

鸡啼门特大桥 45 号墩围堰依据《钢围堰工程技术标准》(GB/T 51295—2018)规定,基坑安全等级定为一级。支护结构构件按承载能力极限状态设计时,其结构重要性系数为 1.1,作用基本组合的分项系数 1.25[1]。

锁扣钢管桩围堰平面中心尺寸为 32m × 22m,锁扣钢管桩内侧与承台保持净距 1.5m;钢管桩采用 Q345 材质 φ820mm × 14mm 钢管;锁扣采用 T-C 型,由钢管和型钢组成;内支撑共 3 层,由围檩、对撑、斜撑组成,第一层围檩为 2H600mm × 200mm,内撑系为 φ609mm × 12mm 钢管组成,第二、三层围檩为 2H700mm × 300mm,内撑系统 φ800mm × 16mm 钢管(对撑)和 Q235 材质的 φ609mm × 12mm 钢管(角撑)组成(图 4、图 5)。

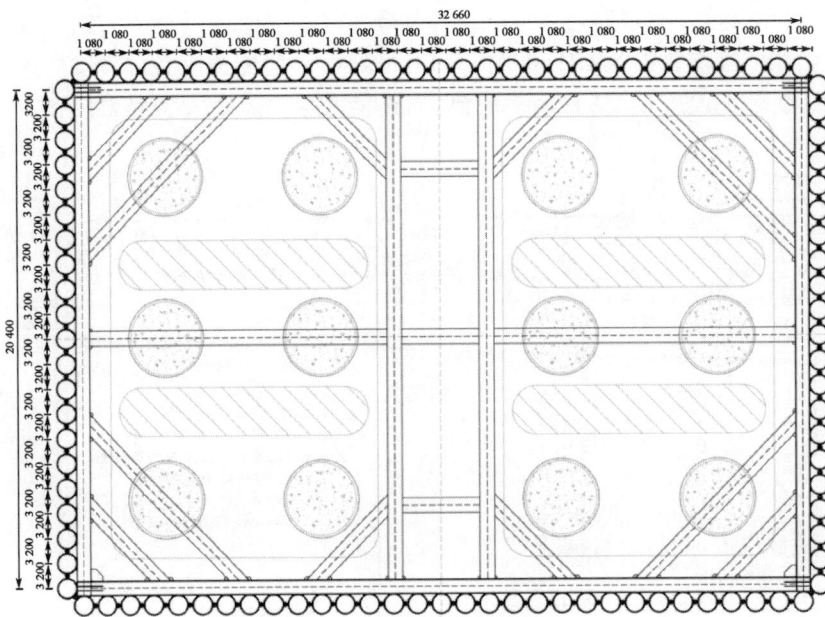

图 4   围堰平面布置图(尺寸单位:mm)

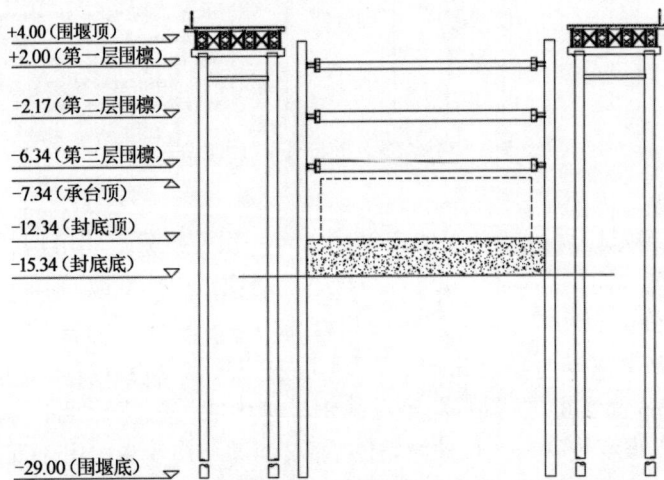

图 5   围堰立面布置图(尺寸单位:m)

2.5   设计工况

选择一根锁扣桩为计算单元,根据工序流程与受力分析,计算不利工况[2]。

工况一:安装第一层内支撑后带水清基至基坑底 −15.342m,此时按施工期高水位计算(+2.0m)。

工况二:刚浇筑完封底混凝土,未抽水混凝土尚未凝固;此时按施工期高水位计算(+2.0m)。

工况三:封底后,抽水至 −3.171m,尚未安装第二层内支撑。此时按施工期高水位计算(+2.0m)。

工况四:第二层内支撑安装后,抽水至 −7.342m;此时按施工期高水位计算(+2.0m)。

工况五:第三层安装后,抽干围堰内的水。此时按最高通航水位计算(+2.807m)。

工况六:围堰内回砂填至 −8.2m 时,在 −8.2m 处安装垫梁(或浇筑混凝土冠梁),拆除第

400

三道内支撑。此时按最高通航水位计算(+2.807m)。

2.6 锁扣钢管桩长度计算

拟用33m锁扣钢管桩,工况一:第一层围檩、内支撑安装完后,带水清基至基坑底,壁体的抗倾覆稳定性最为不利(图6)。

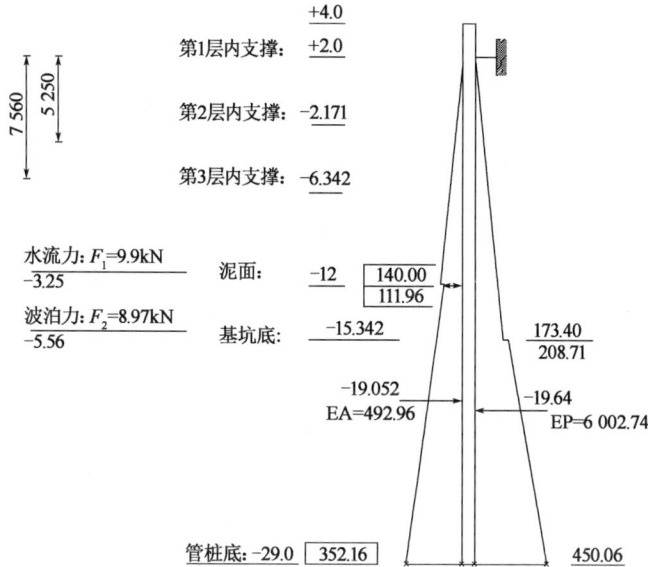

图6 抗倾覆稳定分析图(尺寸单位:m)

$$K = (EP \times 21.052)/(E_a \times 21.64 + F_1 \times 5.25 + F_2 \times 7.56)$$
$$= (6002.74 \times 21.052)/(4924.96 \times 21.64 + F_1 \times 5.25 + F_2 \times 7.56) = 1.251 > 1.25$$

用同样的方式求得:围堰深侧抗倾覆稳定系数为1.31。

锁扣桩长拟用33m,长度足够。

2.7 基底抗隆起计算

选取计算工况:安装第一层内支撑后带水清基至基坑底 -15.342m,此时按施工期高水位计算(+2.0m)。

工况说明:本工况内外水面高程一致,基坑外泥面高程 -12m,基坑内泥面高程 -15.342m,将水按当量土折减后,内外泥面高差1.22m,管桩换算入土深度24.63m。

$$K_S = \frac{cN_c + r_1 N_q t}{r_2(H + t) + q} = \frac{7 \times 5.96 + 15.8 \times 1.33 \times 24.63}{15.8 \times 25.86} = 1.37 > 1.2$$

满足抗隆起稳定性要求。

2.8 封底混凝土计算

(1)抗浮计算。

本方案采用水下浇筑封底混凝土工艺,封底混凝土最不利工况是疏干围堰内的水时。封底混凝土抗浮计算如下:

抗浮计算水位 +2.0m。设封底混凝土厚度为 h,围堰抽水后内外水位差为 Δh 为 14.342m,封底混凝土净面积 $A = 578.5m^2$,共有钻孔灌注桩 12 根,桩基护筒直径 3m。根据资料调查显示,封底混凝土与钢护筒之间的握裹力取值范围 0.1 ~ 0.2MPa,本方案取可靠握裹强度为 0.15MPa。具体计算如下:

$$K_{\mathrm{f}} = \frac{G_{\mathrm{c}} + F_1 + F_2}{F_{\mathrm{W}}}, F_{\mathrm{W}} = \gamma_{\mathrm{w}} h_{\mathrm{w}} A_{\mathrm{n}}, G_{\mathrm{c}} = \gamma_{\mathrm{c}} V_{\mathrm{c}}, F_1 = \min(G_z, \tau_1 S_1), F_2 = \min(\tau_2 S_2, \tau_3 S_3)$$

将数据代入计算结果如表 1 所示。

计算结果 表1

序号	项目				字母代号	单位	数值	备注/公式
1	护筒外径				D	m	3.300	需填
2	护筒个数				N	个	12.000	需填
3	围堰内轮廓长度				LX	m	30.100	需填
4	围堰内轮廓宽度				LY	m	20.600	需填
5								
6	设计水位						2.000	需填
7	承台底高程						-12.342	需填
8	封底厚度						2.800	需填
9	围堰封底投影面积				A	m²	517.427	
10	封底重量						34 771.108	
11	浮力						88 697.370	
12	钢围堰自重						8000.000	
13	封底与桩基						48 517.326	
14	封底与钢板桩						42 588.000	
15	混凝土黏结强度						150.000	
16	外土层1 侧摩强度	15	土层1 厚度	13.6	土层1 侧摩		20 685.600	
17	外土层2 侧摩强度		土层2 厚度		土层2 侧摩			
18	外土层3 侧摩强度		土层3 厚度		土层3 侧摩			
19	外土层4 侧摩强度		土层4 厚度		土层4 侧摩			
20	外土层5 侧摩强度		土层5 厚度		土层5 侧摩			
21	∑侧摩						20 685.600	
22	min(14.26 + 13)						28 685.600	
23	抗浮系数 = K						1.262	

计算得:$h = 2.8$ 时(预留 20cm 找平用),$K = 1.262 \geqslant 1.15$ 满足抗浮稳定性要求。

(2)强度计算。

相邻护筒中心间距为 10.15m、6.6m,取 1m 宽混凝土板进行计算,根据简明计算手册,钢护筒之间的封底混凝土按四边固结双向板计算。$l_x / l_y = 0.65$,查表得:$\alpha_1 = 0.0766$,则封底混凝土弯矩为:

$$p = (14.324 + 3) \times 10 - 2 \times 24 = 125.42$$
$$M = \alpha p l^2 = 0.0766 \times 125.42 \times 6.6^2 = 418.5 \mathrm{kN \cdot m}$$

强度按下式计算:

$$h = \sqrt{\frac{9.09M}{bf_{\mathrm{t}}}} + D = \sqrt{\frac{9.09 \times 5 \times 10^6}{1\,000 \times 1.27}} + 500 = 2\,231 \mathrm{mm} < 3000 \mathrm{mm}$$

满足要求。

2.9 结构计算

采用 midas Civil 软件进行计算,用弹性支承来模拟内支撑和主动土压力,用一般梁单元模拟钢管桩及 T-C 锁扣,荷载宽度为相邻钢管桩的中心间距[3],计算结果见表2。

钢管桩计算结果统计表   表 2

名称	第1层反力 (kN/m)	第2层反力 (kN/m)	第3层反力 (kN/m)	锁扣桩应力 (MPa)	变形 (mm)
工况一	36.1	未施工	未施工	98.3	68.8
工况二	27.2	未施工	未施工	94.9	61.1
工况三	309.2	未施工	未施工	208.4	90.7
工况四	15.8	570.7	未施工	250.3	101.1
工况五	26.6	290.2	479.2	247.5	100.7
工况六	59.1	444.9	已拆除	263.7	102.4
max	309.2	570.7	479.2	263.7	102.4

内支撑计算同样采用 midas Civil 软件进行计算,用一般支承模拟约束,用一般梁单元模拟内支撑。由于第二层和第三层内支撑布置形式相同,将两层内支撑合并计算,计算结果见表3。

内支撑计算结果统计表   表 3

名称	线荷载(kN/m)	组合应力(MPa)	剪应力(MPa)	变形(mm)
第一层围檩	309.2	188.5	53.1	5.3
第一层对撑		200.4	—	—
第二层围檩	570.7	156.6	69.2	7.7
第二层对撑		146.2	—	—
第二层角撑		190.5	—	—

由上述计算可知,钢管桩锁口应力满足要求,第一层内支撑最大反力为309.2kN/m,第二、三层内支撑最大反力为570.7kN/m。

3 施工关键技术

3.1 锁扣钢管桩

锁扣钢管桩施打通过在栈桥管桩及钢护筒上焊接导向框进行定位导向,并通过测量控制,保证锁扣钢管桩施沉时的平面位置及垂直度,采用履带吊配合振动锤进行插打,首根锁扣钢管桩在施打至顶部与支栈桥高差3~4m的位置时停止施打;起吊第二根锁扣钢管桩,将阴阳头锁扣连接起来,进行第二根锁扣钢管桩施沉,当施打至与第一根钢管齐平时停止施打;将第一根锁扣钢管桩施打至设计高程(+4.00m);第三根钢管施打至与第二根钢管齐平时停止施打,将第二根钢管施沉到设计高程,重复循环施工(图7)。

锁扣钢管桩的施工难点在于垂直度控制和平面位置控制。垂直度控制可通过设置夹壁式导向架进行控制,尤其首根桩和角桩插打时,测量人员严格监控,保证其垂直度在1/200以内;由于锁口活动空间较大,围堰面积较大,容易造成围堰对边长度相差较大或临边不垂直的情况,在插打时宜首先进行角桩的插打,确定围堰角点。

图7　锁扣钢管桩插打

锁扣钢管桩围堰不同于钢板桩围堰,折减效应不明显,锁口做好止水处理即可。

3.2　内支撑

本项目采用组合式内支撑,围檩在后场分段加工成型,现场拼装,各构件之间通过螺栓连接,减少了现场焊接作业量也提高了节点可靠度。施工顺序为先短边后长边,对称施工,围檩整体成型后进行拐角处增强;围檩施工完成后进行内支撑施工,内支撑施工顺序为先长管后短管。首层围檩安装在+2m,围檩与锁扣钢管桩之间采用钢板塞填焊接,保证每根锁扣钢管桩均传力至围檩上。

内支撑安装时,主要控制指标为平整度和节点间距。首层安装时,通过在钢护筒焊接临时施工平台进行安装,施工平台完成后,测量人员复核高程,调整围檩。围檩施工完成后,按设计图纸在围檩上标记出内支撑节点。后续安装时,先在锁扣钢管桩上焊接围檩托架板,放置围檩后调节高程。

当封底强度达到90%时,进行抽水工作。抽水时注意观察围堰壁体及钢管支撑的变形情况,若发生较大变形应立即停止抽水,查明原因并解决后方可继续施工。抽水至第二、三层围檩下方1m后,在锁扣钢管桩上进行第二、三层围檩和内支撑安装,安装方案与第一层相同。

3.3　清淤及封底混凝土

第一层围檩安装到位后,打开连通孔确保围堰内外水位持平,首先采用伸缩式长臂挖机进行粗挖(15m),后采用空气吸泥机进行精挖。精挖完成后(至−15.34m处),安排潜水员进行水下整平,要求基坑底高程偏差不超过20cm。围堰清淤期间,采用黏土和棉絮填充CT锁扣并在外侧锁扣上涂抹堵漏王进行堵漏。

深水基础围堰一般采用带水封底,封底时无法直接观察到封底效果,施工难度较大。混凝土浇筑时,宜适当加大混凝土的坍塌落度保证混凝土流动性,采用在围堰内布置2组导管轮流浇筑,遵循从低向高,从边向中的原则进行封底,及时测量浇筑点和浇筑半径处的混凝土高程,避免混凝土超高(图8)。

3.4　施工重点

(1)锁扣钢管桩严格控制平面位置及垂直度;

图 8　围堰施工完成后

（2）锁扣钢管桩接长焊缝熔透焊透,质量等级按二级控制;

（3）锁扣钢管桩加工时,锁口开口宽度宜比型钢腹板宽度稍窄。开口过小,锁扣钢管桩插打困难,开口过大,围堰止水困难;

（4）锁扣钢管桩插打时,采用复打法进行插打并优先施工角桩控制平面位置;

（5）围檩与内支撑的接头采用角焊缝满焊,并严格控制焊缝质量;

（6）围檩固定前需复核高程,水平度控制在 1/100 以内方可固定;

（7）围檩群栓节点连接按照规范要求的拧紧顺序进行施拧,不可擅自变更施拧顺序;

（8）高强度螺栓的初拧、复拧、终拧连续进行,不可停顿时间过长;

（9）高强度螺栓力矩检测应在终拧完成 1h 之后、24h 以内进行,扭矩法与转角法均可采用;

（10）内支撑安装时,复核其平面位置,避免影响围堰强度或后续墩身施工;

（11）内支撑应力较大时,设置格构柱可有效降低内支撑应力;

（12）计算出所需的封底混凝土厚度以后,宜适当设置 30～50cm 调平层厚度,以减少封底混凝土找平工作量,缩短工期;

（13）封底时应循从低向高,从边向中的原则并频繁测量混凝土高程,混凝土过高影响后续施工,混凝土过低导致封底失败;

（14）围堰止水采用黏土和棉絮填充 CT 锁扣并在外侧锁扣上涂抹堵漏王进行堵漏,止水效果良好;

（15）围檩拆除前应按相应方案进行基坑回填,首先拆除四角围檩联系释放应力,再拆除斜撑,最后割除支撑与托架焊缝;

（16）严格按照监测方案进行围堰监测,清淤阶段、封地阶段、抽水阶段每天监测一次,其他时间每 3d 监测一次,直至承台浇筑阶段结束。

4　围堰监测

4.1　监测内容

围堰监测内容有围堰桩顶竖向位移、围堰桩顶水平位移、围堰坑内外水位、锁扣钢管桩深层水平位移、支撑轴力。

4.2　监测点布置

位移观测共布置 8 个监测点、深层水平位移布置 8 个监测点、采用便携式测斜仪,测点间隔 0.5m 深,测量累积变形量和单次变形量(图 9)。

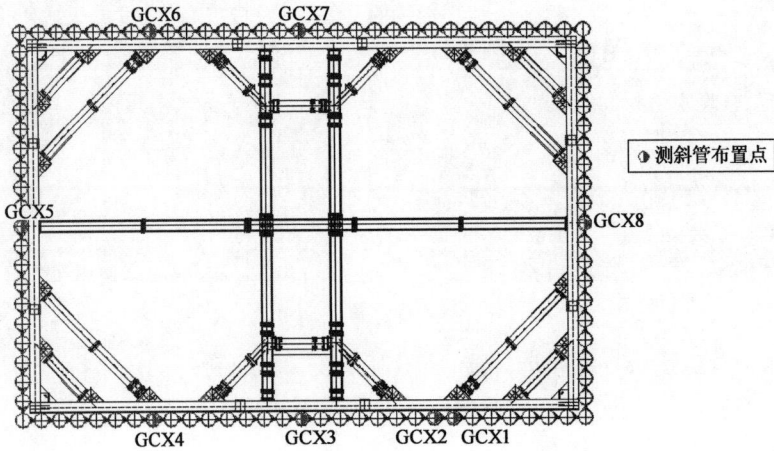

图 9　水平位移观测布点图

轴力监测共布置 12 个表面应变计,第一层支撑上布置 3 个,第二层支撑上布置 4 个,第三层支撑上布置 5 个。监测从进场开始,在打桩阶段安装布置测斜管;清淤阶段、封底阶段、抽水阶段每天监测一次,其他时间每 3d 监测一次,直至承台浇筑阶段结束。

4.3　监测结果

自 2021 年 1 月 17 日进行最后一次观测,在此期间共进行 25 次深层水平位移观测,设计水平最大位移为 101mm,各监测点的深层水平累计变化值最大为 59.67mm,出现在 4 号测斜孔(图 10)。

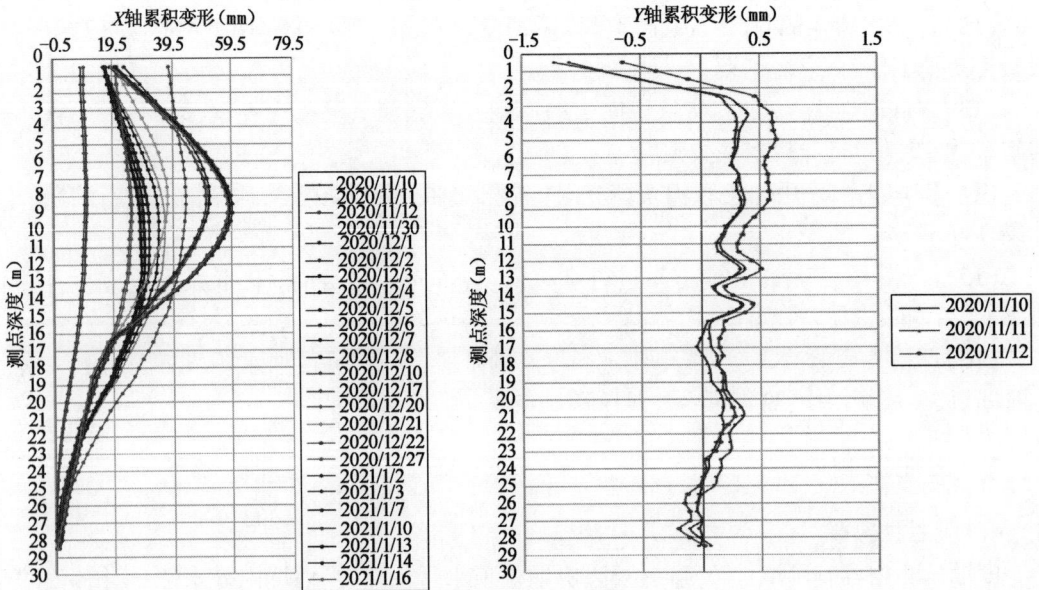

图 10　变化值最大测斜孔水平位移变化图

第一道支撑设计最大轴力为 2 168.2kN,监测期间最大轴力 535.41kN,第二道支撑设计最大轴力为 4 043.6kN,监测期间最大轴力 1 463.03kN,第三道支撑设计最大轴力为 4 043.6kN,最大轴力 1 492.58kN,计算用最高通航水位进行计算,实际施工期间为枯水期水位较低。

5 结语

目前,鸡啼门特大桥 45 号承台与墩身施工已完成,进入围堰拆除阶段。锁扣钢管桩围堰在使用过程中,各项指标均满足要求,未发生安全或质量事故,给承台及墩身施工带来了极大便利。经过本项目实际运用,锁扣钢管桩围堰在深度 15～20m 的深水基础施工中有较大的应用空间。在类似条件下,钢板桩围堰受力性能较差,需要较多的内支撑来保证板身强度,不仅投入较多钢材还对工期有不利影响;而钢套箱围堰虽然结构强度足够,但投入巨大、结构较复杂、对拼装场地有一定要求;综合对比之下,锁扣钢管桩围堰综合性能较强,是一种理想的围堰结构形式。

参 考 文 献

[1] 中华人民共和国住房和城乡建设部.钢围堰工程技术标准:GB/T 51295—2018[S].北京:中国计划出版社,2018.
[2] 中华人民共和国住房和城乡建设部.建筑基坑支护技术规程:JGJ 120—2012[S].北京:中国建筑工业出版社,2012.
[3] 中华人民共和国住房和城乡建设部.钢结构设计标准:GB 50017—2017[S].北京:中国建筑工业出版社,2017.
[4] 中华人民共和国交通运输部.公路桥涵施工技术规范:JTG/T F50—2011[S].北京:人民交通出版社,2011.

48.硬岩深埋承台双壁钢围堰设计施工技术研究

刘大成　杨圣峰

（中交一公局集团有限公司）

摘　要：本文以长沙在建湘江特大桥为依托，对深水硬岩面双壁钢围堰的设计与施工关键技术进行研究。结合湘江水系的地质、水文及大型起重设备等因素综合考虑，设计了长66.3m、宽26.4m、高24.0m的双壁钢围堰，并对双壁钢围堰的强度、刚度及稳定性进行了整体分析。提出了钢围堰与钢护筒整体设计、制造与安装方法，采用了大节段钢围堰竖向分节水上整体对接施工工艺，研发了钢围堰浮态定位系统，形成了护筒与钢围堰整体制造、对接与定位成套技术。根据现场实践，形成的成套技术可以保障钢围堰与护筒整体结构的施工安全及定位精度，为类似工程施工提供借鉴。

关键词：桥梁基础　钢围堰　护筒与钢围堰　整体结构　浮态定位

1　引言

随着我国交通建设的不断发展，越来越多的跨江、跨海桥梁涌现，桥梁水中基础普遍设置钢围堰形成无水环境进行施工[1-3]。钢板桩围堰、钢管桩围堰、单壁/双壁钢围堰、钢吊箱围堰等为较常见的围堰结构类型[4]。本文依托长沙湘江特大桥主桥51号墩双壁钢围堰工程，结合桥址处地层岩性，对围堰基坑进行爆破开挖，为减少现场钢护筒安装时间，采用钢护筒与钢围堰整体设计、加工、下放工艺，并对施工过程中的受力进行详细分析[5-9]。

2　工程概况

长沙湘江特大桥主航道桥跨径布置为165m+380m+165m，全长710m。为双索面钢混组合梁斜拉桥，全桥设两座桥塔，两个过渡墩，桥梁宽度为38.5m，见图1。

主桥50号、51号索塔承台采用哑铃型承台，50号承台顶面高程19.5m，51号承台顶面高程18.0m，混凝土强度等级为C35混凝土，横桥向宽62.5m，顺桥向宽22.6m，厚7.0m，承台下设28根直径2.8m桩基础及封底混凝土（图2），承台为全埋式。

桥位区河床覆盖层较薄最大厚度1.0m，岩层为中风化板岩，岩石强度较高，桥址处常水位高程+30.0m，河床高程为+19.0m，承台顶高程为18.0m。承台基坑采用爆破开挖，考虑爆破开挖基坑底面平整度影响，超深开挖1.0m，基坑开挖总深度12.0m，开挖后桥址处常水位水深

22.0m。为此需研究深水硬岩面钢围堰与钢护筒整体设计施工技术,解决围堰入水、对接、定位及后期钢护筒安装等技术难题。

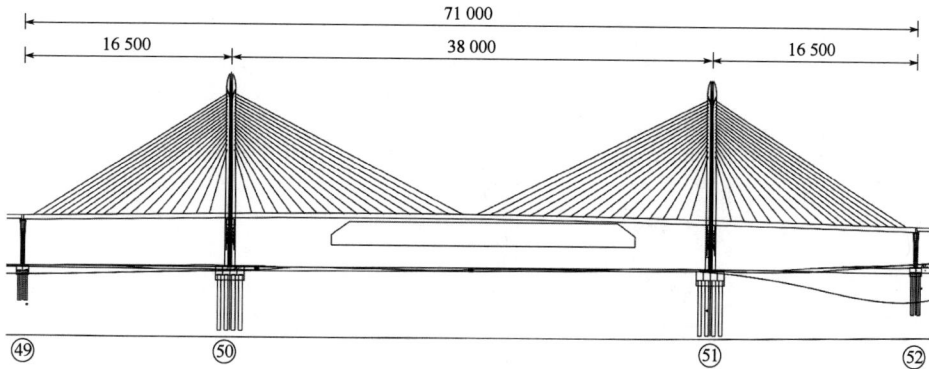

图1 长沙湘江特大桥主航道桥里面布置(尺寸单位:cm)

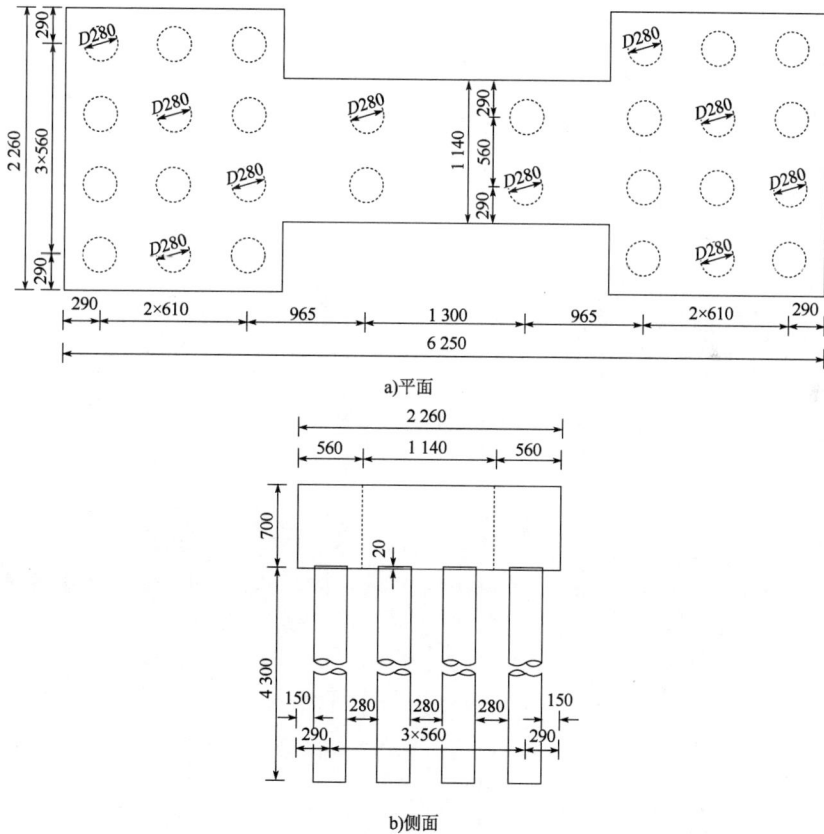

a)平面

b)侧面

图2 主塔基础布置(尺寸单位:cm)

3 深水硬岩面钢围堰设计

51号主墩承台采用双壁钢套箱围堰,围堰形状为哑铃形,围堰高24.0m、长66.3m、宽26.4m,壁厚1.8m,围堰侧板顶高程为+32.0m,围堰侧板底高程+8.0m,单套围堰总重约2 400t。围堰在工厂进行加工,竖向分三节制造,第一、二节接高后整体浮运至桥位,第三节驳运至桥位处整节段起吊安装,如图3所示。

图 3　钢围堰结构布置（高程单位：m。尺寸单位：mm）

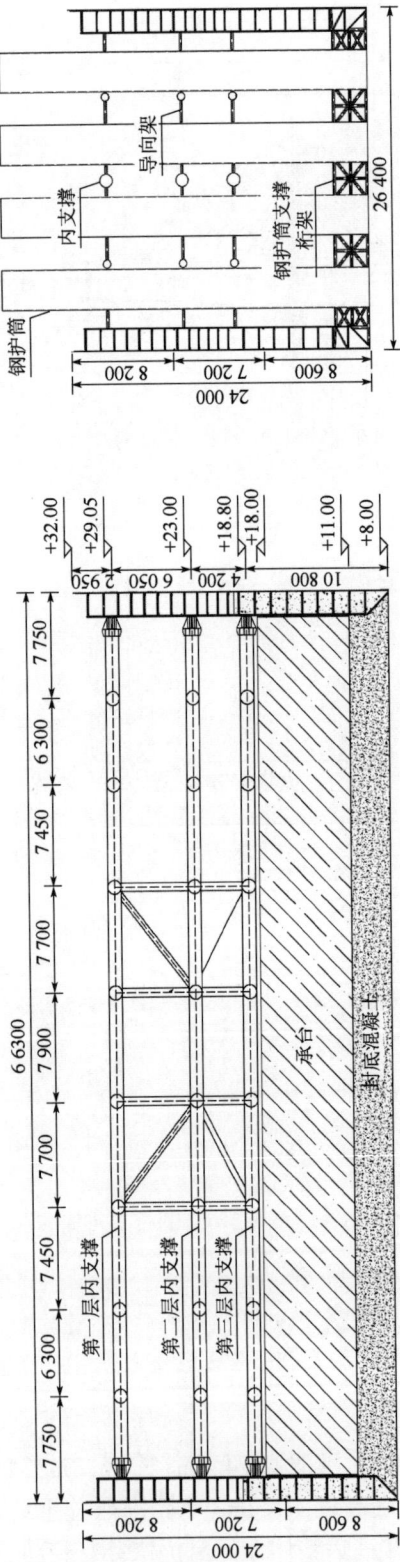

a)围堰结构整体布置立面

b)钢护筒支撑桁架侧面

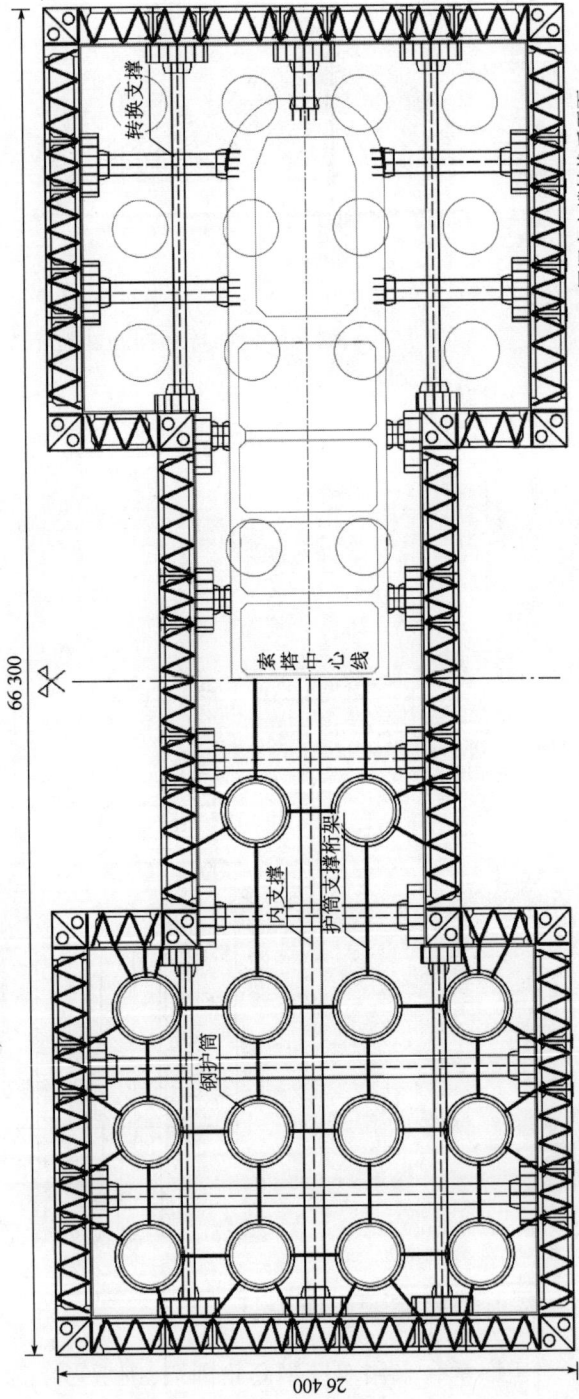

c)1/2围堰结构平面

d)1/2围堰内支撑转换后平面

围堰共分三节,自下而上节段划分为 8.6m + 7.2m + 8.2m。围堰内外壁板均采用 6mm 钢板,隔仓板处壁板采用 20mm 钢板,围堰四角壁板贴 10mm 钢板补强;竖肋采用 75m × 50m × 6mm 不等边角钢,最大间距 35cm;隔仓板分为封闭式和联通式两种,均采用 16mm 钢板,隔仓板采用水平钢板和等边角钢加强。封底采用 C30 水下混凝土,封底高度为 3.0m;壁仓填充混凝土采用 C30,填充高度 11.7m。

围堰侧板水平桁架自下而上共分为两种类型。围堰底部 10.1m 范围内,水平桁架环板采用 260m × 16mm 钢板,斜杆采用 100m × 10mm 等边角钢;其余水平桁架环板采用 260mm × 20mm 钢板,斜杆采用 100mm × 10mm 等边角钢。

围堰施工过程中共设置三层永久内支撑。内支撑垫梁采用 2HN900 × 300 型钢,钢管采用 $\phi 1\,020 × 12mm$、$\phi 630 × 16mm$ 螺旋焊管;墩身施工过程中,设置两层转换内支撑,转换内支撑采用同永久内支撑型号相同,一端通过垫座支撑在围堰侧板上,另一端支撑在墩身上。转换内支撑安装后,每根转换内支撑应施加 50kN 预加力,使其与围堰侧板和墩身顶紧。

围堰竖向分节加工完成后整体吊装,并对吊点进行局部加强,吊点布置及结构如图 4 所示。

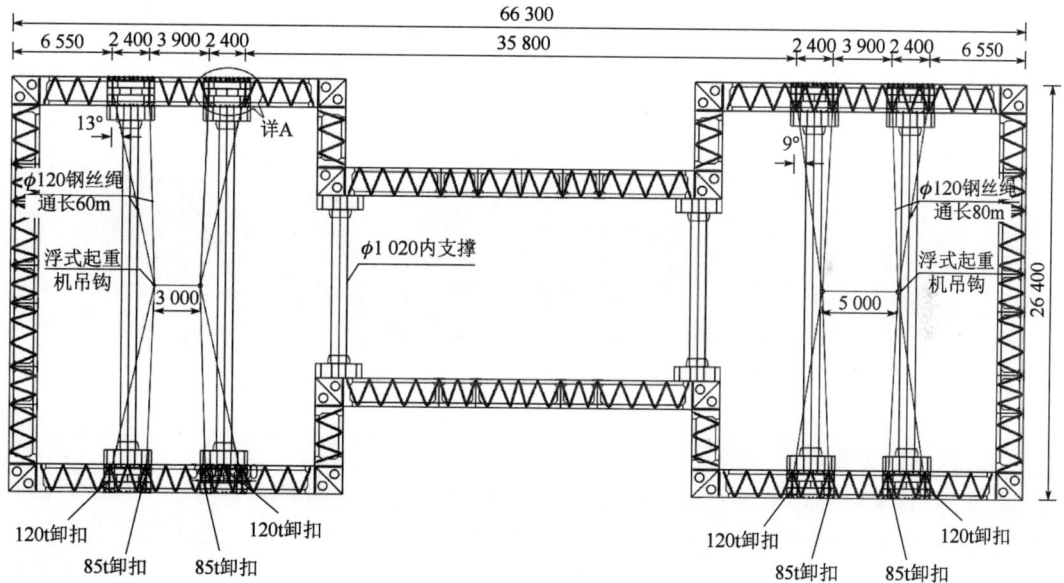

a)吊点整体布置平面

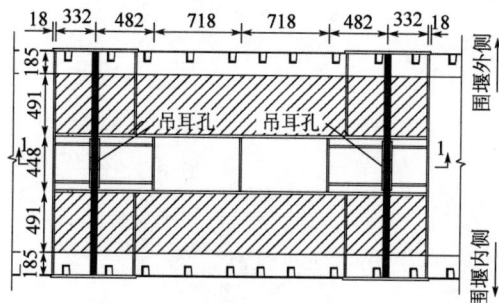

b)吊点A详图

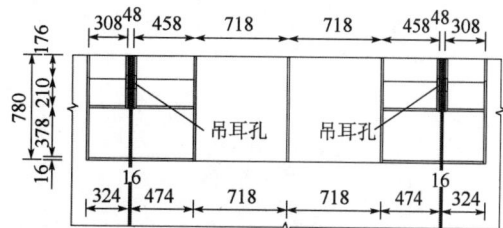

c)1-1剖面图

图 4　钢围堰节段吊点结构布置(尺寸单位:mm)

4 深水硬岩面钢围堰结构计算

4.1 计算工况分析

围堰各结构强度计算主要分如下工况,见表1。

钢围堰各计算工况　　　　　　　　　表1

序号	施工步骤	控制水位(m)	控制流速(m/s)
工况一	吊装第一节围堰	—	—
工况二	接高第三节围堰及全部钢护筒	—	—
工况三	围堰抽水工况	+32.0	+1.26
工况四	承台施工完成拆除第三道内支撑	+32.0	+1.26
工况五	安装换撑1,拆除第二道内支撑	+32.0	+1.26
工况六	安装换撑2,拆除第一道内支撑	+32.0	+1.26

4.2 建模说明

主墩基础钢围堰结构采用 midas Civil 建立三维模型进行钢围堰整体分析,围堰面板及隔舱板采用板单元进行模拟,水平桁架、水平环板及内支撑结构构件均采用杆单元进行模拟,封底混凝土及隔舱混凝土采用实体单元进行模拟,内支撑垫梁与钢套箱之间采用弹性连接模拟。整体模型共计有 22 181 个节点、42 109 个单元,其中有 17 551 个梁单元、10 180 个板单元、14 378个实体单元[1],围堰模型如图5所示。

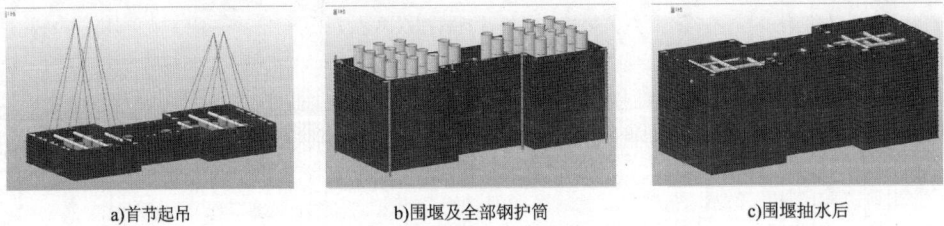

a)首节起吊　　　　　　b)围堰及全部钢护筒　　　　　　c)围堰抽水后

图5　钢围堰整体模型

4.3 钢围堰计算应力分析

钢围堰计算考虑6种不利施工工况,采用有限元软件按照施工阶段数据对整体模型进行计算分析。各工况计算云图如图6所示。

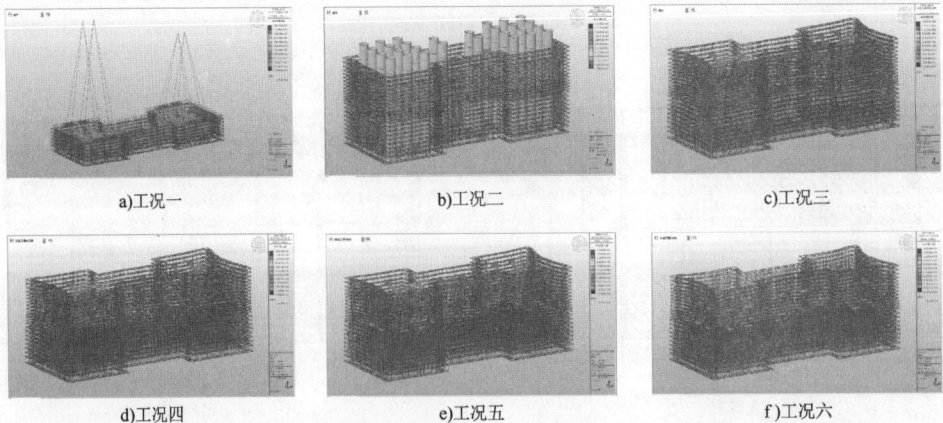

a)工况一　　　　　　b)工况二　　　　　　c)工况三

d)工况四　　　　　　e)工况五　　　　　　f)工况六

图6　各工况计算云图

围堰各构件最大计算应力见表2。

钢围堰各计算工况最大应力
表2

序号	板单元应力 （MPa）	桁架单元应力 （MPa）	内支撑应力 （MPa）	实体单元应力 （MPa）	变形（mm）
工况一	161.0	156.7	55.5	—	14.4
工况二	29.6	173.9	29.8	—	12.8
工况三	62.9	183.2	117.6	10.6	9.6
工况四	65.7	180.2	125.7	4.6	9.8
工况五	105.1	177.7	123.8	4.7	11.0
工况六	127.3	189.1	85.8	4.8	13.0

由以上计算结果可知,围堰钢结构采用 Q235 钢材,混凝土采用 C30 混凝土,各构件强度及刚度均满足要求:

工况一,第一节围堰及钢护筒起吊工况,围堰壁板受力较大,主要由于起吊工况下吊点受力集中,吊耳附近壁板应力较大。

工况二,全部钢护筒焊接完毕,围堰处于悬浮状态,护筒支撑桁架须承受护筒全部重量,护筒支撑桁架在此工况受力最大。

工况三~工况六,为围堰内承台及塔柱施工工况,根据施工流程,完成围堰内拆撑及内支撑转换,此阶段内围堰壁板、桁架及对撑受力均较大;内支撑受力最大出现在工况四,位置为第二道内支撑哑铃位置对撑;桁架及壁板内力最大值出现在工况六,内支撑全部转换完毕,此工况壁板变形值也达到最大。

5 深水硬岩面钢围堰施工技术

5.1 总体施工工艺

根据环境特点及围堰特点设计了该围堰主要施工工艺为场内分块制造并运输到拼装地点、拼装成围堰节段、第一节下水、水上整体安装第二节、浮拖至工程位置并水上整体安装第三节,平面位置调整到位后注水下沉至围堰任一点初步接触河床,锁定围堰与定位系统钢管桩支腿(可通过千斤顶调节相对位置),通过调节千斤顶精确调节围堰垂直度、平面位置及高程后注水稳定,转入封堵及封底环节。

5.2 钢围堰与钢护筒整体制造安装技术

该工程桥址处为中风化板岩,岩层强度较高,后期钢护筒安装及定位困难,结合实际情况,提出钢护筒与围堰整体安装方法。底节围堰焊接完成后,定位出钢护筒相对坐标,安装钢护筒,钢护筒与围堰侧壁采用 I25 及 I20 型钢进行连接,钢护筒支撑桁架高度不超过封底混凝土顶面高程。

围堰总重约 2 400t,整体入水困难,对围堰进行竖向分为 3 节,首节围堰重量约 1 000t,采用两台 800t 浮式起重机抬吊入水自浮(图7),并临时定位;焊接完第二节围堰后,对第二节围堰抬吊与第一节围堰对接,对接精度达到要求后脱钩,焊接围堰壁板。围堰接高完成后,利用围堰内支撑焊接导向架,吊装钢护筒进行对接接高。

图7 首节围堰吊装入水

5.3 围堰整体浮运技术

围堰浮运时水最大流速取 0.5m/s,船的速度按照 3.6km/h 折算流速;围堰的动水设计流速为 0.5 + 3 600/3 600 = 1.5(m/s);阻水宽度面宽度 26.4m,吃水深 6.77m,外露高度 9.03m。

参考相关规范标准计算所需拖轮牵引力 E.P.S = 963.6kW,选用 1 200kW 一艘拖轮顶推,两艘 660kW 拖轮傍拖辅助进行拖运作业(图8)。

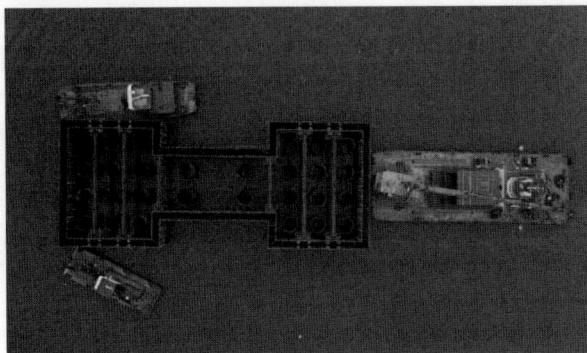
图8 拖运布置

5.4 围堰浮态定位技术

该工程基坑为爆破开挖,由于爆破精度较难控制,基坑采用超开挖 1.0m 进行控制,造成围堰实际底高程位于基坑底面以上,处于悬浮状态,由此该围堰定位采用平面定位及竖向定位两套系统。

(1)平面定位系统。

围堰平面定位系统通过下游布设两个 4t 的霍尔铁锚,铁锚采用 L4(L4′)钢丝绳与围堰侧壁两台 8t 卷扬机进行连接,上游在施工平台布设 6 台 5t 卷扬机,卷扬机通过 L1(L1′)、L2(L2′)、L3(L3′)钢丝绳与围堰进行连接,形成水平定位调整系统。L1(L1′)、L2(L2′)钢丝绳主要承受水流力,L3(L3′)、L4(L4′)主要为对围堰平面位置进行调整,围堰高程通过侧壁内水位进行调整。

卷扬机钢丝绳全部采用 ϕ1 770MPaϕ38mm 钢丝绳,L1(L1′)钢丝绳围堰连接点距围堰顶口 4.46m、侧边 7.95m,L2(L2′)钢丝绳围堰连接点距围堰底口 7.74m、侧边 5.55m,L3(L3′)钢丝绳围堰连接点距围堰底口 3.46m、侧边 5.55m,L4(L4′)钢丝绳连接到围堰顶口卷扬机,折点位置距第二节围堰底口 3.54m、侧边 5.55m。平面定位布置如图9所示。

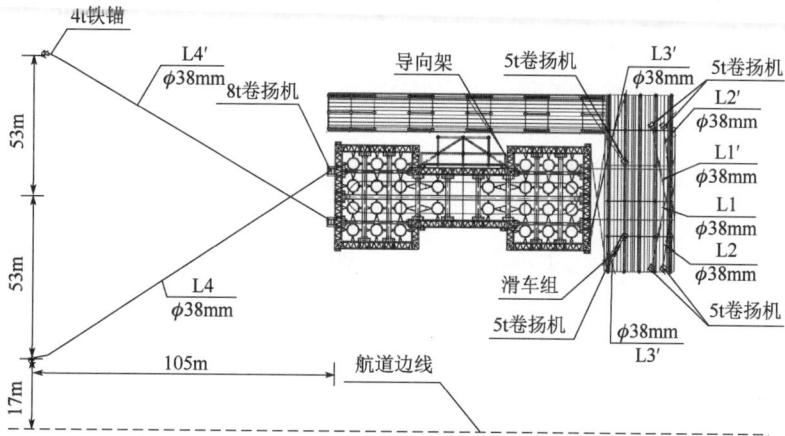

图9 平面定位布置

（2）竖向定位系统。

围堰竖向定位采用围堰侧壁焊接 8 根直径 630mm 的钢管桩支腿，支腿采用抱箍与围堰侧壁进行限位连接，在支腿和围堰侧壁上焊接反压托架，通过布置在托架上的千斤顶进行竖向位置精调，支腿顶部及底部构造如图 10 所示。

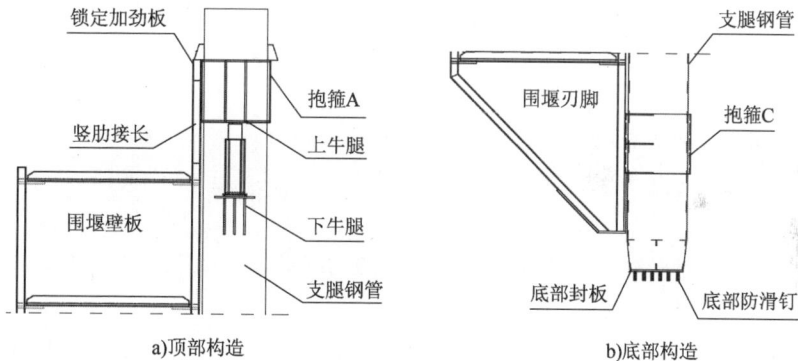

a)顶部构造   b)底部构造

图10 支腿结构

围堰平面位置调整完成后，继续注水下沉至设计高程，通过调节隔仓水位将围堰高程进行初步调整。在钢管桩支腿上焊接反力托架，在托架上安装 100t 千斤顶，并利用油泵将每个千斤顶的行程调节至一半，在千斤顶顶部安装精调反力托架。向围堰隔仓中继续注水 1.8m 进行压重，通过 16 个 100t 千斤顶进行围堰顶高程的精调，高精调完成后，在围堰顶口采用锁定加劲板将支腿与抱箍焊接固定，完成竖向临时定位（图 11）。

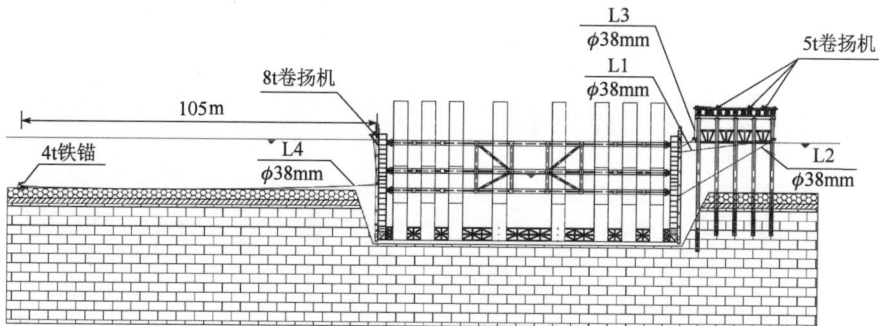

图11 定位系统立面布置

6 结语

(1)以长沙湘江特大桥主桥51号墩双壁钢围堰设计施工为研究对象,结合湘江水系的地质、水流及施工能力等因素,设计了高24.0m、长66.3m、宽26.4m的双壁钢围堰与钢护筒整体结构,确保了围堰与钢护筒整体下放就位,减少了后期裸岩上钢护筒安装难度,节约了施工工期。

(2)分析计算了各不利工况下围堰各结构的刚度、强度及稳定性,主要包括首节围堰吊装、钢护筒全部安装就位自浮及抽水后支撑拆除及转换等工况,使得围堰各构件从理论计算上确保了施工安全。

(3)重点研发了围堰悬浮定位技术,设计了围堰平面及竖向定位系统,通过该定位系统实现了围堰悬浮定位全部水上完成,减少了潜水员水下支垫作业难度及风险,确保了工程定位精度,形成了基于深水硬岩面全埋式承台围堰下放定位技术。

参 考 文 献

[1] 夏争志,王占鲁.大直径深水钢围堰设计施工技术研究[J].公路,2020,65(5):160-166.

[2] 郁光耀.深水施工双壁钢吊箱围堰关键技术研究[J].公路,2020,65(4):221-224.

[3] 秦大燕,韩玉,罗小斌,等.双壁钢围堰结构强度直接分析法[J].公路,2016,61(8):107-111.

[4] 许红胜,颜东煌.深水基础钢围堰结构方案比选研究[J].中外公路,2007,27(03):94-97.

[5] 杨圣峰,刘晓星,冯燕平,等.深水致密砂岩地层中钢板桩围堰技术研究[J].公路,2021,66(1):184-188.

[6] 苏从辉,尚龙.池州长江公路大桥4号主墩钢围堰施工技术[J].世界桥梁,2018,46(5):32-35.

[7] 周燕飞.可拆装式双壁锁口钢围堰施工技术[J].世界桥梁,2017,45(2):14-18.

[8] 顿琳,王令侠.马鞍山公铁两用长江大桥主航道桥Z4号墩围堰施工关键技术[J].桥梁建设,2023,53(2):10-16.

[9] 詹翔宇.富顺沱江特大桥锁扣钢板桩围堰施工技术研究[D].成都:西南交通大学,2018.

49.全漂浮体系悬索桥边跨钢箱梁整体提升荡移安装技术研究

杨　鑫　安　邦　胡建飞

（中交路桥华南工程有限公司）

摘　要：悬索桥边跨钢箱梁安装的方法主要有缆载起重机吊装法、大型浮式起重吊装法和缆索起重机吊装，这三种工艺均有一定的局限性，缆载起重机无法带重载行走，故缆载起重机法一般需在桥下满足通航条件的跨江、跨海大桥中使用；大型浮式起重吊装法对吊装区水域环境和水深要求高且费用较高，缆索起重机钢丝绳布置复杂，承重索锚固要求高且安装工期长，主要适用运输条件受限的山区悬索桥钢梁的安装。本文以广西龙门大桥为边跨钢箱梁安装施工为背景，调研分析了国内外大跨泾悬索桥边跨钢箱梁安装的施工方法，在此基础上，提出了边跨钢箱梁先单节段荡移至支架上，在支架上将多个单节段拼装为整体，再将边跨整体梁段提升至设计高度后小角度荡移至过渡墩上的施工方法，并根据结构物特点和现场施工条件开展了工法可行性研究，最终方案实施效果良好，可供国内外类似工程参考。

关键词：悬索桥　全漂浮体系　边跨钢梁　整体提升　荡移

1　引言

龙门大桥是广西规划建设的第一座跨海长桥（图1），是广西第一座采用双向六车道一级公路技术标准建设的单跨超千米特大桥，设计时速100km。主桥为双塔单跨全漂浮体系悬索桥，主桥长度1 198m，主跨跨度为1 098m。

图1　广西滨海公路龙门跨海大桥

钢箱梁全宽38.6m(含检修道),吊索通过销轴锚固在箱梁两侧的耳板上,主缆横向间距33.8m,顶板宽33m,平底板宽21.3m,斜底板宽5.82m,钢箱梁梁高3.2m(图2),全桥96个梁段,梁段类型有8类,标准梁端长度为12.8m;其中东、西岸边跨钢箱梁位于陆地上,边跨梁段各为7段,边跨梁段总长为73.7m,总质量为1 501.13t,单个梁段最大长度为12.8m,最大质量为273.36t。

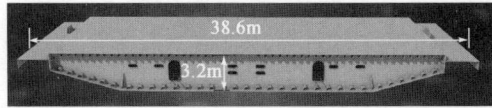

图2　钢箱梁结构模型图

面临的关键技术问题包括:

(1)三重因素限制运梁船靠岸。

局部凸型海岸线影响运梁船靠岸水平距离;靠岸处0潮位时水深不足1m,施工期高潮位深水5m,运梁船满载吃水4.5m,运梁船靠岸困难;施工期高潮位持续时间5~6h,靠岸吊装作业时间短。

(2)边跨梁端荡移水平距离大。

受运梁船靠岸影响,边跨梁段从运输船荡移至边跨支架的水平距离为40.3m,缆载起重机起吊荡移角度需要达到20°,目前行业内缆载吊机理论最大荡移角度约为15°,梁段难以一次荡移就位。

(3)边跨梁段整体一次提升重量大。

边跨梁段总长73.7m,总质量1 501.13t,需要整体一次性提升40m,起吊提升质量大、高度高,对提升设备性能要求高,施工控制难度大。

(4)边跨梁段整体水平荡移力大。

边跨梁段整体提升至设计高度后,需向边跨侧荡移5m,使梁端落于过渡墩墩顶,水平荡移力为756.1kN。

2　总体思路

(1)边跨梁端从运输船吊装至支架上,采用缆载起重机双向荡移的工艺,先使用缆载起重机"歪拉斜吊",将梁段吊装钢绞线荡移至垂直状态后,再向边跨水平荡移将梁段荡移至支架上。

(2)将边跨7个梁段依次荡移至支架上后,在支架上按照拼装线性将7个梁段焊接为整体。

(3)采用四台大吨位竖向提升站同步提升边跨整体段,提升站的着力点对称设置在主缆上。

(4)在过渡墩的墩顶设置水平荡移反力架,使用连续千斤顶将边跨梁段整体荡移至过渡墩墩顶。

3　边跨钢箱梁整体提升荡移关键技术

3.1　缆载吊机双向荡移梁段上岸

根据现场施工环境条件,运梁船驳船就位后,梁端的起点重心距离支架上落梁点的重心距离为40.3m,先采用缆载起重机"歪拉斜吊"工艺将钢箱梁向边跨侧荡移水平距离13.5m,荡移角度为5 7°,缆载起重机提升钢绞线达到垂直状态后,采用水平荡移工艺,将钢箱梁再向边跨侧水平荡移26.8m,荡移角度为11.2°,落梁就位。

(1)"歪拉斜吊"荡移钢箱梁。

运梁船向岸侧驳船就位后,钢箱梁的重心距离塔柱中心线63m,缆载起重机锚固位置距离主塔中心线49.5m;缆载起重机提升钢绞线向中跨侧预偏5.7°,预偏距离为13.5m;由塔顶门架上16t卷扬机牵引反拉钢丝绳,为歪拉斜吊提供反拉力,在此歪拉角度下,单片钢箱梁吊装质量290t,其反拉力为34t,塔顶门架上两台16t卷扬机导双线能提供64t反拉力,满足荡移反拉的要求。缆载起重机额定起重能力为600t,满足钢箱梁吊装要求(图3)。

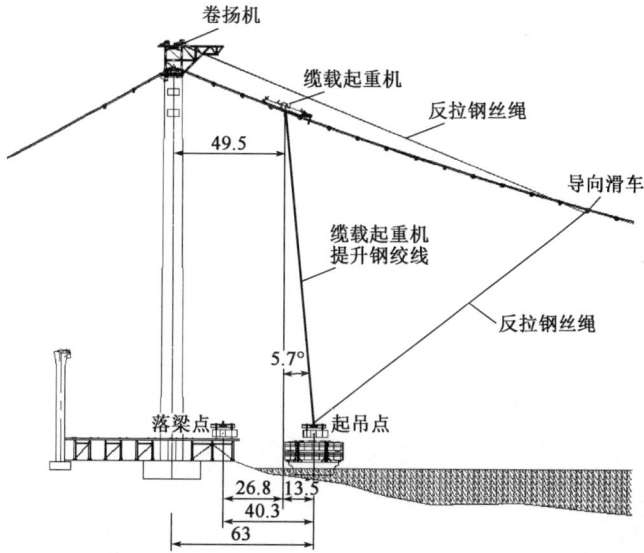

图3 歪拉斜吊工艺模拟图(尺寸单位:m)

由缆载起重机竖向提升钢箱梁,塔顶门架卷扬机反拉钢箱梁,两者相互配合,先将钢箱梁提离船面,再向边跨荡移13.5m,至提升钢绞线垂直状态。

(2)水平牵引荡移钢箱梁。

由塔顶门架上的另一台卷扬机牵引水平荡移钢丝绳,为水平荡移提供荡移力,由提升钢绞线垂直状态荡移至落梁状态,钢梁荡移水平距离为26.8m,荡移角度为11.2°,单片钢箱梁吊装质量290t,牵引荡移力最大为59t,塔顶门架两台10t卷扬机分别牵引水平荡移钢丝绳导4线,最大牵引力为80t,满足水平荡移的要求(图4)。

由缆载起重机竖向提升钢箱梁,塔顶门架卷扬机牵引水平荡移钢箱梁,两者相互配合,将钢箱梁由垂直提升状态向边跨侧荡移26.8m至落梁状态,将钢箱梁落梁至边跨支架上。

3.2 边跨梁段整体连接

采用上述双向荡移法将钢箱梁吊装至支架上后,钢箱梁在支架上滑移至指定位置;依次重复双向荡移落梁再滑移就位的工序,将边跨7个梁段全部吊装至支架上,通过三向千斤顶精确调整钢箱梁至理论拼装线形,将7个边跨梁段焊接为整体。梁段平面尺寸为73.7m×38.6m,总质量为1 501.13t。

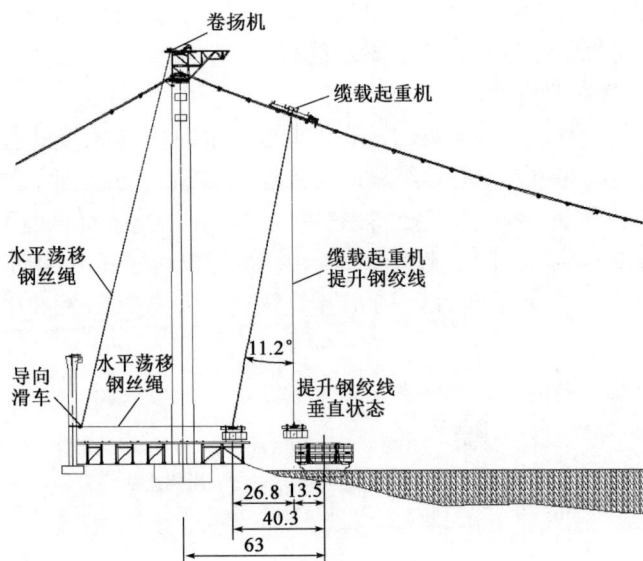

图4 水平荡移工艺模拟图(尺寸单位:m)

3.3 边跨梁段整体提升

(1)500t竖向同步提升站。

边跨梁端整体提升动力设备为500t竖向同步提升站,竖向提升站主要由设置在主缆上的临时索夹,设置在钢箱梁上的液压泵站、收线盘、千斤顶及临时吊耳,以及提升钢绞线组成。横桥向沿桥轴向对称设置,纵桥向沿钢梁重心对称设置,共设置4套竖向提升站(图5、图6)。

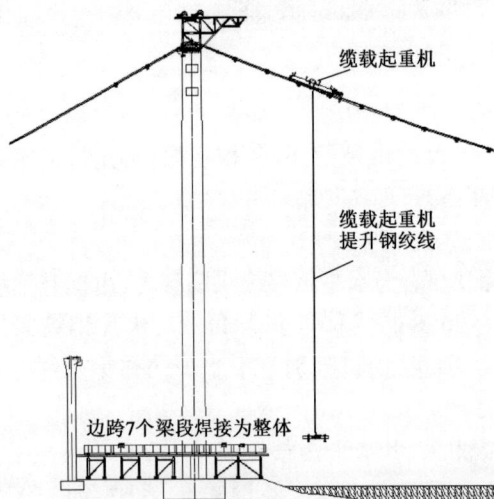

图5 边跨梁端整体连接示意图

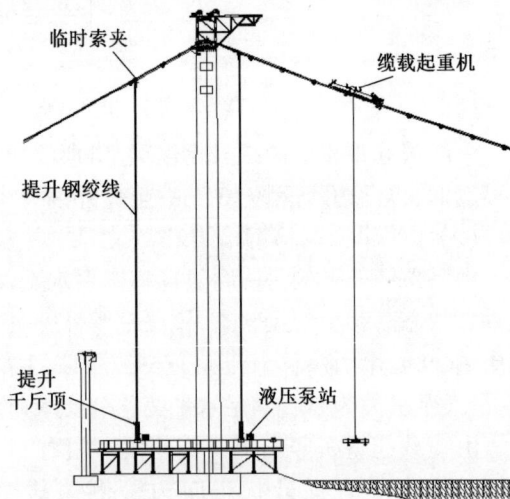

图6 竖向提升站安装图

单台竖向提升站的额定提升能力为500t;临时索夹根据提升工况下的下滑力,对螺杆进行张拉;临时吊耳根据永久吊索吊耳结构形式设计,并对钢箱梁局部补强,使钢箱梁和吊耳均满足单点500t提升力的承载要求;4套竖向提升站由一套智能控制系统控制,达到四点同步提升的目的。

(2)整体提升工艺。

边跨钢箱梁从支架上提升至设计高度提升距离约为37.85m,为便于中跨第一对吊索安装,边跨梁段竖向提升高度比设计高度高 1m,安装中跨第一对吊索后,将边跨梁端下放 1m 至设计高度。此时梁段边跨侧端头距离过渡墩中心线的距离为 5.8m(图 7)。

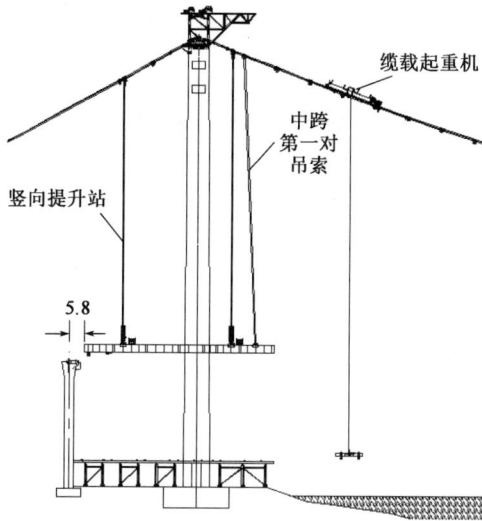

图 7　整体提升工艺模拟图(尺寸单位:m)

3.4　边跨梁段整体荡移

(1)水平牵引系统(图 8)。

在过渡墩墩顶设置水平牵引系统,为边跨整体梁段荡移提供水平牵引力,边跨整体荡移最大角度为 2.9°,最大水平牵引力为 75.6t,荡移水平距离为 5m。水平牵引系统主要由墩顶反力架、连续千斤顶、牵引钢绞线和梁底反力座组成,墩顶反力架通过预埋件焊接在墩顶,连续千斤顶为两台 50t 连续千斤顶,梁底反力座焊接在横向抗风挡块上。

(2)整体荡移工艺(图 9)。

边跨梁段高度调整至设计高度后,由水平牵引系统牵引边跨梁段向边跨侧荡移,在梁段荡移过程中,通过竖向提升站调整梁段的高度,使牵引力基本保持水平状态。

荡移至钢箱梁梁底支座预留孔的位置与提前安装在过渡墩墩顶支座位置对应后停止荡移,将钢箱梁下放至支座上,安装支座与钢箱梁的连接螺栓,完成边跨梁段的安装。拆除竖向提升站。

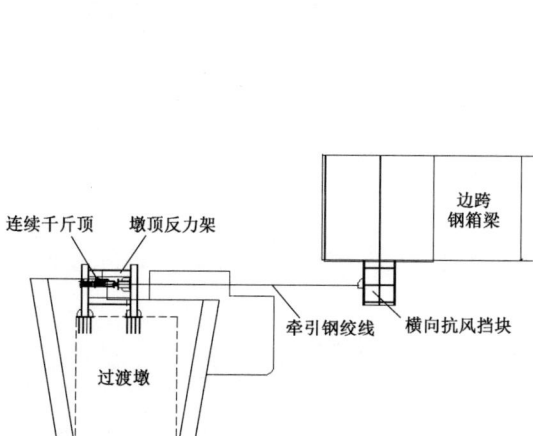

图 8　水平牵引系统安装图

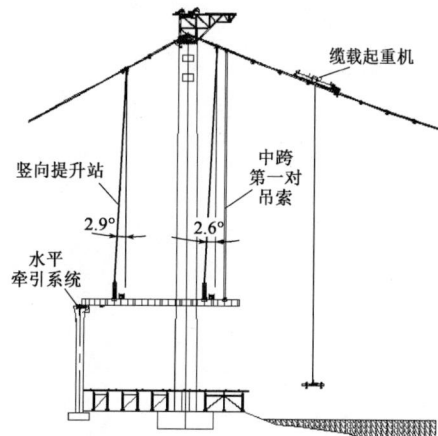

图 9　整体荡移工艺模拟图

4 结语

本文基于广西滨海公路龙门大桥边跨钢箱梁安装施工技术开展研究,对边跨钢箱梁单节段长距离荡移上岸、大尺寸大吨位边跨钢箱梁整体提升及荡移等关键工艺进行了模拟分析和计算,现场按设计方案严谨组织施工,最终施工效果良好。主要结论如下:

(1)在施工地形、水深及潮位三重条件制约下,常规支架方案投入大,浮式起重机方案难以实施,单方向水平荡移缆载起重机角度难以满足;缆载起重机双向荡移的方法优势明显,充分利用既有的缆载起重机和塔顶卷扬机,额外设备投入少,同时减小单方向荡移角度,避免过度挑战缆载吊机的荡移能力,安全风险可控,双向荡移也增大了水平荡移能力,可荡移的距离更远,降低潮位对驳船的影响。

(2)边跨梁段整体提升,充分利用全漂浮体系悬索桥无下横梁的结构特点,使得边跨梁段能从低位支架直接提升至设计位置,相比高位支架安装边跨钢箱梁的方法,大幅降低了支架的投入,针对性设计竖向提升站,充分利用大吨位起重设备的性能优势,施工效率高且安全可靠。

(3)边跨梁段吊装到支架后,缆载起重机即可行走至中跨吊装中跨钢箱梁,边跨钢箱梁焊接和吊装准备可以与中跨钢箱梁吊装同步进行,可缩短钢箱梁安装的施工周期,尤其对沿海台风频发的施工环境,能有效减小渡台风险。

参 考 文 献

[1] 刘源,李鸥,林吉明.复杂海域条件下大跨悬索桥钢箱梁安装关键技术[J].世界桥梁, 2021,49(2):36-42.
[2] 姚清涛,潘桂林,游新鹏,等.大跨度三跨连续悬索桥钢箱梁总体吊装方案研究[J].中国工程科学,2013(8):54-59.
[3] 张勇.重庆长寿长江二桥钢箱梁吊装关键技术[J].世界桥梁,2023,51(2):34-38.
[4] 薛光雄,闫友联,沈良成,等.泰州长江公路大桥上部结构施工方案综述[J].桥梁建设, 2009(4):59-63.
[5] 张玉涛.悬索桥过渡墩处浅水区钢箱梁吊装新工艺[J].华东科技(综合),2019(11): 91-94.

50. 钢锚梁安装定位施工技术

李思海[1]　李　鑫[2]　王成伟[2]　吕文波[1]

(1. 中交一公局第六工程有限公司；2. 中交一公局集团有限公司)

摘　要：长益复线至兴联路大通道过江大桥为双塔双索面斜拉桥，主跨跨径为380m，主塔采用湘江夕月造型结构，其中西塔塔高148.277m。索塔钢锚梁具有体积大、锚固件吊装易变形、体系无法自稳、精准定位难度大等特点，其定位精度直接影响后续斜拉索安装效率及质量，是斜拉桥施工中控制的重点。本文从钢锚梁安装及精准定位等方面总结了施工关键技术要点，提升了钢锚梁施工定位精度及效率，为其他类似工程提供施工经验。

关键词：斜拉桥　索导管　钢锚梁　精准定位

1　工程概况

长益复线至兴联路大通道工程(过江段)项目位于长沙市，跨望城区和开福区，起于银杉路以西，止于京广铁路桥西。路线全长5.475km，其中主线桥全长4.96km。跨湘江主桥为双塔双索面斜拉桥，桥跨布置为165m+380m+165m，全长710m。主梁采用钢梁与混凝土桥面板相结合的组合梁结构形式，斜拉索标准索距为10.5m，加密区为7.0m，每个索塔两侧各布置17对，全桥共68对斜拉索，斜拉索梁上采用钢锚箱锚固(图1)。

图1　索塔立面效果图

423

2 钢锚梁构造及临时防变形措施

2.1 钢锚梁构造

索塔钢托架支承于其上的钢锚梁附着在上塔柱内壁,每座索塔内包含 17 套钢锚梁及其相应的钢托架,钢托架与索塔内壁采用剪力钉连接,竖向分力则通过钢托架传递至混凝土塔壁上,由混凝土塔柱承担(图2、图3)。

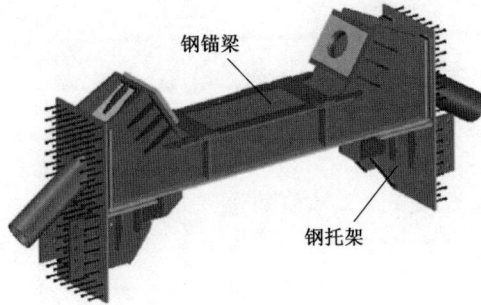

图 2 钢锚梁及钢托架构造效果图

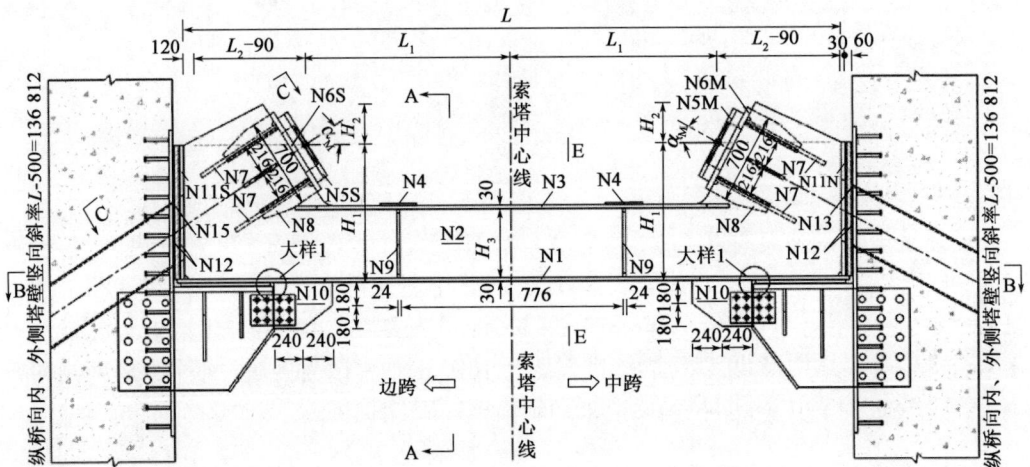

图 3 钢锚梁构造图(尺寸单位:mm)

2.2 钢锚梁防变形临时措施

考虑到钢锚梁运输时间长,运输过程中整体稳定性较差,侧拉板悬挑过长,索导管延伸出侧拉板底部约 1m,进一步加剧了变形程度,影响钢锚梁整体定位精度,甚至可能产生不可逆的永久变形。因此在加工厂拼装钢锚梁完成时,进行安装防变形装置,利用固定螺栓的紧固力、限位卡扣及工钢来防止钢锚梁的变形,方便于钢锚梁的运输和存放,防变形装置安装方便易拆卸,由限位卡扣、工钢、螺栓、橡胶垫等部件组成(图4)。

图 4 钢锚梁防变形临时措现场存放图

3 钢锚梁施工关键技术

3.1 钢锚梁支架安装

钢锚梁支架设计为装配式支撑架,与预埋型钢进行焊接固定,竖向钢管逐层上移循环使用。支架连接均采用焊接连接,通过∠100×6的等肢角钢进行加固,保证钢锚梁支架的稳定性以及在狭小空间内结构的安装及拆除作业。

3.2 钢锚梁运输、现场存放

结合本项目实际情况,钢锚梁在专业加工厂加工,陆运方式运输至施工现场,采用正放运输方式,现场无须加工其他辅助存放工具,采用下垫方木存放即可。

3.3 钢锚梁三向初定位

3.3.1 高程初定位

焊接钢锚梁支架完成后,测量队现场放出钢锚梁支架顶的高程,根据钢锚梁托架顶设计高程以及预抬值,现场提前准备0.5cm、1cm、2cm的钢板,以便于钢锚梁初定位高程的调整(图5)。

3.3.2 纵桥向初定位

测量队将钢锚梁纵向中心点引至钢锚梁支架工钢上,同时记下2个点的里程桩号,根据钢锚梁中心设计的里程桩号,确定钢锚梁大小桩号方向的位置,并在相应位置焊接角钢进行限位(图6)。

<table>
<tr><td>图5 钢锚梁支架高程及锚梁纵向中心放点现场图</td><td>图6 钢锚梁纵向限位现场施工图</td></tr>
</table>

3.3.3 横桥向初定位

将钢锚梁自身的纵向中心点和现场测量放出的钢锚梁纵向中心点,进行比对确在同一竖直平面上,再根据钢锚梁自身的宽度来确定钢锚梁横向定位,同时在钢锚梁支架顶焊接角钢进行限位(图7)。

3.4 钢锚梁两步精确定位法

主塔钢锚梁及索导管安装定位难度大、精度要求高,为确保工期和索导管安装定位质量,采取全站仪三维坐标法精确定位主塔钢锚梁锚垫板孔中心及索导管口中心,确保钢锚梁锚垫板孔圆心、索导管中心高程、横向偏距及大小里程方向位置正确。

3.4.1 钢锚梁锚垫板孔圆心精确标记及精准定位

(1)现场通过钢锚梁加工时标记的锚垫板的十字点,在锚口安装临时锚垫板进行辅助定位,并采用墨线标记出中心点位置,以便于测量立杆及精调(图8)。

图7 钢锚梁横向限位现场图

图8 确定钢锚梁锚垫板中心现场图

（2）钢锚梁锚垫板孔中心精准定位：通过全站仪进行观测，先同时观测两个锚口中心，同时用卷尺量出距离和设计相对比，可判断出钢锚梁加工尺寸的精确及仪器的准确性（图9）。

观测小桩号侧的锚口中心，如果有横向偏距或者纵向偏距，先焊接角钢限位再用塔式起重机（塔式起重机起吊过程中可调整高程）进行调整。然后再观测大桩号侧锚口，一般情况下，经过三向初定位后，调整完小桩号侧的锚口，大桩号的锚口中心位置都在规范要求范围内，最后在钢锚梁锚口精调完成后重新将限位焊接牢固（图10）。

图9 钢锚梁锚垫板口中心复核现场图

图10 钢锚梁锚垫板精准定位现场图

3.4.2 索导管口中心点精确标记及精准定位

（1）精确标记出索导管口中心点：同样采取双向架设全站仪进行索导管口中心精确定位，现场通过索导管加工时标记的索导管口的十字点，在索导管口十字点（横向）位置采用索导管口定位专用夹具，提供立杆平面，防止索导管外部涂装被破坏，并且采用铅垂线在夹具顶平面标记出中心点（图11）。

（2）索导管口中心精准定位：通过索导管精调定位夹具，精确找出索导管口中心点位置，再通过全站仪先对小桩号侧索导管口中心进行观测，通过调节索导管法兰盘螺栓连接的松紧程度及手拉葫芦，来精调索导管中心的位置，精调完成后，索导管横向及竖向通过∠100×6角钢进行支撑，与索导管接触部位采用防滑橡胶垫（图12）。

426

图 11　索导管口中心定位专用夹具现场图

图 12　索导管口中心精准定位现场图

3.5　钢锚梁在浇筑过程中及浇筑完成后控制要点

（1）在浇筑索塔过程中，振捣棒振捣对钢锚梁支架及钢锚梁有一定的影响，为防止在浇筑过程中使钢锚梁产生变位，在浇筑过程中随时对钢锚梁锚口中心进行观测，以保证混凝土的顺利浇筑。

（2）为保证钢锚梁定位的准确性，在浇筑完成后对钢锚梁锚垫板中心以及索导管口中心进行复测，与精确定位后的坐标进行对比，未发生变位（图 13）。

图 13　浇筑完成后对钢锚梁锚口中心复测现场图

4　结语

兴联路大通道项目过江大桥钢锚梁定位技术：钢锚梁三向初定位、钢锚梁锚垫板口中心十字精准定位、索导管中心十字精准定位法，解决了多种管径索导管出口中心精调问题及湘江上超高结构物的安装定位困难，提高了精调施工作业效率，保证了施工质量，可在类似桥梁建设中起到借鉴作用及得到推广应用。

参 考 文 献

[1] 张鸿.苏通大桥超高索塔施工几何测量技术[J].中国港湾建设,2007(3):1.

[2] 中华人民共和国交通运输部.公路桥涵施工技术规范:JTG/T 3650—2020[S].北京:人民交通出版社股份有限公司,2020.

[3] 中华人民共和国住房和城乡建设部.钢结构工程施工质量验收标准[S].北京:中国计划出版社,2020.

51. 钢盖梁支座垫板高精度安装技术

施临君　季富强

（上海振华重工（集团）股份有限公司）

摘　要：随着预制钢结构的发展，不仅大跨度梁段可使用钢结构来代替传统的混凝土结构，而且盖梁也逐渐由混凝土结构向钢结构转化，同时将支座垫板设置于钢盖梁上表面。本文以双层钢盖梁为例进行受限空间处支座垫板高精度安装技术解析，整体采用了根据支座垫板厚度将支座垫板划分为单块和组合形式及预安装和复位安装的方案进行安装。支座垫板整体安装完成后，所有高程偏差、平面度偏差全部满足要求，证明了受限空间处支座垫板高精度安装技术的有效。

关键词：钢盖梁　支座垫板　受限空间　单块　组合形式　预安装　复位安装

1　引言

　　随着预制钢结构的发展，不仅大跨度梁段可使用钢结构来代替传统的混凝土结构，而且盖梁也逐渐由混凝土结构向钢结构转化。钢盖梁（图1）根据支撑的梁段外形一般分为单层和双层形式（图2）。

图1　钢盖架设实景　　　　　　　　　图2　双层钢盖梁实体

　　支座垫板是预制梁段及盖梁连接的重要纽带，是一种非常重要的传力和调平构件，一般需在钢盖梁上表面设置支座垫板（图3）以固定支座，与混凝土盖梁上支座可以采用二次灌浆进行高程调整不同，钢盖梁上的支座垫板需要严格控制支座垫板的高程，以便支座安装后控制梁段的高程。因此，支座垫板的安装及平面度控制尤为关键。

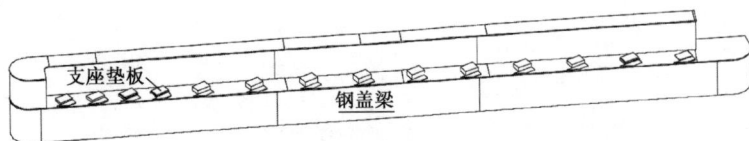

图 3 钢盖梁顶部支座垫板布置示意

常规的钢梁段底部支座垫板安装时采用预留加工余量,钢梁段制作完成后整体划线使用便携式铣床设备进行加工控制支座垫板平面度。钢盖梁作为桥段支撑的结构,存在多种类型梁段搭接转换,且为主要的承力结构,主结构材料均采用厚板材料。单层钢盖梁因结构相对简单,有足够的空间可采用常规的钢梁段底部支座垫板安装的方法进行加工安装,但支座垫板与盖梁表面整体厚度大,钻孔深度深无法使用便携式磁力钻等设备进行整体划线钻孔;双层钢盖梁,因转换体系复杂,一般空间狭小,很多支座垫板处于受限空间处,且板厚范围跨度大,因此无法采用常规的钢梁段底部支座垫板安装的方法进行加工。

2 双层钢盖梁支座垫板安装概述

某国外桥梁市政项目中的钢盖梁为典型的上下双层钢盖梁结构。钢盖梁总长 37m,总高 3.7m,总宽 2m,上层钢盖高 1.7m,宽 0.92m。支座垫位于下层钢盖梁顶板上部,距二层钢盖梁腹板仅 75mm,板厚从 60mm 到 140mm 不等,安装后平面度要求达到 0.5mm/m,高度 ±2mm。

钢盖梁制作时,对超厚的支座垫板进行了分层分块组合形式设计,受限空间处支座垫板多次预装、测量、加工、复位安装及检查的方式,保证支座垫板的安装精度。

3 安装难点分析

(1)支座垫板外形长宽尺寸为 950mm×1 000mm,位于下层钢盖梁顶板上侧,下层钢盖梁顶板宽度 1 080mm,支座垫板距离上层钢盖梁腹板 75mm。常规的便携式铣床设备外形尺寸为 1.5m×2m,铣刀盘加工行程距两侧轨道约 200mm,因此在此狭小空间下无法安装和使用便携式铣床设备。

(2)此钢盖梁中使用的所有钢材均需经过国外标准认证,国内有相应资质的钢材厂商极其稀少,原材料采购难度大。钢盖梁支座垫板厚度从 60mm 到 140mm 不等且数量较少,由于板材厚度较厚为非常规使用的钢材厚度且数量较少,受钢厂钢材轧制规格的限制,若各板厚均按钢厂最小材料尺寸进行采购,材料无法全部使用完,剩余材料在后续无法被其他项目利用,资源浪费且支座垫板超厚焊接受热后变形大,无法精确安装。

(3)由钢材制作而成的支座垫板由于材料性质及制作工艺的原因与传统的混凝土支座垫板通过二次注浆进行高程调整的方式不同,钢材制作而成的支座垫板无法进行高程调整,因此钢盖梁上的支座垫板安装完成后,平面度需达到 0.5mm/m,高度 ±2mm,以便梁段安装后与支座垫板紧密贴合,更好地进行力的传递,钢材原材料平面度及常规装配定位方式无法满足精度要求。

(4)一般梁段与支座垫板及钢盖梁通过螺栓进行连接,支座垫板与盖梁顶板需预留贯通螺栓孔。双层钢盖梁因承载转换体系复杂,钢盖梁顶板和支座垫板整体厚度较大、钻孔深度深且构件整体尺寸较大、空间受限,无法采用常规的整体划线、使用磁力钻等便携设备进行钻孔,或使用大型的加工中心进行钻孔的方法。

4 总体技术方案

因双层钢盖梁受限处支座垫板板厚度跨度较大,距上层钢盖梁腹板仅75mm空间狭小,安装完成后平面度需达到0.5mm/m,高度±2mm,无法采用待支座垫板安装后整体进行铣面加工的方法,在构件制作完成后无法精确安装支座垫板。进而对支座垫板根据板厚进行划分,当支座垫板厚度≤90mm时,将制作垫板划分为整个单块的构件;当支座垫板厚度>90mm,支座垫板分为上下两层组合形式结构进行安装,便于钢板的批量采购及安装。支座垫板上下分层组合形式时,下层支座垫板比上层支座垫板周边大50mm,保证上下层支座垫板的传力;上下支座垫板贴合面均需进行机加工,以便上下层支座垫板紧密贴合,实现金属接触传力;上层支座垫板与下层支座垫板通过角焊缝固定,以减少焊接变形对上下层贴合面的影响。

因钢材原材料平面度无法满足平面度要求、无法进行整体钻孔,进而所有支座垫板下料时厚度预放置10mm加工余量。使用全站仪测量高程数据并划出支座垫板安装轮廓线及下层钢盖梁顶板孔群线,计算支座垫板的加工余量对支座垫板进行铣面钻孔,下层钢盖梁顶板按孔群线进行钻孔,支座垫板铣面加工预留2mm的加工余量进行二次加工。加工完成后将支座垫板通过同直径的冲钉以孔群及安装轮廓线定位至钢盖梁顶板上初定位至钢盖梁上部,测量整体高程数据,划出二次铣面加工线,将支座垫拆除二次铣面加工。支座垫板二次铣面完成后通过同直径的冲钉以孔群及安装轮廓线定位至钢盖梁顶板上,复位安装支座垫板。

5 支座垫板高精度安装技术

5.1 单块支座垫板安装流程

5.1.1 安装区域平面度控制

从钢盖梁的顶板下料开始,到板制作成顶板单元组件,到最后钢盖梁整体装焊成型,对支座垫板的安装区及其周边100mm进行检查,根据需要进行校火,以控制平整度控制超过1mm/m,为后续支座垫板安装定位控制提供基础(图4)。

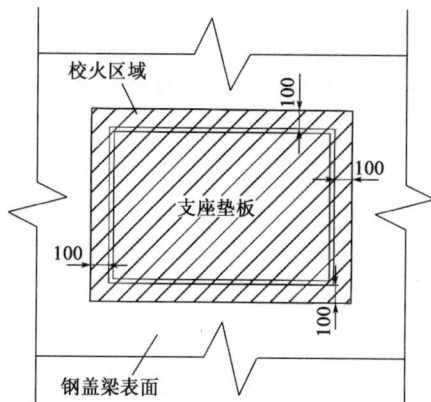

图4 支座垫板安装区域平面度控制示意(尺寸单位:mm)

5.1.2 定位划线

钢盖梁安装支座垫板需在车间内进行,避开室外日照影响。将钢盖梁调整至水平状态,划出支座垫板的四周安装线及钢盖梁孔群线并进行钻孔,使用三维测量仪进行支座垫板四个安装线端点的三维数据,与钢盖梁的模型数据进行对比,按控制高程的原则,对支座垫板进行板厚补偿,算出支座垫板与钢盖梁顶板的贴合面的加工余量。

5.1.3 预安装

在支座垫板上划出孔群线并进行钻孔,根据计算出的支座垫板加工余量对支座垫板进行加工,单块支座垫板一面加工量约2mm作为基准面,根据测量补偿值进行另一面的加工,加工时预留2mm加工余量,进行二次加工。将加工完成后的支座垫板组装到钢盖梁上,通过同直径的冲钉以孔群定位至钢盖梁顶板上,检查和调整安装位置定位误差控制在1mm以内,控制支座垫板底面与钢盖梁上表面贴合间隙控制在0.5mm以内。同时支座垫板每侧点焊2处进行固定。

5.1.4 余量二次加工

再次使用全站仪测量支座垫板上表面的高程数据。数据测量时以支座垫板四角及每边的中心点作为数据测量点。根据支座垫板上表面的高程数据划出二次加工余量线(图5)。

将底层支座垫板拆除,根据二次余量修割线,使用加工中心将支座垫板厚度加工至余量线处。支座垫板拆除时不得伤及母材且需做好方向标记点并划出安装检验线,并划出支座垫板安装轮廓线便于复位安装(图6)。

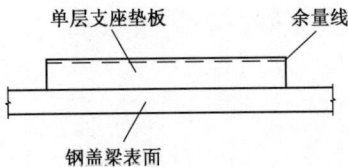

图5　支座垫板余量划线示意　　图6　检验线及方向标记点示意

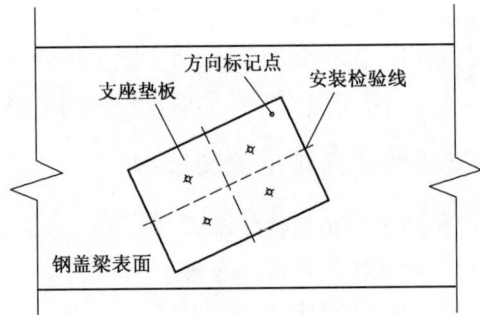

5.1.5 支座垫板复位安装

根据定位线及安装轮廓线复位安装,通过同直径的冲钉以孔群定位将支座垫板定位至钢盖梁顶板上,将支座垫板与钢盖梁表面的安装间隙控制在1mm以内,复核检验线与方向标记点,检验线错边量控制在0.5mm以内。使用三维测量仪测量四角及每边的中心点的三维数据,按控制高程原则,控制点高程偏差小于0.5mm。每侧点焊2处进行定位焊接,使用三维测量仪再次测量检查,若数据超差,则重新进行定位安装。支座垫板定位安装完成后,按焊接工艺参数进行对称焊接,焊接时需在支座垫板上部增加配重块,以控制焊接变形,保证支座垫板安装的精度。

5.2 组合形式支座垫板安装流程

5.2.1 安装原则

组合形式支座垫板以上层支座垫板表面高程为控制原则,以底层支座垫板高度为辅进行控制。

5.2.2 底层支座垫板安装

按单块支座垫板安装流程定位安装底层支座垫板。底层支座垫板余量加工时,上下面各加工约2mm,将上下贴合面平面度加工至0.5mm/m以内。

5.2.3 上层支座垫板安装

按单块支座垫板安装流程安装上层支座垫板。根据整体高程数据计算上层支座垫板余量

432

值,上层支座垫板一面加工量约 2mm 作为基准面,根据测量补偿值进行另一面的加工,加工时预留 2mm 加工余量,将上层支座垫板预安装至钢盖梁表面并划出二次加工余量线,余量加工完成后复位安装上层支座垫板(图 7)。

图 7 某高架桥项目钢盖梁分层支座垫板安装后实景

6　结语

双层钢盖梁受限处支座垫板应用高精度安装技术,所有支座垫板平整度均在 0.4mm/m 以内,安装高程均在 ±1mm 以内,解决了单块支座垫板无法整体匹配钻孔和受限空间处支座垫板无法高精度安装及平面度无法控制的问题。桥址现场钢盖梁支撑的梁段均顺利安装,证明了钢盖梁受限空间处支座垫板高精度安装技术有效,可为同类支座垫板的安装提供参考。

参 考 文 献

[1] 中国铁路总公司.铁路钢桥制造规范:Q/CR 9211—2015[S].北京:中国铁道出版社,2015.
[2] 叶建良.泰州长江公路大桥中塔墩承台锚杆定位施工[J].桥梁建设,2010(5):1.
[3] 邵旭东,曹旭辉.面向未来的高性能桥梁结构研发与应用[J].建筑科学与工程学报,2017,34(5):41-58.

52. 浅谈预制拼装技术及大直径预制管桩在铁路行业的应用推广

刘智春

(中铁第四勘察设计院集团有限公司)

摘 要：预制拼装技术的宗旨是通过标准化、机械化、工厂化、智能化建造，降低工程投资、提高施工质量、加快施工进度、解决施工制约、减少对环境的影响，实现建造成本可控、质量可控、工期可控、绿色环保、低碳高效的目的。尽管铁路、公路行业在该技术上成就卓越，但在大直径预制管桩应用方面，还需针对存在的问题进行系统性研究，形成能涵盖设计、施工、检测等各方面内容的专项技术规程，使其有章可循，才能促进其高质量、大面积的推广应用。

关键词：预制拼装 技术 大直径 预制管桩 铁路行业 推广应用

1 引言

预制拼装技术的宗旨是：通过对建筑实施标准化、机械化、工厂化、智能化建造，降低工程投资，提高施工质量，加快施工进度，解决施工控制条件，减少对环境的影响，使成本质量和工期合理可控，实现绿色环保[1]和低碳高效的目的；形成新产业链和规模化效益后，能淘汰旧产能，促进产业发展。

2 预制拼装技术在铁路、公路及市政桥梁上的应用

2.1 上部结构

在铁路、公路及市政桥梁梁部，预制拼装技术得到长期应用，成效显著。如铁路桥梁的整孔简支箱梁制运架一体成套技术[2-3]和杭州湾跨海大桥[4-5]及东海大桥[6-7]70m整孔宽幅箱梁制运架成套技术，包括各类钢结构节段预制拼装技术，都是该技术在各行业实施标准化、机械化、工厂化、智能化建造的经典案例，受到各行业广泛赞许和推崇。

以往采用纵向分跨、横向分片的简支梁和先简支后连续[8-9]等结构及其运架体系，同属预制拼装技术范畴；该类结构受力性能及耐久性较好，技术经济合理。在铁路、公路常规野外作业条件下，其投资省、质量好、工期可控，预制和运输及架设设备配套、技术成熟，现场文明施工、梁场（预制场）及复垦等都能满足环保要求，施工便道交付地方使用后，还能改善沿线出行条件；在我国得到长期、广泛的推广应用。在混凝土桥梁上，该预制拼装技术明显优于我国在

部分城市桥梁上采用的节段预制拼装技术。

节段预制拼装技术在桥梁梁部上的做法是：将梁部沿纵向分节段(横向整片)进行预制、架设就位、拼装。该技术在大跨度斜拉桥、悬索桥、钢桁梁等钢桥上得到广泛应用，其投资省、质量好、工期可控，工程实施便利、环境影响小，技术经济合理性显著。在山区峡谷及深水区域，为解决工期控制问题，针对各类混凝土连续梁、连续刚构和 40m 跨度以上铁路简支梁[10-11]，采用节段预制拼装技术也具备技术经济合理性。

在少数城市桥梁，受既有交通繁忙、场地及运输条件限制等，也采用了节段预制拼装技术；但存在部分项目过分强调交通、场地及运输等困难，忽视合理组织、合理利用(如夜间运梁架梁)的情况，导致建设不合理。如某市四环线桥梁，梁部断面及预应力布置不合理，对施工误差控制及精度要求过高，通过人为压低设计预算、对投资等进行误导，推动项目采用该技术，导致施工现场返工多、报废量大，结构受力性能差、耐久性差，存在一定质量安全隐患，这种乱象应引起高度重视。该项目建设时发生过坍塌事故，建成后综合各方面因素，采取了大型车辆(货车)限行措施(图1)。

任何技术都有合理适用范围，预制拼装技术必须合理、恰当应用，并向大预制、整拼装方向发展，避免小预制、多拼装。

图1 某四环线节段预制
拼装桥拼装时坍塌

2.2 中部结构

预制拼装技术在山区峡谷和深水区域高墩建造上具备一定优势；该技术在桥梁墩台上的应用[13]已取得一定成绩。但受构件连接部控制，该技术建造的墩台，结构抗震性、结构刚度及整体性不如现浇施工的墩台，应控制在合理范围应用。

2.3 下部结构

在桥梁基础建造技术中，预制拼装技术也取得了一定成绩；但应用范围有限。其中：大直径预制管桩应用很少，除在海港码头工程[14]中有所应用外，最近几年才在桥梁工程[15-16]中开始应用，且发现很多问题，需要研究解决。

钻孔灌注桩的承载力与施工工艺强相关(如护壁泥浆稠度等)，尽管施工阶段有试桩，但考虑到施工离散性等原因，绝大多数项目都未根据试桩成果进行设计优化；而大直径预制管桩为打入或振动下沉方式，其承载力及刚度受施工工艺影响较小，可根据试桩结果大胆优化。从铁路行业目前应用情况看，现场试桩检测结果表明：大直径预制管桩实测承载力、沉降量等与设计值相比，富余量很大，基础设计优化空间很大；优化后经济效益显著[17]，值得大力推广。

3 关于大直径预制管桩的应用推广

3.1 设计规范相关内容亟待修编

在桥梁设计规范中，关于打入或振动下沉摩擦桩的容许承载力计算公式及沉降计算，均未考虑大直径预制管桩土塞效应[18]、群桩挤压效应及基桩上浮[19]等情况，《预应力混凝土管桩技术标准》也不适用于大直径预制管桩。

最近几年，桥梁工程开始采用大直径预制管桩，各项目试桩成果，如：桩径、土塞高度对桩顶沉降和桩身轴力影响最大，在相同荷载作用下，桩径越大、土塞高度就越高、桩顶沉降值就越小、桩身轴力减小速度就越快；桩-土塞摩擦因数与土塞弹性模量的影响效果类似，其值较小时，桩顶沉降变化就明显，当增大到一定值后，其沉降变化速率基本为0；土塞黏聚力与内摩擦角变化不会对桩顶沉降产生明显影响[20];在粉土及沙土地区,采用常规桩间距(3d~4d)时,桩侧阻力与桩端阻力因群桩效应而增大(某工程单桩竖向抗压极限承载力提高了1.09~1.19倍[21]),群桩挤压效应与基础内各桩施工顺序相关[22]等,均验证了现行规范不适用大直径预制管桩基础,规范亟待修编。

3.1.1 设计应考虑土塞效应和群桩挤压效应

以《新建天津至潍坊高速铁路滨州、东营南、潍坊北枢纽及相关工程检验检测报告》[17]为例:直径 $\phi1.0$m(内径0.74m)、桩长36.0m预制管桩,土塞高度达20余m;以《新建天津至潍坊高速铁路站前九标预应力管桩静载试验报告》[23]为例:直径 $\phi1.0$m(内径0.74m)、桩长39.0m预制管桩,土塞高度达27m;管桩中下段测得的侧摩阻力实际上是管桩内、外壁摩阻力之和,中下段桩内壁提供了比较大的侧摩阻力[23]。由此看出:大直径预制管桩土塞效应明显;结合桩侧阻力与桩端阻力因群桩效应而增大[21],设计时应充分考虑预制管桩土塞效应、群桩挤压效应。

3.1.2 关于单桩竖向抗压承载力、沉降及水平承载力

(1)以《新建天津至潍坊高速铁路滨州、东营南、潍坊北枢纽及相关工程检验检测报告》[17]为例。

①单桩竖向抗压静载试验检测结果。

通过自平衡法检测出 SZ1 单桩竖向抗压承载力极限值为 16 493kN,单桩竖向抗压承载力特征值为 8 246.5kN,而设计承载力为 4 722.16kN;实测单桩承载力特征值大于设计承载力74.63%。通过堆载法检测出 SZ2 单桩竖向抗压承载力极限值为 15 000kN,单桩竖向抗压承载力特征值为 7 500kN,而设计承载力为 4 722.16kN;实测单桩承载力特征值大于设计承载力58.83%;该桩荷载-沉降部分检测数据见表1。

SZ2 试验桩荷载-沉降(Q-s)部分数据汇总表　　　　　　表1

SZ2 桩(直径 $\phi1.0$m、壁厚13cm)	
加载荷载等级(kN)	累计沉降(mm)
7 500	8.62
9 000	11.27
10 500	14.22
12 000	27.52
13 500	35.54
15 000	50.12
卸载后残余沉降值	38.9
卸载后回弹量	11.22
回弹率(%)	22.39

②单桩水平静载试验检测出 SZ3 单桩水平承载力容许值为336kN,较设计单桩水平承载力容许值240kN大40.00%;SZ4 单桩水平承载力容许值为288kN,较设计单桩水平承载力容许值240kN大20.00%。

(2)以《新建天津至潍坊高速铁路站前九标预应力管桩静载试验报告》[23]为例。

①单桩竖向抗压静载试验检测结果。

通过 PGCPT 试验法检测出 389 号桩、390 号桩的单桩竖向抗压极限承载力均为18 000kN,

436

单桩竖向抗压容许承载力均为9 000kN,而设计承载力(主+地震工况)仅分别为5 157.08kN、5 058.3kN;实测单桩容许承载力分别大于设计承载力74.51%、77.92%。荷载-沉降部分检测数据见表2。

试验桩荷载-沉降(Q-s)部分数据汇总表　　　　表2

389号桩(直径φ1.0m、壁厚13cm)		390号桩(直径φ1.0m、壁厚13cm)	
加载荷载等级(kN)	累计沉降(mm)	加载荷载等级(kN)	累计沉降(mm)
7 500	9.89	7 200	12.17
9 000	13.33	9 000	17.7
10 500	17.03	10 800	20.94
12 000	20.85	12 600	29.08
13 500	25.06	14 400	31.47
16 500	38.68	16 200	32.55
18 000	49.36	18 000	33.75
19 500	88.04	19 800	37.83
卸载后残余沉降值	63.87	—	23.86
卸载后回弹量	24.17	—	13.97
回弹率(%)	27.5	—	36.9

②单桩水平静载试验检测出1号和2号试桩的单桩水平承载力容许值均为285kN,较设计单桩水平承载力容许值240kN大18.75%。

3.1.3 应提高试桩比例

建筑及公路行业对桩基试桩及检测比例要求明确[24-25],铁路行业设计规范仅要求摩擦桩容许承载力应通过试桩确定,未明确试桩比例[18];《预应力混凝土管桩技术标准》仅有"管桩基础施工前宜在现场进行沉桩工艺试验。当采用锤击法施工工艺时,宜同时进行沉桩工艺监测"的要求,其对单桩竖向极限承载力标准值的确定,适用于小直径预制管桩及复合地基,不适用于大直径预制管桩。

目前,铁路行业对大直径预制管桩试桩数量一般是按每几千米桥长考虑1根试桩;因试桩量太少,仅起到检验桩基承载力及变形是否满足设计要求的作用,不能满足全线桥梁基础设计优化需要,导致基础设计普遍保守、富裕量大,投资浪费极大。

桥梁采用大直径预制管桩基础,与建筑行业小直径预制管桩及形成的复合地基基础有本质上的区别;且桥梁工程属带状,建筑工程为小块状,相对建筑行业而言,桥梁工程的试桩比例应远高出建筑行业,才能保障优化设计可靠性;此外,铁路桥梁尤其是高速铁路桥梁,沉降控制要求高,从上述试桩成果看,承载力富裕远大于沉降富裕;因此,有必要研究并大幅度提高桥梁试桩比例,并将检测沉降作为重点。

3.1.4 关于高腐蚀环境

目前,针对高腐蚀环境预制管桩,设计只是要求封底处理、将管桩内地下水抽排干净,但现场施工难以满足设计要求;此外,大直径预制管桩设有预应力钢筋,该钢筋锈蚀后会导致预应力下降,甚至发生脆断;因此,对预制管桩能否适用高腐蚀环境,和在高腐蚀环境下预制管桩的防护设计及施工开展专项研究。

3.2 关于施工规范,施工方法、工艺及设备

3.2.1 施工规范,施工方法及工艺

大直径预制管桩施工存在断桩、缩颈、上浮等缺陷,打桩噪声大、振动大、挤土、静压机对场地要求高,垂直度不好控制等;尽管施工采用了部分措施,如通过合理控制打桩速度,从中间往两边打,跳打,打应力释放孔等来减少桩上浮,但还是没能解决施工的所有问题,包括接头连接方法及工艺,试桩检测仪器连线被切断、导致检测无法获得完整数据等,上述问题都是施工难点和痛点。

由于施工规范缺乏大直径预制管桩施工指导内容,《预应力混凝土管桩技术标准》只适用小直径预制管桩,针对这种现状,有必要归纳、总结并提炼出各行业经验,进行系统研究、改进,形成一套针对性强、系统性全面的指导意见,纳入行业规范。

3.2.2 关于现场工厂化预制

预制管桩的采用,目前是就近在预制管桩厂家定制采购;受沿途运输条件限制,其桩长都控制在 10～15m,导致接头多,接头难以避开桩身受弯区,接头位置受力不合理,且施工工序多、质量控制难度大、耐久性差等。

根据《新建天津至潍坊高速铁路滨州、东营南、潍坊北枢纽及相关工程检验检测报告》[17],试桩"水平最大弯矩处均大约在桩顶以下 4.0m 位置,弯矩零点均大约在桩顶以下 14m 位置,14m 以下无弯矩;建议桩顶以下 14m 的范围内不宜出现管桩连接处";而接头部位为施工及质量控制薄弱环节,应在桩身范围少设或不设接头。

铁路行业可参照沿线预制梁场设置,设置现场预制管桩场,大幅度加长预制管桩长度,能提高施工质量和进度,并节省投资,有利于大直径预制管桩推广应用。

3.2.3 升级和改进施工设备

预制管桩有打入或振动下沉或静压等方式;打入桩对周边既有建筑物和环境影响大,使用范围有限。对大直径预制管桩宜开发出系列振动下沉、静压下沉和施工长桩等多类设备,促进施工设备产业发展,扩大适用范围。

软土地区桥梁需要基础具备足够的横向和纵向刚度,以抵抗其纵横向位移和倾斜;而斜桩能提供很大的纵、横向抗力。针对斜桩,采用预制管桩具备钻孔灌注桩无法比拟的施工优势;我国软土面积大,斜桩应用前景十分广阔,应开发大角度斜管桩施工设备,促进斜桩应用。

升级和改进施工设备,应包括预制场内外配套设备,争取形成铁路行业成套新技术。

3.3 关于检测方法、检测工艺及检验标准

3.3.1 桩身质量检测

桩身质量检测有低应变法、高应变法、声波透测法、钻芯法等。对大直径预制管桩,因桩身在高温高压状态下预制,桩壁薄,接头多,钻芯法、声波透射法不适用,只能采用低应变法、高应变法。其中,低应变反射波法能快速完成检测,对桩身完整性有保障且经济性能好,应优先考虑选用。

在桥梁工程中,受桩身长径比、桩周土阻和桩芯土塞等影响,应用低应变反射波法检测大直径预制管桩还存在一系列问题,如很难采集到桩底反射波、无法核对桩长、桩芯土塞深度对检测信号有影响、检测时机不对等,必须进行系统改进,才能完成好检测任务。改进方法可通过采用不同能量级别和频率激振设备采集信号,不断加大激振能量找到能采集到桩底反射的激振设备规格,利用改变后的激振频率选择大直径管桩低应变反射波法激振设备,通过对桩芯土塞位置检测信号对比分析,总结出土塞对检测信号的影响和检测规律并进行修正等;包括对

不同休止期检测数据进行对比，能确定最优信号对应桩周土体恢复的时间，提出检测休止期要求并合理选择最佳检测时机。通过上述改进，能实现采用低应变反射波法检测大直径预制管桩的所有目标。

3.3.2　桩基承载力及变形的检测

桩基承载力及变形检测有堆载法、锚桩法、自平衡法等静荷载试验法和高应变检测法，各方法都有优缺点及适用范围。以承载力检测为例：堆载法最可靠，锚桩及自平衡法次之，高应变检测法不可信。

自平衡法是利用桩身侧阻与端阻互为反力，直接测得桩侧阻力与端阻力；该法装置简单，不占场地，不需搬运甚至制作数百吨物料，无笨重反力架，试验安全、无污染，准备工作省时省力，试验费省，试验桩可作为工程桩使用，尤其是在水上、陡坡、深基坑等场地试桩有优势，近几年有广泛推广应用趋势。但根据《新建天津至潍坊高速铁路滨州、东营南、潍坊北枢纽及相关工程检验检测报告》[17]：自平衡法检测的单桩竖向抗压承载力实测值大于设计值74.63%；而堆载法检测的单桩竖向抗压承载力实测值仅大于设计值58.83%，自平衡法检测的桩基承载力偏大，其他检测报告同样如此。因此，对自平衡法检测，宜同时采用堆载法进行验证修正，才能保证检测成果应用的准确性和可靠性。在铁路行业，沉降控制重要性远大于承载力控制，而自平衡法只能检测出荷载作用下的上下位移，再推断出累计位移，在检测沉降方面明显不如堆载法，因此，铁路行业宜优先考虑选用堆载法，对自平衡法必须用堆载法验证修正。两种方法结合是具体应用的最佳选择。

建筑行业检测预制管桩，发现部分项目绝大多数都属不合格桩，要高度重视该情况并加强检测工作。

3.3.3　关于墩台基础整体沉降及桩与承台连接的检测

现沉降检测主要集中在单桩，对墩台基础整体沉降及桩与承台连接的检测很少；受群桩挤压效应、承台下土体抗力等影响，在桩周土充分固结稳定后再实测的墩台基础整体沉降才是最准确数据；而不同地质桩周土固结稳定时间不同，对基础整体沉降的检测，应高度重视检测时机的合理选择，与基础施工完成时间保持合理间隔才能保障检测结果正确。

桥梁沉降控制是指工后沉降控制，即：设计的沉降控制值是指设计最大荷载与最大恒载之间沉降差的控制值。随着墩台身及梁部施工不断加载，沉降会持续发生，施工全部结束后，桩周土体及其与桩身的黏结会二次固结稳定；此后再加载运营活载所产生的后期沉降会小于对单桩持续进行同等加载所检测到的沉降值，因此，有必要适当开展墩台基础整体沉降及桩与承台连接的检测工作，以提高研究工作的科学性和准确性。

总之：大直径预制桩制作方便，成桩速度快，桩身质量易控制，承载力高，投资经济，不受地下水影响，无泥浆排放，截面形状和长度可按需选择等，具备诸多优点，值得推广应用；但也要看到打桩噪声、振动及挤土，静压机对场地要求高、抗剪能力较差、无法嵌岩、垂直度不好控制等缺点。目前规范标准、施工、设备及检测等都存在厚度问题，需进行系统研究、解决，才能促进大直径预制管桩推广应用。

4　结语

尽管桥梁工程采用大直径预制管桩已有多年，且推广应用趋势良好，但其应用经验及研究成果散落在各行业各项目中，缺乏系统研究、集中提炼和统一提高，有待各行业研究解决。鉴于铁路桥梁以群桩基础为主，且在大直径预制管桩的应用上已领先其他行业，建议由铁路行业有关部门牵头,研究制定能涵盖设计、施工、检测等各方面工作内容的技术标准和规范,对大直径预制管桩的应用进行系统性指导,提高设计、施工和检测、验收质量,促进大直径预制管桩在铁路行业的应用推广。

<h1 style="text-align:center">参 考 文 献</h1>

[1] 杨芬,张华.浅谈预制拼装技术在绿色公路建设中的应用[J].交通科技与管理,2022(11):1-3.

[2] 何建华.高速铁路简支箱梁运架一体机的发展与创新[J].铁路标准设计,2022,66(10):90-97.

[3] 篦启发,罗九林,王治斌,等.高速铁路40m简支箱梁提运架成套设备研制及应用[J].铁道建筑技术,2021(1):1-7.

[4] 王勇.杭州湾跨海大桥工程总结[M].北京:人民交通出版社,2008.

[5] 刘少志,王朝平.杭州湾跨海大桥70m箱梁架设施工技术的探讨[J].铁道工程学报,2006,23(8):58-61.

[6] 黄融.跨海大桥设计与施工:东海大桥[M].北京:人民交通出版社,2009.

[7] 徐存福.我国第一座跨海大桥—东海大桥工程设计与建设简介[J].交通与运输,2006(1):3.

[8] 陈强,黄志义.先简支后连续结构体系的概念及发展[J].铁道建筑,2005(4):1.

[9] 上官萍,房贞政,付东阳.先简支后连续桥梁结构体系的应用研究[J].福州大学学报(自然科学版),2000(5):18.

[10] 贾筱煜.客运专线中等跨度预应力混凝土箱梁造桥机节段预制拼装技术研究[J].铁路标准设计,2008(2):17.

[11] 李政发.重载铁路64m节段拼装简支箱梁分批张拉施工技术研究[J].建筑技术开发,2021(5):25.

[12] 李涛,张夕.郑州北四环立交桥坍塌?官方:未造成人员伤亡,事故初步查明[N].北京青年报社(本地号外),2019(6):24.

[13] 周良,闫兴非,李雪峰.桥梁全预制拼装技术的探索与实践[J].城市道桥与防洪,2018(9):13.

[14] 刘锐.预应力混凝土大直径管桩在北方港口工程中的应用实践[C].CCPA预制混凝土桩专业委员会2009~2010年年会暨学术交流会论文集,2010:154-159.

[15] 吴正华.桥梁大直径PHC预制管桩基础施工工艺及注意事项分析[J].运输经理世界,2021(11):22.

[16] 刘志峰,邓文豪,杨兴义,等.一种复杂地质下大直径预制管桩施工方法[P].CN202210473462.X,2022(7):22.

[17] 铁正检测科技有限公司.新建天津至潍坊高速铁路滨州、东营南、潍坊北枢纽及相关工程检验检测报告.BG-2023-ZJJ-031[R].铁正检测科技有限公司,2023(5):2.

[18] 国家铁路局.铁路桥涵地基和基础设计规范:TB 10093—2017[S].北京:人民交通出版社股份有限公司,2017(5):25.

[19] 徐情根,徐醒华,邓锦波,等.直径PHC管桩群桩挤压效应应用研究[J].广东土木与建

箱,2011(8):9.

[20] 陈乔,陈志波,曾旭明,等.考虑土塞效应的大直径 PHC 管桩竖向承载特性[J].水利与建筑工程学报,2022(5):131-136.

[21] 张文,徐梅,陆春明.如皋市区预应力管桩群桩效应的探讨[J].工程技术研究(冶金丛刊),2018(10):46-47.

[22] 罗战友,龚晓南,朱向荣.考虑施工顺序及遮栏效应的静压群桩挤土位移场研究[J].岩土工程学报,2008(6):8.

[23] 中南大学.新建天津至潍坊高速铁路站前九标预应力管桩静载试验报告[R].长沙:中南大学,2023.

[24] 中华人民共和国住房和城乡建设部.建筑基桩检测技术规范:JGJ 106—2014[S].北京:中国建筑工业出版社,2014.

[25] 中华人民共和国交通部.公路工程基桩动测技术规程:JTG/T F81-01—2004[S].北京:人民交通出版社,2004.

53. 减河特大桥波形钢腹板液压冷弯成形工艺

黄振威 王安文

(中交路桥建设有限公司)

摘　要：波形钢腹板预应力混凝土组合箱梁桥展现了卓越的结构特性，该结构有效地集成了预应力混凝土与钢材这两种高性能材料，从而成功克服了传统预应力混凝土连续梁桥中常见的腹板开裂和跨中下挠问题。鉴于其显著的优势，这种桥型在我国桥梁建设领域具有极大的发展潜力。本文首先概述了波形钢腹板液压冷弯成形的关键技术与要求，随后深入探讨了在此过程中可能出现的缺陷及其成因。最后，通过减河特大桥波形钢腹板制造工程的实例，详细阐述了液压冷弯成形工艺的控制措施，具体包括压形模具的优化、成形参数的精确控制以及变形矫正等方面，为波形钢腹板的加工制造提供了宝贵的参考。

关键词：波形钢腹板　冷弯成形　制造工艺

1　引言

减河特大桥主桥上部结构为 86m + 142m + 86m（右幅跨径 92m + 142m + 86m）波形钢腹板变截面预应力混凝土连续梁，分幅设置，单幅桥宽 20.5m，单向 2% 横坡，单箱双室截面。全桥共计制造波形钢腹板 441 块，总重 1 783t。

波形腹板采用 1600 型波形腹板，钢材采用低合金高强度结构钢（Q355D）。波形钢腹板厚 16 ~ 26mm、波纹水平段长度 430mm、斜长 430mm、斜段水平方向长 370mm、波高 220mm。为了便于波形钢腹板的纵向连接，节段长度取为波长 1 600mm 的整数倍。板高 1.95 ~ 6.11m，波高及成形误差参照相关要求控制。本文主要介绍波形钢腹板液压冷弯成形工艺（图 1、图 2）。

2　关键工艺及要点

2.1　零件加工

波形钢腹板均为二次曲线，其展开线型更是复杂，必须采用精密数控等离切割机组，有利于环保和变形控制。钢板放样时需考虑制作修整余量，尤其是折弯部分因弯曲必须调整伸长率及直线与圆弧变化过程中的渐变，计算时需调整其伸长率，同时还需考虑平曲线内外侧对波形钢腹板长度放样的影响。切割时采用合理的切割顺序及增加必要的补偿量来保证其几何形状和尺寸精度。精确预留后续焊接的收缩量（长度预留配切量除外）。

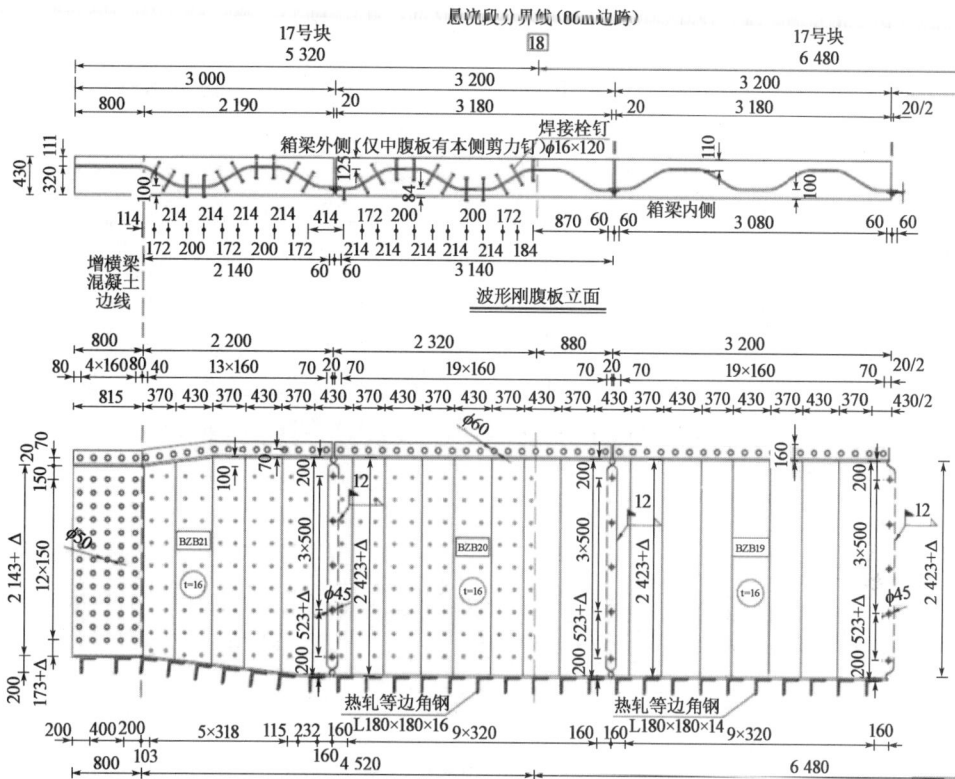

图 1 波形钢腹板立面图(尺寸单位:mm)

图 2 波形钢腹板三维示意图

2.2 坡口加工

坡口处理后进行钢板冷弯成形,这是波形钢腹板制造过程中一道十分重要的工序,利用行车吊运钢板放至坡口平台,先利用半自动火焰切割机进行火焰倒割法坡口(按设计坡口增加1mm以上斜面),然后翻转钢板,再利用铣边机进行正割法铣边坡口,得到坡口断面。

2.3 压表工艺

本工程采用液压冷弯成形法制造波形钢腹板,采用1 600t大型液压机组进行冷弯加工。

2.4 矫正工艺

整形是伴随整个波形钢腹板制造过程中的关键工艺,钢板在焊接高温过程中都会有变形,在整形工艺中采用冷整形、应力消除机等方式,以达到焊接过程产生的应力得以完全释放,有效控制制造过程中波形钢腹板的变形。

443

3 冷弯时可能产生的各种缺陷及相应的原因分析

冷弯成形虽只发生物理变化,实际也是一个复杂的过程。如果工艺不当或装备不合理,在制作过程中会出现角部裂纹、角部皱褶、边部波浪、纵向弯曲、扭曲等变形缺陷,这些缺陷往往在生产过程中才被发现。当工艺参数处于临界点时,缺陷会时断时续地产生。这些缺陷会改变波形钢腹板的受力状态,甚至使板受到破坏,所以一旦出现这些缺陷必须找出其产生根源并设法解决。冷加工形成的缺陷及其原因,主要包括下面五点。

3.1 冷弯裂纹或趋势性断裂

该缺陷为高强度结构钢板最主要的冷弯缺陷。趋势性断裂为超过钢板塑性时弯曲外圆弧受拉至临界屈服点前的状态,其特征是钢板表面色泽变淡,有纵横或倾斜不平整的"暗筋"出现。其直接原因是弯曲量、弯曲半径或弯曲速度超过了钢材本身的塑性变形能力。

3.2 回弹量过大

冷成形时回弹量过大,使波形不符合设计要求,如加载力过小即可能产生这种情况。

3.3 纵向弯曲

产生纵向弯曲的原因较多,其中一个很重要的原因是断面的边部在弯曲时受到张紧力的作用,力图将整个断面沿纵向拉长,但张紧力不足以拉长整个刚性断面,导致钢板前端出现向上或向下弯曲的现象,在实际冷弯成形上,厚板比薄板更容易产生纵向弯曲。

3.4 钢板厚度减薄

冷弯成形时转角处附近的钢板厚度减薄,主要由于集中加载或成型时外部先受力牵制使转角处内侧钢板拉薄。当实际下料尺寸与设计的样图有较大缩减时,说明厚度减薄缺陷已明显发生。

3.5 浪边

边部波浪的产生主要是两种作用的综合:一种是高强度结构钢板在弯曲过程中产生了横向拉伸的不均匀应力、应变,而板料沿厚度方向的应变相对较小,根据材料变形的泊松关系,必然会在变形比较集中的部位沿纵向出现收缩变形;另一种是边缘部分的材料先在外力作用下被拉伸剪切变长,后又再次被压缩剪切产生塑性变形,从而造成浪边。

4 液压冷弯成形工艺

4.1 压形模具改进

上文分析了冷弯成形缺陷的种类及产生的原因。为了在减河特大桥波形钢腹板加工中避免这些缺陷的产生,对加工工艺进行了改进。

如图 3 所示,采用传统方法冲压钢板时,上模为倒三角结构,为达到波形钢腹板所需弧度,须进行多次冲压。由于上模与钢板接触面积较小,多次弯折会使部分材料产生较大的拉伸塑性变形,相应地必然产生较多的缺陷。如果将上模作一些改进,如图 4 所示,根据波形钢腹板的波形参数,加工定制 M-1-R377 型模代替液压设备上原有的尖头模,确保在同一横断面上仅设置一个受压牵制区,并使钢板在模区内可以自由伸缩的模压方法进行成形,每次只进行一个过渡弧的压形。此工艺可使钢板在折弯过程中均衡受力,避免了传统加工方法中加载点集中造成的显性和隐性裂纹,保证了成形精度,钢板转角处的其他缺陷也得到了良好的控制。

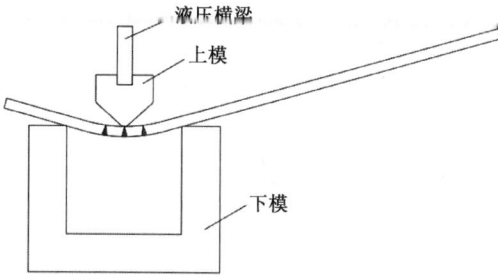

图3 传统冲压模具

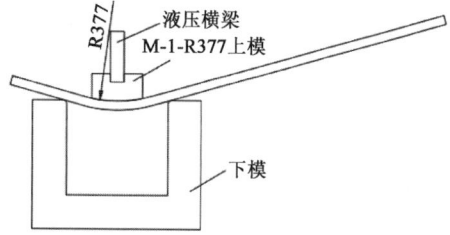

图4 改进后液压模具

图5是改进后的冲压加工机组(液压式)实物照片,图6是液压冷弯压形法工艺流程图,此方法与传统模压法相比具有以下优势:

(1)对钢板的物理损伤小,克服传统模压法上模同时下压、两侧钢板不能自由伸缩、转角处金属相位发生滑移的缺陷。

(2)减少钢板模压后的回弹变形,对后期钢板各项精度指标均有好处。

a)设备全照

b)局部放大照片

图5 改进后液压折弯设备实物图

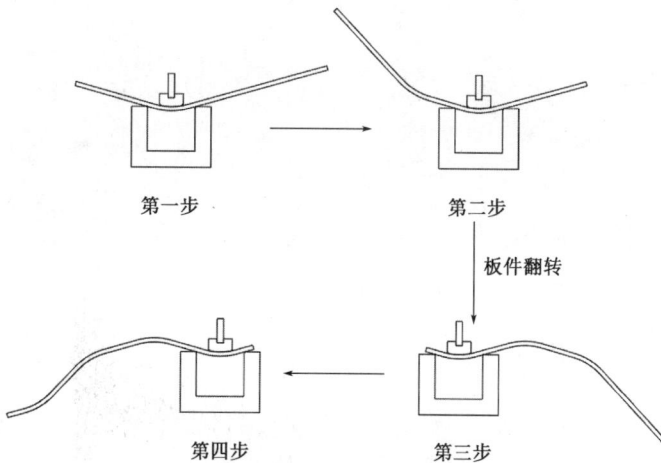

第一步 → 第二步

板件翻转

第四步 ← 第三步

图6 液压冷弯压形法工艺流程图

4.2 成形参数控制

高强度结构钢板的成形回弹现象较严重,回弹会导致出现弧边,必须依靠过弯来修正,且过弯角比较难掌握,需要在生产调试过程中进行调整修正。本工程的腹板板厚为16mm、20mm、24mm、26mm的钢板,采用同一组模具对不同的板厚进行压形,同时保证压形半径≥15

倍板厚。施工前经过多次试验,确定了1 600t形液压机的压形参数,具体参数见表1。

波形钢腹板冷弯成形参数 表1

序号	板厚(mm)	采用模具型号	板中心折弯半径R(mm)	额定压力(kN)	静压时间(s)
1	16	M-1-R377	385	12 000	1.5
2	20	M-1-R377	387	13 000	1.5
3	24	M-1-R377	389	15 000	1.5
4	26	M-1-R377	390	15 000	1.5

5 矫正变形

5.1 机械矫正

成形后的波形钢腹板采用专用的标准钢平台、工装设备进行矫正,以满足波形钢腹板的尺寸和整体结构要求(图7)。本项目采用自制1 600t液压矫正工装,对波形钢腹板进行变形矫正。矫正时,使钢腹板边缘的凸起面向上,并用两条相同厚度的扁钢在凹面两侧支撑钢腹板,在外力作用下发生塑性变形,达到矫正的目的。施加外力时,钢板应超过平直状态(略呈反向变形),使外力去除后钢板回弹而矫平。当构件受力点下面空间间隙较大时,需放置垫铁,其厚度略小于两侧垫板的厚度。钢腹板的变形比较复杂时,先矫正扭曲变形,后矫正弯曲变形,适当改变垫铁和施加压力的位置,直到矫平为止。

图7 液压矫正工装

5.2 自然时效应力消除

自然时效即为静置堆放,作为一种耗时虽长,反弹少的应力消除工艺,是一种较彻底的应力消除方式。经过对波形钢腹板的试验,工件静置时间应至少满足表2中的要求。

自然时效应力消除参数 表2

序号	钢腹板面积(m²)	时间(d)	备注
1	1～8	>5	以16mm厚的钢腹板为基准,厚度越厚,理论时效时间应加长
2	8～14	>7	
3	14～18	>10	

6 结语

在减河特大桥波形钢腹板冷弯成形制造过程中,通过对模具的改进、工艺的完善、压形参数的调试,有效地控制了波形钢腹板的压形精度,避免了冷弯对钢板造成的缺陷,取得了理想的效果。为今后类似工程施工提供了重要的实践经验。

参 考 文 献

[1] 赵艳辉.波形钢腹板组合梁桥的特性及应用[J].城市建设理论研究(电子版),2018(4):1.

[2] 李宏江,万水,叶见曙.波形钢腹板PC组合箱梁的结构特点[J].公路交通科技,2002,19(3):53-57.

[3] 张卫国.探讨高强度结构钢板的冷弯成型工艺[J].焊管,2005,28(3):1.

[4] 孙天明,李淑琴.波形钢腹板冷成型缺陷控制[J].公路,2010(5):45-48.

[5] 中华人民共和国交通运输部.组合结构桥梁用波形钢腹板:JT/T 784—2010[S].北京:人民交通出版社,2010.

54. 张靖皋大桥复合锚碇地连墙
钢箱梁制造工艺研究

周　海　曾永晖

(中铁山桥(南通)有限公司)

摘　要：张靖皋长江大桥南锚碇作为世界最大的锚碇基础，地下连续墙采用的钢箱梁结构具有长细比大、板厚薄、内部结构复杂等特点。为有效控制钢箱制造过程中由于巨大的焊接量和无法避免的吊装翻身引起的结构变形，本文利用 ANSYS、ABAQUS 有限元软件模拟钢箱翻身过程，分析钢箱翻身过程中的受力情况，优化制造工艺，设计合理的焊接顺序，采取有效的制造措施保证工程的安全和质量，为类似长大积钢箱制造工艺提供参考。

关键词：地下连续墙　长细比　制造工艺　焊接变形　有限元

1　工程概况

张靖皋长江大桥位于长江下游，全长约 7.9km。如图 1 所示，南锚碇地下连续墙采用钢箱结构设计[1]，结构包括一字形、L 形、T 形、十字形四种，使用的钢材材质为 Q355C、Q355B 及 Q235B。声测管、压浆管采用 Q235B 直缝电焊钢管，钢筋材质为 HPB300 和 HRB400，壁板板厚为 20mm 和 14mm，加劲厚度为 10mm、12mm、14mm 不等。钢箱四道主焊缝为部分熔透角焊缝，10mm、12mm、14mm 加劲为贴角焊缝焊接。节段间对接焊缝为全熔透焊接连接，节段间钢筋采用搭接焊接，节段间加劲肋不连接钢箱厚 1.5m，高 83.5m，各类型尺寸及三维图如图 2～图 5 所示。

以十字形钢箱为例，地下连续墙钢箱由壁板、环形加劲肋、环形角钢加劲、角点加劲组成。钢箱壁板上设置 T 形纵肋与板式横肋，并且布置有纵向钢筋、横向钢筋、剪力钉等，如图 6 所示。

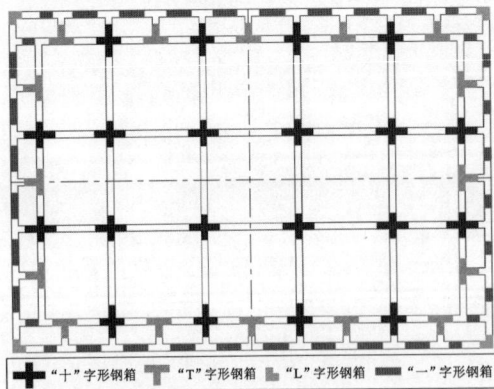

图 1　张靖皋南航道桥南锚碇地下连续墙示意图

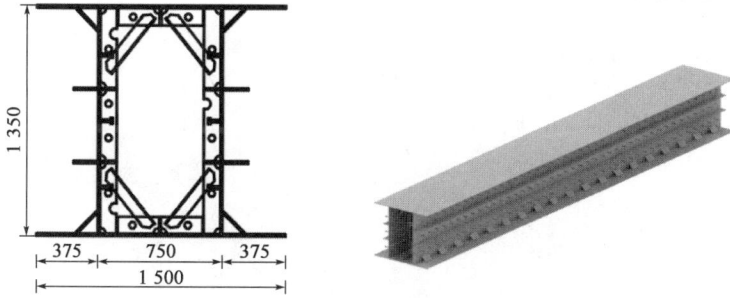

图2 一字形钢箱(尺寸单位:mm)

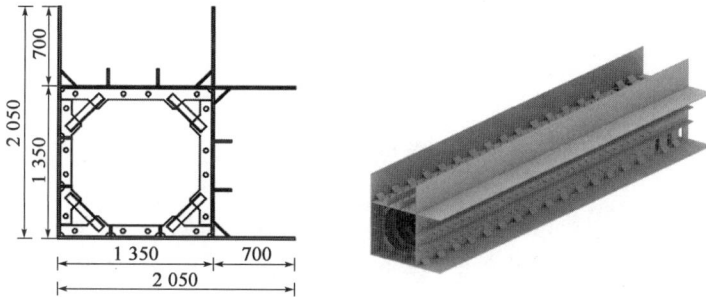

图3 L字形钢箱(尺寸单位:mm)

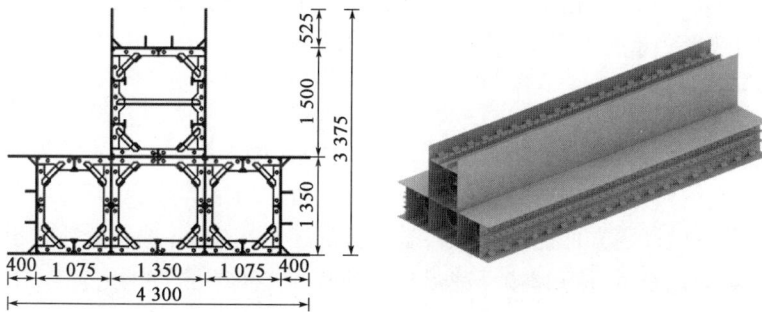

图4 T字形钢箱(尺寸单位:mm)

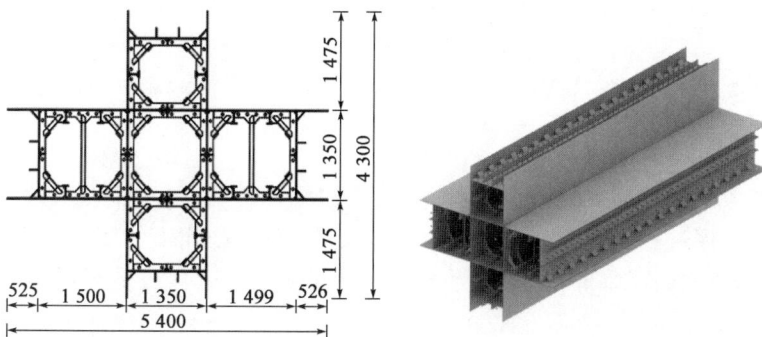

图5 十字形钢箱(尺寸单位:mm)

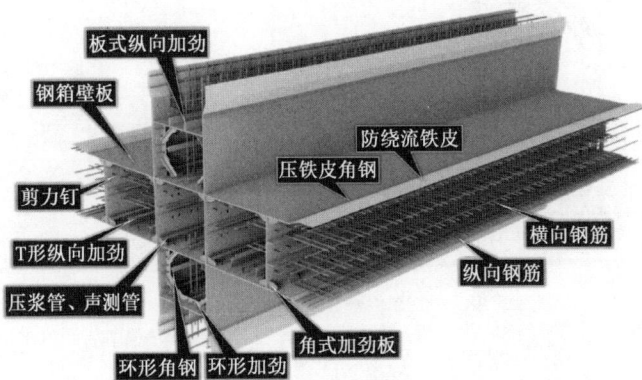

图6 十字形钢箱示意图(单个箱室断面尺寸1.35m×1.35m,长度83.5m)

2 长大体积钢箱制造变形控制难点分析

张靖皋长江大桥南航道桥南锚碇地连墙具有钢箱尺寸断面小、长度大、板厚薄、内部结构错综复杂等特点。地下连续墙钢箱单个箱室断面尺寸为1 350mm×1 350mm,长度83.5m,绝大部分使用板厚小于14mm的薄板。为确保地下连续墙内混凝土浇筑,钢箱内部未设置实腹式隔板,仅设置纵向加劲、横向加劲及角钢加劲。并且为提升结构强度,加劲分布较密,单个钢箱环形加劲数量达186道。钢箱结构总体上具有刚度小、柔性大的特点,外力作用下易产生较大形变;且钢箱内部焊接量较大,焊接变形控制困难[2-3]。

2.1 焊接变形控制困难

在钢箱梁制造过程中,需要通过减少焊接过程中的变形来控制钢箱外形尺寸,如钢箱壁板单元焊接变形控制、钢箱拼装过程焊接变形控制、钢箱桥位对接焊接变形控制等方面。从焊接方式选取和焊接顺序设计等方面需要采取科学可行的工艺措施,并选用合适的设备进行作业,过程中尽量采用自动化设备进行焊接。壁板与加劲肋焊接工艺的对比见表1。

壁板与加劲肋焊接工艺对比 表1

结构	板厚	焊缝
壁板	14mm、20mm	壁板间采用2mm钝边熔深角焊缝
加劲肋	10mm、12mm、14mm、16mm	加劲肋与壁板采用$K=8$mm贴脚焊缝

2.2 结构刚度小,易发生变形

由于钢箱节段刚度较小,且外侧箱式多为自由边结构,因此针对钢箱节段拼装、翻身、转运、存放、吊装等工序过程中需要采取合理的措施来减少外力作用下的变形。可在吊耳的设计和选用、拼装胎架的布置、临时隔板设置、翻身工装设计、转运存放支撑的布置等方面进行优化。

450

3 大体积钢箱节段制造工艺

3.1 焊接变形控制

3.1.1 增设工艺隔板

针对薄板、钢壳式箱体件,同时钢壳箱内加劲多、焊接量大,焊接变形大,钢壳制造精度不易保证。在钢壳内增设工艺隔板(图7),通过工艺隔板加强钢壳的刚度,有效抵抗焊接变形,保证钢壳的制造精度。工艺隔板结构设计图如图8所示。

图7 现场增设工艺隔板示意图

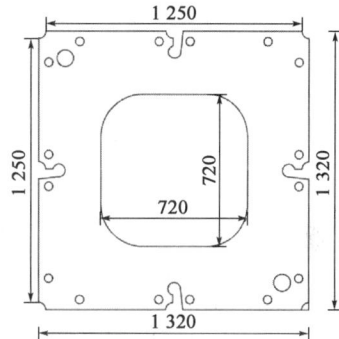

图8 工艺隔板结构设计图(尺寸单位:mm)

3.1.2 优化钢箱焊接顺序

根据钢箱的结构形式,明确每条焊缝的焊接形式以及焊接顺序,确保钢箱的焊接变形量最小。①十字形钢箱:4 名焊工在外侧同步对称施焊壁板焊缝1→按照同样的方法同步对称施焊焊缝2(图9)。②T 字形钢箱:2 名焊工在外侧同步对称施焊壁板焊缝1→施焊焊缝2→同步对称施焊焊缝3→同步对称施焊焊缝4→施焊焊缝5(图10)。③L 字形钢箱:2 名焊工在外侧同步对称施焊壁板焊缝1→按照同样的方法同步对称施焊焊缝2(图11)。④一字形钢箱:2 名焊工在外侧同步对称施焊壁板焊缝1→按照同样的方法同步对称施焊焊缝2(图12)。

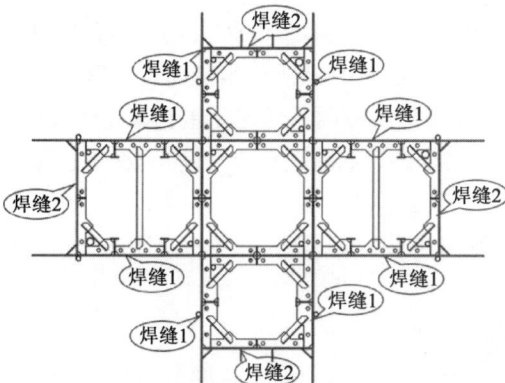

图9 十字形环口壁板对接施焊顺序示意图

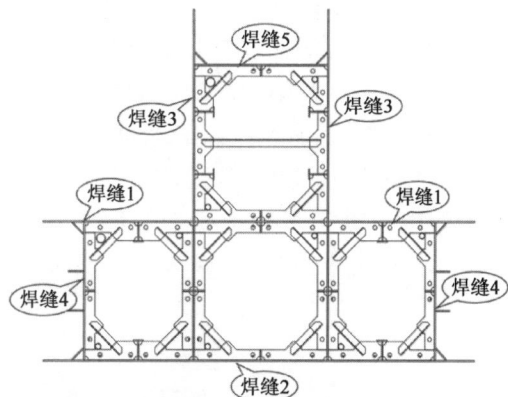

图10 T 字形环口壁板对接施焊顺序示意图

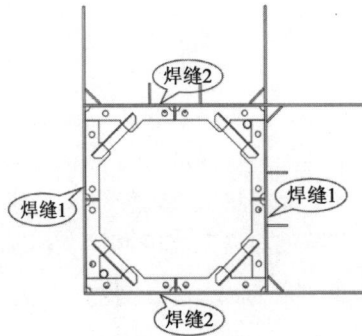

图11　L字形环口壁板对接
施焊顺序示意图

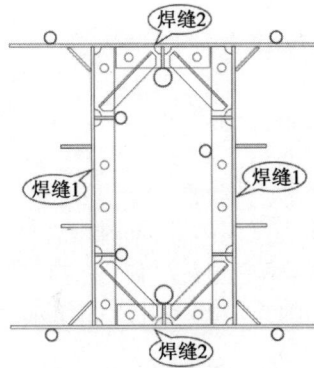

图12　一字形环口壁板对接
施焊顺序示意图

3.1.3　设置对接导向装置

如图13、图14所示,在每个钢箱环缝处设对接导向装置,外部四箱室导向板均设置在箱梁外侧,内部箱室导向板设置在箱梁内侧,作为永久结构留在箱梁内部不进行拆除;通过导向装置兼顾码板可以限定箱梁环口对接位置,减小焊接过程中箱口变形。

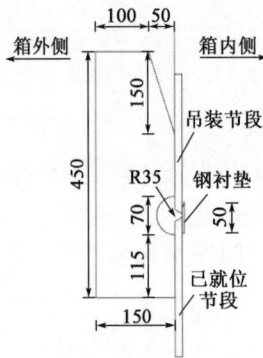

图13　外部四箱室导向板设置
(尺寸单位:mm)

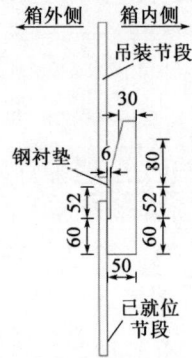

图14　内部箱室导向板设置
(尺寸单位:mm)

3.2　翻身变形控制

在十字形钢箱制作过程中,需先组焊成倒T字形钢箱,然后翻身180°形成正T字形钢箱。因T字形钢箱为异形结构、尺寸大且两侧壁板均为自由边,翻身时易造成钢箱壁板变形,不易修复,本文利用数值模拟分析了增设L形翻身工装和增设翻身吊耳两种情况下钢箱翻身时总体的应力变化情况,得出在满足安全性的前提下,增设翻身吊耳进行钢箱翻身成本较低、效率更高。

3.2.1　增设L形工装翻身变形数值分析

在钢箱两端头各组焊一个方形工装,通过L形翻身工装进行翻身,如图15所示。

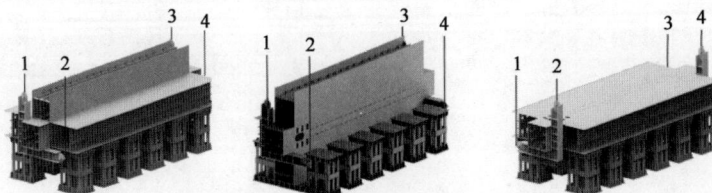

图15　增设L形翻身工装翻身示意图

翻身钢箱总重约67t,通过 ANSYS 分析钢箱翻身的受力状态,钢箱翻身过程中受力合理,变形在允许范围内,钢箱翻身过程中受力情况如图16所示。此方案安全性高,但翻身完成后工装需气刨拆除,易对钢箱坡口造成破坏,且成本高、工效慢。

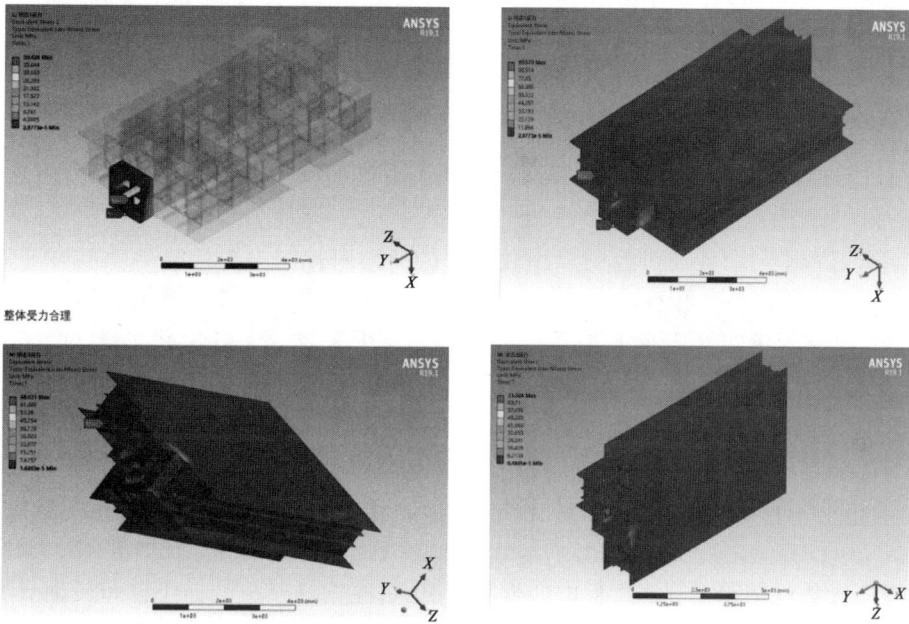

图16　增设L形翻身工装翻身受力分析

3.2.2　增设翻身吊耳变形数值分析

在钢箱壁板硬挡位置布设翻身吊耳,两台行车配合翻身吊耳,将钢箱翻身180°,受力情况如图17所示。

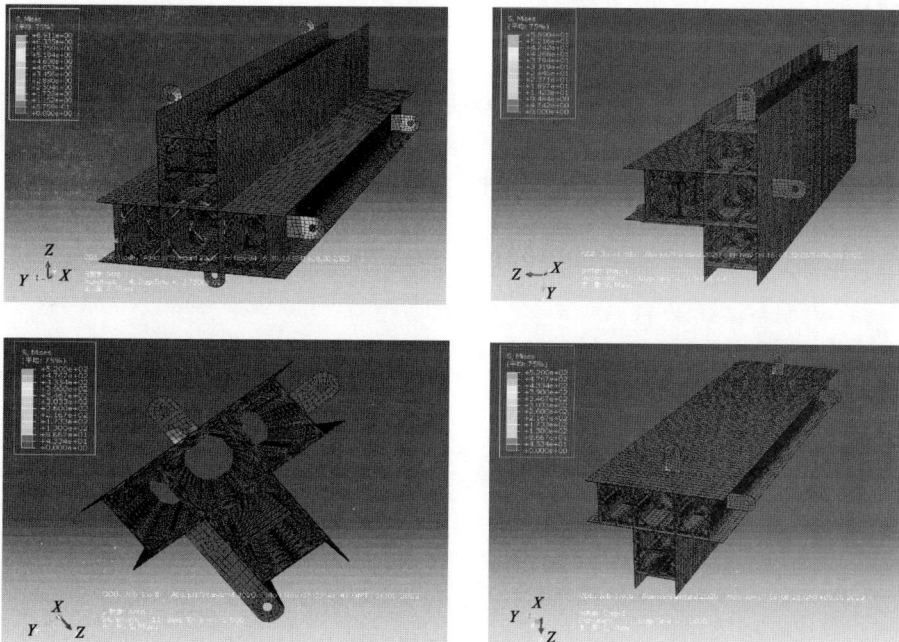

图17　增设吊耳翻身示意图

由图 17 中的数值模拟分析可知,在钢箱翻身过程中,吊耳与钢箱连接处的应力达到最大,但在容许范围之内,对钢箱变形影响较小。

经过上述两个方案对比分析,无论是增设吊耳还是 L 字形工装,翻身过程中的安全性都能够得到保证,但安装翻身吊耳相比于安装 L 字形翻身工装工效更快、成本更低,因此选择安装翻身吊耳进行钢箱翻身安装更加有效。

4 结语

本文分析了张靖皋南航道桥地连墙钢箱的制作工艺难点,并针对这些难点提出了相应的控制措施,得出以下结论与建议:

(1)制造过程中尽可能通过控制焊接过程中的变形来控制钢箱最终的外形尺寸,因此焊接方式的选取和焊接顺序的设计对控制焊接变形量至关重要。焊缝位置呈对称性的结构,如十字形钢箱、一字形钢箱、L 形钢箱宜采取四周同步施焊来减少焊接变形;焊缝位置非对称的 T 字形钢箱宜先施焊横向焊缝再施焊竖向焊缝,对于其中部分呈对称位置的焊缝也应同步进行施焊。

(2)对于长细比较大的钢结构,如因工艺要求内部无法设置实腹式隔板,且在焊接过程中由于钢箱的自重等因素难免会产生较大的变形,由此可增设工艺隔板用来抵抗焊接过程中的变形,待钢箱制作完毕之后再行拆除。

(3)对于大体积钢箱在制作过程中的翻身情况,可在钢箱壁板硬挡位置布设翻身吊耳,由数值计算结果可知,此方法既可控制钢箱在翻身过程中的变形、增大施工安全系数,也能够节约施工成本、提高工作效率。

参 考 文 献

[1] 夏欢,王通,朱其敏,等.张靖皋长江大桥南航道桥南锚碇刚性接头地下连续墙施工工艺试验研究[J].桥梁建设,2023,53(5):1-8.

[2] 冯昌海,李成军.复杂钢箱梁节段制作和焊接技术[J].中国建筑金属结构,2023,22(5):43-45.

[3] 许鸿裕.钢箱梁结构特点及加工制作技术[J].中国高新科技,2023(8):125-127.

55. 变截面曲线型双层索塔钢壳
制造安装工艺研究

贾　广　张永江　马春江

（中铁山桥集团有限公司）

摘　要：本文针对变截面曲线型双层索塔钢壳制造的重点难点，研究制定出一个合理、满足设计要求的制造工艺方案。弧形壁板的展开、下料及压型，采用 AutoPOL 及 RootExpand 软件，实现弯扭零部件自动展开。使用液压机进行板材压弯。制作仿形胎架用于钢壳壁板的板单元和块体卧拼。双层块体之间使用工艺板固定确保相对尺寸关系。制造完成后，应进行组焊块体预拼装。组焊块体的制作及预拼装：组焊块体采用立位全截面匹配预拼装的拼装方案，每个全截面为一个拼装轮次。制造节段预拼装前应在节段上做测量控制点标记。使用全站仪检测节段整体线形，同时应检测节段对接口错边偏差、对接间隙等。

关键词：双层钢塔壳　弧形壁板　仿形胎　组焊块体　预拼装

1　工程概况

安阳至罗山高速黄河特大桥主桥为双塔双索面组合梁斜拉桥，桥跨布置 100m + 135m + 520m + 135m + 100m；钢主梁采用双边箱梁断面；索塔采用钢壳混凝土樽型塔，分离式承台，群桩基础。桥塔全高 182m，采用钢-混凝土结构（图1）。外包钢板采用 Q355MD，内填混凝土采用 C55 补偿收缩自密实混凝土。塔钢壳横截面为类弧顶梯形形状，自塔底至塔顶长轴、短轴均逐渐变化，索塔钢壳外侧双层外形近似双曲线。钢塔结构由外壁板、内壁版、连接角钢、肋板、横隔支撑等构成。其中，北索塔重约 5 699t。

索塔包括上塔柱、中塔柱、下塔柱、上横梁、中横梁和下横梁，总高182m；其中上塔柱（含塔冠）高 57.8m，中塔柱高 95.3m，下塔柱高 28.9m。索塔在桥面以上高度约为 142m，高跨比为 0.273。

索塔采用钢壳混凝土组合索塔，塔柱采用空心圆端形单

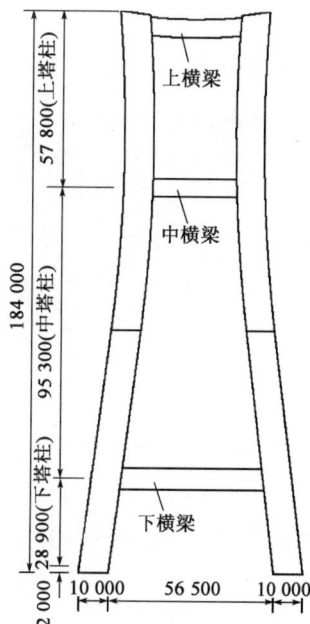

图1　钢塔示意图（尺寸单位：mm）

455

箱单室断面,塔柱横、纵桥向外轮廓尺寸均为10m,上塔柱壁厚均为0.8m,中间设钢锚梁(钢托架);中塔柱壁厚0.8~1.1m,下塔柱壁厚1.1~1.4m。在横梁顶底板、进塔人孔塔内相应位置均设置了钢横隔板,其上浇0.3m厚的混凝土形成组合结构板。单侧塔柱共有36个节段,其中下塔柱T1节段为起步段,高2.5m;其他节段高度在4~6m之间。在T6、T15节段塔柱壁厚变化处,内壁板展开图为扇形面。内壁和外壁之间通过角钢及钢筋连接水平、竖直肋板后浇筑混凝土。

2 制造工艺研究

钢板压弯:钢壳壁板单元呈翘曲的弯扭形状,弯扭的壁板是本塔拱肋的主要受力构件,弯扭程度稍微偏差就可能造成壁板受力不均或对接尺寸偏差过大等问题,弧形壁板的展开、下料及压型是本桥主塔制造的重点。弧形壁板制作时,首先用赶板机赶平,使钢板轧制内应力分布均匀及部分消除,矫正钢板的塑性变形,提高钢板平面度。采用 AutoPOL 及 RootExpand 软件,实现弯扭零部件自动展开。用数控精切下料。在精切下料后用赶板机赶平,严格控制平面度,长条板件需进行调直。需要机加工的板件注意留机加工量。

下料后根据施工图及程切图标示板单元号及方向,划横纵基线、板肋线时应在线的端头打上清晰的样冲标志,折线应根据线形增加样冲眼数量。使用压力机将壁板压制成弧形,通过可调式弧形检测专用样板对控制位置进行检测,做到随压随检,火焰矫正壁板外形,使壁板与胎架肋板紧密贴合。

制作仿形胎(图2):制作仿形胎,制作弯曲壁板单元,可调节仿形胎由横肋及纵肋组成。横肋设置在板单元压弯线及两端头处,每道横肋的两端头上顶面高程数值通过施工图中相应的坐标数据计算得出,由横肋组成的可调节仿形胎实现板单元主板底部的弯扭形状;为保持胎型稳定性,可设置纵肋进行连接加劲。火焰矫正壁板外形,根据有限元原理只要满足壁板与胎架肋板紧密贴合,即可确认壁板外形的正确性。横肋可以按照坐标进行调节,拆卸后重复使用于其他坐标的板单元胎架。

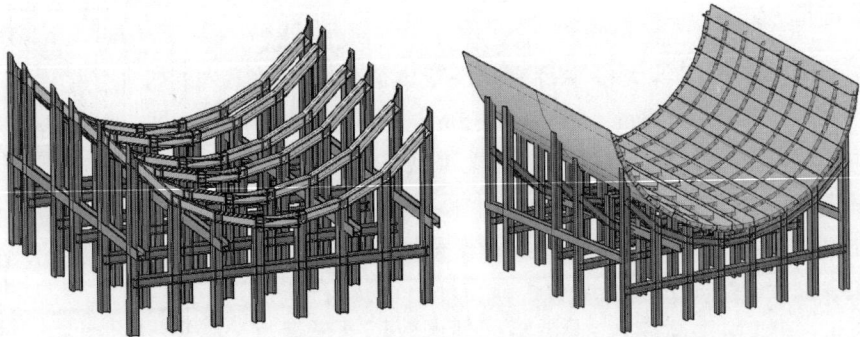

图2 仿形胎及应用示意图

组焊块体方案比选:由于单独制作对于弯曲板单元及其横纵肋的对接,存在位置和形状精度不准确的隐患,影响节段总拼和架设。本研究应用制作全断面长度方向连续匹配胎架的方案来解决问题,将钢壳块体放置在胎架上全断面连续匹配拼装,对相邻块体和横纵肋进行匹配。

方案一,卧位拼装:将压弯完成后的外壁板放置在仿形胎上,使外壁板与胎架肋板紧密贴合。在仿形胎上通过横纵肋线定位组装横纵肋并进行组装焊接修整。外壁板就位后,在仿形胎架上进行块体卧拼(图3)。定位内壁板单元,定位时在内壁板内侧设置临时支撑,外侧设置定位模,保证内壁板的弧度,定位完成后组装横纵角钢、绑扎钢筋。缺点是外壁板相对尺寸关系已经固定,总拼时难于调整。优点是内外壁板线型准确。

图3 卧位拼装实景图

方案二,立位拼装:由于钢壳壁板的块体采用卧拼造成内外壁板间距尺寸精度控制不理想,应用块体立位拼装,将制作完成的内外壁板单元立放于立拼胎架上,两层块体用工艺板固定,进行组对焊接(图4)。优点:确保内外壁板相对尺寸关系,总拼时尺寸便于调整精度控制理想。缺点是内外壁板组对焊接产生变形,需要回仿形胎修整矫正,多产生一步工序。

图4 立位拼装胎实景图

经过现场实际操作,在满足质量技术要求前提下,综合考虑进度,方案一可以减少吊装及出胎回胎工序,比选结果为方案一胜出。

3 安装工艺研究

总体预拼装(图5、图6):块体制造完成后,进行预拼装:采用立位全截面匹配预拼装的拼装方案,首先定位弧顶块体,确保其与塔柱中轴线对齐、块体外壁倾斜度符合设计要求。定位完成后,壁板与试拼平台上的定位挡固定,为防止侧向倾覆需设临时斜撑和拉索。依次组拼弧顶两侧块体,注意接口立缝对齐,测量控制点坐标符合要求。

图5 总体预拼装实景图　　图6 总体预拼装示意图

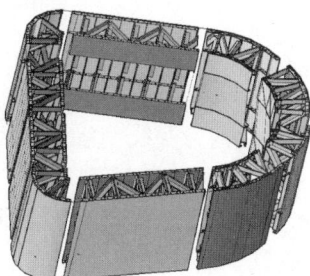

最后进行9个发运块体之间的解除连接。制造节段预拼装前应在节段上做测量控制点标记。使用全站仪检测节段整体线形,同时应检测节段对接口错边偏差、对接间隙等。

现场组拼(图7、图8):根据施工图纸在硬化地面上进行钢壳整体尺寸的放样(放样时综合考虑焊接收缩量),并根据地样在每个块体对接处依次焊接辅助定位挡块,以便快速定位。根据厂内预拼装标记点、地样及辅助定位挡块依次定位钢壳块体,完成壳体初定位。针对每一节段每个钢壳块体的不同倾斜度,在初定位完成后进行精调,精确调整利用工装双向螺纹杆完成,双头螺纹杆连接全方位回转轴,快速精准地调节钢壳块体到准确位置。每节钢塔组装焊接完成后,再次对钢壳整体尺寸进行检测,以焊后尺寸收缩量考虑下一节钢壳组拼整体尺寸,以确保节段间的匹配精度和整体线性符合设计要求。组拼完成后焊接临时匹配件与限位板并与下一钢塔节段进行连续匹配预拼装,确保节段间的匹配精度和整体线性符合设计要求。

图7　双向螺纹杆示意图　　　　　　　图8　临时匹配件与限位板示意图

安罗黄河特大桥的钢塔已架设完成,现场架设图片如图9所示。实践证明了变截面曲线型双层索塔钢壳制造工艺研究的可行性与可靠性。

图9　架设实景图

4　结语

安罗黄河特大桥变截面曲线型双层索塔是少见的双层曲面钢塔,本文通过研究指导钢塔的制造,积累曲线型双层钢塔壳制经验,对于取得其他桥梁钢塔制造合同有着积极的作用。通过对变截面曲线形双层索塔钢壳制造工艺研究,从工艺技术上保证制造能力,满足行业相关规范的要求,为类似钢结构制造积累了经验,也为类似钢结构展开提供了方法和依据。

参 考 文 献

［1］ 程龙.东丰路立交桥钢塔制作工艺研究［J］.工业建筑,2018(48):434-438.

［2］ 张阔.沪通长江大桥主航道桥主桁制造关键技术［J］.世界桥梁,2018,46(1):12-17.

［3］ 张瑶,仇艳萍,魏云祥.组装整体节点弦杆的工艺措施［J］.钢结构,2001,16(5):22-24.

［4］ 陈玉,陈勇.焊接整体节点技术在铁路钢桥上的应用［J］.山西建筑,2005,19(31):
114-115.

［5］ 刘志刚.南京大胜关长江大桥钢桁梁下弦杆制作工艺［J］.钢结构,2010,25(5):59-62.

［6］ 胡广瑞.大型公路钢箱梁整体拼装制造线形和尺寸的控制［J］.钢结构,2006,21(5):
74-75.

56. 曲面钢槽梁腹板板单元制造关键技术研究及应用

戴 伟 施临君 季富强

(上海振华重工(集团)股份有限公司)

摘 要：曲面钢槽梁一般为开口结构，横截面近似 T 形，处于墩顶处的梁段截面最大，跨中的梁段截面最小，高度为 3.4～5.5m，形成变截面空间曲面结构。根据制作划分为底板单元、腹板的单元、隔板单元、撑杆、梁外节点板。其中，腹板单元为空间曲面结构，结构件较多，线形难以控制，相对于隔板单元和底板单元来说制造难度最大。通过提前确定控制点、图纸建模深化、坐标数据转化、线形胎架搭设、焊接顺序控制等方法，所制作的空间曲面腹板单元制造精度、线形尺寸、成形外观均满足制造要求，同时为成形后的尺寸精确测量提供了条件，有效控制了临时焊缝的数量，保证了结构的耐久性，证明了曲面钢槽梁腹板板单元制造关键技术研究及应用的有效性。

关键词：曲面钢槽梁 提前确定控制点 图纸建模深化 坐标数据转化 线形胎架搭设 焊接顺序控制 空间曲面腹板单元

1 引言

曲面钢槽梁一般为开口结构，横截面近似 T 形，处于墩顶处的梁段截面最大，跨中的梁段截面最小，高度在 3.4～5.5m，形成变截面结构(图1)。曲面钢槽梁为空间曲面结构(图2)，梁段整体成桥后最大曲率半径约为 300m。

图1 单节段槽形梁模型

钢槽梁一般由顶板、底板、腹板、实腹式隔板、框架式隔板、加劲板及节点板等组成，顶板厚度为 25～40mm，底板厚度由 20mm 到 50mm 不等，腹板厚度为 20～32mm。根据制作划分为底板单元、腹板单元、隔板单元、撑杆、梁外节点板(图3)。单个板单元的长度根据制造车间的生产条件一般在18m以内,质量在30t以内。其中腹板单元为空间曲面结构,结构件较多,线形难以控制,相对于隔板单元和底板单元来说制造难度最大。

图2　全桥整体成形模型

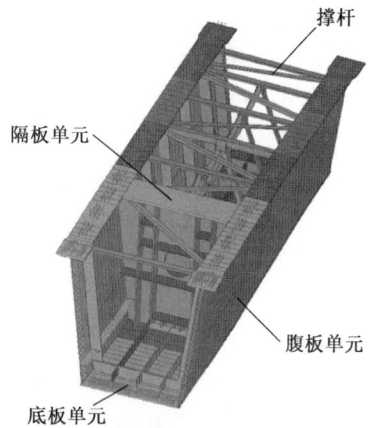

图3　板单元划分

一般的空间曲面腹板单元不单独制作线形胎架,腹板与顶板组装时,根据顶板的轮廓中心线将腹板通过校火的方式实现弯曲。腹板与底板组装时,根据底板的轮廓线采取同样的校火方式进行安装。其余位置通过加劲肋的外形将腹板校火实现成形。采用校火弯曲成形的安装方式,校火工作量大、成形不美观、成形精度低。

2　技术难点

(1)腹板成形后为空间曲面,零件下料尺寸及外形无法精确控制。单块腹板零件尺寸较大,无法使用现有设备进行精确弯曲成形。腹板的外观成形直接决定梁段的外观,因此外观成形要求极高,不宜采用增加焊缝的方法来控制最终的曲面成形。

(2)腹板结构的顶板及腹板内外侧均为主要受力结构,是关键结构,为了保证构件耐久,这些零件不宜增加临时焊缝。

(3)腹板单元成形后为空间曲面造型,过程控制要求高,结构较多焊接变形难以控制,成形后的尺寸精确测量难度大。

(4)梁段结构为倒T形截面,顶板与腹板安装存在角度,一般安装角度偏差需控制在±1°以内,相对于空间曲面结构控制难度大。

(5)空间曲面结构制造过程中的控制点的选择直接决定曲面成形的质量,因此合理选择控制点是曲面成形的重要决定因素。

3　曲面腹板单元制造技术概述

空间曲面腹板单元制造前确定控制点,采用三维软件进行建模,板单元出图时提供相应控制点坐标系。控制点坐标系需根据车间制作姿态进行转换,以尽量缩小各板单元之间的曲面差值,以便制造车间胎架实现标准化。车间根据具体的板单元图纸坐标调整胎架线形。材料下料时,根据曲面展开图将零件的外轮廓及线形并在长度方向加放0.5‰的焊接收余量,数控下料。在拼板胎架上进行拼板并进行尺寸控制,将拼板完成后的腹板吊至线形胎架上进行曲面成形,合格以后安装腹板加劲及顶板。焊接过程中严格控制焊接顺序,增加必要的压重,减少焊接变形。板单元端部顶板与腹板焊缝的主焊缝预留300mm左右不进行焊接,在梁段整体

461

成形调整到位后焊接。梁外节点板先初定位安装,保证上下节点板的距离,在后期相邻梁段试装时安装横向段间连接件。调整到位后焊接。

4 曲面板单元制作技术解析

4.1 图纸深化

空间曲面结构桥梁所有顶板、底板、腹板单元均在多个方向进行扭曲,经实体曲面成形试验,控制点间距2m时,曲面成形的效果较好,成形工作量较少,且接近设计控制点1.8~2.2m。梁段采用三维软件进行建模,以梁段底板中心线为基准建立坐标系(图4),并设置相应的水平横基准线。从梁段基准端开始每隔2m一道输出此截面中腹板上下口的坐标点,保证曲面圆滑(图5)。坐标点输出前需将单块板单元进行放平转换,降低相对高差,以减小腹板单元制作时胎架调节高度。腹板零件详图中设有空间曲面展开和成形图,便于零件下料、曲面成形、尺寸检查及控制。

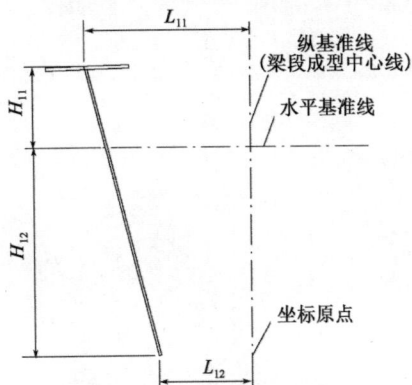

图4 腹板单元截面尺寸示意图

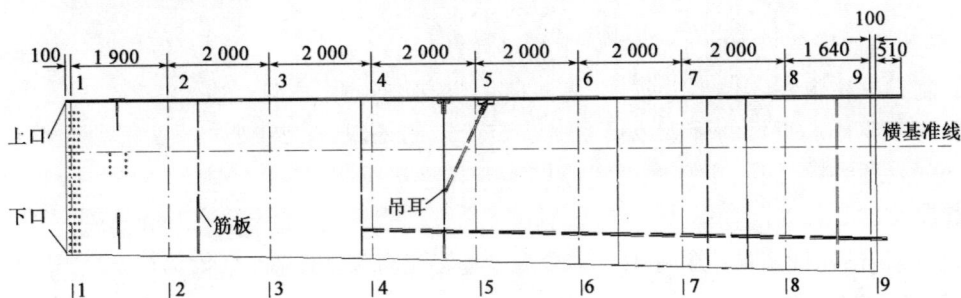

图5 腹板单元尺寸控制点布置(尺寸单位:mm)

4.2 零件下料及拼板

空间曲面零件下料时,使用精密的数控设备根据详图中的曲面展开图,将零件的外轮廓及线形采用数控切割,同时考虑后期加劲安装以及梁段成形产生的收缩,零件下料时长度方向整体加放0.5‰的焊接收余量,以保证梁段成形后的长度。

腹板单元一般长度控制在18m以内,宽度在5.5m以内,腹板分成2~4个零件下料,下料后再拼接成整块腹板零件。拼板时以横基线为基准按每2m为控制点,控制整个腹板的长、宽、对角线等尺寸,板厚错边量控制在0.5mm以内,宽度方向错边量控制在1mm以内,拼板完成后平整度控制在1mm/m以内。当板厚大于或等于30mm时,板片需多次翻身焊接,以控制平整度。优先选用埋弧焊进行焊接。腹板拼板的装配焊接采用无码组装工装,减少焊接码板。根据设计要求,对接焊缝进行打磨处理。

4.3 胎架搭设

腹板线形胎架(图6)分为下部基础胎架和上部调节胎架。对于曲率半径在300m以内的空间曲面钢槽梁,腹板单元各控制点坐标数据经旋转放平转换后,线形变化值在100mm左右。为了实现腹板胎架线形的迅速调整,将原焊接码板调整线形的方式改为借助螺栓螺纹调节的方式,缩短胎架线形调整的时间。调节螺栓每750mm设置一挡,保证胎架有足够的使用强度,且使用双螺母锁紧结构,螺栓端部棱角需进行打磨过渡,避免棱角损伤零件外观。

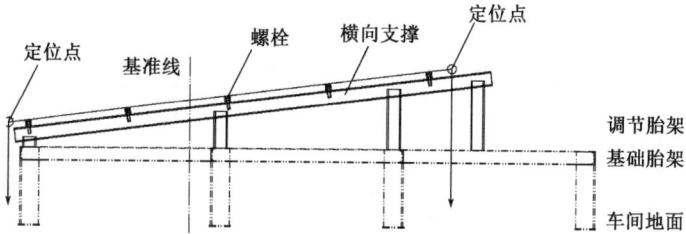

图6　腹板线形胎架截面

首先,选好车间线形胎架搭设的位置,在车间地面上划设纵横基准线,接着建立 XYZ 三维坐标体系,在地面划出 X、Y 轴的1m的网格线,并油漆做永久标记。报验合格以后布设胎架。将基础胎架与地面预埋铁相连防止胎架移位。根据图纸上提供的坐标数据将坐标进行转化,先确定线形胎架2个端部定位点,再通过两个端点进行拉线,依次将中间调节螺栓高度调整至拉线处。检查螺栓与线的贴合情况,合格后使用油漆笔划线标记,并在胎架上记录高度值,防止螺栓在腹板制作过程中被私自拧动,以便于线形复核。

4.4　曲面板单元制作

4.4.1　吊耳组件制作

钢槽梁考虑后续吊装,将腹板上的部分加劲加强设计为梁段吊装吊耳。吊耳组件(图7)需单独预制。制作前检查重磅板内、外圈是否有切割缺陷,以吊耳主板的吊装孔孔心为基准,定位安装重磅板。定位安装前需去除切割残渣等,保证重磅板和吊耳组件的贴合,装配间隙控制在0.5mm以内。焊接完成后,吊耳组件进行镗孔加工,孔径误差控制在 $0 \sim 0.5$ mm。吊耳与顶板的加强件待吊耳与顶板焊缝焊接完成后依次安装。

4.4.2　腹板零件上胎

曲面腹板零件拼板完成后,将零件放置于腹板线形胎架上,通过材料的自重与调节螺栓贴合形成弧度,当零件仅靠自重无法与线形胎架支撑点紧密贴合时使用压重或配合校火使零件与胎架支撑点紧密贴合,形成曲面线形,并按照曲面线形坐标数据进行检查。

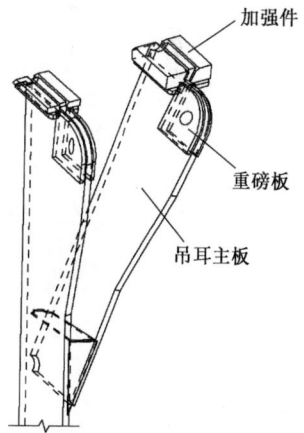

图7　吊耳组件模型

4.4.3　加劲及顶板安装

复核腹板的纵基准线,划出横基准线,并敲洋冲眼,作为标记。以基准线为基准,划腹板的横向加劲安装线,横向加劲划线偏差控制在 ±1mm 以内,划线时需加放0.5‰的焊接收缩量。以基准线为基准,划腹板的纵向加劲线,纵向加劲划线偏差控制在 ±1mm 以内。加劲以腹板划线为基准进行安装,注意控制加劲与腹板的角度,安装时定位焊长度80mm,间距400mm。所有焊缝位置50mm范围内清理油污、水汽、铁锈等杂质,确保焊接质量;定位焊焊脚高度约为正式焊脚的1/2,正式焊接前定位焊端部需处理成小于或等于1:2.5的过渡斜坡;加劲定位完成后对劲板进行统一焊接,焊接时应遵循同向对称的原则(图8)进行焊接;加劲安装时使用配重块进行压重,避免焊接受热后腹板起拱;构件安装完成后复核腹板构件与顶升点贴合情况,若不满足要求进行校火调整。

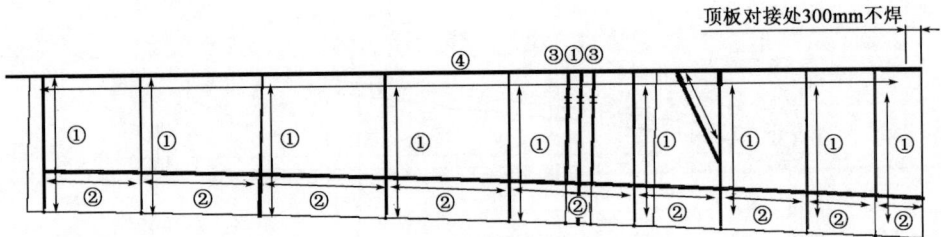

图8 加劲及顶板焊接顺序

顶板安装时,需在顶板位置安装临时支撑工装,顶板与加劲的贴合间隙控制在 ±1mm 以内,让加劲形成顶板安装定位板,并使用顶板角度模板检查顶板与腹板的夹角角度。角度模板制作时需在模板表面将角度信息移植至角度模板工装表面,防止工装使用错误。支撑工装应只用作支撑,不与顶板焊接固定;顶板对接位置预留 300mm 不焊接(图8),用于后期试拼装时相邻梁段对接时进行过渡调整。

4.4.4 外部节点的安装

腹板外部的节点板在板单元状态先不进行安装,在梁段成形后整体划线定位安装,并使用专用节点板定位吊装吊具,将节点板点焊在腹板外侧同时保证上下两块节点板间距及共面(图9),在后期相邻梁段试装时安装横向段间连接件。

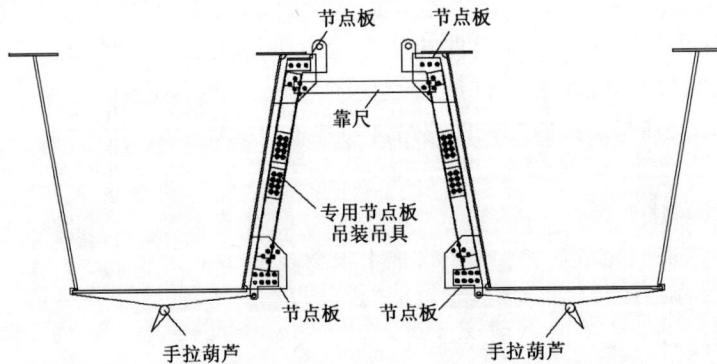

图9 节点板安装示意图

5 结语

曲面钢槽梁腹板板单元制造采用提前确定控制点、图纸建模深化、坐标数据转换、线形胎架搭设、焊接焊接顺序控制等方法,所制作的空间曲面腹板单元制造精度、线形尺寸、成形外观均满足制作要求,同时为成形后的尺寸精确测量创造条件,有效控制了临时焊缝的数量,保证结构的耐久性,证明曲面钢槽梁腹板板单元制造关键技术研究及应用的有效性,可为同类钢桥曲面板单元制造提供参考。

参 考 文 献

［1］ 澳大利亚/新西兰标准.澳标钢结构钢焊接:AS/NZS 1554.1—2014[S].

［2］ 澳大利亚/新西兰标准.结构钢筋工程-制造和安装:AS/NZS 5131—2016[S].

［3］ 中华人民共和国住房和城乡建设部.钢结构工程施工规范:GB 50755—2012[S].北京:中国建筑工业出版社,2012.

［4］ 中华人民共和国住房和城乡建设部.钢结构设计标准:GB 50017—2017[S].北京:中国建筑工业出版社,2018.

［5］ 机械设计手册编委会.机械设计手册[M].北京:机械工业出版社,2004.

［6］ 中华人民共和国交通运输部.公路桥涵施工技术规范:JTG/T 3650—2020[S].北京:人民交通出版社股份有限公司,2020.

57. 双曲大型钢结构海运绑扎
设计及应用

王燕莉　邱允华　季富强

(上海振华重工(集团)股份有限公司)

摘　要：随着"中国制造"被世界认可，大型钢结构越发频繁走出国门。本文主要依托国外某空间双曲大型钢结构桥梁项目介绍了海运过程中构件的线形支撑、绑扎方案的设计及其实践应用。通过自制的底部线形支撑架，选择合理的绑扎方式，已经成功完成三百多个桥段的发运，验证了绑扎方案的合理性，为后续出口大型钢结构产品的绑扎提供了实践参考。

关键词：空间双曲线槽形梁　底部线形支撑架　绑扎设计

1　引言

随着桥梁制造技术的发展，钢结构桥梁以其优越的制造性能、良好的品质、模块化制造等优势得到越来越普遍的应用。除了应用在跨江跨海等大跨度桥梁项目上之外，城市高架枢纽、跨线桥等也普遍使用钢结构形式。因接入城市道路的需要，城市高架枢纽和跨线桥一般为双曲线结构。某国外钢桥项目要求构件在厂内制造试装合格，涂装至面漆后发运到桥位安装，桥位只需进行少量修补即可。这样不仅有利于环保，还能够提高桥位的架设效率，一举两得。但同时对构件运输过程中的线形控制和油漆保护提出了更高的要求。本文主要介绍了面漆发运的空间曲线槽形梁的海运绑扎方案设计和应用。

2　方案概述

某国外钢桥项目是城市高架桥项目，结构为空间双曲线槽形梁结构(图1)，线形控制要求高，部分构件底部线形高低差达到1.5m，底板倾斜角度0~5°，需要设计合理的底部线形工装，用于消除底部线形的影响，使构件能够稳固地放置在船舶上。同时需要设计合理的绑扎工装，选择合理的绑扎方式，降低运输过程中构件变形的风险。底部设计了桁架结构的线形支撑架，保证构件线形不受运输船摇摆的影响。采用绳索+挡撑结合的方式进行绑扎，确保在航行过程中产品的安全稳固。

图1 典型槽形梁

3 底部线形支撑设计

该项目桥梁为空间双曲线桥梁,在三维空间均存在线形,构件底板焊接有支座垫板,底板线形直接影响桥梁架设的精度。为确保运输过程中构件不发生变形,构件底部需要根据线形垫实。受木方规格和堆叠高度限制,当构件底部距离甲板面过高时,单靠木方无法满足要求,为增加结构稳定性,设计相应的支撑工装。为提高线形支撑工装的通用性,适应构件的不同线形,按500mm一档设计了不同高度的支撑架。为满足支撑架顶面与构件底板贴合,均匀受力,当构件底板倾斜角在3°以内的,支撑架顶部按水平设计;当倾斜角达到3°以上的,支撑架顶部按倾斜设计。制作完成的支撑架需要涂装,防止运输过程中受海水腐蚀后生锈,造成二次污染。

3.1 支撑架结构设计

大型构件海运绑扎时一般只需要垫木方,当构件底部的高低差较大,无法用木方调整时就需要用支撑装置,以保证构件平衡。支撑装置普遍为钢圆筒,钢圆筒主要由大直径管、顶底板和中间加劲板焊接而成。利用管的高度来调整支撑装置的高度,以满足构件与支撑贴合的要求。单个钢圆筒无法满足构件宽度方向的支撑要求,需要并排均布2~3个,为了加强稳定性,相互之间可以连接起来。当底板斜度较大时,钢圆筒与构件底板接触面减小、受力增大、稳定性不强、易倾倒。

为解决钢圆筒的缺陷,根据构件的外形和尺寸设计了支撑架(图2)。支撑架长度需要根据构件底板的宽度来确定。为了提高支撑架的通用性,针对不同宽度底板的构件,长度值取整后以500mm一档进行设计。大型构件吊装无法实现精准定位,支撑架的宽度设计需要考虑构件相对位置偏差带来的影响,支撑架的宽度统一设计为800mm,降低了构件吊装定位的精度要求。支撑架的高度设计需要根据相应位置底板最低高度来确定。综合考虑构件放置位置偏差等因素,在给出一定的偏差调整量后,高度数值取整后以500mm一档进行取值。

为减轻线形支撑架的自重,在满足强度的前提下,采用桁架结构。根据顶板的倾斜程度,支撑架分为水平支撑架和倾斜支撑架。支撑架形式根据构件底板的倾斜度来选定,底板倾斜3°以内的设计成水平支撑架,底板倾斜3°以上的选择倾斜支撑架。倾斜角度取整数值。构件的线形变化决定了支撑架顶部不可能完全与底板贴合,需要用木方和木板来调节。木方和木板放置在立柱位置。为便于构件落钩时调整木方的相对位置,防止木方掉落,支撑架顶部铺设有钢板。因为支撑架垫在构件底部,所以支撑架必须先于构件布置。支撑架重量较大,需要使用起重设备吊装,需要在支撑架上设吊装孔或增加相应的吊耳。由于船舶甲板表面存在不平的情况,支撑架放置后无法与甲板贴合,造成受力不均,构件放置后存在倾覆的风险,所以布置支撑架时要用木方和木板塞实间隙。支撑架的分布位置根据构件的自身结构来确定,具体数量由构件的尺寸和重量确定,支撑架承载力应大于相应位置的受力。支撑架的承载能力决定了支撑架的制作材料和具体结构形式,以制作的型材为等边角钢150×12为例,同样的外形尺寸单侧中间立柱是5根时,经模拟计算,在安全系数1.5的情况下,承载力最大800kN,中间立柱减少为4根时,最大承载只能达到600kN。同样外形尺寸,承载力600kN,如果材料使用结构更强的H型钢$200 \times 200 \times 12$,则只需要2根中间立柱。因此,外形尺寸相同时,随着中间立柱数量的增加支撑架的承载力随之增大,但不成正比。材料不同,支撑架的承载力也存在很大的区别。

图2 平面支撑架和斜面支撑架效果图

3.2 支撑架的固定与布置

构件与支撑架固定有两种方式,一种是支撑架连接在构件上,随构件一起吊装至船上;另一种是支撑架与构件分别吊装至船上,支撑架放置到位后,构件吊装至相应位置。支撑架与构件固定的方式,需要对构件的吊点和结构进行计算确认,支撑架对构件结构不产生影响。构件与支撑架固定在一起吊装可以缩短吊装的时间,吊装至船上后需要在支撑架底部垫木方或木板,将间隙塞实,这种方式需要做好构件与支撑架之间的防护。采用支撑架与构件分离的方式,需要将支撑架按船运布置图纸吊装到船上的相应位置,构件吊装至支撑架上方一定距离后,可以根据构件的具体位置和线形塞木方或木板等填充间隙。第一种连接成整体的方式需要在设计阶段考虑船运绑扎,在构件的相应位置增加加强结构;后期一般采用第二种分别吊装的方式,这种方式对构件自身结构不产生影响、灵活性大,有利于构件的保护。

空间双曲线槽形梁除了高程方向存在线形,左右也存在线形(图3),所以在绘制船运布置图时除了要给出支撑架定位尺寸,还需要根据构件线形给出支撑架的偏转角度,确保支撑架与构件轴线垂直。

图3 构件的线形示意图

468

4 构件的绑扎设计

大构件的海运绑扎,一般用绳索将货物与船舶甲板固定,在船舶甲板的相应位置焊接 D 铃,绳索一端与 D 铃固定,另一端与构件的绑扎点连接固定,绑扎后收紧绳索,以达到固定构件的目的。对于面漆发运的构件,为了防止绳索收紧时因摩擦破坏构件边角的油漆,拐角处需要用木方或边角保护套等缓冲材料有效隔开构件相应的位置。用于绑扎的绳索有铁链、钢丝绳、纤维带等,可以选择一种,也可以组合使用,需要根据货物的不同需求和条件去选择。

4.1 绑扎方式的选择

如货物没有特殊的要求,铁链是绑扎绳索的首选。铁链的相对刚性较强,稳定性好,性价比高。绑扎时铁链的一端用卸扣与构件的绑扎点连接,另一端用卸扣与船上的 D 铃连接,而后用棘轮紧固器收紧固定。铁链长期受海水腐蚀,易被锈蚀,产生的浮锈会对构件油漆表面造成污染,所以对于发运的涂有面漆构件,铁链使用前需要对裸露在构件周围的铁链进行包裹,防止浮锈污染漆面(图4)。

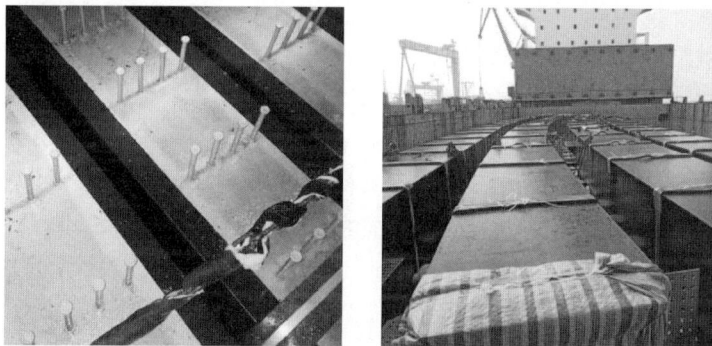

图4 铁链海运绑扎效果图

钢丝绳作为一种刚性绑扎绳索同样可以用来绑扎大型构件,绑扎时钢丝绳两端头分别穿过构件绑扎点和花篮螺栓端头,利用钢丝绳夹夹住,花篮螺栓另一端利用卸扣与 D 铃连接,用花篮螺栓连接收紧,达到固定货物的目的。当构件表面保护要求较高时,应使用镀锌钢丝绳,同时需要将裸露在构件周围的部分用塑胶软管或其他材料进行包裹,防止造成二次污染(图5)。

图5 钢丝绳海运绑扎效果图

以上两种绑扎方式都为刚性绑扎,在航行过程中能够保持收紧状态,提供有效的绑扎力。但铁链和钢丝绳为刚性材料,任何磕碰和摩擦都会对油漆造成破坏,对于绑扎操作过程中施工人员的素质要求高,对航行过程中的船舶颠簸程度有极高的要求,过程中难以实现不破坏构件表面油漆的要求。对于表面保护要求极高的构件,还可以选择纤维带+刚性绳索的柔性绑扎

图6　纤维带+铁链海运绑扎效果图

方式(图6)。纤维带作为绑扎材料,材质相对柔软,即使在操作过程中不小心与构件接触,也不会损伤油漆。由于纤维带自身存在一定的弹性,单独使用无法实现有效的收紧,因此一般采用纤维带+铁链(图6)或钢丝绳组合的柔性绑扎方式。构件绑扎点使用纤维带连接,D铃使用铁链或钢丝绳等刚性绳索连接,两种绳索之间相互连接,利用棘轮紧固器或花篮螺栓收紧。虽然纤维带组合柔性绑扎方式可以在绑扎和航行过程中有效保护构件表面,但因其弹性的特点,需要在航行过程中增大检查的频次,确保在航行过程中绳索始终处于收紧状态。

4.2　绑扎的计算与校核

构件的绑扎受力根据构件的位置和船舶的加速度来确定。为确保构件航行过程中的安全,绑扎提供的绑扎力必须大于绑扎构件所需的力。绳索提供的绑扎力跟绳索的夹角和数量有关,以一个质量为250t的构件绑扎为例,采取的是绳索绑扎+挡撑的混合模式,中间较低的部分用的是挡撑,提供构件的横向绑扎力,两侧绑扎绳索提供纵向和横向的绑扎力。海运构件绑扎力计算(图7)使用的是国际通用的计算方式,将构件重量、摩擦因数、迎风面积、构件重心位置、构件摆放位置等参数输入后,根据所需要的受力"Actual forces"的结果,选择绑扎方式。图7中的这个构件选用了双侧焊接有八个挡撑,并且在八个吊点位置用绳索固定的方式进行绑扎,表中"Input of lashing data"序号1~4为挡撑提供的绑扎力,5~8是绳索提供的绑扎力,挡撑能够提供的绑扎力由绑扎工装强度和焊缝强度计算得到,绳索的绑扎力根据绳索的规格来确定,最终绑扎受力需要输入垂直夹角和水平夹角进行计算。绳索绑扎提供的绑扎力可以通过调整垂直夹角和水平夹角来调节,将以上参数输入完毕后,表格下方的"RESULTS"部分会给出计算校核的结果,所有结果都为"OK"后说明绑扎措施满足要求。

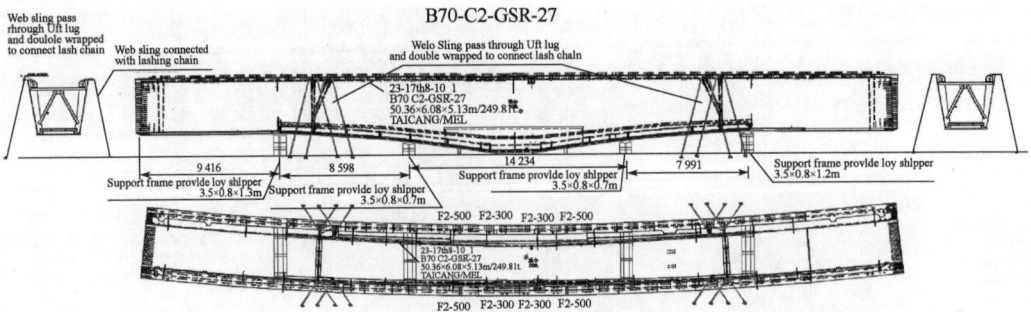

图　7

Code of Safe Practice for
Cargo Stowage and
Securing 2003 Edition,
Annex 13

powered by partnerships

LASHCON IMO
Version 9.10.0 Oct 2004

Sign:
Time: |16:03
Date: 23.07.13

Input of cargo unit data						Give cargo unit stowage position				
Cargo unit specification:	B70 C2-GSR-27									
Mass of cargo unit:	m	250.00	ton			Vertical:	Deck, low			
Coefficient of friction:	μ	0.30	(-)			Longitudinal:	0.7 L			
		Transv.	Long.			Calculation method:				
Wind exposed area:	Aw	259.00	32.00	m2		● Alternative calculation	Recommended.			
Sea exposed area:	As	101.00	13.00	m2		○ Advanced calculation				
Lever arm of tipping:	a	2.57	m							
Lever arm of stableness:	b	3.04	m							

Input of lashing data		1	2	3	4	5	6	7	8	9	10
Max securing load [kN]:	MSL	1568	1568	940	940	784	784	784	784		
Transverse lashing direction		PS	PS	SB	SB	PS	PS	SB	SB		
Longitudinal lashing direction						Fwd	Aft	Fwd	Aft		
Vertical securing angle [degr]:	α	0	0	0	0	85	85	85	85		
Horizontal securing angle [degr]:	β	0	0	0	0	30	30	30	30		
Horizontal securing distance [m]:	d					5.0	5.0	5.0	5.0		

RESULTS:

Actual forces		Securing capacity	[kN / kNm]		Accelerations			
Transverse sliding force [kN]:	1390.5	Transv. capacity	PS [kN]	3493 OK	Transverse	a_t =	4.12	m/s2
			SB [kN]	2563 OK	Vertical:	a_v =	3.77	m/s2
Longitudinal sliding force [kN]:	485.9	Long. capacity	Fwd [kN]	851 OK	Longitudinal:	a_l =	1.76	m/s2
			Aft [kN]	851 OK				
Cargo tipping moment [kNm]	3573.6	Tipping capacity	PS [kNm]	12667 OK				
			SB [kNm]	12667 OK				

Main Vessel Data:					
Vessel Name:	Ship Id:	Lpp [m]:	B [m]:	V [kn]:	GM [m]:
		183.00	28.20	12.50	2.50

图 7 构件绑扎方案和绑扎力的计算和校核示意图

5 结语

随着钢结构桥梁的结构和线形的多样化、复杂化,对运输绑扎的要求也越来越高。本文主要介绍了某国外钢桥项目的发运支撑和绑扎设计,目前已经顺利运输三百多个构件,满足了海运绑扎要求和防护要求,验证了绑扎方案的可行性和防护措施的有效性,为后续出口钢结构产品运输绑扎方案设计提供了实践参考。

参 考 文 献

[1] 机械设计手册编委会.机械设计手册[M].北京:机械工业出版社,2004.

[2] 汪骥,王兆麒,李瑞,等.重大件货物系固绑扎方案中倾覆力计算方法[J].造船技术,2016(6):45-49.

[3] 周大为,张晓阳.工装设计与工业工程基本原则[J].机械制造,1994(8):4-6.

[4] 周婷婷.工程大件货物海运托架受力计算方法[J].世界海运,2010,33(6):72-74.

[5] 马保亮,赵晖,马昊,等.大跨度桥梁工程钢梁运输及施工要点研究[J].江西建材,2022(8):151-153.

[6] 朱聪.重吊运输船重大件载运技术及关键结构强度研究[D].镇江:江苏科技大学,2023.

58. 开口钢槽梁制造关键技术研究和应用

王燕莉　施临君　季富强
（上海振华重工（集团）股份有限公司）

摘　要：某项目开口钢槽梁梁段长度为 18～74m 不等，底板 U 肋为竖曲线 U 肋，U 肋与底板组装间隙要求控制在 1mm 以内，所有梁段要求在制造厂内试装匹配并安装桥位现场匹配件，整体制造难度大。本文通过对竖曲线 U 肋制作技术及大长度梁段匹配技术进行研究，针对性进行不同趾脚的竖曲线 U 肋板折弯和不同长度的平直 U 肋校火成形的验证试验，掌握竖曲线 U 肋制造技术，研究使用端口匹配工装，实现端口精度控制和桥位现场匹配件的精确安装。该项目梁段发运至桥位匹配定位完成后，梁段环口精度和定位匹配均满足要求，证明了开口钢槽梁制造关键技术研究和应用的有效性。

关键词：开口钢槽梁　竖曲线 U 肋　大长度梁段匹配　端口匹配工装　端口精度控制

1　引言

某项目中的开口钢槽梁（图 1）为竖曲线倒梯形结构，由上翼缘板、腹板、底板、梁段内部加劲肋及横隔板构成。梁段长度在 18～74m，底板 U 肋为竖曲线 U 肋，所有梁段要求在制造厂内试装匹配并安装桥位现场匹配件，整体制造难度大。

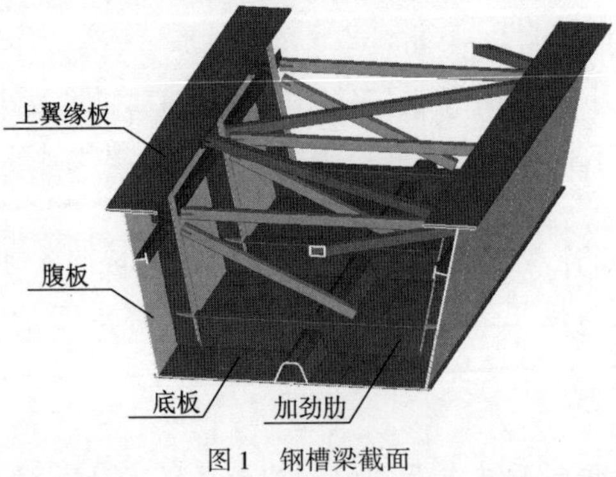

图 1　钢槽梁截面

2　制造难点分析

开口钢槽梁在制造厂完成制造和匹配。因自身结构相对复杂、周期短等因素，制造难点具体分析如下：

(1)竖曲线 U 肋与曲线底板之间的组装间隙要求控制在 1mm 以内,组装精度要求高,难以达到要求。

(2)所有梁段要求在制造厂内进行试装匹配并安装桥位现场匹配件。因各梁段设置的架设拱度不同,相邻梁段端口存在高差,最大高差达 100mm,且相邻端口不平行,成一定夹角。桥位实际架设时,梁段在自重和外力的共同作用下,消除高差和夹角,实现端口匹配。因此,在制造厂内,难以模拟桥位架设工况实现梁段的试装匹配。

3 制造关键技术解析

开口钢槽梁底板单元呈竖曲线线形。底板单元制作时,底板直接放置在竖曲线胎架上,通过钢板自重基本能满足线形要求,定位完成后使用码板进行固定。定位安装竖曲线 U 肋时,采用顶部增加配重和局部校火的方式,使竖曲线 U 肋与底板贴合间隙控制在 1mm 以内。底板的平整度一般为 0.5mm/m,因此竖曲线 U 肋两趾脚与底板接触边的平面度及竖曲线成形效果要求极为严格。

通过对竖曲线 U 肋制作技术,针对性进行不同趾脚的竖曲线 U 肋板折弯和不同长度的平直 U 肋校火成形的验证试验,掌握竖曲线 U 肋制造技术。经过多次试验验证,竖曲线 U 肋制造时,趾脚机加工角度宜控制在 22.62°,长度控制在 8~12m,能达到相应的制作精度要求。

变截面梁段环口试装匹配时,一般模拟桥位梁段整体线性,将两个或者多个梁段根据匹配要求吊放置试装胎架上进行试装,通过梁段端口预留 300mm 焊缝进行错边调整,并整体划线定位安装桥位现场匹配件。匹配试装周期长,需要根据梁段截面尺寸搭设试装胎架制作成本高,多个梁段试装时场地资源投入较多,易产生生场地资源的浪费。

通过开口钢槽梁结构分析左右腹板与顶底板连接处为梁段端口尺寸控制的重点,研究使用端口匹配工装进行梁段端口虚拟匹配,在实现端口精度控制的同时精确安装桥位现场匹配件。

3.1 竖曲线 U 肋制造技术

首先,确定竖曲线 U 肋趾脚加工角度公差范围。竖曲线 U 肋趾脚(图 2)理论角度为 22.62°,将趾脚角度分别机加工为 25°、22.62°、20° 并折弯成形,在平台面进行试装检验,测量装配间隙。

试验结果表明(表 1):趾脚角度为 25° 和 20° 的试验件试装间隙相对较大,竖曲线 U 肋和底板的装配间隙难以控制在 1mm 以内。因此,竖曲线 U 肋制作前宜将趾脚加工为 22.62°,同时,根据试验结果估算,趾脚加工角度需控制在 ±1° 以内。

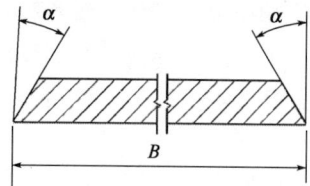

图 2 U 肋两趾脚坡口铣加工示意图

U 肋趾脚加工角度试验结果汇总   表 1

序号	U 肋趾脚角度	结果
1	25°	U 肋趾脚与平台面试装间隙为 0.7mm
2	22.62°	U 肋趾脚与平台面试装间隙为 0.1mm
3	20°	U 肋趾脚与平台面试装间隙为 0.5mm

其次,确定竖曲线U肋的分段长度。竖曲线U肋曲线成形分为两步:先加工为平直U肋,再对平直U肋进行校火实现竖曲线成形(图3),高差达到40~50mm即为合格。分别对长度为4m、8m、12m和16m的平直U肋开展校火竖曲线成形试验,成形后放置于校火平台上进行检测。在成形过程中为控制U肋趾脚高差和扭曲,采用双人对称同步同向校火的方法。

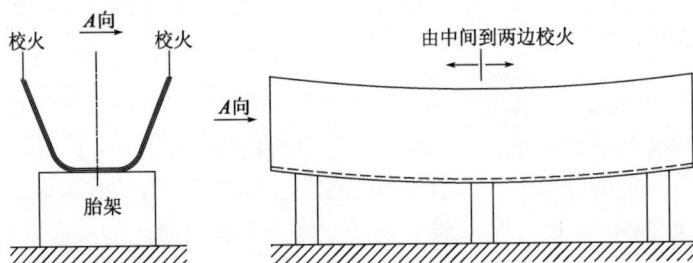

图3 U肋竖曲线校火成形

试验结果表明(表2),长度为4m和16m的平直U肋试验件竖曲线成形和扭曲效果不佳,因此,竖曲线U肋的分段长度应控制在8~12mm。

U肋竖曲线校火成形试验结果汇总   表2

序号	U肋长度(m)	结果
1	4	竖曲线为高差20mm,无扭曲
2	8	竖曲线为高差40mm,扭曲1mm
3	12	竖曲线为高差46mm,扭曲1.5mm
4	16	竖曲线为高差60mm,扭曲3.5mm

3.2 大长度梁段匹配及桥位现场匹配件的精确安装

单个梁段制作时腹板与顶底板端部预留300mm焊缝不进行焊接,用于后期梁段端口的调整。梁段制作完成后根据梁段基准线通测梁段尺寸划出余量修割线及修割基准线。余量切割时使用便携式机加工设备,将梁段端口平整度控制在1mm/m以内,整体不超过3mm,保证梁段端口与端口匹配工装的贴合度。梁段总长度在控制在±2mm以内。

3.2.1 端口匹配工装制作

端口匹配工装直接决定了梁段环口的尺寸及桥位现场匹配件的安装精度,因此,端口匹配工装制造精度及成形尺寸尤为关键。端口匹配工装主要由横杆、竖杆、斜杆组成框架结构支撑体系,对角线偏差需控制在±1mm以内。框架四角安装贴合板,贴合板的外表面与梁段环口外表面齐平,且与端口接触的面需进行铣面保证安装时贴合,同时,在环口匹配件安装处对称安装两块定位板,顶部横杆上部对称安装吊装吊耳(图4)。端口匹配工装制作报验合格后,根据理论梁段线形,计算定位板的孔群尺寸,使用三维画线机进行划线制孔,中间孔群用于匹配工装的定位安装,以控制梁段端口尺寸,其余孔群用于桥位现场匹配件的定位安装。每个匹配环口均单独制作相应的匹配工装。

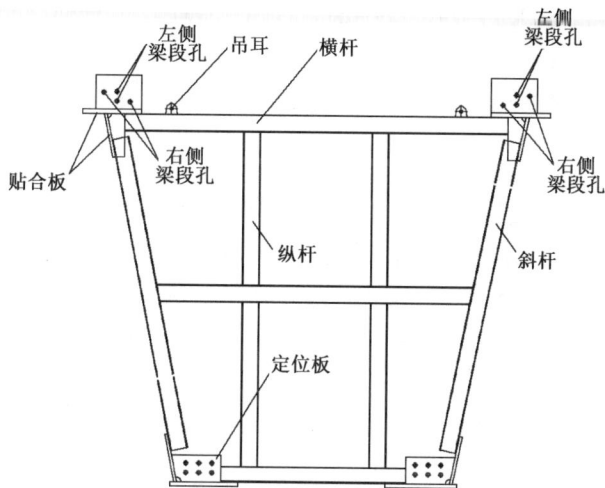

图4 端口匹配工装主视图

3.2.2 梁段精度控制及桥位现场匹配件安装

单个梁段制作成形后,根据梁段端口基准线及梁段端口匹配工装的宽度布置底部支撑胎架,并布置支撑牙板,牙板高差控制在 ±0.5mm 以内。端口匹配工装安装前划出安装基准线,安装时端口匹配工装基准线与梁段基准线错位控制在 0.5mm 以内,且与端口余量修割基准线的定位误差控制在 1mm 以内。安装(图5)完成后,检查环口与端口匹配工装错边量,错边量应控制在 ±1mm 以内,超过要求时通过校火校正。焊接梁段端部预留焊缝,焊接时预留 2mm 的焊接收缩余量。通过端口匹配工装检查梁段端口成形尺寸,梁段顶底腹板与端口匹配工装错边量应控制在 1mm 以内。

根据梁段端口基准线划梁段桥位现场匹配件的定位线,误差控制在 1mm 以内。梁段环口桥位现场匹配件定位完成后,使用直径比预留孔径小 0.5mm 的工艺轴,同时穿过端口匹配工装及桥位现场匹配件对应的孔群。定位完成后焊接固定。

桥位现场匹配件安装如图6所示。

图5 端口匹配工装安装图

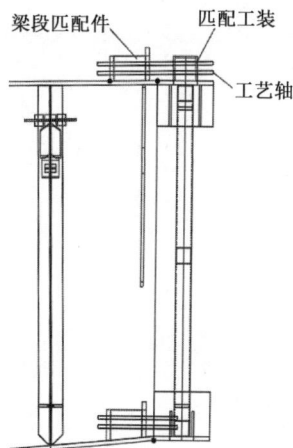

图6 桥位现场匹配件安装示意图

3.2.3 使用效果分析

对比梁段逐个转运至外场进行匹配试装,采用端口匹配工装进行梁段环口精度控制及桥位现场匹配件的安装方法,减少了场地、设备等资源的投入,同时避免了外场环境对试装的影响。梁段预制完成即可对梁段环口制造精度进行控制并安装桥位现场匹配件,大大提高了安装的效率,在保证精度的同时减少了安装的工作量,提高了场地的利用效率,增加了施工安全性。

4 结语

通过对竖曲线 U 肋制作技术及大长度梁段匹配技术进行研究,针对性地进行不同趾脚的竖曲线 U 肋板折弯和不同长度的平直 U 肋校火成形的验证试验,掌握了竖曲线 U 肋及制造技术,研究使用端口匹配工装,实现端口精度控制和匹配件精确安装。该项目梁段发运至桥位匹配定位完成后,梁段环口精度和定位匹配均满足要求,证明了开口钢槽梁制造关键技术研究和应用的有效性,可为同类大跨径、U 肋造型复杂、需连续匹配试装的产品制作提供依据。

参 考 文 献

[1] 康玉梅,邹永恒,樊昕哲.大型曲线钢槽梁制造关键技术[J].公路交通科技(应用技术版),2020,16(2):8-10.

[2] 丁飞,张光宇,关叶沅.空间曲线钢槽梁在拼装平台上的线形控制[J].工程建设与设计,2018(21):209-211.

[3] 程斌,林贤光,张鹏.步行桥钢箱梁制作工艺技术研究[J].工程建设与设计,山西建筑,2022,48(22):146-150.

59. 特殊钢塔冠分块制造工艺研究

刘俊青

(中铁山桥集团有限公司)

摘　要：近年来，全国各大、中型城市出现注重美观要求的城市景观桥梁，其漂亮的外观必然造成桥梁结构更加复杂，增加制造难度。为解决异形桥梁块体制造难题、缩短制造周期、优化异形桥梁块体制造工艺，本文对紫气大路跨铁路立交桥主塔塔顶圆形装饰结构分块制作工艺进行了系统分析与论述，指出了特殊景观造型钢塔冠结构制造难点，提出了制造工艺中的控制要点和具体控制措施，为今后类似工程的制作提供了重要参考。

关键词：景观桥梁　钢塔冠　分块制造　控制要点

随着中国经济的发展以及科技的进步，桥梁设计已经突破传统概念，向着新颖创新方向发展。城市桥梁作为城市景观设计的重要组成部分，对其创新程度要求更高，因此造型新颖的钢塔设计日益增多。同时随着制造能力的提升，异形钢塔的数量也将会越来越多。

本文结合紫气大路跨铁路立交桥工程实例，从钢塔冠块体划分关键工艺、钢塔冠块体制作等方面对特殊钢塔冠分块制造工艺进行系统研究。

1　工程概况及结构特点

该桥主塔为独塔单索面斜拉桥，跨度为 165m + 90m，全长 255m。桥梁采用塔-梁-墩全固结体系，塔高 102m，为整体单幅桥。主塔顶部采用钢结构装饰，造型为日月同辉(图 1)，其中手形塔设计高 5m，底部截面为 4m×8m，采用板肋加固。月亮造型直径 18m，底部伸入手形塔顶(图 2)。

图 1　塔冠安装图

图 2　塔冠主视图

2 工程制造难点

2.1 块体划分

钢塔的制造涉及诸多因素,尤其是针对直径达18m的塔冠,采取合理的分段或分块制造势在必行。在分段时,需要综合考虑制造、运输、吊装架设以及其他因素。制造因素包括制造设备和生产能力,同时还需考虑到钢厂的轧制能力。在紫气大路跨线立交桥钢塔冠的情况下,手形托塔部分的生产加工能力是制约分段尺寸的主要因素。制造完成后,钢塔块体需要通过高速公路运输至架设场地,这就需要考虑运输货物的尺寸和重量限制。此外,钢塔块体在现场吊装时,需要考虑吊机的起重能力,不能超过9t。最后,在现场拼装时,还需要考虑到对接环焊缝的多角度操作性。因此,综合考虑这些因素,钢塔被划分为18个块体进行制造,其尺寸和重量在一定范围内波动,具体见表1。这种分段制造方案的节段划分如图3所示。

块体划分参数表 　　　　　　　　　　　　　表1

块体号	外形尺寸(mm × mm × mm)	单重(kg)
T1	1 998 × 3 000 × 2 700	5 254
T2	3 000 × 3 996 × 2 700	4 830
T3	1 998 × 3 000 × 2 700	5 254
T4	3 000 × 4 235 × 7 123	8 627
T5	2 508 × 2 408 × 5 623	6 334
T6	2 584 × 3 000 × 5 623	7 701
T7	2 508 × 2 408 × 5 623	6 334
T8	3 000 × 4 234 × 7 123	8 075
T9	3 000 × 3 674 × 5 995	8 040
T10	2 000 × 1 496 × 10 496	3 677
T11	2 000 × 4 621 × 6 717	7 607
T12	2 000 × 4 496 × 7 621	7 945
T13	2 000 × 4 411 × 4 621	4 760
T14	2 000 × 4 481 × 6 717	7 786
T15	2 000 × 4 481 × 6 717	7 786
T16	2 000 × 4 977 × 5 935	6 504
T17	2 000 × 4 977 × 5 935	6 504
T18	2 000 × 4 496 × 6 748	7 989

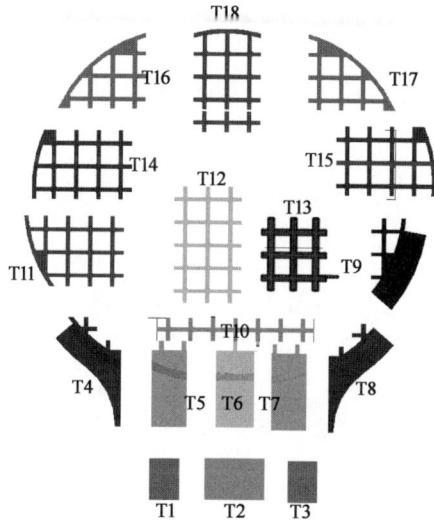

图 3 塔冠分块示意图

2.2 块体间连接控制

在钢塔冠的组装过程中,各块体按照矩阵式排列进行对接,这意味着每个块体都需要进行横向和纵向两个方向的全熔透对接焊缝。这种结构要求对于钢板的错边量有着极为严格的要求。错边量是指两块钢板之间的偏差,需要确保在对接过程中两块钢板能够完全对齐。然而,由于块体数量众多,错边量的控制变得尤为关键,因为即使微小的偏差也会在整体结构中产生不可忽视的影响。因此,确保每个块体在对接时横向和纵向两个方向的接口准确对接,对于制造工艺和制造质量提出了更高的要求。这意味着制造过程中必须严格控制钢板的加工和对接过程,以确保每个块体都能够精准地匹配并形成稳固的结构。此外,还需要采取有效的质量控制措施,确保焊接质量和结构的稳定性,以满足工程的设计要求和安全标准。因此,这种矩阵式排列对接的结构特点,对制造工艺和质量控制都提出了更高的挑战和要求。

2.3 曲面板单元的制造

在塔冠的构建中,部分塔壁板单元采用了圆形或缓和曲面形板单元。与平直板单元相比,这些曲面板单元的制造精度要求更高,难度也更大。由于曲面的特殊形状,在制造过程中必须采取相应的工艺措施,以确保其精度和质量要求能够得到满足。

首先,曲面形状的板单元需要更加精细的加工工艺。由于曲面的复杂性,制造过程中需要使用先进的加工设备和技术,以确保板单元的曲率和形状能够达到设计要求。这可能涉及数控加工和特殊模具的使用,以确保板单元能够精准地呈现出所需的曲面形状。

其次,曲面板单元的焊接工艺也需要更高的技术水平。由于曲面的变化,在焊接过程中需要更加细致的操作,以确保焊缝的质量和均匀性。可能需要采用手工焊接或特殊的焊接工艺,以确保曲面板单元的焊接质量能够满足结构的强度和稳定性要求。

此外,曲面板单元的质量控制也是至关重要的。在制造过程中,需要对板材的材质和尺寸进行严格的检测和控制,以确保板单元的质量达到设计要求。可能需要进行非破坏性检测和尺寸测量,以确保曲面板单元的质量和稳定性能够得到保证。

综上所述,针对采用曲面形板单元的塔冠部分,必须采取相应的工艺措施和质量控制措施,以确保其精度和质量要求能够得到满足。这对于制造工艺和质量控制都提出了更高的要求,需要更加精细的操作。

3 主要制作工艺

针对上述钢塔柱的加工制造难点,制定相应制造方案,解决制造工艺技术等方面的难题,保证产品制造质量满足规定要求。紫气大路跨线立交桥钢塔节段制造按步骤为:板单元制造→块体制造→平位预拼装→打砂涂装→桥位安装。

3.1 板单元制作工艺

3.1.1 普通板单元

普通板单元制造按照"钢板赶平及预处理→数控精切下料→零件加工→组装+焊接→板单元矫正"的顺序进行,其关键工艺如下:

(1)预处理:钢板采用预处理自动生产线进行赶平、抛丸、喷漆、烘干。

(2)面板下料:板件采用空气等离子下料,切割完成后划横纵基线及板肋组装线,标识喷写。

(3)板肋下料:板肋下料采用空气等离子光切割机下料,可防止外形复杂的较小零件切割变形,提升切割精度,为板单元制作的高质量打下基础。

(4)板单元加劲组装与焊接:板单元组装采用专用定位工装完成加劲肋组装,板单元焊接采用反变形船位焊接专机、龙门式隔板焊接机器人完成板单元自动焊接。

(5)板单元矫正:采用专用矫正机床,进行自动化机械矫正。

3.1.2 曲面板单元

曲面板单元的制造过程与普通板单元类似,但在生产曲面板单元时需要特别关注一些额外的工艺细节。首先,在钢板赶平及预处理完成后,需要进行数控精切下料以确保板材尺寸的精确性。然后,进行零件加工,这一步骤对于曲面板单元尤为重要,需要精密加工以保证曲面的形状和尺寸符合设计要求。接着是赶圆的过程,这意味着需要利用压力机将板材压制成圆弧形状。在此过程中,使用活络样板检查成形情况,确保圆弧的曲率和形状与设计要求一致。在制作弯扭胎时,需要按照壁板理论外形进行布置,确保胎架肋板的密度满足壁板圆滑成形的需要。最后,使用火焰矫正技术对壁板外形进行调整,以确保壁板与胎架肋板能够紧密贴合,保证曲面板单元的整体质量和稳定性。这些额外的工艺要点在曲面板单元的制造过程中起着至关重要的作用,对于保证曲面板单元的质量和精度至关重要(图4)。

图4 弯扭胎架示意图

3.2 块体组拼工艺

塔冠块体的制造过程可以分为底板单元定位、横隔板、纵隔板定位、边腹板定位、顶板定位以及外侧装饰板安装等步骤(图5)。在底板单元定位阶段,需要在底板上标出横隔板和纵隔板的组装线,然后从中心向两侧依次安装横隔板和纵隔板,关注控制横纵隔板的垂直度和对接的错边量。边腹板作为最外侧的板单元,所形成的节段的最大外形尺寸是需要严格控制的关键点,必须确保其最大外形误差在规范允许的范围内。在组装顶板时,需要重点检查箱口的最大外形尺寸和斜方尺寸,通过检查合格后进行整休焊接,并特别留意主角焊缝和纵隔板与顶底板焊缝端部预留200mm不焊的要求。最外侧装饰板在各节段塔位的安装与焊接完成后再进行安装,以避免对内侧主要结构的定位和焊接产生影响。

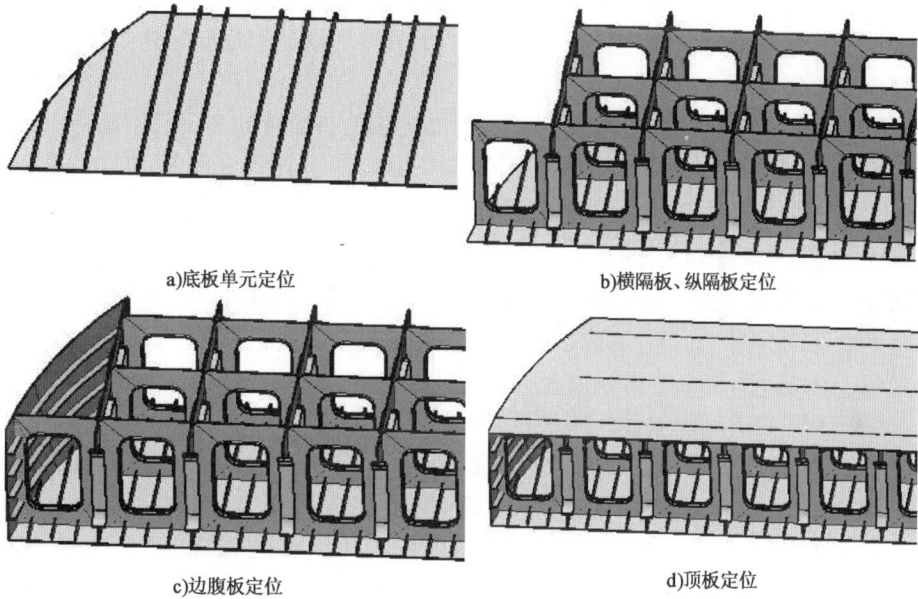

a)底板单元定位

b)横隔板、纵隔板定位

c)边腹板定位

d)顶板定位

图5　塔冠块体拼装工艺流程

组装塔冠块体时的具体控制措施包括:

(1)组装前必须熟悉图纸和工艺,认真核对零件编号、外形尺寸和坡口,检查平面度、直线度等各种偏差,确认符合图纸工艺要求后方可组装。

(2)组装前应对组装胎进行检查,确认各定位尺寸合格后方可组装,组装过程中要经常检测胎架。

(3)组装前必须彻底清除待焊区的浮锈、底漆、油污和水分等有害物。焊缝端部按规定组引弧板,引弧板材质、厚度及坡口应与所焊件相同。

(4)组装隔板及边腹板等超大件时,应视实际情况添加辅助支撑,支撑应拆卸方便,不得伤及部件母材。

3.3　平位预拼装工艺

为保证桥址安装质量,同时考虑塔冠整体尺寸,采用平位试拼装方式在厂内进行模拟桥位状态预拼装(图6)。平位预拼装在厂房内专用胎架上进行。

平位预拼装胎设置应满足以下要求:

(1)胎架外设置独立的基线、测站点,以便随时对胎架上的定位基准及索塔钢壳节段线形进行检测。

(2)胎架基础必须有足够的承载力,确保在使用过程中不发生沉降。胎架还要有足够的刚度,避免因节段重量增加而在使用过程中变形。故本塔冠试拼装选用具有地面硬化条件的试装

图6　塔冠平位试拼装

专用车间内进行。

（3）拼装过程实时监控胎架，防止预拼装过程中胎架变形。

平位试拼装时的具体控制措施包括：

（1）塔冠块体定位时以布设的胎架（测控网）基线为基准，采用激光跟踪仪测量定位。

（2）对接缝之间焊缝间隙应当进行检查调整，使之满足设计的焊接间隙要求，并且块间错边量严格控制。

（3）采用激光跟踪仪测量精确定位，检查全长、轴线偏差、拼接错位、等是否满足设计要求。

（4）塔冠块体试拼装后经检测，测量项目偏差超出容许偏差范围的，采取缺陷修补措施并重新预拼装，直至所有测量项目偏差均满足要求。

3.4 打砂涂装

塔冠块体试拼装完成后，分块进行打砂涂装工作。其具体要求如下：

（1）涂装前须对构件表面进行预清理，主要包括棱边打磨、油污盐分清理等。

（2）磨料及压缩空气要符合相关规范求。

（3）涂装全部在符合环境要求的涂装厂房内进行。

（4）喷砂除锈后应在4h内进行后续涂装施工，最长不应超过12h。不管停留多长时间，只要出现返锈现象，均需重新除锈。各道涂层之间的最小和最长涂装间隔时间应满足涂料说明书要求。

（5）节段段间拼装焊接接缝处留出100mm宽不涂装区域，底、中漆间隔100mm，采用纸胶带进行阶梯防护（图7）。

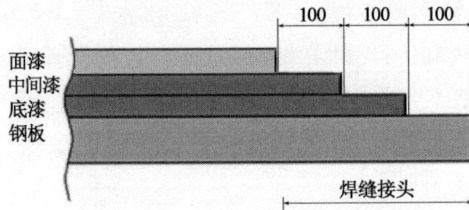

图7　接缝处图层预留示意图（尺寸单位：mm）

4　结语

综上所述，本研究通过对紫气大路跨铁路立交桥主桥钢塔冠的分块制造进行了研究，解决了特殊塔冠制造过程中制造、运输、吊装架设等方面的限制问题。该研究缩短了制造周期，提高了工作效率，降低了制造成本，达到了"节能降耗""节约增效"的效果。同时，通过生产制造试装检查和现场架设实践验证，充分证明了该分块制造技术的可行性和可靠性，为类似结构的制造提供了经验。这些成果对于推动钢结构制造领域的发展、提高建筑工程质量和效率，具有重要的意义。

参 考 文 献

[1] 李峰,冯杨.椭圆弧形断面钢塔制造工艺研究[C]∥工业建筑2018年全国学术年会, 2018:1.

[2] 程龙.东丰路立交桥钢塔制作工艺研究[J].工业建筑,2018(48):1-5.

60. 全焊变截面空间异型扭曲系杆拱桥制造技术研究

李春毅 吴 迪 聂立恒

(中铁山桥(南通)有限公司)

摘 要：近期国内外钢结构桥梁发展日渐多元化，随着多边形变截面空间扭曲钢箱拱桥设计的陆续出现，采用传统的规则钢箱拱制造工艺已不适用于该类型项目。南京承天大道跨外秦淮湾大桥主桥为单孔157m下承式空间多索面异型系杆拱桥，本文依托承天大道跨外秦淮湾大桥钢结构工程，结合生产实际情况，制定了一套全焊变截面空间异型扭曲系杆拱桥的制造技术方案，系统阐述正交异性板扁平钢箱梁节段划分、异型拱肋节段划分、制造、拼装及线形控制等技术，提出制造过程中的控制要点和具体控制措施，依据该技术秦淮湾大桥在实际生产中顺利制造、拼装，最终顺利合龙并通车。

关键词：变截面 空间异型扭曲 分段 拼装技术 线形控制

1 引言

承天大道跨外秦淮湾大桥主桥为下承式空间多索面拱桥，主桥全长157m，横向宽42m，大桥是南部新城南北轴线承天大道上的关键节点，也是由秦淮区通往南部新城的南大门，对改善主城东南部路网交通具有重要意义(图1)。

图1 承天大道跨外秦淮湾大桥效果图

483

2 结构特点

承天大道跨外秦淮大桥作为南京标志性建筑,对大桥的景观效果要求极高。该桥主桥为非对称拱桥,主要由钢箱梁和拱肋组成。

钢箱梁采用正交异性板扁平钢箱梁。全桥钢箱梁共分五种类型,合计 11 个节段(图 2)。

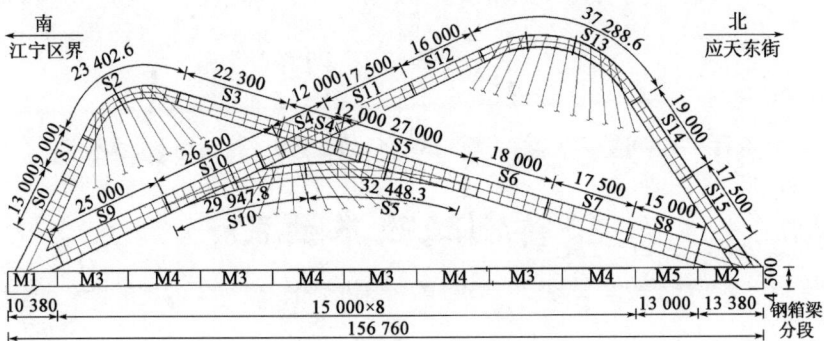

图 2 秦淮湾大桥立面示意图(尺寸单位:mm)

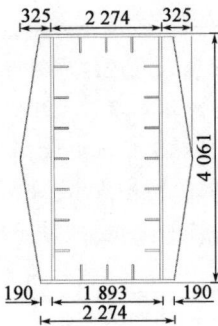

图 3 钢箱拱横断面示意图
(尺寸单位:mm)

拱肋轴线由直线和圆曲线组成,部分拱肋在空间上存在扭曲,多条拱肋存在交织。钢箱拱肋由 30mm、40mm、50mm 厚板组成四边形主箱体,外部焊接 12mm 包封板形成六边形结构(图 3),该结构形式增大了拱肋的制造及架设难度,需采用合理的制造技术确保制造及架设精度。

3 项目难点

(1)秦淮湾大桥桥位外部环境复杂,钢结构截面尺寸偏大,运输条件受限且大型设备进场存在一定困难,必须结合运输条件及吊装能力对钢箱梁及拱肋节段进行合理划分。

(2)秦淮湾大桥外形独特且结构形式复杂,拱肋采用非对称结构,截面为六边形结构,拱肋与拱肋、拱肋与箱梁之间均存在交叉,线形精度难以控制,生产制造及拼装难度大,需对拱肋制造、拼装工艺技术及外观质量控制方面进行研究。

4 节段划分技术研究

4.1 水路运输限制条件

(1)每年 5 月初至 9 月底为汛期,为减轻下游防洪压力,秦淮湾入长江口闸门不定期关闭,根据以往情况每年约有 90d 封航,其间所有船只无法通行。

(2)从长江口至桥址范围共有 24 座桥孔需通过,最窄处约 10m,最小净高约 4m。

(3)根据桥型结构高度、宽度及内河浮式起重机吊装能力,最大可吊装重量约 120t。

4.2 钢箱梁分段技术研究

结合运输条件并遵循安全第一、结构稳定、符合设计及制造规范、方便加工制造及现场安装、满足运输及吊装能力要求的原则,通过充分研究将钢箱梁进行如下划分:

(1)标准节段钢箱梁分段。

秦淮湾大桥主桥钢箱梁单个箱体较宽,需根据项目结构特点及运输条件对钢箱梁横向进行多次划分,M3、M4、M5节段均采用汽车运输,纵桥向划分为9段,8×15m+13m=133m,横向划分为13段:(2 792+3 100+3 158+3 300+3 500+3 420+3 460+3 420+3 500+3 300+3 158+3 100+2 792)mm=42m。标准节段钢箱梁分段如图4所示。

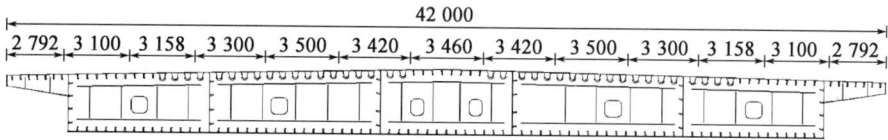

图4 标准节段钢箱梁分段(尺寸单位:mm)

(2)拱脚处梁拱结合段分段。

M1节段划分:M1、M2节段横向划分成9段,纵向不再划分(图5)。

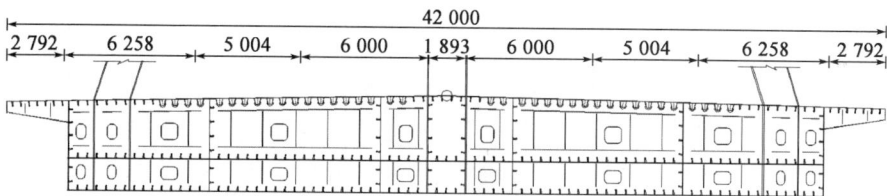

图5 M1、M2节段横向划分图(尺寸单位:mm)

4.3 拱肋分段技术研究

针对桥位外部环境复杂、钢结构截面尺寸偏大、运输条件受限的难点,结合桥位现场实际吊装能力(单节段重量不得超过120t),在保证拱肋连接位置结构稳定性前提下,以原设计节段划分为基础,将拱肋进一步进行了如下划分:

(1)将直线段标准截面拱肋按照S0、S1、S6-S12、S14、S15节段划分;S2节段在距拱轴线起点10 747mm处断开分成两部分,对接缝垂直于拱轴线;S5节段为两拱肋交叉接合段,以上端直线段拱轴线为基准,垂直于拱轴线将S5节段划分为3部分,保证结构形式满足水运限宽要求;S10节段为两拱肋交叉接合段,分段类似于S5节段,以上端直线段拱轴线为基准,避开拱肋交叉点,垂直于拱轴线将S10节段划分为3部分,保证结构形式满足水运限宽要求;所有节段仅纵向进行划分(图6)。

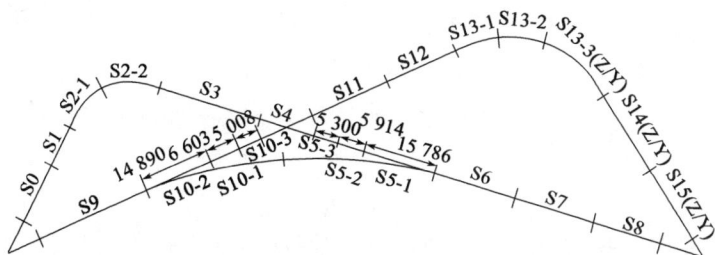

图6 拱肋节段划分示意图(尺寸单位:mm)

(2)S13节段为空间扭曲钢箱拱接合段,该段设计分段重量为275t,因此需要对S13节段进一步划分以满足吊装能力要求。以拱肋轴线为基准将整节段分为4部分,为满足设计受力与规范要求,对接缝避开拉锁吊耳部分,同时垂直于拱肋顶底板(图7)。

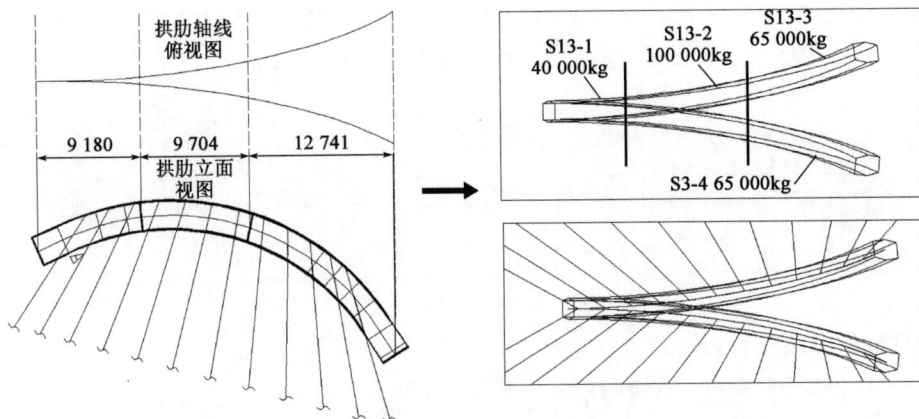

图7　S13节段拱肋划分示意图(尺寸单位:mm)

5　拱肋制造技术研究

拱肋由顶板、底板、腹板、隔板、包封板(装饰板)等组成,内部为矩形钢箱,外侧通过焊接12mm包封板形成六边形结构,包封板的外形控制直接影响桥梁整体外观(图8)。

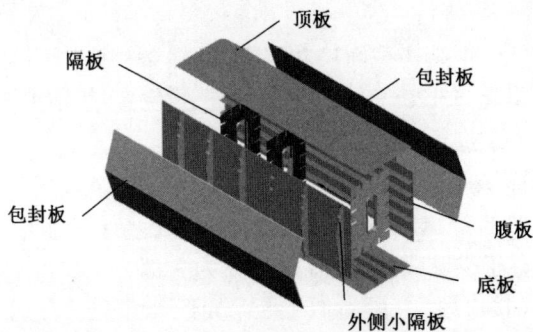

图8　拱肋节段构造示意图

针对拱肋以上特点,对拱肋制造技术进行深入研究。具体的制造研究方案如下。

5.1　三维建模放样

(1)根据设计图要求,将拱肋轴线控制点的关键位置轨迹进行加工并转化为适用于三维建模软件 AutoCAD 的空间坐标(图9),把这些坐标导入建模软件,从而生成钢拱肋关键控制点空间位置。

(2)通过建模软件 AutoCAD,并利用拱肋各控制截面通过"放样""拉伸"等命令生成拱肋三维立体模型(图10),从而确定每个零件的几何特性,确保了各零件的放样精度。

将每一个零件从立体图中导出并展开成平面图形,由此可精准得到每个零件的平面图,添加工艺加量后可编制程序进行自动切割。

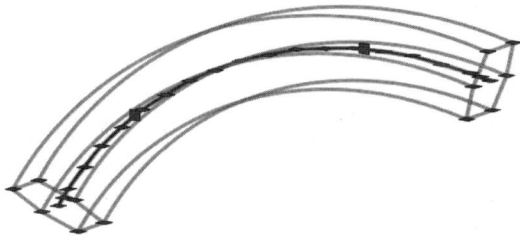

图9 拱肋轴线三维控制点

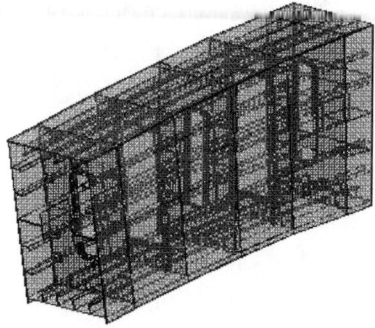

图10 拱肋三维立体图

5.2 隔板单元制作

横隔板单元是拱肋节段组装的内胎,其尺寸精度直接影响节段组装精度。制造隔板、加劲肋、人孔圈单元时,首先对下料钢板进行预处理消除内部应力,再采用数控等离子机床完成下料工作,然后以基准边为基准刻划加劲肋位置线、坡口线,最后采用精密火焰切割机开设坡口。

5.3 面板单元制作

顶、底、腹板单元制造时,首先对钢板进行预处理,以消除内部应力,控制平面度 $\Delta \leqslant 1mm/m$,再采用数控等离子机床完成精切下料。为避免焊接收缩及切割下料误差带来的影响,下料时应调整切割顺序,并且在长度与宽度方向预留工艺加量,然后在零件平铺状态下进行划线,以基准边为基准开方刻划面板单元横纵基线,刻划时要确保横纵基线之间的垂直度,合格后再以横纵基线为基准来刻划板肋组装位置线、横隔板组装位置线等,最后采用精密火焰切割机开设坡口。

6 拱肋拼装技术研究

拱肋拼装时,首先在胎架上依次把底板、隔板、两腹板拼装成槽形,然后对腹板、底板与隔板间焊缝进行对称焊接。拼装成箱型后,焊接箱形四条主焊缝。四条主焊缝必须同向施焊,同一腹板侧两条熔透焊缝同时、对称施焊,最后焊接其他焊缝。拱肋拼装具体工艺如下:

(1)在拼装过程中,设置变截面支撑胎架,严格控制胎架支撑板高程精度,确保实际线形与理论线形一致,通过对拱肋节段布控三维控制网,配合激光跟踪仪、全站仪、水准仪使拱肋节段拼装线形及各控制要点精度处于"实时把控,及时调整"状态。

(2)组装板单元。顶、底、腹板单元分别在特定线形的组装胎上按照纵、横基线拼装I肋组成板单元,板单元上纵横向定位线允许偏差控制在 ±1mm 以内,闭口肋中心距控制在0.5mm 以内。

(3)调整胎架线形,在底板单元上拼装隔板单元。隔板单元按纵、横基线定位进行拼装,重点控制隔板之间端部的横向错动偏差 $\Delta < 2mm$,隔板与底板的垂直度偏差、隔板之间的间距偏差 $\Delta < \pm 2mm$。胎架线形精确与否将直接影响到拱肋底板线形、隔板的位置及角度,底板线形直接影响并控制腹板和顶板单元线形,所以将底板线形和隔板位置、角度作为主控项点进行检查。

(4)组成槽形。底板单元和隔板单元定位完成后,两侧贴装腹板,必须使腹板贴紧隔板,依靠隔板与底板的内胎作用得到腹板的线形。非直线段腹板加劲肋通过拉、拽、顶、压等冷作方式微调,使得板肋紧贴腹板。

(5)组成箱形。为了精确控制箱型组装精度,在箱型组装前,按图纸要求进行划线组装,并在组装前对划线尺寸进行全检,然后对顶板贴紧隔板和腹板进行焊接。

(6)组装箱体外侧加劲隔板及 12mm 厚加强板装饰板,形成对称六边形截面,以隔板定位,通过火修、定位焊、锤击等方法控制装饰板线型。

为保证拱肋单元拼装精度,单个拱肋节段拼装完成后,在专用胎架上进行全桥试拼装,同时在对接口组装临时匹配件,以保证桥址定位连接准确。

拱肋拼装工艺流程如图 11 所示。

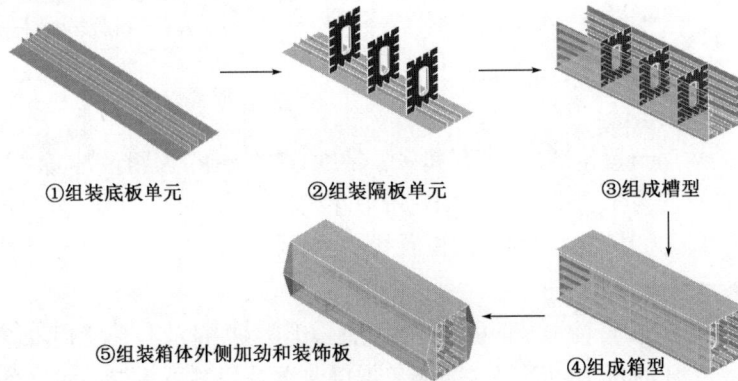

① 组装底板单元　　② 组装隔板单元　　③ 组成槽型
⑤ 组装箱体外侧加劲和装饰板　　④ 组成箱型

图 11　拱肋拼装工艺流程

7　拱肋线形及外观控制措施

(1)针对空间扭曲拱肋设计专用特殊工装,保证拱肋线形精度。扭曲段拱肋胎架通过三维放样,在支点处设置预拱度,建立空间坐标测量体系,以拱肋箱口角点、拉索吊点位置为关键控制点,利用全站仪全程监测,确保拱肋线形及拉索位置的准确性(图 12)。

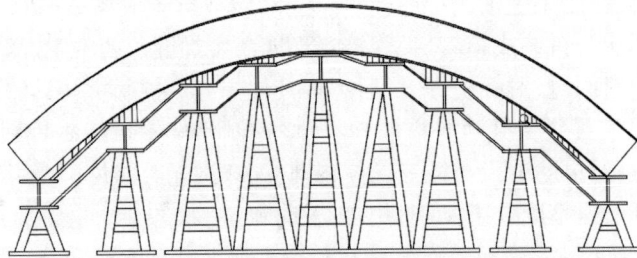

图 12　拱肋拼装专用工装示意图

(2)在技术准备过程中,应用建模软件 AutoCAD 进行三维立体建模,将拱肋零件提取后,利用曲面展开小程序转换为平面,再编制数控程序进行切割下料,保证零件下料的精度。

(3)装饰板的外形直接影响拱肋整体外观效果,因此针对装饰板加工及焊接方式采用了特殊的制造工艺:

① 经与设计沟通,取消原横向加劲肋,在装饰板与腹板间增设三条纵向加劲肋(图 13),可有效加强支撑作用、减少包封板焊接处塌陷变形。

② 改变装饰板与拱肋顶底板搭接形式,装饰板与顶底板开坡口焊接后打磨匀顺,使装饰板与顶底板间形成自然过渡[图 13c]。

488

③改变装饰板之间搭接形式,两装饰板交接处开坡口与内侧纵向加劲肋焊接,焊后将焊缝打磨平整,使两装饰板形成直线形棱角[图13d)]。

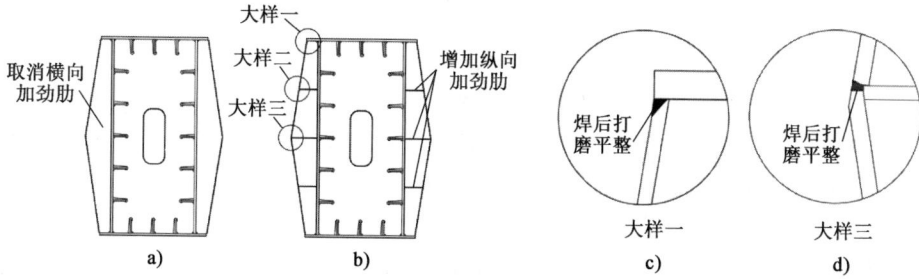

图13 拱肋装饰示意图

8 结语

本文以南京承天大道跨外秦淮湾大桥为工程背景,完成全焊变截面空间异型扭曲系杆拱桥制造技术研究,有效指导了该项目的杆件、节段的模块化制造,保证了该桥的制造质量以及桥址安装精度,成为全焊变截面空间异形扭曲系杆拱桥制作的示范,完善了该类型桥梁的技术指标,为其他空间异型扭曲钢箱梁的制造提供技术参考。

参 考 文 献

[1] 中国铁路总公司.铁路钢桥制造规范:Q/CR 9211—2015[S].北京:中国铁路总公司,2015.

[2] 刘志雄,石立鹏.芜湖长江公铁大桥钢梁制造技术[J].现代工业经济和信息化,2018,172(16):131-134.

[3] 易有森,樊少彻.港珠澳大桥青州航道桥钢箱梁施工关键技术[J].桥梁建设,2021,51(3):138-144.

[4] 张佳第.钢箱梁制造工艺及焊接质量控制研究[J].中国设备工程,2021(6):84-85.

[5] 胡广瑞.大型公路钢箱梁整体拼装制造线形和尺寸的控制[J].钢结构,2006,21(5):74-75.

61. 双层交错锚固悬索桥钢桁梁制造工艺研究

张倩倩

（中铁山桥（南通）有限公司）

摘 要：本文依托燕矶长江大桥钢桁梁，针对多吊点弦杆的制造精度及焊接质量问题，从零件尺寸、接料控制、焊接顺序等方面研究双层交错锚固悬索桥钢桁梁特殊弦杆制造关键项点控制技术，形成一套典型制作工艺方法，为相似构造桥梁提供工艺参考。

关键词：钢桁梁 双层交错锚固 技术特点 控制措施 关键技术

1 引言

1.1 工程概况

燕矶长江大桥（图1）又被称为鄂黄第二过江通道，是高速公路桥和城市道路桥合二为一的双层桥梁，位于黄冈和鄂州交界地点，桥梁以北是黄冈方向，桥梁以南是鄂州方向[1]。

图1 燕矶长江大桥效果图

燕矶长江大桥上层高速公路采取双向六车道高速公路标准，设计速度 100km/h。下层城市快速路采取双向四车道城市快速路标准，设计速度 80km/h。跨江主桥采用 1 860m 单跨双塔四主缆钢桁梁悬索桥，是第一座不同垂度的四主缆悬索桥，同时是当时正在建设的最大跨径双层锚固悬索桥[2]。

1.2 结构特点

跨江主桥采用 1 860m 单跨双塔四主缆钢桁梁悬索桥,位于主 1 号 ~ 主 2 号墩间,四根主缆在塔顶并排布置,端部采用前后锚固。加劲梁采用华伦式桁架结构,加劲梁桁架桁高 9.5m。两片主桁中心距 35m,与内主缆对齐[3],主桁标准节间长度为 9.0m。吊索内外交错布置,内吊索锚固于上弦杆吊点,外吊索[4-5]锚固于下弦杆挑臂吊点。燕矶长江大桥横断面示意图如图 2 所示。

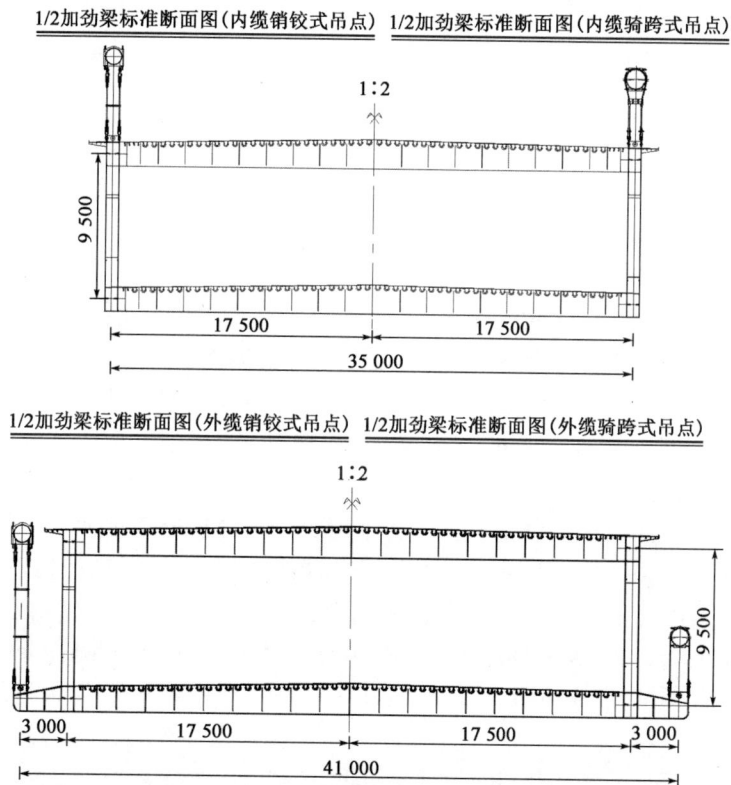

图 2 燕矶长江大桥横断面示意图(尺寸单位:mm)

2 结构难点

(1)弦杆焊接变形难以控制。燕矶长江大桥为超大跨径悬索桥,上层为高速公路,下层为城市快速路,所有钢构件板厚均较薄,整体节点弦杆均为三节点弦杆,标准段竖板单元均为"七接一",接料缝多,焊接变形大,节点间距控制不易。并且杆件焊接过程存在焊接顺序交叉、焊接空间狭小等不利因素。

(2)吊索耳板精度要求严格。燕矶长江大桥上、下吊点耳板是吊索与桥面连接的重要受力零件,内外吊索在钢桁梁上的锚固采用了耳板结构形式,吊点耳板示意图如图 3 所示,吊点耳板的销孔中心与吊索的中心线竖直方向必须保证在同一位置,所以吊点耳板销孔中心的位置精度是保证成桥线形的关键控制点。吊点耳板与耳板加强板的总厚度必须严格控制,所以吊点耳板总厚度是保证吊索与钢桁梁顺利连接的关键控制点。

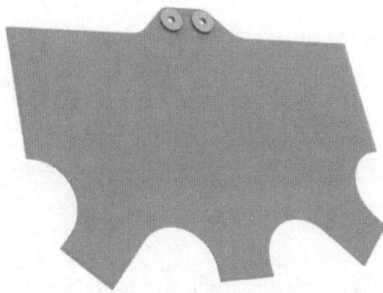

a)上吊点耳板示意图   b)下吊点耳板示意图

图3 吊点耳板示意图

3 方案制定

针对燕矶长江大桥弦杆的结构特点及精度控制要求,弦杆制造主要有两种方案可供选择,现对两种方案的利弊分析如下。

(1)方案一:吊点耳板的销孔精度及总厚度精度在杆件组焊之后加工。

由于立铣设备只能铣到杆件外侧的吊点耳板加强板的面,要保证吊点耳板的总厚度精度,需要先单独铣内侧的吊点耳板加强板,再将加工完的零件转运至组焊工序参与杆件组焊。在弦杆组装平台上组焊上水平板、隔板、竖板单元成槽型,再组焊下水平板成箱形,然后组焊接头板、吊点耳板加强板等二次件,然后杆件转运至机加工工序进行吊点耳板销孔精度及总厚度精度的机加工(镗孔、铣面),最后杆件再转运至组焊工序组焊检修道单元(仅针对上弦杆)。该方案的优点是:①杆件组焊之后再机加工吊点耳板可以严格保证销孔精度及总厚度精度;②可以减小焊接过程对吊点耳板精度的影响。该方案的缺点是:①转运次数增加,工期延长;②由于钢板存在C类公差,原同样厚度的零件实际厚度不尽相同,配铣需要提前测量所有吊点耳板与加强板的厚度,工作量过大;③本项目一根弦杆上两侧吊索耳板,机加工两侧需要在车间掉头,而弦杆杆件普遍27m左右,无法在车间直接完成掉头,需要先将杆件运出车间,掉头之后再运回机加工另一侧,耗时过长,效率过低。

(2)方案二:吊点耳板的销孔精度及总厚度精度在杆件组焊之前加工。

该方案首先将吊点耳板与加强板组焊后,整体机加工吊点销轴孔及吊点总厚度,加工完成之后转运至下一工序,所有零件配套完成之后转运至组焊工序参与杆件组焊。该方案的优点是:①工序连续,减少转运次数,缩短工期;②无须大量测厚,减少人力;③设备要求低,满足当前设备能力;④场地占用要求低,无须来回转运。该方案的缺点是:①在杆件组焊过程中,焊接收缩可能会影响吊点耳板销孔与总厚度精度,焊接变形控制难度增大;②在竖板单元接料过程中,焊接收缩可能导致整体接料尺寸出现偏差,同一杆件两侧竖板单元上的吊点间距出现偏差,接料控制难度增大。

最终,从公司的设备能力、场地限制、组焊效率、工期要求等多方面考虑,方案二较方案一具有明显的优势,且方案二已在瓯江北口大桥、龙潭长江大桥中成功应用,因此本项目弦杆制造方案采用方案二。由于焊接变形、火焰矫正等因素无法消除,结合以往其他项目经验,对零件进行一定工艺加量,并通过预留焊接收缩量等手段保证成品杆件吊点耳板精度。

4 关键工艺研究

以上弦杆为例,燕矶长江大桥钢桁梁上弦杆采用多节点结构,横向分别与检修道及上层桥面横梁连接,下方与腹杆连接,相邻整节段间连接采用焊接连接。上弦杆主要由上、下盖板、竖板、节点板、隔板、加劲肋板、横梁接头板等组成。

4.1 工艺流程

针对本项目的结构特点,对制造过程进行剖析分解,查询瓯江北口大桥、龙潭长江大桥等类似项目制造的成功经验,提出如下工艺流程:

钢板预处理→零件下料→组焊吊点耳板单元(节点板与吊点耳板加强板、中间吊点耳板与加强板)→吊点耳板单元整体机加工(镗孔、铣面)→竖板单元(节点板与腹板)接料→组焊竖板加劲肋→组焊顶板、隔板、竖板单元成槽形→组焊底板成箱形→组焊接头板→组焊中间吊点耳板单元→组焊检修道单元。

4.2 工艺控制项点

(1)零件下料尺寸控制。

钢板精切下料,下料公差为 ±2mm;上弦杆顶、底板薄且长,火焰切割变形大。此外,杆件组焊过程中不可避免地会产生焊接变形,对上弦杆整体外形尺寸造成极大影响,且火焰矫正会进一步缩短零件尺寸。因此,为保证上弦杆的成品尺寸精度,需要对上弦杆的各个零件进行一定的工艺加量。

零件外形尺寸作为上弦杆制造的第一个环节,除制定的工艺加量外,还必须满足一定的精度要求(表1)。

零件基本尺寸允许偏差

表1

名称	项点	允许偏差(mm)
上弦杆顶、底板、腹板	长度	±2
上弦杆顶、底板	宽度	+2,0
上弦杆腹板	宽度	根据翼缘板厚度及焊接收缩量确定
上弦杆隔板	宽度	+0.5,0
	高度	0,−1
	板边垂直度	≤1
	槽口尺寸偏差	±1
其他板件	长度、宽度	±2.0

(2)顶板精度控制。

顶板精切下料,下料时预留工艺量。由于上弦杆为穿出式节点,根据以往项目制造经验,顶板槽口在火焰切割时变形会较大,所以在焰切槽口时在槽口上每隔500mm预留50mm过桥,可有效防止槽口变形。为减小焊接变形,槽口位置需向外开设,确保槽口内间距与弦杆箱口宽度一致,且槽口间距需预留一定的焊接收缩量,如图4所示。

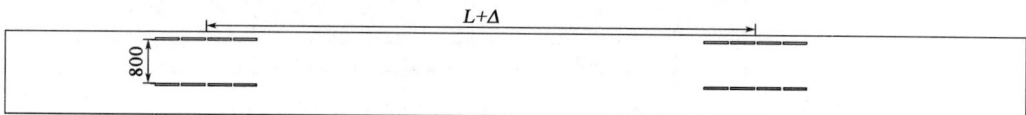

图4　顶板精度控制示意图(尺寸单位:mm)

（3）吊点耳板精度控制。

①耳板与耳板加强板在销孔位置预留半径5mm机加工量。耳板加强板上预留塞焊孔，防止焊接变形，如图5所示。

图5　耳板加强板上预留的塞焊孔

②耳板与耳板加强板完成组焊后整体镗孔，以保证吊耳孔的圆度及同心度。耳板加强板厚度预留机加工量，整体铣耳板加强板平面，以保证耳板与耳板加强板的总体厚度精度。

③为保证机加工后的吊点耳板销孔内壁不锈蚀，进一步控制吊点耳板精度，在吊点耳板销孔内壁涂抹黄油后，吊点耳板两面安装保护罩，如图6所示。

图6　吊点耳板保护罩

（4）竖板单元接料精度控制。

由于钢桁梁在节点部位受力较大，因此整体节点弦杆的节点板厚度通常会比两节点间的弦杆竖板大，因此，节点板与竖板完成厚度不等的钢板对接后形成一个整体，并在其上焊接纵向肋板形成节点板（竖板）单元。尤其是上弦杆竖板单元由三块节点板、四块直段接长，其直度控制更为关键。精度控制方法如下：①节点板与腹板组装前，分别完成零件的划线与对接头的加工。组装时，以零件上的水平中心线为基准组装，确保A～F六个控制点的直线度；②节点板与竖板焊接，无损检测合格后，修整竖板单元使其平面度合格[6]；③按线组对并焊接纵向加劲肋肋，修整平面度，如图7所示。

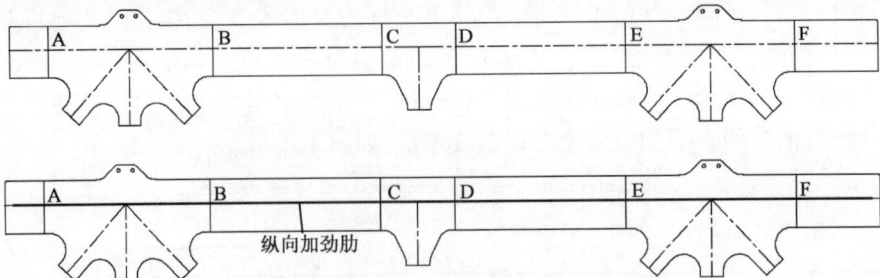

图7　节点板（竖板）单元接料精度控制示意图

494

4.3 焊接顺序

焊接顺序如图 8 所示。

图 8　焊接顺序

（1）竖板与节点板对接接料；顶、底板对接接料。

（2）焊接纵向加劲肋角焊缝。

（3）在平台上将两侧腹板、隔板、顶板组成槽形。

（4）杆件翻转 90°，对称焊接隔板与顶板、隔板与竖板间角焊缝，焊接①、③的箱内焊缝，组装底板成箱型。

（5）气体保护焊焊接棱角焊缝②、④的根部打底[6]焊道，采用埋弧自动焊焊接棱角焊缝②、④的其他焊道。

（6）杆件翻转 180°，气体保护焊焊接棱角焊缝①、③的根部打底焊道，采用埋弧自动焊焊接棱角焊缝①、③的其他焊道，注意焊缝①、③熔透段焊接前，先从箱形外侧进行气刨清根[6]。

（7）杆件翻转 90°，组焊横梁接头板等其他焊缝。

注意：①采用 CO_2 气体保护焊焊接节点板穿出范围熔透角焊缝，先焊接内侧焊缝，正面焊接前采用碳弧气刨清根，并用砂轮打磨光滑匀顺，注意保证焊接质量，每焊完一道，道间打磨清理，与箱形棱角焊缝注意匀顺过渡；②四条棱角焊缝须同向施焊，焊接过程中，注意配合火焰修整，保证杆件的尺寸精度。

4.4 节段间的吊点精度控制

节段间吊点精度控制的重点为各杆件内部吊索耳板吊点中心位置的精度控制，即预测焊接收缩量及焊接变形趋势，在焊接过程中监测焊接变形及焊接收缩量，保证杆件的焊接过程中各吊点间的尺寸精度。此外，杆件下料时预留二切量，以中间吊点为基准组焊，在组焊完成之后，以基准划线切除二切量，保证吊点到杆件端头的间距准确。通过上述措施结合，保证节段连接时吊点的准确性。该方法已在瓯江北口大桥、铜陵长江公铁大桥等项目中成功实施，切实有效。

5　结语

燕矶长江大桥钢桁梁弦杆焊接量大，焊接要求高。本文结合燕矶长江大桥特殊的多吊点弦杆结构特点及制造要求，详细研究了工艺流程、工艺控制项点、焊接顺序等关键工艺，形成了一套完整有效的双层交错锚固悬索桥钢桁梁杆件制造工艺方案，有效解决了同类项目制造精度控制等难题，为后续同类项目杆件制造累积了宝贵的经验。

参 考 文 献

[1] 长江日报.鄂黄第二过江通道初步设计获批,大桥一跨过江,四主缆设计世界首创[EB/OL].(2021-11-05)[2024-1-15]. https://new.qq.com/rain/a/20211105A0EQ5700.

[2] 新京报.世界最大跨度双层悬索桥燕矶长江大桥主墩围堰成功封底[EB/OL].(2022-12-23)[2024-1-15]. https://new.qq.com/rain/a/20221123A04I7N00.

[3] 邹兰林,喻骁.湖北国际物流枢纽中心配套工程:燕矶长江大桥边缆角度对主缆的静力学影响[J].物流科技,2023,46(19):48-51.

[4] 张妮.葡萄牙埃德加卡多佐大桥更换斜拉索[J].世界桥梁,2022(3):50.

[5] 张妮.智利查考大桥桥塔施工[J].世界桥梁,2022(3):50.

[6] 刘洋.重庆新白沙沱长江特大桥主桁钢梁制作方法[J].钢结构,2015(7):3. DOI:10.13206/j.gjg201507018.

62. 栓焊结合横纵梁体系桥面
块体制造技术研究

朱继成　黄超琛

(中铁山桥(南通)有限公司)

摘　要:本文以彭埠大桥项目为依托,针对栓焊结合大型横纵梁体系桥面块体,研究其制造技术的重难点。通过对桥面块体制造技术的研究,有效控制了桥面块体的拼装精度和制造质量,形成了一套大型栓焊结合横纵梁体系的桥面块体制造方案。

关键词:桥面块体　栓焊结合　拼装　孔群精度

1　引言

彭埠大桥跨径布置为$(72+122+4 \times 240+122+72)$m＝1 348m,主梁为悬链形上加劲连续钢桁梁,全桥桁架基本为带竖杆的华伦形桁架。钢桁梁主桁架中心间距36.8m,桁高12m,全桥共132个节间,标准节间距10m,边跨为适应跨度布置,端部7个节间长度调整为12m。彭埠大桥效果图如图1所示。

图1　彭埠大桥效果图

根据本项目结构特点,并综合考虑公司设备、场地情况及运输条件,决定将彭埠大桥节段划分为桁片、上层公路桥面块体、下层铁路桥面块体、刚性主缆等结构,如图2所示。

上层公路钢桥面由桥面板单元、横梁和纵梁组成,横向分为三部分,块体之间桥面板采用熔透焊接、横梁腹板与底板间采用栓接。相邻整节段的桥面板纵向U肋采用嵌补段焊接连接。下层铁路钢桥面由桥面板单元、横梁、纵梁和连接系接头板组成,横向分为三部分,块体之间桥面板采用熔透焊接、横梁腹板与底板间采用栓接。横向分段如图3所示。

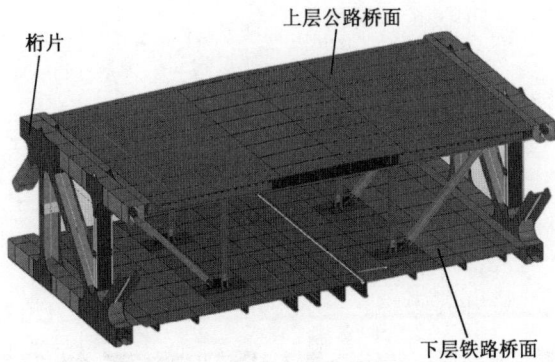

图 2　彭埠大桥主梁直观图

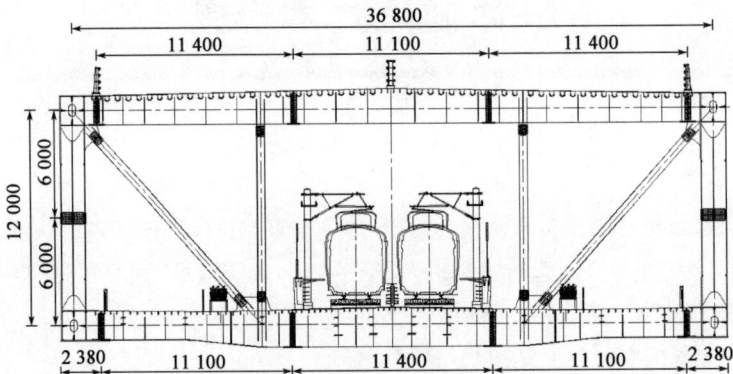

图 3　彭埠大桥主梁横向分块(尺寸单位:mm)

2　栓焊结合横纵梁体系桥面拼装难点分析

(1)桥面块体需要与其他块体或者桁片进行多接口连接,连接形式多为栓焊组合连接,其中除桥面板与 U 肋板肋采用焊接连接外,横梁、纵梁的底、腹板均采用高强螺栓连接,因此在块体拼装过程中,需要保证多接口间的匹配精度。

(2)桥面块体拼装时焊接变形不易控制。由于桥面块体拼装时存在大量的焊接,且焊接形式多为熔透或熔深焊,焊接变形大,不易控制。

(3)孔群精度要求高。桥面块体横纵梁采用高强螺栓连接,在焊接变形不易控制、结构复杂的情况下如何保证孔群匹配精度是块体拼装过程控制难点之一。

综合上述分析,栓焊结合横纵梁体系桥面块体在组装时,首先需保证多接口间匹配精度;其次必须保证桥面块体内横纵梁与其余块体和桁片间孔群相对位置的精度;最后需保证拼装块体结构尺寸、栓孔重合率等达到规范要求。

3　制造方案比选

3.1　拼装方案比选

针对栓焊结合横纵梁体系桥面块体的结构特点和拼装的相关要求,其桥面块体拼装主要有两种方案。现对两种方案进行对比研究,利弊分析如下。

(1)方案一:正装方案。

桥面块体正装方案,即按照桥面块体朝上的桥位状态布置胎架,以胎架定位装置定位主横

498

梁、副横梁及纵梁,桥面板单元按横、纵基线组装定位。拼装按照横梁→纵梁→桥面板(在专用胎上完成桥面板单元二拼一)→焊接板单元对接焊缝→焊接横梁、纵梁与面板焊缝的工艺顺序进行。

该方案主要优点在于:①无须进行翻身,拼装完成即可解胎、涂装、发运;②拼装胎架线形按照桥位安装的监控线形进行布置,便于桥面块体的线形控制。该方案的弊端在于:①横纵梁与桥面板之间的焊缝为仰焊,最后焊接横纵梁之间焊缝和横纵梁与桥面板之间焊缝,若拼装工作完全按照顺序进行,焊接效率低且焊缝质量不易保证;②正装需待横纵梁完全定位完成后,铺设桥面板,再进行桥面板对接焊缝焊接,无法同时进行,作业面单一,对工期控制不利;③横纵梁相比于桥面板的制造,零件数量和规格尺寸较多,车间制造周期较长,不易进行配套,而正装必须横纵梁全部定位完成后,才可进行桥面板的铺装,对于工期控制不利。

桥面块体正装拼装流程示意图如图4所示。

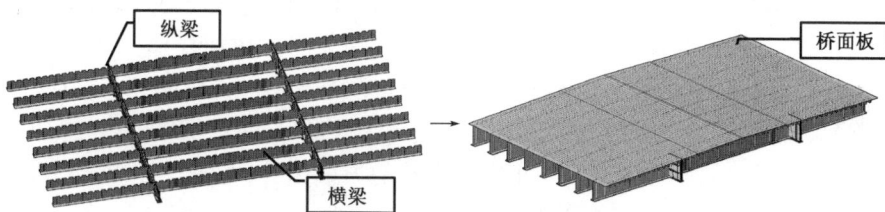

图4　桥面块体正装拼装流程示意图

(2)方案二:倒装方案。

桥面块体倒装方案,即按照桥面块体倒置布置胎架,以桥面板单元的横基线与胎架上的横纵基线为基准定位横纵梁,按照桥面板单元二拼一→板单元就位、焊接→定位拼装横纵梁→焊接的顺序进行拼装。

该方案的主要优势在于:①横纵梁与桥面板之间的焊缝为平位焊接,相比于正装的仰焊,能够极大地提升焊接效率和焊缝质量,减少返修工作;②倒装拼装可以多作业面同时进行,如桥面板二拼一、桥面板单元铺设、横纵梁定位、横纵梁焊接可以同时错位进行,交叉作业,有利于节约成本,保证工期。该方案的弊端在于:桥面块体焊接完成后需要进行翻身,由于桥面块体外形尺寸和质量较大,翻身具有一定风险,且翻身过程可能会造成较大变形,影响桥面块体的横坡。桥面块体倒装拼装流程示意图如图5所示。

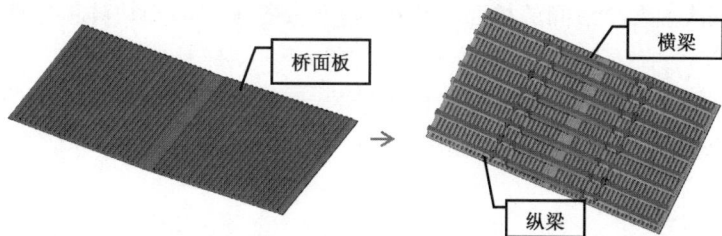

图5　桥面块体倒装拼装流程示意图

3.2　制孔方案研究

为保证桥面块体与其他位置连接孔群的相对位置和栓孔的匹配精度,对桥面块体横纵梁的底、腹板的制孔方案进行研究,提出两种出孔方案。方案一在杆件制造时进行钻孔,采用龙门钻制定位孔后,卡样板钻制其余孔;方案二在桥面块体焊接完成后,与其他部位进行匹配投孔。两种制孔方案各自利弊分析见表1。

横纵梁制孔方案优缺点分析 表1

制孔方案	优点	缺点
方案一	①车间出孔效率高，能极大减少拼装时的工作量，节约工期。 ②车间杆件制造钻孔采用门式或大型摇臂钻床进行钻孔，孔群质量高	由于桥面块体拼装时存在大量的焊接，且焊接形式多为熔透或熔深焊缝，焊接变形大，不易保证孔群连接精度
方案二	能够消除拼装时焊接变形的影响，保证孔群之间能完全匹配	①拼装后匹配投孔，所用设备为手持的小型磁力钻，相比于门式钻床和摇臂钻床，钻孔效率和质量相差较大。 ②需要组装焊接完成后匹配钻孔，增加投孔工序，造成工期及成本增加

由于彭埠大桥为亚运会保障项目，工期十分紧张，综合考虑桥面块体拼装场地和设备后。桥面块体拼装采用倒装方案，为防止倒装方案翻身过程中产生变形，将吊点布置在桥面块体刚度较大的主横梁位置，同时在翻身完成后对桥面块体的外形尺寸及线形进行复测，以保证桥面块体的拼装精度。横纵梁制孔方案采用车间先出孔的方式出孔，考虑块体焊接过程中焊接变形对孔群位置的影响，横纵梁在车间出孔时，孔群极边孔距预留焊接收缩量，在每个块体拼装完成后，对各个位置的极边孔距进行复测，根据复测结果，对后续预留焊接收缩量进行优化调整。

4 桥面块体制造方案

根据此结构特点，桥面块体的制造按照单元件制造、板块组拼的顺序进行，块体拼装采用连续匹配组焊及试拼装并行的工艺方案，即每轮组拼4个整节段，在上一轮拼装完成后留下一段作为下一轮的母段参与拼装。其拼装顺序为桥面板单元二拼一→板单元就位、焊接→定位拼装横纵梁→焊接。

桥面块体的具体拼装工艺流程如下：

（1）完成首节段桥面块体的拼装，并按本项目桥面块体的验收要求对各项控制尺寸进行测量。

（2）按顺序完成前两个节间的桥面块体拼装，并按本项目桥面块体的验收要求对各项控制尺寸进行测量。

（3）依次按顺序完成后续节间桥面块体的拼装，并按本项目桥面块体的验收要求对各项控制尺寸进行测量。

5 拼装精度控制

（1）横纵梁间距控制。

将桥面板单元的横基线与胎架上的横基线精确对准就位，确保桥面板与横梁的相对位置准确。根据横纵基线，在胎架上及板单元上作出横纵梁定位线，确保横梁快速准确定位。

（2）钢桥面宽度控制。

严格控制桥面板拼装中心尺寸，可利用焊接间隙调整面板拼装正负公差，防止累积形成较大的尺寸误差，影响拼装。在拼装焊接完成后，按照工艺要求划线切割，保证钢桥面宽度。

（3）焊接变形控制。

在顶板单元参与梁段组装前,在两拼胎架上完成板单元接宽。板单元"两拼一"时焊缝处预设 10~20mm 向上的反变形量,每次"两拼一"后根据实际情况对预设反变形量进行调整,以保证板单元的平面度。反变形应在组装时完成,不得在焊缝打底完成后再起顶反变形。焊接时严格控制焊接参数(电流、电压、焊速),采用合理的焊接顺序,先焊接顶板间对接焊缝,再焊接横纵梁与顶板单元件角接焊缝。同类焊缝从中间向两侧对称施焊,所有焊缝同向施焊,待最后一条焊缝冷却后方可松开固定卡。

（4）拼装精度控制。

桥面块体拼装及检测时,严格执行相关验收要求,按表 2 要求验收。

桥面块体的主要尺寸允许偏差 　　　　　　　　　　　　　　　　　表 2

项目	允许偏差（mm）	说明
长度 L	±2.0	—
宽度 B	+2~-8	—
高度 H	±2.0	—
横梁横肋间距 a	±1.5	—
纵梁中心距	±2.0	—
旁弯	1/5 000	节点部位桥面中心线与两端桥面中心点连线的偏差
对角线差	3.0	—
横梁预拱度	+10~-3	—
桥面板对接焊缝错边量	≤1.5	横梁盖板与面板、相邻面板之间
桥面板平面度	≤1.5	S1 横梁（肋）间距
桥面各点高程	±5.0	两端四角横梁（肋）位置

6 结语

彭埠大桥桥面块体采用的是栓焊结合的连接方式,主要连接焊缝多为熔深或熔透焊缝,焊接变形难以控制,孔群拼装精度要求较高。为保证桥面块体拼装精度和制造质量,结合分析桥面块体构造特点、拼装场地、设备能力、工期等因素,确定了采用倒装并连续匹配拼装的总体方案。在实际过程中,首先通过一系列有效措施确保横纵梁的几何尺寸精度、孔群位置精度,在横纵梁几何尺寸精度、孔群位置精度满足要求的基础上,通过制定合理的拼装方案,有效地保障桥面块体的连接精度,极大地提高了拼装的精度及效率。相比于常采用正装拼装方案,单个节段的拼装周期由 10d 缩短至 6d,极大降低了制造成本,在疫情、台风等不利因素影响下,仍顺利完成项目的制造,保证了项目的工期。

目前彭埠大桥所有块体已全部制造完成并顺利安装合龙,制造拼装精度满足相关验收要求及现场连接。通过对彭埠大桥桥面拼装技术的研究,形成了一套完整有效的栓焊结合桥面的块体的拼装工艺流程,有效地解决了同类型桥面块体拼装精度不易控制等难点,极大地缩短了拼装周期,有效地提升了横纵梁孔群连接精度,为今后同类桥面块体的制造提供了丰富有效的经验。

63. 薄壁型钢塔壁板单元制造工艺研究

张 阔

（中铁山桥集团有限公司）

摘　要：自斜拉桥和悬索桥进入人类的视野，逐渐成为人类建设大跨度桥梁的优先选择后，作为悬索桥和斜拉桥重要承重构件的索塔就成为工程技术人员关注研究的对象。钢桥塔的结构形式随着高强度钢的发展及焊接技术的进步而不断改进，钢塔壁厚也越来越薄。但对于薄壁型钢塔壁板单元制造及拼装工艺的研究却少之又少，薄壁板的焊接变形、对接精度等的研究亟须解决。在薄壁型板单元结构的焊接拼装中，焊接要求一直影响着结构对接拼装的精度，而且对于焊接产生的板单元的形变，如采用火焰修正不当则会对板单元产生二次损伤。依据狮子洋大桥钢塔的结构特点、制造工艺要求，本文系统阐述狮子洋大桥钢塔的制造工艺，提出制造工艺中的控制要点和具体控制措施。

关键词：薄壁　钢塔　制造工艺　控制要点　控制措施

1　引言

狮子洋通道路线全长约35.1km，其中双层桥长约15.85km，主桥段起点在小虎沥水道西侧（里程 K16＋804），向东跨越小虎沥，经小虎岛、沙仔岛，跨越珠江，在东莞港西大坦港区原4号码头处登陆，向东南止于港口大道西侧（里程 K24＋023），全长7.219km。主桥狮子洋大桥采用主跨2 180m双层钢桁梁悬索桥，过江段为双层双向8车道，其工程效果图如图1所示。

图1　狮子洋通道工程效果图

2 钢塔塔柱结构特点

索塔采用六横梁门式塔,索塔设置六道横梁,塔柱底面高程 +6m,塔顶高程 +344.916m,索塔总高度 338.916m,其中鞍罩高度 7m。主塔自下而上共分为 62 个节段,包含下塔柱、上塔柱两大部分,如图 2a) 所示。塔柱为钢混组合结构,其中塔柱混凝土部分采用钢板-混凝土组合索塔用高强、高弹、高稳健、低收缩混凝土,塔柱外壳及其加劲肋、横梁及其加劲肋部分采用 Q355D 和 Q355DZ35 钢材。

如图 2b) 所示,上塔柱采用单箱三室断面。高程范围为 +62.100 ~ +337.916m,截面尺寸由 11.346m×15.606m(横桥向×顺桥向)过渡到 7.690m×16.200m。范围内横向壁厚1.4 ~ 1.2m,纵向壁厚 1.0 ~ 1.2 ~ 1.6m。塔柱均设置钢壳,其中外侧钢壳 18mm,内侧钢壳 10mm。

如图 2c) 所示,下塔柱采用单箱三室断面。其中下塔柱高程范围为 +6.000m 至 +62.100m,截面尺寸由 12.09m×16.89m(横桥向×顺桥向)过渡到 11.346m×15.606m,下塔柱范围内横向壁厚 1.4 ~ 1.2m,纵向壁厚 1.0 ~ 1.2 ~ 1.6m。塔柱均设置钢壳,其中外侧钢壳 18mm,内侧钢壳 10mm。

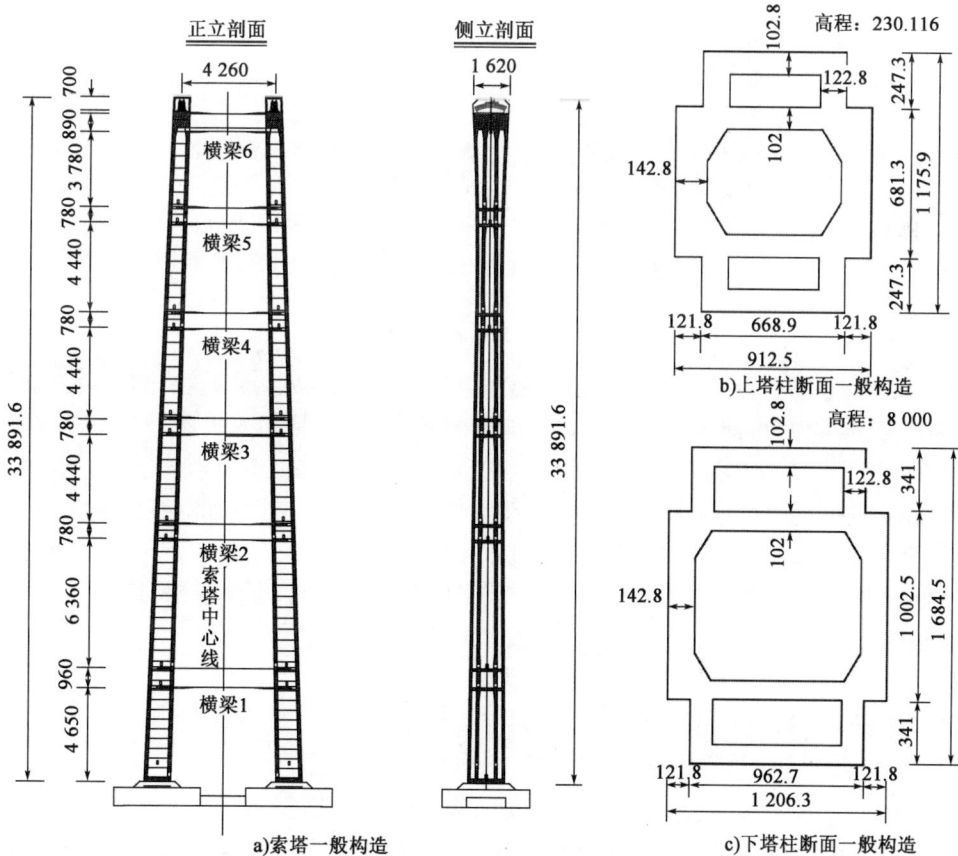

图 2　塔柱构造(尺寸单位:cm)

3 主塔钢壳板单元构造及制造工艺

主塔钢壳板单元主要由有内壁板及外壁板,两者均由壁板、竖向肋、横向肋、竖向钢筋、横向钢筋、剪力钉等组成。主要区别在于内壁板壁厚10mm,外壁板壁厚18mm,两者之上的横纵肋厚度因为壁厚不同而稍有不同,但制作工艺基本相同。内外壁板单元制作流程如图3所示。

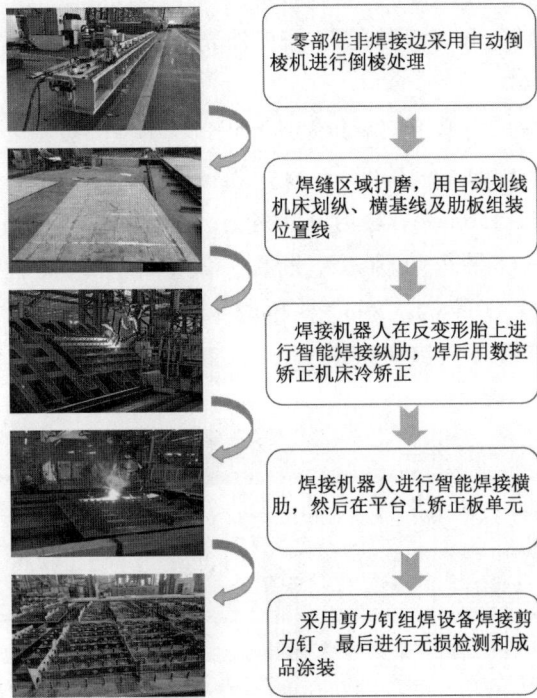

图3 主塔钢壳板单元制作工艺流程

4 主塔钢壳板单元制造工艺所采用的新技术

热矫正钢材时,高温区金属膨胀导致低温区金属受压,交界处组织疏松;急冷时,疏松组织收缩复原产生拉应力,可能导致拉应力超过金属材料屈服点,且高温区钢材有脆化现象。因此,热矫正规定了最高加热温度,避免材质发生变化;局部加热矫正时,应避免引起钢的性能变化,且在高温区避免急冷,防止淬硬组织的产生。为了不改变钢材原有的材质,本文引入了板单元数控冷矫正机床,与传统的数控热矫正机床相比,其具备以下优势:

(1)通过图像识别,智能感知检测板单元焊后平整度,进行自动化机械矫正;

(2)板单元平整度自动检测、矫正功能,改善施工环境;

(3)液压自动定位、压紧,能够精确完成板单元矫正;

(4)确保矫正后板单元平面度达到1mm以内。

如图4所示,本文采用的板单元数控冷矫正机床适用于工件长度为5~18m、工件宽度为1700~4500mm、工件厚度小于60mm的板单元,其产能大于18块/班。

此外,钢结构桥梁在目前桥梁发展中逐渐占据主导地位。焊接作为钢桥的主要连接方式之一,其板材在焊接过程中,会因热胀冷缩产生不可逆的变形,造成杆件的实际尺寸与设计尺寸之间的偏差,所以在杆件的热切割及焊接过程中需要考虑热胀冷缩造成的影响,因此在经过多次试验测量,对其测量数据进行比对,详见表1。

图 4　板单元数控冷矫正机床加工实景

焊接变形差（mm）   表 1

杆件	设计数值		测量数值		误差值		误差均值	
	长	宽	长	宽	长	宽	长	宽
板单元	4 796	2 733	4 794.5	2 732.0	1.5	1.0	0.9	0.7
	4 796	2 733	4 795.5	2 732.5	0.5	0.5		
	4 796	2 733	4 795.0	2 732.5	1.0	0.5		
	4 796	2 733	4 795.5	2 732.0	0.5	1.0		
	4 796	2 733	4 795.0	2 732.5	1.0	0.5		
	4 796	2 733	4 795.0	2 732.0	1.0	1.0		
	4 796	2 733	4 795.0	2 732.5	1.0	0.5		
	4 796	2 733	4 795.0	2 732.5	1.0	0.5		
	4 796	2 733	4 795.5	2 732.5	0.5	0.5		
	4 796	2 733	4 795.0	2 732.5	1.0	0.5		
肋板	2 733	278	2 732.0	278.0	1.0	0	0.8	0.4
	2 733	278	2 732.0	277.5	1.0	0.5		
	2 733	278	2 732.0	277.5	1.0	0.5		
	2 733	278	2 732.5	278.0	0.5	0		
	2 733	278	2 732.5	277.5	0.5	0.5		
	2 733	278	2 732.0	277.5	1.0	0.5		
	2 733	278	2 732.5	277.5	0.5	0.5		
	2 733	278	2 732.5	277.5	0.5	0.5		
	2 733	278	2 732.0	278.0	1.0	0		
	2 733	278	2 732.0	277.5	1.0	0.5		

根据表1的数据可知,在实际中工程中焊接变形对板材尺寸或多或少的会产生相应的变化,在后续的桥梁拼装中会导致焊缝的宽度变大,在焊接时会引起焊接变形和焊接应力,对后续焊接质量也造成影响,因此根据数据表中变化规律在桥梁拼装杆件的焊接过程中需预留出热胀冷缩导致板材尺寸的变化量,避免二次切割。

5 主塔钢壳板单元外形控制要点及控制措施

内(外)壁板单元是主塔钢壳结构中数量最大的板单元,也是主塔钢壳的主体组成部分,其平面成型直接影响到主塔成桥质量及主塔外观。内(外)壁板单元有如下结构特点:

(1)面板厚度薄,其中外壁板面板厚度18mm,内壁板面板厚度10mm,厚度越薄,板单元焊接时越容易变形。

(2)面板上横、纵肋板密布,焊缝多,每多焊接一条焊缝,就会多增加一点变形。

(3)面板上的横、纵肋属于细长零部件,切割下料时就容易产生变形。尤其是横肋,外形复杂,其上既有角钢连接角点的凸起,又有钢筋过肋孔,切割时极易变形。如果横、纵肋本身变形,相当于给内(外)壁板增加了初始变形量,加大了壁板控制变形的难度。

为保证内(外)壁板成品的平面度,我们从三个方面加以控制。一是在壁板零部件切割前以及切割过程中降低变形量;二是在壁板组装、焊接过程中控制变形量;三是在壁板单元组焊完成后,采用先进手段矫正变形。具体措施如下:

(1)用于壁板下料的钢板在预处理前赶平,严格控制钢板平面度。

(2)采用先进的数控激光切割机下料,切割速度快,切割面质量好,精度高,而且可以最大限度减少变形。

(3)纵肋组装时采用板肋自动组装机进行组装,严格控制板肋与面板间的组装间隙,同时板肋自动点焊定位。

(4)壁板采用焊接机器人配合反变形船位焊接,通过电弧跟踪技术,减小焊接变形,焊后控制松卡温度,保证焊接质量。

(5)采用板单元冷矫机床矫正,通过图像识别、智能感知检测板单元焊后平整度进行自动化机械矫正,确保矫正后板单元平面度≤1mm。

(6)板单元接宽后,使用自动打磨机打磨壁板外表面对接焊缝,确保壁板平面整体匀顺。

6 钢塔壁板单元接宽

为提高节段整体组装效率,同一平面内的壁板单元首先在胎架上三拼一。需要接宽的内外壁板单元,一般由中间和两侧共计3块壁板单元组成。板单元对接预先设置反变形,采用埋弧焊机或自动化焊接机器人焊接,焊后将焊缝外表面打磨平顺。壁板单元接宽制作工艺如图5所示。

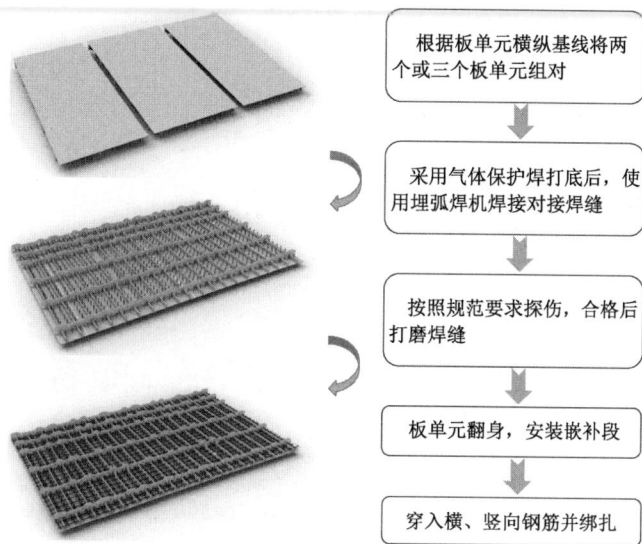

图5　壁板单元接宽制作工艺流程

7　结语

本文以狮子洋大桥主塔钢壳项目为工程背景,针对薄壁型钢塔壁板单元的制造及拼装工艺做出了以上研究,阐述了在主塔钢壳薄壁型板单元的制造过程中的控制要点及其工艺优化措施。本文提出的制造工艺具有科学性和合理性,各个控制要点和措施均精确有效。通过对主塔钢壳薄壁型板单元的工艺研究,我们在工艺技术上取得了突破,满足了行业相关规范的要求,为类似钢结构的制造积累了宝贵经验,并为类似钢结构的应用提供了有效的方法和依据。

参 考 文 献

[1] 朱庆菊,潘子剑,徐向军,等.大型斜拉桥钢塔节段间对接焊缝试验研究[C]//2023年全国建筑钢结构科技创新大会论文集.北京,2023.
[2] 程龙.东丰路立交桥钢塔制作工艺研究[C]//2018年全国学术年会论文集(下册).北京,2018.
[3] 潘丽婷,陈珊珊.柳州市白沙大桥钢塔制作工艺研究[J].钢结构,2017,32(5):77-80.
[4] 朴泷,周高明,张兴致,等.港珠澳大桥九洲航道桥钢塔制作技术优化及创新[J].钢结构,2016,31(8):75-80.
[5] 齐浩,杨永强,陈正.朝阳钢塔制作技术[J].钢结构,2016,31(4):79-81.

64. 公铁两用钢桁梁桥整节段装运关键技术研究

（上海振华重工（集团）股份有限公司）

摘　要：本文以巢马铁路马鞍山大桥为例，钢桁梁节段长28m、宽36m、高17.4m，最大重量达到1660t，钢桁梁节段整体运输至桥位现场进行安装。针对钢桁梁节段装卸船方案的关键技术进行研究，充分考虑制造厂和桥位现场的场地、设备、水文条件，分析对比浮式起重机方案、轴线车方案、平板滑移方案的优缺点和经济性，选择可操作性强、经济效益高的最优方案，供施工现场参考。同时，利用有限元软件对典型工况进行分析计算，保证施工安全。

关键词：钢桁梁　关键技术　有限元计算　节段整体运输

随着我国大跨度公铁两用钢桁梁桥施工技术的快速发展，对桥梁钢结构的产品质量和施工周期要求越来越高。钢桁梁节段在制造厂内完成拼装、焊接和涂装作业，运输至桥位现场进行整体安装，既能避免桥位因施工条件限制带来的钢桁梁制造质量的影响，又能大幅度地提高施工效率。本文以巢马铁路马鞍山长江大桥为例，针对钢桁梁节段整体装运大型浮式起重机方案、轴线车方案和平板滑移方案的关键技术进行研究。

1　工程概况

巢马铁路马鞍山公铁两用大桥主汊航道桥采用三塔钢桁梁斜拉桥结构，跨径布置为112m + 392m + 2×1 120m + 392m + 112m。主梁为上层桥面板桁组合、下层桥面箱桁组合的整体钢桁梁。钢桁梁两节间在制造厂内整体拼装完成后运输至桥位现场进行安装，钢桁梁发运节段长28m、宽36m、高17.4m，最大节段重量1 660t。钢桁梁发运节段如图1所示。

2　钢桁梁节段整体装运关键技术

由于巢马铁路马鞍山长江大桥桥位现场水文条件和临时码头条件限制，大型浮式起重机无法进场施工，平板滑移方案对临时码头建设和现场滑道支撑结构要求高、费用大，故钢桁梁节段桥位架设采用架桥机方案，运输船抵达桥位的指定位置定位即可，本文重点针对钢桁梁节段制造厂的装运方案进行研究。

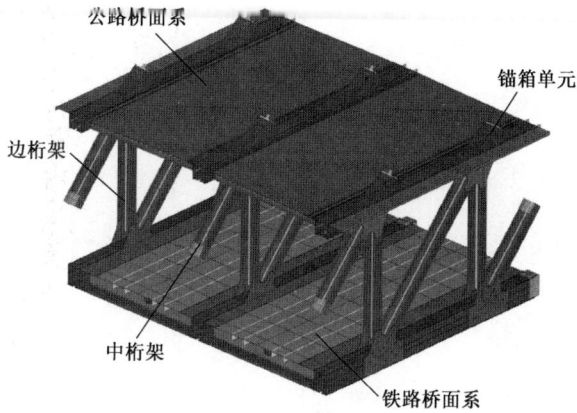

图1 马鞍山公铁大桥钢桁梁发运节段示意图

2.1 钢桁梁节段浮式起重机装运方案

马鞍山长江大桥钢桁梁节段最大起重吨位约1 660t,根据上海振华重工浮式起重机的吊装能力,可采用"振华5 000t浮式起重机"完成钢桁梁节段的吊装装船作业。浮式起重机参数和浮式起重机吊装实景图如表1和图2所示。

振华5 000t浮式起重机参数 表1

序号	技术参数	单位	数据	备注
1	最大吊重	t	四钩5 000t	不可回转
2	最大吊重回转半径	m	40～50	
3	主钩最大吊高	m	120	水面以上
4	作业吃水	m	5.8	
5	调遣吃水	m	5.8	
6	船长、船宽、型深	m	141.7×50.8×9.6	
7	船舶动力形式	—	非自航	

图2 振华5 000t浮式起重机吊装实景图

钢桁梁节段吊装上船前,根据吊装工艺和实际工况进行有限元分析计算,确保吊装施工安全和钢桁梁节段无塑性变形产生,有限元计算的应力、应变如图3所示。

在满足码头条件和水文条件的前提下,大型浮式起重机在钢梁整节段装卸船方面的应用比较常见,施工方案相对简单。本项目钢桁梁节段在上海振华重工南通基地整体吊装,浮式起重机装船方案技术上可行,可以作为备选装船方案,在对比施工成本和效率后进行选用。

509

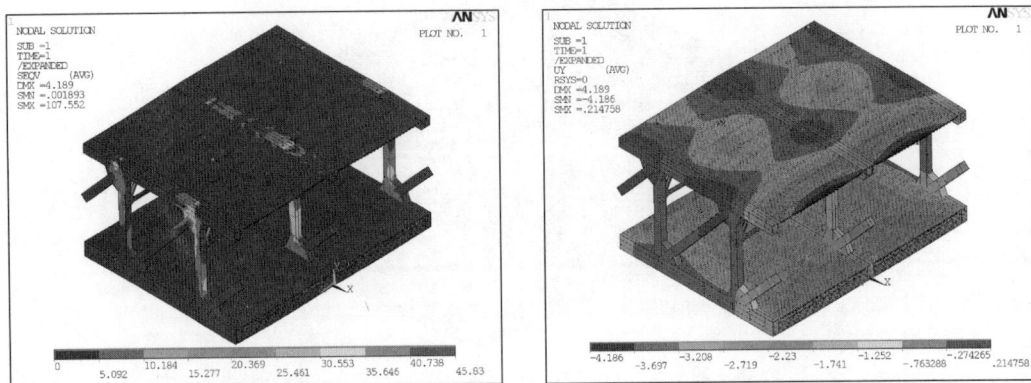

图3 钢桁梁节段吊装应力和应变图

2.2 钢桁梁节段轴线车装运方案

模块式设计的轴线车可自由组装,电控多模式360°原地转向,承载能力强(单轴承载40t),无级变速、运行平稳可靠。遥控控制、同步操作。满载爬坡能力强(2°或3.5/100),对码头地基要求不高,满足10t/m²即可。

2.2.1 模块化轴线车选择

马鞍山长江大桥钢桁梁节段重量最大约1 660t,每个航次运输2个节段。配置4PPU+72轴线,轴线车总质量为352t,总承载能力为72×40t=2 880t,SPMT轴线分组最大负荷为28.05t,对地压力为8.25t/m²。模块化设计的轴线车如图4所示。

图4 模块化设计的轴线车

2.2.2 钢桁梁节段运输船上的船运布置

运输驳船选择:总长125.8m,型宽28m,总宽34m,型深7.2m,设计吃水5.14m,钢桁梁两节段中心间距40m。船运布置示意图如图5所示。

2.2.3 轴线车布置及稳定性计算

轴线车在钢桁梁节段下设置4排72轴,轴线车在钢桁梁节段下如图6所示进行布置。

从安全角度考虑,稳定性是超宽和超高件运输的关键问题。通过放宽平板车的轮距,进行横向组合,轴线车液压悬挂回路选用4点支承系统最为有利,形成的装载区域就是平行四边形ABCD的面积,钢桁梁节段的重心落在平板车的承载区域内,通过监控液压系统的压力表确保装载正确。轴线车稳定性的计算模型和稳定角度计算如图7和图8所示。

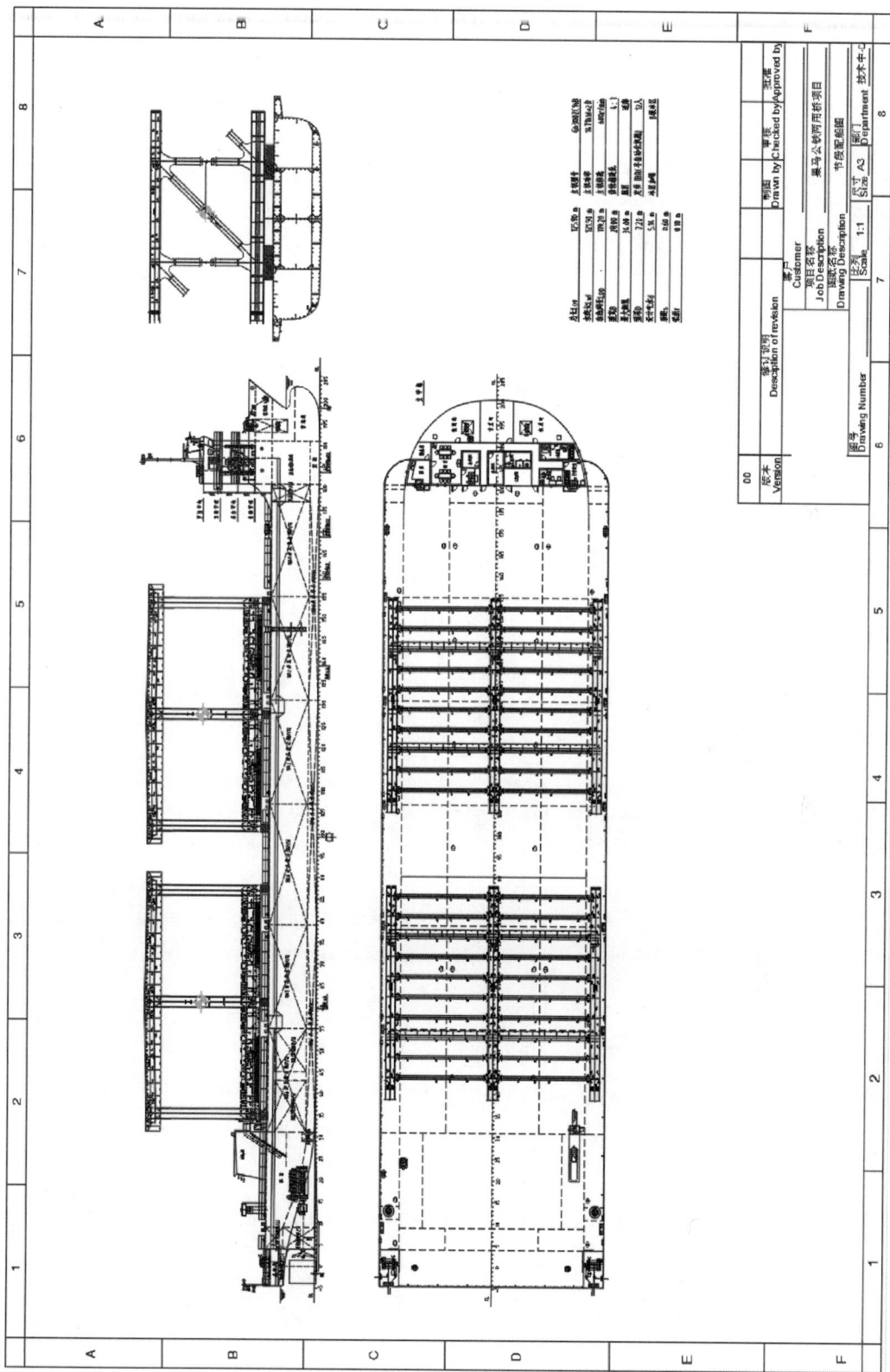

图 5　钢桁梁节段船运布置示意图

511

重量信息

设备自重(吨)	工装重量(吨)		重量信息		单轴长度(m)	总重量(t)
		单车重量(t)	车轴数量	SPMT净重(t)	PPU重量(t)	PPU数量	
1662.70	5.00	4.00	72.00	352.00	7.00	4.00	2019.70
		4.30					铰定(m) 1.40

受力计算

分组	空力计算(t)	每轴线载重(t)	单轴线载荷(t)	L1(mm)	L2(mm)	L3(mm)	L4(mm)	单轴长度(m)	每轴线对地压力(t/m²)	安全系数
A (2轴线)	1009.85	504.93	28.05	12305.00	12365.00	6300.00	6300.00	40.00	8.25	0.70
B (2轴线)		504.93	28.05			6300.00		40.00	8.25	0.70
C (2轴线)	1009.85	504.93	28.05	12305.00		6300.00		40.00	8.25	0.70
D (2轴线)		504.93	28.05					40.00	8.25	0.70

说明：
1、地面应应实、平整；
2、对地压力：8.25t/m²；
3、最大运输速度：1 km/h；
4、最大允许风速：12 m/s；
5、SPMT运输路径无任何阻碍；
6、运输项目的结构物业主检测；
7、假设设备重心位置；
8、侧向稳定：根据行业规范稳定角 >7°即为安全；根据塔侧向稳定计算图得出该工况的稳定角为 31.79°，确定安全。

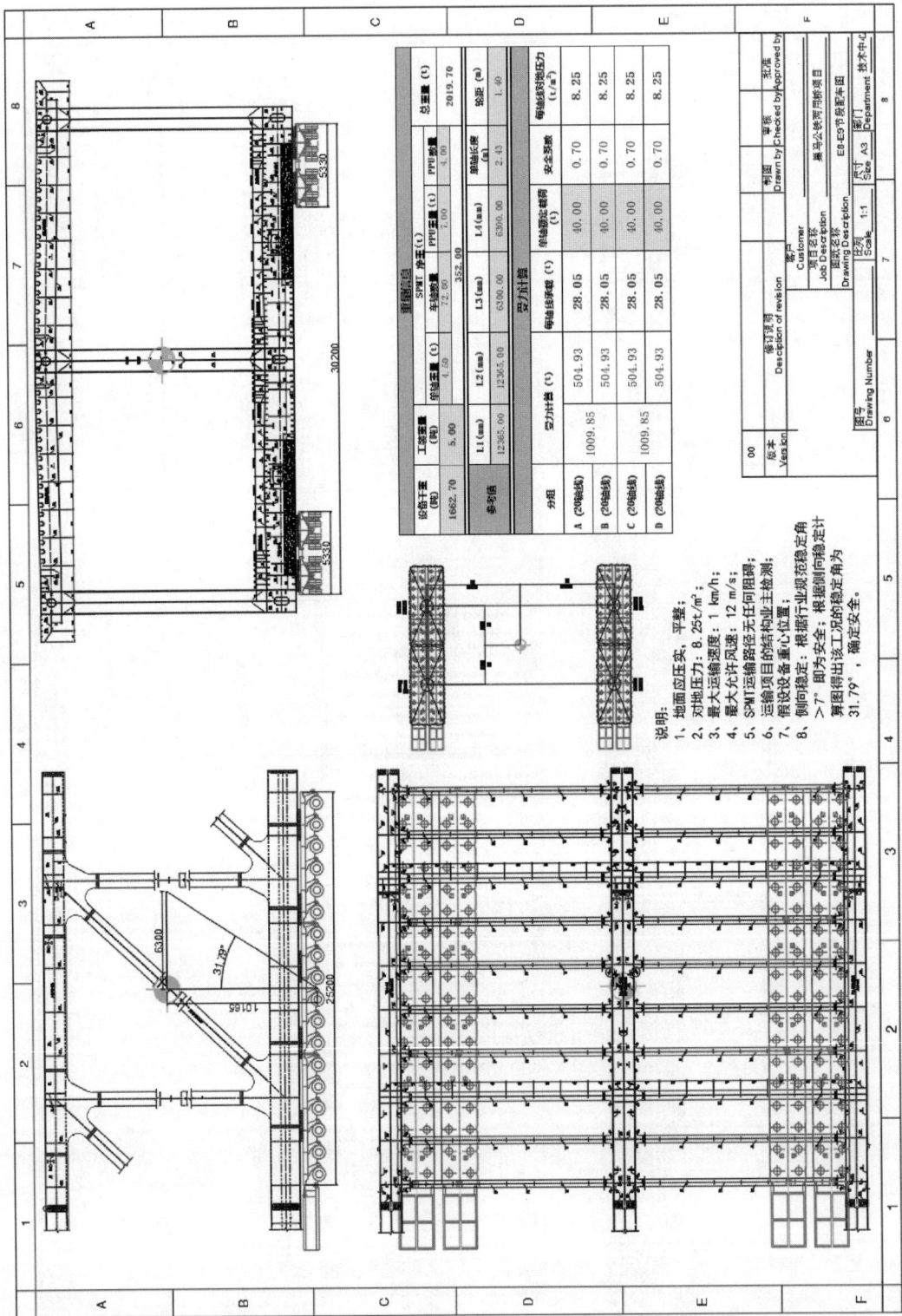

图 6 轴线车在钢桁梁下的布置图

版本 Version 00
审订说明 Description of revision
制图 Drawn by 审核 Checked by Approved by
客户 Customer
项目名称 Job Description 黑马公路雪雪项目
图纸名称 Drawing Description E8-E9节段架车图
图号 Drawing Number
比例 Scale 1:1 尺寸 Size A3 部门 Department 技术中心

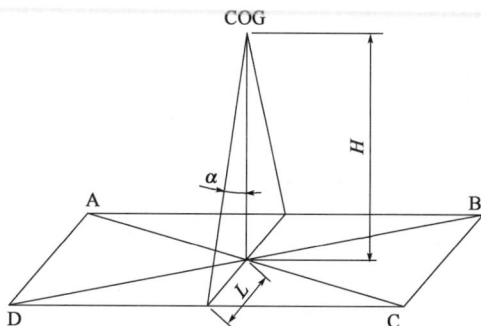

图7 钢桁梁节段在轴线车上的稳定性计算模型

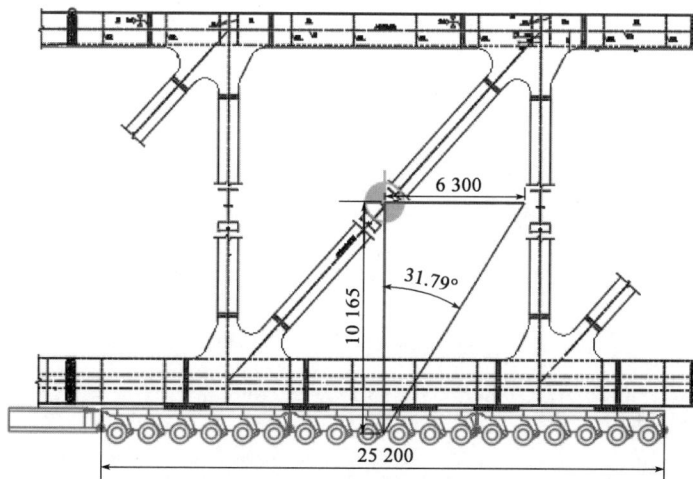

图8 运输稳定角度计算图(尺寸单位:mm)

运输稳定角度的计算公式为 $\tan\alpha = L/H$,其中 $H = 10\ 165\ \mathrm{mm}$,$L = 6\ 300\ \mathrm{mm}$,可得到 $\tan\alpha = 6\ 300/10\ 165 = 0.62$,侧向稳定计算图得出该运输工况的稳定角度 α 为 $31.79°$。根据行业规范要求,稳定角 $>7°$ 即可确保安全。

2.2.4 轴线车转运有限元计算

轴线车进行钢桁梁节段转运上船时,运输船预先压入适量压载水,进行前后左右调载,确保运输船与码头保持平齐。码头前沿与运输船甲板的中间空隙设置12块专用跳板进行过渡连接。

为确保轴线车转运施工安全和不损伤钢桁梁节段结构,根据钢桁梁节段下轴线车布置方案进行有限元分析计算,应力和应变结果如图9所示,均满足规范要求。

2.3 钢桁梁节段平板滑移装运方案

平板滑移方案对施工场地码头的要求比较高,船上和岸上滑道表面要始终保持在同一个平面,不能有坡度。上海振华重工南通基地的码头场地平整、滑道设备齐全,按要求在运输船上铺设滑道即可完成钢桁梁节段滑移上船,故下面重点介绍桥位现场的平板滑移上岸方案。

2.3.1 平板滑移前期准备和运输船舶靠泊

运输船舶靠岸前,桥位码头上的所有滑道需摆放到位并进行调平,3次滑移区域内的锚机预埋基础板及牵引地锚安装到位,同时第一次码头滑移区域内的牵引、保险锚机及泵站摆放到位。

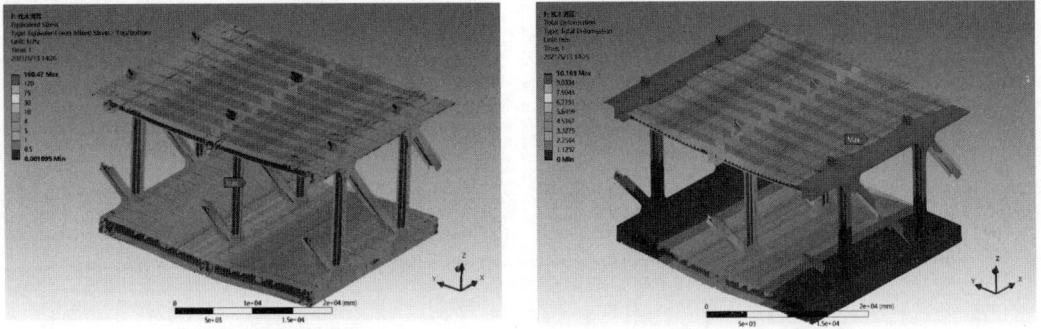

图9 轴线车转运有限元计算应力和应变图

2.3.2 钢桁梁节段卸船及岸上滑移

钢桁梁节段卸船及岸上滑移方案的关键操作如下：

（1）运输船靠泊、系缆并对位；

（2）完成第一个钢梁节段卸船前的准备工作，包括穿牵引、保险钢丝，割除运输绑扎件等；

（3）利用设置在第一次码头滑移区域的锚机，将钢桁梁节段牵引上岸至距离码头200m位置处；

（4）解除牵引、保险系统，移除保险锚机；

（5）将第一次滑移区域内的2台牵引锚机移位至第二次滑移区域内指定位置，重新安装牵引系统；

（6）牵引钢桁梁节段至距离码头约400m位置处；

（7）重复上述步骤（4）和（5），直至钢桁梁节段到位；

（8）将第三次滑移区域内的牵引锚机和2台保险锚机一同安装回第一次滑移区域；

（9）运输船移船约40m，第二个钢桁梁节段对位；

（10）重复上述步骤（2）~步骤（7），直至第二个钢桁梁节段滑移到位。

2.3.3 钢桁梁节段平板滑移有限元计算

针对钢桁梁节段的滑移工况进行有限元分析计算，确保滑移过程中不损坏钢桁梁结构，并保证施工安全。滑移工况的应力及应变结果如图10所示，最大应力为175MPa，最大挠度值为14.4mm，满足规范要求。

平板滑移方案对桥位临时码头和滑移设备要求很高，包括桥位码头水深、运输船的靠泊长度、滑移轨道的铺设、牵引锚的移位等，施工成本相对较高，钢桁梁桥位作业在成本控制和工期要求等方面不占优势。

3 钢桁梁节段运输路线

钢桁梁节段在制造厂内制作完成后，采用自航驳船运输至桥位现场，一个航次运输两个节段，航运距离180n mile，15h即可运抵桥位现场。

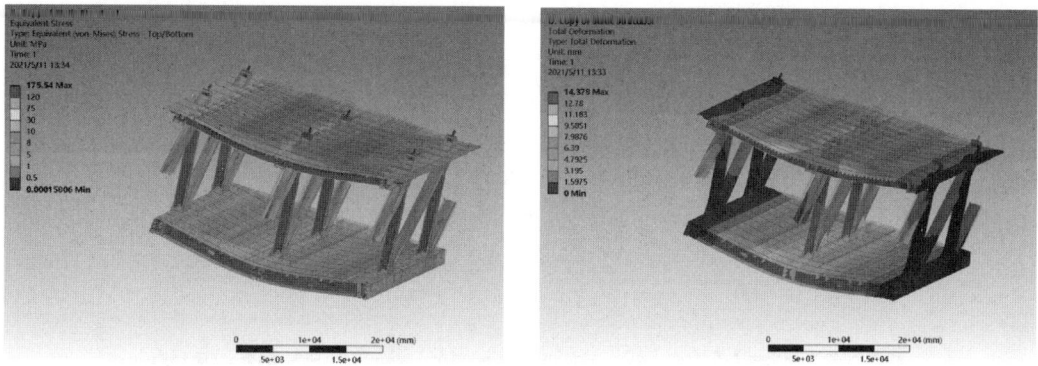

图10 钢桁梁节段平板滑移有限元计算应力和应变图

4 结语

本文以巢马铁路马鞍山公铁大桥典型钢桁梁节段为例,详细介绍了浮式起重机装运方案、轴线车装运方案和平板滑移方案,充分考虑钢梁制造厂和桥位现场的施工条件、码头情况、设备要求,对比三种方案的成本、工期和操作性等方面,轴线车方案相对成本更低、操作简单、可控性更强。

通过本文钢桁梁节段装运方案的研究,可对后续类似桥梁钢结构节段整体运输发挥很好的参考作用。

参 考 文 献

[1] 张永涛,周仁忠,高纪兵.崇启大桥大节段整体吊装技术研究[J].中外公路,2011,31(6):84-88.
[2] 刘鹏,贺拴海,赵英策.港珠澳大桥大节段钢箱梁海上运输关键技术研究[J].合肥工业大学学报,2015,38(1):85-90.
[3] 王志城,许春荣.185m长大节段钢箱梁滚装上船及水上运输关键技术[J].中外公路,2012,32(5):170-173.

65. 既有桥梁护栏快速改造及关键部位连接技术研究与应用

李应根　李志勇　俞　楠

（宁波市交通规划设计研究院有限公司）

摘　要：本文提出了一种既有桥梁护栏快速改造方法，该方法采用超高性能混凝土（UHPC）作为桥梁预制拼装护栏关键部位的连接材料，以期充分发挥其优异的抗冲击性能和黏结强度。同时，通过小客车、大型客车及大型货车的有限元碰撞模拟分析及实车撞击试验进一步验证了 UHPC 连接的节段预制拼装护栏具有良好的阻挡、缓冲及导向性能，UHPC 关键连接部位安全可靠。最后，通过试点工程应用证明了该方法的适用性强，技术、经济及社会效益显著。

关键词：快速改造　预制护栏　UHPC　模拟分析　碰撞试验

钢筋混凝土护栏[1]是公路和市政工程交通安全设施的重要组成部分，对撞击车辆具有阻挡、缓冲、导向的作用，用以保护乘员安全，对于行车安全具有重大的意义。近年来，桥梁护栏被撞损事件常有发生，传统的现浇护栏维修方式具有现场作业养护时间长、封道范围大、封道期间行车安全隐患突出等缺点，急需一种桥梁既有护栏快速化改造方法。而节段预制拼装护栏[2-3]采用工厂预制、现场安装的方式，能够很好地解决传统现浇护栏的一系列弊病，但同时节段拼装护栏存在着预制护栏与桥面板之间的连接、节段预制护栏之间纵向连接的难点[4-8]。与此同时，UHPC[9-13]具有更高的强度、更好的延性和韧性，更为优秀的耐久性和抗冲击性能，因此，本文考虑将 UHPC 材料作为节段拼装混凝土防撞护栏关键连接处的材料，充分发挥其优异的抗冲击性能，满足防撞护栏装配化需求。通过有限元模拟、实车碰撞试验及实际工程应用求证 UHPC 连接的节段预制拼装护栏的阻挡、缓冲、导向功能，UHPC 关键连接部位的可靠性及实际应用的可操作性。

1　UHPC 连接的护栏快速改造法

基于 UHPC 连接的既有桥梁护栏快速改造技术法（简称"UHPC 连接的护栏快速改造法"）是一种将 UHPC 作为预制节段护栏与桥面板、预制节段护栏之间纵向连接材料的既有护

基金项目：宁波市公益性研究计划项目，2023S178；宁波市交通运输重大类科技项目，202121；宁波市交通运输科技项目，202302。

栏快速化改造方法。每个预制节段护栏长度为 4m(曲线段可采用 2m),节段护栏在工厂进行预制,待养护达到设计强度后运输至现场安装,再使用 UHPC 浇筑关键连接部位。

每个预制节段护栏上有直径 10cm、纵向间距 100cm 的 UHPC 浇筑孔,该孔用于向内浇筑 UHPC 用以护栏和桥面板间的连接;预制节段护栏预留槽口之间先采用环氧树脂胶填补空隙,之后向内灌注 UHPC 用以连接各个预制节段护栏。另外,每个预制节段护栏每侧留有 5 根直径为 20mm 的预埋钢筋,横向交错布置;铺装层钢筋、桥面板植入钢筋与预制护栏预留钢筋通过两根直径 28mm 的纵向钢筋连接。主要结构及配筋见图 1、图 2。

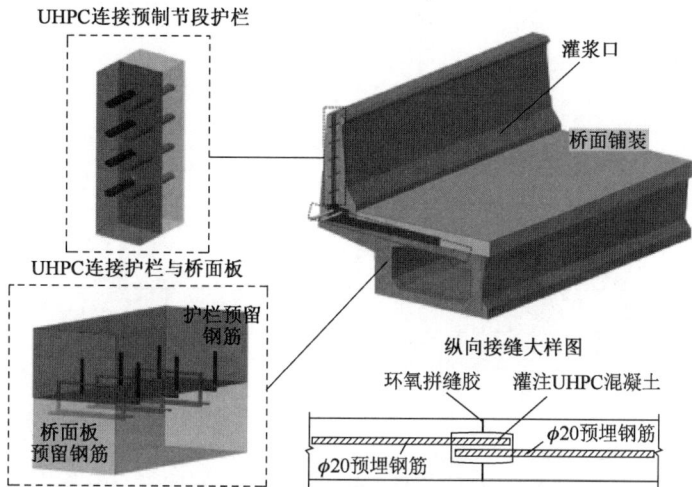

图 1　护栏改造结构图

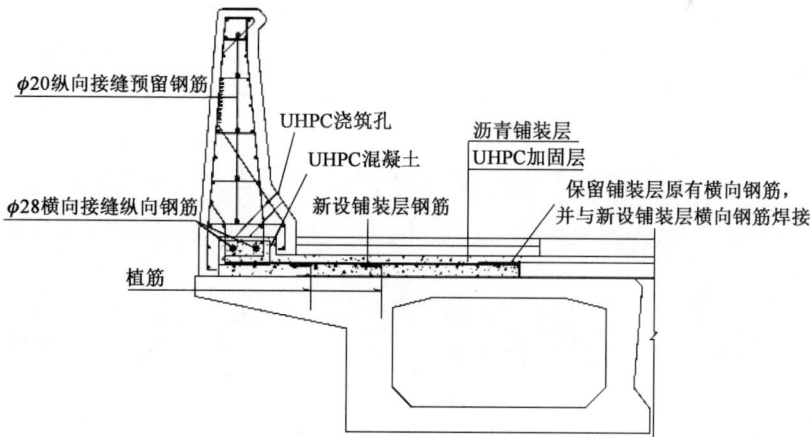

图 2　护栏改造配筋图

UHPC 连接的护栏快速改造法具有下述优点:

(1)充分利用了 UHPC 与钢筋之间的超高黏结强度,使用 UHPC 灌浆料可大幅缩短钢筋锚固长度,提高后浇区钢筋与混凝土的协调工作能力。

(2)UHPC 作为节段拼装混凝土防撞护栏关键连接处的材料,充分发挥其优异的抗冲击性能,满足防撞护栏装配化需求。

(3)在桥面悬臂板负弯矩区设置 UHPC 现浇层,充分发挥了 UHPC 高强材料特性,有效解决了以往改造类项目护栏防撞能力提升而桥面悬臂板需另外加固的痛点,增加了结构安全富余度。

（4）工厂预制现场安装的护栏改造方式，大大缩减了现场作业时间，减少了封道时间及现场作业空间，尤其适用于护栏应急改造类项目。

同时，根据相关行业规范[14-15]，对改造后的护栏及桥面悬臂板承载能力进行验算，结果表明改造后的钢筋混凝土护栏均能够满足相应等级防护性能要求。然而理论计算并不能验证节段预制拼装护栏的阻挡、缓冲、导向性能及关键连接部位的可靠性，故本文将通过有限元分析及实车碰撞试验对其可靠性进行进一步验证。

2 有限元分析

2.1 有限元模型

（1）车辆模型。

根据《公路护栏安全性能评价标准》（JTG B05-01—2013）的要求，撞击车辆类型和撞击参数见表1。每种车辆撞击节段预制拼装护栏的仿真分析均设置一组整体浇筑普通混凝土护栏作为对照组。

撞击车辆类型和撞击参数 表1

碰撞车型	车辆总质量(t)	撞击速度(km/h)	撞击角度(°)
小型客车	1.5	100	20
大型客车	14	80	20
大型货车	25	60	20

利用 Ls-Dyna 有限元软件，小型客车采用高速公路上常见的小客车，为了缩短计算时间对轿车模型进行简化，删除轿车内部的座椅、转向盘等内饰，采用等质量点进行代替，采用 20 号刚性单元来建立发动机模型。全车采用了大量的壳单元来建立轿车的外形，为了控制模型的沙漏能，设置关键字 * CONTROL_SHELL、* CONTROL_AC_CURACY、CONTROL_HOURGLASS 等，其中用于全局控制的沙漏采用 5 号基于刚度的沙漏计算公式，沙漏系数设置为 0.05。大型客车采用和小客车相同的简化方法，大型货车采用美国国家碰撞中心 NCAC（Nation Crash Analysis Center）建立的 HGV 半挂牵引车，该车模型由牵引车以及大货车组成。主要车辆模型如图 3 所示，车辆基本参数见表 2。

a)小客车模型　　　　　　b)大型客车模型　　　　　　c)大型货车模型

图 3　车辆有限元模型

车辆基本参数 表2

车辆类型	总质量(t)	车长(m)	车宽(m)	质心高度(m)
小客车	1.5	4.6	1.8	0.518
大型客车	14	11	2.5	1.29
大型货车	25	12	2.4	1.581

（2）护栏模型。

根据设计图纸建立护栏模型及相关边界条件，在实车撞击中护栏和地面板采用 UHPC 连接,可以认为地面为刚性体,约束住所有的自由度;按照规范建立起40m长的护栏模型,每节段4m长,每个节段预制护栏之间采用关键字 * CONTACT_AUTO_MATIC_SURFACE_TO_SURFACE,接触刚度设置为1.0;预制节段护栏之间的UHPC和普通混凝土之间采用共节点,地面-UHPC-护栏之间采用自动面面接触;钢筋和混凝土之间采用关键字 * CONSTRAINED_LAGRANGE_IN_SOLID,此关键字采用的是拉格朗日算法,能较好地模拟出钢筋和混凝土之间的黏结滑移特性。

(3)车辆撞击护栏模型。

依据规范,将撞击点设置在护栏标准段起点的 $L/3$ 处,其中护栏和车辆之间的接触为自动面面接触,摩擦因数设置为0.3,给车辆设置一个 rigidwall 作为行驶地面并和护栏地面齐平,将计算时间设置为1.0s。同时规定车辆行驶方向 X 轴定义为横轴,垂直车辆方向为 Y 轴定义为纵轴,车辆撞击护栏有限元模型如图4所示,此处仅给出小客车撞击护栏模型,其余车辆撞击模型类似。

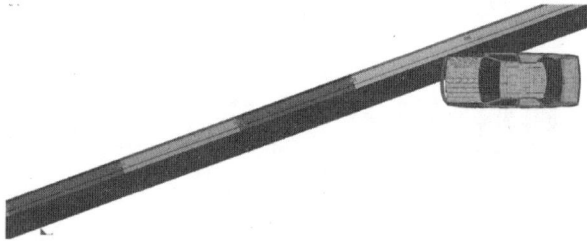

图4 车辆撞击护栏有限元模型

2.2 阻挡及导向功能评价

(1)小客车。

采用 Ls-Dyna 的后处理软件提取出撞击过程,在整个碰撞的全程中,小客车没有出现骑跨、翻过、穿越护栏的情况,同时也没有出现护栏构件侵入车辆内部的情况,可以认为预制节段拼装护栏具有良好的阻挡功能。

小客车撞击过程的行驶轨迹如图5、图6所示,依据测量撞击之后车辆驶出角度均为10°,小于规范要求的12°。整个撞击过程可以分为如下两个阶段:①在0.1时车头撞击护栏,车辆行驶方向随即和护栏平行;②随着惯性在0.2s时车尾撞击护栏,车辆行驶方向偏离护栏,同时造成车辆腾空。从导向图可以看到撞击后轮迹处于驶出框中,可以认为节段预制拼装护栏具有良好的导向性。

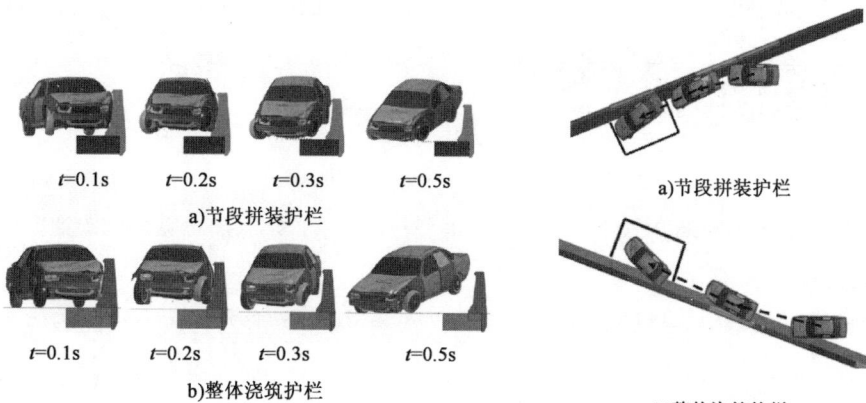

t=0.1s   t=0.2s   t=0.3s   t=0.5s
a)节段拼装护栏

t=0.1s   t=0.2s   t=0.3s   t=0.5s
b)整体浇筑护栏

图5 小客车撞击护栏过程

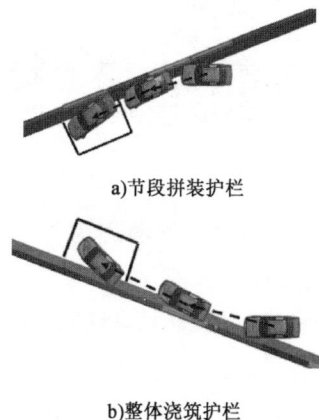

a)节段拼装护栏

b)整体浇筑护栏

图6 小客车撞击行驶轨迹

（2）大型客车。

大型客车车头高、车身长，和护栏碰撞时很容易发生倾覆对车内乘员造成严重的生命危害。因此对预制节段拼装护栏的阻挡和导向功能的要求较高，以下选取质量为14t、车速为80km/h的大型客车进行20°的斜向撞击，以此来分析评价节段预制拼装护栏的安全性。

如图7所示，在0.1s时大型客车车头和节段预制拼装护栏发生了碰撞，一直到0.3s车头一直在发生变形，此时车头倚靠在护栏上滑移了一段距离。0.3s后大型客车车身逐步向护栏处漂移，直至全车完全依靠在护栏上。结合图8在撞击全过程中，全车未出现骑跨、越过、翻转过护栏的现象，同时撞击结束后客车顺着护栏的方向行驶，小于撞击角度的60%。可见，节段预制拼装护栏具有良好的阻挡及导向功能。

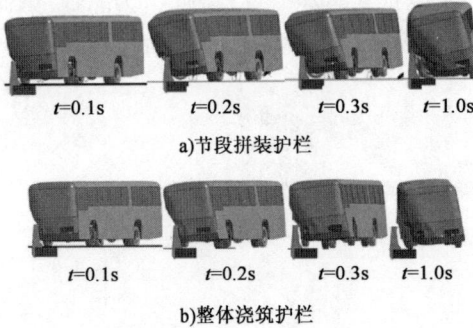

a）节段拼装护栏

b）整体浇筑护栏

图7　大型客车撞击护栏过程

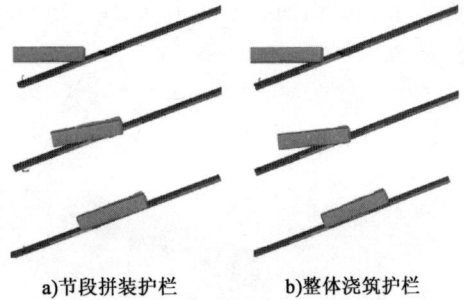

a）节段拼装护栏　　　　b）整体浇筑护栏

图8　大型客车撞击行驶轨迹

（3）大型货车。

从图9、图10可知，在撞击护栏过程中，大型货车并没有出现跨越、翻越、骑跨护栏的现象。在0.1s时牵引车车头撞击节段预制拼装护栏，随后车头改变行驶方向顺着护栏的方向行驶，在大约0.8s时挂车由于惯性漂移由侧面车身撞击护栏，最后整车保持一定的倾斜角度倚靠着护栏行驶。和节段预制拼装护栏相比，车辆撞击普通混凝土护栏时车头的变形会更加严重。综上所述，节段预制拼装护栏能够有效地阻止大型货车冲出路面，同时又具有良好的导向性。

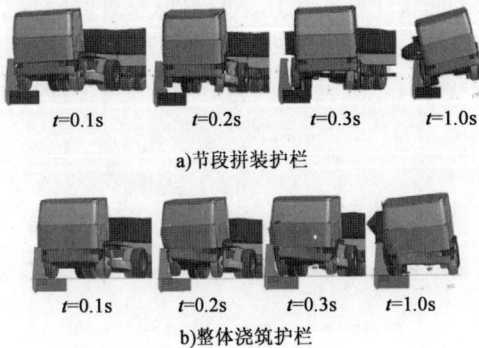

a）节段拼装护栏

b）整体浇筑护栏

图9　大型货车撞击护栏过程

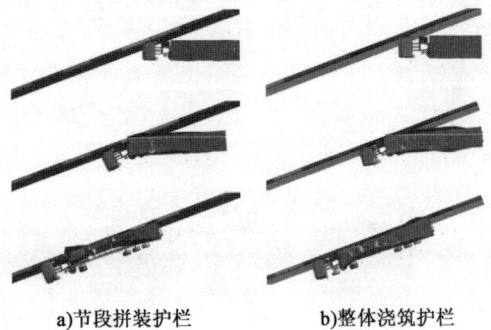

a）节段拼装护栏　　　　b）整体浇筑护栏

图10　大型货车撞击行驶轨迹

2.3　缓冲能力评价

车辆和护栏碰撞产生的接触力往往能够反映碰撞过程，撞击力的大小也能够体现出护栏的缓冲能力。

（1）小客车。

将撞击力分解成横向和纵向，提取出模型中的撞击力如图11所示，节段拼装护栏和普通混凝土护栏撞击过程中出现了两个波峰,分别在0.08s和0.18s达到峰值,对应了上述的车头和车尾撞击。对比横向和纵向撞击力时程曲线,节段预制拼装护栏和普通混凝土护栏基本具有相同的响应。

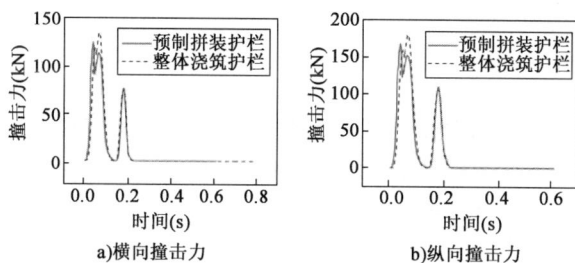

图11　小客车撞击护栏接触力时程曲线

（2）大型客车。

图12给出了节段预制拼装护栏和普通混凝土护栏撞击力时程曲线对比,可以很明显地看出,大型客车撞击普通混凝土护栏时出现了两段很明显的波峰,分别依次对应车头和车尾撞击,第二次车尾的撞击产生的撞击力远高于第一次车头的撞击,数值约为第一次撞击的2倍。而节段预制拼装护栏在整个客车撞击过程中只出现了一个波峰,这点和图7中体现出的撞击过程相吻合。因此仅从撞击力时程曲线来看,节段预制拼装护栏撞击次数更少、更具安全性。

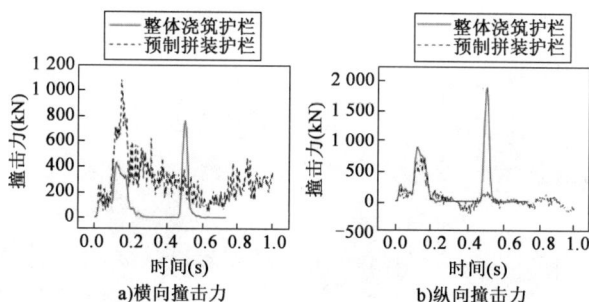

图12　大型客车撞击护栏接触力时程曲线

（3）大型货车。

如图13a）所示,在车头撞击时,节段预制拼装护栏的峰值横向撞击力要低于普通整体浇筑护栏,0.8s挂车侧身撞击节段预制拼装护栏时的峰值加速度要高于普通混凝土护栏大约$20g$。由图13b）可以得知,两种类型的护栏在纵向撞击力时程曲线上没有太大的差别。从总体来看,挂车侧身撞击护栏产生的撞击力要高于牵引车车头的撞击。从保护驾驶舱内人员的角度来看,节段预制拼装护栏拥有更好的缓冲吸能效果。

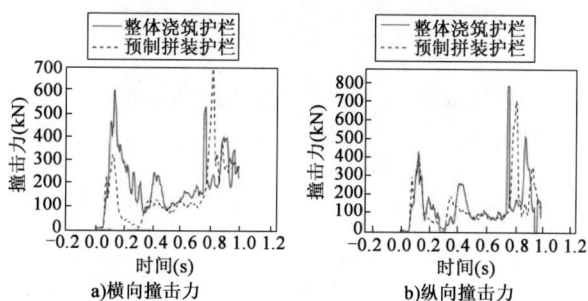

图13　大型货车撞击护栏接触力时程曲线

521

综上所述,节段预制护栏与普通现浇钢筋混凝土护栏一致,具有良好的阻挡和导向性能,同时,基于 UHPC 连接的节段预制拼装护栏拥有更好的缓冲吸能效果。

3　实车碰撞试验

3.1　碰撞条件

采用了大型货车实车足尺碰撞试验,大型货车的质量为 25t,碰撞速度为 60km/h,碰撞角度为 20°,碰撞能量达到 400kJ。大型货车的转向系统、悬架系统、车轮以及前后桥的配载情况均符合《公路护栏安全性能评价标准》(JTG B05-01—2013)的要求。实车碰撞试验现场如图 14、图 15 所示。

图 14　实车碰撞试验现场

图 15　实车碰撞车辆

3.2　碰撞过程分析

如图所示的车辆轨迹线,车辆以 20° 斜碰预制节段护栏的接缝处,可以观察到车辆的行驶轨迹被严格限制在导向驶出框内,这意味着在碰撞过程中,预制节段护栏成功地引导车辆沿着既定的路径行驶,避免了车辆偏离轨道或发生失控的情况,实车碰撞试验进一步表明了预制节段护栏具有良好的阻挡、导向功能,如图 16 所示。

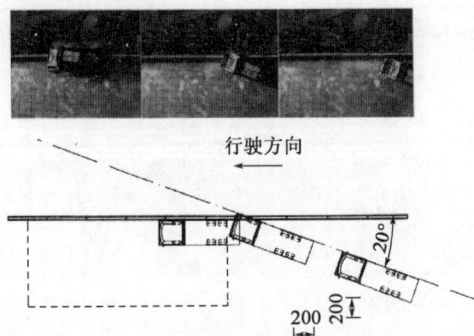

图 16　实车碰撞行驶轨迹线(尺寸单位:cm)

3.3 碰撞结果分析

碰撞结果分析如下。

（1）如图17所示，整体上来看只有碰撞点位置处表面的混凝土轻微剥落，其余各部位基本保持完好，没有明显的损伤，这表明预制节段护栏在碰撞时能够有效吸收和分散冲击能量，将其传递到不同的节段中。

图17 节段预制护栏损伤情况

（2）护栏与基座的UHPC连接缝、节段预制护栏之间的UHPC连接缝都显示出良好的耐撞性能，UHPC关键连接部位的可靠性得到验证。更进一步地，证明了UHPC连接缝在预制节段护栏中的重要性和优越性，它能够确保连接处的强度和稳定性，有效地防止冲击能量集中在单个节段护栏上，提高了整体的抗冲击能力和耐用性。

通过实车碰撞试验，进一步验证了UHPC连接节段预制护栏的可靠性，为UHPC连接的护栏快速改造法提供了有力的支撑。

4 实际工程应用

UHPC连接的护栏快速改造法成功应用于宁波某高速公路应急抢修工程。因车辆碰撞及火烧，宁波杭州湾跨海大桥南岸连接线某桥钢筋混凝土护栏严重受损，如图18所示。同时由于现状桥梁防撞护栏已无法满足现行规范防撞要求，故需对该桥防撞护栏进行提升改造设计，从而将本文提出的UHPC连接的护栏快速改造法应用于该项目，如图19所示。

图18 桥梁既有护栏受损情况

UHPC连接的护栏快速改造法为该项目的应急抢修争取了宝贵的时间，创造了良好的经济和社会效益，同时验证了该方法的实际可操作性，为类似工程项目的改造提供了参考案例。

| a)节段浇筑及养护 | b)护栏节段吊装定位 | c)现场浇筑UHPC | d)浇筑完成 |

图19 桥梁既有护栏改造主要过程

5 结语

(1)通过有限元模拟分析小客车、大型客车及大型货车3类车辆碰撞护栏的过程,表明 UHPC 连接的节段预制护栏具有良好的阻挡和导向性能,相较于现浇钢筋混凝土护栏具有更好的缓冲吸能效果。

(2)通过实车碰撞试验,碰撞结果验证了 UHPC 关键连接部位良好的抗冲击性能和可靠性。碰撞过程进一步验证了 UHPC 连接的节段预制护栏具有良好的阻挡、缓冲、导向功能。

(3)通过实际工程应用,表明了 UHPC 连接的护栏快速改造法结构设计合理,可操作性强,可供类似改造工程项目参考使用。

参 考 文 献

[1] 欧阳邦,李刚,祖元弟.欧洲常用防撞护栏功能分类及其优缺点分析[J].中外公路,2009,29(4):279-281.

[2] 罗军淇,吴桂胜.预制混凝土护栏纵向连接方式的实验研究[J].建筑工程技术与设计,2016(4):1253-1254.

[3] 孟磊磊,航郭,刘士岳,等.预制防撞护栏在城市高架桥应用的展望[J].建筑工程技术与设计,2017(11):5872.

[4] 蒋键锆,王银辉,李志勇,等.超高性能混凝土节段拼装混凝土护栏受力性能分析[J].科学技术与工程,2021,21(15):6463-6471.

[5] SHOUSHTARI E,SAIIDI M S,ITANI A. Design,Construction,and Shake Table Testing of a Steel Girder Bridge System with ABC Connections[J]. Journal of Bridge Engineering,2019,24(9):1.

[6] 苏高裕.可拆装混凝土桥梁护栏基础及纵向连接结构形式研究[J].广东公路交通,2013(4):38-42.

[7] 李景丰,孔庆宇,王新荣.高速公路装配式桥梁混凝土护栏嵌固式基础结构研究[J].公路交通科技(应用技术版),2020,16(9):279-281.

[8] 虎邵,梁亚平,李雷,等.装配式组合型桥梁护栏关键技术研究[J].公路,2021,66(1):240-243.

[9] 邵旭东,樊伟,黄政宇.超高性能混凝土在结构中的应用[J].土木工程学报,2021,54(1):1-13.

[10] 崔冰,王景全,刘加平.UHPC 桥梁研究进展与规模化应用技术路径分析[J].中国公路学报,2023,36(9):1-19.

[11] YOO D, BANTHIA N. Mechanical properties of ultra-high-performance fiber-reinforced concrete:A review[J]. Cement and Concrete Composites,2016(73):267-280.

[12] 蒲心诚,王志军,王冲,等.超高强高性能混凝土的力学性能研究[J].建筑结构学报,2002,23(6):49-55.

[13] YI N, KIM J J, HAN T. Blast-resistant characteristics of ultra-high strength concrete and reactive powder concrete[J]. Construction and Building Materials,2012,28(1):694-707.

[14] 中华人民共和国交通运输部.公路交通安全设施设计细则:JTG/T D81—2017[S].北京:人民交通出版社股份有限公司,2017.

[15] 中华人民共和国交通运输部.提升公路桥梁安全防护能力专项行动技术指南[M].北京:人民交通出版社股份有限公司,2019.

66. 海上引桥断桩快速修复技术

廖云沼

(中铁广州工程局集团有限公司)

摘　要：码头引桥 PHC 桩基在复杂海况环境下易受到船舶撞击导致断桩，必须在短时间内快速修复以减小营运损失。本文针对引桥 PHC 桩断桩修复，总结了受损 PHC 桩桩身修复、顶升横梁调整内力、新增桩基并扩大横梁共同受力的方法，实现了在引桥受损部位不卸除上部结构荷载情况下的快速修复，为今后类似工程提供借鉴。

关键词：引桥　PCH 桩　断桩　快速修复　顶升　补桩

1　引言

离岸式码头的引桥常采用 PHC 桩的桩基结构，因引桥位于码头后方，设计时通常不考虑船舶撞击，故未设置防撞桩等保护措施。但在恶劣海况环境下，海上船舶撞击引桥造成桩基破损、断裂缺失的事故频繁发生。对已投入使用的码头，需对引桥受损桩基进行快速修复，以降低码头停运损失，但如果采用拆除受损桩基上部结构进行修复的方案，工期长且成本高。

本文基于上海临港新城东港区公用码头一期工程引桥"7·27"受损事故码头修复工程，通过受损桩基修复补强、横梁反顶消除内应力、补桩并扩大下横梁增加受力储备的措施，在满足结构修复后受力状态符合设计要求的前提下，实现了不拆除引桥上部梁板等荷载结构的断桩快速修复，最大限度降低了码头停运损失和修复成本投入，对今后同类修复工程施工具有重要参考借鉴意义。

2　工程概况

上海临港新城东港区公用码头一期工程为离岸式码头，采用高桩梁板式引桥与码头相连。该工程位于杭州湾北岸，受潮汐影响，属非正规的浅海半日潮，当地平均高潮位为 3.49m，平均低潮位为 0.23m，最大垂线平均流速在 2.68m/s 左右。

在该工程营运期间，因海况原因，一艘驳船在码头附近进行内港池抛锚避风作业时不慎冲撞码头后方引桥，造成引桥 4 根外侧直桩（11A 号、12A 号、13A 号、14A 号）完全裂损，部分排架横梁及面板局部损伤。经现场观察及低应变检测确认，受损的 4 根桩基的使用性和安全性评估分级为Ⅳ级，建议报废重建；其他受检的主要结构构件（横梁、基桩、面板等）的使用性和安全性评估分级均为 A 级或 B 级，满足正常生产使用要求。根据现场调研，引桥为 PHC 桩桩基+现浇倒T形横梁+空心叠合板的结构,长968m,宽25m,其中桥面顶高程为7.4m(吴淞高程,下同),横梁底高程为5.0m。本次引桥被撞击的部位处为第二、三分段交界处,该分段长度为65m,其中悬臂端为2.5m,下部共设6榀间距为12m的排架。每榀排架桩基采用5根φ1m的PHC管桩,桩长为42~43m,包括1根直桩,2对斜度为5:1的叉桩,详见图1。

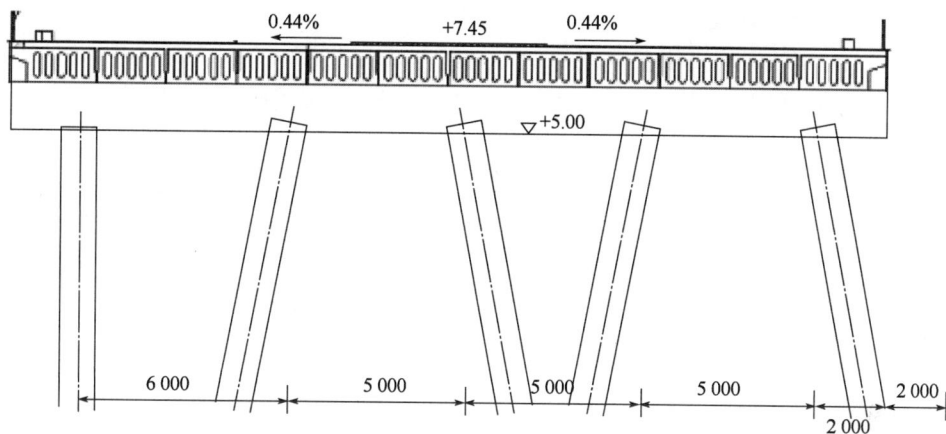

图1 引桥断面结构图(高程单位:m;尺寸单位:mm)

本次修复工程要求在不卸载码头工程引桥桥面板等上部荷载的工况下进行,要尽可能避免对原有引桥结构物的破坏,降低修复工程的各项成本投入,并缩短施工时间以尽快恢复码头运营。

3 技术方案

在不卸载码头引桥工程上部结构自重荷载的情况下,根据PHC桩受损程度对下部桩基进行修复加固处理,再利用加固后的下部桩基反顶悬臂排架以消减其内部应力,然后再通过注浆工艺将修复的下部桩基与下横梁相连,并在结构外侧受损桩基附近补桩,最后加大、加长排架横梁与补桩桩帽相连,使其作为受损桩修复后的安全保险储备。该方案主要内容包括:

(1)凿除受损桥墩PHC管桩的松散混凝土,开洞抽出管桩内部积水,在管桩空心部分灌注细石混凝土加固补强;将桥墩PHC管桩受损处钢筋按原管桩钢筋接长,在受损管桩外侧从海床面往上至横梁底套装钢套筒,并在钢套筒和受损桩之间的空隙灌注水下混凝土补强。

(2)在受损管桩外侧钢套筒上部搭设作业平台,在钢套筒外侧焊接两个反顶托架,反顶托架上对称安装千斤顶装置,千斤顶装置的动作端反顶呈悬臂状的横梁使之水平,在钢套筒灌浆顶面与横梁底部之间空隙段灌注微膨胀高强度自流平灌浆料,千斤顶卸载完成,完成横梁悬臂内应力调整。

(3)将引桥受损桥墩的横梁截面积加大,并延长2m,将新插打且灌芯的钢管桩通过混凝土桩帽与原横梁连成一体。新增桩帽混凝土与老结构横梁通过全部化学植筋锚固连接方工,使原桩所承受的荷载通过横梁传递至桩帽进而传递至补打的钢管桩上,增加修复结构安全性。

4 关键施工技术

4.1 受损桩内抽水灌芯

将桩基破损处及以上松散混凝土凿除,保留其完好的下部,再将小型抽水泵机和抽水软管吊入PHC桩芯,将管桩内海水抽除。对受损部位位于低水位以上的PHC桩,可在低水位时将

527

PHC桩内部积水抽除干净,利用梁边栏杆固定混凝土浇筑溜槽灌注细石混凝土以加固桩基,提高其承载力和刚度。对受损部位位于低水位以下的PHC桩,可利用专业潜水作业人员下潜探测,水下凿除破损面及以上混凝土,保留下节完好桩基,利用钢套筒接长桩基至水面以上,密封套筒底部保证其不漏水,再按照抽水、灌注混凝土的步骤修复、加固受损桩基。

4.2 受损桩外加钢套筒并灌砼保护

在受损PHC桩的泥面至横梁底之间加套直径为1.5m、长15m、壁厚1cm的钢套筒。钢套筒套装到位后,在套筒与桩之间的250mm空隙内浇筑水下细石混凝土,有效隔绝腐蚀环境,恢复桩结构完整性。

钢套筒受限于引桥原上部结构,无法直接套下,采用分段对半拼装焊接的方法。套管全长15m,且为水上拼装,故采用分节焊接的方法施工,每节暂定为3m。每半片钢套筒对接边需焊接4个螺栓孔,方便对接拼装,套筒内利用钢筋设置限位块,高度为22~23cm,钢套筒外壁均需焊接吊耳,以便起重机通过钢丝绳吊住钢套筒进行拼装。图2为钢套筒结构示意图。

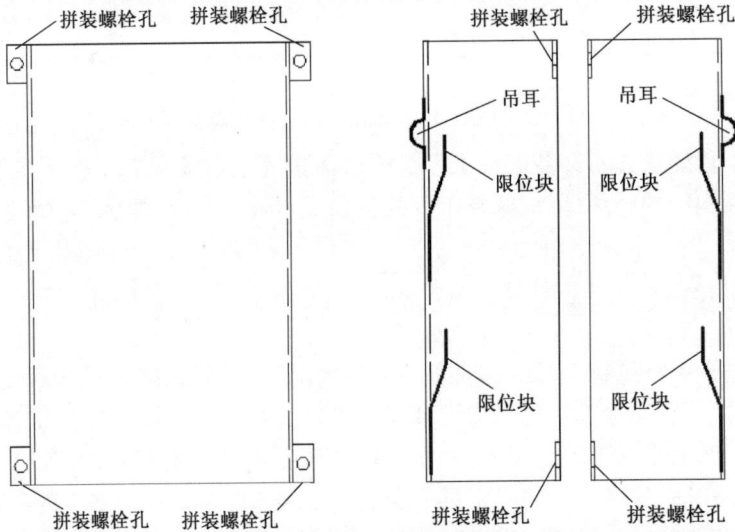

图2　钢套筒结构示意图

钢套筒安装需在PHC管桩灌芯施工和桩表杂物清除完成后,在下横梁侧面利用植筋搭设11~14号横梁A排桩钢套筒拼装平台,为施工人员拼装钢套筒提供站立和操作位置。

为便于钢套筒吊装,在下横梁侧面利用植筋搭设钢套筒拼装平台,并在桥面钻4个直径8~10cm的小洞为起重机下吊钢套筒提供条件。

考虑到后续存在反顶横梁,释放现有内应力的施工步骤,钢套筒拼装焊接后下沉,待套筒顶部距横梁底部约70cm时,进行封底处理。钢套筒底部封底完成后,利用小型抽水泵机和排水软管抽干套筒内海水,然后利用梁边栏杆固定混凝土浇筑溜槽浇筑C45细石混凝土。

图3为灌筑钢套筒混凝土示意图。

4.3 横梁反顶消除内应力

根据检测报告,11~14号排架受船撞后横梁自横梁端部与B1轴桩基连接处向水面方向轻微倾斜,倾斜度为0.35°~0.87°,说明横梁存在内应力产生的负弯矩。经现场仔细观测桥面未出现裂纹,因此在进行新老横梁整体加固前,采取反顶措施消减原横梁负弯矩内力,达到横梁内应力释放的效果。

528

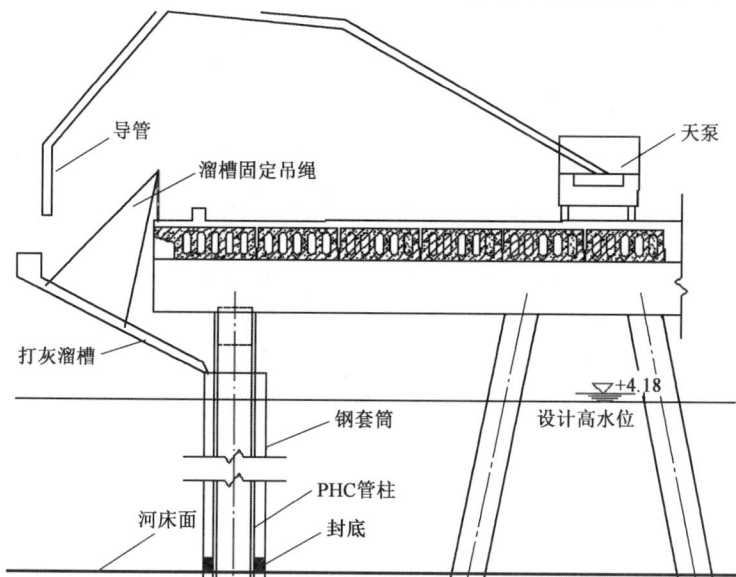

图3 灌注钢套筒混凝土示意图

钢套筒混凝土浇筑且到达设计强度后,在钢套筒外侧左右对称焊接托架,作为千斤顶顶升基础。顶升前,为避免千斤顶压裂横梁混凝土,在千斤顶顶托上方设置 300mm × 300mm × 10mm 的厚钢板扩散应力。

顶升采用顶升力大小和顶升行程双数据控制,以双控中任何一个控制要点先达到设计要求为标准,视为横梁内应力消减施工完成。顶升行程以千斤顶顶升行程和桥面高程两项数据控制。在横梁底设置精度为毫米级的钢尺量测每级千斤顶顶升行程,同时测量每级顶升后桥面高程变化值。顶升力大小采用计算机操控,根据桩基荷载,反顶控制应力控制在 180t 以内坚决不可超顶。

根据桥面高程观测数据分析,考虑桩基破损程度和横梁悬臂挠度,从挠度变化最大的 12 号横梁开始顶升,按 12 号→13 号→14 号→11 号的顺序逐步进行横梁反顶。顶升时,千斤顶左右对称起顶,根据桩基荷载和设计院核算确认,顶升应力控制在 180t 以内,不可超顶。在顶升力加载至 150t 之前,以 15t 为级别分级进行加载,在顶升力达到 150t 之后,以 10t 为级别分级进行加载,逐级顶升。每顶升一级,停顿 2~5min,记录千斤顶顶升行程和顶升力读数,并测量桥面高程变化情况,将测量值与检测报告和现场测量情况相比较,根据顶升是否发生高程变化确定是否需要进行下一级反顶。

横梁顶升达到双控的任一指标后,立即锁死千斤顶,防止顶升力大小发生变化,并及时设置抄垫支撑固定横梁结构状态,避免千斤顶漏油或其他情况影响应力消减效果,然后千斤顶回油并拆除。

4.4 破损 PHC 桩桩头修补及钢套筒顶口施工

桩顶钢结构支撑安装到位后,撤除千斤顶,凿除横梁下方受损 PHC 管桩桩头破损松动的混凝土,拼装焊接最后一节钢套筒,套筒顶部与横梁底齐平。末节钢套筒顶部预留两个小孔,一个作为出浆口,另一个接管头用于灌浆,通过灌浆封顶,待灌浆达到强度后,拆除抄垫支撑,实现支撑转换。

4.5 补桩并扩大下横梁增加受力储备

打桩船在引桥东侧受损桩旁抛锚定位,在受损桩外插打一排 $\phi1000mm$ 的钢管桩,桩长42m,与原设计桩长相同。补打的钢管桩桩中心与受损 PHC 桩中心的距离为3m,距引桥东侧边缘1m。为加强码头工程的整体稳定性和刚度,本次插打的钢管桩尽量清理桩内泥沙面高程至持力层,再将整根钢管桩浇筑混凝土加强处理。新增钢管桩采取混凝土灌芯处理,不仅增强了码头工程引桥部分的整体稳定性和刚度,还增加了桥墩的安全储备,同时也保证了钢管桩的支撑能力。

扩大 11 号、12 号、13 号、14 号横梁东侧 12m 范围内的下横梁面积(由原 1800mm × 1270mm 扩大为 1800mm × 1770mm,且扩大区域增加 500mm 的下横梁厚度,以包裹下横梁),并向东延伸 2m,将补打的钢管桩与原横梁连成整体。横梁扩大截面施工时,需先将横梁下部保护层老化混凝土凿除,安装底模,再将需要扩大截面的接茬面凿毛,植筋,绑扎钢筋,安装侧模,浇筑混凝土并养护,待横梁混凝土达到 100% 的强度后,即可拆除底模及横梁施工平台。为避免混凝土的收缩影响新老混凝土面连接,保证其整体性,浇筑横梁扩大部分的混凝土需内加膨胀剂。图 4 为扩大下横梁及新增桩帽施工平台示意图。

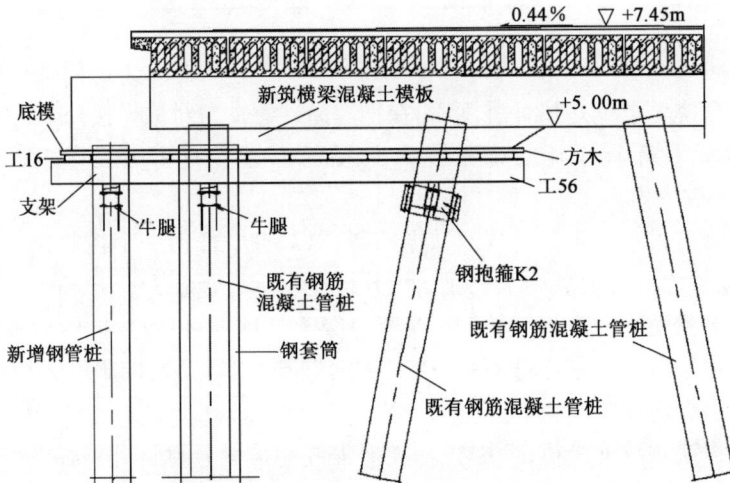

图 4 扩大下横梁及新增桩帽施工平台示意图

5 实施效果

该技术在不卸除结构自身上部荷载的情况下修复引桥受损 PHC 桩,避免了对已建结构物上部结构的破坏,修复成本低,施工速度快,实现了业主单位的降低修复投入、尽快恢复运营的预期目标,具有较好的经济和社会效益。

6 结语

通过采取内部灌芯和钢套筒外圈灌浆的方法对受损 PHC 管桩增加截面进行补强,采取反顶调整横梁内力方法解决不卸载工况的情况下结构变形和内力调整,采取补桩共同受力的方案提升修复后结构的整体稳定性及安全储备,实现了沿海引桥断桩快速修复,节省了工程成本,对今后类似沿海断桩修复工程有借鉴意义。

参 考 文 献

[1] 蒋凯辉,王立军,黄长虹.码头基桩损坏分析及修复[J].中国港湾建设,2004(3):46-48.
[2] 梁宏顺,周宇琦.安海湾特大桥主桥103m钢箱梁滚装上船技术[J].交通世界,2020(13):72-75.
[3] 曹庆农.某码头工程PHC管桩及横梁裂缝加固补强施工方案[J].低碳世界,2014(20):313-315.
[4] 中交第三航务工程勘察设计院有限公司.高桩码头设计与施工规范:JTS 167-1—2010[S].北京:人民交通出版社,2010.
[5] 中交第三航务工程勘察设计院有限公司.港口工程桩基规范:JTS 167-4—2012[S].北京:人民交通出版社,2012.
[6] 中交第一航务工程局有限公司.港口工程施工手册[M].北京:人民交通出版社股份有限公司,2015.

67. 城市高架钢桥成品运输包装及保护技术研究

吕先虎　施临君　季富强

(上海振华重工(集团)股份有限公司)

摘　要：在城市道路扩建和新建工程中，高架钢桥因自重轻、强度高、架设速度快、对现有交通影响小、便于外观造型设计等优点，应用越来越广泛。高架桥中最常见的两种结构为槽形梁结构和箱梁结构，根据结构特点一般分为梁段、组件和散件三种构件类型进行发运，数量庞大。当出口至国外时，经过长距离的运输，面临散件丢失、生物入侵的风险。因此，城市高架钢桥发运至国外时，对梁段采用了端部连接板预挂及端部密封措施，对组件和散件进行了分类包装设计，并采取了防生物入侵措施。产品到达国外桥位现场时，构件表面油漆得到了有效的保护，减少了现场连接板安装工作量，构件无缺失，同时有效防止了生物入侵，证明了城市高架钢桥成品运输包装及保护技术的有效。

关键词：城市高架桥　连接板预挂　分类包装设计　防生物入侵　成品运输包装

1　引言

在城市道路扩建和新建工程中，高架钢桥因自重轻、强度高、架设速度快、对现有交通影响小、便于外观造型设计等优点，应用越来越广泛。高架钢桥中钢槽梁(图1)和钢箱梁(图2)是较常见的两种形式。

图1　钢槽梁局部模型

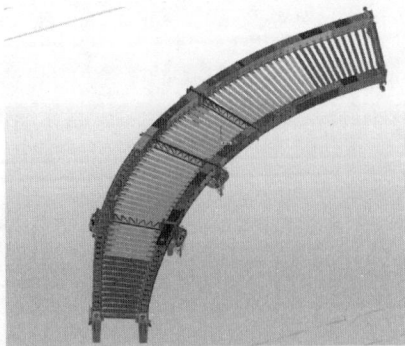

图2　钢箱梁整体模型

综合运输因素和桥址架设条件,梁段一般在 35～55m 范围内,重量在 250t 以内,环口使用连接板栓接连接。多幅梁段之间采用角钢与两侧节点板栓接连接,多幅梁段之间采用横梁栓接连接。为提高桥位梁段安装效率,保证安装精度,所有梁段均在场内模拟桥位安装线形进行整体试装,所有孔群均在试装状态进行配钻,全桥试装完成后进行涂装,且为了保证项目外观的油漆一致性,所有零件均做到最终面漆状态进行发运。

2 成品运输包装及保护概述

高架钢桥按发运形式一般分为梁段、组件和散件三大部分,在制造厂进行专业化制作、试装及涂装工作,并对成品进行包装和保护,最后运输至桥位进行架设安装。当桥址位于国外时,根据入境国的生物防入侵要求,需采取相应的防生物入侵措施。

梁段、组件和散件三大部分根据不同的发运形式采取对应不同的措施。梁段一般将端口连接板预装至梁段端口,再将梁段内部及端部分别进行密封处理;组件一般采用包装托架的形式进行包装发运;散件一般采用装箱包装。组件和散件按类型进行分类包装,当发运组件和散件总数量较少时宜采用组合式包装。

3 技术难点

(1)梁段整体为空间曲线造型,连接端口外形尺寸较大,桥位梁段匹配后受现场施工条件的限制,相较于直线梁段连接板安装难度大且安装效率低。

(2)当梁段出口至国外时,入境国对防生物入侵检查要求严格,流程多。对于隔板人孔、梁段端口尺寸大的截面防生物处理困难。

(3)所有组件均以最终面漆状态发运,一旦后期修补影响全桥成型后的外观一致性。因此包装及运输过程中要减少甚至避免面漆破坏。

(4)产品组件类型多,外形不规整,散件数量众多,且按一件一号的原则进行编号,导致包装数量庞大。

4 包装关键技术解析

4.1 梁段包装设计

4.1.1 匹配端口连接板预挂设计

对于梁段端口连接板,采用预挂方式随梁段一同发运。梁段为空间曲线造型,为了保证梁段连接孔群精度,连接端孔群在梁段试装时使用对应的连接板进行配钻。因每块连接板的孔群尺寸均存在差异,通过预挂在梁段端口,桥位安装时能快速恢复试装状态,保证安装尺寸和安装效率,减少桥位连接板的转运及安装。

端口连接板分为顶板连接板、腹板连接板和底板连接板。其中,顶板连接板分为四组八块,通过螺栓布置在梁段端口,现场梁段安装时围绕螺栓进行旋转,实现连接板复位安装。腹板连接板通过在腹板内外侧分别通过铰链进行连接。铰链在连接板配孔后安装,旋转90°后通过螺杆固定。为了保证组件耐久,铰链在安装时需避开距离顶底板上下 1/5 的位置。试装完成后,将连接板拆除单独涂装。连接板预装时,通过铰链和固定螺杆,固定在连接端口两侧,便于后续安装及后期连接板的检修和替换。底板连接板外部为整体式,内部分为左右两块,外侧连接板预装在先架设梁段底板的底部,内侧连接板安装在后架设梁段底板的顶部(图3)。

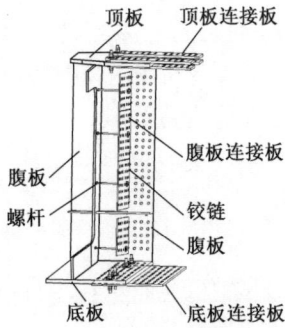

图3　梁段端口连接板预挂

4.1.2　梁段内部密封设计

梁段端口内部人孔洞使用胶合板进行密封,外侧胶合板尺寸大于孔洞,内侧胶合板为扁条状,通过铁丝穿洞绑扎收紧的方式实现固定和夹紧。为了避免胶合板破坏油漆,胶合板与构件接触部位需使用珍珠棉进行隔开。若采用原生木材,需进行熏蒸,保证木材不携带活性生物,防止生物入侵(图4、图5)。

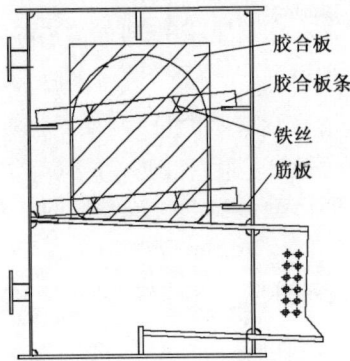

图4　梁段内部密封示意图　　　　图5　梁段内部密封三维示意图

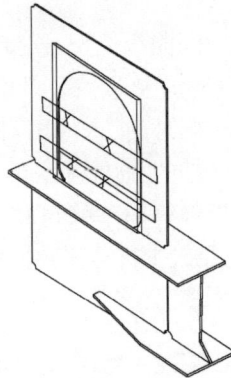

梁段内部泄水孔、螺栓孔等使用橡胶塞进行封堵,并使用与构件颜色相同的硅胶进行密封,防止橡胶塞脱落及污染产品油漆颜色。梁段内部格栅人孔网安装前使用缠绕膜将其包裹密封,安装时人孔洞周围使用珍珠棉进行密铺防止安装过程中油漆破坏,并使用螺栓拧紧形成密封空间。

4.1.3　梁段端部密封设计

箱体梁段两端进行密封措施,形成全密封结构。在端口连接孔群处穿棉绳形成棉绳网,作为端口密封材料的支撑。密封材料使用彩条布和三防布,首层采用彩条布,第二层采用三防布,第三层采用彩条布,最后使用包装带密封两道固定密封材料。三防布长期使用时会污染构件油漆,因此使用彩条布作为内衬。由于彩条布为针织组织,风吹的过程中会随风摇摆破坏油漆,为防止彩条布破坏油漆,将珍珠棉泡沫板裁剪为扁条作为内衬放至梁段端口四周,对油漆进行保护。为防止长距离运输过程中三防布日晒雨淋风化损坏,因此在三防布外侧增加彩条布进行保护(图6)。

4.1.4　组件包装设计

组件根据结构类型和外形尺寸进行分类包装。截面外形尺寸大的构件放置在下层,截面

534

外形尺寸小的构件放置在上层。每类构件放置后，使用绑扎带绑扎收紧，再放置上层组件。

组件包装以托架的形式为主，在保证强度的前提下采用框架式结构减少材料的使用。托架内侧宽度比组件尺寸单边大30mm保证组件能顺利进行安装；立撑高度比包装组件理论高度低20mm，以便托架通过丝杠收紧实现构件密贴。包装时每层组件之间需使用珍珠棉进行隔开，保护油漆不被破坏，每个类型的包装件包装后使用帮扎带进行捆绑，包装时需保证构架自身的重量能有效地传递至托架上，防止组件受压变形。组件包装完成后，使用板扎带进行固定(图7)。

图6 梁段端口密封实况

图7 组件包装实况

4.1.5 散件包装

数量众多的散件包装以包装箱的形式为主，包装时为避免连接板油漆破坏，上下两层散件不得直接接触同时也不得与包装箱直接接触，且需在包装箱内部四周及每层连接件之间铺设珍珠棉保护产品油漆(图8)。

4.2 防生物入侵措施

4.2.1 包装箱密封

连接板放置包装箱内部前需进行清扫并使用杀虫剂进行消杀，包装时作业人员需穿鞋套后进入包装箱内部进行包装作业。包装完成后，箱盖与箱体需使用密封胶密封，当空隙过大时，可先使用发泡剂进行填充后再使用密封胶进行密封，箱口四周使用缠绕膜进行包裹(图9)。

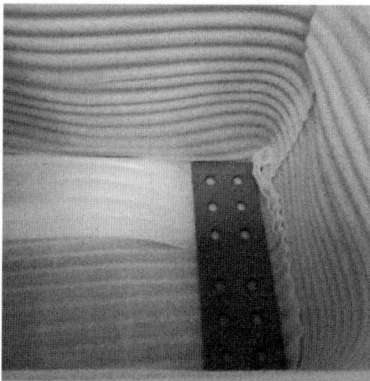

图8 散件包装

图9 包装箱密封

4.2.2 构件存储要求

存储场地优先选用硬化水泥地面，非硬化地面使用钢板覆盖处理。梁段搁置工装在使用前,进存储场地优先选用硬化水泥地面,非硬化地面使用钢板覆盖处理。梁段搁置工装在使用前,进行清理清扫。梁段在转运前,规划好路线,尽量避开非硬化道路;在转运过程中,梁段尽量减少与道路两侧的树木和杂草等植被接触。发现落叶等植被落在梁段上,应及时清理。构件储存和运输过程中,定期对产品包装进行检查,损坏处再次密封。构件即将到达收货码头前,使用淡水对所有构件表面进行冲洗处理。

5　结语

某国外项目的梁段及散件发运运用了成品运输包装及保护技术,经过海上长距离运输,到达国外桥位现场时,构件表面油漆得到了有效的保护,连接板采用了端口预挂的方法,减少了现场连接板安装工作量,构件无缺失,有效防止了生物入侵,证明了城市高架钢桥成品运输包装及保护技术研有效,可为同类钢桥包装发运提供参考。

参 考 文 献

[1]　结构焊接联合技术委员会.结构钢焊接:AS/NZS 1554.1—2014[S].澳大利亚/新西兰标准.
[2]　钢结构联合技术委员会.结构钢筋工程-制造和安装:AS/NZS 5131—2016[S].澳大利亚/新西兰标准.
[3]　机械设计手册编委会.机械设计手册[M].北京:机械工业出版社,2004.
[4]　王佳.城市高架简支钢桁架桥设计分析[J].工程与建设,2023,37(4):1174-1177.

68. C 类公差钢板在钢结构桥梁制造安装中的影响及应对措施

赵旭东　刘宗锋

（中铁山桥南通有限公司）

摘　要：在钢结构桥梁设计中，计算所采用的钢板厚度为公称厚度，但为了确保钢结构桥梁的质量和安全性，提高桥梁的使用寿命，注注钢板的厚度公差按照 C 类公差执行，在该要求下钢板厚度的增加，对高精度要求的钢结构桥梁的制造和安装带来很大影响。本文以大渡河特大桥为例，着重阐述 C 类公差钢板对全栓接型散拼节点钢结构桥梁制造和安装的影响以及应对措施。

关键词：钢板　C 类公差　钢结构桥梁制造　安装

1　工程概况

新建高原铁路大渡河特大桥主梁跨度布置为 130m＋1 060m＋90m，加劲梁采用连续布置，全长 1 280m。钢桁梁主桁架中心间距 30m，桁高 12m，全桥共 128 个节间，节间距 10m。根据受力需要，钢梁材质采用 Q500qD 和 Q370qD，上弦采用整体节点，下弦及其余均采用散拼节点，上层铁路桥面为焊接，其余构件及节段间连接均采用高强度螺栓连接。大渡河特大桥断面图如图 1 所示。大渡河特大桥标准节段三维图如图 2 所示。

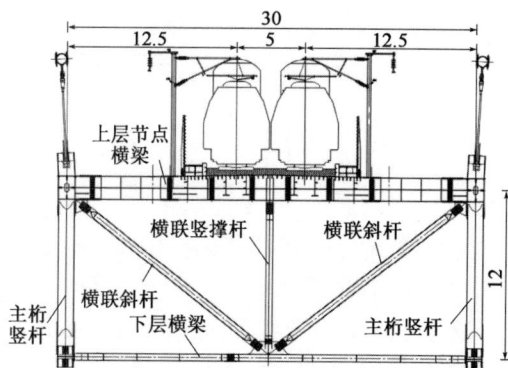

图 1　大渡河特大桥断面图（尺寸单位：m）

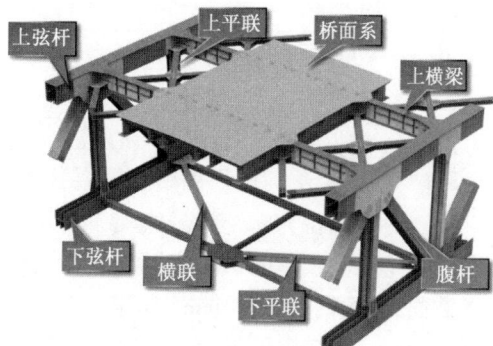

图 2　大渡河特大桥标准节段三维图

2   C类公差钢板

根据大渡河特大桥设计图纸钢板供货技术条件要求,钢板的尺寸、外形、重量及允许偏差等应符合《热轧钢板和钢带的尺寸、外形、重量及允许偏差》(GB/T 709—2019)相关条款的规定,其中厚度公差按第6.1条表2——单轧钢板的厚度允许偏差的C类执行,钢板厚度不允许出现负公差。

从表1中可以明显看出,C类公差钢板允许下偏差为0.00mm,即实际钢板供货状态厚度大于公称厚度,厚度允许偏差上限则根据公称厚度与公称宽度的不同而有所区分,根据历年项目经验来看,桥梁结构钢定轧规格板厚分布在4~90mm之间,常用的钢板板厚分布在16~70mm之间,而定尺定轧的钢板宽度通常分布在1 500~4 000mm之间,由表1知此范围内板厚允许偏差上限可达2.60mm。

单轧钢板厚度允许C类偏差(单位:mm)   表1

公称厚度	下列公称宽度的厚度允许偏差			
	≤1 500	>1 500~2 500	>2 500~4 000	>4 000~5 300
3.00~5.00	+0.90	+1.10	+1.30	—
>5.00~8.00	+1.00	+1.20	+4.50	—
>8.00~15.0	+1.10	+1.30	+1.60	+1.80
>15.0~25.0	+1.30	+1.50	+1.80	+2.20
>25.0~40.0	+1.40	+1.60	+2.00	+2.40
>40.0~60.0	+1.60	+1.80	+2.20	+2.60
>60.0~100	+1.80	+2.20	+2.60	+3.00
>100~150	+2.40	+2.80	+3.20	+3.60
>150~200	+2.80	+3.20	+3.60	+3.80
>200~250	+3.20	+3.60	+4.00	+4.40
>250~300	+3.60	+4.00	+4.40	+4.80
>300~400	+4.00	+4.40	+4.80	+5.20
>400~450	协议			

注:C类厚度允许下偏差统一为0.00mm。

3   C类公差钢板在钢结构桥梁制安中的影响及应对措施

3.1   C类公差钢板在钢结构桥梁制造中的影响

大渡河特大桥为钢桁梁悬索桥,主桥结构为空间桁架结构,设计时采用空间内力分析程序分别以梁单元和板单元模拟实际的板桁组合结构,计算各部件的应力状态。设计上弦杆采用箱形截面,截面内高1 600mm,内宽1 200mm,设计下弦杆采用工字形截面,截面外高1 600mm,外宽1 200mm。在桥梁制造过程中,为保证符合设计要求,制造理论截面控制尺寸同样采取上弦杆内对齐、下弦杆外对齐的形式,如图3所示。

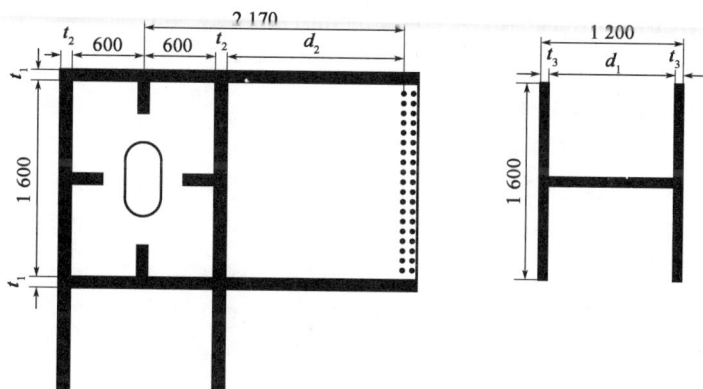

图3 大渡河特大桥上下弦截面示意图(尺寸单位:mm)

此时,根据上弦杆内对齐原则,箱型截面内隔板尺寸可以不进行调整,零件按照理论尺寸组装即可满足设计要求,但上弦右侧存在横梁接头板,接头板孔群到杆件中尺寸 2 170mm,受 C 类公差要求下 t_2 厚度变化影响,此时 d_2 实际控制尺寸需减去 t_2 厚度公差 Δ,同理对于外对齐的下弦杆,控制尺寸外宽 1 200mm 受板厚 t_3 影响,工型腹板宽度 d_1 实际控制尺寸需减去双倍的 t_3 厚度公差 Δ。

3.2　C 类公差钢板在钢结构桥梁制造中的应对措施

由于无法在制造时对每张钢板进行测厚,并根据其使用位置进行点对点工艺调整,故对于该问题,抽取了本项目部分厚度介于 4~96mm 的钢板原材料进行测厚分析,得到钢板原材料厚度与公称厚度的差值分布,如图4所示。

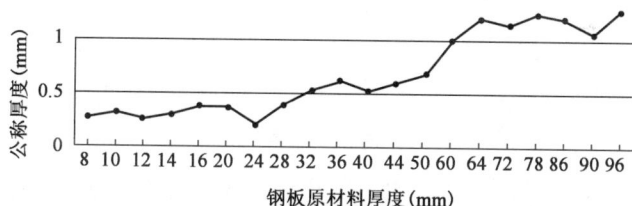

图4 大渡河特大桥板厚差分布图

考虑到 C 类公差数据为上限公差,且钢厂自身对于成本的控制,实际钢板厚度偏差均小于表2中数据,符合客观实际情况。再对图4数据进行分析,对调整零件下料及组装的工艺量进行以下调整,即工艺理论板厚数据修正为公称厚度 + 工艺控制量,进而控制成品尺寸精度。

板厚差统计及工艺调整(mm)　　　　　　　　　　　　　　表2

序号	板厚范围	平均板厚差	工艺控制量
1	4~28	+0.32	0
2	30~58	+0.58	+0.5
3	60~96	+1.08	+1

除上述 C 类公差钢板对单个杆件制造时的影响,还需考虑到 C 类公差要求下,不同杆件在拼装过程中,对拼式或者插入式的匹配关系是否存在影响、多根杆件连接后板厚差累加对钢桁梁节段整体尺寸的影响等,均需根据实际情况进行针对性的调整,以保证最终成品符合《铁路钢桥制造规范》(Q/CR 9211—2015)的相关要求。

3.3 C 类公差钢板在钢结构桥梁安装中的应对措施

大渡河特大桥为全栓接钢桁梁结构,桥位现场安装时,杆件间连接除去拼接板往往还有填板以及拼接板夹板,往往一个螺栓副内设置 3~5 层钢板,如图 5 所示。每层钢板均符合 C 类公差要求,忽略喷铝层厚度,累加后实际板束厚度远大于理论板束厚度。根据《钢结构工程施工质量验收规范》(GB 50205—2020)第 6.3.6 条:高强度螺栓连接副终拧后,螺栓外露丝扣应为 2~3 扣,若按理论厚度计算螺栓副长度,则容易造成外露丝扣不足的情况,如图 6 所示。

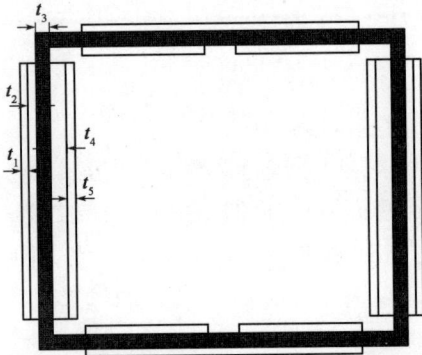

图 5 桥梁杆件连接板设置示意图

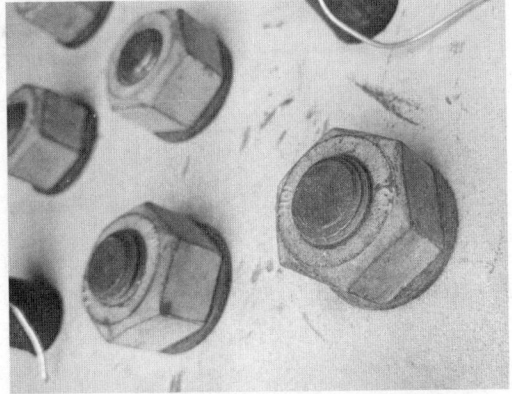

图 6 高强度螺栓外露丝扣不足

外露丝扣不足的高栓,在桥梁使用过程中,容易产生松动,影响连接位置摩擦面结合力,严重时会对桥梁的耐久性和安全性造成影响。故在螺栓采购时,应充分根据板束构成及板厚公差情况,适当调整螺栓副长度,避免出现终拧后外露丝扣不足,验收不合格而被迫更换螺栓,产生额外的人工、材料和时间成本。

4 结语

大渡河特大桥为铁路钢结构桥梁,其验收规范《铁路钢桥制造规范》(QC/R 9211—2015)所要求的各控制项点尺寸均为毫米级,如主桁杆件允许偏差,均需控制在 ±1.5mm 以内,故在钢板的 C 类公差要求下,进行对应的工艺调整是必要的。

经检验,在大渡河特大桥钢桁梁制造和安装过程中,通过对 C 类公差钢板工艺调整,钢构件重点控制尺寸以及钢梁节段拼装后的桁宽、对角线长度等控制项点的偏差均得到改善,各杆件间连接良好,桥位现场安装顺利。该工艺调整后的顺利生产,也为以后同类型同要求的钢结构桥梁制造和安装积累了经验。